दलित साहित्य के प्रतिमान

दलित साहित्य के प्रतिमान

डॉ. एन. सिंह

वाणी प्रकाशन

वाणी प्रकाशन
4695, 21-ए, दरियागंज, नयी दिल्ली 110 002
शाखा
अशोक राजपथ, पटना 800 004
फ़ोनः +91 11 23273167 फ़ैक्सः +91 11 23275710
www.vaniprakashan.in
vaniprakashan@gmail.com
editorial@vaniprakashan.com
sales@vaniprakashan.in

DALIT SAHITYA KE PRATIMAN
by Dr. N. Singh

ISBN : 978-93-5072-254-1
Dalit Literature/Criticism

प्रथम संस्करण 2012
आवृत्ति संस्करण 2016
मूल्य : ₹ 595

यश प्रिंटोग्राफिक्स, नोएडा-201 301 (उ.प्र.) में मुद्रित

वाणी प्रकाशन का लोगो मक़बूल फ़िदा हुसेन की कूची से

डॉ. प्रेमशंकर, डॉ. जयप्रकाश कर्दम, श्री मोहनदास नैमिशराय
डॉ. दयानन्द 'बटोही', श्री कंवल भारती
डॉ. सी.बी. भारती
के लिए

अनुक्रम

भूमिका

हिन्दी साहित्य में दलित विमर्श जैसे-जैसे एक अनिवार्यता बनती गयी, वैसे-वैसे सवर्ण साहित्यकार इस बात पर केन्द्रित होते गये कि कैसे दलित साहित्यकारों में विघटन उत्पन्न किया जाए। सम्भवतः इसका बीज-वपन दलित साहित्य की स्थापना के साथ ही हो गया था, जब 1996 में श्री ओमप्रकाश वाल्मीकि को देहरादून में आयोजित एक समारोह में 'परिवेश'-सम्मान प्रदान किया गया था। इस समारोह के अधिकांश वक्ताओं ने अपने वक्तव्यों में कहा था कि जब हिन्दी साहित्य में प्रेमचन्द दलित चेतना के सबसे मुखर लेखक हैं और सूर्यकांत त्रिपाठी 'निराला' ने भी 'बिल्लेसुर बकरिहा', 'कुल्ली भाट', और 'चतुरी चमार' जैसी रचनाएँ लिखी हैं, तो फिर किसी दलित को साहित्य लिखने की क्या आवश्यकता है? समारोह के अध्यक्ष कथाकार काशीनाथ सिंह ने कहा था कि—"दलितों पर लिखने के लिए दलित होना आवश्यक नहीं है। हिन्दी में दलित लेखक हैं, दलित साहित्य नहीं है।" इस पर जब बर्दाश्त से बाहर हो गया, तो स्वयं ओमप्रकाश वाल्मीकि को ही प्रतिवाद करना पड़ा था। उन्होंने अपने आभार सम्बोधन में कहा—"दलित के नाम पर वाल्मीकि और व्यास ने ब्राह्मणवाद की बात की है। कोई दलित होकर ब्राह्मणवाद की बात करता है, तो वह दलित साहित्य का रचयिता कैसे हो सकता है? व्यक्ति को मुक्त करने वाला साहित्य ही दलित साहित्य है। यह जनता का आन्दोलन है। तमाम हिन्दी साहित्य सवर्णवादी साहित्य है, जो खलनायक को नायक का खिताब देता है। घटिया रचनाएँ छापी जा रही हैं। दलित साहित्य नहीं छापा जाता।" नकार का यह तिलस्म तब टूटा, जब श्री विभांशु दिव्याल के संयोजन में 'राष्ट्रीय सहारा' दैनिक, दिल्ली ने 18 और 25 जनवरी, 1997 में 'हस्तक्षेप' के दो अंकों का प्रकाशन किया। इन अंकों में दलित साहित्य की अवधारणा, दलित लेखकों के साक्षात्कार और उनकी उपलब्धियों का विस्तार से विवरण दिया गया है। व्यापक स्तर पर पहली बार हिन्दी लेखकों को हिन्दी में दलित साहित्य की उपस्थिति का आभास हुआ, तो उनमें खलबली मच गयी। जब सवर्ण लेखकों को इस बात का प्रमाण मिल गया कि हिन्दी में दलित लेखक भी हैं और दलित साहित्य भी है, तो उन्होंने उस पर यह आपत्ति उठानी प्रारम्भ की कि दलित साहित्य केवल 'दलित' ही नहीं लिख सकता, बल्कि सवर्ण साहित्यकार भी

लिख सकते हैं। इस विषय में डॉ. नामवर सिंह से श्री दूधनाथ सिंह, काशीनाथ सिंह, परमानन्द श्रीवास्तव और सुधीर कुमार सिंह द्वारा की गयी बातचीत, 'नयापथ' में प्रकाशित हुई थी, जिसे बाद में, डॉ. सदानन्द शाही ने एक पुस्तक में भी छापा। इस बातचीत में डॉ. नामवर सिंह ने प्रकारान्तर से डॉ. अम्बेडकर को 'देशद्रोही' और 'अंग्रेजों का पिट्ठू' तो कहा ही, दलित साहित्य पर यह आरोप भी लगाया कि–"वह ताकत अभी भी है, जो दलित साहित्य को फोर्ड फाउंडेशन से संचालित कर रही है।" डॉ. नामवर सिंह के फतवे के बाद दलित साहित्य के विरोध में दूधनाथ सिंह, काशीनाथ सिंह, परमानन्द श्रीवास्तव, डॉ. मैनेजर पाण्डेय, रामदरश मिश्र आदि, एक-दूसरे के विरोधी होते हुए भी, एकजुट होकर खड़े हो गये। इन लोगों ने जिन तर्कों का प्रयोग किया वे भी देखने योग्य हैं। दलित साहित्य का विकास साम्राज्यवादी ताकत के तहत हुआ है। दलित अब साहित्य में भी आरक्षण की माँग कर रहे हैं। डॉ. रामदरश मिश्र ने लिखा–"साहित्य में आरक्षण नहीं चल सकता। साहित्य हल्ले-गुल्ले से भी नहीं चलता।" दलित साहित्यकारों में साधना का अभाव है, जिसके कारण दलित साहित्य कलात्मक नहीं है। दूधनाथ सिंह ने कहा–"जन्मना दलित ही दलित लेखक होगा, यह मान लेने के बाद गुणवत्ता का प्रश्न फिलहाल कहाँ उठता है। सिर्फ कैटेगरी ही रह जाती है।" इसके बाद नामवर सिंह ने हिन्दी दलित साहित्य पर प्रहार करते हुए कहा–"मूल पौधा तो मराठी का है, अब हिन्दी में इसकी कलम लगाई जा रही है।" जब दलित साहित्य को पाठ्यक्रम में लगाने की बात आयी, तो डॉ. मैनेजर पाण्डेय ने एक संगोष्ठी में कहा कि पाठ्यक्रम तो एक म्यूजियम है, जब चीजें पुरानी हो जाती हैं, उन्हें म्यूजियम में रख दिया जाता है। दलित साहित्य तो जीवन्त साहित्य है, उसे जनता के बीच रहना चाहिए। इस पर दलित लेखकों ने प्रतिवाद किया कि यह दलित साहित्य को पाठ्यक्रम में लगाए जाने का छद्म विरोध है। श्री शैलेश मटियानी ने अपने लेख–'दलित लेखक और दलित साहित्य' में लिखा कि–"छोटी कृतियाँ या छोटे कृतित्व को आसमान की ओर उछालना आगे की सम्भावनाओं के रास्ते बन्द करना है।" सिद्धान्तकारों ने हिन्दी दलित साहित्य के विरोध में अपना तर्क जाल फैला दिया और इस तर्क जाल में दलित साहित्य को फँसाने की जो स्ट्राटैजी बनी, उसमें दलित लेखकों को जातीय आधार पर बाँटने और आमने-सामने खड़े कर देने को तरजीह दी गयी, जिससे दलित लेखकों में जातीय युद्ध प्रारम्भ हो जाए। इसके शिकार ओमप्रकाश वाल्मीकि तो कुछ ही अंशों तक हुए, लेकिन मुख्यतः श्री भगवानदास मोरवाल, सूरजपाल चौहान, और रत्नकुमार सांभरिया आदि अधिक हुए। इन लेखकों के अन्तर्जगत में जो वर्षों से खदबदा रहा था, उसकी शुरुआत भगवानदास मोरवाल ने बाकायदा एक लेख–'दलित विमर्श के अन्तर्विरोध' लिख कर की। वे लिखते हैं कि–"जिस तरह पिछड़े होने का अर्थ केवल यादव है,

उसी तरह दलित होने का अर्थ केवल 'जाटव' है। यदि समानान्तर दृष्टि से देखा जाए, तो पिछड़ों के नाम पर यादव और दलितों के नाम पर जाटव, इन दो विशिष्ट वर्गों का सभी क्षेत्रों में आधिपत्य और एकाधिकार बना हुआ है।" इसका समर्थन श्री ओमप्रकाश वाल्मीकि ने एक पत्र लिखकर किया। वे लिखते हैं कि—"वर्तमान साहित्य के जनवरी-2001 के अंक में लेख 'दलित विमर्श के अन्तर्विरोध' ने ध्यान खींचा और सबसे पहले इसे ही पढ़ डाला। इस लेख में अन्तर्विरोधों की ओर संकेत किए गये हैं। उनसे इस विमर्श की धुंध हटाने की कोशिश होगी। अवसरवादिता और पारस्परिक होड़ इस विमर्श को ही नहीं, और कई आन्दोलनों में विचलन पैदा कर चुकी है। कई लोग तो ऐसे भी भीड़ में शामिल हुए हैं, जो कल तक विरोध में थे या दलित साहित्य के औचित्य पर सवाल उठा रहे थे। 'शवयात्रा' कहानी को लेकर दिल्ली में हुई टीका-टिप्पणी और सूरजपाल चौहान के आक्रोश को मोरवाल ने गहरी सूझबूझ से पाठकों के सामने रखा है।" मैं नहीं समझ पाया कि इन लेखकों की 'गहरी सूझबूझ' कैसी है कि क्या ये नहीं जानते कि यह दलित साहित्य में 'भंगी और चमार' को आमने-सामने लड़ाकर दलित साहित्य के आन्दोलन को तोड़ने की साजिश है।

इस पूरे प्रकरण पर टिप्पणी करते हुए वरिष्ठ कथाकार श्री उदय प्रकाश ने लिखा है कि—"हिन्दी का दलित साहित्य अभी निर्माण की अवस्था में है। इसे अधिक से अधिक एकजुटता, सूझबूझ से लागू किया जाना चाहिए। लेकिन दलित साहित्यकार मित्रों की दोस्त दुश्मन वाली समझ में कच्चापन दिखता है। उपन्यास 'काला पहाड़' के चर्चित युवा लेखक 'भगवानदास मोरवाल' ने वर्तमान साहित्य के जनवरी अंक में 'दलित साहित्य के अन्तर्विरोध' नामक अपने लेख में लिखा—"वास्तव में दलितों में एक ऐसा वर्ग है, जो हिन्दी साहित्य पर ब्राह्मणवादी सोच के मठाधीशों की तरह दलित साहित्य में छा जाना चाहता है।"

प्रसंग यह था कि ओमप्रकाश वाल्मीकि की कहानी 'शवयात्रा' को कुछ दलित साहित्यकारों ने 'दलित विरोधी' करार दे दिया था, क्योंकि उस कहानी में जाटवों द्वारा भंगियों को ओछा समझने की प्रवृत्ति का निरूपण हुआ है। इसलिए इस कहानी को चमार विरोध कहा गया। फिर ओमप्रकाश वाल्मीकि ने मोरवाल के समर्थन में सम्पादक को पत्र लिखा, वहीं सूरजपाल चौहान ने 'दलित साहित्यकारों का अनुवाद' नामक लेख इसी पत्रिका में लिख डाला। इस लेखक के अनुसार दलित साहित्य में वर्चस्वता का शीत युद्ध जाटव साहित्यकारों और वाल्मीकि (भंगी) साहित्यकारों के बीच चल रहा है। 'शवयात्रा' कहानी को चमार विरोधी कहने के पीछे यही जात-पात और श्रेष्ठतावाद का अहं है।

कंवल भारती ने मोरवाल पर व्यक्तिगत आरोप लगाया, पर मनमोहन वशिष्ठ ने अपनी भाषा में मोरवाल को एहसान फरामोश, दोमुँहा, अवसरवादी, खुशामदी,

खलनायक, सवर्ण दलित आदि कह डाला। वास्तव में सच कहना जितना कठिन होता है, सच सुनना उससे भी कठिन होता है। दलित साहित्य में संकीर्णता के बजाय पारस्परिक सहिष्णुता और एक लयबद्धता आये, तो साहित्य की इस नव्यतम धारा का भला होगा।" लेकिन यह विवाद अभी थमा नहीं है। इसे हवा देने में कुछ पत्रिकाएँ बहुत ही महत्त्वपूर्ण भूमिका निभा रही हैं। इसमें 'कथाक्रम' ने तो 'दलित विशेषांक' भी प्रकाशित किया और फिर श्रीलाल शुक्ल का एक साक्षात्कार प्रकाशित कर स्थापित करने का प्रयास किया कि स्वानुभूति और सहानुभूति की बात करना दलित साहित्य के सन्दर्भ में व्यर्थ है। दलित साहित्य कोई भी लिख सकता है। 'वर्तमान साहित्य' और 'कथादेश' तो बाकायदा एक आन्दोलन सा ही चला रही हैं। 'कथादेश' ने अपने अगस्त-2001 के अंक में श्री दूधनाथ सिंह की 'निष्कासन' तथा अखिलेश की 'ग्रहण' कहानियाँ छापकर यह साबित करने का प्रयास किया है कि गैर-दलित साहित्यकार भी दलित साहित्य लिख सकते हैं। ये दोनों ही स्थापित कथाकार हैं और मैं नहीं समझता कि इनकी कामना दलित साहित्य में स्थापित होने की होगी। 'ग्रहण' की प्रस्तुति से पूर्व लिखा गया है कि—"जो दलित है, पीड़ित है, वंचित है। चाहे वह व्यक्ति हो या समूह, उसकी वकालत और हिमायत करना उसका (साहित्यकार का) फर्ज है? इसी प्रकार 'ग्रहण' से पहले दर्ज किया गया है—"इस कहानी को 'दलित गैरदलित लेखक' की कसौटी पर परखने के लिए हर कोई स्वतन्त्र है।" इन दोनों कहानियों को दलित साहित्य की कसौटी पर कसने से पता चलता है कि ये दोनों दलित कहानियाँ नहीं हैं। हाँ, दलितों के प्रति घृणा का प्रचार करने वाली कहानियाँ जरूर हैं, क्योंकि इन दोनों कहानियों में सवर्ण लेखकों के मन में दलितों के प्रति पहले से रची-बसी घृणा खुलकर बाहर आ गयी है। श्री दूधनाथ सिंह की 'निष्कासन' की कथा एक दलित छात्रा को हॉस्टल अधीक्षिका द्वारा अपने आका को परोसन और लड़की के विद्रोह से ताल्लुक रखती है। लेकिन दूधनाथ सिंह ने जिस तरह इसे प्रस्तुत किया है, उससे उनके दिल दिमाग की सड़ाँध को इस कहानी में बराबर सूँघा जा सकता है। जैसे लड़की को छात्रावास की अधिष्ठाता मैम अपने अतिथि के सामने परोसने की तैयार में लड़की की साड़ी के चुन्नट ठीक करने का प्रयास करती है। इस प्रसंग को आप दूधनाथ सिंह के शब्दों में ही देखिए—"अब वह मैम के सामने थी, मैम ने उसे एक जगह खड़ा करके थोड़ी दूर हटकर तरह-तरह से देखा उन्हें लगा आगे साड़ी की चुन्नट थोड़ा ज्यादा फूली हुई है और बेतरतीब ढंग से खुँसी हुई हैं। फॉल ठीक नहीं उतरा है। वे पास गयी और एक झटके से चुन्नटें खींचकर खोल दीं। लड़की इस अप्रत्याशित खिंचाव से आगे को झुक आयी और उसने पेटीकोट पकड़ लिया।"

"सीधी खड़ी हो बेवकूफ।" मैम ने आदेश दिया।

लड़की ने सीधी खड़ी होने की कोशिश की।

मैम ने चुन्नटें बनायीं और खोंस दी। खोंसते हुए, पता नहीं जान-बूझकर या अनजाने, उनकी उँगलियाँ कुछ ज्यादा ही भीतर तक चली गयीं। उनके चेहरे पर एक अश्लील मुस्कुराहट और घिन एक साथ उभरी और उन्होंने उँगलियों को यों खींचा जैसे बिच्छू का डंक छू गया हो। वे बगल के वाशबेसिन पर गयीं और लिक्विड डिटॉल साबुन से हाथ धोया पोंछा और ड्रेसिंग टेबिल के पास जाकर उँगलियों में क्रीम मला। क्रीम मलते हुए, लड़की को शीशे में देखते हुए उनके मुँह से निकला—"स्टुपिड गँवार" लड़की जो बेतरह चिहुंक गयी थी, चुपचाप सिर नीचा किए खड़ी रही।" इस प्रसंग को देखिए एक सवर्ण महिला जो स्वयं अनैतिक कार्यों में लिप्त है, एक दलित युवती के स्पर्श मात्र से अपने हाथ को डिटॉल साबुन से धोती और क्रीम लगाती है। मैम तो एक काल्पनिक पात्र है, जिसे दूधनाथ सिंह ने मार्क्सवादियों के चरित्र हनन के लिए गढ़ा है, कि वे स्वयं जनता को बेवकूफ बनाने के लिए कामरेडी चोला ओढ़े घूमते हैं। लेकिन सम्पत्ति के लिए चरित्रहीन बीवी, जो स्वयं तो चरित्रहीन है ही, लड़कियों को भी सप्लाई करती है, को प्रसन्नतापूर्वक झेलते ही नहीं, बल्कि उसकी गतिविधियों में मदद भी करते हैं। दलित युवती के स्पर्श मात्र से जिस घृणा की अभिव्यक्ति कथाकार ने की है, वह उनकी निजी मनोवृत्ति है। इस कहानी में तीन बातें और उन्होंने कही हैं। एक—कि लड़की की मदद मनोज पाण्डेय ने की, लड़की की आत्महत्या तक उस पूरी लड़ाई में। दो—दलित नेताओं ने लड़की की कोई मदद नहीं की, चाहे वे महामहिम राज्यपाल हों, या नन्हेलाल खटिक जो पूर्व आबकारी मंत्री भी थे, अथवा अनुसूचित जाति जनजाति आयोग के अध्यक्ष मि. छागला हों। तीन—इस संघर्ष में हारकर लड़की ने आत्महत्या कर ली। इन तीनों बिन्दुओं पर विचार करने के उपरान्त इस कहानी को दलित चेतना या दलित पृष्ठभूमि की कहानी नहीं कहा जा सकता है। मेरे विचार से यह कहानी कला के नाम पर कलाबाजी अधिक है, जो दलित पृष्ठभूमि के नाम पर अपने नेताओं से वितृष्णा उत्पन्न करने, सवर्णों विशेष तौर पर ब्राह्मणों के प्रति सहानुभूति उत्पन्न करने तथा दलितों को संघर्ष न करके आत्महत्या करने को प्रेरित करने वाली कहानी है।

इसी प्रकार अखिलेश की कहानी 'ग्रहण' जिस दलित पात्र राजकुमार को पेट हगना के रूप में प्रस्तुत करती है, जो पूरी कहानी में सड़ाँध बिखेरता रहता है। दरअसल यह सड़ाँध राजकुमार की नहीं, बल्कि अखिलेश के दिमाग की सड़ाँध है। इस कहानी का संदेश साफ तौर पर दलितों को ब्राह्मणों के खिलाफ हिंसक कार्यवाहियां करने को प्रेरित करना है। जबकि सच्चाई यह है कि ब्राह्मण चाहे कितना भी षड्यंत्रकारी क्यों न हो, उसका हथियार हमेशा ही दूसरे रहे हैं। व्यक्तिगत जीवन में वह बहुत उदार और परिस्थितियों से समझौता करने वाली कौम रही है। उसकी तरक्की का यही एक रहस्य है। अखिलेश की दलितों के प्रति जो घृणास्पद धारणाएँ

हैं, उसकी कुछ बानगियाँ मैं यहाँ प्रस्तुत कर रहा हूँ। राजकुमार के जन्म की जो कथा और चमारों के उत्स की जो कथा अखिलेश ने लिखी है, उसे पढ़कर मनु जैसा अधम प्राणी भी शरमा जाएगा। उनके अनुसार सृष्टि के प्रारम्भ में चार भाई थे। एक बार उनकी गाय मर गयी, तीनों बड़े भाइयों ने उस गाय को सबसे छोटे भाई को उठाने को मजबूर कर दिया और बाद में उसे परिवार में शामिल न करके गाँव से बाहर रहने का विवश कर दिया। कुछ दिन बाद उन तीनों की भैंस मर गयी, जिसे पिटाई के बाद भी, छोटा भाई, जो चमार बन गया था, नहीं उठा पाया। तब शंकर जी प्रकट भये और बोले–"अच्छा तू अकेले भैंस नहीं उठाएगा तो एक काम कर, जा आसपास का सब कूड़ा करकट बटोर ला।" चमार ने वैसा ही किया। तब भगवान ने कहा,–'अब इस पर पेशाब कर' चमरवा पहिले तो हिचका पर जब शंकर जी ने कहा–'डर मत मैं कह रहा हूँ' तब वह पेशाब करने के लिए तैयार हुआ, जैसे ही उसने पेशाब किया, कि तुरन्त उसकी गुदा से एक हट्टा-कट्टा आदमी भैंस ढोने में उसकी मदद के लिए निकला। वह कुरील था।

बाद में चमार से ढेर सारे चमार हुए और कुरील से ढेर सारे कुरील पैदा हुए, चमार लात-घुँसा खाते ही थे, कुरील भी कम नहीं खाते थे, लेकिन कुरीलों में एक साधू बन गया। साला कहे कि वह भी कथा कराएगा, श्रीमद्भागवद् का पाठ कराएगा। तब मनु महाराज के कोई वंशज थे, पटक कर चढ़ बैठे, उसकी छाती फाड़ दिए, निकला गन्दे खून का फौव्वारा, अपने कुत्ते से बोले, 'पी जा इसका खून' मरते-मरते उस कुरील ने अपनी अन्तिम इच्छा बताई कि उस चमार को उसके सामने लाया जाए, जिसकी गुदा से पहला कुरील पैदा हुआ था। वह चमार हाजिर किया गया, तो मर रहा कुरील चिल्लाया–"जो तेरे गुदा न होती तो हम नरक के कीड़े की यह जिन्दगी जीने के लिए पैदा नहीं होते। इसलिए जा मैं तुझे शाप देता हूँ कि तेरा एक जन्म ऐसा भी होगा, जब तेरे गुदा नहीं होगी। तो श्रोताओ यह विपदराम का लड़का वही चमार है।" अखिलेश के दृष्टिकोण में इन चमारों के लिए राष्ट्र, राष्ट्रीयता आदि का कभी कोई मतलब नहीं रहा। वे लिखते हैं–"उसके लिए क्या, उसकी सात पुश्तों के लिए राष्ट्र, राष्ट्रीयता और राष्ट्रनेता की कोई अहमियत नहीं रही।" इसलिए इस कथा की परिणति अपराध और हत्या में होती है। 'ग्रहण' का नायक राजकुमार पुरोहित पुत्र मुन्ना की हत्या कर पुरोहित की आँखें निकाल लेता है और एक दिन वह बागी होकर जंगल में चला जाता है। जहाँ उसके गैंग में कुछ दलित युवक और शामिल हो जाते हैं। क्या अखिलेश से यह पूछा जा सकता है कि उत्पीड़न से मुक्ति का क्या यही एक रास्ता है कि दलित युवक बागी हो जाएँ? और हथियार उठा लें। दरअसल किसी आन्दोलन को दबाने का यह एक तरीका है कि ऐसी स्थिति पैदा कर दो कि वह आन्दोलन हिंसक को जाए, फिर आप उस पर जितनी चाहे बर्बरतापूर्ण कार्यवाही करें।

आपको कोई गलत नहीं कहेगा। अखिलेश जी, दलित अब इतना नासमझ नहीं रहा कि वह आपके षड्यंत्रों को समझ न सके। अब उसने कलम उठा ली है और साहित्य लिख रहा है, ताकि आपको जवाब दे सके आप ही की भाषा में।

इन दोनों कहानियों पर विचार करने पर इस निष्कर्ष पर सहज ही पहुँचा जा सकता है कि इन दोनों कहानियों को हिन्दी साहित्य में लम्बे समय से चली आ रही उस बहस कि क्या दलित साहित्य गैर-दलित लेखक भी लिख सकते हैं? की परिणति के रूप में देखा जा सकता है। दलित साहित्य की कसौटी पर ये दोनों कहानियाँ ही खरी नहीं उतरतीं, क्योंकि दलित लेखक बेशक कला का बाजीगर नहीं है, लेकिन दलित समाज के प्रति उसकी धारणा, जागृति और प्रेरणा की है, जिससे वह शिक्षित, संगठित और समस्याओं के समाधान के लिए संघर्षशील हो सके। दलित लेखक दलित पात्रों को घृणित और पराजित नहीं दिखते, बल्कि उनकी पूर्ण जिजीविषा के साथ संघर्ष करते हुए चित्रित करते हैं, न कि आत्महत्या करते हुए। दलित साहित्य का उद्देश्य दलितों को अपराधी, हत्यारे और बागी बनाना भी नहीं है। दलित साहित्य दलितों को अपने हक की लड़ाई लड़ना सिखाता है। ये दोनों कहानियाँ दलित पृष्ठभूमि के नाम पर दलितों का उपहास हैं। इससे हमारी यह धारणा कि 'दलित साहित्य केवल दलित ही लिख सकता है' और अधिक पुख्ता होती है।

वर्तमान समय में दलित साहित्य समस्त भारतीय भाषाओं में लिखा जा रहा है। मराठी दलित साहित्य से तो हिन्दी मानस पहले से ही परिचित था, लेकिन तेलुगू और गुजराती दलित साहित्य से परिचित करवाने के लिए हम श्रीमती रमणिका गुप्ता जी के आभारी हैं, जिन्होंने तेलुगू और गुजराती दलित साहित्य पर 'युद्धरत आम आदमी' के विशेषांक प्रकाशित करके उन्हें पुस्तक का रूप दे दिया। दलित साहित्य के सन्दर्भ में यह धारणा प्रायः प्रचलित रही कि इसका उद्भव मराठी से ही हुआ था। हिन्दी दलित साहित्य पर तो उसकी 'कलम' होने का आरोप भी लगता रहा था। लेकिन यह सच नहीं है। हिन्दी में जब हम सिद्ध और नाथ कवियों के काव्य का अध्ययन करते हैं, तो पाते हैं कि चौरासी सिद्ध कवियों में लगभग तीस शूद्र थे। इसी प्रकार नाथों में भी कई शूद्र थे। बौद्ध साहित्य भी एक तरह से ब्राह्मणवाद के विरुद्ध उपजा था। इन सबको भी जाने दें, तो भी मध्यकाल में रैदास हिन्दी दलित साहित्य के प्रथम दलित चेतना सम्पन्न कवि हैं, जिन्होंने वर्णव्यवस्था का विषपान स्वयं किया था। उन्होंने सबसे पहले वर्ण के जन्मगत आधार को ही नकारा—

"रैदास जन्म के कारणै होत न कोई नीच।
नर को नीच करि डारि है ओछे करम की कीच।।"

आगे चलकर रैदास ने इसे और स्पष्ट कर दिया कि एक ही प्रक्रिया से उत्पन्न होने के कारण कोई ऊँचा या नीचा नहीं होता—

"रैदास एक ही बूँद सौ, सब ही भयो वित्थार
मूरिख हैं जो करत है वरन अवरन विचार।।
× × ×
रैदास एक ही नूर ते जिमि उपज्यौ संसार।
ऊँच-नीच किहि विध भये ब्राह्मण और चमार।।"

'हीरा डोम' की जिस कविता 'अछूत की शिकायत' का प्रायः जिक्र किया जाता है वह सितम्बर-1914 में प्रकाशित हुई थी। हो सकता है, छपने से एक-दो वर्ष पूर्व लिखी गयी हो। लेकिन अब तो इससे पूर्व के भी हिन्दी दलित कवियों को ढूँढ़ निकाला गया है। लेकिन फिर भी हिन्दी के मध्यकाल और आधुनिक काल के बीच एक अन्तराल अभी विद्यमान है, जिसके द्वारा हिन्दी दलित साहित्य की परम्परा विशृंखलित सी लगती है। शोधकर्ता हो सकता है भविष्य में इसकी पूर्ति कर लें।

हिन्दी प्रदेश (उत्तर प्रदेश, मध्य प्रदेश, बिहार और राजस्थान) के अतिरिक्त रैदास के साहित्य ने हरियाणा, पंजाब और गुजरात में भी अपना प्रभाव छोड़ा है जिसे हम जातीय हीनता से मुक्ति के रूप में देखते हैं। जब रैदास अपने पदों और साखियों में स्पष्ट घोषणा करते हैं कि—"कहे रैदास चमारा" और "मेरी जाति विख्यात चमार" तो यह ठीक उसी प्रकार का उद्घोष है, जिस प्रकार ठाकुर और ब्राह्मण अपने नाम के साथ 'राणा' या 'चतुर्वेदी' लगा कर करते हैं। इसने रैदास सम्प्रदाय को जातीय हीनता से मुक्ति दिलाने में एक हद तक सफलता प्राप्त की, जिसका प्रभाव पंजाब में स्पष्ट दिखाई दिया। गुरु गोविन्द सिंह के 'पंज प्यारे' निहंग ही थे, जो रैदासी थे। इसके कारण गुरु अर्जुनदेव ने गुरु ग्रंथ साहब में रैदास की वाणी को भी शामिल किया। रैदास ने स्पष्ट घोषणा की कि—

"का मथुरा का द्वारिका का कासी हर द्वार।
रैदास खोजा दिल आपना तऊ मिलिया दिलदार।।"

मध्यकाल के सन्त कबीर, रैदास, पीपा, धन्ना, सहजोबाई आदि ने ईश्वर को अपने मन के अन्दर ही ढूँढ़ा और पाया। यह आकस्मिक नहीं था, बल्कि एक विवशता थी, क्योंकि हिन्दुओं ने इनका अपने मन्दिरों में जाना तथा अपने धर्मग्रन्थों का पढ़ना वर्जित कर रखा था। अतः इन्होंने अपने मन को ही मन्दिर माना। सामाजिक परिवर्तन की दृष्टि से इसका परिणाम यह निकला कि दलितों ने हिन्दुओं के मन्दिरो को, उनके देवी देवताओं को नकारकर, रैदास के ही मन्दिर बना लिए और उनकी पूजा करने लगे। यह कोई छोटा परिवर्तन नहीं है। इसका विस्तार होना चाहिए।

सामाजिक परिवर्तन के सन्दर्भ में दलित साहित्य की एक महत्त्वपूर्ण भूमिका है, जिसे हम हिन्दी दलित साहित्य के सन्दर्भ में चाहे उतनी स्पष्टता से न देख पाएँ, जितनी स्पष्टता से मराठी दलित साहित्य के सन्दर्भ में देख पाते हैं। इसके कारणों पर

भी विचार किया जाना चाहिए। मुझे लगता है कि मराठी दलित साहित्य दलित जनान्दोलनों की उपज है, हिन्दी दलित साहित्य में ऐसा नहीं है। हिन्दी पट्टी में इस प्रकार का कोई दलित आन्दोलन रहा ही नहीं है। महाराष्ट्र चूँकि डॉ. अम्बेडकर की कर्मभूमि रही है। वहाँ पर उन्होंने मन्दिर प्रवेश और जलस्रोतों पर समान अधिकार आन्दोलन, जो अन्ततः धर्म परिवर्तन तक गये, चलाए। यह परम्परा दलित पैंथर तक जारी रही। इन्हीं आन्दोलनों की कोख से वहाँ नामदेव ढसाल, राजा ढाले, दया पंवार आदि साहित्यकार जन्मे, जो सीधे दलित आन्दोलनों से जुड़े थे। इसलिए वहाँ पर दलित साहित्य ने दलित जीवन में परिवर्तन की लहर पैदा कर दी। इस तथ्य को हम कौशल्या बैंसंत्री की आत्मकथा 'दोहरा अभिशाप' से भली-भाँति समझ सकते हैं।

हिन्दी दलित कवियों ने अभी तक एक भी ऐसा जनगीत नहीं रचा, जिसे दलित अपने जनान्दोलनों में इस्तेमाल कर सकें। जब उत्तराखण्ड आन्दोलन चल रहा था, तब वहाँ जिस तरह हर व्यक्ति की जुबान पर बल्ली सिंह चीमा का जनगीत था—

"ले मसालें चल पड़े हैं लोग मेरे गाँव के।
अब अँधेरे जीत लेंगे, लोग मेरे गाँव के।।"

ऐसा एक भी जनगीत क्या कोई दलित कवि रच पाया है? श्री एन.आर. सागर ने प्रयास किया था, लेकिन उन्हें काल ने असमय हमसे छीन लिया। मैं ससम्मान उनके उस उद्‌बोधन गीत की कुछ पंक्तियाँ यहाँ उद्‌धृत कर रहा हूँ—

"जिसने तुम्हें दबाया फेंका बदहाली के हाल में।
उठो कसम लो, बदला लोगे तुम उससे हर हाल में।।
जिसने छीन मकान तुम्हारे, अपना बंगला बनवाया।
खड़ी फसल खेतों की काटी, खलियानों को जलवाया।।
माँ-बेटी की अस्मत लूटी, बन्दूकों से धमकाया।
झूटी रपट लिखा थाने में, पुत्र जेल में भिजवाया।।
तहसील-कचहरी, पुलिस वकीलों के उलझाकर जाल में।
उठो कसम लो, बदला लोगे तुम उससे हर हाल में।।"

दलित कवियों को ऐसे कुछ जनगीतों की रचना अवश्य करनी चाहिए। इन जनगीतों का कोई साहित्यिक मूल्य हो या न हो, लेकिन ये सामाजिक परिवर्तन की दृष्टि से बहुत ही कारगर सिद्ध होंगे।

सामाजिक दृष्टि से यदि हम देखें, तो पाते हैं कि वर्ण-व्यवस्था में ब्राह्मण, क्षत्रिय और वैश्य इन तीनों वर्णों में जातियाँ नहीं हैं। इसे दूसरे शब्दों में यूँ कह सकते हैं कि ये तीनों वर्ण भी हैं और जातियाँ भी हैं, लेकिन चौथे वर्ण शूद्र में तीन सौ से अधिक जातियाँ हैं। इसका क्या कारण है? कारण स्पष्ट है। जनसंख्या की दृष्टि से शूद्र बहुत अधिक हैं। यदि इन्हें जातियों में न बाँटा जाता, तो ये कभी भी अपनी दासता के

विरुद्ध विद्रोह कर देते। जातियों में बँटे शूद्र आपस में ही लड़ते रहे और शेष वर्णों की सत्ता सुरक्षित रही। आज के सन्दर्भ में हम इस तथ्य को देखें तो पाएँगे कि—आज दक्षिणपंथी, चमार और वाल्मीकि को आरक्षण का नाम लेकर लड़ाने का प्रयास कर रहे हैं। इसी प्रकार खटीक और दूसरी दलित जातियों को दलित आन्दोलन से अलग करने के प्रयास हो रहे हैं। क्या दलित साहित्यकारों ने अपने प्रयासों से इन दलित जातियों को आपस में जोड़ने का प्रयास किया? इस सम्बन्ध में मैं श्री मोहनदास नैमिशराय को बधाई देना चाहता हूँ कि उन्होंने अपने सद्यः प्रकाशित उपन्यास 'मुक्तिपर्व' में एक चमार छात्र द्वारा एक वाल्मीकि बच्चे का स्कूल में प्रवेश कराकर तथा उन दोनों परिवारों में खान-पान के सम्बन्धों का चित्रण करके 'चमार-वाल्मीकि' एकता को प्रदर्शित करके एक सराहनीय कार्य किया है। यहाँ मैं यह जोड़ना भी उचित समझता हूँ कि जब तक शूद्र जातियाँ ही आपस में कम से कम रोटी का सम्बन्ध नहीं जोड़ेंगी, तब तक यह एकता मजबूत नहीं होगी। जब हम आपस में ही ऊँच-नीच के भेदभाव को समाप्त नहीं करेंगे, तो ब्राह्मण-क्षत्रिय और वैश्यों से इस ऊँच-नीच को समाप्त करने के लिए कैसे पाएँगे। यहाँ प्रसंगवश मैं ओमप्रकाश वाल्मीकि की कहानी 'शवयात्रा' का उल्लेख करना भी आवश्यक समझता हूँ, जिसमें उन्होंने दिखाया है कि एक वाल्मीकि के बालक के मर जाने पर चमार जाति के लोग उसको श्मशान ले जाने में सहायता नहीं करते और उसके पिता को ही अकेले उसे श्मशान तक ले जाना पड़ता है। इस कहानी के माध्यम से ओमप्रकाश जी ने यह दिखाने का प्रयास किया कि जिस तरह प्रेमचन्द की 'सद्‌गति' कहानी में चमार के शव को ब्राह्मण श्मशान नहीं ले जाते और अकेले उस ब्राह्मण को ही, जिसके घर में उस चमार की मृत्यु हुई थी, को उस शव को खींचकर श्मशान तक ले जाना पड़ा था। उसी तरह से एक वाल्मीकि बालक के शव को भी चमार श्मशान नहीं पहुँचाते। यहाँ उन्होंने 'चमार और ब्राह्मण' को एक ही धरातल पर खड़ा कर दिया है। कुछ अंशों में यह बात ठीक भी हो सकती है—लेकिन यह बात दलित एकता को तोड़ती है और बिखरा हुआ दलित किसी भी सूरत में मुक्ति के इस संग्राम को जीत नहीं पाएगा। इसलिए दलित साहित्यकारों को इन तथ्यों को समझकर ही साहित्य सृजन करना चाहिए, तभी वे सामाजिक परिवर्तन को सही दिशा दे सकेंगे।

विगत एक दशक से इस देश में भूमण्डलीकरण, उदारीकरण और निजीकरण की जो हवा चली है, उसने दलितों के जीवन में आने वाले परिवर्तनों को प्रभावित करना प्रारम्भ कर दिया है। पूँजीवादी देशों ने भूमण्डलीकरण की जो अवधारणा दी, उसने हमारे देश में उदारीकरण को जन्म दिया, जिसका परिणाम निजीकरण के रूप में निकला। आज स्वास्थ्य, शिक्षा और उद्योगों को सरकार जिस तेजी से निजी हाथों में दे रही है, इससे ऐसा प्रतीत होता है कि सार्वजनिक क्षेत्र में शायद ही कोई उद्योग रह

पाए। यह पूरी प्रक्रिया आरक्षण के विरोध में है। इसका परिणाम एक छोटे से उदाहरण से आप समझ पाएँगे। एम.एन.आर. इंजीनियरिंग कॉलिज, इलाहाबाद में अन्तिम वर्ष के छात्रों के कैम्पस इंटरव्यू करके निजी क्षेत्र की कम्पनियाँ अपने यहाँ नौकरी देती हैं। इस बार के एक छात्र ने मुझे बताया कि इस बार निजी कम्पनी के जो लोग आये, उन्होंने कॉलिज प्रशासन से कहा कि–एस.सी., बी.सी. और ऐसे छात्र जो बैक पेपर दे रहे हैं, को छोड़कर शेष छात्रों की सूची हमें दें तो दलित और पिछड़े छात्र अपने आप छँट गये। सरकारें तो सरकारी नौकरियों में लगातार कटौती कर रही हैं। निजी कम्पनियाँ अपने यहाँ दलितों को रखेंगी नहीं। कुल मिलाकार अगले दस-बीस वर्षों में दलित फिर वहीं पहुँच जाएगा, जहाँ वह स्वतन्त्रता से पूर्व था। दलित साहित्यकारों को इस तथ्य पर दृष्टि रखकर कोई राह खोजनी पड़ेगी। इस सन्दर्भ में मैं फिर श्री ओमप्रकाश वाल्मीकि की कहानी 'कूड़ाघर' का यहाँ उल्लेख किए बिना नहीं रह पा रहा हूँ, जिसका मुख्य पात्र एक दलित कार्यकर्ता है। वह दिल्ली में आयोजित एक बड़ी 'आरक्षण बचाओ' रैली में भाग लेने देहरादून से दिल्ली जाता है, लेकिन जब रैली की समाप्ति पर वह देहरादून लौटने के लिए बस में बैठता है, तो उसे लगता है कि जैसे उसे "भावनात्मक ब्लैक मेल करके ठगा गया है।" इस कहानी का निष्कर्ष यह है कि किसी भी दलित कार्यकर्ता को ऐसे दलित आन्दोलनों में भाग नहीं लेना चाहिए। ओमप्रकाश वाल्मीकि एक बड़े कथाकार हैं और अन्य दलित कथाकारों की अपेक्षा उनका कथाशिल्प भी काफी प्रौढ़ है, लेकिन किसी दलित साहित्यकार की ऐसी कलाकरी सराहनीय नहीं है, जो दलित एकता को तोड़कर उसे भटकाने का काम करती हो। सनसनीखेज वक्तव्य देकर चर्चा में बने रहना एक बात है–और सामाजिक परिवर्तन के लिए साहित्य सृजन करना एक दूसरी बात है। इस दृष्टि से सूरजपाल चौहान की दृष्टि कहीं ज्यादा साफ है। उनकी कहानी 'साजिश' सामाजिक परिवर्तन की राह में वर्णवादी अफसरशाही के अवरोध को बहुत ही बारीकी से पकड़कर बेनकाब करती है। इस कथा का नायक नत्थू जब बैंक से लोन लेकर एक मैटाडोर खरीदना चाहता है, तो बैंक मैनेजर रामसहाय उसे सलाह देता है कि–"ट्रांसपोर्ट के काम में कई प्रकार के लफड़े हैं, फिर तुझे इस काम का कोई अनुभव भी नहीं है। यह काम तो बड़े-बड़े व्यापारियों का है।"

"तो साहब, आप ही बताइए मैं क्या करूँ?" नत्थू ने असमंजस की स्थिति में कहा–

"तू पढ़ा-लिखा है, तू पिगरी लोन हेतु फार्म भरकर क्यों नहीं देता" इस कहानी पर टिप्पणी करते हुए ओमप्रकाश वाल्मीकि लिखते हैं कि–"दलित यदि अपने व्यवसाय में कुछ बदलाव लाना चाहे, तो यह तंत्र उसे घसीट कर वहीं डाल देता है। रामसहाय बहुत ही चालाकी से नत्थू को सलाह देता है। तन्त्र की ये मनोगत स्थितियाँ

दलितों की यथास्थिति बनाए रखने के लिए सक्रिय होती है।" मेरा कहना है कि दलित लेखकों को अपने साहित्य में ऐसी स्थितियों का पर्दाफाश करना चाहिए, न कि दूसरों को आपस की छोटी-छोटी दरारों को दिखाकर, उन्हें चौड़ा करने का अवसर देना चाहिए। यह स्थिति दलितों में आ रहे सामाजिक परिवर्तन के लिए बहुत ही घातक है।

वरिष्ठ दलित लेखक श्री माताप्रसाद जी का एक नाटक 'अन्तहीन बेड़ियाँ' अभी प्रकाशित हुआ है, जिसमें विभिन्न कालखण्डों में दलित-चेतना के विकास की विभिन्न घटनाओं का चित्रण उन्होंने अलग-अलग एकांकियों में किया है। इसमें एक एकांकी है—'ब्राह्मणों का वर्चस्व'। इस एकांकी में अन्तिम बौद्धशासक बृहद्रथ की हत्या उसका सेनापति ब्राह्मण पुष्यमित्र शुंग करके भारत पर अपना साम्राज्य स्थापित कर लेता है, तो वह अपने देश के बड़े-बड़े ऋषि-मुनियों (बुद्धिजीवी साहित्यकारों) की एक बैठक बुलाता है और उनसे एक ऐसा विधान बनाने का आग्रह करता है जिससे ब्राह्मण और ब्राह्मणवाद का वर्चस्व कायम हो सके। इसी के परिणामस्वरूप 'मनुस्मृति' की रचना हुई। क्या दलित मुक्ति के लिए और दलित वर्चस्व की स्थापना के लिए दलित साहित्यकार भी ऐसा कोई योजनाबद्ध और सामूहिक प्रयास कर सकते हैं? इस सम्भावना पर विचार किया जाना चाहिए।

जैसा कि मैं पहले भी कह चुका हूँ कि भारत में 95 प्रतिशत दलित अभी भी गाँवों में ही रहते हैं। गाँव में ही शोषण, पीड़ा और उत्पीड़न अधिक है। अभी हिन्दी दलित साहित्य में ग्रामीण दलित की यह पीड़ा उस तरह नहीं आ पाई है, जिस तरह मराठी में डॉ. शरणकुमार लिम्बाले की आत्मकथा 'अक्करमासी' और माधव कोडविलकर की आत्मकथा 'अन्त्यज' में उभरकर आयी है। दलित साहित्य को गाँव में यातना भोगते हुए उस दलित तक पहुँचना है जो अपनी पीड़ा और अपमान को न समझ पा रहा है और न कह पा रहा है। दलित साहित्य को उस तक पहुँचाने के लिए 'रामचरितमानस' और 'सत्यनारायण की कथा' की प्रविधि को अपनाना पड़ेगा, जिसमें 'किस्सा तोता मैना' की रोचकता का भी समावेश होना चाहिए, तभी यह लोकप्रिय होकर जन जीवन में प्रवेश कर पाएगा। मैं अपनी बात को थोड़ा और खोलकर कहता हूँ। यदि 'रामचरितमानस' के अखण्ड पाठ और रामलीलाओं के मंचन न होते, तो यह पुस्तक उतनी लोकप्रिय न होती और हिन्दू सामाजिक जीवन को इतना प्रभावित न करती। यदि 'सत्यनारायण की कथा' इतनी सरल न होती, तो अनपढ़ हिन्दू जनता तक उसकी पहुँच न हो पाती—और 'किस्सा तोता मैना' में यदि रोचकता न होती, तो वह बच्चे-बूढ़े और नौजवानों तक अपनी पहुँच न बना पाती। इसलिए यदि दलित साहित्यकार, दलित जीवन में साहित्य के माध्यम से परिवर्तन लाने के सचमुच आकांक्षी हैं तो उन्हें ऐसी कृतियों की रचना करनी पड़ेगी, जिनके अखण्ड पाठ हो सकें और जिन्हें अनपढ़ दलित जनता भी समझ सके और उनमें रोचकता भी हो। जब तक

दलित साहित्य गाँव में पीड़ा भोगते हुए बेजुबान लोगों की जुबान नहीं बनेगा, तब तक वह सार्थक नहीं होगा। दलित साहित्य पीड़ा भोगते हुए लोगों की जुबान बने, यही उसकी सार्थकता है।

आज कल जितने भी दलित साहित्य के सम्मेलन आयोजित होते हैं, वे सब देश और प्रदेशों की राजधानियों में या कुछ बड़े शहरों तक ही सीमित रहते हैं, जिनमें केवल दलित लेखक ही शामिल होते हैं। इनकी भी उपयोगिता है, लेकिन यदि आपस में ही कहते और सुनते रहे, तो उनको कब सुनाएँगे, जिनको इसकी जरूरत है। अतः अब समय आ गया है कि दलित साहित्य के ये सम्मेलन गाँवों और कस्बों में भी आयोजित किए और कराए जाएँ।

हिन्दी दलित साहित्य पर वर्तमान में किए जा रहे आक्रमणों तथा दलित लेखकों के बीच पनपते भ्रमों और उनकी कार्यवाहियों पर दृष्टिपात करने के उपरान्त ही मैंने यह ग्रन्थ लिखने का निश्चय किया है।

मेरा यह निश्चय कदापि मूर्त रूप न ले पाता, यदि मुझे हिन्दी के मधुर गीतकार, कवि, कहानीकार, समीक्षक एवं शोध प्रतिमान श्रद्धेय गुरुवर डॉ. योगेन्द्रनाथ शर्मा 'अरुण' का सूझबूझ पूर्ण निर्देशन न मिल पाता। मैं उनका आभार व्यक्त करके उऋण नहीं होना चाहता, बल्कि सदैव ऋणी ही बना रहना चाहता हूँ। मैं उनके श्री चरणों में नत हूँ।

हिन्दी दलित साहित्य के प्रतिष्ठित लेखकों, श्रद्धेय माताप्रसाद जी (पूर्व राज्यपाल, अरुणाचल प्रदेश), डॉ. जयप्रकाश कर्दम, श्री मोहनदास नैमिशराय, डॉ. श्यौराज सिंह 'बेचैन', श्रीमती रमणिका गुप्ता, डॉ. पुरुषोत्तम सत्यप्रेमी, डॉ. सोहनपाल 'सुमनाक्षर', डॉ. दयानन्द बटोही, डॉ. सी.बी. भारती, श्री जयन्त परमार आदि का हृदय से आभारी हूँ, जिन्होंने मेरा मार्गदर्शन करके तथा अपनी व्यक्तिगत पुस्तकें उपलब्ध कराकर मुझे अनुग्रहीत किया।

मेरी पत्नी श्रीमती सुषमा सिंह, बेटे अभिषेक रंजन, बेटियों—ऋचा रंजन, रूपाली रंजन, तथा नेहा रंजन को प्रायः ये शिकायत रही कि मैं उनके लिए समय नहीं निकाल पाता। उनका समय चुराकर मैं इस ग्रन्थ के लेखन में लगाता रहा हूँ। उन सबको मेरा प्यार और आशीष।

हिन्दी के उन समस्त विद्वानों के प्रति मैं हृदय से आभारी हूँ जिनके सद्परामर्श अथवा उनकी पुस्तकों का उपयोग मैंने इस ग्रन्थ के लेखन में किया है। मैं श्री रवि जैन तथा श्री अजय जैन का भी आभारी हूँ जिन्होंने इस ग्रन्थ को मनोयोगपूर्वक टाइप किया।

डॉ. एन. सिंह

हिन्दी दलित साहित्य : वर्तमान परिप्रेक्ष्य

शोषण चाहे मानसिक हो या सामाजिक, आर्थिक हो या धार्मिक, उसके विरुद्ध विद्रोह होगा ही। उसमें समय कितना भी लग सकता है। जैसे भारत में शताब्दियाँ बीत गयीं, धर्म के नाम पर एक वर्ग को सामाजिक, मानसिक और आर्थिक शोषण सहते हुए, लेकिन जैसे ही इस वर्ग में जरा सी चेतना आयी, उसके विद्रोह का विस्फोट हुआ। उस विस्फोट का ही परिणाम है दलित साहित्य। दलित साहित्य दलित लेखकों द्वारा लिखित वह साहित्य है, जो सामाजिक, धार्मिक, आर्थिक और मानसिक रूप से उत्पीड़ित लोगों की बेहतरी के लिए लिखा गया हो, जो सच्चे अनुभवों पर आधारित हो और जीवन्त भाषा में लिखा गया हो।

दलित साहित्य का उत्स बौद्ध साहित्य से माना जाता है। यह परम्परा सिद्ध और नाथ कवियों से होती हुई, निर्गुण कवियों तक आयी है। स्वतन्त्रता के बाद हिन्दी दलित साहित्यकारों द्वारा रचित साहित्य का संक्षिप्त विवरण यहाँ प्रस्तुत करने का प्रयास किया जा रहा है।

हिन्दी दलित कविता मध्यकाल के निर्गुण सन्त कवि रैदास और कबीर से होती हुई 'हीरा डोम' और 'अछूतानन्द' तक आयी है। इसके बीच लगभग 500 वर्षों का अन्तराल है। निश्चित रूप से इस बीच भी कुछ कवित हुए होंगे, जिन्होंने वर्चस्ववादी हिन्दू धर्म और संस्कृति के विरुद्ध आवाज उठायी होगी। सन् 1914 के बाद भी दलित कविता कभी लोकगीत के रूप में, तो कभी रैदास और कभी अम्बेडकर के जीवन और विचारों के काव्यात्मक आख्यानों के रूप में निरन्तर विकसित होती रही। लेकिन साठ के दशक में मराठी के दलित कवियों ने अपनी विद्रोही चेतना से सम्पूर्ण मराठी साहित्य की नींव हिला दी। इसी कारण उसे देश में ही नहीं, विदेश में भी मान्यता प्राप्त हुई। उसी से प्रेरणा लेकर हिन्दी के दलित कवियों ने भी कविता का सृजन किया, जो अब प्रतिष्ठित होकर स्थापित हो गयीं है।

दलित कविता

हिन्दी दलित कविता की स्थापना में कुछ काव्य संकलनों का महत्त्वपूर्ण योगदान है। इनमें 'पीड़ा जो चीख उठी' तथा 'दर्द के दस्तावेज' के नाम उल्लेखनीय है। 'पीड़ा जो

चीख उठी'[1] में पच्चीस दलित कवियों की दो-दो कविताएँ संकलित हैं। हालाँकि यह प्रथम दलित कविता संकलन है, लेकिन इसका कोई सम्पादक नहीं है। इसकी चर्चा उतनी नहीं हो पाई, जितनी होनी चाहिए थी। डॉ. एन. सिंह द्वारा सम्पादित काव्य संकलन 'दर्द के दस्तावेज'[2] को ही हिन्दी दलित कविता के पहले और प्रतिनिधि संकलन के रूप में मान्यता मिली। श्री राधेश्याम तिवारी ने इस पर टिप्पणी करते हुए लिखा है कि–'अनेक कवियों की कविताओं के इस संकलन का सम्पादन डॉ. एन. सिंह ने किया है। यह संग्रह दलित साहित्य के चयन की दिशा में एक स्मरणीय प्रयास है। संग्रह के कवि डॉ. प्रेमशंकर, डॉ. सुखबीर सिंह, डॉ. चन्द्र कुमार वरठे, ओमप्रकाश वाल्मीकि, मोहनदास नैमिशराय, डॉ. रामशिरोमणि 'होरिल' डॉ. दयानन्द बटोही, डॉ. एन. सिंह, डॉ. भूपसिंह और रघुनाथ प्यास हैं।'[3] इस काव्य संकलन को कुमायूँ विश्वविद्यालय, नैनीताल के एम.ए. हिन्दी, उत्तरार्द्ध के पाठ्यक्रम में पढ़ाया जाता है तथा इसका मराठी में अनुवाद डॉ. पद्मजा घोरपड़े ने किया है। डॉ. एन. सिंह ने ही एक और काव्य संकलन 'चेतना के स्वर'[4] सम्पादित किया, जिसमें हिन्दी दलित कविता के बाहर प्रतिनिधि कवियों की कविताएँ संकलित हैं। इस कालविधि में जो दलित कवि प्रकाश में आये, उनकी उपलब्धियों का लेखा-जोखा यहाँ प्रस्तुत है।

हिन्दी में दलित कविता की बाकायदा शुरुआत बीसवीं शताब्दी के आठवें दशक में हुई। इसकी प्रेरणा डॉ. अम्बेडकर की विचारधारा तो थी ही, महात्मा ज्योतिबा फुले का संघर्ष, मार्क्स की क्रांति दृष्टि तथा मराठी का दलित साहित्य भी रहा। इसके प्रारम्भिक दौर में हम श्री माताप्रसाद और डॉ. रामशिरोमणि 'होरिल' जैसे कवियों के सृजन को देख सकते हैं। डॉ. होरिल ने अपने काव्य में प्रेमानुभूतियों को भी अभिव्यक्त किया है। उनके काव्य संग्रहों में 'करील के काँटे' और 'जीवन राग' प्रमुख हैं। श्री माताप्रसाद ने यूँ तो 'भीम शतक', 'एकलव्य' खण्डकाव्य और 'दिग्विजयी रावण' प्रबन्ध काव्य भी लिखे, लेकिन उसकी पहचान 'राजनीति की अर्द्ध सतसई' से हुई है। इसमें उन्होंने 350 दोहों में दलित, नारी और राजनीति को अपने दोहों का विषय बनाया है। इनके ये दोहे बहुत प्रभावकारी हैं तथा उनकी साधना और अनुभव को रेखांकित करते हैं। उनकी पीड़ा को महसूस करने के लिए यह एक ही दोहा पर्याप्त है–

"मनुष न पैदा होत यहाँ, जाति पेट से आय।
कंटक बनि वह गडि रही, 'मित्र' कष्ट है पाय।।"[5]

श्री लालचन्द्र राही का नाम हिन्दी दलित कविता में बड़े सम्मान के साथ लिया जाता है। उन्होंने सामाजिक स्थिति के कष्ट को लगभग सबसे अधिक भोगा है। वे मजदूरी करते हुए पढ़े और फिर अध्यापक बने, अतः उनके अनुभवों का फलक बहुत बड़ा है। सम्भवतः इसीलिए वे लिख पाए कि–"मेरी स्थिति धोबी के कुत्ते से कम नहीं

थी। मेरा नाम न स्कूल में था न कारखाने में। मेरे भाग्य में मूंगफली बेचना या कपबशी धोना ही था।" उनकी कविताओं का संग्रह 'मूक नहीं मेरा कविताएँ' सचमुच हमें दहला देने वाले अनुभवों से गुजरने को विवश करता है। उनकी कविताएँ हमारे समय का सच बयान करती हैं। उनकी एक कविता 'स्वतन्त्रता के बाद' का यह अंश देखने योग्य है–

"पन्द्रह अगस्त के दिन / फूल चढ़ाने पर / डण्डे मिले / पाण्डे देवपाल के / अछूत को / उसी की बेटी के साथ / बलात्कार हुआ / और मन्दिर अपवित्र नहीं हुआ / छब्बीस जनवरी की रात को / स्वतन्त्र भारत के / एक छोटे से गाँव में।"[6]

डॉ. पुरुषोत्तम 'सत्यप्रेमी' हिन्दी दलित कविता के एक अन्य महत्त्वपूर्ण हस्ताक्षर हैं। डॉ. सत्यप्रेमी के अब तक तीन कविता संग्रह प्रकाशित हो चुके हैं–'द्वार पर दस्तक', 'सवालों के सूरज' और 'मूक माटी की मुखरता'। इनकी कविता भी मोहभंग की कविता है। अपनी 'आँसू ही आँसू' कविता में वे लिखते हैं–

"आँसू ही आँसू हैं / मेरे भारत / नम हुई है आँसू से / हर आदमी की आँख / और स्वतन्त्रता, स्वराज्य व समता का / सपना सँजोती भारतमाता / संशय की पीड़ा भोग रही है।"[7]

डॉ. सोहनपाल 'सुमनाक्षर' भारतीय दलित साहित्य अकादमी, दिल्ली के अध्यक्ष हैं। हिन्दी दलित साहित्य के प्रचार-प्रसार में इनकी भूमिका बहुत महत्त्वपूर्ण रही है। अब तक इनके दो काव्य संग्रह प्रकाशित हो चुके हैं–'अंधा समाज बहरे लोग' तथा 'सिन्धु घाटी बोल उठ', लेकिन इनकी कविता राजनीतिक बयान होने से नहीं बच सकी है। इसका एक उदाहरण उनकी कविता 'फूलन हमारा आदर्श हैं' से देखिये–

"फूलन / दलित शोषित समाज का प्रतीक है / चाहे उसे कितना भी बदनाम करो / तोहमत धरो / वह / हमारी ही नहीं / सारी नारी जाति की / शौर्यगाथा है।"[8]

श्री मोहनदास नैमिशराय ऐसे दलित पत्रकार और कवि हैं, जिन्हें हिन्दी जगत में पर्याप्त सम्मान मिला है। देशभर के स्तरीय पत्र एवं पत्रिकाओं में उनकी रचनायें छपती रहती हैं। उन्होंने लगभग जिद्द पूर्वक स्वतन्त्र लेखन को अपनाया। 'लोकायन' और 'क्रान्धिर्मी' पत्रिकाओं के वे सह सम्पादक और बाबा साहब डॉ. अम्बेडकर सम्पूर्ण वाङमय के सम्पादक रहे हैं। उनकी आत्मकथा 'अपने-अपने पिंजरे' (दोनों भाग) किसी हिन्दी दलित लेखक की पहली आत्मकथा मानी जाती है। अब तक उनका एक कविता संग्रह 'सफदर का बयान' प्रकाशित हुआ है। अपनी एक प्रसिद्ध कविता 'फर्क तय करना है' में उन्होंने दलित जीवन की एक महत्त्वपूर्ण समस्या को उठाया है कि जाति के कारण ही अपमान सूचक शब्द, जो कल तक गाँव और कस्बों

में ही कहे जाते थे, अब महानगरों में भी क्यों कहे जाने लगे हैं–

"एक ही मनुष्य जाति के होने पर भी / जातिगत सम्बोधनों के आधार पर / कसैले से लगने वाले स्वर / कल तक जो गाँव और कस्बों के / परिवेश में सुनाई देते थे, आज उजालों के प्रतीक / महानगरों में भी / वही जातिगत सम्बोधनों के आधार पर कसैले से लगने वाले स्वर / सुनाई पड़ने लगे हैं।"[9]

डॉ. दयानन्द 'बटोही' पहले 'नयी लहर' और अब 'साहित्य यात्रा' अनियतकालीन पत्रिका के सम्पादक हैं। अपने दलित सरोकारों के कारण प्रताड़ित किए गये डॉ. दयानन्द 'बटोही' ने दलित कविता में अपनी अलग पहचान बनाई है। उनका काव्य संग्रह 'यातना की आँखें' नवगीत विधा में सामाजिक विसंगतियों को अभिव्यक्ति देता है, लेकिन पाठकों का ध्यान इनकी अन्य कविताओं ने ही खींचा है। उनकी एक प्रसिद्ध कविता है 'द्रोणाचार्य सुनें! उनकी परम्पराएँ सुनें' इस कविता में उन्होंने विद्यालयों से लेकर विश्वविद्यालयों तक में दलित छात्रों के साथ हो रहे अन्याय को मारक अभिव्यक्ति दी है–

"मैं सिर्फ / द्रोण तुम्हारे रास्तों पर चले गुरु से कहता हूँ / अब दान में अँगूठा माँगने का साहस कोई नहीं करता / प्रैक्टिकल में फेल करता है / प्रथम अगर आता हूँ तो / छठा या सातवाँ स्थान देता है / जाति गंध टाइटल में खोजता है / वह आत्मा और मन को बेमेल करता है।"[10]

डॉ. जयप्रकाश कर्दम हिन्दी दलित कविता के एक सशक्त हस्ताक्षर हैं। इनके दिनों काव्य संग्रह 'गूँगा नहीं था मैं' तथा 'तिनका-तिनका आग' हिन्दी क्षेत्रों में काफी चर्चित रहे हैं। उनकी कविता की एक बानगी यहाँ प्रस्तुत है। वह अपनी 'दमन की दहलीज पर' कविता में लिखते हैं–

"तमाम विरोधों और दबावों के बावजूद / जाति के जंगल का यह जीव / अपनी मुक्ति के लिए अड़ा / अपनी अस्मिता और अस्तित्व के लिए लड़ा है और आज / तमाम हौसलों के साथ / हाथों में खंजर लिए वह / दमन की दहलीज पर खड़ा है / और ललकार रहा है चीखकर / बाहर निकल हरामजादे / तेरी ऐसी की तैसी।"[11]

यहाँ कुछ अन्य कवियों के काव्य संग्रहों का उल्लेख करना भी समीचीन रहेगा। ये इस प्रकार हैं–'शोषितनामा'–डॉ. मनोज सोनकर, 'तब तुम्हारी निष्ठा क्या होती'–कंवल भारती, 'प्रयास'–सूरजपाल चौहान, 'व्यवस्था के विषधर'–डॉ. कुसुम वियोगी, 'उत्पीड़न की यात्रा'–लक्ष्मी नारायण सुधाकर, 'कलम को दर्द कहने दो'–कर्मशील भारती, 'हार नहीं मानूँगा'–ईश कुमार गंगनिया, 'सुनो ब्राह्मण'–मलखान सिंह, 'आक्रोश'–डॉ. सी. बी.भारती आदि। इनके अतिरिक्त लगभग डेढ़ दर्जन कवि दलित कविता के क्षेत्र में संघर्ष कर रहे हैं। इन कवियों में सर्वश्री रत्नकुमार सांभरिया,

डॉ. सुरेश पंचम, हरिकिशन सन्तोषी, आचार्य गुरु प्रसाद, रजनी तिलक, डॉ. हेमलता माहेश्वर, रघुनाथ प्यासा आदि के नाम लिए जा सकते हैं।

हिन्दी दलित कविता को पहचान के स्तर पर जिन कवियों ने स्थापित किया है, उनमें डॉ. सुखबीर सिंह, डॉ. प्रेमशंकर, डॉ. एन. सिंह, डॉ. श्यौराज सिंह बेचैन तथा श्री ओमप्रकाश वाल्मीकि के नाम लिए जा सकते हैं। इनकी कविताओं में अनुभूति की गहनता और शिल्प की प्रौढ़ता तो देखते को मिलती ही है, साथ ही अभिव्यक्त अनुभवों की प्रामाणिकता भी इनकी कविताओं का प्राण है, जिसके कारण ये कविताएँ बोधक तो हैं ही, बेधक भी हैं।

डॉ. सुखवीर सिंह हिन्दी के प्रतिष्ठित समीक्षक और कवि रहे हैं। कई आलोचनात्मक पुस्तकों के साथ-साथ उन्होंने कुछ काव्य संकलनों का सम्पादन भी किया। उनके तीन काव्य संग्रह 'अनन्तर', 'बयान बाहर' और 'सूर्यांश' प्रकाशित हुए हैं। उनका 'बयान बाहर' काव्य संग्रह अपनी संवेदना और शिल्प के कारण बेहद चर्चित हुआ। यह हिन्दी की लम्बी कविताओं में अपना विशेष स्थान एवं महत्त्व रखता है। एक लम्बी कविता में उन्होंने आत्मकथात्मक शैली में किसी दलित के आगे बढ़ने की आकांक्षा में लहूलुहान होने की प्रक्रिया को रेखांकित किया है। उसका एक मार्मिक अंश देखिए–

"उस दिन मैंने / दूसरों के आगे बढ़ने के लिए / रास्ता छोड़ने की बन गयी लीक से / अलग हटकर अपना पाव जमा / खुद को आगे बढ़ाना चाहा / तभी मैंने / आग को चिमटे की नोंक पर नहीं / अपनी हथेली पर सुलगते पाया।"[12]

डॉ. प्रेमशंकर लम्बे समय से दलित कविता की रचना यात्रा से जुड़े हैं। वह एक अनियतकालीन पत्रिका 'अम्बेडकरीय कविता' भी निकालते हैं। वे इस कविता को 'दलित कविता' के स्थान पर 'अम्बेडकरीय कविता' कहना उचित समझते हैं। अब तक उनके कुछ समीक्षात्मक ग्रन्थों के अतिरिक्त दो काव्य संग्रह 'नयी गंध' तथा 'कविता : रोटी की भूख तक' प्रकाशित हुए हैं। अपनी बात को उत्तेजना के साथ कहना उनकी कविताओं की विशेषता है। उनकी एक कविता 'वे सभ्य हैं' में यह प्रहारात्मक क्षमता देखते ही बनती है–

"वे सभ्य हैं / आदमी से / हाथ मिलाने के बाद / हाथ धोते हैं माजते हैं / और फिर / मुस्कुरा क़र कहते हैं / हम एक हैं / फिर हाथ धोते हैं / ताकि / हाथ में आदमी की / जाति न छप गयी हो।"[13]

डॉ. एन. सिंह, समीक्षक और कवि हैं। हिन्दी दलित साहित्य की स्थापना में ये अपना एक महत्त्वपूर्ण स्थान रखते हैं। डॉ. एन. सिंह मूलतः आक्रोश के कविता हैं। व्यवस्था पर चोट इनकी कविताओं का केन्द्रीय भाव है तथा सामाजिक परिवर्तन और सामाजिक न्याय उनका लक्ष्य है। अब तक इनका एक काव्य संग्रह 'सतह से उठते हुए' प्रकाशित हुआ है। सीधी सपाट भाषा में सामाजिक विसंगतियों पर चोट करती

इनकी एक कविता यहाँ प्रस्तुत है—

"सतह से उठते हुए / मैंने जाना कि / इस धरती पर किए जा रहे / श्रम में / जितना हिस्सा मेरा है / इस धरती के / हवा, पानी और / इससे उत्पन्न होने वाले / अन्न और धन में भी है / अब मैं समझ गया हूँ। उस अंक गणित को / जिसके कारण / मेरे श्रमकण / मिट्टी में मिलकर / दूसरों की झोली को / भर देते हैं मोतियों से और / मेरी झोली में होती है / भूख, बेबसी और लाचारी / इसलिए अब / मेरे हाथ की कुदाल / धरती पर कोई नींव खोदने से पहले / कब्र खोदेगी / उस व्यवस्था की / जिसके संविधान में लिखा है / तेरा अधिकार सिर्फ कर्म में है / श्रम में है / फल पर तेरा अधिकार नहीं।"[14]

डॉ. श्यौराज सिंह 'बेचैन' हिन्दी दलित कविता के अपेक्षाकृत युवा कवि हैं। उनके अब तक दो काव्य संग्रह 'नयी फसल' और 'क्रौंच हूँ मैं' प्रकाशित हुए हैं। इनकी एक कविता यहाँ उद्धृत है—

"इन आँखों के / सपने तो टूट गये लेकिन / जिन आँखों में जन्मे ही नहीं / उनकी सोचो / तुमने तो कह ली / अपनी और पराई भी / अब खोल / सको तो/ बेजुबान का मुँह खोलो।"[15]

कवि और कथाकार ओमप्रकाश वाल्मीकि अब किसी परिचय के मोहजाज नहीं हैं। हिन्दी दलित कविता के इस प्रतिष्ठित कवि के अब तक दो काव्य संग्रह 'सदियों का सन्ताप' और 'बस्स! बहुत हो चुका' प्रकाशित हुए हैं। धर्म, दर्शन और पौराणिक मिथकों की पुनर्व्याख्या उनकी कविताओं की मुख्य विशेषता है। उनकी एक कविता 'शायद आप जानते हों' का एक अंश यहाँ प्रस्तुत है—

"तुम्हारे रचे शब्द / तुम्हें डसेंगे साँप बनकर / गंगा किनारे कोई वृक्ष ढूँढ लो / कर लो भागवत का पाठ / आत्मतुष्टि के लिए / कहीं अकाल मृत्यु के बाद / भयभीत आत्म / भटकते-भटकते / किसी कुत्ते या सुअर की मृत देह में / प्रवेश न कर जाए / या फिर पुनर्जन्म की लालसा में / किसी डोम या चूहड़े के घर / पैदा न हो जाए / चूहड़े या डोम की आत्मा / ब्रह्मा का अंश क्यों नहीं है / मैं नहीं जानता / शायद आप जानते हों।"[16]

हिन्दी दलित कविता की नित नयी सम्भावनाएँ खुल रही हैं, लेकिन उसकी कुछ सीमाएँ स्पष्ट भी होती जा रही हैं। जैसे प्रत्येक दलित कवि लगभग एक ही प्रकार की संवेदनाओं को अभिव्यक्ति दे रहा है। इस पुनरावृत्ति का कारण सम्भवतः सभी कवियों का एक ही प्रकार की स्थितियों और अनुभवों से गुजरना रहा है। सच मायने में यह कविता अपमानित पीढ़ियों की कोख से जन्मी है। बावजूद इसके दलित कवियों की कविताएँ आत्माख्यान से निकलकर अपने शिल्प को निखारने का प्रयास कर रही हैं। वे अब विकास की प्रारम्भिक सीढ़ियाँ पार कर चुकी हैं।

दलित कहानी

हिन्दी में पहली कहानी कब और किसने लिखी, इस पर तो विवाद हो सकता है, लेकिन यह निर्विवाद है कि कहानी का जन्म तो मनुष्य के जन्म के साथ ही हुआ है। कहानी कहने-सुनने की परम्परा उतनी ही पुरानी है, जितनी कि मनुष्य के जैविकीय विकास की कथा। हिन्दी की पहली कहानी 1900 के बाद ही प्रकाशित हुई 'सरस्वती' में। यह युग हिन्दी कहानी के विकास का प्रारम्भिक काल है जिसे इतिहासकार और आलोचक 'प्रसाद युग' के नाम से जानते हैं। और यह युग ऐसा है, जिसमें दलितों का विद्रोह धीरे-धीरे सुलगता हुआ, सामाजिक धरातल तक आ पहुँचा था। स्वतन्त्रता आन्दोलन के क्षितिज पर महात्मा गाँधी का उदय हो चुका था, जिन्होंने पहली बार समझा था कि यह लड़ाई किसी एक वर्ग या जाति के लड़ने से नहीं जीती जा सकती। इसमें सभी धर्मों, जातियों और वर्गों के लोगों ने सहयोग दिया, जिनमें अछूत भी थे। तभी अपनी विस्फोटक विद्रोही चेतना लेकर डॉ. अम्बेडकर भी भारत के राजनीतिक फलक पर अपनी उपस्थिति दर्ज कराने के लिए आ पहुँचे थे। डॉ. अम्बेडकर केवल भारत की आजादी ही नहीं चाहते थे, बल्कि अछूतों की हिन्दू धर्म से मुक्ति भी चाहते थे।

भारतीय समाज में अछूतों और सवर्णों की स्थिति के दो उदाहरण डॉ. अम्बेडकर ने अपनी पुस्तक 'इनहिलेशन ऑफ कास्ट' में दिए हैं। इनमें से पहला विवरण शिमला पहाड़ की किसी देशी रियासत का है। हरिजनों ने अपनी स्थिति का वर्णन करते हुए 'हरिजन सेवक' (सम्पादक-महात्मा गांधी) में सम्पादक के नाम पत्र लिखा था, जिसमें कहा गया था कि–

"1. जब किसी ऊँची जाति के हिन्दू का कोई डंगर मर जाता है, तो डंगर का मालिक खुद से छूने में छूत मानता है और हरिजनों को उसे ले जाकर गाड़ना पड़ता है।
2. कोई ब्राह्मण किसी हरिजन के यहाँ सत्यनारायण की कथा कहने या कोई यज्ञ कराने नहीं जाता।
3. किसी ऊँची जाति के व्यक्ति के लिए किसी हरिजन की स्त्री या लड़की को जबरदस्ती ले जाना कोई जुर्म या दोष नहीं माना जाता।
4. कोई हरिजन हिन्दू तरीके से कन्यादान करके अपनी लड़की की शादी नहीं कर सकता।
5. सरकारी अफसरों के दौरे के वक्त दूध, लकड़ी, घास और हर तरह की बेगार हरिजनों से ली जाती है। ऊँची जाति वालों से ये चीजें नहीं ली जातीं। इन चीजों की कीमत अगर कोई अफसर देता भी है तो वह नम्बरदास वगैरह ले लेते हैं, हरिजनों को नहीं मिलती।

6. ऊँची जाति वालों की तुलना में उतनी ही जमीन की माल गुजारी हरिजनों से दुगुनी ली जाती है। इस पर हरिजनों को जमीन का मौरुसी हकदार नहीं माना जाता।
7. जो हरिजन इस तरह के अत्याचारों पर एतराज करते हैं, उन पर झूठे मुकद्दमे चलाए जाते हैं।
8. रियासतों के प्रजामण्डलों में ऊँची जाति वाले लोग हरिजनों को प्रजामण्डल के मेम्बर नहीं बनने देते और अगर बनने भी देते हैं, तो उन्हें चुनाव वगैरह में बराबरी के हक नहीं देते।"

दूसरा विवरण इन्दौर रियासत के 15 गाँवों के सवर्णों का है, जिन्होंने वहाँ के अस्पृश्यों को निम्नलिखित आज्ञाओं का पालन करने को कहा था अन्यथा गाँव छोड़कर चले जाने की धमकी दी थी–

"1. कोई पुरुष सुनहरी किनारी की पगड़ी न लगाए, रंगीन किनारी की धोती न पहने।
2. किसी हिन्दू के मर जाने पर उसके रिश्तेदारों को खबर दे, भले ही वह दूर क्यों न रहता हो।
3. हिन्दुओं के शाही-ब्याह में बाजा बजावें।
4. अछूतों की औरतें सोने-चाँदी के गहने तथा फैन्सी लहंगा और जाकेट न पहनें।
5. हिन्दू औरतों को बच्चा पैदा होने के समय वे दाई का काम करें।
6. अछूतों को चाहिए कि वे बिना वेतन हिन्दुओं के यहाँ नौकरी करें और जो उन्हें खुश होकर दे दिया जाए, उसे स्वीकार कर लें।"

सातवें दशक की कहानी में भी दलित चेतना को उभारने का प्रयास नहीं किया गया। हिन्दी कथा साहित्य में दलित चेतना की अभिव्यक्ति के दृष्टिकोण से आठवा दशक महत्त्वपूर्ण है। श्री रमेश कुमार ने अपने लेख–'आधुनिक हिन्दी कहानियों में दलित चेतना' में भी लिखा है कि–"आठवें दशक के समानान्तर आन्दोलन के माध्यम से समाज के कमजोर वर्ग की समस्याओं को कहानी का केन्द्र बनाया गया। स्वतन्त्रता के पचास वर्ष बाद भी निम्न दलित वर्ग का जीवन बद से बदतर होता चला गया है। ऐसी स्थिति में दलित उन्नायकों ने अपनी कहानियों के माध्यम से इस वर्ग के जीवन का यथार्थ निरूपण किया है। इन कहानियों में दलित मानव की वेदना, निरन्तर संघर्ष करते रहने की अनिवार्यता, सुविधाभोगी लोगों के प्रति उनकी विरोध मुद्रा, प्रतिकूल नारकीय स्थिति में भी जीने की विवशता और अपने मानवीय अधिकारों की प्राप्ति हेतु आत्मसजगता जाग्रत हुई है।"[17]

इस आत्मसजगता का कारण वस्तुतः शूद्रों के प्रति सवर्णों का उपेक्षापूर्ण व्यवहार

है। खासकर गाँव के पढ़े-लिखे हरिजन युवक को भी गाँव का सवर्ण असम्मान की दृष्टि से देखता है, जिसके कारण वह गाँव से पलायन करके शहर आ जाता है। यहाँ पर उसे केवल एक ही सुविधा है—आजीविका की। लेकिन यहाँ पर वह अपने सामाजिक परिवेश से कटकर जीने लगता है। यहाँ भी उसके सामने अपनी पहचान का संकट पैदा हो जाता है और फिर वह अपनी पहचान के लिए संघर्ष करता है। यह संघर्ष तीन धरातलों पर है—एक—राजनीतिक, दूसरा—आर्थिक तथा तीसरा—साहित्यिक। संसद और विधान सभाओं में स्थान आरक्षित होने के कारण वह सत्ता प्राप्ति के लिए संघर्ष करता है, लेकिन इसके मूल में केवल व्यक्तिगत महत्त्वाकांक्षाएँ ही रही हैं, क्योंकि अम्बेडकर के बाद भारत की संसद में सौ सवा सौ सांसद आरक्षित श्रेणी के सदैव ही रहे हैं। लेकिन देश भर में दलितों की स्थिति में क्या परिवर्तन हुआ? यही स्थिति प्रदेशों की विधानसभाओं की भी रही और यहाँ भी हमारे गूंगे-बहरे और अकर्मण्य प्रतिनिधि ही पहुँचाए जाते रहे। दूसरे आर्थिक धरातल पर भी संघर्ष हुआ। लेकिन जो दलित युवक पढ़-लिखकर नौकरी पा जाता है, वह अपने समाज से, जाति से कटकर जीने लगता है। एक तरह से वह 'दूसरा सवर्ण' ही हो जाता है।

अस्मिता के लिए तीसरा और सबसे सशक्त संघर्ष साहित्यिक धरातल पर हुआ, क्योंकि जिस शूद्र के लिए शिक्षा प्राप्त करने तक का भी निषेध था, उसके लिए साहित्य में प्रवेश किस प्रकार सम्भव हो सकता था। वह साहित्य में आया भी तो गुलाम, दास या बँधुवा की हैसियत से ही और यदि शूद्र स्त्री आयी तो केवल भोग्या, दासी या मजदूरिन की हैसियत से ही। बस स्वतन्त्रता के बाद पढ़-लिखकर साहित्य में आये दलितों ने भी कलम पकड़ी, उसका प्रारम्भ तो कविता से ही हुआ। धीरे-धीरे वह कहानी की ओर भी आये। दलित चेतना की कथाओं के रूप में श्री सूर्यकान्त त्रिपाठी 'निराला', प्रेमचन्द, शिवप्रसाद सिंह आदि ने एक पृष्ठभूमि प्रदान की और उस पर जिन दलित कथाकारों ने दलित कथा का सृजन करने का प्रयास किया, उनमें सर्वश्री ओमप्रकाश वाल्मीकि, पुरुषोत्तम सत्यप्रेमी, मोहनदास नैमिशराय, दयानन्द बटोही, रघुनाथ प्यासा, शिवचन्द्र उमेश, कालीचरण स्नेही, बी.एल. नय्यर आदि के नाम उल्लेखनीय हैं। इन सभी कथाकारों की कहानियाँ परम्परा के विरोध की कहानियाँ हैं, जो परम्परा से पहले संघर्ष और फिर विद्रोह करती हैं और अन्नतः उसे नकार देती हैं।

हिन्दी के दलित कथाकारों में श्री ओमप्रकाश वाल्मीकि ही एक ऐसे कथाकार हैं, जिन्होंने अब अपनी पहचान स्थापित कर ली है। उनके अब तक दो कथा संग्रह 'सलाम' तथा 'घुसपैठिए' प्रकाशित हो चुके हैं तथा लघु कथाओं में—'मुंशी जी का गिलास' (प्रहार—जुलाई-सितम्बर, 1992) आदि भी चर्चित रचनाएँ हैं। इन कथाओं में किसी भी वाद-विवाद से हटकर तथा किसी जाति, वर्ण के प्रति घृणा न रखते हुए दलित जीवन की विद्रूपता का जितना प्रभावशाली चित्रण है, वह अन्यत्र दुर्लभ है।

उनका शिल्प किसी भी हिन्दी कथाकार की तरह मँजा हुआ एवं पूरी तरह परिष्कृत है। उनकी कहानियों में दलितों के साथ बाहर समाज में हो रहे अन्तर्द्वन्द्वों के साथ उनके आन्तरिक द्वन्द्वों का भी बेखौफ चित्रण हुआ है। 'सलाम' कहानी का एक पात्र कमल प्रगतिशील ब्राह्मण युवक है। अपने एक भंगी सहपाठी मित्र की बारात में उत्तर प्रदेश के एक गाँव में चला जाता है। वहाँ सुबह-सुबह उसे चाय की तलब लगती है और वह गाँव की चाय की दुकान पर पहुँचकर चाय वाले से चाय बनाने के लिए कहता है। पहले तो चाय वाला उसे चाय देने को कह देता है, परन्तु जब वह बातों से यह जान लेता है कि वह चूहड़ों की बारात में आया है (अतः चूहड़ा ही है) तो चाय देने से मना कर देता है। इस मुद्दे पर बात होते-होते विवाद में बदल जाती है। तभी वहाँ बल्लू रांघड़ (ठाकुर) का रामपाल भी आ जाता है। रामपाल का कमल से व्यवहार देखिए—"बात पूरी होने से पहले ही रामपाल ने उसे डाँटा"—'ओ, शहरी जनखे, हम तेरे भाई हैं? साले जबान सिंभाल करके बोल, गांड में डंडा डाल के उलट दूँगा, जाके जुम्मन चूहड़े से रिश्ता बणा। इतनी जोरदार लौंडिया लेके जा रहे हैं सहर वाले, जुम्मन के तो सींग लिकड़ आये हैं। अरे लौंडिया को किसी गाँव में ब्याह देता तो म्हारे जैसों का भी कुछ भला हो जाता।' एक तीखी हँसी का फव्वारा छूटा, आसपास खड़े लोगों ने उसकी हँसी में अपनी हँसी मिला दी। कमल को लगा जैसे अपमान का घना बियाबान जंगल उग आया है। उसका रोम-रोम काँपने लगा। उसके अपने आसपास खड़े लोगों पर निगाह डाली, हिंसक शिकारी तेज नाखूनों से उस पर हमला करने की तैयारी कर रहे थे।

उसने पहली बार अखबारों में छपी उन खबरों को शिद्दत से महसूस किया, जिस पर विश्वास नहीं कर पाता था वह। फलां जगह दलित युवक को पीट-पीटकर मार डाला। फलां जगह आग में भून दिया। घरों में आग लगा दी।[18] ओमप्रकाश वाल्मीकि एक ऐसे सम्भावनाशील दलित कथाकार हैं, जिनसे दलित कथा साहित्य को बहुत आशाए हैं।

मोहनदास नैमिशराय एक प्रतिबद्ध दलित कथाकार हैं। उनकी कहानियाँ हिन्दी की सभी प्रतिष्ठित पत्र एवं पत्रिकाओं में ससम्मान स्थान पाती रही हैं। लोकमत समाचार (नागपुर), संचेतना, एवं समकालीन भारतीय साहित्य (दिल्ली) में प्रकाशित उनकी कहानियाँ पर्याप्त चर्चा में रही हैं। उनका कथा संग्रह 'आवाजें' प्रकाशित हुआ है। उनकी कथाओं पर उनका पत्रकार हावी रहता है और कहीं-कहीं ये कहानियाँ रपट बनने से नहीं बच पातीं, लेकिन उनकी कहानियों में परिवर्तन की आहटें साफ सुनाई देती हैं और साथ ही उनमें उपदेश भी रहता है। उनकी कहानी 'आवाजें' एक सशक्त कहानी है, जिसमें गाँव के मेहतर, ठाकुर औतार सिंह की गुलामगिरी करने से साफ मना कर देते हैं। इसके कारण पहले उनको डकैती में फँसवाकर पिटवाया जाता है।

जब यह मामला 'दलितों पर अत्याचार' का बन जाता है और कानून उनकी इस हद तक मदद करता है कि इस षड्यंत्र में शामिल कानून के रखवाले भी सजा पा जाते हैं। जब मेहतर अपनी इस जीत का जश्न मना रहे होते हैं, तो ठाकुर औतार सिंह उनकी बस्ती में आग लगवा देता है। इस कहानी में परिवर्तन के स्वर देखिए–

"तभी कारिन्दा पुनः कह उठता है–'इतवारी तुम्हें ठाकुर ने बुलाया है...।' कारिन्दे के पहली बार कहने को इतवारी ने अनसुना कर दिया। जब दुबारा कारिन्दे ने उसी लहजे में कहा तो वह उबल-सा पड़ा–

"कौन ठाकुर....?"

"गाँव में कौन ठाकुर है तुम्हें पता नहीं है....?" कारिन्दा क्षणभर में ही भभक उठता है।

"नाहीं, हमें कुछ पता नहीं। अब कहीं किसी की ठकुराहट नहीं चलती, सब अपने-अपने घर में ठाकुर हैं।"

"क्या?" कारिन्दा अब पूरी तरह से गर्मा गया था। उसे सपने में भी विश्वास न था कि इतवारी, जिसकी उम्र मैला ढोते-ढोते तथा दूसरों की जूठन खाते-खाते बीत गयी, ऐसा कह सकता है।

"मुझे ठाकुर औतार सिंह ने भेजा है।" कारिन्दे ने मूँछों पर उँगली फिराते हुए कहा।

"हूँ, कह देना अब कोई न जावत है। बहुत दिन हो गये गुलामगिरी करते-करते।"[19]

इस प्रकार हम देखते हैं कि श्री मोहनदास नैमिशराय एक अच्छे सम्भावनाशील कथाकार हैं। डॉ. दयानन्द बटोही का एक कथा-संग्रह 'कफनखोर' मगध विश्वविद्यालय में बी.ए. के पाठ्यक्रम में नियत है। ये स्वयं एक लघु पत्रिका 'साहित्य यात्रा' के सम्पादक हैं। इनकी कहानियाँ यदा-कदा पत्र-पत्रिकाओं में छपती रहती हैं। उनके कथा संग्रह 'सुरंग' में संकलित कहानी 'सुरंग' पिछले दिनों चर्चा में रही है। जीवन और जगत का कटु यथार्थ इनकी कहानियों में बहुत ही तल्ख होकर सामने आता है। 'सुरंग' का कथानक शिक्षा जगत की बदरंग छवि हमारे सम्मुख प्रस्तुत करता है कि किस तरह एक दलित शोधार्थी को विश्वविद्यालय में शोध करने से रोका जाता है, क्योंकि यह वह रास्ता है जो अच्छे जीवन की ओर जाता है। इसमें सिद्धान्त, विचार और योग्यता के कांटे बिछाए जाते हैं ताकि उस पर चलने से पूर्व ही दलित छात्र लहलुहान हो जाए। दलित जीवन की विसंगतियाँ बटोही की कहानियों का सच है, जो भोगकर लिखा गया है, इसलिए बहुत मारक है। देर तक बेचैन किए रहता है अपने पाठकों को।[20]

बी.एल. नय्यर की कहानी 'चतुरी चमार की चाट'[21] सवर्ण जातियों के मन में बसी दलित जातियों के प्रति घृणा को नंगा करती है। 'चतुरी' पंडित जी के गाँव का

चमार है जो अपनी नैतिकता और श्रम से पंडित जी का दिल जीत लेता है। जब गाँव में काम नहीं रहता, तो पंडित जी शहर जाकर चाट बेचने लगते हैं। काम बढ़ने पर उन्हें एक नौकर की जरूरत पड़ती है और वह गाँव से चतुरी को बुलवा लेते हैं। धीरे-धीरे पंडित जी रेहड़ी पर 'चतुरी' को भेजने लगते हैं, लेकिन 'चतुरी' के मन में डर बसा रहता है कि जब उसकी जाति का लोगों को पता चलेगा, तो लोग उसके साथ कैसा व्यवहार करेंगे। अतः 'चौबे की चाट' की जगह 'चतुरी चमार की चाट' लिखवाकर जैसे ही वह रेहड़ी चौराहे पर लाता है तो मोहल्ले के युवक उसे बुरा-भला कहते हैं और चतुरी चमार अपनी जाति के कारण अपमानित अनुभव करता है तथा लौट आता है। कितनी सहजता से यह कहानी 'नाथद्वारा मन्दिर प्रवेश' की सच्चाई को हमारे सामने उद्घाटित कर देती है। वैसे कोई हरिजन नाथद्वारा मन्दिर में नित्य प्रवेश करे, कोई बात नहीं, लेकिन वह घोषणा करके प्रवेश नहीं पा सकता। 'चतुरी चमार की चाट' जाति और अर्थ (धन) के अन्तःसम्बन्धों को उद्घाटित करने वाली सशक्त एवं सफल कहानी है।

राजेन्द्र लहरिया की कहानी 'यहाँ कुछ लोग थे'[22]—धनवान होकर भी कोई दलित किसी हिन्दू उत्सव की अध्यक्षता नहीं कर सकता, जबकि उस पद की सार्वजनिक नीलामी की जाती है। इधर सूरजपाल चौहान का कहानी संग्रह 'हैरी कब आयेगा' भी आया है। वे अपनी कहानियों में समस्याओं को तो उठा रहे हैं, लेकिन कहानी के शिल्प को उन्हें अभी साधना है।

डॉ. प्रेमशंकर की कहानी 'बित्तेभर जमीन'[23] आत्मबोध की कथा है। दलितों में एक आम कहावत प्रचलित है कि—'चमार का चूल्हा तो टोकरी में ही रहता है।' उसकी न जमीन होती है, न धन और न ही सम्मान। यह बित्ती भर जमीन भी इस कथा नरेटर (लेखक) के परिवार वालों को अस्सी साल पहले जमींदार ने यूं ही बता दी थी, बिना किसी लिखा-पढ़ी के। उस पर उन्होंने अपना घेर बना लिया था। पहले यह जमीन गाँव के बाहर थी, तो इसकी कीमत कुछ नहीं थी, लेकिन अब यह जमीन गाँव के बीच में आ गयी तो इसकी कीमत लाखों रुपये हो गयी, अतः इसे खाली करवाने के लिए जमींदार ने हरिजनों की पूरी बस्ती में आग लगवा दी और जब किसी तरह एक दलित पत्रकार ने यह खबर अखबार में छपवा दी, तो इलाके के भूतपूर्व एम. एल.ए. पंडित हर प्रसाद ने उसे नौकरी से निकलवा दिया। बाद में अशांति फैलाने के आरोप में पत्रकार तथा उसके घरवालों को भी पुलिस पकड़ लेती है। इस कहानी से स्पष्ट होता है कि दलित उत्पीड़न कभी धर्म के कारण होता था, लेकिन अब राजनीति और प्रशासन का गठजोड़ इसका महत्त्वपूर्ण कारण है। मैंने इस कहानी को आत्मबोध की कहानी इसलिए कहा कि इस कहानी में तीन पीढ़ियों का चित्रण हुआ है। पहली पीढ़ी ने अस्सी साल पहले से जमींदार के यहाँ काम किया, लेकिन उसके पास एक

बीघा खूढ़ (जमीन) भी नहीं है। दूसरी पीढ़ी में चेतना जागी है, जिसका प्रतिनिधि है— पत्रकार (लेखक) जिसे डकैती और गलत रिपोर्टिंग के आरोप में बन्द कर दिया जाता है। साथ में बन्द एक डकैत की सलाह पर कि सुरक्षित सीट से जयकिशन एम.एल. ए. हैं, उनसे मिल लो, तो वह कहता है—"वह तो गांधीवादी है, हमें तो बित्ते भर जमीन चाहिए, गांधीवाद नहीं।"[24] तीसरी पीढ़ी का प्रतिनिधि है, लेखक का भतीजा, जिसमें आत्मबोध पूरी तरह उद्‌बुद्ध हुआ दृष्टिगोचर होता है। वह कहता है—"चाचा, माँ की कसम खा के कह रहा हूँ, शामू को कुछ हो गया तो गाँव भर को फूँक दूँगा। हम छोटी जात के समझ लिए तो क्या ताकत में भी छोटे ही समझ लिए।"[25] यह घटनाक्रम प्रमाणित करता है कि अब दलितों में भी आत्मबोध जाग रहा है।

हिन्दी दलित कहानी में हो रहे परिवर्तनों की आहट बहुत साफ सुनाई दे रही है। चाहे वह व्यक्ति के भीतर हो रहे हों या बाहर। दलित कहानी का प्रभाव सच की बेखौफ अभिव्यक्ति में है, जिसके लिए बहुत साहस की आवश्यकता है। दलित कथाकारों में यह साहस है, यह कहने में मुझे कोई संकोच नहीं है। दलित कहानी का भविष्य बहुत उज्ज्वल है, उसके क्षेत्र विस्तार की बहुत सम्भावनाएँ हैं। उसे पाठकों की कमी नहीं रहेगी, लेकिन उसके लिए दलित कथाकारों को अपने दायित्व को बखूबी निभाना होगा और अपने सामाजिक सरोकारों को समझना होगा। भविष्य में यही दलित कहानी के जीवन स्रोत होंगे।

दलित उपन्यास

हिन्दी दलित साहित्य में उपन्यास की उपस्थिति इसके उज्ज्वल भविष्य का संकेत है। यूँ तो पहले भी दलित साहित्यकारों द्वारा उपन्यास लिखे गये। इनमें डॉ. धर्मवीर का 'पहला खत', बलवन्त सिंह 'चार्वाक' का 'भूखी चिंगारी की लाल मुस्कराहट', जयप्रकाश कर्दम का 'करुणा' तथा प्रेम कपाड़िया का 'माटी की सौगन्ध' आदि के नाम लिए जा सकते हैं। इन तीनों उपन्यासों के कथ्य दलितों की समस्याओं से सम्बन्धित नहीं थे, अतः इन्हें दलित उपन्यास की मान्यता प्राप्त नहीं हो सकी। किसी दलित उपन्यासकार का दलित चेतना सम्पन्न पहला उपन्यास 'छप्पर'[26] को माना जाता है, जिसके लेखक जयप्रकाश कर्दम हैं। इस सम्बन्ध में दलित साहित्य के प्रख्यात आलोचक डॉ.एन. सिंह ने लिखा है कि—"जयप्रकाश कर्दम का उपन्यास 'छप्पर' एक परिवर्तनकारी उपन्यास है, जिसे मैं हिन्दी का पहला दलित उपन्यास मानता हूँ।"[27] 'छप्पर' की कथावस्तु एक मजदूर परिवार के युवक चन्दन की शिक्षा के लिए जद्दोजहद की कहानी है, जिसमें उसकी माँ रमिया और पिता सुक्खा को गाँव के ब्राह्मण, बनियों और ठाकुरों द्वारा मिलकर उत्पीड़ित किया जाता है कि वह सदियों से चली आती परम्पराओं को तोड़कर अपने लड़के को शहर में पढ़ने क्यों भेज रहा

है? इससे समाज के उच्चवर्गीय लोगों की नाक कट जाएगी, लेकिन सुक्खा इन सारे दबावों के आगे से झुकने को तैयार नहीं होता है जिसके कारण उसे घर से बेघर होना पड़ता है। वह गाँव के पास के एक कस्बे में मेहनत मजदूरी करने लगता है और शहर में चन्दन को पढ़ाई-लिखाई के लिए पैसा भेजता रहता है। चन्दन भी शहर में हरिया की झुग्गी में रहता है, कालिज जाता है और लौटकर दलित बालकों के लिए एक स्कूल चलाने लगता है। इससे पूरी बस्ती में शिक्षा के प्रति आकर्षण तो बढ़ता ही है, एक नयी चेतना भी आने लगती है। धीरे-धीरे चन्दन अपने इस काम को शहर से देहातों तक ले जाता है, जो एक दिन जनान्दोलन का रूप ले लेता है और दलित एकजुट होकर धार्मिक, आर्थिक और सामाजिक शोषण के विरुद्ध विद्रोह कर देते हैं। संक्षेप में यही है 'छप्पर' का कथानक। इसके कथ्य और शिल्प पर विचार करते हुए डॉ. पुरुषोत्तम सत्यप्रेमी ने लिखा है कि–"मेरा आशय यह नहीं है कि 'छप्पर' में दलित समाज की यातनाओं, उनके साथ किए जा रहे पाखंडपूर्ण एवं अमानवीय सामाजिक व्यवहार अथवा उनकी दुर्गति–उपेक्षा, उत्पीड़न, प्रवंचना की कथा के माध्यम से जयप्रकाश कर्दम ने महज अपनी कलात्मक भूख या रचनात्मक जिजीविषा को शांत करने की कोशिश की है, अपितु इसके विपरीत यहाँ हम लेखक की सामाजिक प्रतिबद्धता, उसके समतामूलक समाज की संरचना के सरोकरों से रूबरू होते हैं। अब यह बात तो अपनी जगह है कि बगैर मानवीय पीड़ा के कोई रचना जन्म लेती ही नहीं। एक बात और, मानना ही होगा कि जयप्रकाश कर्दम में शिल्प की एक प्रवाहमयी ऊर्जा है। इसी ऊर्जा के कारण वह निर्झर की गतिमान धारा की तरह 'छप्पर' की अपनी कथा के साथ पाठक को बहा ले जाता है। उपन्यास की भाषा प्रवाहमयी और कहीं-कहीं काव्यमयी है। सचमुच यह एक पठनीय सफल कृति है। यह निःसंकोच कहा जा सकता है कि जयप्रकाश कर्दम का उपन्यास 'छप्पर' हिन्दी दलित साहित्य की नींव का पत्थर या पथप्रदर्शक 'माइल स्टोन' है।"[28] यह निःसंकोच कहा जा सकता है, हिन्दी दलित साहित्य का यह प्रथम उपन्यास अनेक सम्भावनाएँ जगाता है।

हिन्दी दलित साहित्य का दूसरा उपन्यास श्री सत्यप्रकाश द्वारा लिखित 'जस तस भई सबेर'[29] है। इस उपन्यास की कथावस्तु इस प्रकार है–"उपन्यास का एक पात्र हरसन्ना भगत 'ब्राह्मण' है, जो लोगों को तरह-तरह के अंधविश्वासों में उलझाता है। चौधरी देवी पाल इन कर्मकाण्डों की पूर्ति के लिए ऊँची ब्याजदर पर कर्ज देकर उनके घर-खेत हड़पता है, उनसे बेगार करवाता है। वह गाँव की दलित औरतों की इज्जत से खेलता है। मंगल पहलवान के दो बेटे, सरवन और हंसा हैं। सरवन, पूजा-पाठ, जात-जमात आदि का विरोधी है। वह इन बातों में विश्वास न करके मेहनत से कमाता है, उसका परिवार सुखी है। उसका बेटा शिवदास पढ़कर बैंक में नौकरी पर

लग जाता है। वह एक सवर्ण युवती से प्रेम विवाह करता है, जिसका सवर्णों द्वारा विरोध भी होता है।

दूसरी ओर हंसा और उसकी पत्नी दोनों घोर अंधविश्वासी हैं। वे हर छोटी-बड़ी आपदा में या किसी काम को करने से पहले हरसन्ना भगत की सलाह लेते हैं। हरसन्ना भगत आपदा का कारण सरवन द्वारा टोटका या हवा छुड़वाए जाने की बात बताता है और फिर देवता जाहर पीर को खुश करने के लिए उपाय बताता है, जिसमें सबसे प्रमुख होता है जात लगाना। आर्थिक तंगी के कारण हंसा जात लगाने के लिए देवीपाल से कर्ज लेता है, कर्ज न चुकाए जाने पर बेगार करता है। पूजा के बहाने देवीपाल और हरसन्ना भगत दोनों मिलकर हंसा की पत्नी की इज्जत लूटते हैं। हंसा पूरी तरह बर्बाद हो जाता है।

सरवन और हंसा में हमेशा झगड़ा रहता है। दोनों कभी एक नहीं हो पाते, लेकिन अंत में दलितों द्वारा एकजुट होकर देवीपाल और हरसन्ना भगत का विरोध किया जाता है। उनको जेल होती है। अन्याय, अज्ञानता और उत्पीड़न के शिकार दलितों के अन्धकारपूर्ण जीवन में जैसे-तैसे ज्ञान और उत्थान का सवेरा होता है।

इस उपन्यास पर गम्भीरतापूर्वक विचार करने के उपरान्त श्री जयप्रकाश कर्दम लिखते हैं कि—“उपन्यास के जरिए सामाजिक और धार्मिक रूढ़िवादिता के खिलाफ समाज में चेतना प्रवाहित करने की दृष्टि से ‘जस तस भई सवेर’ एक सफल प्रयास है।”[30] इसके उपरान्त मोहनदास नैमिशराय का उपन्यास ‘मुक्ति पर्व’[31] प्रकाशित हुआ है, जो अपने कथ्य में सम्पूर्ण दलित संघर्ष को समेटे हुए है। इसका शिल्प और शैली अन्य उपन्यासों से प्रौढ़ एवं प्रवाहयुक्त है जो हिन्दी दलित साहित्य में लिखे जाने वाले उपन्यासों के लिए मार्गदर्शक होगी।

दलित नाटक

हिन्दी क्षेत्र में दलित रंगमंच विकसित नहीं हो पाया, जिसके कारण दलित लेखकों ने बहुत अधिक नाटक नहीं लिखे। अब दिल्ली और पूर्वी उत्तर प्रदेश में दलित नाटकों के मंचन का प्रारम्भ हो गया है। ये प्रायः रैदास जयन्ती एवं डॉ. अम्बेडकर जयन्ती के अवसर पर मंचित किये जाते रहे हैं, लेकिन अब दलित नाटकों का मंचन कुछ नाटक ग्रुपों द्वारा भी किया जाने लगा है। दलित नाट्य साहित्य को सबसे अधिक नाटक श्री माताप्रसाद ने दिए हैं। उनके नाटकों में ‘धर्म के नाम पर धोखा’ (1977), ‘अछूत का बेटा’ (1990), ‘वीरांगना झलकारीबाई’ (1995), ‘तडप मुक्ति की’ (1999), ‘वीरांगना ऊदा देवी पासी’ (1999), ‘प्रतिशोध’ (1999), तथा ‘धर्म परिवर्तन’ (2000) आदि हैं। श्री माताप्रसाद ने अपने प्रत्येक नाटक में दलित समाज की किसी न किसी समस्या को उठाया है और अन्ततः उसका समाधान भी प्रस्तुत

किया गया है। कुछ नाटकों में ऐसे नायक एवं नायिकाओं को भी प्रस्तुत किया है, जिनकी पहचान भारतीय इतिहास से मिटाने का प्रयास किया गया। माताप्रसाद एक ऐसे सिद्धहस्त नाटककार हैं, जिनके नाटकों में युगबोध अपनी सम्पूर्ण अर्थवत्ता के साथ मुखरित हुआ है। उनके नाटकों का गम्भीरतापूर्वक अध्ययन करने के उपरान्त डॉ. सिप्रा बैनर्जी ने लिखा है कि—"नाटककार माताप्रसाद जी अपनी सामाजिक चेतना से प्रेरित हो, समाज में व्याप्त बुराइयों को उद्घाटित कर, एक ओर जहाँ दर्शकों की रुचि का परिष्कार करते हैं वहीं दूसरी ओर उन्हें इन समस्याओं से बचने के लिए भी आगाह करते हैं। इसके लिए पहले वे एक वैज्ञानिक की भाँति समस्या के तल तक जाते हैं। उसके कारणों का अन्वेषण करते हैं। फिर एक दार्शनिक के समान उसके प्रभाव प्रतिक्रिया पर विचार करते हैं और अन्त में एक समाज सुधारक की तरह उस समस्या का समाधान प्रस्तुत करके ही अपने कर्त्तव्य की इतिश्री करते हैं। माताप्रसाद जी के नाटक हिन्दी नाट्य साहित्य में अपना विशिष्ट स्थान बनाने में समर्थ होंगे तथा आज ही नहीं, आने वाला कल भी, इन नाटकों को स्वीकृति देगा।"[32] हिन्दी दलित नाटक की दृष्टि से श्री माताप्रसाद का योगदान निश्चय ही अमूल्य है।

श्री एन.आर. सागर ने भी 'मार्ग का कांटा' तथा 'अन्तिम अवरोध' दो नाटकों का सृजन किया है, लेकिन ऐसा प्रतीत होता है कि ये दोनों ही आकाशवाणी से प्रसारण हेतु लिखे गये थे। ये नाटक दलित दृष्टिकोण से महत्त्वपूर्ण नहीं हैं। यही स्थिति श्री मोहनदास नैमिशराय के नाटक 'अदालतनामा' की भी है, लेकिन श्री कर्मशील भारती का नाटक 'फांसी', 'इंडिया टुडे' में छपी रिपोर्ट 'पंच बने यमराज' के आधार पर लिखा गया था जिसमें मेहराना (हरियाणा) में एक दलित युवक को सवर्ण युवती से प्रेम करने के कारण दिन दहाड़े पंचायत ने गाँव में ही फांसी पर लटका दिया था। यह नाटक मंचित तो हुआ, लेकिन प्रकाशित न हो सका।

श्री रघुवीर सिंह 'अरविन्द' का नाटक 'इतिहास की पहली घटना'[33] अपने कथ्य और लेखक के दृष्टिकोण के कारण एक महत्त्वपूर्ण नाट्य कृति है। इस नाटक में डॉ. अम्बेडकर और सवर्ण हिन्दू नेताओं के बीच 24 सितम्बर, 1932 को हुए उस समझौते को आधार बनाया गया, जिसके तहत अब दलितों को आरक्षण की सुविधा प्राप्त हो रही है। ब्रिटिश प्रधानमंत्री रैमजे मैकडोनाल्ड ने गोलमेज सभा में डॉ. अम्बेडकर के तर्कों को सुनकर 'कम्युनल अवार्ड' की घोषणा कर दी थी, जिसके विरोध में गांधी ने यरवदा जेल में आमरण अनशन कर दिया था। गांधी की प्राण-रक्षा के लिए हिन्दू नेताओं ने डॉ. अम्बेडकर पर दबाव डालना प्रारम्भ किया तो अन्ततः उन्हें यह समझौता करना पड़ा, जिसमें दलितों की पूर्ण मुक्ति के बदले उन्हें यह आरक्षण प्राप्त हुआ। श्री रघुवीर सिंह 'अरविन्द' ने डॉ. अम्बेडकर की पीड़ा और विवशता तथा गांधी जी की राजनीतिक चतुरता का बहुत ही मार्मिक चित्रांकन इस नाटक में किया है। इस नाटक के प्रथम अंक के तीसरे दृश्य का यह अंश देखिए—

(“बम्बई में मुंबा देवी का मन्दिर। एक सुनियोजित जुलूस में डॉ. अम्बेडकर एवं उनके साथी)

डॉ. अम्बेडकर : बाडेकर! मन्दिर प्रवेश में भी संघर्ष। ईश्वर का भी बँटवारा।

बाडेकर : हैरान न हो डॉ. साहब आपको मालूम है सनातनी कुछ शर्तें दलितों के सामने रखने वाले हैं। मामला दबाने के लिए फिर एक कुचक्र।

डॉ. अम्बेडकर : सनातनियों के चक्रव्यूह में प्रवेश तो आसान है लेकिन निकलना कठिन। मानसिक परिवेश को बदलना ही पड़ेगा, बाडेकर।”[34]

कुल मिलाकर यह नाटक एक बहुत ही सशक्त कृति बन पड़ा है।

डॉ. एन. सिंह और ललित मैन्दौला द्वारा लिखित नाटक ‘कठौती में गंगा’[35] भी एक महत्त्वपूर्ण नाट्यकृति है जिसमें सन्त रैदास के जीवन और उपदेशों को आधार बनाया गया है। नवें खण्ड के एक दृश्य का यह अंश द्रष्टव्य है–

“(मण्डप द्वार पर शोरगुल काशी के पण्डे रैदास के उपदेशक बनने पर एतराज कर रहे हैं।)

एक	: अरे अनर्थ हो गया भइया?
दूसरा	: क्या हुआ?
पहला	: एक शूद्र मन्दिर में बैठकर उपदेश दे रहा है।
तीसरा-चौथा	: यह तो वास्तव में पाप है।
रैदास	: क्या पाप है और क्या पुण्य, ये तो शास्त्रार्थ का विषय है। आप लोग वहाँ क्यों नहीं जाते शास्त्रार्थ करने शंकराचार्य जी के पास।
पहला	: अरे हम डरते हैं क्या शास्त्रार्थ से? हम तो जायेंगे ही, लेकिन तुम जा सकते हो क्या?
दूसरा	: तुम्हें उपदेश देने की और शास्त्रार्थ करने की आज्ञा किसने दी?
रैदास	: क्यों?
तीसरा	: क्योंकि तुम्हें तो ईश्वर पूजन का अधिकार है ही नहीं।
रैदास	: ईश्वर भक्ति पर जन-जन को अधिकार है। ईश्वर न मस्जिद में है, न मन्दिर में और जो हृदय में वास करता हो उससे दूरी कैसे हो सकती है?[36]

इस नाटक में रैदास के चरित्र को एक प्रखर चिन्तक और समाज-सुधारक के रूप में प्रस्तुत करने का प्रयास किया गया है।

हिन्दी दलित साहित्य की इस संक्षिप्त जीवन अवधि में इतनी नाट्यकृतियों का प्रकाशित होना, उसके उज्ज्वल भविष्य का स्पष्ट संकेत है। आशा की जा सकती है कि भविष्य में और भी अच्छे नाटक लिखे जायेंगे।

दलित आत्मकथा

आत्मकथा लिखना सचमुच बहुत साहस का काम है। आत्मकथा लिखने के लिए जिस प्रकार की तटस्थता, ईमानदारी, स्पष्टता, प्रामाणिकता, निर्ममता और बेबाकी की आवश्यकता होती है, हिन्दी में अपने हिन्दू संस्कारों के कारण उसका सदैव अभाव ही रहा है। दरअसल हिन्दी साहित्यकारों का चरित्र यूँ भी दोहरा ही रहा है, अतः हिन्दी में जितनी भी आत्मकथाएँ प्रकाशित हुई हैं, उनमें सत्य इतना ही है, जितना कि लेखक के व्यक्तित्व को उभारने में सहायक सिद्ध हुआ हो। इसलिए दिबेन ने हरिवंशराय बच्चन की आत्मकथा के अन्तिम खण्ड पर टिप्पणी करते हुए लिखा था कि यह आत्मकथा बच्चन की कम उनकी कुतिया की ज्यादा है। लेकिन दलित लेखकों की आत्मकथाएँ इस तथ्य को नकारती हैं। ये आत्मकथाएँ जीवन की सच्चाई को, उसकी सम्पूर्ण विद्रूपता के साथ उकेरती हैं। इन आत्मकथाओं पर निरन्तर सवाल उठते रहे हैं कि ये दलित लेखक अपनी आत्मकथाएँ लिखकर दलितों की अस्मत जारी क्यों कर रहे हैं? कुछ समीक्षक इनकी भाषा पर अश्लीलता के आरोप भी लगाते हैं। इस विवाद में गैर-दलित लेखक ही नहीं, कुछ दलित लेखक भी शामिल हैं। डॉ. सोहनपाल 'सुमनाक्षर' का विचार है कि–"दया पंवार कृत बलुत की तर्ज पर बहुत लोग आत्मकथा लिखने की कोशिश कर रहे हैं, परन्तु इनमें वह वास्तविकता कहाँ हैं? हिन्दी में जिस तरह से दलित लेखक आत्मकथा लिखने की होड़ मचा रहे हैं, वह नकल मात्र है। अपने आपको उपहास बनाने की बात है। क्यों लोग हिन्दी में मराठी की नकल पर दलित साहित्य का विकास करना चाह रहे हैं।"[37] प्रश्न उठता है कि क्या किसी व्यक्ति की आत्मकथा किसी दूसरे व्यक्ति की नकल हो सकती है? लेकिन दलित आत्मकथाओं में अभिव्यक्त सच्चाई, इतनी बदरंग होती है कि उसे झेल पाना न तो दलितों के लिए सहज है और न ही गैर-दलितों के लिए। श्री मोहनदास नैमिशराय ने लिखा है कि–"दलित आत्मकथा लिखने के संकट दोहरे हैं। दलित कथाकार को पहले स्वयं अपने समाज, जाति, परिवार और रिश्तेदारों से भी जूझना पड़ता है। बाद में सवर्ण जाति के समीक्षकों, टीकाकारों से भी उलझना जरूरी हो जाता है, जो शालीनता तथा अश्लीलता की विपरीत शब्दवलियों के बहाने ऐसे कथाकारों को कोसना कतई नहीं भूलते। आत्मकथा छपने के पश्चात् ही मुझे अपने तथा परायों, दोनों ने अपनी-अपनी तीखी प्रतिक्रियाओं, लांछनों, दोषारोपणों तथा शील-अश्लीलता की कई पुरानी परिभाषाओं के साथ खूब घेरा। जहाँ एक तरफ मेरे भाइयों ने यह कहा कि इस पुस्तक को जला दो, अन्यथा लोग मेरे घर को जला देंगे, वहीं एक मित्र रंजन जैदी ने इसलिए बुरा मानते हुए कहा कि आखिर आत्मकथा लिखने का मेरा मकसद क्या है? कि मैंने लौंडेबाजी के सन्दर्भ में मेरठ के स्थानीय मुसलमानों का जिक्र किया था, जो उन्हें बेहद खला। स्वयं दलित समाज से दो-चार

ने मुझ पर ताने भी कसे। उनका कहना था कि अपनी ही जाति की दबी हुई परतें उघाड़ने की क्या जरूरत थी।"[38] हिन्दी दलित लेखकों की आत्मकथाएँ जहाँ कुछ लोगों को मराठी की नकल लग रही हैं, वहीं कुछ लोगों को आशंका है कि ये दलित लेखक नंगी सच्चाइयों को अभिव्यक्ति देकर अपने समाज को बेइज्जत कर रहे हैं। इसी प्रकार के सवालों से श्री ओमप्रकाश वाल्मीकि को भी दो-चार होना पड़ा है। अपनी आत्मकथा 'जूठन' की भूमिका में वे लिखते हैं कि–"कई मित्र हैरान थे, अभी से आत्मकथा लिख रहे हो। उनसे मेरा निवेदन है कि–उपलब्धियों की तराजू पर यदि मेरी इस व्यथा-कथा को रखकर तौलोगे तो हाथ कुछ नहीं लगेगा। एक मित्र की यह भी सलाह थी कि मैं आत्मकथा लिखकर अपने अनुभवों का मूलधन खा रहा हूँ। कुछ का यह भी कहना था कि खुद को नंगा करके आप अपने समाज की हीनता को ही बढ़ाएँगे। एक बेहद आत्मीय मित्र को भय सता रहा है। उन्होंने लिखा, आत्मकथा लिखकर आप अपनी प्रतिष्ठा ही न खो दें।"[39] कौशल्या बैसंत्री को भी लिखना पड़ा कि–"पुत्र, भाई, पति सब मुझ पर नाराज हो सकते हैं। परन्तु मुझे भी तो स्वतन्त्रता चाहिए कि मैं अपनी बात समाज के सामने रख सकूँ।"[40] वस्तुतः इन दलित लेखकों के जीवन में जो उत्पीड़न और अपमान का दंश है, उसे ही इन्होंने अपने समाज के माध्यम से लौटाया है। जैसा कि डॉ. श्यौराज सिंह 'बेचैन' ने अपनी आत्मकथा "चमारका" में लिखा है कि "धन्य है मेरा देश यह भारत। किस स्वर्ग से बढ़कर है यह देश, जहाँ मेरी माँ-बहनों की तुलना पशुओं से की जाती है और उनसे पशु जैसा आचरण किया जाता है।" बकरी का दूध और चमारी की 'अश्लील अकथनीय शब्द' "टांग उठाओ" अथवा "चमरिया से चाची कह दो सो चौका में चली आयेगी", "करिया बामन गोरा चमार इनके संग न उतरो पार", "जेठ की धूप, चमार की छाँव से दूर रहो"–ये लोक कहावतें किसकी देन हैं? ऐसे सम्बोधनों की भरमार है गैर-दलितों के पास हमारे लिए। सदियों से शब्दों के ये पत्थर फेंके जाते रहे हैं हमारी ओर! हम उनके कमेरे और सेवक जो ठहरे। तो आज मैं इन्हें वापस करता हूँ। स्वीकार हो हजूर! दलित लौटाना चाहता है आपको आपकी भाषा आपका व्यवहार।"[41] चूंकि दलितों के साथ सवर्णों का जो व्यवहार रहा है और उसका जो परिणाम दलितों ने अपने आर्थिक, धार्मिक, सामाजिक और नैतिक जीवन में भोगा है। उसका चित्रण सवर्ण हिन्दुओं को कठघरे में खड़ा करके उन्हें अपराधी घोषित करता है। परिणामतः इन आत्मकथाओं ने हिन्दी साहित्य जगत में एकबारगी तूफान खड़ा कर दिया है।

सर्वप्रथम हिन्दी में डॉ. भगवान दास की आत्मकथा 'मैं भंगी हूँ'[42] प्रकाशित हुई। उसके लम्बे समय बाद श्री मोहनदास नैमिशराय की आत्मकथा 'अपने-अपने पिंजरे' (1995) तथा 'अपने-अपने पिंजरे' (भाग-2) 2000 में आयी।[43] फिर श्री ओमप्रकाश वाल्मीकि की 'जूठन' (1997) तथा कौशल्या बैसंत्री की 'दोहरा अभिशाप' (1999)

'तिरस्कार'–के. नाथ (1999)[44] 'मेरा सफर मेरी मंजिल'–डी.आर. जाटव (2000)[45], 'तिरस्कृत'–सूरजपाल चौहान–(2002)[46] तथा 'झोंपड़ी से राजभवन'–माताप्रसाद (2002)[47] प्रकाशित हुई। श्री श्यौराज सिंह 'बेचैन' की आत्मकथा, 'मेरा बचपन मेरे कन्धों पर' (2009), डॉ. धर्मवीर की 'मेरी पत्नी और भेड़िया' (2009), डॉ. तुलसीराम की 'मुर्दहिया' (2010) तथा सुशीला टाकभौरे की 'शिकंजे का दर्द' (2011) भी हिन्दी की चर्चित आत्मकथाएँ हैं।

कुल मिलाकर ऐसा प्रतीत होता है कि आने वाले दशक में हिन्दी दलित साहित्य में आत्मकथाओं की एक बड़ी संख्या होगी जो हिन्दी दलित साहित्य की प्रगति का एक स्पष्ट प्रमाण है।

दलित आलोचना

हिन्दी दलित साहित्य में आलोचना अभी अपने प्रारम्भिक चरण में है। दलित समीक्षकों द्वारा समीक्षा का प्रारम्भ तो पुस्तक समीक्षाओं से ही हुआ है। डॉ. एन. सिंह, ओमप्रकाश वाल्मीकि, कंवल भारती, जयप्रकाश कर्दम, तथा पुरुषोत्तम 'सत्यप्रेमी' आदि ने हिन्दी साहित्य की कई महत्त्वपूर्ण पुस्तकों की समीक्षा की, लेकिन जब सवर्ण आलोचकों ने बार-बार यह कहना प्रारम्भ किया कि हिन्दी में तो दलित साहित्य है ही नहीं, तो डॉ. एन. सिंह ने 'दलित साहित्य चिन्तन के विविध आयाम'[48] नामक पुस्तक का सम्पादन किया, जिसे हिन्दी दलित साहित्य में आलोचना की पहली पुस्तक माना जाता है। इस सम्बन्ध में श्री मोहनदास नैमिशराय ने लिखा है कि–"डॉ. एन. सिंह द्वारा सम्पादित 'दलित साहित्य : चिन्तन के विविध आयाम' हिन्दी दलित साहित्य को समझने, परखने के लिए पहली पुस्तक मानी जाएगी, जिसमें विभिन्न दृष्टिकोण से लिखे गये दलित साहित्य पर बारह महत्त्वपूर्ण लेखों का संग्रह है।"[49] इस पर डॉ. चमनलाल[50] और ओमप्रकाश वाल्मीकि[51] ने भी इसी दृष्टिकोण से टिप्पणियाँ की हैं। उनके उपरान्त डॉ. टी.पी. राही की पुस्तक 'हिन्दी दलित कविता : नये सन्दर्भ'[52] आयी। हालाँकि यह एक लघुशोध प्रबन्ध है, फिर भी अपने विवेच्य विषय के कारण हिन्दी दलित कविता के विवेचन की दृष्टि से एक महत्त्वपूर्ण कृति है। इसकी भूमिका में प्रो. (डॉ.) अंगनेलाल ने लिखा है कि–" 'हिन्दी दलित कविता : नये सन्दर्भ' को मैंने देखा और पाया कि समसामयिक परिप्रेक्ष्य में हिन्दी दलित कविता का विश्लेषण यथार्थ और मौलिक है।"[53] रजत रानी 'मीनू' का एम. फिल. के लिए लिखा गया लघुशोध प्रबन्ध 'नवें दशक की हिन्दी दलित कविता'[54] है, इस पुस्तक के सम्बन्ध में 'हंस' के सम्पादक श्री राजेन्द्र यादव ने लिखा है कि–"नवें दशक की हिन्दी दलित कविता कई अर्थों में एक सार्थक पाठ है।"[55] श्री रामदास शास्त्री ने इसे "दलित अब साहित्य की प्रवृत्तियों को खोजने का अपूर्व प्रयास"[56] माना है। कुल मिलाकर, हिन्दी

दलित साहित्य का आलोचना पक्ष अभी अपनी शैशवावस्था में है, लेकिन भविष्य में इसके पुष्ट होने की पूरी सम्भावनाएँ मौजूद हैं।

दलित निबन्ध साहित्य

हिन्दी दलित साहित्य में निबन्ध की उपस्थिति इसकी परिपक्वता का प्रमाण है। हिन्दी दलित लेखकों द्वारा लिखित निबन्धों में प्रायः सामाजिक मुद्दों पर लिखित निबन्धों की ही अधिकता है, लेकिन डॉ. पुरुषोत्तम 'सत्यप्रेमी' का सर्वप्रथम ललित निबन्ध संग्रह 'पत्ते क्यों गिरते हैं' (1989) प्रकाशित हुआ। इसके उपरान्त उनके दलित निबन्धों का संग्रह 'दलित साहित्य और सामाजिक न्याय'[57] (1997) आया। इस पुस्तक में उनके आठ निंबध संकलित हैं। इन निबन्धों की विषयवस्तु को स्पष्ट करते हुए, उन्होंने पुस्तक के 'लेखकीय' में लिखा है कि–'दलित साहित्य और सामाजिक न्याय' में आज के समय में उभरे दलित साहित्य चिन्तन के अनेक स्वरों की पहचान की गयी है और दलित साहित्य की विविध विद्याओं में उसका व्यावहारिक रूप क्या रहा है, इसका मैंने अपने अल्पज्ञान के आधार पर आकलन करने का प्रयत्न भर किया है।'[58] इस पुस्तक में संकलित लेख 'दलित साहित्य की भाषा' निश्चय ही एक पठनीय निबन्ध है, जो डॉ. 'सत्यप्रेमी' के सुलझे हुए चिन्तन की अभिव्यक्ति है।

श्री कंवल भारती दलित साहित्य के प्रतिष्ठित लेखक हैं। वे मूलतः पत्रकारिता से साहित्य में आये, अतः उनके निबन्धों के कई संग्रह प्रकाशित हुए हैं। उनका बहुचर्चित निबन्ध संग्रह 'लोकतन्त्र में भागीदारी के सवाल'[59] अपने दलित सरोकारों के कारण एक पठनीय कृति है। इस पुस्तक में श्री कंवल भारती के आरक्षण के सम्बन्ध में लिखे गये छब्बीस लेख संकलित हैं।

डॉ. सुशीला टाकभौरे का निबन्ध संग्रह 'परिवर्तन जरूरी है'[60] में उनके ग्यारह निबन्ध संकलित हैं, जो विभिन्न दलित मुद्दों पर केन्द्रित हैं। उन्होंने अपने जिन लेखों में नारी की स्थिति पर विचार किया है, वे लेख अधिक विचारोत्तेजक बन पड़े हैं। जैसे 'नारी दलित क्यों और कब तक' निबन्ध में वे लिखती हैं कि–"नारी का शोषण हर जगह होता है, चाहे उच्च वर्ग हो या निम्न वर्ग। मध्य वर्ग में तो सबसे दीनहीन दशा में नारी रहती है। वह दोहरी जिन्दगी जीती है और दोहरा सन्ताप उठाती है। वह न हँस सकती है, न रो सकती है।"[61] नारी की स्थिति का तार्किक विश्लेषण यहाँ किया गया है।

डॉ. एन. सिंह के निबन्ध संग्रह 'मेरा दलित चिन्तन'[62] में उनके चौदह लेख संकलित हैं। अपने इन लेखों के विषय में स्वयं लेखक का कहना है "मेरी मान्यता है कि दलित चिन्तन एक दर्शन भी है। जो हमें वह दृष्टि देता है कि हम समकालीन घटनाक्रम को दलित हित के दृष्टिकोण से देखें और जानने का प्रयास करें कि भविष्य

में अमुक घटना का दलित जीवन पर क्या प्रभाव पड़ेगा और यदि यह प्रभाव प्रतिकूल है, तो उससे बचने का रास्ता क्या है। हमारी दृष्टि जितनी पारदर्शी और दूरदर्शी होगी, हमारा लेखन उतना ही सार्थक तथा प्रभाव पूर्ण होगा। मेरे इन लेखों में मेरी यह दृष्टि स्पष्ट परिलक्षित होती है। चाहे वह अयोध्या में बाबरी मस्जिद का विध्वंस हो, चाहे धर्म में घटती व्यक्ति की आस्था हो, मैंने सब पर इसी दृष्टिकोण से विचार किया है।"[63] डॉ. सिंह के दलित राजनीति और साहित्य पर लिखित निबन्ध बहुत ही प्रभावशाली हैं।

डॉ. दयानन्द 'बटोही' के निबन्धों का संग्रह 'साहित्य और सामाजिक क्रांति'[64] में उनके मिले-जुले नौ निबन्ध संकलित हैं। इसमें उनके कुछ ही निबन्ध पठनीय बन पड़े हैं। इन निबन्धों में 'साहित्य में नैतिकता की समस्या' तथा 'सामाजिक क्रांति के लिए दलित साहित्य की आवश्यकता' बहुत ही अच्छे बन पड़े हैं। इन निबन्धों पर दृष्टिपात करते हुए श्री जयप्रकाश कर्दम ने लिखा है—"उनके सभी निबन्ध साहित्य के विभिन्न आयामों पर केन्द्रित हैं, जिनमें उनके गहन विचारों का समावेश है। राष्ट्रीयता, समाजवाद और नैतिकता के साथ-साथ, दलित चेतना उनके लेखों की मुख्य विषयवस्तु है। चीजों को देखने-परखने की डॉ. बटोही की अपनी दृष्टि है और उनकी यह दृष्टि उनके इन लेखों में भी स्पष्ट रूप से दृष्टिगोचर होती है, जो परम्परागत मूल्य और मान्यताओं के विरुद्ध नवजागृति, नवनिर्माण और नवसृजन का आह्वान करती है।"[65] निश्चय ही डॉ. दयानन्द 'बटोही' के निबन्ध तार्किक विवेचन और विश्लेषण प्रस्तुत करते हैं।

हिन्दी दलित साहित्य में निबन्ध केवल दलित समस्याओं से ही सम्बन्धित लिखे गये हैं, जो केवल विश्लेषणात्मक हैं। ये सामाजिक, धार्मिक, आर्थिक एवं राजनीतिक स्थितियों का विश्लेषण करते हैं। दलित निबन्ध अभी अपनी शैशवावस्था मे है, लेकिन भविष्य में इसके विकसित होने की पूरी सम्भावनाएँ हैं।

हिन्दी दलित साहित्य के सम्बंध में अब तक चली समस्त बहस एवं वाद-विवाद के उपरान्त अब यह स्थापित हो गया है कि हिन्दी में दलित साहित्य है और यह साहित्य की लगभग प्रत्येक विधा में लिखा जा रहा है। इस समय हिन्दी में सबसे अधिक दलित साहित्य ही पढ़ा जा रहा है, इसलिए अब आवश्यक हो गया है कि हिन्दी दलित साहित्य की परम्परा की खोज की जाए। इस दृष्टि से यह ग्रन्थ विशेष महत्त्व रखता है। इसलिए हमने इस ग्रन्थ में दलित साहित्य के इतिहास को क्रमबद्ध रूप में प्रस्तुत करने का प्रयास किया है।

इस अवधि में जो महत्त्वपूर्ण कृतियाँ आयी हैं, वे कृतियाँ भी समीक्षकों की दृष्टि से लगभग ओझल ही रही हैं। उन समस्त कृतियों का समीक्षात्मक मूल्यांकन भी इस ग्रन्थ में करने का प्रयास हमने किया है। इस दृष्टि से भी यह ग्रन्थ अपना विशेष महत्त्व रखता है।

अभी तक दलित साहित्य की परिभाषा और इसके नामकरण पर भी विवाद रहा है। हमने तार्किक दृष्टि से दलित साहित्य को परिभाषित करने का प्रयास तो किया ही है, इसके नामकरण पर चल रहे, लम्बे वाद-विवाद का विश्लेषण करके अपने निष्कर्ष भी प्रस्तुत किए हैं।

दलित साहित्य अचानक वजूद में नहीं आया, बल्कि इसकी पृष्ठभूमि में साहित्य की कुछ अन्य धाराएँ भी थीं। हमने इस शोध प्रबन्ध में उन समस्त विचारधाराओं का भी विवेचन किया है। ये धाराएँ चाहे बौद्ध चिन्तन की रही हों, या जैन चिन्तन की, सिद्ध, नाथ और सन्त साहित्य की, डॉ. अम्बेडकर की विचारधारा हो, या फिर गैर-दलित लेखकों का दलित विषयक साहित्य, हमने इस शोध प्रबन्ध में इन समस्त मूल स्रोतों का उद्घाटन करने का प्रयास किया है।

इस ग्रन्थ से पूर्व दलित साहित्य की संवेदना पर काफी कुछ लिखा या बोला गया, लेकिन इसके शिल्प-विधान पर कोई भी काम नहीं हो पाया है। हमने इस शोध प्रबन्ध में दलित साहित्य की संवेदना पर तो विस्तार से विचार किया ही है, इसके शिल्प यथा—भाषा-शैली, बिम्ब-प्रतीक, और मिथकीय चेतना पर भी व्यापक दृष्टिकोण से विचार किया है।

इसके अतिरिक्त हमने दलित लेखकों के साक्षात्कार लेकर भी उनके विचारों को मूल रूप में साहित्य मनीषियों के सम्मुख रखने का प्रयास किया है। यह ग्रन्थ दलित साहित्य की संवेदना और शिल्प-विधान को प्रस्तुत करने के कारण अपने आपमें बहुत महत्त्वपूर्ण सिद्ध होगा, यह आशा हमें है।

हिन्दी में दलित साहित्य बीसवीं शताब्दी के आठवें दशक में ही प्रमुखता से सम्मुख आया। तभी इस दिशा में शोध कार्यों की भी शुरुआत हुई। चूँकि मराठी में दलित साहित्य छठवें दशक से ही लिखा जा रहा था, अतः सबसे पहला शोध प्रबन्ध भी डॉ. आनन्द वास्कर ने 'हिन्दी साहित्य में दलित चेतना'[66] विषय पर शिवाजी विश्वविद्यालय, नागपुर में प्रस्तुत किया, जिसे विद्याविहार, कानपुर ने सन्—1986 में प्रकाशित किया। इस शोध प्रबन्ध को दस अध्यायों में प्रस्तुत किया गया है। विषय प्रवेश, साहित्य और समाज, नवजागरण की कविता में दलित वर्ग, राष्ट्रीय सांस्कृतिक काव्यधारा में दलित वर्ग, छायावादी कविता में दलित वर्ग, उत्तर छायावादी कविता में दलित वर्ग, प्रगतिवादी काव्य में दलित वर्ग, प्रयोगवादी काव्य में दलित वर्ग, नयी कविता में दलित वर्ग तथा उपसंहार। यह शोध प्रबन्ध इतना महत्त्वपूर्ण है कि आगे जितने भी शोध कार्य दलित साहित्य पर हुए, उनका आधार यही ग्रन्थ बना है।

'हिन्दी उपन्यासों में दलित वर्ग'[67] डॉ. कुसुम मेघवाल द्वारा सुखाड़िया विश्वविद्यालय, उदयपुर की पी.एच.डी. उपाधि हेतु सन्—1985 में प्रस्तुत किया गया शोध प्रबन्ध है। दलित विषय पर किसी दलित वर्ग की महिला द्वारा प्रस्तुत यह पहला शोध प्रबन्ध है,

जो सन् 1989 में प्रकाशित भी हुआ। डॉ. मेघवाल को इस ग्रन्थ पर भारतीय दलित साहित्य अकादमी, दिल्ली द्वारा 'डॉ. अम्बेडकर राष्ट्रीय पुरस्कार' से सम्मानित किया गया। इस शोध प्रबन्ध के प्रथम अध्याय में दलित शब्द का अर्थ तथा दलित वर्ग की परिभाषा स्थापित की गयी है तथा दूसरे अध्याय में हिन्दी उपन्यास के विकास क्रम को प्रस्तुत किया गया है। इसके उपरान्त आगे के अध्यायों में हिन्दी उपन्यास के कालक्रम में कुछ महत्त्वपूर्ण उपन्यासों को चुना गया है, जिनमें दलित वर्ग का चित्रण है। हिन्दी उपन्यास में दलित चेतना की दृष्टि से किए गये इस अध्ययन से हिन्दी साहित्यकारों के दलितों के प्रति दृष्टिकोण को समझने में बड़ी सहायता मिलती है।

'प्रेमचन्द साहित्य में दलित चेतना'[68] विषय पर डॉ. बलवन्त साधू जाधव ने सन् 1992 में शिवाजी विश्वविद्यालय, कोल्हापुर की पी.एच.डी. की उपाधि हेतु अपना शोध प्रबन्ध प्रस्तुत किया, जो सन् 1997 में प्रकाशित हुआ। 'हिन्दी दलित साहित्य' के अध्ययन की दृष्टि से इस शोध प्रबन्ध का दूसरा अध्याय 'हिन्दी में दलित साहित्य' बहुत महत्त्वपूर्ण है, जिसमें डॉ. जाधव ने हिन्दी में दलित साहित्य के उत्स को खोजने का प्रयास किया है। आगे के अध्यायों में तो उन्होंने प्रेमचन्द के उपन्यासों तथा कहानियों में दलित पात्रों के माध्यम से अभिव्यक्त की गयी दलित समाज की स्थितियों का ही विवेचन किया है। उनका निष्कर्ष वर्तमान समय में भी प्रासंगिक है—"प्रेमचन्द जाति के दलित नहीं थे, दलितेतर थे। कोई दलित लेखक प्रत्यक्ष अनुभूत दुःखों के आधार पर दलितों के दुःखों को यथार्थ और प्रभावी स्वर दे सकता है। यह बिल्कुल सही है, परन्तु दलित न होते हुए भी प्रेमचन्द ने दलितों की ओर पक्षपाती दृष्टि से नहीं देखा है। भारतीय जनजीवन की विभिन्न समस्याओं की तरह उन्होंने दलितों की समस्याओं पर गम्भीरता के साथ चिन्तन किया है।"[69]

"हिन्दी की दलित पत्रकारिता पर पत्रकार डॉ. अम्बेडकर का प्रभाव"[70] डॉ. श्यौराज सिंह बेचैन द्वारा रुहेलखण्ड विश्वविद्यालय, बरेली की पी.एच.डी. उपाधि हेतु डॉ. वीरेन कुमार डंगवाल के निर्देशन में प्रस्तुत किया गया शोध प्रबन्ध है, जो सन्–1997 में प्रकाशित हुआ था। यह पहला शोध ग्रन्थ है, जिसे पढ़कर ज्ञात होता है कि किसी दलित शोधार्थी को ज्ञान के इस उच्च शिखर को स्पर्श करने के लिए कितने कटु अनुभवों से गुजरना पड़ता है। इसका उल्लेख डॉ. 'बेचैन' ने इस ग्रन्थ की भूमिका में—"शोध अनुभव कुछ और भी हुए"[71] लिखकर किया है। इस विषय पर शोध करना इसलिए भी कठिनतर था क्योंकि—"दलितों के सृजनात्मक आत्मप्रयासों का हिन्दी साहित्य की परिधि में कोई मूल्यांकन अब तक नहीं हुआ। हिन्दी साहित्य, पत्रकारिता से सम्बन्धित किसी भी ग्रन्थ में हमें प्रस्तुत प्रबन्ध में विवेचित किसी भी दलित पत्र का किसी भी रूप में उल्लेख तक नहीं मिला, तब इस विषय पर पुस्तकें मिलने का तो प्रश्न ही कहाँ उठता?"[72] इस दृष्टि से यह ग्रन्थ नितान्त मौलिक एवं

डॉ. बेचैन का एक साहसपूर्ण प्रयास है, क्योंकि सम्पूर्ण देश के महानगरों ही नहीं, छोटे-छोटे कस्बों से निकलने वाले दलित समाचार-पत्रों को एकत्र कर, उनका विवेचन डॉ. बेचैन ने इस ग्रन्थ में किया है। इसीलिए इस शोध-ग्रन्थ को "लिमका बुक ऑफ वर्ल्ड रिकार्ड" में प्रथम दलित पत्रकारिता ग्रन्थ के रूप में सम्मिलित किया गया है।[73]

अब यह बहस व्यर्थ है कि दलित कौन है? अथवा हिन्दू धर्म अथवा समाज में दलितों की स्थिति क्या थी? इस पर महात्मा फुले से लेकर डॉ. अम्बेडकर तक लगभग सभी ने प्रकाश डाला है और अब पूरी तरह तय हो गया है कि भारतीय संविधान में वर्णित अनुसूचित जातियाँ ही दलित हैं, जिन्हें हिन्दू समाज में शिक्षा, सम्मान और मन्दिर में प्रवेश का अधिकार नहीं था।

इस पुस्तक की विशेषता यह है कि यह अन्य शोधग्रन्थों की तरह नीरस तो है ही नहीं, केवल उदाहरणों का पुलिन्दा भी नहीं है, बल्कि लीक से हटकर इसमें वैचारिक मुद्दों का तर्कसंगत विवेचन एवं विश्लेषण किया गया है। जैसे अम्बेडकर के विभिन्न स्वरूपों का विवेचन करते हुए अम्बेडकर और गांधी के विचारों का विश्लेषण उन्होंने किया है। इसका माध्यम बना है डॉ. अम्बेडकर द्वारा सम्पादित 'जनता' तथा गांधी द्वारा सम्पादित 'हरिजन'! यह देखना दिलचस्प होगा कि एक ही समय में निकलने वाले दो पत्रों में इन दोनों महापुरुषों के विचार दलित समस्याओं पर किस तरह भिन्न हैं। डॉ. अम्बेडकर ने अपने पत्र में लिखा—"बहिष्कृत लोग जाति व्यवस्था की उपज हैं। जब तक जातियाँ हैं, तब तक बहिष्कृत जातियों की मुक्ति नहीं हो सकती।"[74] इसके प्रत्युत्तर में गांधी ने लिखा कि—"अस्पृश्यता के साथ जाति व्यवस्था को नष्ट करना वैसा ही है, जैसे शरीर के बढ़े हुए किसी भद्दे अंग के साथ शरीर को नष्ट करना।"[75] इससे दोनों व्यक्तियों के विचारों का अन्तर स्पष्ट हो जाता है और इस तथ्य पर पर्याप्त विचार मंथन के बाद यह निष्कर्ष अब सर्वमान्य है कि जाति और वर्ण को जीवित रखकर अस्पृश्यता को समाप्त नहीं किया जा सकता। अतः गांधी और उसके पूर्व जितने भी प्रयास किए गये, उनका प्रभाव एक हद तक ही हुआ।

हिन्दी पत्रकारिता अपने उत्स से ही हिन्दू पत्रकारिता रही है। उसमें दलित समस्याओं के लिए कभी स्थान नहीं रहा। जब कभी दलितों ने अपने अधिकारों के लिए संघर्ष किया, तो पत्रकारिता ने उग्र रूप ही धारण किया। इस निष्कर्ष पर डॉ. बेचैन 'मंडल' और 'मन्दिर' मुद्दे पर हिन्दी पत्रों में प्रकाशित सम्पादकीयों एवं समाचारों का विवेचन कर निष्कर्ष पहुँचे हैं। जब हिन्दी के अधिकांश अखबार बाबरी मस्जिद का विध्वंस करने वालों को 'रामभक्त' करार देते हैं, तो क्या यह निष्पक्ष पत्रकारिता है? इस घटना के जिम्मेदार लोगों को जेल में बन्द करने पर कानपुर से निकलने वाले 'आज' दैनिक की प्रतिक्रिया देखिए—"कार्तिक के स्नान पर्व पर खून से नहाई अयोध्या' जलियाँवाला बाग काण्ड बौना पड़ा, मिर्जापुर जेल में रामभक्तों को गधों की

लीद खिलाई जा रही है।"[76] तो मण्डल कमीशन की सिफारिशों को लागू करने के विरोध में 'अमर उजाला' (दैनिक) मेरठ ने हड़ताल के जो फोटो छापे, उसमें लिखा था—"मंडल कमीशन आयेगा, तो चमार दफ्तर जाएगा और पढ़ा-लिखा सड़क पर आयेगा।"[77] इस सम्पूर्ण विवेचन से डॉ. बेचैन ने अखबारों के सारे जातिवादी चेहरों को बेनकाब कर दिया है। डॉ. बेचैन ने अपने शोध प्रबन्ध में इन प्रकरणों पर विस्तार से विचार किया है और इन पत्रों के खिलाफ 'आचार-संहिता' के उल्लंघन पर 'प्रेस परिषद' की टिप्पणियों का भी उल्लेख किया है।

कोई दलित यदि पत्र निकालता है तो यह उसका शौक नहीं, न ही उसके पास पैसे का आधिक्य ही है कि वह उसे यहाँ लगाना चाहे। यह उसकी प्रतिबद्धता ही है कि वह इस जोखिम पूर्ण कार्य को अपनाता है। यही कारण है कि दलित पत्रों के सम्पादकों की राष्ट्रीय और अन्तर्राष्ट्रीय घटनाओं पर अपनी सोच है। इसे वह कभी समाचारों के माध्यम से और कभी सम्पादकीयों के द्वारा अभिव्यक्ति देते रहे हैं। नारी सम्बन्धी प्रश्नों पर उन्होंने विस्तार से विचार किया है। इसीलिए प्रतिष्ठित दलित लेखक ओमप्रकाश वाल्मीकि ने इस पर टिप्पणी करते हुए लिखा है कि—"प्रस्तुत शोध ग्रंथ में डॉ. श्यौराज सिंह 'बेचैन' ने ऐसे तथ्यपूर्ण, विश्लेषणात्मक निष्कर्ष प्रस्तुत किए हैं, जो हिन्दी दलित पत्रकारिता की विशिष्टताओं, संघर्षों, वैचारिक प्रतिबद्धताओं को उद्घाटित करते हैं, साथ ही हिन्दी पत्रकारिता के पक्षपातपूर्ण, एकपक्षीय दृष्टिकोण, सामन्ती सोच के प्रति झुकाव को भी रेखांकित करते हैं।"[78] इस महत्त्वपूर्ण शोधग्रन्थ पर श्री अजित राय की राय भी महत्त्वपूर्ण है—"डॉ. श्यौराज सिंह 'बेचैन' की शोध पुस्तक 'हिन्दी की दलित पत्रकारिता पर पत्रकार डॉ. अम्बेडकर का प्रभाव' गंभीरता से मीडिया में वर्चस्व की राजनीति और राजनीति में वर्चस्व के सत्ता संघर्ष का विश्लेषण करती है। इस विषय पर सम्भवतः यह पहली पुस्तक है जिसमें इतने विस्तार से और तथ्यों के साथ भारतीय नवजागरण एवं स्वाधीनता आन्दोलन के साथ-साथ आजाद भारत में दलितों की स्थिति, उनके प्रति हिन्दी पत्रकारिता के रवैये तथा दलित पत्रकारिता की सार्थक भूमिका की गहन पड़ताल की गयी है। यह पुस्तक एक ऐसा जरूरी सन्दर्भ ग्रन्थ है जिसमें आजादी के पहले और बाद के पचास वर्षों के भारतीय समाज के दलित विमर्श पर समग्रता में प्रकाश डाला गया है।"[79]

इस शोध-ग्रन्थ के परिशिष्ट में हिन्दी के लगभग सभी महत्त्वपूर्ण पत्रकारों के साक्षात्कारों का समावेश करके डॉ. बेचैन ने इसे और अधिक प्रामाणिक और उपादेय बना दिया है। इनमें सर्वश्री राजेन्द्र यादव, मृणाल पाण्डेय, अभय कुमार दुबे, मंगलेश डबराल, मस्तराम कपूर, डॉ. महीप सिंह आदि के नाम उल्लेखनीय हैं।

मेरी दृष्टि में यह शोध-प्रबन्ध दलित प्रश्नों का विवेचन पत्रकारिता के माध्यम से करने में सफल हुआ है और मैं समझता हूँ कि यह ग्रन्थ प्रत्येक प्रबुद्ध दलित पाठक

के लिए अनिवार्य तो है ही, साथ ही उन लोगों के लिए भी आवश्यक है जो दलित समस्याओं पर लिख और बोल रहे हैं। इस दृष्टि से शोध-ग्रन्थ के महत्त्व को रेखांकित करते हुए वरिष्ठ दलित लेखक श्री मोहनदास नैमिशराय ने लिखा है कि–"निश्चित ही डॉ. श्यौराज सिंह 'बेचैन' का यह शोध प्रबन्ध दलित पत्रकारिता के उस इतिहास की खोज-खबर भी है, जिससे दलितों की अनभिज्ञ रह गयी पीढ़ी अवश्य ही प्रेरणा लेगी और दलित पत्रकारिता के क्षेत्र में अपनी भावी दिशा तय करेगी।"[80]

'दलित मुक्ति का प्रश्न और दलित साहित्य'[81] दिनेशराम का डॉ. गोविन्द प्रसाद के निर्देशन में जवाहरलाल नेहरू विश्वविद्यालय, नयी दिल्ली की एम.फिल. उपाधि हेतु प्रस्तुत किया गया शोध प्रबन्ध है, जिसमें कोई विशेष गम्भीरता दृष्टिगोचर नहीं होती है। इस ग्रन्थ को 13 अध्यायों में विभक्त किया गया है। ये हैं–मुक्ति की अवधारणा, साहित्य और मुक्ति का सम्बन्ध, दलित वर्ग की पहचान, दलित साहित्य की परिभाषा, दलित साहित्य का स्वरूप, नयी व्यवस्था और नेतृत्व का प्रश्न, दलित क्रांति की दिशा, विरोध के बिन्दु, दलित तथा नयी अर्थ व्यवस्था, मीडिया का सामाजिक संगठन, नवें दशक की हिन्दी दलित कविता, दलित उपन्यासों का परिचय और निष्कर्ष। इस शोध प्रबन्धपूर्ण उमाकन्त चौबे ने "छिटपुट टिप्पणी"[82] ही माना है।

उपर्युक्त शोध प्रबन्धों के अतिरिक्त अभी तक कुछ अप्रकाशित शोध प्रबन्ध भी हिन्दी दलित साहित्य पर प्रस्तुत किए गये हैं। गुरु घासीदास विश्वविद्यालय, बिलासपुर (छत्तीसगढ़) की एम. फिल. उपाधि के लिए लक्ष्मीदास कौशले ने 'डॉ. एन. सिंह की काव्यानुभूति का अध्ययन' विषय पर सन्–1998-99 में लघु शोध प्रबन्ध प्रस्तुत किया। इसी प्रकार डॉ. संध्या अग्रवाल को डॉ. सुनन्दा महाजन के निर्देशन में 'दलित साहित्य की प्रवृत्तियों के सन्दर्भ में माताप्रसाद के सर्जनात्मक साहित्य का अनुशीलन' विषय पर प्रस्तुत शोध प्रबन्ध पर सन्–2004 में डॉ. अम्बेडकर विश्वविद्यालय, आगरा द्वारा पी.एच.डी. की उपाधि प्रदान की गयी है।

उपाधि निरपेक्ष शोध प्रबन्धों में श्री माताप्रसाद की पुस्तक 'हिन्दी काव्य में दलित काव्यधारा'[83] विशेष महत्त्व रखती है।

उपर्युक्त विवेचन से यह सुस्पष्ट है कि हिन्दी के दलित साहित्य पर अभी तक जो शोधकार्य हुए हैं, वे पर्याप्त कम हैं। हमारी जानकारी में डी. लिट्. स्तरीय एक शोध-प्रबन्ध चौ. चरणसिंह वि. वि. मेरठ से डॉ. श्रीमती प्रतिभा श्रीवास्तव का स्वीकृत हुआ है।

हमारा प्रयास यही है कि विगत आधी शताब्दी में दलित साहित्यकारों द्वारा रचे गये हर विधा के साहित्य का गहन विवेचन एवं विश्लेषण प्रस्तुत करके 'दलित-चेतना' को भी एक सुस्पष्ट एवं तार्किक स्वरूप दिया जा सके।

सन्दर्भ

1. पीड़ा जो चीख उठी : प्रकाशक भारतीय दलित साहित्य मंच, दिल्ली, प्र. 1988
2. दर्द के दस्तावेज : सं. डॉ. एन. सिंह, प्रकाशक : आनन्द साहित्य सदन, सिद्धार्थ मार्ग, छावनी-20, अलीगढ़, प्र. 1992
3. समकालीन भारतीय साहित्य, द्विमासिक, मई-जून-1996, पृष्ठ 170
4. चेतना के स्वर : डॉ. एन. सिंह, प्रकाशक : अभिरुचि प्रकाशन, दिल्ली प्र. 1998
5. राजनीति की अर्द्ध सतसई : माताप्रसाद, पृष्ठ 26
6. मूक नहीं मेरी कविताएँ : लालचन्द राही, पृष्ठ 26
7. सवालों के सूरज : डॉ. पुरुषोत्तम सत्यप्रेमी, पृष्ठ 47
8. हिन्दी काव्य में दलित काव्यधारा : माताप्रसाद, पृष्ठ 300 पर उद्धृत
9. दर्द के दस्तावेज : सं. डॉ. एन. सिंह, पृष्ठ 86
10. वही, पृष्ठ 112
11. गूँगा नहीं था मैं : जयप्रकाश कर्दम, पृष्ठ 35
12. दर्द के दस्तावेज : सं. डॉ. एन. सिंह, पृष्ठ 43
13. कविता : रोटी की भूख तक : डॉ. प्रेमशंकर, पृष्ठ 14
14. सतह से उठते हुए : डॉ. एन. सिंह, पृष्ठ 53
15. क्रौंच हूँ मैं : श्यौराज सिंह बेचैन, पृष्ठ 53
16. बस! बहुत हो चुका : ओमप्रकाश वाल्मीकि, पृष्ठ 13
17. दलित साहित्य चिन्तन के विविध आयाम : सं. डॉ. एन. सिंह, पृष्ठ 126
18. सलाम : ओमप्रकाश वाल्मीकि, पृष्ठ 13
19. आवाजें : मोहनदास नैमिशराय, पृष्ठ 20
20. सुरंग : दयानन्द बटोही, पृष्ठ 8
21. चतुरी चमार की चाट : बी.एल. नय्यर यातना की परछाइयाँ : सं. डॉ. एन. सिंह, पृष्ठ 11
22. यहाँ कुछ लोग थे : राजेन्द्र लहरिया, काले हाशिए पर : सं. डॉ. एन. सिंह, पृष्ठ 48
23. बित्ते भर जमीन : प्रेमशंकर, यातना की परछाइयाँ : सं. डॉ. एन. सिंह., पृष्ठ 17
24. वही, पृष्ठ 23
25. वही, पृष्ठ 20
26. जयप्रकाश कर्दम : छप्पर प्रकाशक : संगीता प्रकाशन, शाहदरा, दिल्ली, प्र. सं. 1994
27. उत्पीड़न का रचनात्मक प्रतिफलन : छप्पर (पुस्तक समीक्षा) : डॉ. एन. सिंह न्यायचक्र, मासिक, दिल्ली, 15 मई से 14 जुलाई, 1994 (संयुक्तांक), पृष्ठ 54
28. दलित साहित्य और सामाजिक न्याय, : डॉ. पुरुपोत्तम 'सत्यप्रेमी', पृष्ठ 72
29. जस तस भई सवेर : सत्यप्रकाश, प्रकाशक : कामना प्रकाशन, दिल्ली, 1998
30. रूढ़िवादिता के खिलाफ चेतना का स्वर : जस तस भई सवेर (पुस्तक समीक्षा) : जयप्रकाश कर्दम, दलित साहित्य 1999, पृष्ठ 318
31. मुक्तिपर्व : मोहनदास नैमिशराय, प्रकाशक : प्रवीण प्रकाशन, दिल्ली, प्र. 1999
32. श्री माताप्रसाद के नाटकों में सामयिक बोध (लेख) : डॉ. सिप्रा बैनर्जी, शिखर की ओर : सं. डॉ. एन. सिंह (श्री माताप्रसाद अभिनन्दन ग्रन्थ), पृष्ठ 225

33. इतिहास की पहली घटना : रघुवीर सिंह 'अरविन्द', प्रकाशक : राज प्रकाशन, अलीगढ़ (उ.प्र.), प्र. 1993
34. वही, पृष्ठ 15
35. कठौती में गंगा : डॉ. एन. सिंह एवं ललित मैन्दोला, प्रकाशक : लोकवाणी संस्थान, अशोक नगर, दिल्ली, प्र. 1998
36. वही, पृष्ठ 58
37. हिन्दी साहित्य को दलित साहित्य से प्रेरणा लेनी चाहिए (लेख) : डॉ. सोहनपाल 'सुमनाक्षर', राष्ट्रीय सहारा, दैनिक, दिल्ली, हस्तक्षेप, 18 जनवरी 1997
38. हिन्दी दलित साहित्य में आत्मकथा लिखने के संकट (लेख) : मोहनदास नैमिशराय, अभिमूकनायक, मासिक, दिल्ली, फरवरी 2000, पृष्ठ 3
39. जूठन (भूमिका) : ओमप्रकाश वाल्मीकि
40. दोहरा अभिशाप (भूमिका) : कौशल्या बैसंत्री
41. चमार का....(आत्मकथा) : डॉ. श्यौराज सिंह 'बेचैन'
42. मैं भंगी हूँ (आत्मकथा) : डॉ. भगवान दास, प्रकाशक : दलित टूडे प्रकाशन, इन्दिरा नगर, लखनऊ, द्वितीय संस्करण, 1998
43. अपने-अपने पिंजरे : मोहनदास नैमिशराय (भाग-1, 1995), (भाग-2, 2000) प्रकाशक : वाणी प्रकाशन, दिल्ली
44. तिरस्कार : के. नाथ प्रकाशक : बौद्ध उपासक संघ साहित्य प्रकाशन, कानपुर, प्र. 1999
45. मेरा सफर मेरी मंजिल : डॉ. डी. आर. जाटव, प्रकाशक : समता साहित्य सदर, जयपुर, प्र. 2000
46. तिरस्कृत : सूरजपाल चौहान, प्रकाशक : अनुभव प्रकाशन, साहिबाबाद, प्र. 2002
47. झोंपड़ी से राजभवन : माताप्रसाद, प्रकाशक : नमन प्रकाशन, नयी दिल्ली, प्र. 2002
48. दलित साहित्य : चिन्तन के विविध आयाम : डॉ. एन. सिंह, प्रकाशक : आम प्रकाशन, बम्बई, प्र. 1996
49. समकालीन भारतीय साहित्य, द्विमासिक, दिल्ली, मार्च-अप्रैल 1997, पृष्ठ 166
50. कदम, छमाही, मऊनाथ भंजन, अंक-2-3, अप्रैल से अक्टूबर 1998, पृष्ठ 63
51. हंस, मासिक, नयी दिल्ली, अप्रैल 1999, पृष्ठ 88
52. हिन्दी दलित कविता : नए सन्दर्भ : डॉ. टी.पी. राही प्रकाशक : कल्चरल पब्लिशर्स, लखनऊ, प्र. 1996
53. वही, भूमिका
54. नवें दशक की हिन्दी दलित कविता : रजतरानी 'मीनू', प्रकाशक : दलित साहित्य प्रकाशन संस्था, नयी दिल्ली, प्र. 1996
55. वही, पृष्ठ 4
56. वही, पृष्ठ 6
57. दलित साहित्य और सामाजिक न्याय : डॉ. पुरुषोत्तम 'सत्यप्रेमी', प्रकाशक : कंचन प्रकाशन, शाहदरा, दिल्ली प्र. 1996

58. वही, पृष्ठ 6
59. लोकतंत्र में भागीदारी के सवाल : कंवल भारती, प्रकाशक : बोधिसत्व प्रकाशन, सिविल लाइन्स, रामपुर (उ.प्र.), प्र. 1997
60. परिवर्तन जरूरी है : डॉ. सुशीला टाकभौरे, प्रकाशक : शरद प्रकाशन, नागपुर, प्र. 1997
61. वही, पृष्ठ 88
62. मेरा दलित चिन्तन : डॉ. एन. सिंह, प्रकाशक : कंचन प्रकाशन, नागपुर, प्र. 1998
63. वही, दो शब्द
64. साहित्य और सामाजिक क्रांति : डॉ. दयानन्द बटोही, प्रकाशक : विकल्प, तिलक नगर, दिल्ली, प्र. 1999
65. वही, चलो, चुप्पी तो टूटी (भूमिका)
66. हिन्दी साहित्य में दलित चेतना : डॉ. आनन्द वास्कर, प्रकाशक : विद्या विहार, 106/154, गांधी नगर, कानपुर, प्र. 1986
67. हिन्दी उपन्यासों में दलित वर्ग : डॉ. कुसुम मेघवाल, प्रकाशक : संघी प्रकाशन, सी-177, महावीर नगर, मालवीय नगर, जयपुर, प्र. 1989
68. प्रेमचन्द साहित्य में दलित चेतना : डॉ. बलवन्त साधू जाधव, प्रकाशक : अलका प्रकाशन, 128/106, जी. ब्लाक, किदवई नगर, कानपुर, प्र. 1992
69. वही, पृष्ठ 293
70. हिन्दी दलित पत्रकारिता पर पत्रकार अम्बेडकर का प्रभाव : डॉ. श्यौराज सिंह 'बेचैन', प्रकाशक : समता प्रकाशन, 30/64, गली नं. 8, विश्वास नगर, शाहदरा, दिल्ली-110032 प्रथम संस्करण 1997
71. वही, भूमिका
72. वही, भूमिका
73. अमर उजाला दैनिक, मेरठ, 11 जनवरी 2000
74. हिन्दी पत्रकारिता पर पत्रकार अम्बेडकर का प्रभाव : डॉ. श्यौराज सिंह 'बेचैन', पृष्ठ 32
75. वही, पृष्ठ 33
76. वही, पृष्ठ 85
77. वही, पृष्ठ 83
78. इण्डिया टुडे, मई 1998, पृष्ठ 43
79. हिन्दुस्तान दैनिक, दिल्ली, मार्च 1998, पृष्ठ 36
80. समय सरोकार, मासिक, दिल्ली, मार्च 1998, पृष्ठ 36
81. दलित मुक्ति का प्रश्न और दलित साहित्य : दिनेश राम, प्रकाशक : श्री साहित्यिक संस्थान, ई. 10/660, उत्तरांचल कॉलोनी, लोनी (गाजियाबाद), प्र. 2002
82. इण्डिया टुडे, दिल्ली, 12 जुलाई 2004, पृष्ठ 60
83. हिन्दी काव्य में दलित काव्य धारा : माताप्रसाद, प्रकाशक : विश्वविद्यालय प्रकाशन, वाराणसी, प्र. 1993

ऐतिहासिक परिप्रेक्ष्य में दलित

वैदिक युग और दलित

भारत में आने से पूर्व भारत में एक बहुत उच्चकोटि की सभ्यता विकसित हो चुकी थी, जिसके अवशेष 'मोहन जोदड़ो' और 'हड़प्पा' की खुदाई से मिले हैं। इसे 'सिन्धुघाटी की सभ्यता' के नाम से जाना जाता है। आर्य जब भारत में आये, तो यहाँ के मूल निवासियों के साथ उनका संघर्ष हुआ। डॉ. रामशरण शर्मा ने लिखा कि– "घुमक्कड़ आर्यों और अनार्यों के बीच भयानक संघर्ष हुआ। आर्यों की आँखें दुश्मनों की सम्पत्ति पर लगी हुई थीं। उन्हें हड़पने के लिए उनमें निरन्तर संघर्ष होते रहे। दस्युओं के पास स्वर्ण, हीरा, जवाहरात भी थे, जिनके चलते आर्यों का मन चल गया। दस्युओं के रहन-सहन से भी आर्य उनके विरोधी हो गये।"[1] इससे लगता है कि आर्य और भारत के मूल निवासी अनार्यों के बीच सैकड़ों वर्षों तक संघर्ष चलता रहा। वेदों में इसका उल्लेख 'देवासुर संग्राम' के रूप में मिलता है। उत्तर वैदिक काल में जब वर्णव्यवस्था की रचना हुई तो इन दस्यु और अनार्य अथवा द्रविड़ जातियों को आर्यों ने 'शूद्र' के अन्तर्गत डाल दिया। चूँकि ये लोग युद्धों में पराजित हो गये थे, अतः इनसे तरह-तरह के अशोभनीय काम लिए गये। ये दस्यु, से 'दास' हुए, फिर दस्यु का अर्थ लुटेरा हो गया। आर्यों ने इस व्यवस्था को ईश्वरीय घोषित कर दिया ताकि भविष्य में भी ये विद्रोह न कर पाएँ। ऋग्वेद का मंत्र, वर्ण व्यवस्था के सम्बन्ध में इस प्रकार है–

"ब्राह्मणोस्य मुखमासीद बाहू राजन्य कृतः।
ऊरू तदस्य यद् वैश्य पद्भ्यां शूद्रो अजायत।।"

–ऋग्वेद, 10.90.12

महाभारत और रामायण काल में यह वर्णव्यवस्था इतनी संकुचित हो गयी कि इसका उल्लंघन करने पर घोर दण्ड की व्यवस्था की गयी थी। इस तथ्य पर दृष्टिगत करते हुए डॉ. एन. सिंह ने लिखा है कि–"महाभारत काल में एकलव्य का अंगूठा इसलिए कटवा लिया कि वह धनुष विद्या में अर्जुन से भी निपुण हो गया था और द्रोण को इससे हीनता की अनुभूति हुई, अतः उसने एकलव्य अंगूठा कटवा लिया। रामायण

काल में शम्बूक केवल तपस्या कर रहा था। ब्राह्मणों ने राम से कहा कि ब्राह्मणों के बच्चों की अकाल मृत्यु हो रही है, क्योंकि एक शूद्र तपस्या कर रहा है। प्रश्न यह उठता है कि क्या किसी शूद्र के तपस्या करने से किसी ब्राह्मण बच्चे की मृत्यु हो सकती है? मैं कहता हूँ—हाँ, यदि किसी शूद्र ने तपस्या के छद्म को जान लिया और उसका प्रचार सम्पूर्ण समाज में कर दिया, तो कौन देता किसी ब्राह्मण को दक्षिणा या भीख। वे निठल्ले श्रम तो कर नहीं सकते थे, तो ब्राह्मणों के बच्चे भूख से नहीं मरते तो क्या होता, इसलिए उन्होंने मर्यादा पालन के नाम पर राम को उकसा कर शूद्र उपासक शम्बूक की हत्या करवा दी।"[2] वस्तुतः ये दोनों वर्णव्यवस्था के उल्लंघन के ही दण्ड हैं।

वस्तुतः वैदिक काल में शूद्रों की स्थिति वैसी थी, जैसी कि मनुस्मृति में वर्णित है। 'मनु' ने लिखा भी है—

"यः कश्चित्कस्य चिद्धर्मोमनुना परिकीर्तितः।
ससर्वोअभिहितोवेदे सर्वज्ञानमयो हिसः।।"[3]

अर्थात्—"जिस वर्ण के लिए जो 'मनु' ने कहा, वह सम्पूर्ण वेद में कहा है क्योंकि वेद सब विद्याओं का भण्डार है। अर्थात्, सम्पूर्ण वेद को जानकर ही यह स्मृति बनाई है।" वैदिक काल में शूद्रों की सामाजिक स्थिति पर प्रकाश डालते हुए डॉ. आनन्द वास्कर ने लिखा है कि—"प्राचीन काल में शूद्र की स्थिति नगण्य एवं उसका जीवन निरर्थक था। उस समय शूद्रों का कर्त्तव्य था कि वे दास्य भाव से ब्राह्मणों की सेवा-शुश्रूषा करते रहें। इस शुश्रूषा कार्य में बाधा न हो, तभी शूद्र अन्य काम करके अपनी आजीविका प्राप्त कर सकते थे। प्राचीन धर्मग्रन्थों में कर्म और विद्या का सम्बन्ध शूद्र के साथ हो ही नहीं सकता, यही बताया है, क्योंकि धर्मग्रन्थों के अनुसार इस विषय में शूद्र का अधिकार ही नहीं है।"[4] हिन्दू धर्म मूलतः वर्णाश्रम पर आधारित है। प्रारम्भ में हिन्दू धर्म ने सम्पूर्ण समाज को उसके कार्यों के आधार पर चार वर्णों—ब्राह्मण, क्षत्रिय, वैश्य और शूद्र में बाँटा, धीरे-धीरे यह व्यवस्था जन्म पर आधारित होती चली गयी। मनु ने लम्बे समय से चली आती व्यवस्था को कोडबद्ध किया। 'मनुस्मृति' के आधार पर ही यहाँ हम हिन्दू धर्म में शूद्र की स्थिति का विवेचन कर रहे हैं। हिन्दू धर्म द्वारा प्रदत्त असमानता, अन्याय, अपमान और घृणा को इस धर्म के चौथे वर्ण ने ही वहन किया। हिन्दू धर्म में शूद्र की स्थिति क्या है? इस तथ्य की पड़ताल करना जरूरी हो जाता है। मनुस्मृति, जो 'हिन्दू धर्म का संविधान' है, में तरह-तरह की मानसिक, आर्थिक एवं सामाजिक यातनाओं की व्यवस्था शूद्रों के लिए की गयी है। हिन्दू समाज व्यवस्था चतुर्वर्ण पर आधारित है। मनुस्मृति के अनुसार—"लोक की वृद्धि के लिए ब्राह्मण, क्षत्रिय, वैश्य और शूद्र की सृष्टि क्रमशः ब्रह्मा के मुख, बाँह, उरु और पैर से हुई है।"

"लोकानां तु विवृद्धयर्थ मुखबाहूरुपादतः।
ब्राह्मणं क्षत्रियं वैश्यं शूद्रं च निरवर्तयत्।।"[5]

हिन्दू धर्म की व्यवस्थाओं के अनुसार किसी भी देवता और सम्मान के लिए पुरुष के भी पैर ही स्पर्श किए जाते हैं। फिर ऐसा कैसे हो गया कि ब्रह्मा के उन्हीं पूज्य पैरों से उत्पन्न शूद्र अस्पृश्य हो गया। वैसे भी दुनिया के विकास का इतिहास गवाह है कि मनुष्य, चाहे वह दुनिया के किसी भी कोने में पैदा हुआ हो, अथवा किसी भी वर्ण का हो, पुरुष उसके जन्म का उपकरण तो है, लेकिन वह स्वयं उसे जन्म नहीं दे सकता। स्त्री के गर्भ से जन्म लेने का भी एक ही रास्ता है, वह भी अपने मुख, बाहु, उरु और पैर से किसी शिशु को जन्म नहीं दे सकती। इसलिए 'बज्रसूची' के यशस्वी रचनाकार 'अश्वघोष' ने अपनी इस पुस्तक में एक ऐसा तिलमिला देने वाला प्रश्न किया है कि "ब्राह्मण का जन्म ब्रह्म के मुख से हुआ है, तो ब्राह्मणी का जन्म कहाँ से हुआ?" इसका उत्तर भी वे स्वयं ही देते हैं कि–"निश्चय ही ब्राह्मणी का जन्म भी ब्रह्मा के मुख से ही हुआ होगा।" और निष्कर्ष देते हैं कि–"एक ही स्थान से उत्पन्न हुए ब्राह्मण और ब्राह्मणी, भाई-बहन हुए तथा भाई का बहन से स्त्री प्रसंग दुनिया का सबसे घृणित कृत्य है।"[6] तो ऐसे घृणित लोगों ने ब्रह्मा के पवित्र पैरों से तथाकथित उत्पन्न जन-समुदाय को इतना घृणित बना दिया कि जन्म के समय ही उसका नाम 'जुगुप्सित' (घृणित) शब्द से रखने की व्यवस्था दी–

"मंगल्यं ब्राह्मणस्य स्यात्क्षत्रियस्य बलान्वितम्।
वैश्यस्य धनसंयुक्तं शूद्रस्य तु जुगुप्सितम्।।"[7]

अर्थात् ब्राह्मण का मंगलसूचक शब्द से युक्त, क्षत्रिय का बलसूचक शब्द से युक्त, वैश्य का धन सूचक शब्द से युक्त, तथा शूद्र का निन्दित शब्द से युक्त नामकरण करना चाहिए। इससे अगले श्लोक में स्पष्ट लिखा है कि–"शूद्रस्य प्रेष्य संयुक्तम्"[8] अर्थात् शूद्र का नामकरण घृणित 'शब्द' के साथ 'दास' शब्द लगाकर करना चाहिए। इस व्यवस्था के कारण आज भी दलित वर्ग के लोगों में सुन्दर और अच्छे नाम नहीं मिलते। नामकरण की इस मनुवादी व्यवस्था पर डॉ. एन. सिंह ने अपने लेख '*व्यवस्था परिवर्तन का मिथक और दलित समाज*' में टिप्पणी करते हुए लिखा है कि इस व्यवस्था के अनुसार–"जब एक ही घड़ी, एक ही नक्षत्र में एक ब्राह्मण, एक क्षत्रिय तथा एक वैश्य और एक शूद्र के घर लड़के का जन्म होता है और ये चारों अपने बेटे का नाम पूछने पंडित के पास जाते हैं। माना (ब) अक्षर से नाम निकलता है तो पंडित, ब्राह्मण को अपने बेटे का नाम 'बुद्धिबल्लभ', क्षत्रिय को 'बलवंत सिंह', वैश्य को 'बांके बिहारी लाल' और शूद्र को 'बुद्धू' रखने को कहते हैं। आगे चलकर ये चारों बच्चे बड़े होते हैं, तो 'बुद्धिवल्लभ' मूर्ख साबित होते हैं और छोले बेचते हैं तथा झूठी प्लेटें धोते हैं। 'बलवंत सिंह' कायर प्रमाणित होते हैं। वह एक कार्यालय में चपरासी है तथा ऑफिसर और क्लर्कों की झिड़कियाँ नित्यप्रति

सुनना ही उसकी नियति है। वैश्यपुर–दरिद्र दुकानदार है, जो नीबू और बेर बेचकर अपना गुजारा चला रहा है। 'बुद्धू' पढ़-लिखकर बुद्धिमान साबित होता है और आरक्षण का लाभ पाकर एक जिले का जिलाधिकारी बनता है। तो प्रश्न यह उठता है कि जो व्यवस्था पैदा होते ही ब्राह्मण के बच्चे को 'बुद्धिवलभ' और शूद्र के बच्चे को 'बुद्धू' बनाती रही है, वह व्यवस्था जो नाम में भी किस शूद्र बच्चे को समानता नहीं दे पायी, वह समाज में, अर्थ में, सम्मान में, सत्ता और शासन में क्या समानता दे पाएगी।"[9] नामकरण के बाद बच्चा बड़ा होता है। पाँच वर्ष के बाद उसकी उम्र पाठशाला जाने की होती है, तो 'मनुस्मति' सभी वर्णों के कर्मों का निर्धारण करती हुई शूद्र को शिक्षा प्राप्ति के सामान्य और मानवीय अधिकार से वंचित करती है। इस सम्बन्ध में 'मनुस्मृति' के निम्न श्लोकों को देखिए–

"अध्यापनमध्ययनं यजनं याजनं तथा।
दानं प्रतिग्रहं चैत, ब्राह्मणामकल्पयत्।।
प्रजानां रक्षणं दान मिज्याध्ययनमेव च।
विषयेठवप्रसक्तिश्व क्षत्रियस्य समासतः।।
पशूनां रक्षणं दानमिज्याध्ययमेव च।
वाणिक्पथं कुसीदं च वैश्यस्य कृषिमेव च।।
एकमेव तु शूद्रस्य प्रभुः कर्म समादिशत्।
एतेषामेव वर्णनां शुश्रूषामन सूय या।।"[10]

अर्थात् ब्राह्मणों के षटकर्म पढ़ना, पढ़ाना, यज्ञ करना, कराना, दान देना और लेना बताए हैं। प्रजा की रक्षा, दान देना, यज्ञ कराना, पढ़ना और विषयों में न फँसना ये संक्षेप में क्षत्रिय के कर्म हैं। पशुओं का पोषण, दान देना, यज्ञ कराना, पढ़ना, व्यापार करना, ब्याज लेना और खेती ये वैश्य के कर्म हैं। प्रभु ने शूद्रों का केवल एक ही कर्म बताया है कि इन 'तीनों' वर्णों की निन्दा रहित 'जिसमें कोई निन्दा नहीं' सेवा करना। यहाँ ध्यान देने की बात यह है कि शेष तीनों वर्णों के लिए मनुस्मृतिकार पढ़ने और ब्राह्मण के लिए पढ़ाने की भी व्यवस्था देता है, लेकिन शूद्र का कर्म केवल सेवा बताकर उसे शिक्षा, कृषि, व्यापार आदि मानवीय अधिकारों से वंचित कर देता है और इतना ही नहीं, प्रत्युत् वह शूद्र के कर्म को ब्राह्मण द्वारा नहीं, प्रभु द्वारा निर्धारित बताता है ताकि भविष्य में पढ़-लिखकर शूद्र वर्ग इस अपराध के लिए उसे अपराधी न समझे और भविष्य में उसकी सन्ततियों को दण्ड न दे।

यहीं नहीं, मनु ने शूद्र के लिए यह भी तय किया कि वह किसकी सेवा करे और उसकी दिन रात की गयी हाड़तोड़ सेवा के बदले उसे क्या मजदूरी दी जाए। मनुस्मृति के दसवें अध्याय में देखिए, 'मनु' की व्यवस्था–

"विप्रसेवैव शूद्रस्य विशिष्टं कर्म कीर्त्यते।
मदतोउन्यद्धि कुरते तद्भवत्यस्य निष्कलम्।।

उच्छिष्ट मन्नंदाताव्यं जीर्णानिवसनाचि।
पुलाकाश्चैवधान्यानां जीर्णाश्रैव परिच्छदाः।।"[11]

अर्थात् 'ब्राह्मण' की सेवा को शूद्र के अन्य कर्मों से श्रेष्ठ कहा है। इसलिए इसके अतिरिक्त वह जो कुछ करता है। वह निष्फल है। इस सेवा के बदले शूद्र को–"भोजन से बचा हुआ 'जूठा' अन्न, पुराने कपड़े, धानों की छटन 'थोथा अनाज' तथा पुराना बरतन-भांडा देना चाहिए।" इससे अगले श्लोक में कहा गया कि–"सेवक शूद्र को कोई पातक नहीं है, न वह संस्कार योग्य है और नहीं धर्म में उसे कोई अधिकार है।"[12] मनु ने ब्राह्मण को यह अधिकार दिया है कि वह शूद्र से हर हालत में सेवा ही करवाए–

"शूद्रंतु कारयेद्‌दास्यं क्रीतमूक्रीतमेव वा।
दास्यायेव हि सृष्टो सौ ब्राह्मणस्य स्वयंभुवा।।"[13]

अर्थात्–"शूद्र से तो सेवा ही करावें, वह शूद्र खरीदा हुआ हो या न खरीदा हुआ हो, क्योंकि ब्राह्मण की सेवा के लिए ही ब्रह्मा ने इसे उत्पन्न किया है।" यदि इतनी कम मजदूरी पर कोई शूद्र काम करने से मना कर दे, तो मनु ने राजा को अधिकार दिया है कि वह शूद्र से जबरदस्ती सेवा कराए–

"वाणिज्यं कारयेद्वैश्यं कुसादं कृषिमेव च।
पशूनां रक्षणं चैव दास्यंशूद्रं द्विजन्मनाम्।।"[14]

अर्थात्–"वाणिज्य, खेती और पशुओं की रक्षा वैश्यों से और शूद्र से द्विजों की सेवा राजा करावें।" मनु आगे स्पष्ट करते हैं कि राजा को इनसे बलात् इनके कर्म क्यों कराने चाहिए–

"वैश्य शूद्रौ प्रयत्नेन स्वानि कर्माणि कारयेत्।
तौ हि च्युतौ स्व कर्मभ्यः क्षोभयेता मिदं जगत्।।"[15]

अर्थात्–"वैश्य और शूद्रों से प्रयत्न पूर्वक राजा अपने-अपने कर्म करावें, नहीं तो अपने-अपने कर्मों से अलग होकर ये जगत में क्षोभ करा देंगे।" इस प्रकार 'मनुस्मृति' के रचनाकार ने शूद्र को हिन्दू धर्म और उसके संस्कारों से वंचित कर दिया और यदि कोई ब्राह्मण उसका संस्कार करता है, तो उसके लिए भी दण्ड निर्धारित किया कि वह ब्राह्मण 'असंवृत' नामक नरक में गिरता है–

"न शूद्रायमतिद्‌ंद्यान्नोच्छिष्टं नह विष्कृतम्।
न चास्योपदिशेद्धर्मन चास्यव्रतमा दिशेत्।।
योन्ह्यस्य धर्ममाचष्टेय श्रैच्वादिशतिव्रतम्।
सोउसंवृतं नामतमः सहतैनैव मज्जाति।।"[16]

अर्थात्–"शूद्र को बुद्धि, उच्छिष्ट और हविष्कृत अर्थात् होमशेष का भाग न दें और उसको धर्मोपदेश न करें और व्रत भी न बतावें। जो ब्राह्मण इस शूद्र को

धर्मोपदेश और प्रायश्चित्त का उपदेश करे, वह उस शूद्र के साथ 'असंवृताश्य' नामक बड़े अन्धकार वाले नरक में गिरता है।" इस अध्याय में शूद्र के साथ बैठने तक का निषेध किया गया है[17] तथा शूद्रों के राज्य में निवास न करने का भी निषेध किया गया है।[18] शिक्षा, संस्कार से वंचित और सेवा के बदले थोथा अनाज, फटा वस्त्र प्राप्त करता हुआ भी यदि कोई शूद्र कुछ धन एकत्र कर लेता है, तो मनुस्मृतिकार ब्राह्मण को सलाह देता है कि वह उस शूद्र से उसका धन चालाकी से छीन ले, क्योंकि धन प्राप्त कर वह किसी ब्राह्मण की गुलामी नहीं करेगा—

"विस्रब्धंब्राह्मणः शूद्राद द्रव्योपादानमाचरेत्।
न हि तस्यास्ति किंचित्स्वं भर्तृहार्यधनोहिसः।।"[19]
"शक्तेनापि हि शूद्रेण न कार्यों धनसंचयः।
शूद्रोहि धनमासाद्य ब्राह्मणानेव बाधते।।"[20]

अर्थात्—"भरोसे से ब्राह्मण शूद्र का धन ग्रहण कर ले, क्योंकि उसका कुछ भी नहीं है, किन्तु उसका धन भतृग्राहय (स्वामी का) है।" ऐसा ब्राह्मण को क्यों करना चाहिए क्योंकि वह धन प्राप्त करके ब्राह्मण आदि को बाधा देता है। ब्राह्मण की चालाकी का शिकार होने से बचकर यदि वह कुछ धन एकत्र कर लेता है, तो 'मनु' राजा को आज्ञा देता है कि वह शूद्र का धन छीनकर उसे अपने राज्य से निकाल दे—

"यो लोभाद्धमोजात्या जीवेदुत्कृष्ट कर्ममि।
तं राजा निर्धनं कृत्वा क्षिप्रमेव प्रवासेत्।।"[21]

अर्थात्—"जो निकृष्ट जाति (शूद्र) से उत्पन्न हुआ, लोभ से उत्कृष्ट जाति की वृत्ति करे, उसको राजा निर्धन करके अपने देश से निकाल दे।" शूद्र की हत्या से कुत्ते, बिल्ली, गधा, उल्लू, नेवला, कौआ, चिड़िया, मेढ़क की हत्या जितना पाप लगता है। मनुस्मृति के अनुसार—

"मार्जारन कुलौ हत्वा चाषं मण्ड्कमेव च।
वगोधोलूककाकांश्रव शूद्र हत्याव्रतं चरेत्।।"[22]

इसका तात्पर्य यह है कि हिन्दू धर्म में शूद्र की स्थिति पशु से भी बदतर थी, क्योंकि यहाँ गाय (पशु) और पत्थर तो पूज्य हैं, लेकिन शूद्र (व्यक्ति) सम्मान का पात्र भी नहीं है। 'पाराशर स्मृति' इस तथ्य को और अधिक स्पष्ट रूप में प्रस्तुत करती है। उसक अनुसार—"ब्राह्मण दुश्चरित्र हो तक भी पूज्य है और शूद्र जितेन्द्रिय होने पर भी पूज्य नहीं, क्योंकि कौन ऐसा मूर्ख है जो दुष्ट गाय को छोड़कर सुशीला गधी को दुहेगा।"[23] सम्भवतः मध्यकालीन सन्त कवि तुलसीदास ने अपने 'रामचरित मानस' में इसी का काव्यानुवाद किया है—

"पूजिए विप्र ज्ञान गुण हीना।
शूद्र न गुणगण ज्ञान प्रवीना।।"[24]

इससे स्पष्ट होता है कि हिन्दू धर्म के नियन्ताओं ने शूद्र को इस हालत तक पहुँचा दिया कि वह किसी सवर्ण के साथ बैठने तक की बात सोच भी न सके यदि वह ऐसी इच्छा करता है, तो मनु का अमानुषिक विधान कहता है–

"सहासनम भिप्रे प्सु रुत्कष्टस्याप कृष्टजः।
कट्याकृताअंगों निर्वास्यः स्फिचं वाअस्थाव कर्तयेत्।।"[25]

अर्थात्–"उच्च के साथ बैठने की इच्छा करने वाले नीच की कटि (कमर) को दाग कर निकाल दें या उसके चूतड़ को थोड़ा कटवा दें।" इतनी मानसिक, शारीरिक, सामाजिक और आर्थिक यातनाओं को सहकर भी यदि कोई शूद्र हिन्दू धर्म के किसी नियामक को कुछ अपशब्द कहता या प्रतिकार करता हुआ उस पर प्रहार कर दे, तो उसके लिए मनुस्मृति अमानवीय और भयानक दण्डों का विधान करती है–

"एक जातिर्द्विजातीस्तु वाचा दारूणया क्षिपन्।
जिव्हायाः माप्नुयाच्छेदं जघन्यप्रभावोहि सः।।
नाम जाति ग्रहंत्वेषामभिद्रोहेण कुर्वतः।
निक्षेप्योयोमयः शंकुर्ज्वलन्नास्येदशांगुलः।।"[26]

अर्थात्–"यदि शूद्र द्विजातियों को गाली दे, तो जीभ के छेदन का दण्ड प्राप्त हो, क्योंकि वह निकृष्ट से उत्पन्न है। जो शूद्र द्विजातियों के नाम और जाति का उच्चारण करे, उसके मुँह में जलती हुई दस अंगुल की छड़ ठोकनी चाहिए।" इस सबके उपरान्त भी यदि वह श्रोत परम्परा से कुछ ज्ञान प्राप्त कर लेता है और किसी अशिक्षित ब्राह्मण द्वारा दिए जा रहे गलत उपदेश को सुधारने का निवेदन कर बैठता है, तो मनुस्मृति उसके मुँह और कानों में उबला हुआ तेल डालने की व्यवस्था देती है–

"धर्मोपदेशंदर्पेण विप्राणामस्य कुवर्तः।
तप्तमासेचयेतैलं वक्त्रेश्रोत्रेचपार्थिवः।।"[27]

अर्थात्–"जो शूद्र अहंकार से ब्राह्मणों को उपदेश करे, उसके मुख, कान में राजा गर्म तेल डलवा दे।" प्रहार करने पर मनु का दण्ड देखिए–

"येनकेन चिदंगेन हिंस्याच्चेच्छेष्टमन्तयजः।
देत्तव्यंतत्तदेवास्य तन्मनोरनुशासनम्।।"[28]

अर्थात्–"शूद्र लोग जिस किसी अंग से द्विजातियों को मारें, उसका वही अंग कटवाना चाहिए। यह मेरा (मनु) का अनुशासन है।"

मनुष्य प्रकृति से सामाजिक प्राणी है और समाज में रहते हुए स्त्री-पुरुषों के बीच परस्पर प्रेम सम्बन्ध (यौन सम्बन्ध) का होना स्वाभाविक प्रक्रिया है। यह सम्बन्ध जाति और वर्ण देखकर तो विकसित होते नहीं हैं, लेकिन विकसित होने पर शूद्र के लिए जो दण्ड निर्धारित किए गये हैं, वे अमानवीय और पक्षपातपूर्ण हैं। ब्राह्मण के लिए यह व्यवस्था है कि वह अपने से हीन 'तीन वर्णों' की स्त्री से विवाह कर सकता

है, लेकिन उसकी सम्पत्ति में से किस वर्ण की स्त्री से उत्पन्न पुत्र को कितना हिस्सा मिलेगा, यह व्यवस्था पक्षपात का सर्वोत्तम उदाहरण है–

"चतुरोंशा-हरे द्विपस्त्री नंशान्क्षत्रिया सुतः।
वैश्यापुत्री हरेद्द्वयंशमंशशूद्रा सुतो हरेत्।।"[29]

अर्थात्–"दस भागों में से चार अंश ब्राह्मणी का पुत्र और क्षत्रिय का पुत्र तीन अंश तथा वैश्य का पुत्र दो अंश और शूद्रा का पुत्र एक अंश ले।" लेकिन आगे मनु शूद्रा पुत्र को एक अंश से भी वंचित कर देता है–

"ब्राह्मण क्षत्रिय विशां शूद्रापुत्रो नरिक्थसाक्।
यदेवास्य पिता दद्यात्त देवास्य धनंभवेत्।।"[30]

अर्थात्–"ब्राह्मण, क्षत्रिय, वैश्यों का शूद्रा से उत्पन्न हुआ पुत्र धन का भागी नहीं, किन्तु जो कुछ उसका पिता उसे दे दे, वही उसका धन है।" अब आप देखिए कि ब्राह्मण किसी शूद्र स्त्री का यौन शोषण तो कर सकता है, लेकिन इसके लिए उसे किसी प्रकार की सजा नहीं दी जा सकती। उसके लिए मनु ने निम्न व्यवस्था दी है–

"अब्राह्मणा संग्रहणे प्राणान्तंदण्ड मर्हति।
चतुर्णामपिवर्णानां दारा रक्ष्यत्माः सदा।"[31]

अर्थात्–"ब्राह्मण को छोड़कर अन्य जो कोई परस्त्री से यौन सम्पर्क रखे, वह प्राणान्त दण्ड योग्य है, क्योंकि चारों वर्णों की स्त्रियाँ सर्वदा रक्षा करने योग्य हैं। आगे 8/365वें श्लोक में उत्तम वर्ण के पुरुष से समागम करने वाली स्त्री को दण्ड मुक्त कर दिया गया है, लेकिन यदि कोई ब्राह्मणी किसी शूद्र के साथ यौन सम्बन्ध रखती है, तो शूद्र के लिए मनु का दण्ड विधान देखिए–"

"शूद्रोगुप्तमगुप्तं वा द्वैजातं वर्णमावसन्।
अगुप्तम अंत सर्वस्वैर्गुप्तं सर्वेण हीयते।।"[32]

अर्थात्–"रक्षिता या अरक्षिता द्विज जाति (ब्राह्मण) वर्ण की स्त्री के साथ यदि शूद्र गमन करे, तो अरक्षिता में अंग छेदन (लिंग काट देना) तथा सर्वस्व हरण करें और रक्षिता के सम्बन्ध में सब (शरीर तथा धनादि) से हीन कर दें।" आगे 8/377वें श्लोक में इस दण्ड को और अधिक स्पष्ट किया है कि–"शूद्र को चटाई में लपेटकर जला दिया जाए।" जबकि दुनिया का कोई न्यायशास्त्र ऐसा नहीं, जो एक ही अपराध के लिए दो व्यक्तियों को अलग-अलग सजा दे। न्याय विधान में तो किसी अपराध-कर्म की सजा अपराध की प्रकृति तथा अपराधी की मंशा के अनुसार होती है। जाति या वर्ण के अनुसार कहीं भी दण्ड दिए जाने का विधान नहीं बनाया गया है।

उपर्युक्त विवेचन से स्पष्ट होता है कि हिन्दू धर्म में शूद्र की स्थिति पशु से भी बदतर रही है। वरिष्ठ लेखक पद्मश्री कन्हैयालाल मिश्र प्रभाकर ने लिखा भी है कि– "सामाजिक परिस्थितियों ने मूल्यों को ओझल कर दिया था और मानव समाज को

छोटी-बड़ी जातियों में बाँट दिया। मानवों के एक बड़े समूह को उन अधिकारों से भी वंचित कर दिया, जो पशुओं को भी प्राप्त है।"[33] लगता है कि हिन्दू धर्म में शूद्र की उक्त स्थिति किसी क्रूरतम सामाजिक साजिश का परिणाम थी, जो आज भी किसी न किसी रूप में भारतीय समाज में विद्यमान चली आ रही है।

हिन्दू सामन्तकाल में भी शूद्रों की स्थिति लगभग यही थी। सारे बेगार के काम उनसे ही लिए जाते थे। यदि वे बेगार करने से मना करते तो उनकी बस्तियों में आग लगा दी जाती थी, उनकी स्त्रियों के साथ बलात्कार किया जाता था। शारीरिक उत्पीड़न तो आम बात थी। इन सामन्तों ने ऐसी-ऐसी घृणित परम्पराएँ स्थापित कर दी थीं कि आज जानकर रोंगटे खड़े हो जाते हैं। 'बहू जुठाई' की प्रथा उनमें से ही एक है। इस प्रथा के अनुसार शूद्र की दुल्हन को अपने पति के साथ सुहागरात मनाने से पूर्व गाँव के जमींदार को अपना कौमार्य विसर्जित करना पड़ता था। इस प्रथा का मार्मिक चित्रण रमणिका गुप्ता ने अपनी कहानी 'बहू जुठाई'[34] में किया है।

सामन्ती युग और दलित

सामाजिक, राजनीतिक एवं प्रशासनिक प्रवृत्तियों के कारण मौर्योत्तर काल और विशेषकर गुप्त काल से समाज और राज्य व्यवस्था सामन्ती ढाँचे में ढलने लगी थी।[35] इस सामन्ती ढाँचे ने धर्म, कला और साहित्य को भी सामन्ती रूप में परिवर्तित कर दिया था। सर्वप्रथम 'सामन्ती युग' का अर्थ स्पष्ट करना उचित होगा। राजनीति विज्ञान कोश के अनुसार—"सामन्तवाद एक ऐसी सामाजिक राजनीतिक व्यवस्था है जो कृषि प्रधान अर्थव्यवस्था पर आधारित होती है, जिसमें शक्ति अनेक अर्द्ध स्वतन्त्र क्षेत्रों में वितरित रहती है।"[36] राजनीतिक दृष्टि से इस युग में राजपूत कहे गये शासक वर्गों का उदय हुआ, जो राज्य विस्तार तथा वंश प्रतिष्ठा हेतु निरन्तर युद्धरत रहते थे। आर्थिक दृष्टि से कृषि मुख्य उद्योग था। व्यापार एवं वाणिज्य का ह्रास इसकी दूसरी महत्त्वपूर्ण विशेषता थी। धर्म की दृष्टि से जहाँ ब्राह्मणों का पुनरुत्थान हुआ, वहीं साहित्यिक दृष्टि से इस युग में भाषा रचनादृष्टि, नीति, शृंगार इत्यादि में पर्याप्त अन्तर्विरोध दृष्टिगोचर होता है। हिन्दी साहित्य की दृष्टि से यह युग आदिकाल का एक भाग है। इसमें हम रासो साहित्य तथा नाथों-सिद्धों की वाणियों की प्रधानता पाते हैं।

चौरासी सिद्धों—लूहिपा, लीलापा, विरूपा, डोंभिपा, शवरीपा, सरहपा, कंकालिया, मीनपा, गोरक्षपा, चौरंगीपा, वीणापा, शांतिपा, तंतिपा, चमरिपा, खड़गापा, नागार्जुन, कण्हपा, कर्णरिपा, थगनपा, नारोपा, शीलपा, तिलोपा, हड़पा, भद्रपा, दोखधिपा, अजोगिपा, कालपा, होंगीपा, कंकणपा, कमरिपा, डोगिपा, भदेपा, तंघेपा, कुकरिपा, कुचिपा, धर्मपा, महिपा, अंचितिपा, मल्लहपा, नालिनपा, मुसुकुपा, इन्द्रभूति, मेकोपा,

कुठालिपा, जालन्धरपा, राहुलपा, धर्वरिपा, धोकरिपा, मेदिनीपा, पंकजपा, घंटापा, जोगिपा, चेलुपा, गुंडरिपा, लुचिकपा, निर्गुणपा, जयानंन, चर्पटीपा, चंपका, भिखनपा, मपिला, कमारिपा, चंवरिपा, मणिभद्रा (योगीनी), कनखलपा (योगिनी), कनकनपा, कंनालीपा, छुहुरिपा, उधरिपा, कपालपा, सागरपा, सर्वभक्षपा, नागबोधिपा, द्वारिकपा, पुतुलिपा, पनहपा, कोकालिपा, अनंगपा, लक्ष्मीकपा (योगिनी), समुद्रपा, भालिपा आदि हैं।"[37] इन चौरासी सिद्धों और नौ नाथों की रचनाओं तथा "सिद्धान्त ग्रन्थों" में ईश्वरोपासना के बाह्य विधानों के प्रति उपेक्षा प्रकट की गयी है। "घट के भीतर ही ईश्वर को प्राप्त करने पर जोर दिया गया है। वेदशास्त्र का अध्ययन व्यर्थ ठहराकर विद्वानों के प्रति अश्रद्धा प्रकट की गयी है। तीर्थाटन आदि निष्फल कहे गये हैं।"[38] ऐसा प्रतीत होता है कि ये सामाजिक विडम्बनाओं से त्रस्त होकर प्रश्न पूछ रहे थे। यहाँ पर यह बात ध्यान में रखना आवश्यक है कि इन चौरासी सिद्धों में बहुत से मछुए, चमार, धोबी, डोम, कहार, लकड़हारे, दरजी और बहुत से शूद्र कहे जाने वाले लोग थे, अतः वे जाति-पांति का खण्डन तो आप ही थे। यहाँ पर यह तथ्य भी समान रूप से महत्त्वपूर्ण और प्रासंगिक हैं कि इस काल में व्यापार व हस्तशिल्पों के ह्रास ने दलित वर्ग, जो दस्तकार के रूप में स्थापित हो चुका था, की स्थिति को शोचनीय बना दिया था। वहीं समाज का धनी तथा सामन्त वर्ग शृंगार परकता की ओर प्रवृत्त था। यहाँ तक ब्राह्मणवादी धर्म में भी 'गीत गोविन्द' की प्रवृत्ति महत्त्वपूर्ण हो उठी थी। राजपूत नरेशों के राज्याश्रित कवि अपने संरक्षकों की चाटुकारितापूर्ण प्रशस्ति रच रहे थे। विभिन्न रासो ग्रन्थ इसके उदाहरण हैं। वहीं नाथों, सिद्धों द्वारा इन भौतिक विलास साधनों को उपेक्षा व तिरस्कार भाव से देखा गया। उसके नकार में ही दलित चेतना अभिव्यक्त हुई है। दलितों की स्थिति अछूत, कमीना व पूर्वजन्म के पापी की थी। अस्पृश्यता एक ऐसा सामाजिक बोझ था, जिसमें पूरे सामन्ती युग में कोई परिवर्तन नहीं हो पाया था। साथ ही दलित चिन्तन में भी कोई अधिक महत्त्वपूर्ण परिवर्तन परिलक्षित नहीं होता है।

मुगल काल और दलित

भारत छोटी-छोटी रियासतों में बँटकर कमजोर हो गया। यहाँ के सामन्त केवल अपनी रियासत की रक्षा करना अपना दायित्व समझते थे। ये राजा कभी अपने राज्य की सीमा बढ़ाने के लिए तथा कभी किसी दूसरे राजा की सुन्दर पत्नी या पुत्री को प्राप्त करने के लिए आपसी युद्धों में उलझे रहते थे, जिसके कारण इनकी शक्ति क्षीण होती चली गयी। इसका एक दूसरा कारण भी था। वर्णव्यवस्था के कारण यहाँ रक्षा का काम केवल क्षत्रियों को सौंपा गया था जो संख्या में कम थे। अतः जब सातवीं और आठवीं शताब्दी में भारत पर मुसलमानों के आक्रमण प्रारम्भ हुए, तो ये मुसलमानों से

हार गये। इनमें से कुछ ने अपनी बहू-बेटियाँ मुसलमानों को देकर जागीरें ले लीं। जब इन्होंने मुसलमानी शासकों की अधीनता स्वीकार कर ली, तो मुसलमानों ने भी इन्हें सम्मान देना प्रारम्भ किया। डॉ. प्रेमशंकर लिखते हैं कि—"मुस्लिम शासकों को भारत वर्ष में अपना शासन करना था, इस कारण ब्राह्मणवादी संस्कृति एवं साहित्य को उन्होंने संरक्षण प्रदान किया और वे उसका पूर्णरूपेण पोषण करते रहे। इसके विपरीत निम्न जाति के राजाओं, जमींदारों तथा उनके व्यवसाय एवं दस्तकारी का उन्मूलन करते रहे। उत्तरी भारत में कन्नौज के आस-पास के अवागढ़, हाथरस, पहासू आदि के राजाओं और जमीदारों को मुस्लिम शासकों ने नष्ट कर दिया। आगरा, खुर्जा, अलीगढ़, मेरठ, दिल्ली, कानपुर, बरेली आदि के दलित व्यवसाय एवं दस्तकारी को मुस्लिम शासकों ने नष्ट कर दिया। इससे दलित जातियों का सम्बन्ध सिन्ध, ईरान, रोम आदि देशों से कट गया। दलितों की संस्कृति, साहित्य, व्यवस्था एवं अस्तित्व पर मुस्लिम शासन की कठोर शृंखलाएँ कसती गयीं।"[39] इससे स्पष्ट होता है कि मुगल काल में दलितों की स्थिति पतन की ओर अग्रसर रही। जब मुगल शासक धर्म परिवर्तन के माध्यम से अपने राज्य को स्थायित्व प्रदान करने का प्रयास कर रहे थे, तब किसी शूद्र ने अपना धर्म नहीं बदला। इस सम्बन्ध में पद्मश्री कन्हैयालाल मिश्र प्रभाकर ने लिखा है कि—"इस आश्चर्यजनक सत्य पर हमारा ध्यान जाना चाहिए, कि इस्लामी राज्य की उन सदियों में, जब मुसलमान राजपूत, मुसलमान गूर्जर, मुसलमान जाट, मुसलमान जुलाहा, मुसलमान तेली, मुसलमान नाई जैसी धर्म परिवर्तित जातियों का तो जन्म हुआ, पर मुसलमान चमार ने जन्म नहीं लिया।"[40] इसका तात्पर्य यह है कि मुसलमानों ने भी शूद्रों को अपने धर्म के योग्य नहीं समझा। ठीक भी है, जिस समुदाय को अपने धर्म में ही सम्मान नहीं मिला, दूसरा धर्म उसे सम्मान क्यों देगा। कुल मिलाकर मुगल काल में भी दलितों की स्थिति में कोई खास परिवर्तन दृष्टिगोचर नहीं होता।

ब्रिटिश काल और दलित

अंग्रेजों के शासन में दलित जातियों में धीरे-धीरे चेतना जागने लगी थी। इस काल में अंग्रेजों ने अछूतों को अपने घरों में नौकर रखा तथा वे इनके परिवार एवं बच्चों के साथ भी छुआछूत का व्यवहार नहीं करते थे। अतः इस काल में दलितों में वैज्ञानिकता, शिक्षा एवं आधुनिकता का प्रचार हुआ। डॉ. बलवन्त साधू जाधव ने लिखा है कि—"दलितोद्धार के इतिहास में प्रोटेस्टैण्ट धर्मोपदेशकों का कार्य कम महत्त्व का नहीं है। उन्होंने भारत में 19वीं सदी में दलितोद्धार के प्रश्न की ओर उच्च वर्णों का ध्यान आकर्षित किया।"[41] इस काल में जिस प्रकार की धार्मिक शक्तियों का उदय हुआ, उसने धीरे-धीरे जाति व्यवस्था की रीढ़ ही तोड़ दी। इसी काल में कुछ समाज- सुधार

के आन्दोलन भी प्रारम्भ हुए। डॉ. अम्बेडकर, ज्योतिबा फुले और रामास्वामी पेरियार ने दलित समाज को हिन्दू अन्याय से परिचित करवाया, वहीं ईसाई धर्म प्रचारकों ने अछूतों के लिए शिक्षा के द्वार खोल दिए। यह काल दलित जागरण की दृष्टि से बहुत महत्त्वपूर्ण कहा जा सकता है, क्योंकि इसी काल में दलित वर्ग को मानवीय गरिमा का बोध हुआ।

स्वातन्त्र्योत्तर काल और दलित

सत्ता सुख से वंचित वर्गों में धीरे-धीरे एक तरह की बेचैनी बढ़ रही थी, जिसे अंग्रेजों की कुछ नीतियों ने और हवा दी और भारत में 1857 में स्वतन्त्रता संग्राम आरम्भ हो गया। अंग्रेजों के खिलाफ छिटपुट संघर्ष चलता रहा, लेकिन इसमें निर्णायक मोड़ गांधी जी के आने के बाद ही आया। गांधी यह समझ चुके थे कि दलित भारत की आबादी का एक बहुत बड़ा हिस्सा हैं। जब तक वह इस संघर्ष में शामिल नहीं होगा, इस युद्ध को नहीं जीता जा सकेगा। सवर्ण केवल नेतृत्व कर सकता है, रणनीति बना सकता है, सड़कों पर नहीं लड़ सकता। इसलिए उन्होंने पहले तो 'ईश्वर अल्ला तेरो नाम' कहकर हिन्दू और मुसलमान को जोड़ा, बाद में इसी तर्क को आगे बढ़ाकर "हिन्दू मुस्लिम सिख ईसाई, आपस में हैं सब भाई-भाई" का नारा देकर समस्त जातियों को जोड़ लिया। दलितों ने भी स्वतन्त्रता संग्राम में बढ़-चढ़कर हिस्सा लिया, लेकिन इतिहास में केवल नेतृत्व करने वालों का ही नाम आया। 1857 की क्रांति का नायक 'मातादीन भंगी' था, जबकि उसका श्रेय दिया गया मंगल पाण्डे को। अंग्रेजों के साथ युद्ध में लड़ी 'झलकारी बाई' और श्रेय दिया गया लक्ष्मीबाई को। 90 वर्षों के संघर्ष के बाद देश आज़ाद हो गया और भारत के संविधान निर्माण का जिम्मा डॉ. भीमराव अम्बेडकर को सौंपा गया। उन्होंने समानता को मौलिक अधिकार घोषित कर सबके लिए शिक्षा और व्यापार के मार्ग को खोल दिया। इसी प्रकार पूना पैक्ट के तहत समस्त सरकारी नौकरियों, विधान सभा और संसद में भी दलित वर्ग के लिए सीटें आरक्षित कर दी गयीं।

अब दलित पढ़-लिखकर सरकारी नौकरियों में भी आने लगे और एम.पी. और एम.एल.ए. भी बनने लगे हैं। वह भारत का राष्ट्रपति भी बना, राज्यों में मुख्य मंत्री और राज्यपाल भी रहा, लेकिन गाँव में दलित की स्थिति आज भी वही है। वहाँ वह आज भी सवर्णों की गुलामी ही कर रहा है। उसकी महिलाओं को अब भी गाँव में नंगा करके घुमाया जाता है। दूल्हे को घोड़ी पर चढ़ा देखकर, दौड़ाकर पीटा जाता है। नारायणपुर, देवली और पारसबीघा जैसे कांड आज भी दोहराए जाते हैं, किन्तु अब आशा की जा सकती है कि देर-सवेर वह सम्पूर्ण मानवीय गरिमा के साथ देश में रह पाएगा।

सन्दर्भ

1. शूद्रों का प्राचीन इतिहास, : डॉ. रामशरण शर्मा, पृष्ठ 17
2. व्यवस्था परिवर्तन का मिथक और दलित समाज (लेख) : डॉ. एन. सिंह, अंगुत्तर, त्रैमासिक, नागपुर, अप्रैल-जून, 1994, पृष्ठ 32
3. मनुस्मृति, 2/7
4. हिन्दी साहित्य में दलित चेतना, : डॉ. आनन्द वास्कर, पृष्ठ 20-21
5. मनुस्मृति, 1/31
6. बज्रसूची : आचार्य अश्वघोष, अनु.-मन्ते ग. प्रज्ञानन्द, पृष्ठ 26
7. मनुस्मृति, 2/31
8. वही, 2/32
9. मेरा दलित चिन्तन, : डॉ. एन. सिंह, पृष्ठ 93
10. मनुस्मृति, 1/88, 1/89, 1/90, 1/91
11. वही, 10/123, 10/125
12. "न शूद्रोपातकं किचिंन्न च संस्कारमर्हति।
    नास्याधिकारो धर्मेअस्ति न धर्मात्प्रतिषेधनम्।।"—मनुस्मृति, 10/126
13. मनुस्मृति, 8/413
14. वही, 8/410
15. वही, 8/418
16. वही, 4/80, 4/81
17. देखिए, वही, 4/79
18. वही, 4/61
19. वही, 8/417
20. वही, 10/129
21. वही, 10/96
22. वही, 11/131
23. पाराशर स्मृति, 8/33
24. रामचरित मानस, तुलसीदास
25. मनुस्मृति, 8/281
26. वही, 8/270, 8/271
27. वही, 8/272
28. वही, 8/279
29. वही, 9/153
30. वही, 9/155
31. वही, 8/359
32. वही, 8/374
33. अन्तरंग दृष्टि (लेख) : कन्हैयालाल मिश्र प्रभाकर हिन्दी साहित्य में दलित संघर्ष के

उन्नायक : डॉ. एन. सिंह, सं. रमणिका गुप्ता, पृष्ठ 133

34. बहूजुठाई, : रमणिका गुप्ता, पृष्ठ 11
35. भारत में सामन्तवाद : रामशरण शर्मा, पृष्ठ 12
36. राजनीति कोश : डॉ. सुभाष कश्यप एवं विश्वप्रकाश गुप्त, पृष्ठ 130
37. हिन्दी साहित्य का इतिहास : आचार्य रामचन्द्र शुक्ल, पृष्ठ 8
38. वहीं, पृष्ठ 16
39. दलित संघर्ष : संस्कृति एवं साहित्य की सबल अभिव्यक्ति (लेख) : डॉ. प्रेमशंकर, प्रशासक, त्रैमासिक, मंसूरी, जनवरी-मार्च 1997, वाल्यूम-11, नं.-1, पृष्ठ 207
40. अन्तरंग दृष्टि (लेख) : कन्हैयालाल मिश्र प्रभाकर हिन्दी साहित्य में दलित संघर्ष के उन्नायक : डॉ. एन. सिंह, सं. रमणिका गुप्ता, पृष्ठ 133
41. प्रेमचन्द साहित्य में दलित चेतना, : डॉ. बलवन्त साधू जाधव, पृष्ठ 28-29

दलित साहित्य की अवधारणा

दलित साहित्य की अवधारणा को समझने के लिए 'दलित' शब्द की व्युत्पत्ति को समझना आवश्यक है। इससे दलित साहित्य की अवधारणा स्वयं स्पष्ट हो जायेगी।

दलित शब्द की व्युत्पत्ति संस्कृत धातु 'दल' से हुई है। इस शब्द के सन्दर्भ में विभिन्न शब्दकोशों में विभिन्न अर्थ दिए गये हैं।

1. दल-(अक) विकसना, फटना, खण्डित होना, द्विधा होना।
2. दल-(सक) चूर्ण करना, टुकड़े करना, विदारना।
3. दल-(नृप) सैन्य, लश्कर, पत्र, पत्ती।

'संक्षिप्त हिन्दी शब्द सागर'—सं. डॉ. रामचन्द्र वर्मा ने 'दलित' शब्द का अर्थ निम्नवत् दिया है—

"दलित-विनष्ट किया हुआ।
दलित-वि (सं.) (स्त्री दलिता)
मसला हुआ, मर्दित, दबाया, रौंदा या कुचला हुआ।
खण्डित, विनष्ट किया हुआ।"

डॉ. कुसुमलता मेघवाल ने 'दलित' की परिभाषा करते हुए लिखा है कि—"दलित का शाब्दिक अर्थ है कुचला हुआ। अतः दलित वर्ग का सामाजिक सन्दर्भों में अर्थ होगा, वह जाति समुदाय, जो अन्यायपूर्वक सवर्णों या उच्च जातियों द्वारा दमित किया गया हो, रौंदा गया हो। दलित शब्द व्यापक रूप में पीड़ित के अर्थ में आता है, पर 'दलित वर्ग' का प्रयोग, हिन्दू समाज व्यवस्था के अन्तर्गत, परम्परागत रूप में शूद्र माने जाने वाले वर्णों के लिए रूढ़ हो गया है। दलित वर्ग में वे सभी जातियाँ सम्मिलित हैं, जो जातिगत सोपान क्रम में निम्न स्तर पर हैं और जिन्हें सदियों से दबाकर रखा गया है।"[1] भारतीय समाज में दलित के लिए विभिन्न शब्द प्रयुक्त होते रहे हैं। इनमें शूद्र सर्वाधिक प्रचलित शब्द है, जिसका प्रयोग अधिकांश हिन्दू धर्मशास्त्रों में हुआ। इसके अतिरिक्त अछूत, अंत्यज, पंचम, हरिजन, अस्पृश्य आदि शब्दों का प्रयोग होता रहा है, जो सभी हिन्दू समाज की मानसिकता के परिचायक हैं। गाँधी जी ने अछूतोद्धार आन्दोलन चलाया और सवर्ण हिन्दुओं में शूद्रों के प्रति दयाभावना जाग्रत

करने का प्रयास किया, जिसमें एक हद तक वे सफल भी रहे। लेकिन हिन्दू धर्म में उनकी पूर्ण आस्था थी और वर्णव्यवस्था को वे संसार की सर्वश्रेष्ठ समाज व्यवस्था मानते थे। उन्होंने शूद्र के लिए 'हरिजन' शब्द दिया। डॉ. अम्बेडकर ने इस पर आपत्ति की कि दक्षिण भारत के मन्दिरों में देवदासियों से उत्पन्न अवैध सन्तानों को 'हरिजन' कहा जाता है। अतः आप स्वयं समझ सकते हैं कि यह कितना घृणित शब्द है। दलित शब्द का प्रयोग स्वयं डॉ. अम्बेडकर ने किया था। यह 'डिप्रेस्ड क्लास' का हिन्दी पर्याय है। इसे समस्त अछूत और सछूत शूद्र जातियों ने अपने संघर्ष को तेज करने के लिए स्वयं अपनाया है। यही शब्द है, जिसमें सवर्ण हिन्दुओं के उत्पीड़न, दलन और अन्याय का प्रतीक है तथा जिसमें उत्पीड़न से मुक्ति का उद्घोष है। हरिजन और दलित शब्द की अन्तर्ध्वनि को डॉ. पुरुषोत्तम सत्यप्रेमी ने सही पकड़ा है। वे लिखते हैं—"हरिजन जाति व्यवस्था में निहित ऐतिहासिक अन्याय की चेतना को सवर्ण दृष्टिकोण से व्यक्त करने वाला शब्द है। इसमें एक प्रकार का पश्चात्ताप का भाव है। दलित करुणा या पश्चात्ताप को नहीं, बल्कि बेवजह दमन और अपमान के शिकार होने को व्यक्त करता है।"[2]

हमारे विचार से दलित शब्द का अर्थ है जिसका दलन या उत्पीड़न किया गया हो। यह उत्पीड़न चाहे शास्त्र के द्वारा किया गया हो अथवा शस्त्र के द्वारा! कुछ लोग दलित का अर्थ अनुसूचित जातियों तक सीमित करते हैं, जबकि शाब्दिक दृष्टि से उसमें भारतीय समाज के स्त्री तथा पिछड़े वर्ग के साथ सवर्ण जातियों के वे लोग भी आते हैं, जिनका किसी भी रूप में मानसिक या आर्थिक शोषण किया गया हो। दलित शब्द को परिभाषित करते हुए डॉ. पुरुषोत्तम सत्यप्रेमी ने लिखा है कि—"दलित एक संवेदन है, विचार है, जिसका अर्थ दबाया गया मनुष्य, किसी भी जाति, वर्ण, धर्म, मत पंथ एवं भौगोलिक क्षेत्र का हो, दलित है।"[3] लेकिन दलित शब्द की यह परिभाषा अतिव्याप्ति दोष से ग्रस्त है। वास्तविकता यह है कि स्वतन्त्रता के पूर्व क्या किसी सम्पन्न शूद्र को मन्दिर में उपासना करने का हक प्राप्त था, या किसी निर्धन ब्राह्मण के विद्याग्रहण पर पाबन्दी थी। यदि ऐसा नहीं था, तो फिर यह सहज स्पष्ट है कि दलित कोई आर्थिक या सांस्कृतिक स्थिति नहीं बल्कि एक सामाजिक और धार्मिक स्थिति है, जिसके परिणामस्वरूप उन्हें आर्थिक एवं सांस्कृतिक क्षेत्र में भी पीड़ित होना पड़ा! भारत में दलितों को अन्य धर्मों में भी कभी सम्मान प्राप्त नहीं हुआ। अतः हमारे विचार से 'दलित' से तात्पर्य हिन्दू वर्ण-व्यवस्था के चौथे वर्ण शूद्र से ही है, जिसके अन्तर्गत आने वाली समस्त जातियाँ इसमें आती हैं, जिनके लिए बाद में भारत के संविधान में अनुसूचित जाति एवं अनुसूचित जन जातियाँ शब्द का प्रयोग किया जाता है। दलित शब्द को स्पष्ट करते हुए डॉ. मैनेजर पाण्डेय ने कहा है कि—"जब मैं दलित शब्द का प्रयोग कर रहा हूँ तो मेरे ध्यान में वे हैं जिन्हें भारतीय वर्ण-व्यवस्था

में शूद्र कहा जाता है या जिन्हें समाज में अछूत माना जाता है।"[4] दलित शब्द की व्युत्पत्ति तथा अर्थ को समझने के बाद, अब दलित साहित्य का अर्थ और उसकी परिभाषा समझना आसान हो जाएगा।

दलित साहित्य का अर्थ है, वह साहित्य जो दलितों के द्वारा तथा दलितों के उद्बोधन हेतु लिखा गया हो। श्री प्रेमकुमार मणि ने दलित साहित्य की परिभाषा करते हुए लिखा है कि–"*दलितों के लिए, दलितों के द्वारा लिखा जा रहा साहित्य दलित साहित्य है, यह विलास का नहीं आवश्यकता का साहित्य है। सम्पूर्ण विज्ञान उसकी दृष्टि है और पीड़ित मानवता का उद्धार उसका इष्ट है। दलित साहित्य वह प्रकाशपुंज है, जो अँधेरे में उतरा है।*"[5] कुछ अन्य लेखकों ने दलित साहित्य की परिभाषाएँ निम्न प्रकार दी हैं।

"दलित साहित्य वह है जिसे दलित लेखक लिखता है।"[6]

–डॉ. धर्मवीर

"दलित साहित्य दलितों की चेतना को अभिव्यक्ति देता है। इसमें दलित मानवता का स्वर है। एक नकार है। एक विद्रोह है। यह विद्रोह उस व्यवस्था के प्रति है जो सदियों से दलितों का शोषण कर लाभ की स्थिति में है।"[7]

–डॉ. दयानन्द 'बटोही'

"दलित साहित्य दलितों का, दलितों द्वारा, दलितों की भाषा में लिखा गया जीवन्त साहित्य है जो अपने सच्चे अनुभवों से सोए हुए साथियों को जगाकर उसकी गरिमा, गौरव, अस्मिता, आत्माभिमान तथा अस्तित्व के प्रति विश्वास करने का साहित्य है।"[8]

–डॉ. प्रेमशंकर

"दलित साहित्य दलितोत्थान साहित्य, यानी दलितोत्थान हेतु लिखा गया, यह एक ऐसा साहित्य है जो भोगे हुए सच पर आधारित है। जमीन से जुड़े दलित, शोषित, उपेक्षित, सर्वहारा वर्ग से सम्बन्धित है जो दशा और दिशा को इंगित करता है और जिसमें विद्रोह और उद्बोधन के साथ-संवेदना जागृत करने की ऊर्जा है।"[9]

–डॉ. सोहनपाल 'सुमनाक्षर'

"दलित साहित्य वर्ण-व्यवस्था से पीड़ित समाज की वेदना का शब्द रूप है।"[10]

–कंवल भारती

"दलित का अर्थ है, जिसका दलन शोषण और उत्पीड़न किया गया हो, सामाजिक आर्थिक और मानसिक धरातल पर। सम्पूर्ण दलित साहित्य ऐसे ही उत्पीड़ित और शोषित लोगों की बेहतरी के लिए दलित लेखकों द्वारा लिखा गया साहित्य है।"[11]

–डॉ. एन. सिंह

"दलित साहित्य वह साहित्य है, जो सामाजिक, आर्थिक, धार्मिक, राजनैतिक क्षेत्रों में पिछड़े हुए उत्पीड़ित, अपमानित शोषित जनों की पीड़ा को व्यक्त करता है। दलित साहित्य कठोर अनुभवों पर आधारित साहित्य है। दलित साहित्य में आक्रोश और विद्रोह की भावना प्रमुख है।"[12]

—माताप्रसाद

"दलित साहित्य यानि बहुजन समाज के सभी मानवीय अधिकारों और मूल्यों की प्राप्ति के उद्देश्यों से लिखा गया साहित्य है जो संघर्ष से उपजा है, जिसमें समता और बन्धुता का भाव है और वर्ण-व्यवस्था से उपजे जातिभेद का विरोध है।"[13]

—मोहनदास नैमिशराय

इन समस्त परिभाषाओं पर दृष्टिपात करने से स्पष्ट होता है कि दलित जातियों में उत्पन्न लेखकों द्वारा दलित जीवन की विसंगतियों पर लिखा गया साहित्य ही दलित साहित्य है जो दलितों में परम्परागत शोषण परक मान्यताओं के विरुद्ध विद्रोह की भावना जागृत करने का प्रयास करता है, जिसमें आक्रोश का भाव है, जो विभेद के प्रति संघर्ष करता है और शोषण से मुक्ति प्राप्त कर समतापूर्ण जीवन जीने के सूत्र सौंपता है, जो जातपाँत का विरोधी है और सबको समान मानता है। वरिष्ठ दलित साहित्यकार श्री ओमप्रकाश वाल्मीकि ने कहा है कि—"दलित साहित्य भाषावाद, जातिवाद, क्षेत्रवाद को नकारता है तथा पूरे देश को एक सूत्र में पिरोने का कार्य करता है। दलित शब्द उन्हें सामाजिक पहचान देता है, जिनकी पहचान इतिहास के पृष्ठों से सदा के लिए मिटा दी गयी, जिनकी गौरवपूर्ण संस्कृति, ऐतिहासिक धरोहर कालचक्र में खो गयी।"[14] अतः दलित साहित्य समता का साहित्य है जो भारतीय सन्दर्भों में निश्चय की एक महत्त्वपूर्ण भूमिका का निर्वाह कर रहा है।

नामकरण

दलित साहित्य इस समय जिन समस्याओं से जूझ रहा है, उनमें से एक नामकरण की भी है। किसी साहित्य की पहचान, उसकी चेतना एवं उसके उद्देश्यों से होती है। नाम एक संज्ञा है, जो उस चेतना का बोध कराती है। अतः नामकरण वैसे तो एक गौण सी समस्या है, फिर भी महत्त्वपूर्ण इसलिए है, क्योंकि सबसे पहले व्यक्ति की दृष्टि नाम पर ही जाती है या यों कहें कि किसी वस्तु का पहला परिचय उसका नाम ही होता है। वैसे दलित साहित्य दलित साहित्यकारों में एक सर्वमान्य नाम है। फिर भी कुछ कवि, मित्र, दलित साहित्य के क्षेत्र में कुछ अन्य नामों को प्रचलित करना चाहते हैं। वस्तुतः यहाँ उन नामों के औचित्य एवं सार्थकता पर विचार करना ही हमारा उद्देश्य है।

डॉ. प्रेमशंकर हिन्दी के एक प्रतिष्ठित दलित साहित्यकार हैं। वह एक अनियत-कालीन बुलेटिन भी निकालते हैं जिसका नाम है **अम्बेडकरीय कविता**, जिसमें मूलतः

दलित चेतना की और दलित कवियों की ही कविताएँ छपती हैं। उन्होंने अपनी पुस्तक 'नयी कविता : नया मूल्यांकन' में भी इस प्रकार की कविताओं का मूल्यांकन करते हुए उन्हें 'अम्बेडकरीय कविता' ही कहा है। वह लिखते हैं कि–"सन् 1980 के उपरान्त अम्बेडकरीय कविता में तेजी आती है। प्रेमशंकर द्वारा अखिल भारतीय दलित साहित्य अकादमी की स्थापना ने अनेक पुराने और नये कवियों का समूह उत्पन्न कर दिया है।"

डॉ. प्रेमशंकर ने इसके पाँच सूत्र दिये, जो सर्वसम्मति से सभी कवियों ने मान लिए। इसमें डॉ. रामदयाल मुण्डा, रघुनाथ प्यासा, प्रेमशंकर, मलखान सिंह, मेघसिंह, माणिक मृगेश, आनन्दस्वरूप, रणजीत सिंह, रामविलास शास्त्री, डॉ. चन्द्रकुमार वरठे, डॉ. दयानन्द बटोही, डॉ. शकुन्तला चौधरी, राजकुमारी राजा, डॉ. नगीना सिंह, तिरखाराम, दुर्गाप्रसाद, निशान्त आदि कवि अपनी प्रजातांत्रिक मूल्यों के प्रति समर्पित अम्बेडकरीय कविता को नयी दिशाएँ दे रहे हैं। अब केवल अम्बेडकरीय कविता या प्रजातांत्रिक मूल्यों से सिंचित कविता ही आज की कविता के रूप में विद्यमान है और भविष्य में यही कविता अपने अस्तित्व का वर्चस्व स्थापित करके मानवीय अवधारणाओं को नूतन मार्ग देगी।"[15] अब प्रश्न यह उठता है कि डॉ. प्रेमशंकर इस कविता को अम्बेडकरीय कविता क्यों कह रहे हैं? क्या इसलिए कि यह कविता प्रजातांत्रिक मूल्यों को समर्पित है और भारतीय प्रजातंत्र के संविधान निर्माता डॉ. अम्बेडकर की विचारधारा को रूपायित करती है? इसलिए यह अम्बेडकरीय कविता है। यदि हम इस तथ्य पर विचार करें तो इसके विसंगत होने का अहसास होता है। जैसे अब पन्त जी अरविन्द दर्शन पर कविताएँ लिखते हैं तो क्या उन्हें अरविन्दीय कविता कहा जाय? यहाँ तक मार्क्स के विचारों से अनुप्राणित होकर हिन्दी में विपुल साहित्य लिखा गया, लेकिन उसे भी विद्वानों और स्वयं रचनाकारों ने भी प्रगतिवादी कविता या साहित्य ही कहा। अतः अम्बेडकरीय कविता या साहित्य एक अटपटा, असंगत और व्यक्तिवादी नाम है जो इस साहित्य के क्षेत्र को सीमित करता है, जबकि उसके विस्तार की असीम सम्भावनाएँ हैं। जैसा कि डॉ. प्रेमशंकर स्वयं भी मानते हैं कि–'ये कविता (और साहित्य भी) भविष्य की कविता होगी।' और डॉ. सत्यप्रेमी भी लिखते हैं कि–"यह साहित्य केवल आज को ही प्रभावित करने वाला नहीं है, भविष्य को भी प्रभावित करेगा, क्योंकि अभिजात्य या सामन्ती या ब्राह्मणवादी साहित्य आज की समकालीन स्थिति में पीलिया साहित्य है और जीवन शक्ति का साहित्य यदि है तो वह है दलित साहित्य।" इसलिए इसके नामकरण पर भी थोड़ा-सा गम्भीर होकर सोचने की आवश्यकता हम अनुभव करते हैं।

फिर इस साहित्य का नाम 'दलित साहित्य' ही क्यों रखा जाय? क्योंकि 'दलित' शब्द अपने व्यापक अर्थ में पीड़ित मानवता का प्रतिनिधित्व करता है। विस्तार की

दृष्टि से 'दलित साहित्य' भारतीय समाज के उस 'बहुजन' का साहित्य है, जो असमानता पर आधारित अभिजात्यवाद के कलात्मक झूठ का पर्दाफाश करने की क्षमता रखता है। डॉ. पुरुषोत्तम सत्यप्रेमी दलित साहित्य के विस्तार को रेखांकित करते हुए लिखते हैं कि—"दलित साहित्य में प्रयुक्त शब्द के अन्तर्गत संविधान और शासन द्वारा घोषित अनुसूचित जाति, अनुसूचित जनजाति एवं पिछड़े वर्ग के लोग ही नहीं आते, अपितु दलित शब्द एक संवेदन है, विचार है, जिसका अर्थ दबाया गया से है, दबा हुआ नहीं। सामाजिक, आर्थिक, राजनैतिक एवं सामाजिक दृष्टि से शास्त्र एवं शस्त्र के बल पर दबाया गया मनुष्य किसी भी जाति, वर्ण, धर्म, मत, पंथ एवं भौगोलिक क्षेत्र का हो सकता है।"[16] दलित साहित्य के उद्‌देश्यों को स्पष्ट करते हुए, वे एक अन्य स्थान पर लिखते हैं कि—"भारत के सन्दर्भ में शताब्दियों की पारम्परिक समाज संरचना के अन्तर्गत, ब्राह्मणी, सामन्ती व्यवस्था के द्वारा शस्त्र के बल पर वेदोपनिषद् के पठन-पाठन से प्रतिबंधित और उपनयन संस्कारादि से वंचित बहुजन समुदाय यानि बहिष्कृत एवं तिरस्कृत अनेक जातियों, उपजातियों, कबीलों, जमातों में विभक्त किन्तु शोषण, उत्पीड़न, अपमान की जन्मघूँटी पीने वाले दल विशेष के जनसाधारण ही दलित हैं। आज का दलित आन्दोलन, आर्थिक, सांस्कृतिक, शोषण एवं इतिहास की प्रज्ज्वलता का आन्दोलन नहीं हैं, अपितु वह अस्मितादर्शी मानव की प्रतिष्ठा का और मानव से मानव की मुक्ति का, स्वतन्त्रता, समानता, बन्धुत्व, तथा अन्याय पर आधारित सत्यमेव जयते की बहुजन हिताय बहुजन सुखाय की वैज्ञानिक सामाजिक संरचना का सृजनात्मक आन्दोलन भी है, जिसमें अपना दीपक आप बनो की लोक चेतना के कारण निषेध, विद्रोह और संघर्ष के क्रान्ति मूल्य समाहित हैं और शिक्षित बनो, संगठित रहो और संघर्ष करो की सामूहिक दलित लोक शक्ति की गतिशीलता भी है।"[17] इस प्रकार के साहित्य को सर्वप्रथम डॉ. अम्बेडकर ने ही दलित साहित्य कहा था। उनकी अद्‌भुत चेतना का ही परिणाम है कि दलित साहित्य महाराष्ट्र में विपुल मात्रा में लिखा गया और अब स्थिति यह है कि दलित साहित्य मराठी साहित्य की मुख्य धारा है। इसलिए कुछ विद्वान हिन्दी साहित्य पर मराठी दलित साहित्य की नकल होने का आरोप भी लगाते हैं, जो सरासर मिथ्या और तथ्यातीत है। इसी से प्रेरित होकर कुछ अतिउत्साही दलित साहित्यकार इस साहित्य के लिए कुछ अन्य नाम प्रचलित करना चाहते हैं, जिससे इस साहित्य का क्षेत्र सिमटकर केवल शूद्रों तथा अम्बेडकर की जाति तक ही रह जाय। इसलिए हमारा विनम्र मत है कि इस साहित्य को निर्विवाद रूप से 'दलित साहित्य' ही कहा जाना अभीष्ट और उपयुक्त रहेगा।

इस सन्दर्भ में एक और महत्त्वपूर्ण प्रश्न रह जाता है कि क्या कोई गैर-दलित साहित्यकार भी दलित साहित्य लिख सकता है या क्या गैर-दलित साहित्यकारों द्वारा

दलित समस्याओं पर लिखा गया साहित्य भी दलित साहित्य के अन्तर्गत आता है? इस मुददे पर सभी विद्वान लगभग एक मत हैं कि दलितों द्वारा दलितों के लिए लिखा गया साहित्य ही दलित साहित्य है, क्योंकि यदि कोई गैर-दलित लेखक दलित समस्याओं पर लिखता है तो उसमें सहानुभूति होती है, आक्रोश नहीं। इस सन्दर्भ में भी मोहनदास नैमिशराय का कथन दृष्टव्य है–"दूर बैठकर कल्पना के आधार पर दलितों की पीड़ा के वर्णन को दलित साहित्य कहना न्यायसंगत नहीं है। यह बिल्कुल ऐसे ही होगा जैसे दलित, शोषितों को दूर से फेंककर रोटी दान करना। जबकि दलित वर्ग से आये लेखकों ने जो लिखा उनकी रचनाओं में अथाह पीड़ा रही, आक्रोश का ज्वार बार-बार उफनता रहा, इसलिए कि वह सामाजिक विषमता के भुक्तभोगी थे।"[18] हिन्दू धर्मशास्त्रों पर आस्था रखकर दलित समस्याओं का समाधान नहीं हो सकता। इसके ऐतिहासिक प्रमाण हैं। इस पर विचार करते हुए डॉ. विमल कीर्ति लिखते हैं कि–"*जो महात्मा गाँधी और विवेकानन्द हिन्दूवाद से जातिवाद से मुक्त नहीं हुए, जो हिन्दू धर्मशास्त्रों की गुलामी से मुक्त नहीं हुए, वह दलितों की, पिछड़ों की, मुक्ति के आदर्श पुरुष कैसे हो सकते हैं।*"[19] गैर दलित लेखकों के लिए दलितों की यन्त्रणा भयावह एवं रोमांचक हो सकती है, वे उसका वर्णन किसी दलित लेखक से भी अच्छा कर सकते हैं, लेकिन उसकी प्रामाणिकता सन्देहास्पद है और उससे न किसी दलित का भला होगा और न ही साहित्य का।

इसके अतिरिक्त दलित साहित्य के सम्मुख जो महत्त्वपूर्ण प्रश्न हैं, उनमें से एक यह है कि यह साहित्य भारतीय परम्परा के अनुरूप नहीं है। दूसरा यह है कि यह कलात्मक नहीं है। इन दोनों ही आधारों पर आज दलित साहित्य को नकारा जा रहा है। इस सम्बन्ध में दलित साहित्यकारों का कहना है कि भारतीय परम्परा दलितों की परम्परा ही नहीं है। भारतीय परम्परा में आते हैं, राम, जिन्होंने शम्बूक की हत्या इसलिए कर दी थी कि वह अछूत होकर तपस्या कर रहा था। भारतीय परम्परा में आते हैं, द्रोण, जिन्होंने एकलव्य का अँगूठा इसलिए कटवा दिया था कि वह धनुष बाण चलाना सीख गया था और आगे चलकर अपनी पूरी जाति को प्रशिक्षित कर सकता था और वह तत्कालीन सत्ताधारी और द्रोण के आश्रयदाताओं को चुनौती दे सकता था। भारतीय परम्परा में आते हैं गाँधी, जिन्होंने अछूतीस्तान की मांग को तो स्वीकार होने ही नहीं दिया, दलितों के लिए पृथक् निर्वाचन की व्यवस्था को भी नहीं होने दिया। इसके कारण दलितों का जितना अहित हुआ है, आज उसका आँकलन करना भी सम्भव नहीं हैं। यह सम्पूर्ण भारतीय परम्परा दलित विरोध की और उत्पीड़न की परम्परा है। दलितों की परम्परा को रेखांकित करते हुए डॉ. एन. सिंह ने लिखा है कि जहाँ तक दलितों की परम्परा का प्रश्न है, वह अपमान, घृणा, दरिद्रता और अशिक्षा की परम्परा है। इसी कारण विरोध, विद्रोह और संघर्ष की परम्परा है। यह

सन्त रैदास, महात्मा फुले, डॉ. अम्बेडकर की परम्परा है, जिसमें किसी प्रकार का कोई भटकाव नहीं है और इस परम्परा का निर्वाह दलित साहित्य बखूबी कर रहा है। दलित साहित्य ने अब अपना सौन्दर्यशास्त्र भी विकसित कर लिया है।

अब दलित साहित्य पहचान के संकट से गुजरकर एक सच्चाई के रूप में स्थापित हो गया है। उसके लिए भाषा का प्रश्न अब बहुत महत्त्वपूर्ण नहीं रह गया है कि वह मराठी का दलित साहित्य है या हिन्दी का है। अब तो भारत की लगभग हर भाषा में और हर हिस्से में दलित साहित्य का सृजन हो रहा है, जो चर्चा का विषय तो है ही, कुछ लोगों की बेचैनी का कारण भी बना हुआ है। इसलिए कुछ लेखक दलित साहित्य के विरोध में भी खड़े दिखाई देते हैं। श्री रत्नकुमार सांभरिया लिखते हैं कि–"दलित शब्द साहित्य की गरिमा को नकारता है, क्योंकि न तो साहित्य ही दलित होता है, न ही साहित्यकार। दलित जैसी भावनाएँ सृजन और सृजक दोनों को कुंठित करती हैं। दलित भाव रखकर ज्ञानोपलब्धि नहीं हो सकती।"[20] दलित शब्द किस साहित्य की गरिमा को नकारता है? उस साहित्य की, जो राजाओं, रजवाड़ों की एय्याशियों का चित्रण तो करता ही है, देवी और देवाताओं की गुह्य क्रीड़ाओं का वर्णन करने में भी गुरेज नहीं करता, लेकिन उसके लिए तकलीफ झेलते हुए शूद्र का साहित्य में प्रवेश वर्जित है, क्योंकि यदि वह साहित्य में प्रवेश करेगा, तो उससे साहित्य की गरिमा आहत होगी। किसी दलित साहित्यकार के लिए ऐसे साहित्य का कोई मूल्य नहीं। श्री सांभरिया अपने लेख का प्रारम्भ करते हुए लिखते हैं कि–"दलित शब्द का अर्थ है दबा हुआ। आत्मसम्मान और आत्मविश्वास की जिसमें कमी हो। अपमान, उत्पीड़न और प्रताड़ना को जिसने अपनी नियति मान लिया हो।"[21] इस कथन पर गौर करने से स्पष्ट हो जाता है कि दलित (शूद्र) अपनी ऐतिहासिक नियति और वर्तमान स्थिति के लिए स्वयं जिम्मेदार है। उसमें तत्कालीन समाज, धर्म और व्यवस्था की कोई भूमिका नहीं है। लेकिन जिस व्यक्ति को थोड़ी-सी भी इतिहास की जानकारी है, वह इस हास्यास्पद तथ्य को स्वीकार नहीं कर सकता, क्योंकि जिस समाज का नियंता धर्म, 'स्त्रीशूद्रों नाधियाताम' की व्यवस्था देता हो, वेदमन्त्र सुन लेने मात्र से कानों में पिघला हुआ शीशा डालने की व्यवस्था देता हो, वहाँ कोई शूद्र अपनी वजह से अशिक्षित रह गया हो, ऐसा नहीं है बल्कि उसे पाठशाला जाने से रोका गया। एकलव्य का उदाहरण इसके लिए पर्याप्त है। इसी प्रकार के तथ्य श्री शलैश मटियानी ने भी प्रस्तुत किये हैं। उन्हें दलित लेखकों का कृतित्व और व्यक्तित्व भी बहुत छोटा लगता है। वे लिखते है कि–"छोटी कृतियों या छोटे कृतित्व को आसमान की तरफ उछालना आगे की सम्भावनाओं के रास्ते बन्द करना है।"[22]

शैलेश मटियानी, प्रतिष्ठित साहित्यकार हैं जो जानते हैं कि चीजें लघुता से ही विस्तार पाती हैं, जिसे अक्षरज्ञान नहीं, वह कल कोई इबारत लिख सकेगा? यह

कल्पनातीत है। हो सकता है कि आज का दलित साहित्यकार अपने अतीत की विसंगतियों से पीड़ित होकर साधारण रचनाएँ लिख रहा हो। यदि इन साधारण रचनाओं को स्थान नहीं मिल पाया, तो कल अच्छी रचनाओं की सम्भावना भी समाप्त हो जाएगी। वस्तुतः ये हिन्दी के परम्परावादी (यथास्थितिवादी) अभिजात्य लेखक आज के दलित साहित्य और दलित साहित्यकार को क्या कुछ अच्छी रचनाओं की शुभकामनाओं के कारण नकार रहे हैं? यदि ऐसा होता तो बहुत अच्छा होता, लेकिन वस्तुस्थिति इसके बिल्कुल विपरीत है। इनकी सामन्ती सोच दलित साहित्य के विरुद्ध नकार का एक षड्यंत्र रच देना चाहती है, जैसा कि वह अतीत में भी करती रही है। मध्यकाल के सन्त कवि रैदास का काव्य किसी भी अन्य सन्त कवि की तुलना में इक्कीस ही ठहरता है, लेकिन कौन से पाठ्यक्रम में पढ़ाया गया उसे? एक वर्ग विशेष के अतिरिक्त कौन बना उनका अनुयायी? वस्तुतः समझना यह है कि दलित साहित्य उन सारे मिथकों को तोड़ रहा है, जिनके कारण एक वर्ग विशेष को सत्ता, धन, धर्म और सम्मान का आरक्षण सदियों से प्राप्त है और इन मिथकों के टूटने से धर्म का धन्धा करने वाले लोगों की रोजी-रोटी प्रभावित होती है। अतः ये बौखलाए हुए लोग स्वयं तो दलित साहित्य का विरोध नहीं करते। कभी-कभी किसी रत्नकुमार संभारिया को और कभी किसी शैलेश मटियानी को इस मुहिम में लगा देते हैं। जो लोग इनकी शताब्दियों पुरानी कार्यप्रणाली से वाकिफ हैं, वे जानते हैं, ये वही लोग हैं जो क्षत्री के हाथ में तलवार पकड़ाकर उसे नृशंस, अत्याचारी और क्रूर बनाते रहे हैं और स्वयं रामनामी ओढ़कर आदर्शों का उपदेश करते हुए, लूट के माल में से अपना हिस्सा, दक्षिणा के रूप में वसूलते रहे हैं। उनकी जड़ें बहुत गहरी हैं और ये दूसरों की जड़ों में मट्ठा डालना अच्छी तरह जानते हैं।

कुछ अन्य विद्वानों का मत है कि साहित्य दलित हो नहीं सकता और न ही साहित्यकार। भला जब सन्त साहित्य हो सकता है, नाथ साहित्य हो सकता है, बौद्ध साहित्य हो सकता है, तो फिर दलित साहित्य क्यों नहीं हो सकता? अतः इस मुद्दे पर विचार करना निरर्थक है। जो लोग इस नाम पर सिद्धान्त का लबादा ओढ़कर आपत्ति करते हैं, वस्तुतः उनका मंतव्य कुछ और है। इसलिए हमारा विनम्र मत है कि इस साहित्य को निर्विवाद रूप से 'दलित साहित्य' ही समझा जाय, जो दलितों की संवेदना, उनकी पीड़ा को, उनकी ही बोली-बानी में अभिव्यक्ति देता है। कुल मिलाकर दलित साहित्य की अवधारणा को हम श्री रूपचन्द गौतम के शब्दों में इस प्रकार व्यक्त कर सकते हैं कि—"दलित साहित्य से हमारा आशय सामाजिक न्याय के सन्दर्भ में संवैधानिक मूल्यों, स्वतन्त्रता एवं बन्धुता पर आधारित समता के समाज और सत्ता-व्यवस्था की निर्मित संरचना के लिए विचार से, संवेदना से, विचार के धरातल पर सचेत एवं सजग साहित्यकारों की संगठित क्रांति चेतना से सृजित अस्मितादर्शी

साहित्य से है, जिनमें नैतिकता, चरित्र और राष्ट्रीयता का प्राधान्य है। दलित होने की पीड़ा एवं शोषण की प्रथम अनुभूति दलित को ही हो सकती है न कि गैर-दलित को। अतः दलित साहित्य का अधिक प्रचलित अर्थ है वह साहित्य, जो दलितों का, दलितों के लिए, दलितों द्वारा रचित है।"[23]

भारतीय दलित साहित्य की परम्परा

यों तो भारत विभिन्न धर्मों एवं जातियों का सम्मुच्य है। भारत के संविधान के अनुसार यहाँ किसी धर्म, जाति, रंग अथवा लिंग के आधार पर किसी भी व्यक्ति के साथ भेदभाव नहीं बरता जाएगा, लेकिन भारत में हिन्दू धर्मावलम्बियों की जनसंख्या अधिक होने के कारण सदैव उनका ही वर्चस्व रहा है। अन्य धर्मावलम्बी संवैधानिक समानता होने के बावजूद, अपने आपको दूसरे दर्जे का नागरिक समझते रहे हैं। अतः भारतीय समाज से हमारा तात्पर्य केवल हिन्दू समाज से है। छुआछूत की भावना भी केवल हिन्दू समाज में ही रही है, अन्य धर्म एवं समाजों में नहीं। अतः दलित सन्दर्भों में भारतीय समाज से हमारा तात्पर्य केवल हिन्दू समाज से है।

वस्तुतः इस हिन्दू वर्चस्व के विरुद्ध भारत में सबसे पहले सिद्ध और नाथ कवियों ने आवाज उठाई। इन चौरासी सिद्ध कवियों में तीस शूद्र कवि थे। इसी प्रकार नाथों में भी कई शूद्र कवि थे। इसका प्रभाव दलित समाज पर यह पड़ा कि मध्यकाल में निर्गुण शाखा के अनेक कवियों—रैदास, पलटू, दादू, कबीर आदि ने वर्ण-व्यवस्था और जातिवाद पर गम्भीरता से चोट की।

स्वतन्त्रता पूर्व तक भारत में धर्म की वही भूमिका रही थी, जो वर्तमान समय में राजनीति की है। धर्म ही तय करता था कि कौन क्या व्यवसाय करेगा और किस अपराध की सजा क्या मिलेगी। आध्यात्मिक उपलब्धि को ही सर्वोपरि माना जाता था। दलित वर्ग के लोगों के लिए मन्दिर में प्रवेश कर पाना सम्भव नहीं था और उपासना का अधिकार भी उन्हें नहीं था, अतः इन निर्गुण सन्तों ने मन्दिर के अस्तित्व को नकार कर ईश्वर को मन के भीतर ही ढूँढ़ा और पाया। सन्त रैदास ने लिखा—

"का मथरा का द्वारिका, का कासी हरद्वार।
रैदास खोजा दिल आपना तऊ मिलिया दलदार।।"[24]

रैदास दलित चेतना के पहले कवि थे, जिन्होंने वर्ण व्यवस्था और जातिवाद पर सर्वप्रथम प्रहार किया और उन्होंने वर्ण-अवर्ण पर विचार करने वालों को दुत्कारते हुए कहा—

"रैदास एक ही बून्द सौ, सब ही भयो वित्थार।
मूरिख हैं जो करत है, वरन, अवरन विचार।।"[25]

जन्म के आधार पर जातियों में बाँटकर भारतीय समाज में ऊँच-नीच पैदा करने

का काम इसी धर्म व्यवस्था ने किया, जिसके कारण डॉ. अम्बेडकर को कहना पड़ा कि हिन्दू समाज एक ऐसी बहुमंजिला इमारत है, जिसकी एक मंजिल से दूसरी मंजिल पर जाना वर्जित है। इसी सन्दर्भ में सन्त रैदास घोषणा करते हैं—

"रैदास एक ही नूर ते, जिमि उपज्यो संसार।
ऊँच नीच किहि विधि भये ब्राह्मण अरू चमार।।"[26]

इसी प्रकार उन्होंने जातिवाद पर भी चोट की है—

"जात पात के फेर मंहि उरझि रहई सब लोग।
मानुषता को खात है, रैदास जात कर रोग।।"[27]

कबीर, दादू, पलटू, सहजोबाई आदि सभी सन्त कवियों ने दलित चेतना के विकास में महत्त्वपूर्ण भूमिका निभाई है तथा पुनर्जन्म, आत्मा, परमात्मा, अवतारवाद, भाग्यवाद जैसी कपोलकल्पित मान्यताओं से मुक्ति दिलाकर शोषण के विरुद्ध संघर्ष की प्रेरणा दी है।

निर्गुण सन्तों की वाणी का प्रभाव सीमित होते हुए भी अत्यन्त प्रभावकारी रहा है। उसके कारण हिन्दू धर्म की अवैज्ञानिक मान्यताओं के प्रति दलितों का मोहभंग हो गया था और उनके मस्तिष्क में यह प्रश्न उठने लगा था कि जिस धर्म के मन्दिरों में हम जा नहीं सकते तथा जिस धर्म के ग्रन्थों को पढ़ना तो दूर, हम स्पर्श तक नहीं कर सकते, जिस धर्म के नियता, रक्षक एवं व्यवसायी कुत्ते को तो स्पर्श कर सकते हैं, लेकिन हमें स्पर्श करने पर स्वयं को पापी समझते हैं। क्या वही धर्म हमारा भी है? इस प्रश्न के उत्तर में दलित बौद्ध, इस्लाम तथा ईसाई आदि धर्मों की ओर उन्मुख होने लगे थे। स्वामी दयानन्द ने अपने 'सत्यार्थ प्रकाश' में खंडन-मंडन पद्धति से इन धर्मों की विसंगतियों का उल्लेख करके हिन्दू धर्म की श्रेष्ठता का प्रतिपादन किया तथा हिन्दू धर्म से विमुख हो रहे दलितों को यज्ञ हवन में भाग लेने, जनेऊ धारण करने, शास्त्रों का अध्ययन करने की आज्ञा प्रदान कर, एक बार फिर हिन्दू धर्म के शोषण तन्त्र में जोतकर पुनः यथास्थिति कायम कर दी। यह था तो सवर्ण हिन्दुओं के हित में किया गया कार्य, लेकिन इससे दलितों को हिन्दू धर्म के छद्म को समझने का अवसर मिला।

गाँधी का खेल राजनीतिक था। गाँधी जी के सम्मुख भारत का प्राचीन इतिहास पूरी तरह स्पष्ट था कि इस देश में हिन्दू वर्ण-व्यवस्था के कारण देश की रक्षा का भार केवल क्षत्रिय वर्ग पर था, जो संख्या में बहुत कम थे और आपसी लड़ाइयों के कारण जर्जर अवस्था में पहुँच गये थे। परिणामस्वरूप बाहरी आक्रमण के समय टिक नहीं पाये और देश गुलाम हो गया, जो लगभग 800 वर्षों तक गुलाम बना रहा। इस गुलामी से मुक्ति तभी सम्भव थी जब सभी वर्णों, धर्मों के लोग मिलकर संघर्ष करें। चूँकि सबसे बड़ा वर्ण है शूद्र, अतः उन्होंने शूद्र का नया नामकरण किया—'हरिजन'

तथा हरिजनोद्धार का नारा देकर उन्हें पुनः हिन्दू धर्म के साथ जोड़ दिया। यदि ये हरिजन, मुसलमान या ईसाई बन जाते तो हिन्दू भारत में अल्पसंख्यक हो जाते। अतः गाँधी जी का हरिजनोद्धार सवर्ण हिन्दुओं को अल्पसंख्यक होने से बचाने का एक षड्यन्त्र था, लेकिन इसके कारण कुछ पाठशालाओं में और कुछ मन्दिरों में हरिजनों के लिए प्रवेश खोल दिया गया, जिससे हरिजनों में शिक्षा का प्रसार हुआ और उनमें दासता (धर्म और राजनीतिक) से मुक्ति की चेतना उत्पन्न हुई।

दलित समाज को डॉ. अम्बेडकर के रूप में पहली बार एक प्रखर व्यक्तित्व मिला, जो इसके लिए ज्योति स्तम्भ साबित हुआ और जिसने युगों से अँधेरे में भटकते हुए इस वर्ग को राह दिखाने का काम किया। डॉ. अम्बेडकर ने हिन्दू धर्म की आत्मा-परमात्मा, अवतारवाद, भाग्यवाद, पुनर्जन्मवाद जैसी सभी परिकल्पनाओं का विरोध किया और बताया कि ये सभी वर्ण-व्यवस्था और जातिवाद पर आधारित शोषण तन्त्र के अंग हैं। एक ओर भारत में स्वतन्त्रता संग्राम चल रहा था, दूसरी ओर डॉ. अम्बेडकर जनता को बता रहे थे कि भारत के दलित दोहरी परतन्त्रता में जी रहे हैं, जब तक ये हिन्दू धर्म की परतन्त्रता से मुक्त नहीं होंगे, तब तक राजनीतिक स्वतन्त्रता का कोई अर्थ नहीं है। 12 नवम्बर, 1930 को लन्दन में आयोजित गोलमेज कान्फ्रेंस में डॉ. अम्बेडकर ने भारतीय दलितों की स्थिति पर विस्तृत भाषण दिया और उनके लिए स्वतन्त्र प्रतिनिधित्व की माँग की। परिणामस्वरूप 25 अगस्त, 1932 को ब्रिटिश प्रधान मन्त्री मैकडोनाल्ड ने कम्युनल अवार्ड की घोषणा की, जिसके विरोध में गाँधी जी ने यरवदा जेल में आमरण अनशन प्रारम्भ कर दिया। परिणामस्वरूप डॉ. अम्बेडकर को 24 सितम्बर, 1932 को पूना पैक्ट करना पड़ा, जिसके अन्तर्गत दलितों को उनकी जनसंख्या के अनुपात में राजनीतिक पदों एवं सेवाओं में आरक्षण देने का निर्णय लिया गया। आगे चलकर 15 अगस्त, 1947 को भारत आजाद हो गया और डॉ. अम्बेडकर को संविधान निर्माण का दायित्व सौंपा गया, जिसमें समानता को मौलिक अधिकार बनाने के साथ ही दलितों के आरक्षण को उन्होंने संविधानसम्मत बना दिया, जिसके कारण ही दलितों की दशा में आमूलचूल परिवर्तन आया।

दलित साहित्य का आन्दोलन

डॉ. अम्बेडकर के आगमन के साथ दलितों में एक बेचैनी सी उभर रही थी, जो सम्मान, सत्ता, धन और धरती में अपना हिस्सा चाहते थे। डॉ. अम्बेडकर ने इसी बेचैनी को वाणी दी और बम्बई से "मूकनायक" (1920) तथा "बहिष्कृत भारत" (1927) नामक अखबार निकाले। इससे दलितों को अभिव्यक्ति के महत्त्व का पता चला। महाराष्ट्र में "अस्मितादर्श", "विद्रोह" और "आम्ही" जैसी पत्रिकाएँ प्रारम्भ हुईं, जिन्होंने दलित साहित्य की रूपरेखा को स्पष्ट किया। वहाँ पर प्रा. अनन्त काणेकर, लालजी पेंडसे, दि. के. बेडेकर, प्रो. शरच्चन्द मुक्तिबोध, अण्णाभाऊ साठे, शाहीर

अमर शेख, नारायण सुर्वे, प्रा. श्री नेरूरकर आदि की एक पूरी पीढ़ी अपनी सम्पूर्ण रचनात्मक उर्जा के साथ सक्रिय रही थी, जिसका विकास आगे चलकर सर्व श्री दया पँवार, लक्ष्मण माने, नामदेव ढसाल, केशव मेश्राम, अमिताभ, शरण कुमार लिम्बाले आदि दलित कवियों की पीढ़ी के रूप में हुआ।

आधुनिक काल में सर्वप्रथम श्री कमलेश्वर ने 'सारिका' के दो दलित साहित्य विशेषांक 1975 में सम्पादित कर हिन्दी साहित्यकारों को दलित साहित्य से परिचित करवाया। इसके उपरान्त डॉ. महीप सिंह ने भी "संचेतना" का एक अंक 'दलित साहित्य अंक' 1980 में सम्पादित किया था, जिससे हिन्दी की मुख्य धारा के साहित्यकारों ने इस नव्य साहित्य धारा को जरा आश्चर्य से देखा, जबकि इससे पूर्व 'निर्णायक भीम' आदि पत्र-पत्रिकाओं में भी हिन्दी दलित साहित्य छप रहा था। यहाँ तक स्पष्टतः कोई प्रभावी साहित्य आन्दोलन जैसा दिखाई नहीं दे रहा था, लेकिन सन् 1980 के आस-पास हिन्दी में बाकायदा दलित साहित्य आन्दोलन की शुरुआत हुई। हिन्दी में दलित साहित्य के इतिहास पर कुछ पुस्तकें लिखी गयीं, जैसे 'स्वतन्त्रता संग्राम में अछूतों का योगदान' (डी.सी. डिंकर) और हिन्दी कविता और उपन्यासों में दलित चेतना की तलाश करने का काम हुआ और कुछ पुस्तकें प्रकाश में आयीं जैसे– 'हिन्दी काव्य में दलित काव्यधारा' (माता प्रसाद) तथा 'हिन्दी उपन्यासों में दलित वर्ग' (डॉ. कुसुम मेघवाल)। धीरे-धीरे यह आन्दोलन जोर पकड़ता गया और नागपुर में पहला 'हिन्दी दलित साहित्यकार सम्मेलन' (1993) आयोजित किया गया, जिसकी अध्यक्षता श्री ओमप्रकाश बाल्मीकि ने की। 'हंस' और जनसंस्कृति मंच के संयुक्त तत्वावधान में, दलित प्रकाशन संस्था द्वारा दिल्ली में तथा भारतीय दलित साहित्य अकादमी, दिल्ली द्वारा दिल्ली, उज्जैन, सिलोगढ़ा (हि.प्र.), कलकत्ता (पं. बंगाल), हजारी बाग (बिहार) आदि स्थानों पर दलित साहित्यकार सम्मेलन आयोजित किये गये। इस सन्दर्भ में 'भारतीय दलित साहित्य अकादमी' दिल्ली का भी महत्त्वपूर्ण योगदान रहा है, जो प्रतिवर्ष अखिल भारतीय दलित साहित्यकार सम्मेलन का आयोजन करती है। अब तक यह संस्था 13 राष्ट्रीय दलित साहित्यकार सम्मेलन आयोजित कर चुकी है। इस आन्दोलन की भट्टी में तपकर जो साहित्यकार सामने आये हैं, उनमें पुरानी पीढ़ी के सर्व श्री बिहारी लाल हरित, माता प्रसाद, बाबूलाल सुमन, डॉ. रामशिरोमणि 'होरिल' आदि अभी भी सक्रिय हैं तथा नयी पीढ़ी के सर्व श्री डॉ. धर्मवीर, ओमप्रकाश बाल्मीकि, डॉ. एन. सिंह, कंवल भारती, जयप्रकाश कर्दम, मोहनदास नैमिशराय, श्यौराज सिंह 'बेचैन', डॉ. दयानन्द बटोही आदि समर्पित भाव से रचनारत हैं। इस आन्दोलन की सबसे महत्त्वपूर्ण बात यह है कि इस आन्दोलन में दलित महिलाओं की भी महत्त्वपूर्ण भूमिका है। इन लेखिकाओं में डॉ. सुशीला टॉकभौरे, रजतरानी मीनू, डॉ. कुसुम मेघवाल और कावेरी आदि के नाम महत्त्वपूर्ण है।

सन्दर्भ

1. हिन्दी उपन्यासों में दलित वर्ग : डॉ. कुसुम लता मेघवाल पृष्ठ 1
2. हिन्दी काव्य में दलित काव्यधारा : माताप्रसाद पृष्ठ 3 (पर उद्धृत)
3. सुमनलिपि, मासिक, बम्बई, फरवरी-मार्च (संयुक्तांक), 1994, पृष्ठ 5
4. राख ही जानती है जलने का अनुभव (साक्षात्कार) : डॉ. मैनेजर पाण्डेय
   दलित चेतना : सोच-सं. रमणिका गुप्ता, पृष्ठ 3
5. दलित साहित्य : एक परिचय (लेख) : प्रेम कुमार मणि
   वर्तमान साहित्य, मासिक, गाजियाबाद, जनवरी 1993 पृष्ठ 48
6. दलित साहित्य की परिभाषा : समग्रता और पूर्णता की ओर (लेख) : डॉ. धर्मवीर
   दलित साहित्य 1999, सं. जयप्रकाश कर्दम पृष्ठ 39
7. साहित्य में दलित चेतना (लेख) : डॉ. दयानन्द बटोही
   पश्यंती, त्रैमासिक, अप्रैल-जून 1998, पृष्ठ 129
8. दलित संघर्ष : संस्कृति एवं साहित्य की सबल अभिव्यक्ति (लेख) : डॉ. प्रेमशंकर, प्रशासक, त्रैमासिक, मसूरी, जनवरी-मार्च 1997, वाल्यूम-11 नं. पृष्ठ 212-213
9. दलित साहित्य : क्रांति व विद्रोह का शाश्वत साहित्य (लेख) : डॉ. सोहनपाल सुमनाक्षर
   शिखर की ओर : सं. डॉ. एन सिंह, पृष्ठ 301
10. दलित कविता का अर्थ (लेख) : कंवल भारती
    दलित साहित्य : चिन्तन के विविध आयाम : सं. डॉ. एन सिंह, पृष्ठ 97
11. हिन्दी साहित्य का बासीपन दूर कर रहा है दलित साहित्य (साक्षात्कार) : डॉ. एन सिंह सुमनलिपि, (मासिक) बम्बई, अक्टूबर-नवम्बर, 1993, पृष्ठ 35
12. दलित साहित्य : माता प्रसाद, पृष्ठ 3
13. हिन्दी दलित कविता : नये सन्दर्भ, : डॉ. टी.पी. राही, पृष्ठ 14 पर उद्धृत
14. दलित साहित्य और सामाजिक सन्दर्भ (लेख) : ओमप्रकाश वाल्मीकि शिखर की ओर: सं. डॉ. एन. सिंह, पृष्ठ 406
15. नयी कविता : नया मूल्यांकन, : डॉ प्रेमशंकर, पृष्ठ 115
16. सुमनलिपि, मासिक, बम्बई, फरवरी-मार्च, 1994, पृष्ठ 24
17. वही
18. भारत में दलित लेखकों की संघर्ष यात्रा (लेख) : मोहनदास नैमिशराय, भीम चेतना (स्मारिका) 14 अप्रैल, 1994 प्र. सं. डॉ. तारा परमार, उज्जैन, पृष्ठ 23
19. वक्त की बात (साम्पादकीय) : डॉ. विमल कीर्ति अंगुत्तर, त्रैमासिक, नागपुर, अप्रैल-जून, 1994, पृष्ठ 5
20. अपमान का द्योतक : दलित साहित्य, (लेख) : रत्न कुमार सांभरिया लोकशासन, (मासिक) जयपुर, जून-1993
21. वही
22. दलित लेखक और दलित साहित्य (लेख) : शैलेश मटियानी राष्ट्रीय सहारा, दैनिक, दिल्ली, 26 नवम्बर, 1992

23. हिन्दी में दलित साहित्य के बदलते तेवर (लेख) : रूपचन्द गौतम समकालीन भारतीय साहित्य, त्रैमासिक, दिल्ली, जनवरी-मार्च, 1995, पृष्ठ 194
24. सन्त कवि रैदास : मूल्यांकन और प्रदेश, सं. डॉ. एन. सिंह, (वाणी खण्ड) पृष्ठ 30 साखी सं. 19
25. वही, पृष्ठ 28, साखी सं. 86
26. वही, पृष्ठ 29, साखी सं. 89
27. वही, पृष्ठ 33, साखी सं. 155

दलित साहित्य के प्रेरणा स्रोत

बौद्ध साहित्य

अब तक के अध्ययन से हम इस निष्कर्ष पर पहुँचे हैं कि दलित साहित्य का जन्म उत्पीड़न की कोख से हुआ है। आर्यों के बाद भारत के मूल निवासियों और आर्यों के बीच लम्बे समय तक संघर्ष में यहाँ के मूल निवासी अपनी पराजय के बाद हाशिये पर धकेल दिये गये और आर्यों का वर्चस्व स्थापित हो गया। कालान्तर में उन्होंने ऐसे-ऐसे नियम बनाये जिसने मनुष्य के एक बहुत बड़े समूह को दस्यु से दास और फिर अस्पृश्य बना दिया तथा ब्राह्मण वर्ग ने सारा विशेषाधिकार सुरक्षित कर लिये। इस वर्चस्ववादी प्रवृत्ति के विरुद्ध इतिहास में सबसे बड़ा विद्रोह गौतम बुद्ध ने किया। चूँकि सिद्धार्थ स्वयं राजकुमार थे, इसलिए उनका प्रभाव भारत की बहुसंख्यक जनता पर पड़ा। इसके बाद उन्होंने बुद्धत्व प्राप्त कर जो सिद्धान्त दिये वे लोकतांत्रिक थे। उन्होंने पूजा उपासना का अधिकार शूद्रों को ही नहीं, बल्कि स्त्रियों को भी दिया। इसके उपरान्त उन्होंने हिन्दू धर्म के मूल ईश्वर के अस्तित्व पर प्रश्न चिह्न लगा दिया। जहाँ हिन्दू धर्म, अपनी मान्यताओं पर, जो धर्मग्रन्थों में वर्णित थी, तर्क करने वालों को नास्तिक कहकर, धर्म से बाहर कर देता था, वहीं गौतमबुद्ध ने कहा *"आनन्द यह मैं कह रहा हूँ, इसलिए इस पर विश्वास मत करना, तर्क की कसौटी पर कसना, और जब खरा उतरे, तब मानना।"* तो गौतम ने अपने धर्म में तर्क को प्रधानता दी। इसीलिए बौद्ध धर्म को एक वैज्ञानिक धर्म माना जाता है। बुद्ध के इन सिद्धान्तों के आधार पर बौद्ध साहित्य की रचना की गयी, जिसमें मानव और मानव के बीच जाति, धर्म और वर्ण के आधार पर किसी प्रकार का कोई भेदभाव नहीं बरता गया। इसलिए बौद्ध साहित्य, दलित साहित्य का प्रेरणास्रोत बना। आगे चलकर जब डॉ. अम्बेडकर ने बौद्ध धर्म ग्रहण कर लिया, तो पूरा दलित समाज ही बौद्धधर्म की ओर आकर्षित हुआ। मराठी में तो कुछ लोगों ने यह आवाज उठाई कि दलित साहित्य को बौद्ध साहित्य ही कहा जाय, लेकिन पहचान के संकट ने ऐसा नहीं होने दिया। डॉ. प्रेमशंकर ने बुद्ध के इस विद्रोह को रेखांकित करते हुए लिखा है कि—*"जाति व्यवस्था के विरोध में संघर्ष सामाजिक एवं संस्कृति के साथ-साथ साधनात्मक स्वरूप*

भी लेने लगा था।" भगवान गौतम बुद्ध एवं भगवान महावीर ने शूद्रों एवं दासों के प्रति मानवीय गरिमा के द्वार सबलता पूर्वक खोल दिये थे। धम्मपद ने ब्राह्मण वर्गों की जन्मगत उच्चता पर प्रश्नचिह्न लगा दिया था। इसका परिणाम यह हुआ कि सम्राट अशोक ने ब्राह्मण को भी न्याय के समक्ष अन्य वर्गों के साथ समान रूप से प्रस्तुत कर दिया, परन्तु बौद्ध धर्म की महायान शाखा ने जाति व्यवस्था पर कठोरता पूर्वक चोट की।

चर्यापदों की प्रतीकात्मक शैली इसका प्रमाण है कि सर्वप्रथम दलित एवं निम्न जातियों को अभिव्यक्ति का सुअवसर इसी समय मिला।"[1] बुद्ध ने अपने धर्म पद में–

"न जटाहि न गोन्तहि न जच्चां होति ब्राह्मणो" धम्मपद, ब्राह्मण वग्गो, 292/11, पृष्ठ 297

कहकर ब्राह्मण की जन्मगत श्रेष्ठता पर प्रश्नचिह्न लगा दिया था जो वर्ण-व्यवस्था पर सीधी चोट थी। इसीलिए दलित साहित्य की प्रेरणा का एक महत्त्वपूर्ण स्रोत बौद्ध साहित्य को कहा जा सकता है।

सिद्ध और नाथ साहित्य

अधिकांश सिद्ध और नाथ मूलतः बौद्ध थे। इनका विरोध हिन्दू वर्चस्ववादियों से मूलतः साधना पद्धति और उनके विचार-आचार की अतिरेक वाली उस पद्धति से था, जिसने मनुष्यों को अस्पृश्य बना दिया था और अपने मन्दिरों में प्रवेश तथा धर्मग्रन्थों के पठन-पाठन से भी वंचित कर दिया था। श्री माताप्रसाद ने लिखा है कि–"आठवीं शताब्दी के मध्यकाल में सहजयान के सिद्ध सम्प्रदाय के आचार्य सरहपा हुए।"[2] ये सरहपा ही सिद्धों के गुरु हुए, जिन्होंने ब्राह्मण का विरोध करते हुए लिखा है–

ब्राह्मण न जानते भेद, यों ही पढ़े ये चारों वेद।
मट्टी पानी कुश लेई पठन्त, घर बैठे अग्नि होमन्त।।2।।
एक दण्डी त्रिदण्डी भगवा भेसे, ज्ञानी होके हंस उपदेसे।
मित्थे ही जग वह भूले, धर्म, अधर्म जानत तुत्थे।।3।।
वर्ण अचार प्रमाण रहित, अच्छर भेद।
अनन्त को पूजई घरे भंजई, तऊ न लागे लेप।।4।।

इन चौरासी सिद्ध कवियों में पैंतीस शूद्र थे, जिनके नाम व जाति इस प्रकार हैं– जोगिया (डोम), सर्वभक्ष (शूद्र), भद्रपा (शूद्र), मणिप्रदा (गृहदासी), महीपा (शूद्र), मनिपा (कघुना), चर्पटी (कहार), कन्थलीग (दर्जी), गुन्डरीपा (चिड़िमार), खडगपा (शूद्र), मेदनीपा (शूद्र), शालिपा (शूद्र), थगनपा (शूद्र), धोम्मिपा (धोबी), चमरिपा (चमार), कुण्डालिपा (शूद्र), क्षत्रपा (शूद्र), चेलुकपा (शूद्र), कालपा (लोहार), कंकालिपा

(शूद्र), पनहपा (चमार), निर्गुणपा (शूद्र), भीखनपा (शूद्र), धहुलिपा (शूद्र), पुतालिपा (शूद्र), कुचिपा (शूद्र), कमालपा (शूद्र), कलकलपा (शूद्र), ततैपा (शूद्र), धोकरिपा (शूद्र), इन सभी सिद्ध कवियों ने वर्णव्यवस्था, जाति प्रथा तथा ब्राह्मण वर्चस्व का खुला विरोध किया।

इसी प्रकार नाथों के गुरु गोरखनाथ (गोरक्षनाथ) ने शूद्र को पढ़ाने की बात कही है।

"वसैन्दर मुनि मुषि ब्रह्म जो होते, सुद्र पढ़ाऊं बानी।
असंवद विधि ब्राह्मण जग निपजा, मैने जुगाति जमाया पानी।।"

सिद्ध और नाथों की वाणी का अध्ययन करने के उपरान्त डॉ. प्रेमशंकर ने अपना निष्कर्ष इस प्रकार दिया है—"नाथ सिद्ध कवियों में कई शूद्र नाथ सिद्ध कवि थे। इन्होंने जाति व्यवस्था, ब्राह्मणवादी संस्कृति और साहित्य के विरोध में सशक्त अभिव्यक्ति के द्वारा अपने संघर्ष को जीवन्त रखा है।"[3]

सन्त साहित्य

हिन्दी साहित्य के मध्यकाल में तीन काव्य धाराएँ स्पष्ट रूप से दिखाई देती हैं। एक राम और कृष्णमार्गी-काव्यधारा, दो निर्गुण काव्यधारा और तीसरी-प्रेममार्गी काव्यधारा। इस काल में एक ओर सूर, तुलसी और मीरा आदि भक्त कवि, राम और कृष्ण के गीत गा रहे थे, वहीं दूसरी ओर कबीर और रैदास ब्राह्मणवादी व्यवस्था, वर्ण और जाति व्यवस्था का विरोध कर रहे थे। वहीं तीसरी ओर जायसी आदि हिन्दू मिथक और कथाओं में इस्लामी रंग भर सूफी कलाम प्रस्तुत कर रहे थे। यह पूरा काव्य-परिदृश्य, हमें तीन संस्कृतियों के संघर्ष का परिदृश्य प्रतीत होता है। एक ओर तुलसी दास 'रामचरित मानस' के रूप में 'मनुस्मृति' की रचना कर रहे थे, जो शूद्र को ढोल, गँवार और पशु की श्रेणी में रखकर ताड़न का अधिकारी घोषित कर रहे थे तथा बता रहे थे कि राम तो केवल गाय और ब्राह्मण की रक्षा के लिए अवतार लेते हैं, अतः समस्त भारतीयवासियों को चेतावनी दी जाती है कि वे समस्त गुणों से रहित तथा चरित्रहीन ब्राह्मण की भी पूजा करें। वहीं कबीर दास उसी ब्राह्मण से पूछ रहे थे कि यदि तू ब्राह्मणी का जाया है, तो दूसरे रास्ते से क्यों नहीं आया? प्रकारान्तर से वे कह रहे थे, इस संसार में एक रास्ते से पैदा होने वाले समस्त मानव समान हैं। तो प्रश्न यह पैदा होता है कि एक ही समय में असमानता का षड्यन्त्र रचने वाले कौन थे? और मानवता को समानता के सूत्र सौंपने वाले कौन थे? ब्राह्मण तुलसीदास, उस युग में भी 'मनुस्मृति' रचकर मानवीय यातना को ईश्वरीय विधान बता रहे थे और कबीर (जुलाहा) तथा रैदास (चमार) आदि उस युग में समानता के सूत्र रच रहे थे।

मध्यकाल के सन्त कबीर, रैदास, पीपा, धन्ना, सहजोबाई आदि ने ईश्वर को अपने मन के अन्दर ही ढूँढ़ा और पाया। यह आकस्मिक नहीं था, बल्कि एक विवशता

थी क्योंकि हिन्दुओं ने इन्हें अपने मन्दिरों में जाना तथा अपने धर्मग्रन्थों को पढ़ना वर्जित कर रखा था। अतः इन्होंने अपने मन को ही मन्दिर माना। रैदास ने कहा–

"का मथुरा का द्वारिका, का कासी हरिद्वार।
रैदास खोजा दिल अपना, तऊ मिलिया दिलदाल।।"[4]

इसके उपरान्त रैदास ने जन्माधारित वर्णव्यवस्था पर चोट की, जो व्यक्ति को जन्म लेते ही उच्च और निम्न बनाती है–

"रैदास जन्म के कारणै होत न कोई नीच।
नर को नीच कारे डारि है, औछे करम की कीच।।"[5]

आगे चलकर रैदास इसे और अधिक स्पष्ट करते हैं कि एक तरह से उत्पन्न होने के कारण कोई ऊँच या नीच नहीं होता–

"रैदास एकही बून्द सौ, सब ही भयो वित्थार।
मूरिख है जो करत है, वरन, अवरन विचार।।
रैदास एक ही नूर ते, जिमि उपज्यो संसार।
ऊँच नीच किहि विध गये, ब्राह्मण और चमार।।"[6]

उपर्युक्त समस्त तथ्यों पर विचार करने के उपरान्त डॉ. प्रेमशंकर लिखते है कि– "मध्यकाल में निर्गुण शाखा के अनेक कवि रैदास, पलटू, दादू आदि ने अपनी सबल अभिव्यक्ति के द्वारा संघर्ष एवं काव्य में अपने व्यवसाय तथा जाति की स्थिति को बेझिझक प्रस्तुत कर सांस्कृतिक, साहित्यिक, एवं साधनात्मक क्रांति को जीवन्त रखा। दलित सन्तों की वाणी ओजस्वी एवं विरोधपरक थी। धार्मिक जाति व्यवस्था एवं अन्धविश्वासों के प्रति विरोध, सामाजिक असमानता के प्रति नकारात्मक, परम्परागत सांस्कृतिक मूल्यों को चुनौती, साहित्यिक मिथक, प्रतीक, छन्द और भाषा के विद्रोह का स्तर इन दलित सन्तों की अभिव्यक्ति का विषय रहा है।"[7] इसी कारण 'दलित साहित्य का प्रेरणा स्रोत सन्त साहित्य को मानते हैं हुए श्री माताप्रसाद लिखते हैं' कि–"सन्तों के विचारों से दलित जाति को प्रेरणा मिली, उनमें आत्मविश्वास जाग्रत हुआ।"[8]

उपर्युक्त विवेचन से स्पष्ट होता है कि वर्तमान दलित साहित्य में ब्राह्मणवादी व्यवस्था के प्रति जो विद्रोह दृष्टिगोचर होता है, वह सन्त साहित्य की निर्गुण धारा की ही देन है। इसी मार्ग पर चलकर आज दलित साहित्य अपना विकास कर रहा है।

डॉ. अम्बेडकर की विचारधारा एवं साहित्य

दलित साहित्य को सबसे अधिक डॉ. अम्बेडकर के जीवन और साहित्य ने ही प्रभावित किया है। शताब्दियों से अशिक्षा, अज्ञान एवं दरिद्रता के अँधेरे में भटकते हुए इस वर्ग के लिए डॉ. अम्बेडकर एक सूर्य के रूप में प्राप्त हुए। जिसने उन्हें

समता, शिक्षा, सम्मान का प्रकाश प्रदान किया। डॉ. अम्बेडकर को अपने बचपन में ही अस्पृश्यता के अभिशाप का आभास हो गया था। इस सम्बन्ध में डब्लू. एन. कुबेर ने लिखा है कि–"छुआछूत का प्रहार कितना भीषण है, इसका अहसास अम्बेडकर को छात्र जीवन में ही हो गया था। एक गाड़ीवान ने उन्हें और उनके भाई को अपने साथ गाड़ी में नहीं बैठने दिया था। अम्बेडकर और उसका भाई मसूर रेलवे स्टेशन से गोरेगाँव जा रहे थे। उन्होंने एक गाड़ी भाड़े पर तय की। अभी गाड़ी कुछ ही दूर चली थी कि गाड़ीवान को यह पता चल गया कि ये लड़के किस जाति के हैं। उसने जाने से इन्कार कर दिया। इन दोनों बच्चों ने गाड़ीवान को दुगुना किराया दिया। भीमराव के बड़े भाई ने गाड़ी हाँकी और गाड़ीवान गाड़ी के पीछे-पीछे पैदल चला कि कहीं छूत का भूत न चढ़ जाय। पूरे रास्ते उन्हें पीने के लिए पानी तक नहीं मिला। अम्बेडकर को अब पता चला कि वे ऐसी अभागी जाति में पैदा हुए हैं, जिसे छूना पाप है। एक और कटु अनुभव यह था कि कोई नाई उनके बाल नहीं काटता था और भीम की बहन को ही उनके बाल काटने पड़ते थे। अछूतों के लिए यह निरादर भाव सर्वत्र व्याप्त था।"[9] "छात्र जीवन में भी ऐसे कटु अनुभव होते रहे। अध्यापक उनकी कापी को नहीं छूते थे। वे सवर्ण छात्रों के साथ खेल नहीं सकते थे। इस कारण डॉ. अम्बेडकर के मन में हिन्दुओं और हिन्दू धर्म के प्रति अपार घृणा पैदा हो गयी थी। सेवा के दौरान उन्हें जो अनुभव हुए, वे रोंगटे खड़े करने वाले हैं। जब वे बड़ौदा पहुँचे, तो उन्हें लेने के लिए स्टेशन पर कोई नहीं आया। रहने के लिए उन्हें एक भी जगह नहीं मिली। किसी भी होटल में उन्हें प्रवेश नहीं मिला। कोई भी मकान मालिक उन्हें किरायेदार के रूप में रखने को तैयार नहीं था। अन्त में, नाम बदलकर उन्होंने एक पारसी के होटल में आश्रय लिया। मालिकों को जब असलियत का पता चला, तो उन्हें मारने दौड़े। अपने दफ्तर में भी उन्हें बहुत ही अपमानजनक व्यवहार मिला। पतित होने के डर से चपरासी फाइलों को उनके ऊपर या मेज पर फेंक देता था। उन्हें पीने को पानी नहीं मिलता था।"[10] अतः डॉ. अम्बेडकर ने अपना सम्पूर्ण जीवन दलित समाज को अस्पृश्यता के इस अभिशाप से मुक्ति दिलाने में लगा दिया। डॉ. अम्बेडकर ने अपने जीवन काल में निम्नलिखित पुस्तकें लिखीं–

"1. दी अनटचेबल्स, हू आर दे? एण्ड व्हाई दे बीकेम अनटचेबल्स?
2. हू वर दी शूद्राज? हाऊ दे केम टू बी दी फोर्थ वर्णा इन दी इंडो आर्यन सोसाइटी?
3. बुद्धा एण्ड हिज धम्मा
4. व्हट कांग्रेस एण्ड गाँधी हैव इन टू दी अनटचेबल्स?
5. पाकिस्तान और पार्टिशन ऑफ इंडिया

6. स्टेटस एण्ड माइनरटीज
7. महाराष्ट्रा एज ए लिंग्युस्टिक प्रोविन्स
8. थॉट्स आन लिंग्युस्टिक स्टेट्स
9. दी प्रोब्लम ऑफ दी रूपी : इट्स ओरीजिन एण्ड इट्स सॉल्यूशन
10. दी एवोलुशन ऑफ प्रोविंशियल फायनांस इन ब्रिटिश इंडिया
11. दी राइज एण्ड फॉल ऑफ दी हिन्दु वी मैन
12. इमैनीसिपेशन ऑफ दी अनटचेबल्स"[10]

इन पुस्तकों तथा डॉ. अम्बेडकर के भाषणों को महाराष्ट्र सरकार के शिक्षा विभाग ने "राइटिंग्स एण्ड स्पीचीज" नाम से 14 खण्डों में प्रकाशित किया। बाद में भारत सरकार ने जब डॉ. अम्बेडकर फाउण्डेशन, दिल्ली की स्थापना की, तो उसने भी डॉ. अम्बेडकर के इस सम्पूर्ण साहित्य का प्रकाशन किया। अम्बेडकर के इस साहित्य का विभिन्न भाषाओं में अनुवाद होता रहा और दलितों में चेतना का प्रसार होता रहा। उन्होंने 'प्रबुद्ध भारत', 'बहिष्कृत भारत' तथा 'मूक नायक' आदि पत्रों का सम्पादन किया, जिससे दलितों को अभिव्यक्ति के महत्त्व का पता चला और जब डॉ. अम्बेडकर ने मराठी में अपनी आत्मकथा "आमी कसा झालो" (मैं कैसे बना) लिखी, तो मराठी दलित लेखकों में आत्मकथा लिखने की होड़ सी लग गयी।

उपर्युक्त तथ्यों से स्पष्ट होता है कि दलित साहित्य की प्रेरणा का स्रोत वर्तमान काल में तो डॉ. अम्बेडकर का जीवन, साहित्य और विचारधारा ही है। सभी भाषाओं के दलित लेखक एकमत से इसे स्वीकार करते हैं।

मराठी दलित साहित्य

मराठी में दलित चेतना के उद्भव को कुछ लोग बुद्धकाल में तलाश करते हैं और कुछ लोग भक्ति साहित्य में और कुछ लोग महात्मा ज्योतिराव फुले के सामाजिक चिन्तन में। सत्य यह है कि दलित साहित्य की प्रेरणा का स्रोत डॉ. अम्बेडकर के विचार, विचारधारा और उनकी जीवन दृष्टि में है और उनके द्वारा दलित मुक्ति के उद्देश्य से शुरू किये गये मुक्ति के आन्दोलन में है। इनकी विचारधारा और जीवन दृष्टि के पीछे भगवान बुद्ध तथा महात्मा फुले के विचार हैं, जिसे उन्होंने विरासत के रूप में पाया।

"महाराष्ट्र में भक्ति आन्दोलन की शुरुआत 13वीं सदी में होती है। उस काल में दो सम्प्रदायों का प्रारम्भ होता है। एक महानुभाव सम्प्रदाय और दूसरा चारकरी सम्प्रदाय। इसी चारकरी सम्प्रदाय में विभिन्न जातियों के सन्तों ने भक्ति और भक्तिपरक रचनाओं से पददलित जनता में अपना महत्त्वपूर्ण स्थान बना लिया था। इन सन्तों में चोखा मेला (महार), सन्तगोरा (कुम्हार), सेना (नाई), सावता (माली),

जनाबाई (दासी) जैसे सन्तों ने भक्ति का आनन्द केवल मन्दिर कलश के दर्शन करके ही लिया। इसलिए चोखा मेला की वाणी में अस्पृश्यता की वेदना सर्वत्र दिखाई देती है, लेकिन उनके पुत्र कर्ममेला के स्वर मे विद्रोह भी है।[12] यही वेदना और विद्रोह आगे चलकर मराठी दलित साहित्य में अभिव्यक्त हुआ है।

डॉ. अम्बेडकर 1927 से 1930 तक महाराष्ट्र में जलस्रोतों पर समान अधिकार एवं मन्दिर प्रवेश जैसे सामाजिक सवालों से टकरा रहे थे, जिसमें लाखों दलित स्त्री-पुरुष उनके साथ थे। इसी समय कुछ जनकवि अपनी वाणी से महाराष्ट्र में जनजागृति का काम कर रहे थे। इन लोकगीतों में जातिगत भेदभाव, अस्पृश्यता आदि का चित्रण हुआ है। यही परम्परा धीरे-धीरे आगे चलकर मराठी कविता में परिणत हुई। सामाजिक रूढ़ियों का विरोध करने वाले कवियों में किसन फागु वन सोडे, शहिर हेगड़े, वामनराव कर्डक, दीनबन्धु शेगाँवकर, ना. रा. शेंडे, मधु कोसारे आदि के नाम लिए जा सकते हैं।

जिन कवियों की कविता में विद्रोह के स्वर विद्यमान हैं, उनमें नामदेव ढसाल, दया पंवार, ज. बी. पंवार, अर्जुन डांगले, वामन निम्बालकर, आदि के नाम महत्त्वपूर्ण हैं। वर्तमान पीढ़ी में यशवन्त मनोहर और शरण कुमार लिम्बाले आदि कवि सक्रिय हैं।

मराठी में "अस्मितादर्श" "आम्ही" और "विद्रोह" जैसी साहित्यिक पत्रिकाओं का प्रकाशन प्रारम्भ हुआ, तो साहित्यिक विमर्श और अन्य विधाओं की ओर भी मराठी के दलित साहित्यिकारों का ध्यान गया। इन विधाओं में सबसे अधिक ख्याति आत्मकथाओं को प्राप्त हुई। इन आत्मकथाओं का प्रकाशन "अस्मितादर्श" पत्रिका ने "मी आणि माझे लेखन" ('मैं और मेरा लेखन') अंक से प्रारम्भ किया है। "अमिस्तादर्श" पत्रिका के दीपावली विशेषांक सन् 1976 में जिन साहित्यकारों के आत्मकथन प्रकाशित हुए थे, उनमें सर्वश्री ना. रा. शैंडे, केशव मेश्राम, बन्धुमाधव, राजा ढाले, योगीराज बाघमारे, ज. बी. पंवार प्रमुख हैं।

कुछ आत्मकथाएँ पुस्तक रूप में भी छपी हैं। इनमें 'बलूत' (अछूत) दया पंवार, "आठवाणीचे पक्षी" (यादो के पंछी) प्र.ई. सोन काम्बले, "मुक्काम पोस्ट देवाचें गोठवे" (अन्त्यज) माधव कोड विलकर, "तराल अन्तराल" शंकर राव खरात, "अपरा" (पराया) लक्ष्मणमाने, "कांठ यावर ची पोर्ट" उत्तम तूपे, "रामनगरी" : रामनगरकर, "अक्करमाशी": शरणकुमार लिम्बाले, "छोरा कोल्हाटी को" : किशोर शांताबाई काले आदि प्रमुख हैं।

मराठी दलित साहित्य की पराकाष्ठा यह है कि वहाँ पर कुछ दलित स्त्रियों ने भी आत्मकथाएँ लिखी हैं। जिन दलित महिला लेखिकाओं की आत्मकथाएँ प्रकाशित हुई हैं, उनमें मल्लिका अमरशेख, शांताबाई, बेबी ताई कांबले, जनाबाई गिरहे, मुक्ता

सर्वगौड़, कुमुद पाण्डे, शांताबाई दाणी के नाम विशेष रूप से उल्लेखनीय हैं।

मराठी दलित साहित्य में उपन्यास और कहानी ने भी उपस्थिति दर्ज करवाई है। दलित रंगमंच भी वहाँ पर एक महत्त्वपूर्ण भूमिका का निर्वाह कर रहा है। इस समय दलित साहित्य ही मराठी साहित्य की मुख्यधारा है, जिसने सम्पूर्ण देश के साथ हिन्दी में दलित साहित्य के सृजन को प्रेरित किया है।

सन्दर्भ

1. दलित संघर्ष : संस्कृति एवं साहित्य की सबल अभिव्यक्ति (लेख) : डॉ. प्रेमशंकर प्रशासक, त्रैमासिक, मसूरी, जनवरी-मार्च-1997, वाल्यूम-11, नं. 1, पृष्ठ 206
2. हिन्दी काव्य में दलित काव्य धारा, : माता प्रसाद, पृष्ठ 36
3. दलित संघर्ष : संस्कृति एवं साहित्य की सबल अभिव्यक्ति (लेख) : डॉ. प्रेमशंकर प्रशासक, त्रैमासिक, मसूरी, जनवरी-मार्च-1997, वाल्यूम-11, नं. 1, पृष्ठ 206
4. सन्त कवि रैदास, मूल्यांकन और प्रदेय : डॉ. एन. सिंह, साखी, संख्या-109, पृष्ठ 30
5. वही, साखी, संख्या-107, पृष्ठ 33
6. वही, साखी संख्या-86-89, पृष्ठ 28-29
7. दलित संघर्ष : संस्कृति एवं साहित्य की सबल अभिव्यक्ति (लेख) : डॉ. प्रेमशंकर प्रशासक, त्रैमासिक, मसूरी, जनवरी-मार्च-1997, वाल्यूम-11, नं. 1, पृष्ठ 206-207
8. हिन्दी काव्य में दलित काव्य धारा : माताप्रसाद, पृष्ठ 47
9. भीमराव अम्बेडकर : डब्ल्यू. एन. कुबेर (अनुवार-सीता राम खोडावाल), पृष्ठ 9
10. डॉ. अम्बेडकर, एक चिन्तन : मधु लिमये, पृष्ठ 3
11. भीमराव अम्बेडकर : डब्ल्यू. एन. कुबेर (अनुवार-सीता राम खोडावाल), पृष्ठ 123
12. दलित मुक्ति आन्दोलन की संवेदनात्मक अभिव्यक्ति : मराठी कविता (लेख) : डॉ. विमल थोरात, दलित चेतना साहित्य, सं. रमणिका गुप्ता, पृष्ठ 121

दलित साहित्य का विकास

हिन्दी की दलित कविता

बौद्ध, सिद्ध और नाथ साहित्य से होती हुई दलित चेतना की सबल अभिव्यक्ति निर्गुण, सन्तों की वाणी में हुई। हिन्दी के लोकगीतों में दलितों ने अपनी पीड़ा को निरन्तर गाया। इन सब सूत्रों से प्रेरणा लेकर हिन्दी के दलित कवियों ने काव्य सृजन प्रारम्भ किया। स्वतन्त्रता पूर्व काल में जिन कवियों की रचनाएँ प्रकाशित हुई, उनमें 'हीरा डोम' की कविता "अछूत की शिकायत" सरस्वती मासिक के सितम्बर, 1914 अंक में प्रकाशित हुई थी। इसके सम्बन्ध में श्रीमती रमणिका गुप्ता की टिप्पणी है कि 'सितम्बर, 1914 की सरस्वती में पटना के हीरोडोम की कविता "अछूत की शिकायत" प्रकाशित हुई। यह भोजपुरी में है और सम्भवतः उस भाषा में लिखी हुई यह एक मात्र कविता है, जो द्विवेदी जी की सरस्वती में प्रकाशित हुई थी। यह कविता उनके पास भेजी गयी थी, क्योंकि कविता के ऊपर कोष्ठकों में छपा है–"प्राप्त!"[1] यह पूरी कविता यहाँ यथावत् दी जा रही है–

"हमनी के रात दिन दुःखवा भोगत बानी/हमनी के सहेबे से गिनती सुना इबि।
हमनी के दुख भगवनओ न देखता जे/हमनी के कबले कलेसवा उठाइबि।
पदरी साहब के कचहरी में जाइबिजा/बेधरम होके रंगरेज बनि जाइबि।
हाय राम धरम न छोड़त बनत बाजे/बेधरम होके कैसे मुँहवा देखाइबि।
खंभवा के फारि पहलाद के बंचवाले जा/ग्राह के मुँह से गजराज के बचवले।
धोती जुजोधना के भइआ छोरत रहे/परगट होके तहाँ कपड़ा बढ़वले।
मरले, खनवाँ के पलले भीमखना के/कानी अँगुरी पै धै के पत्थरा उठवले।
कहवाँ सतुल बाटे सुनत न बाटे अब/डोम जाति हमनी के छुए से डरइले।
हमनी के राति दिन मेहनत करीले जा/दुइयों रूपयवा दरमहा में पाइबि।
ठकुरे के सुख से, त घर में सुतल बानी/हमनी के जोति जोति खेतिया कमाइबि।
हाकिमे से लसकरि उतरल बानी/ ई कुलि खबरि सरकार के सुनाइबि।
बभने के लेखे हम भिखिया न माँगव जा/ठकुरे के लेखे नाहिं लउरि चला इबि।
सहुआ के लेखे नहिं डाँडी हम मारब जा/अहिरा के लेखे नहिं गइया चराइबि।

भँटऊ के लेखे न कबित हम जोरब जा पगड़ी न बाँधि के कचहरी में जाइबि।
अपने पसिनवा कै पइसा कमाइबा जा/घर भर मिलि जुलि बाँट-चोटि खाइबि।
हड़वा मसुइया कै देहिया है महनी के/ओकरे के देहिया बभनओं के बानी।
ओकरा के घरे-घरे पुजवा होखत बाजे/सगरे इलकवा भइले जजमानी।
हमनी के इनरा के निगिचे न जाइले जा/पांके में से भरि-भरि पियतानी पानी।
पनही से पिटि-पिटि हाथ गोंड़ तुरि दैलें/हमनी के एतनी काही के हलकानी।"

—*हीरा डोम*[2]

श्री माता प्रसाद ने हीरो डोम को "वाराणसी" का निवासी बताया है।[3] जब कि रमणिका गुप्ता उन्हें पटना का निवासी लिखती हैं। वस्तुतः श्री हीरा डोम के जीवन और साहित्य पर अभी शोध होना शेष है। क्योंकि सम्भव है, उन्होंने कुछ और भी कविताएँ लिखी हों। उनके जन्म और जन्म स्थान का भी पता लगाया जाना चाहिए।

इस काल के दूसरे सबसे महत्त्वपूर्ण कवि श्री अछूतानन्द हरिहर (6 मई 1879. 20 जुलाई 1933) हैं। जिन्होंने दलित जागरण में महत्त्वपूर्ण भूमिका निभाई है। उनकी एक काव्य कृति "आदिवंश का डंका" का उल्लेख मिलता है। इसके सम्बन्ध में श्री राजपाल सिंह "राज" ने लिखा है कि "आदि वंश का डंका" नामक लघु काव्यसंग्रह गीत, ग़ज़ल, कव्वाली, भजन, रसिया और जयमंगल गान आदि लोक छन्दों की एक अनूठी कृति है। लोकप्रियता के कारण यह पुस्तक सन् 1983 तक ग्यारह बार प्रकाशित हो चुकी है। फिर भी पुस्तक विक्रेताओं के पास उपलब्ध नहीं हैं। इस पुस्तक में इक्कीस कविताएँ हैं।"[4] श्री अछूतानन्द "हरिहर" एक संवेदनशील सिद्धहस्त कवि थे। उनकी कविता का एक उदाहरण यहाँ द्रष्टव्य है—

"मैं अछूत हूँ छूत न मुझमें क्यों जग ठुकराता है।
छूने में भी पाप मानता, छाया से घबराता है।
मुझे देख नाकें सिकोड़ता दूर हटा वह जाता है।
हरिजन भी कहता है मुझको, हरि से विलग करता है।
फिर जब धर्म बदल जाता है, मुसलमान बन जाता हूँ।
अथवा ईसाई बन करके हैट लगाकर आता हूँ।
छूत छात सब मिट जाती साहब मैं कहलाता हूँ।
उन्हीं मन्दिरों में जाकर के उन्हें पवित्र बनाता हूँ।
क्या कारण है इस परिवर्तन का एक सवर्ण बतला दे तू।
क्यों न तजूँ इस अधम धर्म को, इसे जरा जतला दे तू।
नहीं, नहीं मैं समझ गया, क्या मेरा तेरा नाता है।
तू है मेरा शत्रु पुराना, अपना बैर चुकाता है।"[5]

श्री बिहारी लाल 'हरित' (13 दिसम्बर 1910 से 26 जून 1999) सचमुच अछूतानन्द 'हरिहर' की परम्परा के एक महत्त्वपूर्ण दलित कवि हैं। बिहारी लाल हरित जी गुरु शिष्य परम्परा में विश्वास करते थे। उनके शिष्यों में श्री नत्थूराम ताम्बे, श्री लक्ष्मीनारायण सुधाकर, श्री राजपाल सिंह राज, श्री यादकरण याद, श्री कालीचरण गौतम, श्री कमलेश कुसुम वियोगी, श्री जसराम हरनौटिया, श्री लालचन्द्र आदि हैं। उनकी मृत्यु पर अपनी श्रद्धांजलि में श्यौराज सिंह बेचैन ने लिखा है कि "दलित वर्ग में जन्मे कवि बिहार लाल 'हरित' अपनी 90 वर्ष की आयु पूरी करके 26 जून 1999 की रात को हमारे बीच से शारीरिक रूप से चले गये। कवि हरित का जन्म 13 जनवरी 1910 (लगता है यह प्रमादवश गलत छप गया, उनकी जन्म तिथि–13 जनवरी 1913 है) को चन्द्रावली गाँव (शाहदरा) में हुआ था। अपनी रचना श्री लता के दम पर इन्होंने अपनी देश व्यापी पहचान बना ली थी।"

हरित को दलित साहित्य अकादमी ने 1985 में राष्ट्रीय अम्बेडकर पुरस्कार से सम्मानित किया। मथुरा की एक संस्था ने उन्हें साहित्यालंकार से उपाधित किया। एशिया रिफरेंस बुक में उनका उल्लेख आया है। इसके अतिरिक्त उन्हें नेहरू स्मृति पुरस्कार, हिन्दी अकादमी सम्मान इत्यादि मिले।"[6] श्री मोहनदास नैमिशराय ने उनकी भीमायण (महाकाव्य) जगजीवन ज्योति (चम्पू काव्य) सहित लगभग 30 काव्य ग्रन्थों का उल्लेख किया है।[7] उन्होंने एक लम्बी कविता लिखी है–"चमार हूँ मैं" इसका अंश यहाँ प्रस्तुत है–

"व्यंग्यकश मुझको न छेड़ों, जानते हो चमार हूँ मैं।
मुर्दे का चमड़ा उधेडूँ, यह मिला अधिकार हमको।
इसलिए ही कह रहे हो, देश में चमार हमको।
चाम से ही चाम का अब कर रहा प्रचार हूँ मैं।
व्यंग्यकश मुझको न छेड़ें, जानते हो चमार हूँ मैं।"

श्री बाबूलाल 'सुमन' ने 'अम्बेडकर' (महाकाव्य) की रचना की है। इस काव्य के सम्बंध में श्री माताप्रसाद ने लिखा है कि–श्री बाबू लाल सुमन कृत अम्बेडकर महाकाव्य ग्यारह सर्गों में लिखा गया एक सुन्दर ललित एवं सुरुचिपूर्ण ग्रन्थ है। हर सर्ग में कुछ उपसर्ग विभिन्न स्थानों या घटनाओं को लेकर है। हिन्दी साहित्य में इसकी गणना उच्चकोटि के ग्रंथों में की जाती है।"[8] इस महाकाव्य के रचना विधान, तथा विचार संवेदना पर मोहित होते हुए डॉ0 प्रेमशंकर लिखते है कि–"अम्बेडकर (महाकाव्य) अब तक के लिखे सभी दलित काव्य संकलनों एवं चरित्र काव्यों में श्रेष्ठ है। इसमें काव्यगत सौन्दर्य, कामयानी, साकेत तथा उर्वशी के समान है। सम्पूर्ण काव्य में विद्रोह, संघर्ष एवं काव्य सौन्दर्य की अपूर्व छटा है।"[9] इस महाकाव्य में डॉ0 अम्बेडकर का चरित्र तो स्पष्ट किया ही गया है, साथ में उनकी विद्रोहात्मक प्रवृत्तियों एवं काव्यशैली के भी दर्शन होते हैं। एक उदाहरण यहाँ प्रस्तुत है–

"ऊँची नीची छुआछूत की हो जो पर्वतघाटी थी।
भीवराव की चरणचाप से सड़ी विषमता पाटी थी।"[10]

श्री माताप्रसाद, हिन्दी के वरिष्ठ कवियों में अपना महत्त्वपूर्ण स्थान रखते हैं। हालाँकि इनका रचना काल 1950 के पूर्व का ही है। लेकिन इन्हें ख्याति 1950 के बाद ही मिली। इनकी अब तक कई काव्यकृतियाँ प्रकाशित हो चुकी हैं। अपने 'एकलव्य' खण्डकाव्य में वर्णव्यवस्था पर चोट करते हुए वे कहते हैं–

"श्रम हर क्षण करते रहते, पाते भरपेट नहीं भोजन।
वो काम नहीं कुछ भी करते, उनको सुख के सब आयोजन।।"[11]

श्री राजवैद्य माताप्रसाद सागर भी इस काल के महत्त्वपूर्ण कवियों में रहे है। उन्होंने भी लोकजागृति के लिए आल्हा की तर्ज पर 'भीमचरित मानस' की रचना की जो, बहुत लोकप्रिय भी हुआ। इसके अतिरिक्त कई कविताएँ भी हैं। उनके 'भीमचरित मानस' से ही एक उदाहरण यहाँ दिया जा रहा है–

"बात कहत खन परलै होइगा, कासी बनारस के दरम्यान।
कोई न जन्म से ऊँचा-नीचा, सगरे मानव एक समान।
कोई न पैदा जन्म से ब्राह्मण, कोई न शूद्र जन्म ते होय।
कर्म कमाई का लेखा है जो जस करे सौ तैसा होय।"[12]

इन कवियों के अतिरिक्त इस कालखण्ड में जिन कवियों ने हिन्दी दलित काव्य के विकास में योगदान किया। उनमें सर्वश्री चन्द्रिका प्रसाद 'जिज्ञासु', डॉ. गयाप्रसाद प्रशांत, अवधेश बिहारी, आनन्द प्रकाश, गुरुप्रसाद मदन, पन्नालाल प्रेमी, कवि गुरु कंवरलाल खद्योत, कालीचरण गौतम, बुद्धसंघ प्रेमी, अंनेगदास, शिवचरण, परमानन्द जडिया, डॉ. रविन्द्र भ्रमर, श्यामलाल शमी, धर्मजीत सरल, गोकरनराम करुणाकर, रमाधीन सजग, महेश प्रसाद श्रमिक आदि के नाम उल्लेखनीय हैं।

इस कालावधि में जो कवि प्रकाश में आये हैं, उनका विवरण हम यहाँ प्रस्तुत करने का प्रयास कर रहे हैं।

माताप्रसाद

चिन्तनशील कवि श्री माताप्रसाद का जन्म 11 सितम्बर, सन् 1925 ई. को जिला जौनपुर (उ.प्र.) के कस्बा मछलीशहर के मजदूर परिवार में हुआ था। उनकी माता जी का नाम श्रीमती रज्जो देवी तथा पिता का नाम श्री जगरूप राम था। प्रारम्भिक शिक्षा 9 वर्ष की उम्र में शुरू हुई। स्कूल में जब भी दो चार दिन का अवकाश होता, तो बालक माताप्रसाद भी मजदूरी करता। कभी ईंट गारा ढो दिया, तो कभी जमींदार के यहाँ पंखा झलने का काम किया। बेगारी भी करनी पड़ी। मिडिल परीक्षा उत्तीर्ण करने के उपरान्त, इनकी इच्छा अंग्रेजी पढ़ने की हुई, लेकिन जब वे अंग्रेजी स्कूल पहुँचे, तो उन्हें पता चला कि स्कूल के छात्रावास में किसी अछूत छात्र के रहने के लिए जगह

ही नहीं है। वे लौट आये और लौटकर उर्दू मिडिल किया। इसके बाद 2 वर्ष की नार्मल स्कूल ट्रेनिंग, गोरखपुर से की। फिर अध्यापक हो गये एक जूनियर स्कूल में प्रधानाध्यापक भी रहे। अनौपचारिक शिक्षा बराबर चलती रही, जिसमें हाईस्कूल और साहित्यरत्न आदि हैं। इसके उपरान्त उन्हें परिस्थितियाँ राजनीति में ले आयीं और वे सन् 1957 से सन् 1977 तक उ.प्र. विधान सभा के सदस्य तथा सन् 1980 से सन् 1992 तक उ.प्र. विधान परिषद के भी सदस्य रहे। इसी अवधि में 31 जुलाई, 1988 से नवम्बर, 1989 तक राजस्व मन्त्री तथा 21 अक्टूबर, 1993 से 16 जून, 1999 तक आप अरुणाचल प्रदेश के राज्यपाल जैसे महत्त्वपूर्ण पद पर रहे।

राजनीतिक व्यस्तताओं के बीच उनका साहित्य सृजन निरन्तर चलता रहा; क्योंकि वे जानते हैं कि भारतीय समाज में विभाजन और विषमता का जो विष हजारों वर्ष पूर्व बोया गया था, जब वह फल-फूल कर इतना व्यापक हो गया है कि उसे सहसा उखाड़कर फेंका नहीं जा सकता। उसके असर को धीरे-धीरे ही समाप्त किया जा सकता है और यह काम केवल साहित्य ही कर सकता है। अतः उन्होंने हिन्दी में दलित साहित्य की नींव उस समय डाली, जब शेष लोग सोच भी नहीं रहे थे। उनकी कृतियों में दलित समाज सम्बन्धी लोकगीत, 'अछूत का बेटा', 'धर्म के नाम पर धोखा', 'प्रतिशोध', 'वीरांगना झलकारी बाई', 'वीरांगना ऊदा देवी पासी', 'धर्म परिवर्तन' (नाटक) तथा 'हिन्दी काव्य में दलित काव्यधारा', 'उ.प्र. की दलित जातियों का दस्तावेज', 'मनोरम भूमि अरुणाचल', 'पूर्वोत्तर भारत के राज्य', (शोध) के अतिरिक्त "एकलव्य" 'खण्ड काव्य' 'भीमशतक','दिग्विजयी रावण' प्रबन्धकाव्य, "राजनीति की अर्द्धसतसई" तथा "परिचय सतसई" आदि उनकी प्रमुख काव्य कृतियाँ हैं। इसके अतिरिक्त उनकी आत्मकथा 'झोंपड़ी से राजभवन' भी प्रकाशित हुई है।

अपने इस व्यापक साहित्य सृजन के लिए उन्हें अखिल भारतीय दलित साहित्य अकादमी, दिल्ली ने उपाध्यक्ष और फिर संरक्षक के रूप में पाकर गौरव का अनुभव किया, तो सन् 1988 में उन्हें राष्ट्रीय सम्मान देकर सम्मानित भी किया। सन् 1994 में उन्हें हिन्दी प्रचारिणी सभा, कानपुर द्वारा 'कीर्ति भारती' तथा एन.बी. गाडगिल सोसायटी ने "नेशनल अवार्ड" से भी विभूषित किया।

इसके अतिरिक्त 20 नवम्बर, 1997 को दिल्ली के सप्रू हाऊस में आयोजित एक भव्य अभिनन्दन समारोह में भारत के महामहिम उपराष्ट्रपति श्रीकृष्णकांत ने डॉ. एन सिंह द्वारा सम्पादित ग्रन्थ 'शिखर की ओर' माताप्रसाद जी को भेंटकर उनका अभिनन्दन किया। इस कार्यक्रम की अध्यक्षता भारत के निर्वाचन आयुक्त श्री जी.वी. जी.कृष्णमूर्ति ने की। इस अवसर पर त्रिपुरा के राज्पाल महामहिम प्रो. सिद्धेश्वर प्रसाद तथा अरुणाचल प्रदेश के मुख्य मन्त्री श्री गेगांग अपांग भी उपस्थित थे।

माता प्रसाद छन्दबद्ध काव्य लिखने में सिद्धहस्त कवि हैं। यह तथ्य उनके

'एकलव्य' (खण्ड काव्य) तथा 'भीमशतक' (प्रबन्ध काव्य) के अध्ययन से स्पष्ट हो जाता है। एकलव्य की साधना को रेखांकित करते हुए वे लिखते हैं–

"हुआ साधना लीन तनिक भी, तन की हुई न चिन्ता।
रहा लक्ष्य ही सम्मुख भूले, मात पिता अरु जनता।।
हुआ धनुर्धर वह अनुपम, अति मन में हर्षित होता।
यश बढ़ता ही गया, निशाना उसका चर्चित होता।"

अपने 'भीमशतक' (प्रबन्ध काव्य) में माताप्रसाद ने दलितों की स्थिति का बड़ा ही मार्मिक चित्रण किया है। इस सन्दर्भ में उनका एक सवैया यहाँ दृष्ट्व्य है–

"भारत के पूरब से, उत्तर और दक्षिण से,
नित 'मित्र' समाचार मिले दुखदाई है।
थूके न जमीन कहूँ, गले हाँडी लटकावें,
थूक पैर तले पड़े छूत धसि जाई है।
कतहुँ अछूत चले, पग चिह्न अन्य पडे,
कहें सारा पाप तन उनके समाई है।
यहिं ते अछूत यदि पथ में चलन लगे,
बाँधे झाड़ू पीछे चिह्न चलत मिटाई है।"[13]

इसके अतिरिक्त माताप्रसाद ने 'राजनीति की अर्द्धसतसई' का सृजन किया, जिसमें उनके साढ़े तीन सौ दोहे संकलित हैं। ये दोहे बहुत ही सारगर्भित हैं। राजनीति पर उनकी यह टिप्पणी अनुभव जन्य है–

"राजनीति गहरी नदी, उलटी बहै बयार।
कुछ बीचहिं है डूबते, कुछ ही उतरें पार।"[14]

माताप्रसाद जी ने 'परिचय सतसई' भी लिखी है, जिसमें 700 दोहों का संचय है, लेकिन इनके कृतित्व का सर्वोच्च निदर्शन उनका "दिग्विजयी रावण" प्रबन्ध काव्य ही है, जिसमें उन्होंने रामकथा के अद्भुत पात्र रावण के चरित्र का चित्रण किया है और बताने का प्रयास किया है कि रावण को खलनायक बनाकर आखिर भारतीय साहित्य में क्यों प्रस्तुत किया गया–

"नस्ल वर्ण, अरु जाति भेद ना, धर्म नहीं डाले व्यवधान।
खान पान अरु ब्याह भेद ना, रक्ष संस्कृति की पहचान।।
अपनाए जो इसे, आर्यजन राक्षस कह दुत्कारा है।"[15]

"दलित जाति सम्बन्धी लोकगीत" से लेकर "दिग्विजयी रावण" तक की काव्य यात्रा का मूल्यांकन करते हुए डॉ. लालसाहब सिंह ने सत्य ही लिखा है कि–"श्री माताप्रसाद जी सामाजिक चेतना के समर्थ कवि हैं। इनका मानवतावाद जब बौद्धिकता की दृष्टि ग्रहण कर लेता है तो युग के व्यापक हित में मानव मूल्यों की प्रतिष्ठा करता

है और सम्भवतः इसी दृष्टि के कारण इनकी रचना चमत्कार वैशिष्ट्य और दुरुहता की शब्दावलियाँ गढ़कर युग के पहरेदार होने के झूठे दावे पेश नहीं करती। वह रचना के दायित्व से युक्त होकर भाव और शिल्प का सुगठित सार्थक प्रयोग है। उनकी रचना प्रक्रिया, जीवन प्रक्रिया की तरह सुख-दुःख, उल्लास-अवसाद दोनों को सहज ढंग से ग्रहण करती चलती है।"[16] इससे स्पष्ट होता है कि माताप्रसाद जी का अनुभव क्षेत्र जितना विशाल है, उनका काव्य-शिल्प भी उतना ही प्रौढ़ है। वे समकालीन हिन्दी दलित साहित्य के वयोवृद्ध कवि हैं तथा उनके व्यापक अनुभवों का लाभ दलित साहित्य को और समृद्ध करेगा।

डॉ. राजपाल सिंह 'राज'

दिल्ली में महाकवि बिहारीलाल 'हरित' के शिष्यों की एक लम्बी परम्परा है। उनके शिष्य कवियों में, जिन्हें हिन्दी दलित साहित्य में प्रतिष्ठा प्राप्त हुई, उनमें राजपाल सिंह 'राज' का नाम अग्रणी कवियों में लिया जाता है। राजपाल सिंह 'राज' का जन्म 1 जुलाई, सन् 1937 ई. को ग्राम नगला तिकोना, जनपद अलीगढ़ (उ.प्र) में हुआ था। इनके पिता का नाम श्री जगन लाल था। इन्होंने एम.ए. (हिन्दी) तथा साहित्य वाचस्पति तक शिक्षा ग्रहण की। श्री मोहनदास नैमिशराय ने इनकी कृतियों का उल्लेख इस प्रकार किया है–"सन्त रविदास और उनका साहित्य (1984), राजप्रिया (1985) जाटव जागृति (1986), भीम भारती (1987), समता स्रोत-बाबू जगजीवन राम (1988), दलित साहित्य की रूप रेखा (1989), बिहारी लाल हरित और उनका साहित्य (1989), सन्मार्ग (कहानी संग्रह) चौकसी और लांछन, (उपन्यास) (1990), 'बाबा और बाबू' तथा 'बलिदानी ऊधम सिंह' प्रेस में है।"[17] काव्य में 'भीम भारती' ही श्री राजपाल सिंह 'राज' की कीर्ति का स्तम्भ है, जिसमें उन्होंने डॉ. भीमराव अम्बेडकर के माध्यम से दलित जागृति का सन्देश दिया है।

एक उदाहरण यहाँ प्रस्तुत है–

"जन्म से नहीं बाबा कर्म से महान हैं।
कर्म का ही मर्म विश्व में प्रधान है।।
बाबा साहब महान काम कर गये।
विश्व में अमर अपना नाम कर गये।
किया स्थापित कर्म से ही कीर्तिमान है।
जन्म से नहीं बाबा कर्म से महान हैं।।"[18]

एन. आर. सागर

श्री एन. आर. सागर का जन्म 22 जुलाई, 1937 ग्राम हसनगढ़, तहसील जलेसर, जिला एटा, 'उ.प्र.' में हुआ था। आकाशवाणी में नौकरी करते हुए उनकी साहित्यिक

प्रतिभा का विकास हुआ। वहीं पर कार्य करते हुए इन्होंने जहाँ डॉ. अम्बेडकर की कृतियों का हिन्दी में अनुवाद किया। वहीं कई कालजयी कृतियों का सृजन भी किया। इनकी कृतियों का विवरण इस प्रकार है–"अन्तिम अवरोध", 'लाजवन्ती', 'कंटक' (नाटक) 'दूसरा पक्ष' (नाटक संग्रह) तथा 'भीम प्रशस्ति', 'आक्रोश', 'आजाद हैं हम' (काव्य संग्रह)।" 'आजाद हैं हम' उनकी प्रतिनिधि रचनाओं का संग्रह है, जिसे डॉ. महीप सिंह ने "विक्षुब्ध स्वर की कविताएँ" बताते हुए "श्री सागर को एक राक्षस रचनाकार"[19] बताया है। इसी काव्य संग्रह से एक उदाहरण यहाँ प्रस्तुत है–

जिसनें तुम्हें दबाया, फेंका बदहाली के हाल में।
उठो, कसम लो, बदला लोगे तुम उससे हर हाल में।।
जिसने छीने मकान तुम्हारे, अपना बंगला बनवाया।
खड़ी फसल खेतों की काटी, खलियानों को जलवाया।।
माँ बेटी की अस्मत लूटी, बन्दूकों से धमकाया।
झूठी रपट लिखा थाने में, पुत्र जेल में भिजवाया।
तहसील कचहरी-पुलिस वकीलों के उलझाकर जाल में।
उठो! कसम लो, बदला लोगे तुम उससे हर हाल में।।"[20]

लक्ष्मीनारायण सुधाकर

श्री लक्ष्मीनारायण सुधाकर जी का जन्म 15 मई, 1938 को ग्रा. अठलकड़ा, तहसील भौगाँव, जि. मैनपुरी, 'उ.प्र.' में हुआ था। रजत रानी 'मीनू' उनके प्रारम्भिक जीवन पर टिप्पणी करते हुए लिखती हैं कि–"अनुसूचित जाति के निर्धन परिवार में जन्मे 'श्री लक्ष्मीनारायण सुधाकर' शुरू में गाँधी जी के 'हरिजन सेवक संघ' द्वारा संचालित उद्योगशाला में दर्जीगिरी सीखने के साथ-साथ एक दिन पढ़ाई और एक दिन काम के क्रम में रचना विशारद तक अध्ययन कर पाये। इसी समय गाँधीवादी कवि वियोगहरि के सान्निध्य की छाप भी इन पर पड़ी। 1955 में सरकारी नौकरी मिली और 1957 में पंजाब से मैट्रिक, 1967 में बी.ए. और 1970 में एम.ए. कर सके। इस तरह वे हमेशा विद्यार्थी बने रहने की जिज्ञासा से अपन ज्ञान वर्धन करते रहे।"[21] महाकवि बिहारीलाल हरित जी के सानिध्य में ही सुधाकर जी की काव्य प्रतिभा परवान चढ़ी और उन्होंने कई काव्यकृतियों का प्रणयन किया। इनकी कृतियों में 'बुद्ध और बोधिसत्व अम्बेडकर' (सम्पादित) भीम सागर (प्रबन्ध काव्य), अम्बेडकर के सम्पूर्ण जीवनवृत पर आधारित 'भीमसागर' आपका प्रतिनिध महाकाव्य है। 'गाँधी-अम्बेडकर संवाद' इस महाकाव्य का सर्वश्रेष्ठ अंश है। उसी से एक छन्द यहाँ हम प्रस्तुत कर रहे हैं–

"दलितों को इस संरक्षण से अब कुछ लाभ मिलेगा।
सहमत होंगे आप अछूतों का कुछ काम चलेगा।।
गाँधी जी ने कही पृथक्तावादी यह निर्णय है।
और हिन्दुओं की निश्चय ही इससे होगी क्षय है।"[22]

'उत्पीड़न की यात्रा' सुधाकर जी का एक ऐसा काव्यसंग्रह है जिसने समकालीन प्रबुद्ध पाठकों का ध्यान खींचा है। इस काव्य संग्रह में संग्रहीत "कब बीतेगा युग काला" में दलितों की स्थिति का चित्रण करते हुए वे लिखते हैं–

"मनुस्मृति की रीति नीति अब और सही नहीं जाती।
जातिवाद की नागिन दलितों पर ही घात लगाती।।
लोकतन्त्र का निकल चुका है जैसे आज दिवाला।
कब बीतेगा युग काला।।
दलितों की अस्मिता दाँव पर अब तक लगी हुई।
वैमनस्य की सीने पर गोली सी दगी हुई है।।
सामाजिक-समता, न्याय चक्र का ठण्डा पड़ा हवाला।
कब बीतेगा युग काला।।"[23]

डॉ. दयानन्द बटोही

डॉ. दयानन्द 'बटोही' का जन्म 1 अक्टूबर, 1942 में ग्राम बादी, जिला नालन्दा (बिहार) में हुआ। अपनी जिजीविषा के बल पर एम.ए. (हिन्दी), पी.एच.डी. तक शिक्षा प्राप्त की। अपने शिक्षा काल और नौकरी मे रहते हुए सामाजिक जीवन की विसंगतियों ने उन्हें कलम उठाने पर विवश किया। अपनी सहज सरल प्रवृत्तियों के कारण साहित्य जगत में लोकप्रिय हुए डॉ. बटोही की कृतियों में–'यातना की आँखें' (नवगीत संग्रह) 'सुरंग' (कहानी संग्रह) 'साहित्य और सामाजिक क्रांति' (लेखसंग्रह) के अतिरिक्त 'कफन खोर' (मगही कहानी संग्रह) शामिल हैं। अपनी आहत संवेदनाओं को डॉ. बटोही ने अपनी कविता 'अहसास' में इस प्रकार अभिव्यक्त किया है–

"जिन्दा कहलाकर/मैंने क्या जिया?/जितना जहर मिला/कितना पिया।"[24]

डॉ. दयानन्द 'बटोही' पहले 'नयी लहर' अब 'साहित्य यात्रा' अनियत कालीन पत्रिका के सम्पादक हैं। अपने दलित सरोकारों के कारण प्रताड़ित किये डॉ. 'बटोही' ने दलित कविता में अपनी अलग पहचान बनाई है। उनका काव्य संग्रह "यातना की आँखें" नवगीत विधा में सामाजिक विसंगतियों को अभिव्यक्ति देता है, लेकिन पाठकों का ध्यान उनकी कविताओं ने ही खींचा है। उनकी प्रसिद्ध कविता है–"द्रोणाचार्य सुनें उनकी परम्पराएँ सुनें" इस कविता में उन्होंने विद्यालयों से लेकर विश्वविद्यालयों तक में दलित छात्रों के साथ हो रहे अन्याय को मारक अभिव्यक्ति दी है।

"मैं सिर्फ/द्रोण तुम्हारे रास्ते पर चले गुरु से कहता हूँ
अब दान में अँगूठा माँगने का साहस कोई नहीं करता
प्रैक्टिकल में फेल करता है/प्रथम अगर आता हूँ तो
छटा या सातवाँ स्थान देता है/जातिगंध टाइटिल में खोजता है
वह आत्मा और मन को बेमेल करता है।"[25]

डॉ. सोहनपाल सुमनाक्षर

हिन्दी दलित कवियों में डॉ. सोहनपाल 'सुमनाक्षर' का नाम अपना एक अलग महत्त्व रखता है। उनका जन्म 6 अक्टूबर, 1940 को दिल्ली के एक गाँव में अनुसूचित जाति के एक साधारण में परिवार में हुआ था। उनके पिता का नाम श्री कर्मचन्द है। उन्होंने बी.ए. (ऑनर्स) एम.ए. (संस्कृत) तथा पी.एच.डी., डी.लिट्. और एल.एल.बी. तक की शिक्षा प्राप्त की है। रजत रानी 'मीनू' ने उनका परिचय देते हुए लिखा है कि वे 'बाबू जगजीवन राम' द्वारा स्थापित 'भारतीय दलित साहित्य अकादमी' के राष्ट्रीय अध्यक्ष हैं। वह दिल्ली प्रदेश कांग्रेस (ई) के महामन्त्री भी रह चुके हैं। इस प्रकार डॉ. सुमनाक्षर का रुझान साहित्यकारों को एकत्रित करने में अधिक दिखाई पड़ता है। विशेषकर सत्ता पक्षीय कांग्रेसी जुड़ाव के कारण उनका साहित्य एक पक्षीय दिखाई पड़ता है। वह "हिमायती" पाक्षिक के सम्पादक हैं और "विश्व विद्यापीठ", "शिशु शिक्षा प्रशिक्षण संस्थान", "राष्ट्रीय प्रकाशन समिति", "दिल्ली समाचार समिति", "अमीर खुसरों साहित्य अकादमी", "सन्त साहित्य अकादमी" आदि के संस्थापक एवं अध्यक्ष हैं। डॉ. सुमनाक्षर जी ने दलित लेखकों के परिचय की डायरेक्टरी निकाली है। इसके अलावा वे दलित साहित्य का प्रकाशन नहीं करा पाये हैं, सुमनाक्षर जी ने विदेश यात्राएँ की हैं, देशभर में अकादमी का जाल फैलाया है।"[26] डॉ. सुमनाक्षर के अब तक दो महत्त्वपूर्ण काव्य संग्रह—"अन्धा समाज—बहरे लोग" तथा "सिन्धु घाटी बोल उठी" प्रकाशित हुए हैं, लेकिन इनकी कविता राजनीतिक बयान होने से नहीं बच सकी है। इसका एक उदाहरण उनकी कविता "फूलन हमारा आदर्श है" से देखिए—

"फूलन/दलित शोषित समाज का प्रतीक है
चाहे उसे कितना भी बदनाम करो/तोहमत धरो
वह/हमारी ही नहीं/सारी नारी जाति की/शौर्य गाथा है।"[27]

लालचन्द राही

श्री लालचन्द 'राही' का जन्म 5 अप्रैल, सन् 1942 ई. को उज्जैन के श्रमिक परिवार में हुआ था। उनके पिता का नाम श्री भगीरथ लाल बैरवा तथा माता का नाम श्रीमती है। उनकी प्रारम्भिक शिक्षा भी यहीं पर हुई। उनके माता-पिता ने आठ आने रोज की मजदूरी की। इन्होंने भी मजदूरी की, घरों की पुताई का काम करते हुए भी वे अध्ययन

के प्रति सजग रहे। तभी तो वे लिख सके कि—"मेरी स्थिति धोबी के कुत्ते से कम नहीं थी। मेरा नाम न स्कूल में था न कारखाने में। मेरे भाग्य में मूंगफली बेचना या कपबशी धोना ही था।"[28] वे कर्मचारी जीवन बीमा योजना में एक वर्ष चपरासी तथा 6 माह लिपिक रहे। इसके उपरान्त वे सन् 1962 में शिक्षा विभाग में आये और तभी समाजशास्त्र में एम.ए. तथा बी.टी. की और अब शासकीय प्राथमिक विद्यालय सांवेर रोड, फ्रीगंज, उज्जैन में प्रधानाध्यापक के पद पर कार्यरत हैं। इन समस्त संघर्षों के साथ उनका साहित्य सृजन भी चलता रहा। उनकी अब तक प्रकाशित कृतियाँ इस प्रकार हैं—"मूक नहीं मेरी कविताएँ" (काव्यसंग्रह), 'डॉ. अम्बेडकर का जीवन गीत' (खण्डकाव्य), 'भीम चेतावनी', 'कदोमोत्थान', 'मधुपथ', 'राष्ट्रीय गीत', 'गीत भारती', तथा 'क्रांति शेष है' (काव्य संग्रह) आदि। इसके अतिरिक्त 'साकार' (कहानी संग्रह) उनकी अप्रकाशित कृति है। उन्होंने—'मिलन', 'समाज', 'अभागा', 'पर्दा', 'खादी की टोपी' आदि नाटकों तथा निर्देशन का किया ही, उनमें प्रमुख भूमिका भी निभाई है।

उनकी इन साहित्यिक उपलब्धियों के लिए उन्हें कई साहित्यिक एवं सामाजिक संस्थाओं द्वारा समय-समय पर सम्मानित भी किया गया। भारतीय दलित साहित्य अकादमी, नयी दिल्ली ने उन्हें "डॉ. अम्बेडकर राष्ट्रीय पुरस्कार" प्रदान का सम्मानित किया।

लालचन्द राही की कविताएँ असंगत स्थितियों को रूपायित करती हैं। मिथकों के माध्यम से शोषण की स्थितियों को पकड़कर अतीत से वर्तमान तक उसकी उपस्थिति का अहसास कराती ये कविताएँ उनसे मुक्ति का मार्ग भी सुझाती हैं और बताती हैं कि आज परम्परा, संस्कार और योग्यता की दुहाई देकर जो लोग यथास्थिति बनाए रखना चाहते हैं, वे भारतीय समाज के दुश्मन हैं। लालचन्द राही की कविताएँ कभी संवाद के माध्यम से तथा कभी सीधे-सपाट शब्दों में जागरण का शंखनाद करती हैं और जीवन-संघर्ष में हार न मानने को प्रेरित करती हैं। उनकी यह जीजिविषा निम्न पंक्तियों में स्पष्ट देखने को मिलती है—

"मैं सुनहरे दौर की आशा लिए जीता रहूँगा रात के सारे जहर को बेझिझक पीता रहूँगा।

मैं अभावों में जीता हूँ, चाहे अपनी जिन्दगी पर कलम की कंचुकी को श्वास से सीता रहूँगा।"

लालचन्द 'राही' की कलम अभी भी गतिशील है और उमीद की जा सकती है कि वे कुछ और स्तरीय कृतियाँ दलित साहित्य के भण्डार को अर्पित करेंगे। उनकी एक कविता 'अस्मिता के लिए' यहाँ उदधृत है—

"भारत में/दलित और नारी/मशीन और धर्म पिटारी की भांति
जी रहे हैं/निंदा और अपमान का/विष पी रहे हैं

दोनों ही सिगरेट के समान/सुलगाये जाते हैं/और अन्तिम कश के बाद
कुचल दिया जाता है/उनका बचा हुआ स्वाभिमान भी/धार्मिक मान्यताओं को
जीवित रखने के लिए/रमापति ने कहा था/यदि स्वाभिमान से जीना है
तो सोच का सूरज उगाना ही होगा/शिक्षा, संगठन और संघर्ष के रूप में
निज अस्मिता की/रक्षा के लिये।"[29]

डॉ. सुखबीर सिंह

कवि श्रेष्ठ डॉ. सुखबीर सिंह का जन्म 5 अगस्त, 1943 को ग्राम ग्यासपुर, जनपद मेरठ (उ.प्र.) के एक दलित परिवार में हुआ था। यहीं पर उनकी प्रारम्भिक शिक्षा भी हुई। इसके बाद की सारी शिक्षा दिल्ली में हुई। यहीं पर एम.ए. (हिन्दी) एम.फिल्. तथा पी.एच.डी. आदि उपाधियाँ प्राप्त कीं और दिल्ली के शिवाजी कॉलेज में हिन्दी प्राध्यापक हो गये। यहीं पर कार्यरत रहते हुए उनका हृदय गति रुक जाने से 31 जनवरी, 1994 को देहावसान हो गया। इस अवधि में निरन्तर रचनारत रहते हुए, उन्होंने विपुल मात्रा साहित्य सृजन किया। उनकी कृतियों का विवरण इस प्रकार है—"बयान बाहर", "अनन्तर" और "सूर्यांश" उनके काव्य संग्रह हैं। उनके समीक्षा ग्रन्थों में 'रामचरितमानस की पाश्चात्य समीक्षा', 'हिन्दी कविता की समकालीन चेतना', 'समीक्षा के बदलते प्रतिमान', 'हिन्दी कविता की समकालीन अन्तर्धाराएँ' के अतिरिक्त उनकी सम्पादित कृतियाँ हैं—'दिविक', 'दूसरा दिविक', 'पुनर्सम्भवा', 'कविता में लिखा इतिहास', 'कविता का वैचारिक वर्तमान', 'हिन्दी कहानीः समाकलीन परिदृश्य।' डॉ. सुखबीर सिंह को कविता के क्षेत्र में पर्याप्त सम्मान प्राप्त हुआ है। उनकी काव्य कीर्ति का स्थायी स्तम्भ, उनकी लम्बी कविता 'बयान बाहर' ही है। उसका ही एक अंश यहाँ प्रस्तुत है—

"ओ मेरे गाँव/मैंने किसी भी स्कूल में नहीं पढ़ा/यह सबक/या रटा ऐसा पहाड़ा
कि इकाई की सुविधा के लिए/पिसता है इस देश में सैकड़ा-दहाड़ा
मुझे तो सिर्फ/मार-मार कर/दूसरों की आँख में लिखी वह इबारत
बचपन में ही/जबरन पढ़ाई गयी थी/कि जब कोई
दो कौड़ी, दस बीघे या चार हवेली/का मालिक रास्ते से गुजरे
तो खुद-ब-खुद फुर्ती से/किनारे हटकर
बाअदब-बामुलाहिजा होशियार के लहजे में
सलाम बजानी है/खुद चाहे कीचड़ में/काँटों में/खड़े रहें एक गाँव
पर अलग हटकर/जाति की श्रेष्ठता में अकड़े हुए
नीच से नीच व्यक्ति के लिए भी/राह बनानी है।"[30]

डॉ. प्रेमशंकर

प्रखर आलोचक और कवि डॉ. प्रेमशंकर का जन्म सन् 1943 में शिवुपरी, जनपद अलीगढ़ (उ.प्र.) के एक दलित परिवार में हुआ था। यहीं पर उनकी प्रारम्भिक शिक्षा भी हुई। इन्होंने उच्च शिक्षा, अलीगढ़, मुस्लिम विश्वविद्यालय, अलीगढ़ से प्राप्त की। साथ ही इन्हें यह भी अफसोस रहा कि अलीगढ़ जैसे विश्वविद्यालय में, जहाँ बहुत सारे दलित मुस्लिम गठजोड़ के हिमायती हैं, वहाँ पर दलितों के लिए संविधान प्रदत्त आरक्षण नहीं दिया जाता है, लेकिन फिर भी डॉ. प्रेमशंकर ने साहित्य और जीवन में अपना सर्वोच्च स्थान बनाया, जिसके लिए उन्हें साधारण व्यक्ति से भी कई गुणा संघर्ष करना पड़ा। वे देश की सर्वोच्च संस्था, लालबहादुर राष्ट्रीय प्रशासन अकादमी, मसूरी के प्रोफेसर पद से सेवानिवृत्त हुए हैं। तथा दुनिया के लगभग 50 देशों की अध्ययन यात्राएँ कर चुके हैं। इस सम्पूर्ण अवधि में उनका सृजन निरन्तर चलता रहा। उनकी तब तक प्रकाशित कृतियों का विवरण इस प्रकार है—'हिन्दी और उसकी उपभाषाएँ', 'नयी कविताः नया मूल्यांकन', 'नयी गंध', 'कविताः रोटी की भूख तक', 'अपनी शताब्दी से उपेक्षित', 'दलितों का चीखता अभाव', के अतिरिक्त हिन्दी दलित साहित्य का पहला गीतिनाट्य 'गरीब' उनकी महत्त्वपूर्ण एवं उल्लेखनीय कृतियाँ हैं। यहाँ प्रस्तुत है उनकी एक चर्चित कविता "वे सभ्य हैं" का एक अंश—

> *"वे सभ्य है/आदमी से/हाथ मिलाने के बाद/वे/हाथ धोते हैं, माँजते हैं*
> *और फिर/मुस्कराकर कहते हैं/हम एक हैं/फिर हाथ धोते हैं/ताकि*
> *हाथ में आदमी की/जाति न छप गयी हो।"*[31]

डॉ. पुरुषोत्तम सत्यप्रेमी

ललित निबन्धकार और कवि डॉ. पुरुषोत्तम 'सत्यप्रेमी' का जन्म 30 अप्रैल, सन् 1944 ई. को उज्जैन (म.प्र.) के नारायणपुर में हुआ था। इनके पिता का नाम श्री कन्हैयालाल बागडिया था, जिन्हें लोग दयालु कहकर पुकारा करते थे। इनकी माताजी का नाम श्रीमती नाथी देवी था। इनकी सम्पूर्ण शिक्षा उज्जैन में ही हुई। यहीं इन्होंने विक्रम विश्वविद्यालय से सुप्रसिद्ध कवि डॉ. शिवमंगल सिंह 'सुमन' के निर्देशन में 'आधुनिक हिन्दी निबन्ध साहित्य में ललित निबन्ध की संकल्पना और डॉ. विद्यानिवास मिश्र के निबन्धों का अनुशीलन' विषय पर पी.एच.डी. प्राप्त की और फिर म.प्र. की माध्यमिक शिक्षा सेवा में अध्यापक हो गये तथा अब वहीं पर उच्चतर माध्यामिक विद्यालय में प्रधानाचार्य और फिर धार में शिक्षा अधिकारी रहने के बाद उनका स्वर्गवास हो गया। अपनी साहित्य यात्रा का प्रारम्भ पत्रकारिता से करने वाले डॉ. 'सत्यप्रेमी' ने 'एकत्र', 'आश्वस्त', 'बैरवाचेतना', 'सीपिका', 'नवज्योति', 'प्रवाह', 'अंकुर', 'संकल्प', 'प्रवाल', 'आश्वस्त', आदि पत्र-पत्रिकाओं का सम्पादन किया।

उनकी प्रकाशित कृतियों में–'द्वार पर दस्तक', 'सवालों के सूरज', 'मूक माटी की मुखरता' (तीनों काव्य संग्रह) 'पत्ते क्यों गिरते हैं', 'दलित साहित्य और सामाजिक न्याय', (निबन्ध संग्रह) उनकी सम्पादित कृतियों में–'दलित साहित्यः रचना और विचार', 'डॉ. सुमनः व्यक्तित्व एवं कृतित्व', 'हिन्दी ग़ज़लः चन्द्रसेन विराट', 'जनकविः मानसिंह राही' आदि प्रमुख हैं।

उनकी इन साहित्यिक उपलब्धियों के कारण सर्वप्रथम उन्हें भाषा विभाग, हरियाणा द्वारा आयोजित 'अखिल भारतीय ललित निबन्ध प्रतियोगिता' में सन् 1979 में पुरस्कृत किया गया उ.प्र. तथा भारतीय दलित साहित्य अकादमियों ने भी उन्हें सम्मानित किया तथा सन् 1988 में उन्हें भारतीय दलित साहित्य अकादमी द्वारा 'डॉ. अम्बेडकर राष्ट्रीय पुरस्कार' प्रदान किया गया।

डॉ. पुरुषोत्तम 'सत्यप्रेमी' संश्लिष्ट बिम्बों में कवि हैं, जो उनकी कविता को निरन्तर धार प्रदान करते हैं। वे एक कथ्य को उठाते हैं, उसे शब्दों में पिरोते हैं और एक बिम्ब धीरे-धीरे खुलता और खिलता जाता है। अन्त में जाकर एक ऐसा विस्फोट करता है कि पाठक हतप्रभ रह जाता है। जैसे अनजाने में किसी पटाखे पर पैड़ पड़ जाय। निश्चय ही डॉ. पुरुषोत्तम 'सत्यप्रेमी' एक सम्भावनाशील कवि रहे हैं, जिन्होंने अपने कृतित्व से साहित्य के इतिहास में अपना महत्त्वपूर्ण स्थान बना लिया है। यहाँ उनकी एक कविता 'शास्त्रों और शास्त्रों का बोझ' उद्धृत की जा रही है–

'सदमे/जब दिल पर होते हैं/तो वे वक्त के साथ गुजर भी जाते हैं
इन्हें भुलाया भी जा सकता है। पर संस्कृति-सभ्यता के विश्वास के बदन पर
चालाकी मक्कारी और स्वार्थ के काले हस्ताक्षर/किसी भी प्रायश्चित से
मिटाये नहीं जा सकते/कुछ परम्पराओं, रीति-रिवाजों और आस्थाओं को
हम ठीक समझकर/अपने गले में गण्डे-ताबीज-माला के रूप में लटका लेते हैं
और फिर बेआवाज/उम्र भर/पीढ़ी-दर-पीढ़ी/उसका बोझ उठाए चलते हैं
जो संस्कृति-सभ्यता, जाति-वर्ण का बखान करने वाले
शास्त्रों और शास्त्रों का बोझ उठाए चलते हैं/उनके दुःख
न कहे जाने वाले होते हैं/न उनका कोई सुनने वाला होता है।'[32]

मंशाराम विद्रोही

कविवर मंशाराम 'विद्रोही' का जन्म 19 जून, सन् 1945 को सीतापुर तथा खीरी जनपद (उ.प्र.) के सीमान्त पर स्थित ग्राम तुलसीपुर ग्रन्ट में हुआ था। उनके पिता का नाम श्री कढ़िलेराम था, जो सन् 1942 के पूर्व ग्राम में छिपे उन क्रांतिकारियों के लिए भोजन पहुँचाया करते थे, जो भारत की स्वतन्त्रता के लिए लड़ रहे थे। श्री मंशाराम 'विद्रोही' ने सात वर्ष की अवस्था में पाठशाला जाना प्रारम्भ किया। वे अपने गाँव से तीन कि.मी. दूर स्थित पाठशाला में रोज पैदल आते-आते थे। इस प्रकार

उन्होंने सन् 1957 में वहाँ से पाँचवीं कक्षा उत्तीर्ण की। उच्च शिक्षा से पूर्व की शेष शिक्षा आसपास के विद्यालयों में होती रही। सन् 1969 में विद्रोही जी अपने बड़े भाई श्री मूलचन्द के पास जबलपुर चले गये और वहीं रानी दुर्गावती विश्वविद्यालय से उन्होंने सन् 1972 में बी.ए. किया तथा फिर सन् 1980 में वे दिल्ली आ गये और अब दिल्ली में ही स्थापित हो गये हैं। अब तक इनकी महत्त्वपूर्ण प्रकाशित कृतियों में—'दलित पचास' (काव्य संग्रह), 'दलित मंजरी' (संकलित कवि), 'पीड़ा और चीख उठी' (संकलित कवि) तथा 'दलित दस्तावेज' (शोध) आदि महत्त्वपूर्ण हैं।

इसके अतिरिक्त श्री विद्रोही के पास अप्रकाशित दलित सात्यि का अमूल्य संग्रह है। उनकी अप्रकाशित कृतियों में—'क्रांतिदूत अम्बेडकर', 'वैभव विलास', 'इन्दिरा प्रशस्ति', 'फूलन देवी', 'कन्नौज के चक्रवर्ती सम्राट जयचन्द्र', 'आत्ममंथन' तथा 'बदलुवा' (नाटक) आदि हैं।

श्री मंशाराम विद्रोही दलित उत्पीड़न की सच्ची घटनाओं को अपनी कविताओं में छन्दबद्ध करके एक ऐतिहासिक कार्य करते रहे हैं। उनकी काव्य सर्जना जन जागरण के महत्त्वपूर्ण दायित्व का निर्वाह कर रही है। कविता यदि जन-जन तक पहुँचकर, उनके जीवन-मूल्यों को, उनकी सोच को प्रभावित, परिवर्तिन नहीं करती है, तो वह बुद्धिजीवियों की बहस का कारण तो बन सकती है, लेकिन उसकी सामाजिक सार्थकता कुछ नहीं होती। मैं यह निःसंदेह कह सकता हूँ कि इन अर्थों में वे लोकप्रिय कवि हैं। श्री विश्वम्भर दत्त ने "वीर अर्जुन" दैनिक में उनकी कविताओं पर दृष्टिपात करते हुए लिखा है कि—'मंशाराम विद्रोही' द्वारा रचित कविताएँ सत्य घटनाओं पर आधारित हैं, जो बाकायदा सन्दर्भित हैं। उन्होंने रोंगटे खड़े कर देने वाली घटनाओं का वर्णन किया है। विद्रोही जी की कविताएँ सिर्फ कविता के अहसास से हटकर महज पाठकों को झकझोरने और ऐसी सड़ी-गली व्यवस्था के परखचे उड़ाने के उद्देश्य से ही रची गयी हैं।"[33] यहाँ उनकी 'व्यवस्था' नामक कविता का एक अंश उद्धृत है—

"हर शोषित पीड़ित सोच रहा, क्यों बनी व्यवस्था बहरी है।
उसका ही जीवन संकट में, जो बना देश का प्रहरी है।।
विश्वास कहाँ पर चला गया, हर ओर घिनौनी छाया है।
कवि किससे जाकर व्यथा कहे, हर दलित यहाँ दुख पाया।"[34]

मलखान सिंह

श्री मलखान सिंह का जन्म 30 फरवरी, 1949 ई. को ग्राम बसई काजी, जनपद अलीगढ़ (उ.प्र.) में हुआ था। इन्होंने एम.ए. (राजनीति शास्त्र) तक शिक्षा प्राप्त की। इनकी कविताएँ 'लहर', 'उन्नयन', 'परिवेश' जैसी श्रेष्ठ पत्रिकाओं तथा 'अमर

उजाला' दैनिक आदि में प्रकाशित तथा चर्चित होती रही हैं। लम्बे समय बाद इनकी 15 कविताओं का संग्रह 'सुनो ब्राह्मण' सन् 1996 में प्रकाशित हुआ, जिसने अपनी संवदेनाओं और बेधक अभिव्यक्ति के कारण साहित्य जगत में तलहका मचा दिया। डॉ. एन.सिंह ने उस पर टिप्पणी करते हुए लिखा कि–"मलखान सिंह हिन्दी दलित कविता के एक ऐसे हस्ताक्षर हैं, जिनके पास अनुभूति की प्रामाणिकता तथा शिल्प की प्रौढ़ता एक साथ दृष्टिगोचर होती है।"[35] डॉ. प्रेमशंकर ने लिखा कि–"हिन्दी दलित कविता में श्री मलखान सिंह का नाम काफी चर्चित रहा है–'सुनो ब्राह्मण' पन्द्रह दलित कविताओं की ऐसी ही एक सुन्दर अभिव्यक्ति है। एक ओर श्री मलखान सिंह की कविताओं में गाँव की विवशता और अभाव की निरीहता है, तो दूसरी ओर शहर का दार्शनिक सोच-समस्याओं के निराकरण करने की क्षमता की उधेड़बुन भी है।"[36] श्री मलखान सिंह की एक कविता उदाहरण स्वरूप यहाँ प्रस्तुत है–

"सुनो ब्राह्मण/हमारी दासता का सफर/तुम्हारे जन्म से शुरू होता है
और इसका अन्त भी/तुम्हारे अन्त के साथ होगा/सुनो ब्राह्मण
हमारे पसीने से/बू आती है तुम्हें/फिर ऐसा करो/एक दिन
अपनी जनानी को/हमारी जनानी के साथ/मैला कमाने भेजो
तुम मेरे साथ आओ/चमड़ा पकाएँगे/दोनों मिल बैठकर
मेरे बेटे के साथ/अपने बेटे को भेजो/दिहाड़ी की खोज में
और अपनी बिटिया को/हमारी बिटिया के साथ/भेजो कटाई करने
मुखिया के खेत में/शाम को थक कर/पसर जाओ धरती पर
सूँघों खुद को/बेटे को/बेटी को/तभी जान पाओगे तुम
जीवन की गन्ध को/बलवती होती है जो/देह की गन्ध से।"[37]

श्री मलखान सिंह से निश्चय हिन्दी दलित काव्य को बड़ी आशाएँ हैं। निकट भविष्य में वे दलित साहित्य के भण्डार को ग्रन्थ रत्नों में भरेंगे।

मोहनदास नैमिशराय

कवि, समीक्षक, कथाकार, नाटककार मोहनदास नैमिशराय ने जिद पूर्वक स्वतन्त्र लेखक को अपनाया और अपनी दलित संवेदनाओं के कारण लम्बे समय तक उपेक्षित और प्रताड़ित भी हुए, लेकिन हिन्दी दलित साहित्य को स्थापित करने में उनका संघर्ष बेमिसाल है। इस फक्कड़, मस्तमौला और बेबाक कवि का जन्म 5 सितम्बर, 1949 ई. को मेरठ शहर में हुआ था। एम.ए., बी.एड. तक शिक्षा प्राप्त की और पत्रकारिता से जुड़ गये। लेखन को ही अपना कैरियर बनाया। उनकी अब तक प्रकाशित कृतियों का विवरण इस प्रकार है–'अदालतनामा' (नाटक) 1989, 'सफल एक बयान' (कविता संग्रह) 1989, 'क्या मुझे खरीदोगे?' (उपन्यास) 1990, 'भारतरत्न डॉ.

भीमराव अम्बेडकर' (चित्रमय पुस्तक) 1990, 'अपने-अपने पिंजरे' (आत्मकथा) 1995, 'आत्मदाह', 'संस्कृतिः उद्भव और विकास' (1991), 'बाबा साहब और उनके संस्मरण', (1993), 'अम्बेडकर डायरेक्टरी', (1993), 'उजाले की ओर', (1997), 'अपने-अपने पिंजरे' (भाग-2) 2000 के अतिरिक्त उन्होंने डॉ. अम्बेडकर की दो पुस्तकों को हिन्दी में अनुवाद किया है। ये पुस्तकें है–'हिन्दुत्व का दर्शन' (1991), तथा 'डॉ. अम्बेडकर और काश्मीर समस्या' (1997) श्री मोहनदास नैमिशराय अभी भी सृजनरत हैं। उनकी एक कविता यहाँ उदाहरण स्वरूप प्रस्तुत है"–

"क्रांति का हथौड़ा रुकने न पाये/राजमहलों की दीवारों के आसपास
जहाँ का राजा बहरा है/या फिर शायद गूंगा/क्राांति का हथौड़ा
महलों की पुख्ता दीवारों को/भले ही न तोड़ पाये पर क्रांति की गूँज अभी जिन्दा है
यह सब सुनने के लिए ही/क्रांति का हथौड़ा रुकने न पाये।"[38]

तेजपाल सिंह तेज

अपने बेबाक तेवरों के कारण चर्चित रहे कवि श्रेष्ठ श्री तेजपाल सिंह 'तेज' का जम उत्तर प्रदेश के जिला बुलन्दशहर के एक छोटे से गाँव अलाबास में 8 अगस्त सन् 1949 ई. हुआ था। लगभग डेढ़ वर्ष की अल्पायु में ही पिता जी का देहान्त हो गया था। कक्षा नवीं में आते-आते माँ भी चल बसी। आवश्यकताओं ने आगे पढ़ने नहीं दिया। बारहवीं करने के बाद भारतीय स्टेट बैंक की नौकरी करते हुए, मेरठ विश्वविद्यालय, मेरठ से बी.ए. किया। सम्प्रति आप भारतीय स्टेट बैंक के दिल्ली आँचलिक कार्यालय में राजभाषा अधिकारी हैं। श्री तेजपाल सिंह 'तेज' की प्रकाशित कृतियो का विवरण इस प्रकार है–'दृष्टिकोण' (ग़ज़ल संग्रह) 1995, 'बेताल दृष्टि' (काव्य संग्रह) 1996, के अतिरिक्त 'सृजन के पथ पर', तथा 'धूप औसारे चढ़ी', उनकी सम्पादित कृतियाँ हैं। यहाँ उनकी ग़ज़ल के कुछ शेर प्रस्तुत हैं–

"राजनीति चूल्हे पर चढ़कर नाच रही है, और घर वाली महंगाई से काँप रही है।
चूल्हे तक जाने को इसको नमक चाहिए, पर बेचारी भाषण खाकर नाच रही है।"[39]

उनकी काव्य संवेदनाओं पर टिप्पणी करते हुए लिखा गया है कि–"भूखा प्यास बचपन, लुटी-पिटी जवानी, हारी-थकी जिन्दगी, घिसी-पिटी संस्कृति, लंगड़ी-लूली सभ्यता, गूँगी बाहरी व्यवस्था, चलता-फिरता आचरण जैसे सन्दर्भ ही आपकी ग़ज़लों/कविताओं को जन्म देते हैं। पीड़ा और दर्द में पगी आपकी रचनाएँ अक्सर कड़वी होती हैं।"[40] उनकी यह कड़ुवाहट अन्ततः दलित कविता के रूप में प्रस्फुटित हुई है। उनकी एक कविता 'परजीवी' उदाहरणार्थ यहाँ दी जा रही है–

"मैं/उस सभ्यता को/उस आपसदारी को/नहीं ढोऊँगा/जो
मात्र आश्वासन देती है/मेरी छाती पर बैठकर/गाती है-गुनगुनाती है
मेरी/बेबसी के गीत/देती कुछ नहीं/बस लेती ही लेती है।"[41]

डॉ. धर्मवीर

कविवर डॉ. धर्मवीर का जन्म 9 दिसम्बर, 1950 ई. को मेरठ जिले के नंगला तासी ग्राम में हुआ था। इनके पिता का नाम हंसाराम है। सन् 1975 में उन्होंने "एम. एन. राय का सामाजिक दर्शन' विषय पर पीएच.डी. की उपाधि प्राप्त की तथा 1980 में केरल कैडर के अन्तर्गत आई.ए.एस. बने। अनेक महत्त्वपूर्ण पदों पर रहते हुए उन्होंने 30 से भी अधिक पुस्तकों की रचना की। लेखक डॉ. धर्मवीर को 1999 में ब्रिटिश सरकार की क्वीन एलिजाबेथ फैलोशिप मिली। श्री नैमिशराय ने उनके विषय में लिखा है कि "1987-88 में उन्हें हिन्दी अकादमी, दिल्ली द्वारा 'लोकायत वैष्णव विष्णु प्रभाकर' पुरस्कार तथा 1988 में भारतीय दलित साहित्य अकादमी दिल्ली द्वारा 'डॉ. अम्बेडकर राष्ट्रीय पुरस्कार' प्राप्त हुए। वे हिन्दी मलयालम, अंग्रेजी, उर्दू तथा पंजाबी भाषाओं के ज्ञात हैं। भारत के अधिकांश स्थानों का भ्रमण कर चुके हैं।"[42] उनकी अब तक प्रकाशित पुस्तकों का विवरण इस प्रकार है–'कम्पिला', 'हीरामन' (काव्य संग्रह), 'किनारे भी मझधार भी', 'बंजारा', 'पहला खत' (उपन्यास), 'हिन्दी की आत्मा', 'सन्त रैदास का निर्वर्ण सम्प्रदाय', 'कबीर के आलोचक', 'कबीरः डॉ. हजारीप्रसाद द्विवेदी का प्रक्षिप्त चिन्तन', 'कबीर और रामानन्दः किंवदंतियां', 'कबीरः बाज भी', 'कपोत भी', 'पपीहा भी', 'डॉ. अम्बेडकर और दलित आन्दोलन', 'डॉ. अम्बेडकर का लोक प्रशासन दर्शन', 'एम.एन.राय का समाज दर्शन', 'लोकायती वैष्णव विष्णु प्रभाकर', 'महाकवि की खोज' (विवेचन) के अतिरिक्त उनकी 'भीम की जिद', 'अम्बेडकर की शिक्षा', 'अम्बेडकर की जीवनधारा', 'दक्खिन की खूंट', 'हाथी और गीदड़ की कहानी', तथा 'बालक अम्बेडकर' आदि बाल साहित्य की कृतियाँ हैं।"

उनका काव्यसंग्रह 'हीरामन' अपने दलित सरोकारों के कारण पर्याप्त चर्चित रहा है। इसके विषय में रजत रानी मीनू ने लिखा है कि–"हीरामन में मजदूरों, किसानों, कारीगरों बंधुआ मजदूरों की उस पीड़ा को रेखांकित किया गया है, जो वह भारतीय समाज व्यवस्था में दरिद्रता और जातीयता के चलते भोगते आ रहे हैं"[43] उनके इसी काव्यसंग्रह से यहाँ एक कविता प्रस्तुत है–

"उसका मन विकासमान है–क्या करें/पुराने बोझ को ढोता कहाँ फिरे?
पुजारी के ईश्वर का द्रोही है/वह छापे तिलक-जनेऊयों का शत्रु है
मूर्तियों का विध्वंसक, गंडों का तोड़क/मान बैठा अस्तित्व को लुटा देख
कि धर्म तार्किकों का ताम झाम है, तम्बू तोप है
ग्रन्थ छल-कपट हैं, ग्रन्थकार भेड़िये हैं/मन्दिर पुजारियों की रोजी रोटी है
कर्मफल धूप बत्ती है, पुनर्जन्म टोटका है/राम नाम झूठ है, हरेकृष्ण चाल है
स्वर्ग-नरक झांड़ फूँक है, आत्मा परमात्मा तागे ताबीज हैं।
सच भय का भूत है, पाप-पुण्य लपेट और झपेट है

वह ईंट पत्थरों की धार्मिकता से ऊपर उठ
सबको अपना कहना चाहता है, समान बुद्धि
कि विश्व के सारे महान पशुओं से भिन्न
महान मानव प्रजाति के है, वंशावली के हैं
उसने ढूँढ लिए है अपने ऐतिहासिक माता पिता
बुद्ध और महावीर, सुकरात और ईसा, मौहम्मद और मार्क्स
राम और कृष्ण, नानक और कबीर जिससे
देश-विदेश में बताने को परिचय में पूछने पर किसी को
यदि वह खोजी है फिर यूँ ठीक/विश्व को प्रकृति से अच्छा भगवान कहे
मनुष्य को ढूँढ़ने के लिए, यदि वह/खूँटे से बँधा है तो खूँटे पर चले।"[44]

ओमप्रकाश वाल्मीकि

कवि और कथाकार ओमप्रकाश वाल्मीकि का जन्म 30 जून, सन् 1950 ई. जनपद मुजफ्फर नगर (उ.प्र.) के बरला नामक गाँव में हुआ था। इनके पिता का नाम श्री छोटन लाल तथा माता का नाम श्रीमती मुकन्दी देवी था। इनकी प्रारम्भिक शिक्षा गाँव में ही हुयी। इसके बाद इन्होंने जबलपुर तथा बम्बई से तकनीकी शिक्षा ग्रहण की और रक्षा मन्त्रालय (भारत सरकार) के उत्पादन विभाग में कार्यरत रहते हुए भारत के विभिन्न भागों में सेवा की। देहरादून में कार्यरत रहते हुए एम.ए. (हिन्दी) तथा साहित्यरत्न की परीक्षाएँ उत्तीर्ण कीं। सन् 1975 में गम्भीरता पूर्वक लेखन प्रारम्भ करने वाले ओमप्रकाश वाल्मीकि की अब तक कई महत्त्वपूर्ण कृतियाँ प्रकाशित हुई हैं–'सदियों का सन्ताप', 'बस्स! बहुत हो चुका' (काव्य संग्रह) तथा 'जूठन' (आत्मकथा) 'सलाम' तथा 'घुसपैठिए' (कथा संग्रह) तथा 'दलित साहित्य का सौन्दर्यशास्त्र' आदि। इसके अतिरिक्त इनकी कविताएँ–'दर्द के दस्तावेज', 'उत्तर हिमानी', 'दलित चेतना' कविता तथा कहानियाँ–'कथा-परिदृश्य' और 'काले हाशिए पर' आदि संग्रहों में भी संकलित की गयी हैं। देश की लगभग सभी पत्र-पत्रिकाओं में निरन्तर सम्मानपूर्वक स्थान पाने वाले ओमप्रकाश वाल्मीकि ने अब तक लगभग 60 नाटकों में अभिनय भी किया है। उनके नाट्य आलेख 'दो चेहरे' का कई नाट्य दलों द्वारा मंचन भी किया गया है। अपने अभिनय और निर्देशन के लिए कई बार पुरस्कृत, दलित आन्दोलन तथा सामाजिक सेवा के लिए प्रतिबद्ध ओमप्रकाश वाल्मीकि को उनकी साहित्यिक सेवाओं के लिए भारतीय दलित साहित्य अकादमी, नयी दिल्ली द्वारा सन् 1993 में डॉ. अम्बेडकर राष्ट्रीय पुरस्कार मिला तथा "परिवेश सम्मान–1995" के साथ ही उन्होंने 1993 में नागपुर में सम्पन्न हुए प्रथम दलित साहित्य लेखक सम्मेलन की अध्यक्षता भी की।

कवि और कथाकार ओमप्रकाश वाल्मीकि हिन्दी कवियों में एक ऐसा नाम है, जिसे हिन्दी साहित्य की मुख्यधारा में भी सम्मान प्राप्त है। उनकी कविता हमारी सोच बराबर ठकठकाती है और प्रश्न बनकर तीर की तरह हमारी चेतना को घायल कर पीड़ा का अहसास करती है। 'झाड़ू वाली' उनकी बहुत ही प्रसिद्ध कविता है जिसके माध्यम से उन्होंने भारत की सम्पूर्ण लोकतांत्रिक व्यवस्था पर ही प्रश्न चिह्न लगा दिया है–

"जब तक रामेसरी के हाथ में/खंडाग-खांग घिसटती लौह गाड़ी है–
मेरे देश का लोकतन्त्र/ एक गाली है।"[45]

धर्म, दर्शन और पौराणिक मिथकों की पुनर्व्याख्या उनकी कविताओं की मुख्य विशेषता है। उनकी एक अन्य कविता है–"शायद आप जानते हों।" इस कविता में उन्होंने हिन्दू दर्शन की उस मान्यता पर प्रहार किया है, जो समस्त मानव की ही नहीं, जीव मात्र की आत्मा को एक मानती है और 'चूहड़े' तथा 'चमार' से अस्पृश्यता का व्यवहार करती है। इस पर टिप्पणी करते हुए वे लिखते हैं–

"तुम्हारे रचे शब्द/तुम्हें डसेंगे साँप बनकर/गंगा किनारे कोई वट वृक्ष ढूँढ लो
कर लो भागवत का पाठ/आत्म सन्तुष्टि के लिए/कहीं अकाल मृत्यु के बाद
भयभीत आत्मा/भटकते-भटकते/किसी कुत्ते या सुअर की मृत देह में
प्रवेश न कर जाय/ या फिर पुनर्जन्म की लालसा में/किसी डोम या चूहड़े के घर
पैदा न हो जाय/चूहड़े या डोम की आत्मा/ब्रह्म का अंश क्यों नहीं है?
मैं नहीं जानता/शायद आप जानते हों।"[46]

डॉ. चन्द्रकुमार वरठे

कवि श्री चन्द्रकुमार वरठे का जन्म 4 जून सन्, 1954 ई. को जनपद अमरावती (महाराष्ट्र) के अंचलवाड़ी ग्राम में हुआ था। इनके पिता का नाम श्री शंकरलाल वरठे तथा माता का नाम श्रीमती घुरपती बाई था। उनकी प्रारम्भिक शिक्षा गाँव की पाठशाला में हुई थी। इसके बाद उनकी उच्च शिक्षा श्री शिवाजी महाविद्यालय, अमरावती में हुई। उन्होंने श्रीमती केशरबाई लाहोटी महाविद्यालय से एम.ए. (हिन्दी) तथा श्री शिवाजी शिक्षण महाविद्यालय, अमरावती से बी.एड. की परीक्षाएँ उत्तीर्ण कीं। इसके उपरान्त वे दिल्ली आ गये और जवाहरलाल नेहरू विश्वविद्यालय से 'मराठी दलित साहित्य का आन्दोलन' विषय पर एम.फिल्. तथा 'हिन्दी और मराठी की प्रगतिशील कविता' पर पी.एच.डी. की उपाधि प्राप्त की। इसके उपरान्त उनका चयन दूरदर्शन में कार्यक्रम अधिशासी के पद पर हो गया। जब उनका स्थानान्तरण जयपुर में हुआ, तो उन्होंने राजस्थान विश्वविद्यालय से संस्कृत में एम.ए. किया। अब तक उनकी प्रकाशित कृतियों में 'अधूरी चिट्ठी रोशनी की', 'अनाम बस्तियों के देश में',

तथा 'सूप भर धूप' (तीनों काव्य संग्रह) तथा 'दलित साहित्य का आन्दोलन', उनकी शोधपरक कृति है। इसके अतिरिक्त डॉ. वरठे की कविताएँ–'दर्द का दस्तावेज', 'चेतना के स्वर', 'शहर चुप नहीं है', तथा 'दलित चेतनाः कविता', आदि संकलनों में भी संकलित की गयी हैं।

डॉ. वरठे को उनके साहित्यिक अवदान के लिए हिन्दी अकादमी, दिल्ली द्वारा पुरस्कृत किया गया है तथा भारतीय दलित साहित्य अकादमी, दिल्ली द्वारा 'डॉ. अम्बेडकर राष्ट्रीय पुरस्कार' प्रदान कर सम्मानित भी किया। यहाँ उनकी एक कविता 'पत्थर भी नहीं कहूँगा' प्रस्तुत है–

"मैं/पत्थर भी नहीं कहूँगा तुम्हें/ओ,/अनाम बस्तियों के देश के लोगों
पत्थर तो/कभी-कभी/देवता भी बन जाते हैं/तराशने पर/तुम्हें
कितना तराशा है/मुश्किलों ने/गरीबी ने/संस्कृति ने/कितने मारे हैं
थपेड़े/सागर ने/प्यासी गागर ने/फिर भी/तुम/देवता ना सही/आदमी तो
बन ही सकते थे/ओ अनाम बस्तियों के/देश के लोगों/मैं/पत्थर भी नहीं
कहूँगा तुम्हें/अरे!/पत्थर तो/शीश महलों को भी/किरचों-किरचों में
तब्दील कर सकते हैं।"[47]

अ. ला. ऊके

कवि श्री अ.ला. ऊके का जन्म 5 दिसम्बर, सन् 1952 ई. को ग्राम सालेबर्डी, तहसील वारसिवनी, जिला बालाघाट (म.प्र.) में हुआ था। इन्होंने विद्युत अभियन्त्रण में उपाधि प्राप्त की तथा म.प्र. विद्युत विभाग में अभियन्ता पद पर कार्यरत हैं। अपनी कविता के सरोकारों को स्पष्ट करते हुए इन्होंने लिखा है कि–"मैंने इन कविताओं को सोद्देश्य लिखा है। ऐसा नहीं कि वे मेरे मुँह से फूट पड़ी हैं। मैंने इन पर परिश्रम किया है। वैसे भी मैं एक मिशन के तहत काम करता हूँ, वह है–अम्बेडकर मिशन"[48] इस मिशनरी कवि का अब तक एक ही काव्य संग्रह–'पत्थर उठाते हाथ' प्रकाशित हुआ है, जो पर्याप्त चर्चित रहा है। इस काव्य संग्रह की कविताओं से गुजरने के उपरान्त कहा जा सकता है कि यह कवि हिन्दी दलित काव्य को बहुत कुछ देने की क्षमता रखता है। यहाँ उनकी एक कविता 'पत्थर उठाते हाथ' प्रस्तुत है–

"कब तक कुंडली मार कर बैठोगे/इस धन पर जो तुमने छीना है
उनसे जिन्हें/तुमने अपनी जहरीली फूँक से/बना दिया है/बधिर और अपंग
कब तक तुम फुँफकारोगे/डराओगे इनको?/थकेगी तुम्हारी लम्बी
दो-मुँही, लपलपाती जीभ कभी तो/सावधान/उन ठूठे हाथों में अब
उगने लगी हैं उँगलियाँ/जो/कर रही हैं उपक्रम/पत्थर उठाने का"[49]

कंवल भारती

प्रखर दलित चिन्तक और कवि श्री कंवल भारती का जन्म 4 फरवरी, 1953 ई. को रामपुर (उ.प्र.) में एक अनुसूचित जाति परिवार में हुआ था। इन्होंने एम.ए. तक शिक्षा प्राप्त की तथा समाज कल्याण विभाग, उ.प्र. के अन्तर्गत अधीक्षक, राजकीय छात्रावास के पद पर नौकरी कर ली। अपने साहित्यिक जीवन का प्रारम्भ पत्रकारिता से करने वाले श्री कंवल भारती ने अब तक दर्जन भर मानक ग्रन्थों की रचना की है। इनमें 'मनुस्मृतिः प्रतिक्रांति का धर्मशास्त्र', 'काशी राम के दो चेहरे', 'तोडूंगी मौन', 'डॉ. अम्बेडकर को नकारे जाने की साजिश', 'डॉ. अम्बेडकरः एक पुनर्मूल्यांकन', 'लोकतन्त्र में भागीदारी के सवाल', के अतिरिक्त उनका काव्य संग्रह 'तब तुम्हारी निष्ठा क्या होती है?' के साथ ही उन्होंने डॉ. अम्बेडकर के सम्पूर्ण वांङमय से उनकी काव्यात्मक अभिव्यक्तियों का काव्यानुवाद 'डॉ. अम्बेडकर की कविताएँ' शीर्षक से किया, जिसने डॉ. अम्बेडकर को कवि रूप में हमारे सम्मुख सजीव किया।

इस पुस्तक से एक उदाहरण यहाँ दिया जा रहा है, जो कंवल भारती ने 'अछूत' शीर्षक से (अवे फ्राम दि हिन्दू) से अनूदित किया है–

"गरीब होना बुरा है/पर उतना बुरा नहीं/जितना कि अछूत होना
गरीब स्वाभिमानी हो सकता है/किन्तु अछूत नहीं हों सकता!/निम्न होना बुरा है
पर उतना बुरा नहीं/जितना कि अछूत होना/निम्न व्यक्ति ऊपर उठ सकता है।
किन्तु अछूत नहीं उठ सकता। दुःखी होना बुरा है/पर उतना बुरा नहीं
जितना कि अछूत होना/दुःखी किसी दिन सुखी भी होगा
किन्तु अछूत उसकी आशा नहीं कर सकता/दब्बू होना बुरा है,
पर उतना बुरा नहीं/जितना कि अछूत होना/दब्बू दबंग हो सकता है
यदि जन्मजात नहीं है/किन्तु अछूत उसकी आशा नहीं कर सकता।"[50]

कंवल भारती के काव्यात्मक सरोकारों पर टिप्पणी करते हुए प्रसिद्ध दलित साहित्यकार ओमप्रकाश वाल्मीकि ने लिखा है कि–"कंवल भारती दलित साहित्य के चर्चित हस्ताक्षर हैं। उनके संग्रह 'तब तुम्हारी निष्ठा क्या होती?' की कविताएँ आत्मविश्लेषण और अपनी निजता से प्रस्फुटित हुई हैं। उनकी कविता की प्रकृति कभी सहज और सरल है, कभी तेज तर्रार मुखरता लिए हुए। कभी गम्भीर, तो कभी व्यंग्यात्मक। कंवल भारती इतिहास को नहीं भूले। अतीत की नग्नता भयावह रूप में खड़ी है। इतिहास ने दलितों को आत्महीनता, दासता और सांस्कृतिक गुलामी दी है।"[51] मैं यहाँ कंवल भारती की एक कविता 'होली' उद्धृत कर रहा हूँ–

"मैं हिन्दू धर्म का विरोधी नहीं हूँ/मैं विरोधी हूँ/असमानता का/अलगाव का
नफरत का/अस्पृश्यता का/जो भी धर्म, शास्त्र, देवता, महापुरुष
सिखाते हैं असमानता/अलगाव, नफरत और अस्पृश्यता

न्यायोचित ठहराते हैं जो वर्ण व्यवस्था को/मैं उन सबका विरोधी हूँ
वे सब शत्रु हैं मेरी स्वाधीनता के/जैसे जलाई थी गाँधी ने
अंग्रेजों से देश की स्वाधीनता के लिए/अंग्रेजो के काले कानूनों की होली
वैसे ही मैं अपनी स्वाधीनता के लिए/जलाता हूँ उन धर्मशास्त्रों की होली
जो मेरे लिए हैं काले कानून।"[52]

कंवल भारती ने विपुल साहित्य की रचना कर दलित साहित्य को समृद्ध किया है। उनको देश भर में विभिन्न संस्थाओं द्वारा सम्मानित भी किया गया है।

डॉ. सुशीला टाकभौरे

हिन्दी दलित साहित्य में महिला रचनाकारों की भागीदारी एक अच्छा लक्षण है। इन महिला साहित्यकारों में कवयित्री डॉ. सुशीला टाकभोरे का नाम महत्त्वपूर्ण है। उनका जन्म 4 मार्च सन् 1954 ई. में जिला होशंगाबाद (म.प्र.) के ग्राम बानापुरा में हुआ था। इनके पिता का नाम श्री रामप्रसाद घावरी तथा माँ का नाम श्रीमती पन्ना घावरी है। प्रारम्भिक शिक्षा गाँव में ही हुई। जब सुशीला जी ने 11वीं कक्षा उत्तीर्ण कर ली, तब घरवालों ने इन्हें आगे पढ़ने से इंकार कर दिया। परिणामस्वरूप इन्हें भूख हड़ताल करनी पड़ी। तब जाकर इन्हें कॉलेज में प्रवेश दिलाया गया। इन्होंने कुसुम महाविद्यालय, सिवनी, मालवा (म.प्र.) से बी.ए. की उपाधि प्राप्त की। इसके उपरान्त इनका विवाह नागपुर निवासी श्री सुन्दरलाल टाकभौरे से हो गया, जो उच्चशिक्षित, सुसंस्कृत तथा समाज सेवी व्यक्ति हैं। इन्होंने सुशीला जी को आगे की शिक्षा पूरी करने को प्रोत्साहित किया और सुशीला जी ने नागपुर विद्यापीठ से बी.एड. किया तथा एक माध्यमिक शाला में अध्यापन करने लगीं। फिर उन्होंने हिन्दी में एम.ए. किया तथा डॉ. योगेश्वरी शास्त्री के निर्देशन में 'अज्ञेय के कथा साहित्य में नारी' विषय पर नागपुर विश्वविद्यालय से पी.एच.डी. की उपाधि प्राप्त की। सम्प्रति वे सेठ केसरीमल पोरवाल कॉलेज, कामठी (महाराष्ट्र) में प्राध्यापिका हैं। जीवन और जगत के संघर्षों से जूझते हुए उच्च शिक्षा प्राप्त करना तथा साहित्य सृजन जैसे दुरूह मार्ग पर चलना स्वयमेव उनकी जिजीविषा को प्रमाणित करता है। उनकी प्रकाशित कृतियाँ इस प्रकार हैं–'स्वाति बूँद और खारे मोती', 'यह तुम भी जानो', 'इसको तुमने कब पहचाना', 'अनुभूति के घेरे', (चारों काव्य संग्रह) 'परिवर्तन जरूरी है' (लेख) 'हिन्दी साहित्य के इतिहास में नारी', 'भारतीय नारीः समाज और साहित्य' (दोनों विवेचन) 'टूटता वहम' (कहानी संग्रह) आदि। 'उनके काव्य संग्रह' 'यह तुम भी जानो' से एक कविता 'धृतराष्ट्र ने कहा' यहाँ प्रस्तुत है–

"संजय/यह कौन सा समाज है? बरसों से ठहरा है/दया और ग्लानि की जमीन पर
बरसों से/उसके पैरों में वही है/हाथों में वही है/और सिर पर भी वही है

त्याज्य अपवित्रिता का बोझ/कोई परिवर्तन नहीं/समय के बहलाव को यह जानता है।
कई सन्देश और आदेश भी सुने हैं इसने/फिर भी/अपने ढर्रे पर ठहरा है।
क्या यह भी मेरी तरह/दृष्टिहीन है?/जो पराई नजर से देखकर
दुःख-सुख का अनुभव तो करता है/मगर स्वयं कुछ भी कर नहीं पाता!
क्या ऐसा हो सकता है/कि कुछ समय के लिए इन्हें/दूर दृष्टि मिल जाय
ये अपना/अतीत वर्तमान भविष्य देख लें/फिर क्या सम्भव है
ये अपनी जगह पर ठहरे मिलेंगे?/नहीं संजय नहीं/फिर तो ये प्रगति के मार्ग पर
सबसे आगे रहेंगे/महा-भारत में/अपना/विशेष अस्तित्व रखेंगे।"[53]

कर्मशील भारती

कवि और नाटककार श्री कर्मशील भारती का जन्म 5 मार्च, 1955 ई. में दिल्ली के मुनीरका ग्राम में हुआ था। इनके पिता का नाम श्री मनोहर सिंह तथा माता का नाम श्रीमती रामवती है। इनकी प्रारम्भिक शिक्षा यहीं पर हुई। उन्होंने विश्वविद्यालय से स्नातक की उपाधि प्राप्त की और अब श्रम मन्त्रालय (भारत सरकार) दिल्ली में कार्यरत हैं। विभिन्न सामाजिक एवं सांस्कृतिक संस्थाओं में सक्रिय श्री कर्मशील भारती ने दिल्ली में दलित नाट्यमंच की स्थापना की और अपने निर्देशन में अपनने नाटकों का मंचन किया। इन नाटकों में 'मन्दिर प्रवेश', 'श्रेष्ठ कौन', 'मान-सम्मान', 'फाँसी', 'चार मुजरिम', 'नया सवेरा', 'जूता अफसर का', तथा 'झूठे अहंकार की कायरता' आदि महत्त्वपूर्ण हैं। साहित्य साधना के इस सफर में इनकी कविताएँ जिन तीन काव्य संकलनों में संकलित हैं, वे हैं—'दलित मंजरी', 'पीड़ा जो चीख उठी', तथा 'चेतना के स्वर।'! उनकी एक कविता 'जागृति' यहाँ प्रस्तुत है—

"हजारों साल बीते/पर लगता है एक पल भी नहीं बीता
हजारों साल पहले भी/काट दिये जाते थे गरीबों के सिर
उनकी निर्दोष काया पर/कोड़े बरसाए जाते थे/सिर्फ इसलिए
कि वे अपने अधिकारों की माँग करते थे/उनकी जुबान
काट दी जाती थी खुलने से पहले ही/क्योंकि वे
अन्याय के विरुद्ध कुछ कहना चाहते थे/मासूम हृदयों की भड़कती ज्वाला
कब तक दमन की जा सकती है/एक न एक दिन ज्वाला की लपटें
क्रूरता को झुलसा कर रख देंगी।"[54]

सूरजपाल चौहान

कवि एवं कथाकार श्री सूरजपाल चौहान का जन्म 20 अप्रैल, 1955 ई. को ग्राम फुसावली जनपद अलीगढ़ (उ.प्र.) में हुआ था। इनके पिता का नाम श्री रोशन लाल है। इनकी अब तक तीन कृतियाँ प्रकाशित हुई हैं—'प्रयास' (कविता संग्रह) तथा 'हरि

कब आयेगा' (कहानी संग्रह) 'तिरस्कृत' (आत्मकथा) इसके अतिरिक्त इनकी कविताएँ 'दलित चेतनाः कविता' संग्रह में भी संग्रहीत है। इनकी कविताओं का टिप्पणी करते हुए प्रतिष्ठित दलित साहित्यकार श्री ओम प्रकाश वाल्मीकि ने लिखा है कि—"कवि सूरजपाल चौहान के संस्कार स्मृतियों की तरह कविता में आते हैं और देर तक सर्द-गर्म लू के थपेड़ों का अहसास बनाए रखते हैं। ग्रामीण संस्कार जब शहरी सभ्यता में उठते संस्कारों, जोड़-तोड़ के समीकरणों और राजनीतिक स्तर पर पनपते, फलते-फूलते उग्रवाद को देखते हैं, तो कवि भौंचक होकर देखते है। खुद को गूँगा महसूस करने लगता है। यह गूँगापन मात्र एक प्रतिक्रिया नहीं, बल्कि विषमता, संकीर्णता, और जातीय वैमनस्य के प्रति विरोध को जन्म देता है। कवि आह्वान करना चाहता है। ऐतिहासिक पात्रों का रागद्वेष उसकी स्मृतियों को उद्वेलित करता है।"[55] सूरजपाल चौहान का कवि अभी निर्माण की प्रक्रिया में है। एक कविता "मेरा गाँव" की कुछ पंक्तियाँ यहाँ उद्धृत हैं—

"मेरा
"मेरा गाँव / कैसा गाँव? / न कहीं ठौर /
न कहीं ठाँव / कस्बी मड़िया / टूटी खटिया / घूरे से सटकर / बिना फूँस का / मेरा छप्पर / मेरे घर न / कोए की काँव/ मेरा गाँव / कैसा गाँव?/ न कहीं ठौर / न कहीं ठाँव।"[56]

कुसुम वियोगी

कवि और कथाकार श्री कुसुम वियोगी का पूरा नाम डॉ. कमलेश कुमार 'कुसुम' है। इनका जन्म 9 अक्टूबर, 1955 को सादाबाद गेट, हाथरस (उ.प्र.) में हुआ था। इनके पिता का नाम श्री रामगोपाल है। इनकी प्रारम्भिक शिक्षा हाथरस में ही हुई। एम.ए., एल. एल.बी. तक की शिक्षा ग्रहण की तथा केनरा बैंक में नौकरी कर ली। अब दिल्ली में ही कार्यरत रहते हुए एल.एल.एम. में अध्ययनरत हैं। यहीं पर पत्रकारिता करते हुए उन्होंने कई पुस्तकों का सम्पादन तथा सृजन किया। उनकी प्रकाशित कृतियों में—'उत्थान के स्वर' (गीत संग्रह), 'व्यवस्था के विषधर', (काव्य संग्रह), 'चर्चित दलित कहानियाँ' आदि हैं। यहाँ कुसुम वियोगी की एक कविता 'प्रतिशोध' प्रस्तुत की जा रही है—

"दलित-दूल्हा/जब घोड़ी पर चढ़कर निकलता है/न जाने क्यों?
उनके कलेजे का पानी हिलता है/भडुँये सदियों से
हमारी मेहनत को चर-चर कर साँड हो रहे हैं/हमारी माँ-बहनों पर
मूँछों का ताव दे/घिनौने अत्याचार कर/हत्या तक करते हैं/अब हम
आजादी की साँस लेना सीख रहे हैं/युग बदला है/परिभाषाएँ बदली हैं

खून बदला है, जूनुन बदला है/अब उनकी बन्दूकें/हमारी छातियों पर नहीं वरन्/हम ही फटेंगे बन के बारूद/जब तुम्हारे घर बस्तियों व आँगन में लेने को प्रतिशोध/सोचो तब तुम्हें कैसा लगेगा।"[57]

डॉ. एन. सिंह

विद्रोही कवि और समीक्षक डॉ. एन. सिंह का जन्म जनपद सहारनपुर (उ.प्र.) के चतरसाली ग्राम में 1 जनवरी, सन् 1956 ई. को हुआ था। इनके पिता का नाम श्री नन्दा सिंह तथा माता का नाम श्रीमती गोमती देवी है।[58] इनकी प्रारम्भिक शिक्षा गाँव की प्राइमरी पाठशाला में ही हुई। हाईस्कूल से आगे की उच्च शिक्षा जनपद सहारनपुर के विभिन्न विद्यालयों एवं महाविद्यालयों में हुई। उन्होंने पीएच.डी. मेरठ विद्यालय, मेरठ से 'आचार्य पद्मसिंह शर्माः व्यक्तित्व एवं कृतित्व' विषय पर सन् 1980 में प्राप्त की। इसके बाद कई छोटी-मोटी नौकरी करते हुए इन्हें सन् 1983 में उ.प्र. के उच्चशिक्षा विभाग के अन्तर्गत राजकीय स्नातकोत्तर महाविद्यालय, गोपेश्वर (चमोली) में हिन्दी प्राध्यापक की नौकरी मिल गयी। इन्होंने बी.एस.एम. (पी.जी.) कॉलेज, रुड़की में भी पढ़ाया है। साढ़े चार वर्ष गवर्नमेंट कॉलेज, दमण (यू.टी.) में अध्यापन करने के बाद वे फिर उच्च शिक्षा विभाग, उ.प्र. में ही लौट आये और अब राजकीय स्नातकोत्तर महाविद्यालय में प्राचार्य के रूप में वहीं पर कार्यरत हैं। पत्रकारिता से अपने साहित्यिक जीवन का प्रारम्भ करने वाले डॉ. एन. सिंह के 20 वर्षों के साहित्यिक जीवन में प्रकाशित कृतियों का विवरण इस प्रकार है—'सतह से उठते हुए' (काव्य संग्रह), 'सन्त कवि रैदासः मूल्यांकन और प्रदेय', (आलोचना), 'विचार यात्रा में', 'मेरा दलित चिन्तन', 'व्यक्ति और विमर्श' (तीनों लेख संग्रह), 'रैदास ग्रन्थावली', 'कठौती में गंगा' (नाटक) आदि। उनकी सम्पादित कृतियों में—'सम्पुट', 'दर्द के दस्तावेज', 'चेतना के स्वर' (तीनों कविता संग्रह) 'काले हाशिए पर', 'यातना की परछाइयाँ' (दोनों कहानी संग्रह) 'दलित साहित्यः चिन्तन के विविध आयाम', 'दलित साहित्य और युगबोध' (लेख संग्रह), 'आचार्य पद्मसिंह शर्मा हिन्दी आलोचना' (शोध प्रबन्ध), 'शिखर की ओर' (श्री माताप्रसाद अभिनन्दन ग्रन्थ) आदि महत्त्वपूर्ण हैं। उल्लेखनीय है कि उनके व्यक्तित्व और कृतित्व को रेखांकित करते हुए लेखिका रमणिका गुप्ता ने 'हिन्दी साहित्य में दलित संघर्ष के उन्नायकः डॉ. एन. सिंह'[59] ग्रन्थ का सम्पादन किया है तथा उनके काव्य पर केन्द्रित डॉ. हेमलता महीश्वर के शोध निर्देशन में एम.फिल. के लिए श्री लक्ष्मीकांत कौशले ने 'डॉ. एनं. सिंह की काव्यानुभूति का अध्ययन' विषय पर शोध प्रबन्ध लिखा है।

डॉ. एन. सिंह को इस विपुल साहित्य सृजन के निमित्त देशभर की विभिन्न संस्थाओं द्वारा सम्मानित भी किया गया। सन् 1981 में शामली की साहित्यिक संस्था

'साहित्य मंथन' ने उनका नागरिक अभिनन्दन किया। सन् 1983 में उ.प्र. हिन्दी पत्रकार संघ, सहारनपुर ने अपने बिजनौर अधिवेशन में उन्हें 'साहित्य श्री' की उपाधि से विभूषित किया। सन् 1991 में सामाजिक संस्था (स्तम्भ), सहारनपुर ने भी उनका नागरिक अभिनन्दन किया। सन् 1994 में अस्मितादर्शी साहित्य अकादमी, उज्जैन द्वारा 'सारस्वत साहित्य सम्मान' प्रदान क्रिया गया। 'भारतीय दलित साहित्य अकादमी' दिल्ली द्वारा उन्हें 'डॉ. अम्बेडकर विशिष्ट सेवा पुरस्कार-1995' तथा सहारनपुर की प्रतिष्ठित साहित्यिक संस्था 'समन्वय' द्वारा उन्हें 'प्रतिभा' तथा 'सृजन-सम्मान-1997' के अतिरिक्त उत्तर प्रदेश संस्थान द्वारा 'सर्जन सम्मान'–1998 भी प्रदान किये गये।

डॉ. एन. सिंह मूलतः आक्रोश के कवि हैं। व्यवस्था पर चोट उनकी कविताओं का केन्द्रीय भाव है तथा सामाजिक परिवर्तन और सामाजिक न्याय उनका लक्ष्य है। सीधी सपाट भाषा में सामाजिक विसंगतियों पर चोट करने वाले डॉ. एन. सिंह कविता में भी और जीवन में भी कृत्रिमता से बहुत दूर हैं। उनकी कविताओं की इसी विशेषता पर दृष्टिपात करते हुए पद्मश्री डॉ. श्याम सिंह 'शशि' ने लिखा है कि–"आपकी कविताओं में हृदय के उद्गार व्यक्त हुए हैं, कहीं कोई कृत्रिमता नहीं है।"[60] आम आदमी के साथ जुड़ाव और आम आदमी की समस्याओं की अभिव्यक्ति भी आपकी कविताओं की एक अन्य विशेषता है, जिसका उल्लेख डॉ. सुखबीर सिंह ने यूँ किया है कि–"आपने अपने समय की सच्चाइयों को बड़ी बेबाकी से अभिव्यक्त कर दिया है। सबसे बड़ी बात यह है कि समय की दौड़ में पिछड़ गये आदमी के साथ आपकी सहानुभूति ही नहीं है, अपितु प्रबल पक्षधरता है।"[61] सामाजिक एवं राजनीतिक विसंगतियों पर व्यंग्य उनकी कविताओं में सर्वत्र देखने को मिलता है। डॉ. हरिमोहन का कथन इस सन्दर्भ में द्रष्टव्य है कि–"इनकी कविताओं में सामाजिक सन्दर्भों को विभिन्न कोणों से उठाया गया है। सामाजिक संवेदना से लैस ये कविताएँ बहुत कुछ सोचने पर बाध्य करती हैं। कई कविताएँ शिल्प की ताजगी और बुनावट की दृष्टि से उल्लेखनीय हैं। सबसे बड़ी बात इनकी कविताओं में एक ताप है। एक आग है, कुछ कर गुजरने का।"[62] डॉ. एन. सिंह का कवितालोक निश्चय ही व्यापक परिदृश्य को अपने में समेटे हुए है। इसका सूक्ष्म विवेचन करते हुए पद्मश्री चिरंजीत लिखते हैं कि–"आपने एक सच्चे संवेदनशील तथा सामाजिक चेतना के ओतप्रोत कवि का हृदय पाया है। नयी कविता शैली की आपकी कविताएँ बड़ी प्रभावी हैं। आपने इनमें सामाजिक तथा राजनीतिक यथार्थ को जिस सच्चाई और प्रखरता से व्यक्त किया है, उसने आपको दलित काव्यधारा के अग्रिम कवियों की पंक्ति में सुशोभित किया है। आपकी यह प्रखरता सामाजिक तथा राजनीतिक चेतना छंदोबद्ध ग़ज़लों में भी पूरी ऊर्जस्विता से व्यक्त हुई है। कुल मिलाकर आपका काव्य कृतित्व, विशेषकर अभिव्यक्ति की ईमानदारी प्रशंसनीय हैं।"[63] इससे स्पष्ट होता है कि डॉ. एन. सिंह एक दायित्व

शील एवं सजग कवि हैं। यहाँ उनकी एक कविता 'सतह से उठते हुए' प्रस्तुत है–

"सतह से उठते हुए/मैंने जाना कि/इस धरती पर किये जा रहे श्रम में/
जितना हिस्सा मेरा है/उतना ही हिस्सा/इस धरती के/हवा पानी और/
इससे उत्पन्न होने वाले/अन्न और धन में भी है/अब मैं समझ गया हूँ
उस अंकगणित को/जिसके कारण/मेरे श्रम कण/मिट्टी में मिलकर
दूसरों की झोली को/मोतियों से भर देते हैं और/मेरी झोली में होती है
भूख बेबसी और लालच/इसलिए अब/मेरे हाथ की कुदाल
धरती पर कोई नींव खोदने से पहले/कब्र खोदेगी/उस व्यवस्था की
जिसके संविधान में लिखा है/तेरा अधिकार सिर्फ कर्म में है,
श्रम में है/फल पर तेरा कोई अधिकार नहीं।"[64]

डॉ. सी.बी. भारती

कवि श्री सी. बी. भारती का जन्म 30 जून, सन् 1957 ई. को जनपद फैजाबाद (उ.प्र.) के ग्राम कुतुबपुर में हुआ था। इन्होंने अवध विश्वविद्यालय से एम.ए. (हिन्दी) तथा पीएच.डी. की उपाधि प्राप्त की और अब उ.प्र. में एक उच्च पदाधिकारी हैं। इनका सृजन निरन्तर चलता रहा। ये कविता, लेख और कहानियाँ लिखते रहे। अब तक इनका एक काव्य संग्रह 'आक्रोश' प्रकाशित हुआ है तथा एक काव्य संग्रह और एक कथा संग्रह प्रकाशन की प्रतीक्षा में हैं।

डॉ. सी.बी. भारती की कविता जहाँ पुरातन-शम्बूक, द्रोणाचार्य, एकलव्य, द्रौपदी, गांधारी और रावण आदि को नये एवं तार्किक सन्दर्भ प्रदान करने का प्रयास करती हैं, वहीं सवर्ण शोषकों को चेतावनी भी देती हैं। इसे उनकी एक कविता 'जोंक' के माध्यम से समझा जा सकता है–

"मगर जोंक नहीं जानती/कि एक दिन/उसका शिकार जरूर बिल-बिलाएगा
दर्द जब सहा न जाएगा/और खून घटता जाएगा/तब वह जरूर गुस्साएगा
और मसल दी जाएगी जोंक/जोंक नहीं जानती।"[65]

'आक्रोश' काव्य संग्रह की भूमिका 'अग्नि आखर ये' में डॉ. एन. सिंह ने उनकी कविताओं का मूल्यांकन करते हुए लिखा है कि "डॉ. सी.बी. भारती की कविताएँ बहुत ताकतवर है, जो हमारे समय की सच्चाइयों से सीधे आँख मिलाकर विषमताओं पर अपनी पूरी शक्ति से वार करती हैं, अपने पूरे होशोहवास के साथ और कवि के प्रति आश्वस्त करती हैं।"[66] यहाँ पर हम डॉ. सी.बी. भारती की एक कविता 'तुम्हारा और मेरा बचपन' प्रस्तुत कर रहे हैं–

"तुम जब खेलते थे खिलौने से/मैं भटकता था ढोर-डंगरों के पीछे तब
तुम जब जाते थे पढ़ने स्कूल/मैं अपने भाई बहनों को छाती पर लादे
अपनी झोंपड़ी में भूखा-प्यासा आँसू बहाता था तब

तुम्हारी माँ जब तुम्हें सुबह जगाकर/प्यार करती थी स्कूल भेजती थी
मेरी माँ उस समय तुम्हारे ही खेतों पर ठिठुरती/काँपती मशक्कत करती रहती थी
तुम अपनी माँ की लोरियाँ सुनकर ही सो पाते थे/उस समय मैं भूखे पेट रहकर भी खाता था/
केवल झिड़कियाँ/तुम्हारे स्कूल में होती थी छुट्टियाँ/पर मेरे श्रम की
पाठशाला अनवरत/चलती रहती थी/तुम्हें पिलाया जाता था दूध प्यार से
मैं प्यार से अपने आँसू भी न पी पाया था/तुम्हें मिलता था स्नेह बाप का
पर मेरे बाप को तुम्हारी गृहस्थी में खटते-खटते/प्यार का मौका ही न मिल पाया था
फिर भी मैंने तुम्हारे साथ चलने की कोशिश की
और तुम मेरे चलने पर योग्यता का प्रश्न/फेंककर रोक लगाते हो।"[67]

डॉ. जयप्रकाश कर्दम

हिन्दी दलित साहित्य को पहला उपन्यास देने वाले कवि श्री जयप्रकाश कर्दम का जन्म 5 जुलाई, 1958 ई. में गाजियाबाद (अब गौतम बुद्धनगर) जनपद (उ.प्र.) के ग्राम इन्द्रगढ़ी में एक दलित परिवार में हुआ था। उन्होंने दर्शनशास्त्र, हिन्दी और इतिहास में एम.ए. किया और केन्द्रीय राजभाषा विभाग में हिन्दी अधिकारी के रूप में नौकरी कर ली। अब इसी विभाग में प्रथम श्रेणी राजपत्रित अधिकारी हैं। सन् 1978 से गम्भीरता पूर्वक लेखन प्रारम्भ करने वाले जयप्रकाश कर्दम निरन्तर दलित मुद्दों पर लिखते और बोलते रहे। उनकी एक दर्जन पुस्तकें हैं लेकिन चर्चित हुए अपने पहले दलित उपन्यास 'छप्पर' से ही। अब तक उनकी एक दर्जन से भी अधिक पुस्तकें प्रकाशित हो चुकी हैं। उनकी महत्त्वपूर्ण कृतियों में–'वर्तमान दलित आन्दोलन' (विचार प्रबन्ध) 'अम्बेडकरवादी आन्दोलन-दशा और दिशा' (विचार प्रबन्ध) 'करुणा' और 'छप्पर' (उपन्यास) 'बौद्ध धर्म के आधार स्तम्भ' (जीवनी) 'चमार' (अनूदित) तथा 'गूंगा नहीं था मैं' तथा 'तिनका तिनका आग' (काव्य संग्रह) 'तलाश' (कहानी संग्रह) आदि उल्लेखनीय हैं। इन्होंने 'दलित साहित्य–वार्षिकी' का सम्पादन भी किया।

उनके इस विपुल साहित्य के लिए उन्हें देशभर की साहित्यिक एवं सामाजिक संस्थाओं द्वारा सम्मानित भी किया गया। उन्हें 'राष्ट्रीय अस्मितादर्श साहित्य अकादमी' उज्जैन द्वारा 'बाबू जगजीवन राम साहित्य सारस्वत सम्मान 1995' तथा मध्य प्रदेश दलित साहित्य अकादमी द्वारा 'छप्पर' उपन्यास पर पन्द्रह हजार रुपये का पुरस्कार 1995 में प्रदान किया गया।

जयप्रकाश कर्दम ने अपने पहले काव्यसंग्रह 'गूंगा नहीं था मैं' के साथ ही हिन्दी दलित काव्य में प्रवेश किया, और अपने सरोकोरों के कारण चर्चित रहे। उनकी कविता सच्ची अनुभूतियों का बेबाक बयान है, जो दलित उत्पीड़न के विरुद्ध उठी

हुई एक सशक्त आवाज है, अब जिसे अनसुना करना किसी के लिए भी असम्भव है। वे अपने कविता में पार्क के किनारे पर बैठकर जूती गाँठते रैदास की व्यथा को सहजता से कहते हुए आक्रमक हो उठते हैं कि–

"यदि यह रहा मेरे/दमन और शोषण का हाल, तो
आज नहीं तो कल/हरकत में जरूर आएँगे/मेरे हाथ।"[68]

जयप्रकाश कर्दम का यह आक्रोश उनकी कविता "दमन की दहलीज पर" कविता में और अधिक स्पष्टता के साथ मुखरित हुआ है–

"तमाम विरोधों और दबावों के बावजूद/जाति के जंगल का यह जीव
अपनी मुक्ति के लिए अड़ा है/अपनी अस्मिता और अस्तित्व के लिए लड़ा है
और आज/तमाम हौसलों के साथ/हाथों में खंजर लिए वह
दमन की दहलीज पर खड़ा है/और ललकार रहा है चीखकर
बाहर निकल हरामजादे/तेरी ऐसी की तैसी।"[69]

जयप्रकाश कर्दम की कविता के सरोकार और निरन्तर प्रौढ़ होता शिल्प आश्वस्त करता है कि वे भविष्य में और अच्छी रचनाएँ हिन्दी दलित काव्य को प्रदान करेंगे। यहाँ उनकी एक कविता 'धर्मग्रन्थों को आग लगानी होगी' उदाहरणार्थ प्रस्तुत की जा रही है–

"झूठे हैं वे लोग/जो कहते हैं कि/देश में/जातिवाद आखिरी साँसें ले रहा है
धोखेबाज हैं वे लोग/जो कहते हैं कि/अस्पृश्यता का/जनाजा निकल चुका है
जब तक स्मृतियाँ रहेंगी/रामायण, गीता और वेद रहेंगे/तब तक वर्ण-शुचिता रहेगी
अस्पृश्यता रहेगी, जातिवाद रहेगा/समाज में विघटन और/विद्वेष रहेगा
समाज को प्रगतिशील बनाना है/जाति के जहर को मिटाना है, तो
इन तथाकथित धर्मग्रन्थों को/आग लगानी होगी और/नकारना होगा
वर्णित उस ईश्वर को/जो क्रमानुसार/फल देता है/और मोक्ष भी
वर्णों के अनुसार/जगानी होगी शुद्ध प्रज्ञा/ध्वस्त करने होंगे/
विषमताओं के संरक्षण।"[70]

डॉ. श्यौराज सिंह बेचैन

कवि डॉ. श्यौराज सिंह 'बेचैन' का जन्म जनपद बदायूँ (उ.प्र.) के नदरौली ग्राम में 5 जनवरी, सन् 1960 ई. को हुआ था। उनके पिता का नाम श्री राधेश्याम तथा माता का नाम श्रीमती सूरजमुखी था। उनकी प्रारम्भिक शिक्षा पाठशाला से बाहर खेतों तथा शहरों में मजदूरों के साथ हुई। कक्षा आठ से दस तक की परीक्षा स्वामी पूर्णानन्द स्कूल, चिरौरी, नरोरा (बुलन्दशहर) में इण्टर (उत्तरमाध्यम) श्री देवी दयाल भागीरथी जनकल्याण वेदांग विद्यालय, बदायूँ से किया। बरेली कॉलेज से बी.एड. रुहेलखण्ड विश्वविद्यालय बरेली से 'हिन्दी की दलित पत्रकारिता पर पत्रकार अम्बेडकर का

प्रभाव' विषय पर डॉ. वीरेन डंगवाल के निर्देशन में पीएच.डी. की उपाधि प्राप्त की। समस्त धार्मिक अन्धविश्वासों को नकारते हुए, सामाजिक रूढ़ियों को तोड़कर उन्होंने रजतरानी मीनू के साथ 2 जुलाई, 1990 को एक सादा समारोह में विवाह करके जीवन साथी बनने की घोषणा की। भारतीय कम्युनिस्ट पार्टी के पूर्णकालिक कार्यकर्त्ता और दिल्ली प्रशासन के स्कूल की अध्यापकी से दिल्ली सरकार के डॉ. अम्बेडकर कॉलेज में पत्रकारिता के प्राध्यापक पद तक पहुँचे श्री बेचैन ने सातवीं कक्षा से ही कविताएँ लिखना प्रारम्भ कर दिया था। अब तक उनकी प्रकाशित कृतियों में–'फूलन देवी की बारहमासी' (रागमल्हार) 'नयी फसल', 'क्रौंच हूँ मैं' (दोनों काव्य संग्रह) 'हिन्दी की दलित पत्रकारिता पर पत्रकार अम्बेडकर का प्रभाव' (शोध प्रबन्ध), 'अन्याय कोई परम्परा नहीं', 'मूल खोजो विवाद मिटेगा' (दोनों अनुवाद) आदि प्रमुख हैं। उनकी इन साहित्यिक उपलब्धियों के लिए उन्हें भारतीय दलित साहित्य अकादमी, दिल्ली द्वारा डॉ. अम्बेडकर जन्म शताब्दी वर्ष-1991 में 'डॉ. अम्बेडकर फेलोशिप' प्रदान कर सम्मानित किया गया।

डॉ. श्यौराज सिंह बेचैन जनान्दोलनों से होते हुए कविता तक पहुँचे हैं, इसलिए सामाजिक परिवर्तन के प्रति उनकी प्रतिबद्धता उनके रचनाकर्म में सर्वत्र देखने को मिलती है। उनके अनुभवों का क्षेत्र निश्चय ही बहुत बड़ा है। इस ओर संकेत करते हुए डॉ. वीरेन डंगवाल ने लिखा है कि–"श्यौराज सिंह बेचैन पश्चिमी उ.प्र. के किसान आन्दोलनों में लम्बे समय से सक्रिय रहे हैं। उनके पास दुनिया और अपने समाज को देखने का तथा अन्तःसम्बन्धों को समझने की एक विशिष्ट वैज्ञानिक दृष्टि है। वे गाँव के किसान, मजदूर हैं। शहरों के पढ़े-लिखे, अनपढ़ कुजात कहलाने वाले उत्पीड़ित तबकों के लोग कारीगर, फैक्टरी मजदूर हैं। इन सबके बारे में श्यौराज सिंह साफ हैं, क्योंकि अब तक की अपनी उमर का काफी हिस्सा उन्होंने उन्हीं के साथ, उन्हीं की तरह बिताया है।"[71] व्यावहारिक जीवन के विस्तृत अनुभव को लेकर वे पूरी तैयारी के साथ कविता के क्षेत्र में उतरे हैं। शोषण के विरुद्ध संघर्ष का आह्वान उनकी कविताओं का केन्द्रीय भाव है। इस दृष्टि से उनके काव्य संग्रह "क्रौंच हूँ मैं" की कविताओं पर दृष्टिपात करते हुए डॉ. एन. सिंह ने लिखा है कि–"इस काव्य संग्रह से गुजरते हुए एक तथ्य बहुत स्पष्ट होकर सामने आता है कि–*"माना डेमोक्रेट है निज देश की आबो हवा/दूसरी शक्लों में/होरी पर जुल्म जारी भी है।"* बस अपनी कविता के माध्यम से इन दूसरी शक्लों की पड़ताल करना ही "क्रौंच हूँ मैं" के कवि का लक्ष्य है और मैं समझता हूँ कि अपने इस लक्ष्य में कवि पूरी तरह सफल हुआ है।"[72] जिजीविषा और एक अच्छे भविष्य के प्रति आश्वस्ति के साथ उनकी कविताएँ व्यक्ति और समाज के दोहरे चरित्र पर व्यंग्य करती हैं और दबे-कुचले आदमी को आगे बढ़ने का सन्देश देती हैं। पत्रकार श्री अनिल भास्कर

ने लिखा है कि—"आम आदमी से होकर गुजरती हैं बेचैन की कविताएँ—समाज में व्याप्त अन्धविश्वासों व सामान्य जन समस्याओं का कवि ने निकट से अवलोकन किया है। इन्हें अपनी रचनाओं की रीढ़ बनाया है। व्यंग्यात्मक लहजे में उनकी निराली तस्वीरें खींची हैं। उनकी कविताओं से गुजरने पर आभास होता है कि कवि बेचैन में कलावाद के प्रति कोई मोह नहीं है, न ही भाषा की दुरूहता। सही अर्थों में वे जनकवि हैं, जिसकी कविता में उनकी कष्टदायी जिन्दगी बोलती है।"[73] यहाँ पर हम उनकी एक कविता 'ढोंग' प्रस्तुत कर रहे हैं—

"तुम उदार थे/गाय के प्रति/और हम थे आदमी की/शक्ल में निरे
गाय/हमने दिया दूध/खाया घास फूँस/और दी/अपनी सन्तानें/
इंसानी शक्लों में/बैल बनने के लिए/मूर्खता के कोल्हू में/
जुतने-खपने के लिए/पीढ़ी-दर-पीढ़ी/बैल ही बने थे/हमारे पूर्वज,
हम/और सन्तानें भी/और तुम/स्वामी अनुदार/स्वार्थी/ढोंगी अपार।"[74]

उपर्युक्त कवियों के अतिरिक्त एक दर्जन से भी अधिक और कवि अपनी रचनात्मक सक्रियता बनाए हुए हैं, जिनके काव्यसंग्रह भी छपे हैं और यत्र-तत्र उनकी कविताएँ प्रकाशित होती रहती हैं। इन कवियों में सर्वश्री रघुनाथ प्यासा, डॉ. भूपसिंह, कुसुम मेघवाल, भगीरथ मेघवाल, रामभरत पासी, जयप्रकाश नवेन्दु, डॉ.टी.पी राही, डॉ. कालीचरण 'स्नेही', आनन्द स्वरूप, राजकुमार वाल्मीकि, महेन्द्र बेनीवाल, रत्नकुमार सांभरिया, जयप्रकाश वाल्मीकि, चिरंजी कटारिया, रमेशचन्द जलौनिया और गजराज शकुन, डॉ. हेमलता माहीश्वर, सुरेश पंचम आदि के नाम उल्लेखनीय हैं।

दलित कवियों में प्रेम कविताएँ लिखने वाले भी कुछ कवि हैं। हो सकता है ये भी कभी दलित संवेदना की ओर झुक आयें। इन कवियों में डॉ. रामशिरोमणि होरिल, हरिकिशन सन्तोषी, धर्मजीत सरल, श्याम लाल शमी, चमनलाल 'चमन' और सुधीर परवाज आदि के नाम लिए जा सकते हैं।

उपर्युक्त सम्पूर्ण विवेचन से यह सुस्पष्ट हो जाता है कि मराठी साहित्य की प्रेरणा लेकर हिन्दी में भी अब दलित काव्यधारा पर्याप्त बलवती हो चुकी है। हिन्दी की दलित कविता का अपना पृथक् साहित्यशास्त्र एवं सौन्दर्यशास्त्र भी निर्मित हुआ है। हिन्दी की दलित कविता का मूल स्वर 'आक्रोश' का है, जो शताब्दियों के शोषण एवं उत्पीड़न की घोर प्रतिक्रिया का परिणाम रहा है। दलित काव्यधारा के अधिकांश कवियों में 'आक्रोश' का स्वर 'आत्मस्वीकृति' और 'स्वाभिमान' की प्रखर धरती पर मुखरित हुआ है। दलित कवियों के विद्रोही तेवरों में यत्र-तत्र हिन्दू धर्मशास्त्रों, कर्मकाण्डों और असहिष्णुतावादी दृष्टि को लेकर गहरा रोष सहज भाषा में अभिव्यक्त हुआ है। यह काव्यधारा आज़ादी के बाद निरन्तर बलवती हुई है और इसके रचनाकारों ने अर्थवत्तापूर्ण रचनाएँ दी हैं। हिन्दी दलित कवियों की कुछ महत्त्वपूर्ण कृतियों पर समीक्षात्मक टिप्पणियाँ यहाँ प्रस्तुत हैं—

दिग्विजयी रावणः माताप्रसाद

अच्छी रचना निरन्तर चिन्तन का सुफल होती हैं, ऐसा चिन्तन जो समाज सापेक्ष हो, व्यक्ति केन्द्रित नहीं। जब रचनाकार स्वयं को वृहत्तर समाज के केन्द्र में रखकर देखता है तो उसके लिए अपना हित गौण और व्यापक मानवता का हित बहुत महत्त्वपूर्ण हो जाता है। ऐसे सरोकारों से शाश्वत रचना का जन्म होता है, जो रचनाकार को राष्ट्रीय और अन्तर्राष्ट्रीय स्तर प्रदान करती है। रामकथा का कोई ऐतिहासिक आधार हो या न हो, लेकिन जिस भी व्यक्ति ने रामकथा के किसी भी पक्ष को अपनी वाणी अथवा कलम से स्पर्श किया, उसे निश्चय ही यशलाभ हुआ। वाल्मीकि से लेकर भगवान सिंह के बीच की परम्परा में स्वयंभू, तुलसी, मैथिलीशरण गुप्त, निराला और नरेश मेहता जैसे प्रबुद्ध रचनाकार अपने समय के सच तथा व्यक्ति और समाज की आवश्यकता के अनुसार रामकथा का विश्लेषण और सृजन करते रहे हैं। जैसे वाल्मीकि का राम ब्राह्मणों के कहने पर शूद्र ऋषि शम्बूक की हत्या कर देता है, यह वर्ण-व्यवस्था के अतिक्रमण का दण्ड है। तुलसी के समय में निर्गुण साहित्य के रूप में ईश्वर के अस्तित्व और ब्राह्मणवाद को प्रखर चुनौती दी जा रही थी, उस समय तुलसी ने ब्राह्मणवाद को जीवित रखने के लिए राम का सहारा लिया, जो 'रामचरिमानस' में ब्राह्मण को 'इस धरती का देव' और 'स्त्री तथा शूद्र' को पशु की श्रेणी में रखकर 'ताड़न का अधिकारी' घोषित करते हैं। मैथिलीशरण 'गुप्त' के राम एकदम गाँधीवादी एवं जननायक हैं, जबकि नरेश मेहता का राम आज के जटिल यथार्थ की दृष्टि है, जो कहता है 'मुझे स्वजनों के खून पर पाँव रखकर आती हुई सीता भी स्वीकार नहीं,' जबकि वशिष्ठ 'ब्राह्मण' और विश्वमित्र में 'क्षत्रिय' की प्रतिद्वन्द्विता देखने को मिलती है। 'अपने-अपने राम' में उस ब्राह्मणवादी छद्म का खुलासा हुआ है, जो राजा के रूप में किसी मंदबुद्धि और जड़ 'भरत' को स्थापित करता रहा तथा स्त्री 'कैकेयी' उसकी इस कार्ययोजना का मुख्य अंग रही है। प्रचलित रामकथा को अपने-अपने दृष्टिकोण से देखने की साहित्यिक परम्परा तो रही है, लेकिन भारतीय समाज में तुलसीकृत 'रामचरितमानस' का ही योजनाबद्ध प्रचार-प्रसार इसलिए किया गया, क्योंकि यह ग्रन्थ हिन्दू वर्ण व्यवस्था का तो प्रचार-प्रसार करता ही है, साथ ही बलात्कार और दहेज जैसी कुप्रथाओं को भी उचित ठहराता है।

हवा के विपरीत बहना निश्चय ही एक दुष्कर कार्य है, जिसे महाकवि माताप्रसाद ने 'दिग्विजयी रावण' लिखकर किया है। रामकथा के कालजयी पात्र रावण के जीवन और चरित्र को लेकर पर्याप्त शोध एवं सृजन हुआ, लेकिन हिन्दू धर्म के नियामकों ने जो विष बीज बोया, उसे यह निर्मूल नहीं कर पाया। इसका दुष्परिणाम यह हुआ कि उत्तर भारत और दक्षिण भारत एक संघीय इकाई होकर भी एक दूसरे से सांस्कृतिक शत्रुता रखते हैं। शत्रुता की अग्नि में प्रतिवर्ष होने वाला

रावण दहन और घी का काम करता है। इसी वैमनस्य को मैत्री में परिवर्तित करने का काम महाकवि माताप्रसाद ने 'दिग्विजयी रावण' प्रबन्ध काव्य लिखकर किया है।

महाकवि माताप्रसाद ने पर्याप्त शोध के उपरान्त इस प्रबन्धकाव्य की कथा का संयोजन किया है। उनका आत्मकथ्य इस शोध का जीता-जागता प्रमाण है। उन्होंने रावण को अन्य कथाकारों की तरह राक्षस नहीं, बल्कि मानव के रूप में ही देखा और परखा है। इस प्रकार आर्य-अनार्य, देव-दैत्य, असुर-दानव, यक्ष-ऋक्ष, गन्धर्व नाग और कपि को भी मानव जातियों के रूप में देखा है। राम को भी उन्होंने भगवान (अलौकिक शक्ति) नहीं, नितान्त, मनुष्य के रूप में परखा है, जिसके चरित्र में अनेक मानवोचित दुर्बलताएँ हैं। 'दिग्विजयी रावण' प्रबन्ध काव्य के व्यापक फलक पर दृष्टिपात कर इसकी रचना का उद्देश्य स्पष्ट होता है। वह रचनाकार के ही शब्दों में इस प्रकार है—"इस काव्य को लिखने का मेरा उद्देश्य जाति-पाँति, नस्ल-वर्ण, धर्म-संस्कृति की विभिन्नता से समाज में जो विद्वेष फैल रहा है, उत्तर-दक्षिण, भाषा-प्रान्त के नाम पर जो अलगाव की भावना पैदा हो रही है, उसको समाप्त करके, एक ऐसे समाज निर्माण को प्रोत्साहन देना है जो हर प्रकार से समता पर आधारित हो। खानपान, रोटी-बेटी से कोई परहेज न करे और राष्ट्रीय एकता को शक्ति मिले।"[75] इस प्रबन्ध काव्य का अवलोकन करने के उपरान्त यह निश्चय पूर्वक कहा जा सकता है कि अपने इस उद्देश्य की पूर्ति में वे पूर्ण रूपेण सफल हुए हैं। रावण द्वारा संपादित (रक्ष संस्कृति) को रेखांकित करती हुई यह पंक्तियाँ द्रष्टव्य हैं—

"वर्ण व्यवस्था यहाँ न होगी, भेदभाव न चले विधान।
असुर-अनार्य, दैत्य दानव, मंगोल-ब्रात्य हैं सभी समान।।
भेदभाव न करो किसी से, राजाज्ञा प्रसारा है।
वेद मन्त्र उच्चारे, कोई या शिव पूजे मन्दिर में।
बुद्धं शरणं हो विहार में, कोई कहे ब्रह्म हर में।।
सभी आस्था धर्म समर्थक, रावण दिये सहारा है।"[76]

आर्य संस्कृति के नियामकों ने रावण को राक्षस, अहंकारी और नारी अपहरणकर्ता के रूप में क्यों चित्रित किया? इस प्रश्न का उत्तर भी दूसरा प्रश्न है कि हिन्दू धर्म के वर्तमान प्रचारकों ने रजनीश को 'धनिकों के सेक्स गुरु' के रूप में क्यों प्रचारित किया? क्योंकि उसने हिन्दू धर्म के सम्पूर्ण मिथकों पर वैज्ञानिक चोट की थी। रावण ने भी अपनी संस्कृति के माध्यम से आर्य संस्कृति की नस्ल-वर्ण, जाति भेद, खान-पान और विवाह भेद जैसी मान्यताओं को तोड़ा था, इसलिए उसे राक्षस और व्यभिचारी के रूप में प्रचारित किया गया। महाकवि माता प्रसाद ने भी इस विषय पर चिन्तन किया और अपना निष्कर्ष इस प्रकार दिया—

"नस्ल वर्ण, अरु जाति भेद ना, धर्म नहीं डाले व्यवधान।
खान-पान अरु ब्याह भेद ना, रक्ष संस्कृति की पहचान।।
अपनाए जो इसे, आर्य जन राक्षस कह दुत्कारा है।"[77]

इस प्रबन्धकाव्य की रचना में महाकवि माताप्रसाद की दृष्टि सर्वत्र वैज्ञानिक रही है, जिसके चलते उन्होंने मिथकों की भी वैज्ञानिक व्याख्या की है। जैसे रावण का दसानन होना। इस पर उनकी तर्कसम्मत टिप्पणी देखिए—

"नव नग के हीरों की माला, मय ने रावण दी उपहार।
हर नग में रावण मुख दीखता, दस मुख रावण दिखे हर बार।
इसीलिये दस मुख रावण कह करके गया पुकारा है।।"[78]

हालाँकि रावण ने सीता के अपहरण जैसा अक्षम्य अपराध किया। यह रावण ने अपनी बहन सूर्पनखा के अपमान का बदला लेने के लिए किया, अतः यह अपहरण राजनीतिक था, लेकिन सीता के पास रावण का अपनी पत्नियों के साथ ही जाना, उसकी सेवा और रक्षा के लिए केवल स्त्रियों को ही लगाना, राम के विजय यज्ञ में पुरोहित्य कर्म कर राम को विजयी होने का आशीर्वाद देना, रावण के चरित्र को औदात्य प्रदान करता है, इसलिए रावण की मृत्यु पर स्वयं राम यह टिप्पणी करते हैं—

"कहे राम मम शत्रु भले था, वह महात्मा था विद्वान।
वेद और ज्योतिष का ज्ञाता, रावण शरवीर बलवान।
था रावण अद्भुत योद्धा, अरु रहा बड़ा विज्ञानी।।"[79]

जबकि राम के चरित्र पर उन्होंने 'राम का न्याय' अध्याय में अनेक प्रश्नचिह्न लगाए हैं, जिनमें 'शम्बूक वध' भी एक है, लेकिन इस सबके बावजूद भी राम को मन्दिर में इसलिए प्रतिष्ठित किया गया, ताकि 'राम' के नाम पर 'हराम' का खाने को मिलता रहे, युगों-युगों तक। इस तथ्य को महाकवि माताप्रसाद ने इस प्रकार रेखांकित किया है—

"रामचन्द्र भगवान के रूप दे, मन्दिर में सम्मान दिये।
पूजे, मिले चढ़ावा, प्रतिदिन, बिन मेहनत बहुदान लिये।
लड्डू है नित उनके मुख, घर बैठे मौज उड़ाए हैं।।"[80]

"दिग्विजयी रावण" का आद्योपांत अध्ययन करने के उपरान्त मैं इस निष्कर्ष पर पहुँचा हूँ कि अपने वस्तुविन्यास, उद्देश्य और सहज-सरल शैली के कारण इस प्रबन्ध काव्य को दलित हिन्दी काव्य जगत में पर्याप्त सम्मान प्राप्त होगा और यह अपने रचयिता को यश प्रदान करेगा।

क्रौंच हूँः डॉ. श्यौराज सिंह 'बेचैन'

दलित कविता का उद्भव तो पन्द्रहवीं सदी के मध्य में हुआ, जब सन्त कवि रैदास

ने अपनी कविता के माध्यम से हिन्दू वर्ण-व्यवस्था पर चोट की थी और एक ऐसे राज की कल्पना की थी, जहाँ पर सब छोटे-बड़े समान रूप से रहें और कोई भी भूखा न रहे। हिन्दी क्षेत्र में सूखी पड़ी दलित कविता की स्रोतस्विनी महाराष्ट्र में जाकर बीसवीं सदी के पाँचवें दशक में प्रकट हुई। गैर-हिन्दी क्षेत्र में वह आठवें दशक में पुनः प्रकट हुई इसके बाद जिन कवियों के काव्यसंग्रह प्रकाश में आये, उनमें सर्वश्री डॉ. सुखवीर सिंह के 'बयान बाहर', 'सूर्यांश' और 'अनन्तर', डॉ. प्रेमशंकर के–'नयी गन्ध और कविता', 'रोटी की भूख तक', डॉ. राम शिरोमणि होरिल के–'करील के कांटे, और 'जीवन राग', डॉ. मनोज सोनकर का–'शोषितनामा', डॉ. चन्द्रकुमार वरठे का–'अधूरी चिट्ठी रोशनी की', डॉ. दयानन्द बटोही का–'यातना की आँखें, डॉ. सोहनपाल 'सुमनाक्षर' का 'अन्धा समाज बहरे लोग', डॉ. पुरुषोत्तम सत्यप्रेमी का–'सवालों के सूरज', डॉ. एन. सिंह का–'सतह से उठते हुए', डॉ. सुशील टाकभौरे का–'यह तुम भी जानो', ओम प्रकाश वाल्मीकि का–'सदियों के सन्ताप', लालचन्द राही का– 'मूक नहीं मेरी कविताएँ, डॉ. जयप्रकाश नवेन्दु का–'कविताएँ–1991', सूरजपाल चौहान का–'प्रयास', 'लालित्य ललित का'–'गाँव की चिट्ठी शहर के नाम', हरिकिशन 'सन्तोषी' के 'कमलिनी' तथा 'बाँसुरी के नूपुर' के अतिरिक्त डॉ. एन. सिंह द्वारा सम्पादित हिन्दी के दस प्रतिष्ठित दलित कवियों के समवेत संकलन–'दर्द के दस्तावेज' के बाद श्री श्यौराज सिंह 'बेचैन' का सद्यः प्रकाशित कविता संग्रह–"क्रौंच हूँ मैं" दलित काव्य शृंखला की नूतन कड़ी है जिसमें कवि की अस्सी कविताएँ संकलित हैं। हिन्दी अकादमी दिल्ली के आर्थिक सहयोग से प्रकाशित इस काव्य संकलन की भूमिका प्रतिष्ठित कवि प्रो. केदारनाथ सिंह ने लिखी है।

"क्रौंच हूँ मैं" का कवि इस क्षेत्र में पूरी तरह तैयारी के साथ आया है। इस तथ्य की पुष्टि प्रो. केदारनाथ सिंह के इस कथन से भी होती है कि–"मुझे जिस खास बात ने आश्वस्त किया है, वह है कि कवि की क्षमता, जिसके चलते वह छन्दोबद्ध और लगभग छन्दहीन, दोनों प्रकार की कविताएँ लिखने में सफल हैं।"[81] इस संकलन का प्रारम्भ ही श्रद्धांजलि देता है, स्पष्ट हो जाता है कि इस संकलन का मूल स्वर 'दलित चेतना' ही है, जिसे कवि 'बेचैन' अपने जीवन से भी और रचनात्मकता से भी पूरी तरह प्रमाणित करता है। श्यौराज सिंह 'बेचैन' का जन्म एक ऐसे दलित परिवार में हुआ, जहाँ पर पीढ़ियों से कोई साक्षर नहीं था। ऐसे परिवार में जन्मे बालक को कितने प्रकार की संवेदनाओं से गुजरना पड़ता है, यह उन्हीं के शब्दों में देखें–"बचपन का मैं अन्धविश्वासी बालक किशोर होते ही आर्यसमाजी और युवा होते-होते वामपंथी और बाद में दलित चिन्तन के करीब पहुँचा हूँ।"[82] इसलिए उनके सामने "कई तरह के मानव सृजित नर्क रहे हैं। भूख, गरीबी, जातिभेद, निरक्षरता, अज्ञान, दलित व स्त्री उपेक्षा आदि सम्पूर्णतः आजादी में गुलामी के अभिशप्त हालात मेरे क्रौंच को शूल

की भीतर ही भीतर सालते रहे हैं।"[83] उनका यह क्रौंच भारतीय समाज के उस तिरस्कृत अंग 'दलित' का प्रतीक है, जो विषम हिन्दू समाज व्यवस्था के शूल से बिद्ध आज भी छटपटा रहा है। इस प्रतीक को कवि बेचैन के ही शब्दों में देखें–"व्यवस्था का सीधा शिकार हुआ वर्ग क्रौंच है, जो प्रतिनिधि है, आज के मूक, उपेक्षित, पहचान हीन, जातीय हीनता बोध के घेरे में कैद मानव समुदाय का, जो शिकारियों के प्रहारों से घायल, उत्पीड़ित, दमित और कुल मिलाकर जिन्दा लाश की शक्ल में है। वह भी एक-दो नहीं, बहुसंख्य विशाल विश्व। जीवन की आजादी, तरक्की से वंचित रखे, या यह सब पाने में अक्षम बनाए घायल कराहते, चीखते या तड़फते इन्हीं धरती पुत्रों में एक है, क्रौंच भी"[84]

क्रौंच का सच संवेदना का सच है, जो व्यष्टि का होकर भी समष्टि का है, जिसे कवि बेचैन इस प्रकार अभिव्यक्ति देते हैं– *"क्रौंच हूँ मैं/भुक्तभोगी मैं/तुम्हारे तीर का/दर्द मेरा/ओ, मेरा सन्ताप/दूसरों के/पाप भोगता/अभिशाप।"*[85] यह क्रौंच किस तरह दूसरों के पाप का फल भोगता है। इसे उनकी कविता 'गाँव का खत' में देखा जा सकता है–

"नेता, चोर, शरीफ आदमी/सब थाने आते-जाते हैं।
अपराधी कोई हो लेकिन/पकड़े तो निर्धन जाते हैं।
गाँव का एका तोड़ रहे हैं/गलत सियासत करने वाले।
बस्ती की बस्ती स्वाह कर डाले/वोट अगर मर्जी से डालें।"[86]

"क्रौंच हूँ मैं" की वह कविताएँ अधिक मारक हैं, जिनमें कवि अपने घटित को रूपायित करता है। ये आत्मकथ्यात्मक कविताएँ पाठक की संवेदना को बहुत गहराई तक झकझोर देती हैं। इन कविताओं में 'अपराध बोध' और 'मजूर' के साथ 'मातृऋण' भी एक है, जिसमें कवि अपने बचपन के सन्त्रास भूलना चाहता है और चाहता है कि उसका दुःखभरा बचपन कभी लौटकर न आये, कविता का यह मार्मिक अंश इस प्रकार है–

"पेट भरने के/लिए क्या-क्या नहीं/मैंने किया?
ज्ञान की थी/भूख मेरे साथ
लोग बचपन के/लिए आवाज देते हैं/कि वह लौटेः
उजालों की करे बरसात/पर ओ, मेरे दुःखों भरे बचपन
न आ, नहीं लौटा/पुराने दर्द, काली रात।।"[87]

इस काव्य संग्रह से गुजरते हुए एक तथ्य बहुत स्पष्ट होकर सामने आता है कि कवि की दृष्टि बहुत पैनी है और वह व्यवस्थाओं की तह में जाकर उन स्थितियों को ढूँढ निकालती हैं, जो मानवीय शोषण के बहुत बारीक (महीन) उपकरण हैं। सामान्यतया जिन पर व्यक्ति की नजर जाना सम्भव नहीं। इस तथ्य को कवि

'बेचैन' अपनी कविता 'जुल्म जारी भी है'[88] में स्पष्ट कर देते हैं– *"माना डेमोक्रेट है/निज देश की आबो हवा/दूसरी शक्लों में/'होरी' पर जुल्म जारी भी है।"* बस अपनी कविता के माध्यम से इन दूसरी शक्लों की पड़ताल करना ही "क्रौंच हूँ मैं" के कवि का लक्ष्य है और मैं समझता हूँ कि अपने इस लक्ष्य में वह पूरी तरह सफल हुआ है। 'हिन्दू उदारवाद' जिसके तहत वह पशु (गाय) और पत्थर (मूर्ति) की पूजा करता हैं, चींटियों को आटा खिलाकर और साँप को दूध पिलाकर स्वयं को प्राणी मात्र के प्रति सदय घोषित करता रहा है, लेकिन मनुष्य (शूद्र) के प्रति उसके मन में कभी दया नहीं जागी। इस स्थिति को देखिए कवि की 'ढोंग' नामक कविता में, कवि ने क्या सुन्दर रचनात्मक सन्दर्भ किया है–

"तुम उदार थे/गाय के प्रति/और हम थे/आदमी की/शक्ल में निरे गाय
हमने दिया/दूध/खाया घास फूँस/और दी/अपनी सन्तानें/
बैल बनने के लिए
और तुम/स्वामी अनुदार/स्वार्थी/ढोंगी अपार।"[89]

इस देश की हिन्दू समाज व्यवस्था का शिकार निम्न वर्ग के लोग हुए हैं। दलित वर्ग का बुद्धिजीवी इस तथ्य को शिद्दत के साथ महसूस कर रहा है। इस व्यवस्था के कारण ही अतीत में भारत हजारों वर्षों तक गुलाम रहा है यदि इस व्यवस्था को शीघ्र समाप्त नहीं किया गया, तो भारत का टूटकर बिखर जाना या फिर से गुलाम हो जाना नितान्त अवश्यसंभावी है। इस तथ्य की ओर संकेत करते हुए 'बेचैन' ने लिखा है कि– *"जब तक/जाति जंगलीपन है/जब तक धर्म विवाद रहे/तब तक/मुमकिन नहीं कि/भारत सुखी रहे, आजाद रहे।"*[90]

इस काव्य संग्रह का एक स्वर व्यंग्य भी है, जो बहुत ही सशक्त और सार्थक है। इसका विषय कवि भी हैं, राजनीतिज्ञ भी हैं और समाज व्यवस्था भी है। आधुनिक सन्त पर व्यंग्य करती हुई एक व्यक्ति अपनी दरिद्रता के कारण तंग आकर एक गुरु के आश्रम में जाकर उससे दीक्षा ग्रहण कर लेता है, लेकिन जैसे ही पेट की समस्या सुलझ जाती है, तो पेट से चार इंच नीचे की समस्या शुरू हो जाती है और वह अपने घर जाकर अपनी पत्नी को आश्रम में अपने साथ रहने के लिए राजी कर लेता है। आश्रम आते ही गुरु का नाराज होना स्वाभाविक ही था। चेला जो कुछ गुरु को समझता है, उसे भारत के मार्क्सवादी और पूंजीवादी दोनों का दोहरा चरित्र उघाड़कर नंगा हो जाता है। कविता का वह अंश इस प्रकार है– *"गुरु मैं इसे रखूँगा/जैसे कामरेड जाति को रखकर/उसमें लिप्त नहीं होते हैं/अथवा जैसे 'न्यासी'/धरन के संरक्षक होते हैं बेशक/पर आश्वस्त नहीं होते हैं।"*[91] व्यंग्य की यह तीक्ष्ण धार इन कविताओं में प्रायः देखने को मिलती है। इस देश का कवि 'आम आदमी' के दुःख दर्द को लेकर, कितनी ही कविताएँ लिख चुका है, लेकिन उसकी पीड़ा यथावत् है,

क्योंकि यहाँ का आम आदमी कवि के लिए, उसकी कविता के लिए उद्दीपन मात्र है। यदि वही नहीं रहेगा, तो कविता कैसे लिखी जाएगी? अतः आम आदमी को 'आम' ही बनाए रखने का षड्यन्त्र भी इस देश में साथ-साथ ही चल रहा है। 'आम और खास' कविता का यह अंश इसी सत्य की ओर संकेत करता है– *"आम आदमी/उद्दीपन ही नहीं रहा तो/कौन करेगा प्रेरित उसको/इसलिए वह मानता है/कि आम को बस/आम ही रहना चाहिए।"*[92]

हिन्दी कविता प्रकाशन से लेकर पाठ्यक्रम तक एक भरापूरा धन्धा है, जिसका सबसे विकृत रूप हिन्दी काव्य मंचों पर दिखाई देता है। पिछले दिनों उत्तर प्रदेश के किसी शहर में हिन्दी काव्य मंच के कुछ नामी-गिरामी कवियों में पारिश्रमिक को लेकर गाली गलौज की नहीं, बकायदा गुण्डों की तरह मारपीट भी हुई। जिसकी रिपोर्ट थाने में भी हुई। हिन्दी लिखने-पढ़ने वाले और उसमें रुचि रखने वाली हिन्दी भाषी जनता का सिर शर्म से नीचा हो गया। इन कवियों को पता नहीं शर्म आयी या नहीं? ऐसे कवियों पर व्यंग्य करते हुए कवि 'बेचैन' इन मंचीय और व्यवसायी कवियों को कविता की अस्मिता बेचने वाले मानते हुए लिखते हैं–

"तनकर समाज पर चढ़े हुए/रूढ़ि रस्मों पर अड़े हुए
हैं मूल्यवान वैश्या समान
जो खरीद ले उसे कविश्री/घोषित कर देते हैं महान
हर रात हजारों में बिकते/हैं गीत नहीं सौदा लिखते।"[93]

सच्चा कवि अपने समय के सच को जीता और भोगता है, अतः उसकी कविता उसके समय का दर्पण होती है। 'बेचैन' की कविता में भी हमारे समय की अधिकांश घटनाएँ अभिव्यक्ति पाती रही हैं। कवि कर्म रिपोर्टिंग नहीं है, अत : ये घटनाएँ भी रचनात्मकता में सराबोर होकर आती हैं। इन घटनाओं पर कवि अपना दृष्टिकोण भी स्पष्ट करता है। उनकी मन्दिर-मन्दिर' कविता–एक बड़े राम मन्दिर के निर्माण के लिए छोटे शिव मन्दिरों के तोड़े जाने पर देखिए कैसी टिप्पणी करती है– *"छोटे-छोटे मन्दिर/क्योंकर टूट रहे हैं/रामेत्तर सब देव/हो रहे बेघर सारे/बेचारे हैं/आम आदमी की हालत में/राजा राम तुम्हारे/मन्दिर की चेतना में उमड़ी दुनिया भिक्षुक प्रभु/शिवशंकर की।"*[99]

"क्रौंच हूँ मैं" की कविताओं में जो खास बात है, वह कवि की यह आस्था कि वह परिवर्तन के लिए आशावर है, लेकिन जानता है कि यह परिवर्तन अपने आप नहीं आयेगा, इसके लिए व्यक्ति और व्यक्तियों के समूहों को प्रयास करना पड़ेगा। अपने इस अहसास की बेचैनी को वह इस प्रकार अभिव्यक्त करते हैं– *"मुझे बेचैनी है/ठहराव के विरुद्ध/मुझे एहसास है/जीवन में खुद-ब-खुद/कुछ भी नहीं बदलेगा।"*[95] उनकी इस आस्था का स्वर इससे भी अधिक मुखर होकर उभरा है, उनकी कविता

जिसको आजादी नहीं–दो" में। देखिए– *"कुएं तालाब में बदलने दो/दिये मशाल में बदलने/दो/मैं मुतईन हूँ, सुबह का/हम भी पहुँचेंगे/चाल धीमी है, तो भूचान में/बदलने दो।"*[96] कवि 'बेचैन' अपनी परिवर्तनकामी चेतना के तहत इस पहचान हीन मूक वर्ग की उसकी आवाज लौटाने के लिए प्रतिबद्ध हैं। वे अपनी आँखों के सपने खोकर भी उन आँखों की बात सोचते हैं, जिनमें सपने अभी तक आये ही नहीं। वे ऐसा ही कुछ लिखना चाहते हैं, जिससे बेजुबान आदमी भी अपना मुँह खोल सके– *"इन आँखों के/सपने तो टूट गये लेकिन/जिन आँखों में/जन्में ही नहीं उनकी सोचो/तुमने तो/कह ली/अपनी और पराई भी/अब खोल/सको तो/बेजुबान का मुँह खोलों।"*[97] उनकी इस जिजीविषा को हमारा समर्थन–

"लीक से हटकर चला हूँ,/लीक से हटकर चलूँगा।
मौत सी खामोशियों में/मैं तुम्हें जिन्दा मिलूँगा।।"[98]

कवि 'बेचैन' की कविताओं में एक रंग प्यार का भी है। उनका प्यार एक सतत् इन्तजार है। इस संग्रह की अन्तिम कविता 'इन्तजार' में अस्वीकार का दंश देखिए कितना तीखा है– *"आप मुझे/स्वीकारेंगे/यदि/इतनी/उम्मीद रही होती/जीवन की/अन्तिम साँसों तक/कर लेता मैं।"*[99] भी एक ऐसी ही कविता है।

यूँ तो कवि 'बेचैन' ने इस काव्य संकलन के प्रारम्भिक वक्तव्य–'पहले ये शब्द' में ही स्पष्ट कर दिया है कि–"उसके पास भाषा संस्कार कहाँ से आये? सृजन के कलापक्ष की शास्त्रीय लीक वह कैसे और क्यों पीटे? वह लीक जब उसकी सृजनशीलता अवरूद्ध ही करती हो, तब केवल जिजीविषा ही उसके रचनात्मक आवेग का केन्द्र बनती है।"[100] तो भी कवि बेचैन की भाषा में एक रचनात्मक प्रवाह हैं, वह अपनी बात को, अपने ढंग से कहने में पूरी तरह सक्षम है।

तिनका तिनका आगः डॉ. जयप्रकाश कर्दम

डॉ. जयप्रकाश कर्दम का काव्य संग्रह 'तिनका-तिनका आग' ऐसे समय में आया है, जब उत्तर प्रदेश जैसे बड़े राज्य में दलितों की सरकार जाने के बाद, वहाँ वह दलित उत्पीड़न की वारदातों में बेहताशा बढ़ोतरी हो गयी है। जातीय हिंसा की ये घटनाएँ, जातीय अहम की परिणतियाँ हैं। उदाहरण के तौर पर सुश्री मायावती ने चुनाव क्षेत्र हरौड़ा के गाँव सन्तागढ़ में दो दलित युवकों की राजपूतों द्वारा इसलिए हत्या कर दी गयी कि वे दोनों क्रिकेट के बहुत अच्छे खिलाड़ी थे और उन्होंने राजपूत युवकों को एक मैच में हरा दिया था। दलित जहाँ-जहाँ पर भी वर्चस्व की भूमिका में दिखाई दे रहे हैं, वहीं-वहीं पर सवर्णों की हिंसा का शिकार हो रहे हैं। सम्भावना यह है कि यह हिसा और बढ़ेगी, लेकिन जाग्रत दलित अब चेतना के मार्ग पर अग्रसर है। उसके मार्ग को अब हिसा के अवरोधों से रोका नहीं जा सकेगा, लेकिन ऐसे समय

में "तिनका-तिनका आग" का प्रकाशित होना बहुत महत्त्वपूर्ण है, क्योंकि इन कविताओं की आग, हिंसा के अन्धेरे में प्रकाशपुंज की तरह दलितों को रास्ता दिखाने को काम करेगी। इस संग्रह की पहली कविता 'अप्प दीपो भव', 'तमसो मा ज्योतिर्गमय' की हिन्दू वाणी और बुद्ध की 'अपना दीपक आप बनो' के अन्तर को स्पष्ट करती हुई, हमें चिन्तन के यथार्थ को समझाती है कि ब्राह्मण संस्कृति चूँकि अकर्मण्यों की संस्कृति है, जो अन्धकार से निकलने की भी दूसरों से ही प्रार्थना करती है जबकि बौद्ध संस्कृति चूँकि श्रम संस्कृति है, इसलिए वह 'अपना दीपक आप बनने' की बात कहती है। एक में याचना है तथा दूसरे में आत्मविश्वास। आत्मविश्वास की इस प्रेरणा को डॉ. कर्दम न्यूटन की मान्यता से इस प्रकार अभिव्यक्त करते हैं–

"मुझे लोहे की छड़ और/पृथ्वी पर खड़े होने की/जगह दे दो।
मैं पृथ्वी को हिला दूँगा।"[101]

डॉ. जयप्रकाश कर्दम भली भाँति जानते हैं कि हर युद्ध मैदान से पहले मस्तिष्क में लड़ा जाता है, इसलिए प्रत्येक दलित को उत्पीड़न से मुक्ति प्राप्त करने के लिए अपने लक्ष्य को ऊँचा रखना होगा। तभी वह इस देश का शासक बन पायेगा। डॉ. कर्दम दलित शोषित समाज का आह्वान करते हुए लिखते हैं कि–

"याद रखो यह भी/छोटे लक्ष्य के साथ/किसी ऊँचाई तक
नहीं पहुँचा जा सकता/आगे बढ़ना है यदि/अपने लक्ष्य को बड़ा बनाओ
तमसो माँ ज्योतिर्गमय की याचना छोड़/अप्प दीपो भव को अपनाओ।"[102]

यह कविता संग्रह ऐसे समय में भी आया है, जब इस देश का बुद्धिजीवी शोर मचा रहा है कि इस देश की सरकार जिस रास्ते पर जा रही है, वह फासीवाद की ओर जाता है। यदि हम नहीं चेते तो फासीवाद आ जाएगा, लेकिन जिस समय हम यह बात कर रहे हैं तब तो फासीवाद इस देश में आ चुका है। गोधरा और झज्जर की घटनाएं इसका जीता-जागता प्रमाण है। अब इसे रोकने की नहीं, बल्कि इसे देश से बाहर निकालने की युक्ति सोचनी है। इसलिए डॉ. जयप्रकाश कर्दम अपनी 'मनुष्यता' नामक कविता में सभी विचारधारा के बुद्धिजीवियों और सक्रिय कार्यकर्त्ताओं से आग्रह करते हैं कि आओ और इस फासीवाद के गले में रस्सी बनकर लटक जाओ। कविता का अंश इस प्रकार है–

"प्रगतिशील साथियो आओ/अपने गले में लटके/जनेऊ तोड़कर आओ
अपनी चोटियों में लगी/गाँठें खोलकर आओ/त्रिपुण्ड मिटाकर आओ
समता और न्याय के सिपहसालारों आओ/आओ सब मिलकर
एक मजबूत रस्सी में बदल जाएँ/फंदा बनकर/फासीवाद के
गले में लटक जाएँ।"[103]

इस संग्रह की कविताओं का मूल स्वर उत्पीड़न और यातना से मुक्त होकर जीवन के गीत गाने की आकांक्षा है, जहाँ पर दलित स्वच्छन्द होकर समस्त मानवाधिकारों का उपभोग कर सकें। इसी आकांक्षा में वे दलित की वास्तविक स्थिति का चित्रण करने से भी नहीं चूकते। अपनी 'लहू' और 'यन्त्रणा' कविताओं में उनकी संवेदनाएँ कुछ इस प्रकार अभिव्यक्त हुई हैं–

"ठाकुर के खेत से/सेठ की तिजोरी तक/मेरा ही लहू बहता है/
वही सबसे सस्ता है।"[104]

"सूरज की गर्मी से/नहीं झुलसा मेरा शरीर/उसे झुलसाता है/
यन्त्रणाओं का सूरज"[105]

वस्तुतः इन घोर यन्त्रणाओं से मुक्त होकर ही हम जीवन के गीत गा सकेंगे। डॉ. कर्दम की आकांक्षा है कि आम दलित भी इस देश के अन्य नागरिकों की तरह आत्मनिर्भर हों और उसे भी जीवन जीने की सभी मूलभूत सुविधाएँ उपलब्ध हों और वह भी सुविधापूर्वक प्रगति के मार्ग पर बढ़ता रहे। अपनी आकांक्षा को वे अपनी 'जिन्दगी के गीत' कविता में इस प्रकार अभिव्यक्ति देते हैं–

"वर्षों के सूने, शुष्क जीवन में/संगीत की स्वर लहरियाँ/स्पन्दन भरने लगी हैं
विश्वास की नौका पर/विप्लवों के पार जाना चाहता हूँ/
मैं जिन्दगी के गीत गाना चाहता हूँ।"[106]

लेकिन इससे पूर्व हमारी युवा पीढ़ी बराबर ये सवाल पूछती रही है कि आपने हमारे भविष्य की सुरक्षा के लिए क्या किया है? इस प्रश्न का उत्तर भी जयप्रकाश कर्दम की कविताएँ देती हैं। किस तरह हमें अपने बच्चों के भविष्य को बचाने के लिए आक्रामक होना होगा। अपनी कविता 'स्वाभिमान के पथ पर' में वे लिखते हैं–

"और इससे पहले कि/उत्पीड़न का खूँखार सांड/अपने नुकीले सींग लिए
तुम्हारे बच्चों की ओर बढ़े/उसे बींध दो।"[107]

डॉ. जयप्रकाश कर्दम की काव्य यात्रा 'गूँगा नहीं था मैं' से प्रारम्भ होकर 'तिनका-तिनका आग' तक पहुँची है। निश्चय ही जयप्रकाश कर्दम का कवि प्रौढ़ता की ओर बढ़ा है, लेकिन मेरी धारणा है कि अभी उन्हें कविता का वह मुहावरा सीखना है, जो तिनकों को आग में नहीं, बल्कि शब्दों को ज्वालामुखी में तब्दील कर, हिन्दी दलित कविता को एक नया आयाम देगा। उनमें बहुत सी सम्भावनाएँ हैं और हिन्दी दलित कविता को उनसे बहुत सी उम्मीदें हैं।

संसद तो सवर्ण हैः नवेन्दु महर्षि

हिन्दी दलित साहित्य के विगत दो दशकों के सृजन काल में जब खूब वाद-विवाद चल रहा था और हिन्दी दलित लेखन अपनी स्थापना की ऊबड़-खाबड़ राहों से गुजर

रहा था और अब जब वह स्थापित हो गया, तब भी एक प्रश्न बराबर किया जाता रहा है कि "क्या साहित्य भी दलित होता है? भाई लिखने वाला दलित हो सकता है, लेकिन साहित्य, दलित नहीं हो सकता?" इसके उत्तर में हमने तब भी कहा था और आज भी यही कहते हैं कि भाई आदमी को तो आदमी होना चाहिए, लेकिन अब भारत में आदमी ब्राह्मण, राजपूत, वैश्य और शूद्र हो सकता है, तो साहित्य 'दलित' क्यों नहीं हो सकता? दलित साहित्य पर प्रश्न चिह्न लगाने से पहले इस वर्ण व्यवस्था को बदलों। नहीं तो आप साहित्य को दलित होने से नहीं बचा पायेंगे। यदि असमानता के बीच समाज में होंगे, तो वे साहित्य में भी होंगे। इस अनिवार्यता को आप रोक नहीं सकते। सम्भवतः इसलिए 'संसद तो सवर्ण है' के कवि नवेन्दु महर्षि की वह घोषणा कि—"रोटी की न भात की। जंग यह तो जात की।"[108] मुझे बहुत ही उत्तेजक और महत्त्वपूर्ण लगती है। दरअसल नवेन्दु की यह पुस्तक हिन्दू धर्म, संस्कृति और राजनीतिक व्यवस्था की जिस तरह शल्यक्रिया करती है, उससे नवेन्दु की उत्तेजना और उनके सरोकारों को समझा जा सकता है। हिन्दू धर्म और वर्ण व्यवस्था के विषय में वे लिखते हैं—"हिन्दू धर्म, जो मानवता को पूरे तौर पर खारिज करता है, उसका उद्देश्य मनुष्यता मात्र को मानवता के पद से डिगाना है, यह धर्म के नाम पर खुल्लम-खुल्ला धोखा-धड़ी है, जिसकी तमाम कोशिशें हजारों-हजार सालों से देश के भोले-भाले बहुसंख्यक दलित समाज को शोषित, संत्रस्त और दुःखी बनाने की रही हैं। दुनिया में जितनी भी तरह की अपारदर्शिताएँ हो सकती हैं, जितनी भी तरह की नृशंसताएँ और क्रूरताएँ हो सकती हैं और जितनी भी तरह की अपारदर्शिताएँ हो सकती हैं, जितनी भी तरह की नृशंसताएँ और क्रूरताएँ हो सकती हैं, उन सबको एक जगह इकट्ठा करके नाम दिया गया—'वर्ण-व्यवस्था'। यही कारण है कि सवर्णों को इससे अत्यधिक प्रेम है और दलितों को अत्यधिक घृणा।"[109]

उनकी इस टिप्पणी से हिन्दू धर्म और वर्ण व्यवस्था के प्रति उनकी घृणा को समझा जा सकता है। दरअसल 'संसद तो सवर्ण है।' की कविताएँ इस व्यवस्था के विरुद्ध खुल्लम-खुल्ला विद्रोह का ऐलान करती हैं।

"लेकिन दलितों के/वे हाथ/जो अब तक/बँधे हुए थे/खुल चुके हैं/
उँगलियाँ उठ चुकी हैं/अब वे/वह वर्णवादी पिंजरा/खोले बगैर/दम नहीं लेंगे
शब्दों के/श्यामवर्णी/कबूतरों का/मुक्त होना/अब तय है।"[110]

भारत की गैर-दलित आबादी आरक्षण को लेकर ही दलितों के विरूद्ध मुहिम चलाती रही है, लेकिन स्वतन्त्र भारत में दलितों को तो केवल पेट भरने के लिए आरक्षण दिया गया था। इसी पर इतना विरोध होता रहा है, लेकिन ब्राह्मणों का 'ज्ञान पर आरक्षण' शताब्दियों से चला आता रहा है उस पर आज तक किसी ने नहीं सोचा। यह तो इतना कठोर था कि यदि किसी शूद्र के कान में ज्ञान का एक अक्षर भी पड़

जाय, तो पिघला हुआ शीशा डालकर उसकी हत्या कर दी जाती थी। उसी आरक्षण का परिणाम यह हुआ कि पूरी ब्राह्मण जाति ही नकारा, निकम्मी और भिखारी हो गयी—"बामन को धन केवल भिक्षा।" दलितों को यदि इस व्यवस्था में पूरा अवसर मिले, तो उसे आरक्षण की कोई आवश्यकता नहीं है। इस सिलसिले में नवेन्दु अपनी कविता "चौथा वर्ण" में कहते हैं—

"मुझे भीख नहीं चाहिए/अपना हक चाहिए/मेरे आगे से/
यह आरक्षण का/कटोरा हटाओ/और उसकी जगह/मेरे हिस्से की/
आजादी वाली/चाँदी की थाली लाओ।"[111]

दलित यदि हिन्दू धर्म में बने रहे, तो यह 'चाँदी की थाली' उन्हें कभी मिल नहीं पायेगी। इस धर्म में रहकर दलित को कभी सामाजिक सम्मान नहीं मिल पायेगा। उसे इस धर्म का ठुकारना ही पड़ेगा। इस सम्बन्ध में कविवर नवेन्दु की धारणा बिल्कुल स्पष्ट है—

"कदम-कदम पर/हमारी अस्मिता को/घृणा के तीरों से
कोंचते हो/तो फिर तुम/धर्म परिवर्तन करने से हमें
किस अधिकार से रोकते हो।"[112]

जहाँ-जहाँ पर दलितों ने धर्म परिवर्तन किया है, वहीं-वहीं पर हिन्दूवादी ताकतों ने उनका उत्पीड़न किया है, क्योंकि वे जानते हैं कि यदि इस देश में अट्ठाईस करोड़ दलित किसी अन्य धर्म में दीक्षित हो जाएँगे, तो हिन्दू भारत में ही अल्पसंख्यक हो जाएँगे। यह बात गाँधी भी अच्छी तरह समझते थे। इस तथ्य को कितने सुन्दर ढंग से नवेन्दु जी ने अभिव्यक्ति दी है—

"अब ये/चालीस करोड़ दलित रूपी पैर/कटकर/अलग होना स्वीकार
कर चुके हैं/हिन्दुत्व के साथ/जुड़े रहने का मोह/अब पूरी तरह/
छोड़ चुके हैं
जिनके अलग होने का एहसास/इसे उस दिन होगा/जिस दिन इसे/
एक अपाहिज धर्म बनकर/दुनिया में जीना पड़ेगा/और तनिक सहारे भर के लिए
बैसाखी तक नसीब नहीं होगी/उस दिन यह हिन्दुत्व/दुनिया का/
सबसे निरीह धर्म होगा।"[113]

"संसद तो सवर्ण है" में कुछ दलित महापुरुषों पर भी कविताएँ हैं। इनमें महामानव डॉ. अम्बेडकर और दलित सन्त शिरोमणि रैदास के नाम उल्लेखनीय हैं। डॉ. भीमराव अम्बेडकर दलित मुक्ति के सृष्टा हैं। उनके संघर्षों का ही परिणाम है कि भारत में दलित शिक्षा, समता और समृद्धि का जो थोड़ा सा उजाला देख पाये। उनके सम्पूर्ण व्यक्तित्व को नवेन्दु ने कुछ शब्दों में समेटने का जो प्रयास किया है

वह उल्लेखनीय है–

"मनु की/काली करतूतों की वजह से/रात जितनी अधिक/काली थी/
उसकी कोख से/एक दिन उतना ही प्रतिभावान/सूर्यपुत्र पैदा हुआ/
जिसके पैदा होते ही/शूद्र वर्णों कारागार के/सब ताले/
खुद-ब-खुद टूट गये।"[114]

कबीर–जिसने ब्राह्मण धर्म की धज्जियाँ उधेड़ दीं। उसे भी इस ज्ञान को प्राप्त करने के लिए कितने कष्ट उठाने पड़े। इसका उल्लेख नवेन्दु कुछ इस प्रकार करते हैं–

"यह तुम्हारे जीवन की/कैसी विवशता थी कबीर/कि तुम्हें लेटना पड़ा था/
गंगातट की सीढ़ियों पर/अल सुबह के हल्के अँधेरे में/
कि तुम्हें फेंकना पड़ा था।
खुद को/किसी वस्तु सा/रामानन्द के चरणों में/कि तुम्हारे ज्ञान के/
रास्ते को रोड़ा/बन रही थी/तुम्हारी जाति।"[115]

'संसद तो सवर्ण है' काव्य संग्रह में नवेन्दु का राजनीतिक चिन्तक बहुत मुखर होकर बोला है। भारत की हिन्दूवादी ताकतों ने पिछले वर्षों से निरन्तर प्रयास किया है कि वे इस देश पर काबिज हो जाएँ। जब उनके प्रयास सफल नहीं हुए, तो उन्होंने फिर धर्म को हथियार बनाया। जब वी.पी.सिंह ने मंडल आयोग की सिफारिशों को लागू किया तो अड़वाणी रामरथ लेकर निकल पड़े तथा जब मण्डल आयोग पर सर्वोच्च न्यायालय का फैसला आया, तो इन फासवादी ताकतों ने 6 दिसम्बर, 1992 को अयोध्या में बाकायदा घोषणा करके बाबरी मस्जिद का विध्वंस कर दिया। दोनों बार देश साम्प्रदायिक दंगों की आग में जला। ये सारे प्रयास इस देश में रामराज्य (अधिनायक तन्त्र) की स्थापना के ही तो प्रयास हैं जैसा कि नवेन्दु लिखते भी हैं–

"दिल्ली चाहती लाना/संविधान की जगह/मनुस्मृति/लोकतन्त्र की जगह
रामराज्य/आजादी की जगह/गुलामी/इक्कीसवीं सदी के समय की जगह
दस हजार साल पुराना समय/देश के/दलित बन्धुओं सावधान/
फिर से अवतार लेने की/तैयारी में है शैतान।"[116]

नवेन्दु राजनीति पर इतनी स्पष्ट और तीखी टिप्पणियाँ इसलिए कर पाये कि वे हिन्दू दिमाग को भलीभाँति समझते हैं। वे जानते हैं कि हिन्दू का दिमाग अंग्रेज से भी ज्यादा शातिर है–

"यानि कि काला अंग्रेज/गोरे अंग्रेज से भी/अधिक खतरनाक है
क्योंकि इसके भीतर/मनुवादी दिमाग है।"[117]

लेकिन इस सम्बन्ध में उनकी स्थापनाओं से सहमत होना, थोड़ा-सा मुश्किल है क्योंकि संसद और प्रजातन्त्र पर उनकी कविताओं का जो स्वर है, वह यह कि इस देश में प्रजातन्त्र पूरी तरह विफल हो गया है। यहाँ पर दलितों के पक्ष में कुछ

हो ही नहीं रहा है। यहाँ प्रश्न यह उठता है कि क्या इस देश से प्रजातांत्रिक व्यवस्था को समाप्त कर दिया? बस यही तो सवर्ण मानसिकता चाहती है। इसीलिये जब हिन्दूवादी तकातें सत्ता में आयीं, तो सबसे पहला काम उन्होंने संविधान समीक्षा का किया ताकि वे दलितों को राजनीतिक पदों एवं सेवा में दिये गये आरक्षण को समाप्त कर सकें। सरकारी सेवा में तो आरक्षण उन्होंने उदारीकरण, भूमण्डलीकरण के नाम पर निजीकरण को लागू करके समाप्त कर ही दिया है। वे लोकतन्त्र को एक नकारा व्यवस्था घोषित कर, उसे समाप्त कर देना चाहते हैं। फिर जो तानाशाही (अधिनायक तन्त्र) यहाँ पर लागू होगा, उसमें दलितों को क्या और कितनी जगह मिल पायेगी। इसलिए दलित चिन्तकों को अपने लेखन में और कृत्यों में भी इस बात पर ध्यान देना जरूरी है, नहीं तो वे भी हिन्दूवादी जमात के साथ ही खड़े दिखाई देंगे। नवेन्दु लिखते हैं कि–

"यह संसद/एक गोल पिंजरा है/जिसमें पिछले पचपन सालों से
आजादी की/चिड़िया बन्द है/पिंजरे के ऊपर/दृष्टि गड़ाए

× × × ×

यह संसद मनुवाद की/द्योतक है/इसका चरित्र बदलो
यह वर्ण भेद की/पोषक है।"[118]

इस संसद में लगभग 85 संसद दलित भी हैं। एक ही जाति के इतने साँसद शायद ही और कही हों। यदि ये भी दलित हित को वहाँ मनवा नहीं सकते, तो किसी दूसरी व्यवस्था में तो ये कतई सम्भव ही नहीं है। हमें स्वयं की तथा अपने प्रतिनिधियों की मानसिकता को बदलना होगा। नवेन्दु की इन कविताओं को इस प्रयास के नजरिए से भी पढ़ना होगा, जिसके संकेत नवेन्दु पुस्तक की भूमिका में करते भी हैं कि–"दलितों को 'एकजुट होकर सामाजिक लड़ाई के प्रयास तेज करने होंगे और खुद को ब्राह्मणवादी संस्कारों से मुक्ति, स्वतन्त्र चिन्तन, स्वाभिमान की भावना, सांस्कृतिक जागरण, संघर्ष की जिजीविषा, राजनैतिक प्रतिद्वंद्विता और सामाजिक चेतना से लैस करना होगा।"[119]

आजाद हैं हमः एन.आर. सागर

हिन्दी दलित कविता डेढ़ दशक पार करते-करते निश्चय ही परिपक्वास्था में दीखने लगी है। इसका प्रणाम श्री एन.आर. सागर की काव्यकृति 'आजाद हैं हम' के रूप में प्रस्तुत किया जा सकता है। श्री कंवल भारती ने अपने लेख 'हिन्दी दलित साहित्यः सर्वेक्षण–1995' में 'आजाद हैं हम' को इस वर्ष की उपलब्धि कहा है।[120] इस कथन की सत्यता को इस कृति से गुजरे बिना नहीं जाना जा सकता। श्री एन. आर. सागर का अद्भुत काव्य 'आजाद हैं हम' प्रकाशित न होती, तो यह सशक्त कवि और ये सार्थक कविताएँ हमारी आँखों से ओझल ही रह जातीं।

'आजाद हैं हम' की कविताएँ उन सारे प्रश्नों को चुटीला बनाकर प्रस्तुत करती हैं, जो एक चेतना सम्पन्न दलित के मन-मस्तिष्क में बराबर उमड़ते-घुमड़ते रहते हैं। आज प्रत्येक राजनीतिक दल में 'दलित वोट बैंक' के लिए ही घमासान मचा हुआ है। उनके लिए यह जनसंख्या का ऐसा बड़ा वर्ग है जो सत्ता को अपने पक्ष में करने का औजार तो दीखता है, लेकिन सामाजिक धरातल पर उसे खुले मन से बराबरी का दर्जा देने को वे तैयार नहीं है। इस सच्चाई को बेहद बेबाक तरीके से श्री सागर ने अपनी एक ग़ज़ल में ढाला है—

"गिनती में हम नहीं हैं, तो वोट की खातिर!
वरना तो जी रहे हैं, उपनाम की तरह!!
हमारे माथे पै, लिखी है हमारी व्यथा!!
अवैध प्रेम के लिए, बदनाम की तरह!!"[121]

हिन्दू धर्म के उन्नायकों ने ईश्वर के नाम पर दलितों को पशु से भी बदतर स्थिति तक पहुँचा दिया है। डॉ. अम्बेडकर से लेकर वर्तमान तक के सभी दलित चिन्तक इस धर्म से मुक्त हुए बिना दलितों का उद्धार होना नहीं मानते। जैसे-जैसे शिक्षित होकर दलित चेतन होता जा रहा है, वह इस धर्म और इसके उपकरणों यथा—ईश्वर, आत्मा, स्वर्ग, नर्क और शाप तथा इसके क्रीड़ा स्थल मन्दिर, जहाँ पर धर्म के नाम पर व्यभिचार होता है को नकारने लगा है। 'सागर' जी इन सभी पर अपनी कविता "ईश्वर" में यूँ चोट करते हैं—

"मैं जानता हूँ/ईश्वर महज एक कल्पना है/अन्धविश्वास है, सपना है
खूबसूरत धोखा है/कुछ धूर्त्तों ने भ्रम फैलाकर/धर्म का स्वांग रचाकर
पिछले जन्म के दुष्कर्म फल का/पाप का, शाप का भय दिखाकर
किया है हजारो सालों से/सीधे सरल मानव का दोहन/
अनपढ़—असमर्थ बेबसों का शोषण/और लूटी है निरन्तर
कुँआरी-सधवा-विधवा महिलाओं की अस्मत/पुण्य-सुख-समृद्धि
स्वर्ग का लालच दिखलाकर
या फिर पाप-शाप का आतंक जमाकर/महज अपनी हवस की खातिर।"[122]

धर्म के नाम पर मन्दिरों में किस प्रकार का व्यभिचार पण्डे और पुजारी कर रहे हैं, इसकी बानगी देने वाली उनकी 'धर्म के नाम पर' कविता मैं यहाँ प्रस्तुत कर रहा हूँ—

"स्वर्ग के/रजत के/ताम्र के
पाहन के भगवान् मन्दिर के बन्द कर/बाँटते हैं पुण्यफल अपने ढकोसलों का
करते हैं वसूल 'कर' क्षण भर दर्जनों का/देते हैं उपदेश साधना भक्ति का
परलोक हित साधन हेतु/यह-दर्शन-पूजन का/ताकते हैं कामुक दृष्टि से

रमणियों के रूप/टटोलते हैं निगाहों से उनके/उरोज और नितम्बों को
और/सेंकते हैं उनके यौवन की धूप।"[123]

शम्बूक, एकलव्य, झलकारीबाई आदि के मिथकों पर उधर के दिनों में खूब दलित कविताएँ लिखी गयीं। दलित लेखकों ने ही नहीं, राजनीतिज्ञों तक ने इन मिथकों का पर्याप्त दोहन किया है, लेकिन इन सबकी व्याख्याएँ अलग-अलग की गयी हैं। जब शोध हुआ तो निष्कर्ष निकला कि वाल्मीकि शूद्र नहीं थे, तो भी दलितों की एक पूरी जाति उनके नाम पर है। वाल्मीकि के सन्दर्भ में एन.आर. सागर की टिप्पणी इस प्रकार है–

"अगर/वाल्मीकि अन्त्यज होता/तो क्रौंच पक्षी के वध से/व्यथित उसका मन
शम्बूक के शिरोच्छेन से/और भी आहत हो जाता/वह शाँत न रह पाता
राम के कुकृत्य पर उँगली उठाता/आक्षेप करता/
उसे अविवेकी अत्याचारी, निर्मम
शासक तो बताता/किन्तु/उसकी महिमा कदापि न गाता।"[124]

'आजाद हैं हम' कविताओं में जो तीव्र आक्रोश है, वह प्रतिशोध की हद चल जाता है। जिन लोगों ने दलितों को इस स्थिति तक पहुँचाया है कि जब दो सवर्ण आपस में लड़ते हैं, तो एक दूसरे को इनकी जाति (भंगी चमार) का कहकर गाली देते हैं धन और सम्मान से ही इस धार्मिक व्यवस्था ने इन्हें वंचित नहीं किया, बल्कि दलित स्त्रियों की अस्मत लूटने को भी न्याय-संगत करार दिया है। जिन लोगों ने दलितों को इस स्थिति तक पहुँचाया है, उनसे बदला लेने का आह्वान सागर जी करते हैं–

"जिसने तुम्हें दबाया, फेंका, बदहाली के इस हाल में।
उठो, कसम लो कदला लोगे, तुम उससे हर हाल में।"[125]

उनका यह आक्रोश उन अम्बेडकरवादियों पर भी है, जातिवाद के विरुद्ध संघर्ष करते हैं, लेकिन अपने बच्चों की शादी अपनी ही जाति में करना चाहते हैं। उन दलित नेताओं पर भी है, जो ऊपर से दलित हितैषी हैं, लेकिन उनकी नजरें सदा कुर्सी पर लगी रहती है। राजनीति की मंडी में बिकने के लिए बेताब राजनेताओं को धिक्कारते हुए वे लिखते हैं–

"लुटेरों की आज्ञा के पालक हो तुम, दलितों की उन्नति में बाधक हो तुम।
झूठे हो, स्वार्थी हो, बेशर्म हो, बेगैरत हो तुम, कुल घातक हो तुम।
ढोंगी हो तुम, तुम बदकार हो, कपटी हो तुम, तुम मक्कार हो।
धब्बा हो तुम जाति के नाम पर, गद्दार हो।"[126]

विचार और कविता जब मिलते हैं, तो विचार कविता बनती है, लेकिन जब कविता विचारहीनता की शिकार हो जाती है, तो बड़ा अनर्थ होता है। इस संग्रह की कुछ कविताएँ भी इस श्रेणी में रखी जा सकती हैं। हम ब्राह्मणों को इसलिए गाली

दें, क्योंकि उन्होंने हमें कभी गालियाँ दी थीं, जबकि हम सामाजिक न्याय चाहते हैं, तो यह न्याय हमें किसी के साथ अन्याय करके नहीं मिलेगा। कीचड़ से कीचड़ को कदापि नहीं धोया जा सकता। एक अन्य कविता 'आक्रोश' में सागर जी कहते हैं कि—"देशद्रोही बताओ मुझे तुम भले, लगा दूँगा मैं आग इस देश में।"[127] भाई! अगर ये देश ही नहीं रहेगा, तो आप समता, धन और धरती कहाँ जाकर पायेंगे? किसी भी रचनाकार के लिए जोश का यह विचलन बहुत ठीक नहीं है। दलित रचनाकार को तो और ऐसी स्थितियों से बचना चाहिए।

सागर जी का रचनाकार अब अँगड़ाई लेकर उठ बैठा है। उनकी पैनी लेखनी से दलित साहित्य को और भी अच्छी धारदार रचनाएँ मिलेंगी, ऐसी आशा की जा सकती है। फ्लैप पर छपी इन पंक्तियों को मेरा भी समर्थन है—"दलित साहित्य के मामले में हिन्दी की जमीन अब बंजर नहीं है। जिन लोगों की यह मान्यता है कि हिन्दी में दलित साहित्य नहीं है या कि उसका कोई तेवर नहीं है, श्री एन. आर. सागर का काव्य संग्रह 'आजाद है हम' उन लोगों के लिए एक जवाब है। सागर जी कविताओं का अपना तेवर है, जिसमें संवेदनाओं की गहराई है, अनुभूति का ताप है और आक्रोश की आग है। सही मायनों में हिन्दी में पहली बार कोई दलित कवि इतनी प्रखरता और ओजस्विता के साथ मुखरित हुआ है।"[128]

राजनीति की अर्द्धसतसईः माताप्रसाद मित्र

श्री माताप्रसाद एक ऐसे विनम्र राजनेता हैं, जो राजसी ठाट-बाट की उपलब्धि में भी प्रारम्भिक जीवन में भोगे गये यथार्थ को भूल नहीं पाये हैं, बल्कि उन्हें अपना अतीत बताने में भी कोई संकोच नहीं होता है। एक बातचीत के बाद रीना राव ने लिखा है कि—"उनके शुरुआती जीवन को जाने बिना माताप्रसाद को जाना-समझा नहीं जा सकता, क्योंकि प्रारम्भिक कठिन और कठोर परिस्थितियों ने उनकी सोच को एक ऐसे साँचे में ढाला है, जो किसी भी तरह की शानो-शौकत से अप्रभावित रहती है। उत्तर-प्रदेश के जिला जौनपुर के मछली शहर में मजदूर माँ-बाप के घर जन्मे माताप्रसाद 9 वर्ष की उम्र में स्कूल गये। जब भी दो-चार दिन की छुट्टी होती, यह नन्हा बालक मजदूरी करता। कभी ईंट गारा ढो दिया, तो कभी जमींदार के यहाँ पंखा झलने का काम दिया। बेगारी भी करनी पड़ी। मिडिल पास करने के बाद अंग्रेजी पढ़ने का इरादा किया। एक दिन लकड़ी का बक्सा सिर पर उठाकर 35 किलोमीटर दूर अंग्रेजी स्कूल जा पहुँचे। वहाँ जाकर पता चला कि हॉस्टल में अछूत के लिए रहने की जगह नहीं है। इसके बाद अंग्रेजी पढ़ने का इरादा छोड़ दिया। अब उर्दू पढ़ने लगे। फिर 8 वर्ष अध्यापन किया। प्रधानाचार्य भी रहे। इसके बाद परिस्थितियाँ इन्हें राजनीति में ले गयीं। जल्द ही जिला कांग्रेस के मन्त्री हो गये। 1957 से 1992

तक 3 साल छोड़कर उ.प्र. विधान परिषद् के सदस्य तथा मन्त्री भी रहे। 1993 में अरुणाचल प्रदेश के राज्यपाल नियुक्त किये गये।"[129] माताप्रसाद जी अनुसूचित जाति एवं जनजाति सेल के अध्यक्ष, अखिल भारतीय दलित साहित्य अकादमी के उपाध्यक्ष और दलित वर्ग संघ के सचिव भी रहे। माताप्रसाद जी राजनीति के कँटीले मार्ग पर चलते हुए, अपने छिले पाँवों के निशान साहित्य में भी छोड़ते चले हैं, जो दलित साहित्य की अनमोल धरोहर है। उनमें दलित साहित्य के प्रति अनन्य अनुराग है। जब मैंने उन्हें अपनी सम्पादित पुस्तक 'दर्द के दस्तावेज' की प्रति भेजी, तो उन्होंने अरुणाचल के राजभवन से दिनांक 1/1/94 के अपने पत्र में मुझे लिखा–'दर्द के दस्तावेज' की प्रति प्राप्त हुई। अरुणाचल का राज्पाल बनने में मैं समझता हूँ कि दलित साहित्य का भी योगदान है। इसलिए आप दलित साहित्यकारों की प्रेरणा से मुझे कर्तव्यपालन में शक्ति मिल रही है।" उनकी कृतियों में–'अछूत का बेटा' (नाटक), 'दलित समाज सम्बन्धी लोकगीत', 'एकलव्य' (खण्डकाव्य), 'भीमशतक' (प्रबन्ध काव्य), 'हिन्दी काव्य में दलित काव्यधारा' के बाद 'राजनीति की अर्द्ध-सतसई' एक महत्त्वपूर्ण काव्यकृति है।

साढ़े तीन सौ दोहों का यह संकलन, उनके राजनीतिक जीवन के अनुभवों को सूत्रबद्ध करने का प्रयास है। राजनीति प्रारम्भ से ही मनुष्य के जीवन का अपरिहार्य अंग रही है। वर्तमान समय में तो राजनीति व्यक्ति की रोटी से लेकर रोजी तक प्रत्येक व्यवहार को प्रभावित करती है। दलित समाज, सामाजिक, आर्थिक तथा शैक्षिक दृष्टि से पिछड़ा क्यों रहा? इसका स्पष्ट कारण है कि इस वर्ग में राजनीतिक चेतना का अभाव ही रहा है। ऐसे में दलित समाज के चेतना सम्पन्न व्यक्ति का एक महत्त्वपूर्ण दायित्व यह भी है, कि वह इस चेतना को अपने सम्पूर्ण समाज में जहाँ तक जितना सम्भव हो बाँटे। इस दृष्टि से भी माताप्रसाद जी का यह कार्य अत्यन्त महत्त्वपूर्ण है। उन्हें यह चेतना और सूझ कैसे प्राप्त हुई, इसका उल्लेख करते हुए उन्होंने लिखा है कि–"राजनीति एक विशाल शास्त्र है। प्राचीन काल में इसका महत्त्व था, आज भी है और आगे भी रहेगा। वैसे यह शुष्क विषय भी है। कुछ साहित्यकारों ने राजनीति विषय को साहित्य के रूप में लिखकर उसे रुचिकर बना दिया है। संस्कृत साहित्य में चाणक्यनीति का नाम इस सम्बन्ध में लिया जा सकता है। हिन्दी साहित्य में भी कुछ साहित्यकारों ने राजनीति विषय को साहित्य में स्थान देकर इसे हृदयाग्राही बनाने का प्रयास किया है, जिसमें हिन्दी का उपन्यास 'आग और पानी' पढ़ने को दिया था, उसके बहुत से राजनीतिक कोटेशन पसन्द आये थे, जिन्हें मैंने नोट कर लिया था। इनको मैं सरल रूप में राजनीति के विद्यार्थियों की जानकारी में लाना चाहता था, किन्तु व्यस्तता के कराण अवसर नहीं मिल रहा था। मैंने दोहे

लिखने का निश्चय किया और विषय राजनीति को बनाया। मैंने 'आग और पानी' के जो उद्धरण नोट कर रखे थे, उन्हें दोहों में लिखना प्रारम्भ किया। चाणक्यनीति का अनुवाद भी पढ़ा। इस प्रकार 'आग और पानी' में दिये कुछ राजनीतिक उदाहरण और चाणक्यनीति के अनुवाद के कुछ अंशों को मैंने दोहों का आधार बनाया।"[130]

माताप्रसाद जी ने अपनी इस कृति को सात सर्गों में प्रस्तुत किया है। पहले सर्ग में विभिन्न राजनीतिक वादों पर जानकारी दी गयी है। इसमें लोकतन्त्र, धर्म निरपेक्षता, गाँधीवाद, कम्यूनिज्म, सोशलिज्म, मार्क्सवाद, फासीवाद, जातिवाद, पूंजीवाद, अधिनायकवाद, नक्सलवाद, हिन्दूवाद तथा अम्बेडकर पर दोहे हैं। यहाँ यह देखना रोचक होगा कि वे हिन्दूवाद तथा अम्बेडकरवाद के विषय में क्या सोचते हैं। हिन्दूवाद के विषय में वे लिखते हैं–

"वर्ण जाति के नाम पर, चले मनुस्मृति राज।
हिन्दू धर्म हो, अन्य न, सत्ता धर्महि काज।।"[131]

कितना स्पष्ट सोच है कि यदि इस देश को 'हिन्दू राष्ट्र' घोषित कर दिया गया, तो यहाँ 'मनुस्मृति' को संविधान मानकर वर्ण और जाति के आधार पर राज्य चलेगा, जिसमें न किसी शूद्र को पढ़ने का अधिकार होगा, न धन एकत्र करने का। उसका अधिकार होगा केवल सेवा। यह नफरत का नाजीवादी शासन होगा, जिसमें केवल हिन्दू धर्म के मानने वाले ही रह सकेंगे। दूसरे धर्म के मानने वालों को कोई स्थान नहीं होगा। इसके विपरीत अम्बेडकरवादी शासन व्यवस्था में किसी प्रकार का वर्ण और जातिभेद नहीं होगा, सम्पूर्ण भारतीय समाज, हिन्दू, मुस्लिम, सिक्ख, ईसाई सबको समानता के भाव से देखा जाएगा। व्यक्ति की योग्यता और सम्मान वर्ण, जाति और धर्म के आधार पर तय नहीं होगी, बल्कि उसकी उपलब्धियों के आधार पर तय होगी। वे लिखते हैं–

"वर्ण जाति तोड़ो प्रथम, समकर सभी समाज।
सत्ता समुचित दलित दें, तजो अन्धविश्वास।।"[132]

इस दो पंक्ति के दोहे में दलितों के प्रति कितना विशाल चिन्तन समाहित है कि अन्धविश्वास ही दलित समाज के गले का फंदा है, जिसे काटे बिना, इनकी मुक्ति सम्भव नहीं है। जैसा कि डॉ. अम्बेडकर ने कहा था कि हमारी स्थिति को केवल राजनीतिक शक्ति ही बदल सकती है। हमें उसे ही प्राप्त करने का प्रयास करना चाहिए। माताप्रसाद जी भी सम्पूर्ण समस्या का समाधान 'दलित को समुचित सत्ता' प्राप्त होने पर ही मानते हैं। दलित समस्या पर उनकी पैनी दृष्टि बराबर टिकी रही है। इस पर उन्होंने गहराई से सोचा भी है। उनके निष्कर्ष को रीनाराव ने यूँ प्रस्तुत किया है–"उनका मानना है कि दलितों की स्थिति में काफी सुधार हुआ है, लेकिन अभी बहुत कुछ करना और होना बाकी है। आज दलितों के बच्चे कॉलेजों

में पढ़ रहे हैं, उच्च शिक्षा प्राप्त कर रहे हैं। दलितों में राजनीतिक जागरूकता आयी है, वे पंचायत से लेकर संसद तक अपनी भागीदारी करते हैं। हाँ, उनकी आर्थिक स्थिति में अपेक्षित सुधार नहीं हुआ है। लेकिन आज भी उन पर जुल्म-सितम क्यों होता है? माताप्रसाद जी कहते हैं—"अत्याचार पहले भी होते थे, लेकिन अब मीडिया के प्रसार से ऐसी खबरें अधिक प्रकाश में आने लगी हैं। आज अत्याचारों का कारण यह है कि दलित समाज की उन्नति और आधुनिक सोच की प्रतिक्रिया स्वरूप समाज के कुछ वर्ग दलितों को परेशान करने की कोशिश करते हैं। यह प्रतिक्रिया राजनीतिक, सामाजिक और आर्थिक किसी भी स्तर पर हो सकती है। दलित जब तक बहुत पीड़ित था, तब तक उस पर तथाकथित उच्च वर्ग की 'कृपा दृष्टि' थी। लेकिन अब दलित वर्ग मुकाबले में खड़ा होने लगा है तो, वह 'अनुकम्पा' ईर्ष्या में बदल गयी। समाज के कुछ वर्गों को खतरा नजर आने लगा है।"[133]

वस्तुत लोकतन्त्र संख्या का खेल है। इसलिए श्री जगजीवन राम ने अपनी पुस्तक 'भारत में जातिवाद तथा हरिजन समस्या' में लिखा है कि "ये निरीह अनुसूचित जाति और जनजाति के लोग स्वयं अपनी शक्ति से परिचित नहीं हैं, और वह शक्ति है उनकी अपार जनसंख्या," लेकिन यह अपार जनसंख्या नेतृत्व के अभाव में निरन्तर प्रताड़ित और शोषित होती रही है। इस और माताप्रसाद जी यूँ संकेत करते हैं—

"दलित बिना नेतृत्व के, बिखर गये चहुँ ओर।
धन्य पारखी 'मित्र' वह, मुक्ता गुंथे बटोर।।"[134]

दलितों की अधिकांश जनसंख्या गाँवों में ही निवास करती है और सबसे अधिक कष्ट भी वहीं है। नारायणपुर, बेलची, साढ़ापुर, देहुली, पारसबीघा, मेहराना, हिन्देगढ़ा जैसे दलित ध्वंस कांड भी वहीं पर हुए हैं। अतः साज-सँभाल की आवश्यकता भी वही हैं। गौहत्या पर शोर मचाने वालों को फटकारते हुए माताप्रसाद जी कहते हैं कि दलित हत्या पर क्यों तुम्हारे मुख से एक शब्द भी नहीं निकलता—

"गौ हत्या के नाम पर, शोर है बहुत मचाय।
'मित्र' दलित हत्या भये, शब्द न एक सुनाय।"[135]

यह एक विचित्र बात है कि भारतीय गाँवों में ही दलितों की सबसे अधिक जनसंख्या है और वहीं वह सबसे अधिक लुटता-पिटता है। इसलिए माताप्रसाद जी गाँव में ही संगठित होकर एक ऐसी राजनीति तैयार करने की सलाह देते हैं कि गाँव की गुटबाजी में दलित ही आगे रहें और सारे मामले में उनकी ही जीत हो—

"दलबन्दी कर गाँव में, सफल करें राजनीति।
गुट में आगे दलित करि, मित्र मामला जीति।"[136]

आज हर तरफ 'सामाजिक न्याय' का जोर है, लेकिन कभी-कभी लगने लगता है कि यह भी एक प्रकार का राजनीतिक स्टंट ही है। इसकी पड़ताल मैंने अपने लेख 'सामाजिक परिवर्तन का मिथक और दलित समाज' (अंगुत्तर, त्रैमासिक, नागपुर, अप्रैल से जून-1994) में की है कि किस प्रकार प्रत्येक राजनीतिक पार्टी सामाजिक परिवर्तन की घोषणा अपने मंचों से कर रही है और उसका अर्थ क्या है? इस विषय में माताप्रसाद जी का मत बहुत स्पष्ट है। वह लिखते हैं–

"राजनीति चमका रहे, रटि सामाजिक न्याय।
जाति-पाँति कैसे टूटे, शब्द का एक सुनाय।"[137]

श्री माताप्रसाद चूँकि जीवनभर सक्रिय राजनीति से जुड़े रहे हैं, अतः वह जानते हैं कि राजनीति करना वस्तुतः तलवार की धार पर चलना है। राजनीतिक अनुभवों को जितनी ईमानदारी से उन्होंने प्रस्तुत किया है, वह सराहनीय है। इसलिए मैं उस सम्बन्ध में उनके चार दोहे यहाँ प्रस्तुत करने का लोभ संवरण नहीं कर पा रहा हूँ। आप भी आनन्द लें और समझें राजनीति की उलटवासियों को–

"राजनीति दल-दल कठिन, हरू पग रखो सँभाल।
अगर पैर तिरछा पड़ा, दल-दल फँसे कराल।।
राजनीति एक हुआ है, खेलो मित्र विचार।
जीत होय उसमें कभी, होत हार पर हार।।
राजनीति हरि लेत है, भूख नींद अरु प्यास।
सूत टँगी तलवार, यह गिरि कब करे विनास।।
राजनीति गहरी नदी, उलटी बहे बयार।
कुछ बीचहि है डूबते, कुछ ही उतरे पार।।"[138]

दलित साहित्य में प्रचलित लगभग मिथकों एकलव्य, 'शम्बूक' आदि का प्रयोग भी माताप्रसाद जी ने बड़ी कुशलता से अपने दोहों में किया है। उनका यही दृष्टिकोण नारी के सन्दर्भ में भी रहा है। नारी भारतीय समाज में बहुत ही प्रताड़ित रही है। इस पुस्तक के 'षष्ठम सर्ग' 'नारी और राजनीति' में स्त्री को अनपढ़ बनाए रखकर, उसका निरन्तर शोषण करते रहने की, हिन्दूवादी साजिश को वे कितनी सफाई से पेश करते है। माताप्रसाद जी लिखते हैं–

"तुलसी मानस कह गये, स्त्री शूद्र गँवार।
काम ठीक वह तब करे, मित्र पड़े जब मार।।
स्त्री शूद्र पढ़े नहीं, इन्हें नहीं अधिकार।
मनुस्मृति ने है कहा, बना मित्र लाचार।"[139]

वर्तमान समय में कहीं-कहीं स्त्री भी शोषण कर रही हैं। हालाँकि यह है अपवाद ही लेकिन ऐसे अपवादों पर भी माताप्रसाद जी की दृष्टि गयी है–

"पत्नी अधिकारी बनी, पति घर में बेकार।
देख-रेख घर की करे, मिले 'मित्र' फटकार।।
राजनीति अरु क्लब में, समय रही काट।
पति दिनभर ऑफिस घिसे, पत्नी बढ़ा रहै ठाट।।"[140]

अपने समय की लगभग सभी समस्याओं पर माताप्रसाद जी ने चिन्तन किया है। चिन्तन के समुद्र में गहरे उतरकर उन्होंने जो मोती निकाले हैं, वे कभी जनसंख्या विस्फोट और परिवार नियोजन तो कभी पर्यावरण रक्षा के रूप में प्रस्तुत हुए हैं। पर्यावरण हमारे समय की सबसे बड़ी समस्या है। हमारी चिन्ता यह है कि 'जल', और 'वायु' जो मनुष्य ही नहीं, बल्कि समस्त जीवधारियों के लिए आवश्यक और प्रकृति का अनमोल अवदान है, हम उसे भी आने वाली पीढ़ियों के लिए शुद्ध छोड़कर नहीं जाएँगे। माताप्रसाद जी हवा को दवा बताते हुए लिखते हैं कि–

"एक हवा, सौ दवा है, देवें वृक्ष उदार।
लेते दूषित वायु वे, देते शुद्ध बयार।।"[141]

इस संकलन की राजनीतिक पहेलियाँ भी सजग पाठक का ध्यान अपनी ओर खींचती हैं। इन पहेलियों में सर्वश्री चन्द्रशेखर, अटलबिहारी वाजपेयी, विश्वनाथ प्रताप सिंह, लालकृष्ण आडवाणी, पी.वी. नरसिंह राव, सोनिया गाँधी आदि सभी प्रमुख नेताओं के सम्बन्ध में पहेलियाँ हैं। इन पहेलियों में उन्होंने जहाँ प्रतिपक्षी नेता श्री अटलबिहारी वाजपेयी की प्रशंसा की है, तो वहीं धार्मिक उन्माद को भड़काकर बाबरी मस्जिद का विध्वंस करने के लिए लालकृष्ण की भर्त्सना करने से भी वह नहीं चूके हैं। देखिए दोनों दोहे इस प्रकार हैं–

"प्रतिपक्षी नेता कभी, करे सन्तुलित बात।
संवाहक हिन्दी बने, भाषण में निष्णात।
धर्म नशा उन्माद भरि, दिये 'मित्र' बौराय।
हिन्दूहिं लीना प्राण बहु, सिन्धिहिं में भड़काय।।"[142]

युवा तर्क रहे श्री चन्द्रशेखर, जो अन्ततः प्रधानमन्त्री की कुर्सी तक पहुँचे और फिर बूढ़े होकर भुवनेश्वरी आश्रम में जा बैठे। उनके विषय में माताप्रसाद जी का पहेलीनुमा दोहा इस प्रकार है–

"युवा रहे बहके बहुत, शिखर विराजे जाय।
वृद्ध शेर सो 'मित्र' अब, आश्रम है मन भाय।"[143]

बाबरी मस्जिद का विध्वंस हमारे समय की एक ऐसी घटना है, जिसने भारत का सिर सारी दुनिया में झुका दिया। हिन्दू उग्रवादियों ने 6 दिसम्बर, 1992 को बाबरी मस्जिद तोड़कर भारतीय संविधान, धर्मनिरपेक्षता, और प्रजातन्त्र को तोड़ने का संकेत दिया है। 'राजनीति की अर्द्धसतसई' में इन सम्पूर्ण स्थितियों पर दोहे हैं कि भगवे वस्त्रों में किस प्रकार धोखेबाज और वंचक छिपे हुए हैं, जो इस देश की

समरसता को तोड़ने का प्रयास कर रहे हैं। इस विषय में उनके कुछ दोहे देखिए–

"राजनीति का धर्म जब, बन जाता हथियार।
मरते बहु निर्दोष हैं, रोते कई हजार।।
मस्जिद तूने तोड़कर, किया बड़ अपराध।
हिन्दू, मुस्लिम लड़ गये, मरे बिना अपराध।।
मस्जिद रक्षा बचन दे, मुकर गये निज बात।
मर्यादा सब तोड़ दी, संविधान कर घात।।
राजनीति में लाभहित, मस्जिद दिया गिराय।
तुम रोटी हो सेकते, देश में आग लगाय।"[144]

कुल मिलाकर कहा जा सकता है कि साधारण बोलचाल की भाषा में रचे गये दोहों का यह संकलन 'राजनीति की अर्द्ध-सतसई' राजनीति में जाने वाले महत्त्वाकांक्षियों के लिए तो एक पाठ है ही, साधारण पाठक को भी इससे बहुत कुछ समझने और सीखने को मिलता है। हमारे विचार से माताप्रसाद जी की यह कृति उनकी कीर्ति को अक्षय बनाने में तो समर्थ होगी ही, हिन्दी दलित साहित्य की भी अनमोल निधि है। दलित चेतना की दृष्टि से इस कृति का और विशद अध्ययन आवश्यक है।

आक्रोशः डॉ. सी.बी. भारती

समकालीन हिन्दी कविता के परिदृश्य में विगत दशक में जिस कविता ने प्रवेश किया है, वह 'वाह' की नहीं 'आह' की कविता है, जिसमें वाग्विलास नहीं, सच की बेखौफ अभिव्यक्ति है, जिसने कविता के मिथ्या मिथकों को तोड़कर आम आदमी की चेतना पर चोट करके उसे जगाने का महत्त्वपूर्ण कार्य अंजाम दिया है। व्यवस्था के नियामकों को कटघरे में खड़ा करके उन्हें सजा दिलाने की जिद्द पर अड़ी यह कविता, अब हिन्दी में दलित कविता के नाम से जानी जाने लगी है। इसी काव्यधारा में डॉ.सी.बी. भारती का यह काव्य संकलन 'आक्रोश' साहित्य जगत में समादृत होगा।

'आक्रोश' डॉ. सी.बी. भारती की छटपटाहटों की तहरीर है, जिसका प्रारम्भ 'चिन्तन का समय' से होता है और इसकी अन्तिम कविता है–'समता का दीप जलाएँ।' यह महज एक संयोग नहीं है कि कवि भारती–"क्यों लूट लिए गये तुम/कैसे हड़प ली गयी तुम्हारी अस्मिता/कैसे गँवा बैठे तुम/अपना सारा वजूद" जैसे तिलमिला देने वाले प्रश्न से शुरू करके–"आओ हम सब मिल जुलकर समता के दीप जलाएँ/सोये मुरझाये मनों में नूतन आश जगाएँ।" जैसे सम पर आकर ठहर जाते हैं। देखा जाय तो किसी भी सृजन यात्रा का लक्ष्य यही तो होता है कि वह मनुष्य और मनुष्य के बीच के भेद को, चाहे वह जाति का हो, धर्म का हो या फिर सम्प्रदाय का हो, मिटाकर साम्य स्थापित करने का प्रयास करे। कहना न होगा कि डॉ. भारती की ये कविताएँ इस कार्य को बड़ी सफलता पूर्वक अंजाम देती हुई प्रतीत

हो रही हैं, लेकिन दुर्भाग्य की बात यह है कि जब दलित रचनाकार विषमताओं पर चोट करता है, तो उसके सृजन को "जातिवादी" करार देकर उसे नकारने का प्रयास किया जाता रहा है। जबकि सच बात यह है कि जाति के कारण जिस व्यक्ति को हानि हुई अतीत में और हानि हो रही है वर्तमान में, वह निश्चय ही उसे समाप्त करने का प्रयास करेगा तथा जिसे लाभ मिला है और मिल रहा है, वह भी उसे जिन्दा रखने का यत्न करेगा। ऐसे दोमुँहे लोगों से, जो अपना दुर्गुण दूसरों पर आरोपित करते हैं, सीधे संवाद की मुद्रा में हैं 'आक्रोश' की कविताएँ—

"पर अपने देश में उल्लू के पट्ठों ने/बना दी हैं आदमियों की जातियाँ
जिससे एक प्रतिष्ठा पाता रहे/दूसरा अन्दर ही अन्दर तिलमिलाता व
सकुचाता रहे।"[145]

डॉ. सी.बी. भारती ने प्रचलित मिथकों की नयी व्याख्याएँ भी उनकी कविताओं में की हैं। इनमें शम्बूक, द्रोणाचार्य और एकलव्य तो हैं ही, द्रोपदी, गांधारी, रावण और युधिष्ठिर को भी तार्किक सन्दर्भ देने का प्रयास किया गया है। लेकिन इन कविताओं में वे ही कविताएँ अधिक प्रभावित करती हैं, जिनमें छोटी-छोटी चीजों के माध्यम से एक सन्देश दिया गया है। उदाहरण के लिए हम उनकी 'तितली' कविता को ले सकते हैं—

"किन्तु आज तितली उदास नहीं है/अब तितली बेजुबान नहीं है
षड्यन्त्रों से अनजान भी नहीं है वह/सीख लिया है उसने संघर्षों से
जीने के लिए मरना/लड़कर छीन लेना फिर से स्वत्व।"[146]

दलित सन्दर्भों में यह कविता उनकी शक्ति और सामर्थ्य को रेखांकित करती हुई, उन्हें जीने के लिए मरने का सन्देश देती है। ठीक इसी तरह 'जोंक' कविता शोषक सवर्ण को चेतावनी भी देती है—

"मगर जोंक नहीं जानती/कि एक दिन/उसका शिकार जरूर बिलबिलाएगा
दर्द जब सहा न जाएगा/और खून घटता जाएगा/तब वह जरूर गुस्साएगा
और मसल दी जाएगी जोंक/जोंक नहीं जानती।"[147]

मेरी दृष्टि में 'आक्रोश' की कविताएँ बहुत ताकतवर हैं, जो हमारे समय की सच्चाइयों से सीधें आँख मिलाकर, विषमताओं पर पूरी शक्ति से वार करती हैं, साथ ही अपने पूरे होशोहवास के साथ कवि के कथ्य के प्रति आश्वासन करती हैं कि भविष्य में यह कथ्य एवं उनका शिल्प और निखरेगा तथा वे एक ही संकलन प्रकाशित कर रुक नहीं जाएँगे, बल्कि इस क्रम को जारी रखेंगे। उनके द्वारा सृजित ये अग्नि आखर दलित समाज को रोशनी प्रदान करते रहेंगे। आकाशदीप की तरह उसे भटकने से बचाते रहेंगे।

हिन्दी की दलित कहानी

हिन्दी में दलित कहानी सन् 1900 के बाद ही 'सरस्वती' में प्रकाशित हुई। यह युग हिन्दी कहानी के विकास का प्रारम्भिक काल रहा है, यह युग ऐसा है, जिसमें दलितों का विद्रोह धीरे-धीरे सुलगता हुआ सामाजिक धरातल तक आ पहुँचा था। एक तो स्वतन्त्रता आन्दोलन के क्षितिज पर महात्मा गाँधी का उदय हो चुका था, जिन्होंने पहली बार समझा था कि यह लड़ाई किसी एक वर्ग या जाति के लड़ने से नहीं जीती जा सकती। इसमें सभी धर्मों, जातियों और वर्गों ने सहयोग दिया, जिनमें अछूत भी थे। तभी अपनी विद्रोही और विस्फोटक चेतना लेकर डॉ. अम्बेडकर भी भारत के राजनीतिक फलक पर अपनी उपस्थिति दर्ज कराने आ पहुँचे थे, जो केवल भारत की आजादी ही नहीं चाहते थे, बल्कि अछूतों की हिन्दू धर्म से मुक्ति भी चाहते थे। अम्बेडकर कहीं अपने मिशन में सफल न हो जाएँ, अतः गाँधी जी ने कांग्रेस के अन्दर ही 'अछूतोद्धार' कार्यक्रम प्रारम्भ कर दिया, जिसके कारण एक प्रकार की गाँधीवादी सहानुभूति हिन्दुओं में अछूतों के प्रति देखने को मिलने लगी थी। हिन्दी के प्रारम्भिक युग के कुछ कथाकारों की कहानियों में भी प्रायः यही सहानुभूति देखने को मिलती है। खासतौर पर सूर्यकांत त्रिपाठी 'निराला' और यशपाल की कहानियों में। 'निराला' की दो लम्बी कहानियों या लघु उपन्यासों—'चतुरी चमार' और 'बिल्लेसुर बकरिहा' को हम उदाहरणस्वरूप ले सकते हैं। जहाँ तक यशपाल का प्रश्न है सन् 1936 के आसपास हिन्दी साहित्य में 'प्रगतिशील विचारधारा' का प्रवेश हो चुका था, जिसके कारण शोषित, स्त्री और मजदूरों के प्रति सहानुभूति प्रकट करती हुई रचनाएँ लिखी गयीं अतः यशपाल की कहानियों में भूख, गरीबी और शोषण के अत्यन्त दारुण रूप का चित्रण हुआ है। मूलरूप में यही दलित चेतना है।

हिन्दी कथा साहित्य में प्रेमचन्द का पदार्पण एक अभूतपूर्व घटना है। प्रेमचन्द ही एक ऐसे कथाकार हैं, जिन्होंने पहली बार भारतीय हिन्दू समाज में नरक भोगते हुए दलितों को अपनी कहानियों का विषय उनकी सम्पूर्ण यातनाओं के साथ बनाया। उनकी कहानियों में शूद्रों और सवर्णों के बीच अन्तःसम्बन्धों का बहुत ही अच्छा चित्रण मिलता है। उनकी कहानियों में—'कफन', 'ठाकुर का कुआँ', 'मन्त्र', सद्‌गति', 'दूध का दाम', 'पूस की एक रात', 'मन्दिर' आदि विशेष रूप से उल्लेखनीय हैं।

प्रेमचन्दोत्तर कहानी, विशेषकर नयी कहानी, मूलतः मध्यवर्गीय नगरीय जीवन के यथार्थ से जुड़ी रही है। इस युग की कहानी का संसार मानव-मानव के बनते बिगड़ते सम्बन्धों और उनके बदलते मूल्यों की तलाश, परम्पराबोध और आधुनिकता की टकराहट, सामाजिक-राजनीतिक गतिविधियों से उत्पन्न मानवीय विकृतियों को भोगे हुए यथार्थ को धरातल पर चिन्हित करता है। इतना होते हुए भी दलित इन कथाकारों द्वारा नजरअंदाज कर दिया गया। सातवें दशक की कहानी में भी दलित

चेतना को उभारने का प्रयास नहीं किया गया। हिन्दी कथा साहित्य में दलित चेतना की अभिव्यक्ति के दृष्टिकोण से आठवाँ दशक महत्त्वपूर्ण है। श्री रमेश कुमार ने अपने लेख 'आधुनिक हिन्दी कहानियों में दलित चेतना' में लिखा है कि—आठवें दशक में 'समानान्तर' कहानी आन्दोलन के माध्यम से समाज के कमजोर वर्ग की समस्या को कहानी का केन्द्र बनाया गया। स्वतन्त्रता के पचास वर्ष बाद भी निम्न दलित वर्ग का कहानियों के माध्यम से इस वर्ग के जीवन का यथार्थ निरूपण किया है। इन कहानियों में दलित जीवन की वेदना, निरन्तर संघर्ष करते रहने की अनिवार्यता, सुविधाभोगी लोगों के प्रति उनकी विरोध मुद्रा, प्रतिकूल नारकीय स्थिति में भी जीने की विवशता और अपने मानवीय अधिकारों की प्राप्ति हेतु आत्मसजगता जाग्रत हुई है।"[148] इस आत्म सजगता के लिए पृष्ठभूमि तैयार करने में 'सारिका' (सं. कमलेश्वर) ने दलित साहित्य पर दो विशेषांक अप्रैल-मई, 1975 में प्रकाशित किये तथा 'संचेतना' (सं. डॉ. महीप सिंह) ने भी एक 'मराठी दलित साहित्य' विशेषांक दिसम्बर, 1981 में प्रकाशित कर महत्त्वपूर्ण कार्य किया, जिसमें मराठी के दलित कथाकारों की कहानियों का एक संकलन 'दलित कहानियाँ'[149] शीर्षक से प्रकाशित किया। इसके उपरान्त डॉ. गिरिराजशरण अग्रवाल ने 'दलित जीवन की कहानियाँ'[150] सम्पादित की, जिसमें केवल एक दलित कथाकार श्री रघुनाथ 'प्यासा' को भी शामिल किया गया। शेष सभी सवर्ण साहित्यकार थे। इस दिशा में रमणिका गुप्ता ने महत्त्वपूर्ण काम किया। उन्होंने 'दूसरी दुनिया का यथार्थ'[151] कथा संकलन सम्पादित किया, जिसमें पहली बार एक साथ 18 दलित कथाकारों की कहानियाँ संकलित की गयी, जिनमें तीन दलित महिला कथाकार भी सम्मिलित हैं। डॉ. एन. सिंह ने दो कथा संकलन सम्पादित करके इस कार्य को और आगे बढ़ाया। उनके द्वारा सम्पादित 'काले हाशिए पर'[152] कहानी संकलन में हिन्दी और मराठी के कई दलित कथाकारों के साथ, हिन्दी के कई सवर्ण कथाकारों की दलित चेतना सम्पन्न कहानियों को भी संकलित किया गया, जिससे इन कथाकारों के सरोकारों को तुलनात्मक दृष्टि से परखा जा सके। 'यातना की परछाइयां'[153] में केवल दलित कथाकारों की ही कहानियों को संकलित किया गया है। इन कथाकारों में—ओमप्रकाश वाल्मीकि, प्रेमशंकर, जयप्रकाश कर्दम, दयानन्द 'बटोही', ब.एल. नय्यर, मोहनदास नैमिशराय, प्रेम कपाड़िया, रत्न कुमार सांभरिया और कुसुम मेघवाल की कहानियाँ संकलित हैं। डॉ. कुसुम वियोगी ने तीन कथा संकलन सम्पादित किये। इनके नाम इस प्रकार हैं—'चर्चित दलित कहानियाँ'[154], 'समकालीन दलित कहानियाँ'[155] तथा 'दलित महिला कथाकारों की चर्चित कहानियाँ'।[156] बीसवीं शताब्दी का अन्तिम दशक दलित कथा की दृष्टि से बहुत ही महत्त्वपूर्ण रहा है। दलित कथा के विकास पर दृष्टिपात करते हुए जय चौहान ने लिखा है कि—"कुल मिलाकर कहा जा सकता

है कि दलित साहित्य के अपम्परागत परिवेश को जीवन्त करती कहानियाँ का जन्म उत्तर भारत में प्रारम्भ हो चुका है। आवश्यकता है, तो बस इसे एक रचनात्मक साहित्यिक आन्दोलन बनाने की ताकि सदियों से सोया अल्प शिक्षित दलित समाज जागृत हो।"[157] हमें लगता है कि बीसवीं सदी के अन्तिम दशक में दलित कहानी ने एक आन्दोलन का रूप ले लिया है। इस दशक में जिन दलित कथाकारों के कथा संग्रह आये उनका विवरण निम्न प्रकार है–

'सुरंग' –डॉ. दयानन्द बटोही, 'चार इंच की कलम'–डॉ. कुसुम वियोगी, 'टूटता बहम'–डॉ. सुशीला टाकभौरे, 'साग'–डॉ. टी.पी. राही, 'आवाजें'–मोहनदास नैमिशराय, 'पुट्स के फूल'–प्रहलाद चन्द्र दास, 'द्रोणाचार्य एक नहीं'–कावेरी, 'हैरी कब आयेगा'–सूरजपाल चौहान, 'सलाम'–ओम प्रकाश वाल्मीकि के अतिरिक्त जिन कथाकारों के कथा संग्रह प्रकाशित हुए हैं, उनमें–'अपना मकान', 'पुनर्वास'–विपिन बिहारी, 'सत्य का सफरनामा'–जिया लाल आर्य, चन्द्रमौलि का 'रक्तबीज'–सत्यप्रकाश, 'तीन महाप्राणी'–बुद्धशरा 'हंस' आदि के नाम उल्लेखनीय हैं। इधर पत्र-पत्रिकाओं में जिन दलित कथाकारों की कहानियाँ प्रकाशित हुईं हैं, उनका नामोल्लेख करना भी आवश्यक है। इन कथाकारों में रजत रानी मीनू, पारसनाथ, अजय यतीश, स्वरूप चन्द्र, अरविन्द कुमार राही, शत्रुघ्न कुमार, अंगद किशोर, विश्वजीत विश्वकिरण आदि के नाम लिए जा सकते हैं। इनके अलावा कुछ दलित कथाकार लघुकथाओं पर भी हाथ आजमा रहे हैं। उनमें सबसे प्रमुख नाम रत्नकुमार सांभरिया का है, जिनका लघुकथा संग्रह 'बाँग' और अन्य लघुकथाएँ[158] प्रकाशित होकर चर्चित हुआ है। इस पर टिप्पणी करते हुए डॉ. एन.सिंह ने लिखा है कि–'रत्नकुमार सांभरिया की लघुकथाओं में धर्म, दर्शन और राजनीति की स्थापित विसंगतियों पर भरपूर चोट देखने को मिलती है। मोटे तौर पर इसमें दो तरह की लघुकथाएँ हैं। एक वे, जिनमें हिन्दू धर्म की मिथकीय मान्यताओं की बखिया उधेड़ी गयी हैं तथा दूसरी वे लघुकथाएँ हैं, जिनमें भारतीय समाज में टूटते-बिखरते सम्बन्धों पर बेबाक टिप्पणियाँ की गयी हैं।"[159] इन लघुकथाओं में कभी पशु-पक्षियों के माध्यम से तथा कभी सीधे-सीधे उन्होंने अपनी मान्यताओं को अभिव्यक्त किया है। जैसे चींटियों को आटा खिलाकर या साँप को दूध पिलाकर अथवा पशु (गाय) को माता कहकर तथा पत्थर की पूजा करके हिन्दू धर्म की उदारता का ढोल नित्य प्रति पीटा जाता है, लेकिन वही हिन्दू मनुष्य (अछूत) के प्रति कितने निर्दयी हैं, इसे उनकी एक लघुकथा 'धर्म' में देख जा सकता है। इस लघु कथा का एक अंश देखिए–"पंडिताइन ने होंठ बिचकाए, हाथ नचाया और चिनकी–बावली हुई है, धर्म हाथ का, गो माता के बारे में ऐसी अधर्मी बात मत निकालना गुँह रो कि मैं उसकी सेवा करती हुई साड़ी खराब कर लेती हूँ, कहे देती हूँ–हाँ चारावाली चुपा गयी थी।"

"तबीयत ठीक न होने के कारण मेहतरानी आज झाड़ने नहीं आ सकी थी। उसने दसवीं कक्षा में पढ़ने वाली अपनी लड़की को भेज दिया था। लड़की धुली स्कूल ड्रेस पहले थी। वह झुककर आँगन की नालियाँ खींच रही थी। हवा में लहराती उसकी चुन्नी मटके से छू गयी। पंडिताइन की आँखें उस पर पड़ीं तो वह क्रोध से झुलस गयीं, उसने कपड़ा पीटने वाली लकड़ी उठा ली और लड़की की ओर फेंकी, निशाना चूक गया था। डरी और सहमी लड़की वहाँ से भाग गयी। पंडिताइन ने मटके को उठाकर बाहर फेंक दिया और लड़की को अश्लील गालियाँ बकने लगी।"[160] अब दलित लेखकों की दलित चेतना सम्पन्न कहानियाँ और लघुकथाएँ निरन्तर प्रकाशित हो रही हैं, जिससे उम्मीद बँधती है कि दलित कथा निश्चय ही समृद्धि की सीमा तक अतिशीघ्र जा पहुँचेगी। दलित कथाकारों की कुछ महत्त्वपूर्ण कथा कृतियों पर समीक्षात्मक टिप्पणियां यहाँ प्रस्तुत हैं–

सलामः ओमप्रकाश वाल्मीकि

ओमप्रकाश वाल्मीकि की चौदह कहानियों का संग्रह 'सलाम' अपने कथ्य और शिल्प के कारण तो हमारा ध्यान खींचता ही है, अपने सरोकारों के कारण भी हमें दिल दहला देने वाली स्थितियों से गुजरने को मजबूर करता है। ओमप्रकाश वाल्मीकि की कहानियों के पात्र किसी उच्च वर्ग या मध्यम वर्ग के पात्र नहीं हैं, जो समय बिताने के लिए प्रेम में आहे भरते या क्लबों में डांस करते दिखाई देते हों। जिन्दगी की मदहोशियों के अलावा जो जीवन है, जो सिर्फ जीने की जद्दोजहद में ही कट जाता है। उसी का कच्चा चिट्ठा है–'सलाम' की कहानियाँ। जहाँ हैं समाज की त्रासद स्थितियों के कारण अपमान झेलते स्त्री-पुरुष, जमाने की गन्दगी साफ करती औरतें। अपने चीत्कार और सिसकियों को चुपचाप पीकर शोषक दुनिया को बदलने का सपना देखने वाले लोग। जो लड़ते जरूर हैं, मगर जीत नहीं पाते। लेकिन इन कहानियों में उस सपने को जिन्दा रखने का वह जज़्बा भी दिखता है कि ये लोग इस युद्ध को जीतेंगे जरूर, चाहे उसमें समय कितना भी लग जाय। इसी आशा और विश्वास की कहानियाँ हैं–'सलाम' की कहानियाँ।

इस संग्रह की पहली कहानी 'सलाम' सचमुच ही बहुत अच्छी कहानी है। इस कहानी का नायक हरीश, भंगी समाज से सम्बन्धित है। पूरी कहानी का ताना-बाना हरीश के विवाह के चारों तरफ बुना गया है। हरीश का एक मित्र कमल उपाध्याय है, जो उसकी बारात में ही शामिल नहीं होता, बल्कि उसके विवाह की तैयारियों में भी घर-परिवार के सदस्य की तरह लगा रहता है। हरीश की बारात देहरादून से मुजफ्फरनगर के पास के एक गाँव में पहुँचती है। अगले दिन सुबह कमल को चाय की तलब लगती है और वह ढूँढते हुए गाँव की एक चाय की दुकान पर पहुँचता

है। दुकानवाला यह जानकर कि यह देहरादून से जुम्मन चूहड़े के यहाँ बारात में आया है, तो चूहड़ा (भंगी) ही होगा। कमल को चाय देने से मना कर देता है। यहाँ उसे जिस अपमानजनक स्थिति से गुजरना पड़ता है। उसे चाय वाले और कमल के संवादों के माध्यम से आप भली-भांति समझ सकते हैं—"चूहड़े चमारों को मेरी दुकान पर चाय ना मिलती... कहीं और जाके पियो।" तो कमल उससे जाति पूछ लेता है। इस पर चाय वाले के संवाद देखिए—"चाय वाला भभक पड़ा—'मेरी जात से तुझे क्या लेणा-देणा। इब चूहड़े चमार भी जात पूछने लगे... कलजुग आ गया है, कलजुग।"

"हाँ! कलजुग आ गया है, सिर्फ तुम्हारे लिए, तुम अपनी जात नहीं बताना चाहते हो, तो सुनो-मेरा नाम कमल उपाध्याय है। उपाध्याय यानी ब्राह्मण।" कमल ने आँखें तरेर कर कहा।

"चूहड़ों की बारात में बामन?" चायवाला कर्कशता के साथ हँसा।

"सहर में चूतिया बनाना... मैं तो आदमी को देखते ही पिछाण (पहचान) लूँ... कि किस जात का है।" चाय वाले ने शेखी बघारी।

जब ये संवाद चल रहा होता है, तभी पर बल्लू रांघड़ (राजपूत) का रामपाल भी आ जाता है और कमल को गाली-गलौज करने लगता है—"ओ! सहरी जनखे हम तेर भाई हैं? साले जिबान सिँभाल के बोल, गांड में डंडा डाल के उलट दूंगा। जोक जुम्मन चूहड़े से रिश्ता बाण। इतनी जोरदार लौंडिया लेके जा रहे हैं सहर वाले, जुम्मन के तो सींग लिकड़ आये हैं। अरे लौंडिया को किसी गाँव में ब्याह देता तो म्हारे जैसों का भी कुछ भला हो जाता...।" एक तीखीं हँसी का फव्वारा छूटा। आसपास खड़े लोगों ने उसकी हँसी में अपनी हँसी मिला दी।

कमल को लगा जैसे अपमान का घना बियाबान जंगल उग आया है। उसका रोम-रोम काँपने लगा।[161] भारतीय गाँव जहाँ भंगी-चमार की बेटी को भी सारे गाँव की बेटी समझने का ढोल पीटा जाता है, उस सच्चाई को यह कथन पूरी तरह बेनकाब कर देता है। आगे इस कहानी की परिणति विद्रोह में होती है। जब कथा नायक हरीश 'सलाम' के लिए जाने से मना कर देता है। वह कहता है—"मैं इस रिवाज को आत्मविश्वास तोड़ने की साजिश मानता हूँ। यह सलाम की रस्म बन्द होनी चाहिए।" कुल मिलाकर यह कहानी अपने 'ट्रींटमेंट' और उद्देश्यों में एक अच्छी और सुगठित कहानी है। लेकिन इस कहानी में एक प्रसंग पैबन्द की तरह लगता है। उसे मैं यहाँ प्रस्तुत कर रहा हूँ—"जल्दी-जल्दी बारात को खाना खिलाया गया। खाना खाकर कमल और हरीश नीम की छाँव में पड़ी चारपाई का बैठ गये थे। सामने दीवार की तरफ मुँह करके एक दस बरस का लड़का खड़ा था। उसके चेहरे पर गुस्से के भाव थे।"

उसे ढूँढते-ढूँढते एक बूढ़ा आँगन में घुसा। उसके हाथ में 'नान' और 'मीट' था। "दीपू... ओ... दीपू... कहाँ है... ये लौंडा भी बहुत दिक् करे है। चूहड़ों के घर में पैदा

होके बामनों सी बोली बोले है। उसे दीवार के पास खड़ा देख, उसने डाँटा, 'तू यहाँ छुपा खड़ा है... मैं कब से तुझे ढूढ रहा हूँ। ले रोटी खा ले... ये देख कितना अच्छा मीट बना है।" बूढ़े ने मनाने की कोशिश की।

"ना मैं नी खाता... इसे खाए मेरा मूत।" लड़के ने ऐंठते हुए कहा।

"पर क्यूँ? क्या हुआ इसमें?" बूढ़े ने सख्ती से कहा।

"मुसलमान के हाथ की बणी रोटी मैं नी खाता।" लड़के ने दूर हटते हुए कहा।

"मुसलमान?... कौन मुसलमान?"

"वो जो गाडा वहाँ बैट्ठा रोट्टी बणा रहा है।" लड़के ने रोटी बनाने वाले कारीगर की ओर इशारा किया।

"वो... वो तो हिन्दू है... चलकर देख ले।" बूढ़ा उसे खींचकर ले जाने लगा। लड़का घिसटते हुए बूढ़े के पीछे जा रहा था। चीख-चीखकर कह रहा था, "नहीं, वह मुसलमान है। मैं नी खाऊँगा उसके हाथ की बणी रोट्टी... मैं नी खाऊँगा।"

"अबे उल्लू की दुम... एक बार चलके तो देख ले। फेर कहणा।" बूढ़ा उसे घसीटकर भट्टी की ओर ले गया। वहाँ नान बन रहे थे। लड़के के चीखने की आवाज लगातार आ रही थी।

"नहीं... नहीं मैं मुसलमान के हाथ की बणी रोट्टी नहीं खाऊँगा... नहीं खाऊँगा... नहीं खाऊँगा।"[162]

इस पूरे प्रसंग पर गम्भीरता से गौर करने पर पता चलता है कि इसकी इस कहानी में कोई आवश्यकता नहीं थी। सम्भवतः इस प्रसंग का संयोजन वाल्मीकि जी ने बहुत ही सोच-समझकर, समय की नजाकत को देखते हुए, अपने रचनाकार के राजनीतिक उद्देश्यों के पूर्ति के लिए किया है। इसमें उन्होंने दो बातें कही हैं। एक–"चूहड़ों के घर में पैदा होके बामनों सी बोली बोले है।" इसका तात्पर्य यह है कि चूहड़े (वाल्मीकि) हिन्दू समाज में ब्राह्मणों के ज्यादा नजदीक हैं, जो हिन्दुत्व की रीढ़ हैं और भाजपा के कर्ता-धर्ता भी। इस प्रकार ओमप्रकाश वाल्मीकि ने अपने सामाजिक सरोकारों को भाजपा की राजनीति से जोड़ दिया है। दूरी बात उन्होंने कही है–"मुसलमान के हाथ की बणी रोट्टी मैं नी खाता।" इस बात को उन्होंने इस प्रसंग में तीन बार बहुत जोर देकर कहा है। इससे मुसलमानों के प्रति उनके मन की घृणा बाहर आ गयी है, जो भारत की सवैधानिक धर्म निरपेक्षता के विरुद्ध है और जिसने उन्हें फासीवादी हिन्दुत्व के साथ खड़ा कर दिया है और इन हिन्दुत्ववादियों के निशाने पर मुसलमानों के साथ अम्बेडकरवादी चमार सबसे पहले हैं। अतः ओमप्रकाश वाल्मीकि ने आगे चलकर इस संग्रह की अन्तिम कहानी "खानाबदोश" में चमारों के प्रति अपनी घृणा को यह लिखकर कि–"अपने काम से काम रखो। क्यों इन चमारों के चक्कर में पड़ते हो।" व्यक्त कर दिया है। कथा लेखन की इस महीन बुनावट में एक खास तरह की स्ट्रैटजी छिपी हुई

है, जिससे दलित साहित्य की लोकप्रियता और सवर्णों की वाहवाही एक साथ लेखक को मिलती है। साथ ही वह अपनी जाति को प्रकारान्तर से यह सन्देश भी देते हैं कि–वह हिन्दुत्ववादी ब्राह्मणों के साथ जुड़े हैं, अम्बेडकरवादी चमारों के साथ नहीं। 'सलाम' पर टिप्पणी करते हुए डॉ. श्यौराज सिंह 'बेचैन' ने सम्भवतः इसलिए लिखा कि–"यह अलग बात है कि, उनके (ओमप्रकाश वाल्मीकि) सामाजिक सरोकार, जीवन अनुभव और रचनात्मक उद्देश्य अलग हैं।"[163]

इस संग्रह की दूसरी कहानी 'सपना' भी एक अच्छी कहानी है। इस कथा में चरित्रों की वर्णीय विशेषताएँ पूरी तरह उभरकर सामने आती हैं। जैसे कम्पनी के प्रोजेक्ट मैनेजर शिरोडकर साहब विद्यालय और महाविद्यालय के प्रस्ताव को नकार कर कारखाने के प्रांगण में मन्दिर बनवाने का निर्णय लेते हैं। इसका सीधा-सा अर्थ है कि ब्राह्मण सदैव से ही "तमसो मा ज्योतिर्गमय" का नारा लगाते हुए भी हिन्दू समाज में अन्धविश्वास का अन्धेरा फैलाने का ही प्रयत्न करता रहा है। दूसरे, जब मन्दिर निर्माण का निर्णय हो जाता है, तो समिति में इस बात पर लड़ाई होती है कि मन्दिर किस भगवान का बने। भगवानों में चाहे लड़ाई हो या नहीं, लेकिन उनके नाम पर लड़ाई भारतीय संस्कृति की एक सबसे बड़ी विशेषता है। जब मन्दिर निर्माण समिति का गठन हो जाता है तो उसमें सबसे अधिक मेहनत गौतम करता है, जो एस.सी. है, लेकिन जब उसकी मेहनत के परिणाम स्वरूप मन्दिर बनकर तैयार हो जाता है और उसमें मूर्ति की प्राण-प्रतिष्ठा का समारोह आयोजित किया जाता है, तो गौतम की पत्नी तथा बच्चों को पांडाल में आगे बैठा देखकर नटराजन की प्रतिक्रिया देखिए–

"बात क्या है? कुछ कहो तो।" ऋषि ने पूछा।

"ऋषि, तुम तो समझदार और पढ़े-लिखे आदमी हो... वह गौतम वहाँ बैठा है। सबसे आगे।" नटराजन ने धीमे स्वर में कहा।

"तो?"

"तो क्या? उसे और उसके बच्चों को उठाकर पीछे बैठाओ..."

"लेकिन क्यों?"

"अब तुमको कैसे समझाऊँ... तुम तो जान-बूझकर ना समझ बनने का नाटक कर रहे हो।" नटराजन ने क्षोम व्यक्त किया।

"नटराजन जी साफ-साफ कहिए... पहेलियाँ बुझाने का यह वक्त नहीं है। आखिर बात क्या है?" ऋषि गम्भीर हो गया था।

"तुम क्या जानते नहीं हो?" नटराजन ने ताश के पत्तों की तरह शब्दों को फेंटा।

"क्या?" ऋषि ने जैसे ताश की गड्डी कट की।

"ये गौतम ए.सी. है।" नटराजन ने आखिरी चाल चल दी।

"तो इससे क्या फर्क पड़ता है... श्री नटराजन जी...।" ऋषि ने व्यंग्य से कहा।

"फर्क पड़ता है... पूजा अनुष्ठानों में उन्हें आगे नहीं बैठाया जा सकता? यह रीत है। शास्त्रों की मान्यता है।" नटराजन ने गहरे अवसाद में भरकर कहा।[158]

गौतम के परिवार को आगे से उठाकर पीछे बैठाने की कशमकश में झगड़ा शुरू हो जाता है और अन्ततः प्राण-प्रतिष्ठा का कार्यक्रम कुरुक्षेत्र का मैदान बन जाता है। इस पर गौतम का यह निष्कर्ष कि—"चलो भाई, हम लोग घर चलते हैं। ऐसे अनुष्ठानों में बैठकर क्या होगा। जहाँ आदमी को आदमी की तरह न समझा जाय।"[164] हिन्दू धर्म के पाखण्ड को पूरी तरह व्यक्त कर देता है और उससे दलितों को मुक्ति पाने का सन्देश भी बहुत स्पष्ट तरीके से देता है।

'बैल की खाल' भी इस संग्रह की एक उत्कृष्ट कहानी है, जो भूरे और काले के माध्यम से मरे हुए जानवरों की खाल निकालने वाली की बदरंग जिन्दगी का चित्रण पूरी शिद्दत के साथ करती है। दुनिया की नजर में ये सबसे निकम्मे जीव थे, मरे जानवरों की खाल खींचने वाले। खाल बेचकर ही इनके परिवार का काम चलता है, लेकिन जब ये दोनों एक दुर्घटना में घायल हुई बछड़ी को देखते हैं, तो उसकी संवेदना जाग उठती है और वे बछड़ी को बचाने का हर सम्भव प्रयास करते हैं।

ग्रामीण आभिजात्य परिवारों की औरतें दलित जाति के लोगों का किस तरह इस्तेमाल करती हैं, इसका जीवन्त उदाहरण है—'ग्रहण'। चौधरी परिवार के बेटे बिरम की बहू को पति की नंपुसकता के कारण बाँझ बताकर प्रताड़ित किया जाता है, तो वह चन्द्रग्रहण की रात में रमेसर में संभोग कर बालक प्राप्त करती है। इस कहानी का ही विस्तार अगली कहानी 'बिरम की बहू' में हुआ है, जिसमें रमेसर सोचता है कि किस तरह देह और संवेदन के धरातल पर आभिजात्य परिवारों की औरतें दलित युवकों को छलती हैं। 'पच्चीस चौका डेढ़ सौ' ग्रामीण दलितों की अज्ञानता को रेखांकित करती है, लेकिन जब ग्रामीण बच्चे पढ़-लिखकर उन्हें शोषण से बचाने के लिए सही बात बताते हैं, तो वे आक्रोशित हो उठते हैं। इस कहानी का नायक सुदीप भी जब अपनी पहली तनख्वाह के रुपये लाकर अपने पिताजी को समझाता है कि पच्चीस चौका डेढ़ सौ नहीं, सौ होते हैं, तो उसके मुँह से आक्रोश गोली की तरह फूट पड़ता है। "कीड़े पड़ेंगे चौधरी... कोई पानी देने वाला भी नहीं बचेगा।" 'अन्धड़, 'भंग', 'कहाँ जाए सतीश', 'कुचक्र' और 'जिनावर' आदि कहानियाँ अपने आपमें प्रभावशाली कहानियाँ हैं। लेकिन इस संग्रह में संकलित कहानी 'अम्मा' बहुत ही सशक्त कहानी है। इस कहानी की नायिका 'अम्मा', जो घरों में पाखाना साफ करने का काम करती है, अपने बच्चों को पढ़ा-लिखाकर अच्छे संस्कार देती है, लेकिन उसका ही एक लड़का जब नगरपालिका की नेतागिरी करते हुए अपने ही लोगों को सताने लगता है, तो अम्मा उससे साफ-साफ कहती है—"शिव, आजकल तू जो करे है, ठीक ना है... जो मैंने पता होता कि तू इस तरियो पैसा कमाता है, तो मैं तेरे

पेसे कू हाथ भी ना लगाती। तने पढ़ा-लिखा दिया। तेरी साद्दी (शादी) कर दी... मेरा काम खत्म... अच्छा इन्सान न बणा सकी यो मेरा कसूर। कल से अपना चौका-चूल्हा अलग कर ले... मन्नै ना खाणी इस कमाई की रोटी। अलग होके चाहे किसी ने लूट या मार... मेरे से कोई मतलब नहीं।"[165]

इस संग्रह की अन्तिम कहानी 'खानाबदोश' भट्ठा मजदूरों के जीवन से सम्बन्धित है। भट्ठे पर महेश और किशनी काम करते हैं। किशनी धीरे-धीरे भट्ठा मालिक के लड़के सूबे सिंह की रखैल बन जाती है। यहीं पर सुकिया और उसकी पत्नी मानो भी काम करते हैं। मानो सूबे सिंह के चक्कर में आने से मना कर देती है, अतः उनका उत्पीड़न प्रारम्भ हो जाता है और अन्ततः उन्हें भट्ठे का काम छोड़कर अपने घर लौटना पड़ता है।

इन दोनों कहानियों पर विचार करने पर पता चलता है कि—'अम्मा' कहानी की 'अम्मा' और 'हरदेई' जो घरों में पाखाना साफ करने का काम करती है, 'भंगी' जाति की औरतें हैं। ये दोनों सच्चरित्र और खुद्दार हैं। चोपड़ा परिवार के घर में मिसेज चोपड़ा का आशिक 'विनोद' जब टट्टी में पानी डलते हुए अम्मा को लपेट लेना चाहता है, तो वह उसकी झाड़ से पिटाई करती है तथा मिसेज चोपड़ा से कहती है— "भैण जी इस हरामी के पिल्ले से कह देणा... हर औरत छिनाल ना होवे।"[166] इस घटना के बाद अम्मा अपने इस ठिकाने को हरदेई को बेच देती है। हरदेई पूरा किस्सा सुनकर अम्मा से बोली—'तू तो मूरख है नासपिट्टी, अपनी माँ के यार कू टट्टी में घसीट लेती। पहले उतरवाती उसके कपड़े कि आ तुझे करवा दूँ मसूरी की सैर। फेर करवाती उसे तिगनी का नाच। झाड़ से पीट-पीटकर साले कुत्ते कू सड़क पे लि आती। जुलूस लिकड़ (निकल) जाता चोद्दे (गाली) का, जिब गणपति को हिलाता सड़क पे दौड़ता। भूल जाता सारा इश्क... और वह चोपड़ी... ऐसी लुगाइयों का इलाज मैं जाणू हूँ... ये ले थाम नोट... इब कल से चोपड़ी मेरी... साली दो-दो बच्चों की माँ होके इशक करे है।"[167] 'खानाबदोश' कहानी के महेश और किशनी, सुकिया—मानो। ये भट्ठा मजदूर हैं और भट्ठे पर काम करने वाले अधिकांश मजदूर चमार या जाटव हैं। देखिए इन्हें ओमप्रकाश वाल्मीकि कैसे चित्रित करते हैं—एक रोज सूबेसिंह की नजर किशनी पर पड़ गयी... तीन महीने पहले ही किशनी और महेश भट्ठे पर आये थे। पाँच-छः महीने पहले ही दोनों की शादी हुई थी।

सूबेसिंह ने उसे सेवा टहल का काम दे दिया था। शुरू-शुरू में किसी का ध्यान इस ओर नहीं गया था, लेकिन जब रोज ही गारे-मिट्टी का काम छोड़कर वह दफ्तर में रहने लगी, तो मजदूरों में फुसफुसाहट शुरू हो गयी थी।

तीसरे दिन जब मजदूर काम शुरू करने के लिए झोंपड़ियों से बाहर निकल रहे थे। किशनी हैंडपम्प के नीचे खुले में बैठकर साबुन से रगड़-रगड़कर नहा रही थी।

भट्ठे पर साबुन किसी के पास नहीं था। साबुन और उससे उठते झाग पर सबकी नजर पड़ गयी थी। लेकिन बोला कोई कुछ नहीं। सभी की आँखों में शंकाओं के गहरे बादल घिर आये थे। कानाफूसी हल्के-हल्के शुरू हो गयी थी...साँवले रंग की भरे-पूरे जिस्म की किशनी। वह दिन भर दफ्तर में घुसी रहती थी। उसकी खिलखिलाहटें दफ्तर के बाहर तक सुनाई पड़ने लगी थीं। महेश ने उसे समझाने की कोशिश की थी, लेकिन वह जिस राह पर चल पड़ी थी, वहाँ से लौटना मुश्किल था।... किशनी के पास एक ट्रांजिस्टर भी आ गया था। ...सूबेसिंह किशनी को लेकर शहर भी जाने लगा। ...किशनी कई-कई दिन तक शहर से लौटती नहीं थी। जब लौटती थकी, निढाल और मुरझाई हुई। कपड़ों-लत्तों की अब उसके पास कमी नहीं थी।"[168]

यहाँ गौर करने लायक बात यह है कि जो महिलाएँ पाखाना साफ करती हैं—वे भंगी औरतें हैं। वे सबकी सब सच्चरित्र और दबंग हैं तथा जो भट्टे पर काम करती हैं—वे चमार औरतें हैं, जो रखैल हैं, चरित्रहीन हैं। प्रकारान्तर से वाल्मीकि जी यहाँ भी यह कहना चाहते हैं कि चमारों की सम्पन्नता, उनकी उस दुष्चरित्रता की वजह से ही है। क्या यह दृष्टिकोण पूर्वग्रह से युक्त और जातीयता से परिपूर्ण नहीं है, जो जातीय विद्वेष पैदा करता है। हमारा विचार है कि भंगी औरतें, जो घरों में पाखाना साफ करती हैं, घरों में उनका उत्पीड़न हो जाता है। चमार महिलाएँ जो खेत मजदूर हैं या भट्टों पर काम करती हैं, वहाँ पर उनका उत्पीड़न होता रहा है। सच्चरित्र और दुष्चरित्र महिलाएँ भंगियों में भी हैं और चमारों में भी हैं, लेकिन भंगियों में सब औरतें चरित्रवान और दबंग ही हैं, और चमारों में सब रखैलें ही हैं, यह सच नहीं है। लेखक को इस तरह के आग्रह से मुक्त होकर, व्यष्टि सच की अपेक्षा समष्टि सच को अभिव्यक्ति देने का प्रयास करना चाहिए। 'सलाम' की कहानियों के माध्यम से अपने आपको दलित सराकारों वाला दलित लेखक साबित करने के लिए ओमप्रकाश वाल्मीकि हिन्दू देवी-देवताओं को अपशब्दों और अपस्थितियों से नवाजते दिखाई देते हैं। इसके दो उदाहरण उनकी कहानियों में उपलब्ध हैं। 'ग्रहण' नामक कहानी में जब पुत्र की चाहत में बेहाल चौधरी परिवार की पुत्रवधू 'बिरम की बहू' से कथा नायक रमेसर (भंगी युवक) संभोग करता है, तो उसे लगता है कि उसके नीचे—"साक्षात् लक्ष्मी लेटी है। सुन्दर, कोमल, दयावान, अन्नपूर्ण।"[169] इसी प्रकार 'अम्मा' कहानी की नायिका 'अम्मा' जब अपना चोपड़ा परिवार वाला ठिकाना हरदेई को बेच देती है, तो हरदेई कहती है—"जलूस लिकड़ (निकल) जाता चौदूदे (गाली) का, जिब गणपति को हिलाता हुआ सड़क पर दौड़ता।"[170] यहाँ पुरुष लिंग की तुलना 'गणपति' (एक हिन्दू देवता) से करके तथा लक्ष्मी (एक हिन्दू देवी) से रमेसर का संभोग कराकर वाल्मीकि जी हिन्दू धर्म के प्रति अपने विद्रोही रुख को प्रदर्शित करना चाहते हैं। वहीं दूसरी ओर मुसलमानों और चमारों के प्रति अपनी घृणा को व्यक्त करके हिन्दूवादियों से अपनी निकटता भी प्रदर्शित करते

हैं। यह चिन्तन की स्पष्टता है, जो अस्पष्टता का भ्रम देकर लाभ उठाना चाहती है। इससे स्पष्ट हो जाता है कि ओमप्रकाश वाल्मीकि के 'सामाजिक सरोकार' और 'रचनात्मक उद्देश्य' अलग किस तरह हैं।

कुल मिलाकर कहा जा सकता है कि हिन्दी दलित साहित्य के क्षेत्र में श्री ओम प्रकाश वाल्मीकि का नाम अब अपरिचित नहीं है। उनकी आत्मकथा 'जूठन' हिन्दी दलित साहित्य में मील का पत्थर प्रमाणित हुई है। उनके कविता संग्रह 'बस्स! बहुत हो चुका' ने भी हिन्दी पाठकों को उद्वेलित किया है। ओमप्रकाश वाल्मीकि की रचनाएँ हिन्दी की प्रतिष्ठित पत्र-पत्रिकाओं में तो प्रकाशित होती ही रही हैं। 'काले हाशिए पर' तथा 'यातना की परछाइयाँ' जैसे कथा संग्रहों में भी प्रकाशित हुई हैं। जो आलोचक हिन्दी दलित साहित्य पर सौन्दर्यहीनता, दोहराव और नारेबाजी का आरोप लगाकर उसे खारिज करने की कुचेष्टा करते रहे हैं, ओमप्रकाश वाल्मीकि की कहानियाँ उनके लिए एक सशक्त उत्तर हैं। हाँ! उनसे इतना आग्रह अवश्य है कि वे अपने लेखन से दलित समाज और दलित साहित्य आन्दोलन को जोड़ने का प्रयास करें, तोड़ने का नहीं।

तलाशः जयप्रकाश कर्दम

डॉ. जयप्रकाश कर्दम दलित साहित्य के प्रतिष्ठित हस्ताक्षर हैं। हिन्दी दलित साहित्य की स्थापना के लिए जितना रचनात्मक संघर्ष उन्होंने किया है, इसका दूसरा उदाहरण मिलना कठिन है। जब उन्होंने हिन्दी दलित कथा साहित्य को आधुनिक युग का पहला दलित उपन्यास 'छप्पर' दिया, मुझे उसी समय उनमें छिपी हुई कथा सम्भावनाओं का आभास हो गया था, जो अब उनकी कहानियों के पहले संग्रह 'तलाश' से पुष्ट हो गया है। हिन्दी के अन्य दलित कथाकारों की कहानियों में और जयप्रकाश कर्दम की कहानियों में जो अन्तर है, वह यह कि अन्य कथाकारों की कहानियों के दलित पात्र उत्पीड़न का शिकार तो हैं, लेकिन वे प्रतिकार नहीं कर पाते। उनकी बेबसी, हताशा और असहायता का चित्रण ही दलित कथाकारों ने किया है। इससे मुक्ति का क्या उपाय है? ये कहानियाँ नहीं बता पातीं। बस यहीं और इसी बिन्दु पर जयप्रकाश कर्दम की कहानियाँ हिन्दी के समस्त दलित कथाकारों की कहानियों से अलग और विशिष्ट स्वरूप ग्रहण करती हैं। उनके पात्र अन्याय के विरुद्ध उठ खड़े होते हैं। उनकी कहानी 'तलाश' का नायक रामबीर सिंह, जो एक बिक्रीकर अधिकारी है, जब गुप्ता जी के मकान में रामबती चूहड़ी से खाना बनवाता है, तो मकान मालकिन मिसेज गुप्ता को यह नागवार गुजरता है और अन्ततः मि. गुप्ता रामबीर सिंह को यह बात कह ही देते हैं कि यदि आपको रामबती से ही खाना बनवाना है, तो आप कहीं और मकान ले लीजिए। इस पर रामबीर सिंह का प्रतिकार देखिए—"रामबीर सिंह ने निश्चय किया कि वह रामबती से खाना बनवाना बन्द नहीं करेंगे और उन्होंने गुप्ता को जवाब दे दिया, 'यदि यह बात है, तो मैं आपका

मकान खाली करने को तैयार हूँ, लेकिन जातिगत भेदभाव के आधार पर मैं रामबती से खाना बनवाना बन्द नहीं करूँगा।"[171] इससे भी आगे बढ़कर देखिए–'सांग' की नायिका चम्पा जो साधारण खेतीहर मजदूर है, वह गाँव के मुखिया के अन्याय का प्रतिकार कैसी दबंगयी से करती है–

"बोल हरामजादी, कल खेत में नलाइ करने क्यों नहीं गयी थी?" क्रोध से मुखिया ने पूछा।

"मेरी तबीयत ठीक नहीं थी।" चम्पा बोली।

"तबीयत ठीक नहीं थी... झूठ बोलती है कुतिया... फिर सांग देखने कैसे चली गयी तू? ऐं बोल!" कहने के साथ ही चम्पा की ओर हाथ बढ़ाया मुखिया ने।

"लेकिन इससे पहले कि मुखिया का हाथ चम्पा तक पहुँचता, ओढ़ने में से चम्पा के हाथ बाहर निकले और अगले ही क्षण मुखिया का सिर दो फाँक हो गया।"[172]

इस दृष्टि से जयप्रकाश कर्दम की दो अन्य कहानियाँ भी अपना विशेष महत्त्व रखती हैं। उनमें एक है 'लाठी'–इस कहानी का एक पात्र दलित किसान है, जो अपनी बारी आने पर अपने खेत में पानी देने जाता है, लेकिन उस समय तक गाँव के दबंग जाट किसान का खेत नहीं भर पाता। पानी चलने को लेकर दोनों में कहा-सुनी हो जाती है और दबंग जाट किसान बदनी, दलित किसान को लाठी मार देता है। दलित किसान अपने मौहल्ले में आकर घटना की जानकारी देता है तो मोहल्ले के लोग बदनी से बदला लेने के लिए उठ खड़े होते हैं, लेकिन कुछ बुजुर्ग उन्हें रोक देते हैं। इस घटना पर फग्गन का आक्रोश तथा बदला लेने का निश्चय देखते ही बनता है–"बदनी, मैं देखूँगा तुझे! वह आक्रोश से बुदबुदाया। आक्रोश के कारण उसका चेहरा खिंच रहा था, मुट्ठियाँ कस रही थीं और उसकी आँखें सामने दीवार के साथ लाठी पर अटकी थीं।"[173]

दूसरी कहानी है 'जहर'–इस कहानी का नायक एक दलित ताँगेवाला है। एक दिन वह एक ब्राह्मण को अपने ताँगे में बैठा लेता है। रास्ते में किसी दलित नेता की रैली में जाती हुई दलितों की भीड़ को देखकर ब्राह्मण भड़क उठता है और दलितों के खिलाफ जहर उगलने लगता है। इस पर ताँगेवाला बिशम्बर पंडित को बीच रास्ते में उतार देता है। पंडित के प्रति उसका आक्रोश यूँ व्यक्त होता है–"दो रुपये का नुकसान मुझे होगा ना। मैं सौ रुपये का नुकसान भी बर्दाश्त कर लूँगा, पर तेरे मुँह से अपमानजनक बातें बर्दाश्त नहीं करूँगा। चल उतर जल्दी से। बातों में लगाकार के टैम खराब मत कर मेरा। नहीं तो यू हन्टर देख रहा है मेरे हाथ में, इससे सूंत दूँगा तुझे।"[174] इससे प्रमाणित होता है कि दलित अब जाग्रत हो रहे हैं और अब वह न तो शाब्दिक हिंसा बर्दाश्त करने को तैयार हैं और न ही शारीरिक हिंसा को। जयप्रकाश कर्दम की कहानियों में परिवर्तन की ये आहटें स्पष्ट देखी जा सकती हैं।

हिन्दी दलित साहित्य पर यह आरोप प्रायः लगाया जाता है कि यह आन्दोलनों से नहीं उपजा है, क्योंकि हिन्दी पट्टी में ऐसा कोई दलित आन्दोलन कभी हुआ नहीं। यह आरोप आंशिक सत्य तो हो सकता है, पूरा सच नहीं है। यहाँ पर अस्सी के दशक के बाद बी.एस.पी. के बैनर तले एक पूरा दलित आन्दोलन रहा है, जिसने दलितों की चेतना में आमूलचूल परिवर्तन किया है और भारतीय राजनीति की शक्ल ही बदल दी है। हिन्दी दलित साहित्यकारों की एक पूरी पीढ़ी दलित वर्ग संघ के प्रचार अभियानों से निकली है। हिन्दी दलित साहित्यकारों में कुछ ऐसे भी हैं, जो कम्युनिस्ट आन्दोलन से जुड़े हैं। हिन्दी दलित साहित्यकारों में कुछ ऐसे भी हैं, जो कम्युनिस्ट आन्दोलन से जुड़े हैं। हिन्दी दलित साहित्यकार इन आन्दोलनों का सक्रिय कार्यकर्त्ता रहा हो या नहीं, वह उसका द्रष्टा अवश्य ही रहा है। कुछ इसी तरह के अनुभवों से निकली है जयप्रकाश कर्दम की कहानी 'मूवमेण्ट', जिसका नायक सामाजिक कार्यों से प्रायः घर से बाहर ही रहता है और अपनी पत्नी तथा बच्चों को समय नहीं दे पाता। उसकी पत्नी सुनीता इस बात से बहुत नाराज है। और उनसे प्रायः पूछती है कि—"मैं पूछती हूँ क्या यही प्रगतिशीलता है तुम्हारी कि बाहर जाकर अन्याय और असमानता के खिलाफ भाषण झाड़ो और खुद घर में असमानता का व्यवहार करो? यही मूवमेन्ट है तुम्हारा"[175] वह अपनी पत्नी को बराबर यह समझाने का प्रयास करता है कि यही सच नहीं है। मैं तो चाहता हूँ कि तुम भी घर की चहारदीवारी से बाहर निकलकर सामाजिक आयोजनों में हिस्सा लो और काम करो।[176] यह कहानी दलित कार्यकर्त्ताओं को यह समझाने का प्रयास करती है कि हम जिस अन्याय के खिलाफ बाहर की दुनिया से लड़ रहे हैं, उसे अपने घर और समाज से भी दूर करें।

अनुभूत सत्य को जयप्रकाश कर्दम ने अपनी कहानियों का कथ्य बनाया है। इसलिए ये कहानियाँ सीधी-सादी भाषा में होकर भी पाठक को प्रभावित करने की पूरी क्षमता रखती हैं। 'मोहरें' कहानी इस दृष्टि से एक सशक्त उदाहरण है। इस कहानी में उत्तर भारत का विद्यालयी माहौल पूरी तरह प्रतिभाषित होता है। एक तो सवर्ण अध्यापक किसी दलित अध्यापक को तथाकथित "विद्यामन्दिर" में बर्दाश्त नहीं कर पाते और यदि वह किसी तरह आ भी जाता है, तो उसके विरुद्ध विभिन्न प्रकार के षड्यन्त्र रचे जाते हैं। 'मोहरें' का नायक सत्यप्रकाश भी इसी स्थिति का भोक्ता है। दरअसल सत्यप्रकाश एक दलित नेता के भाषण से इस सत्य को जान गया कि— "गैर-दलित अध्यापक दलित बच्चों को पढ़ाने के प्रति गम्भीर नहीं है वे नहीं चाहते कि दलित बच्चे पढ़-लिखकर कामयाब हों, इसलिए वे हमारे बच्चों को पढ़ाने में तनिक भी रुचि नहीं लेते हैं। हमारा शिक्षित होना उनके लिए चुनौती बन सकता है। वे इस बात को अच्छी तरह समझते हैं। इसलिए पढ़ाने के बजाय वे उन्हें उल्टे हतोत्साहित करते हैं। बाबा साहब डॉ. अम्बेडकर के लम्बे संघर्ष और

त्याग का फल है कि आप लोग पढ़-लिखकर सरकारी नौकरी में हैं। यदि आप लोग चाहते हैं कि हमारा समाज तरक्की करे, हमारे समाज के बच्चे पढ़-लिखकर आगे बढ़ें, तो लोगों को नौकरी की भावना से ऊपर उठकर इन बच्चों को पढ़ाने के लिए अतिरिक्त उत्तरदायित्व अपने ऊपर लेना होगा।"[177] और सत्यप्रकाश इस उत्तरदायित्व का निर्वाह पूरी ईमानदारी से कर रहा था। इसलिए अध्यापक रामदेव त्रिपाठी उसके विरुद्ध षड्यन्त्र रचकर उनका स्थानान्तर एक ऐसे स्थान पर करवा देता है, जो उसके लिए नितान्त असुविधाजनक है।

जयप्रकाश कर्दम की कहानियाँ केवल कहानियाँ ही नहीं हैं, बल्कि दलित आन्दोलन के वैचारिक दस्तावेज भी हैं। दलित विमर्श में एक प्रश्न बराबर उभरता रहा है कि दलित साहित्य के मार्क्सवाद के साथ क्या रिश्ते हों? इस प्रश्न का बहुत ही सुविचारित उत्तर जयप्रकाश कर्दम की कहानी 'कामरेड का घर' प्रस्तुत करती है। इस कहानी के पात्र कई मार्क्सवादी बुद्धिजीवी हैं, जो प्राध्यापक हैं, अखबार नवीस हैं, लेकिन ये सभी लिखने-पढ़ने वाले प्रगतिशील विद्वान हैं, जो विभिन्न जातियों और धर्मों से आते हैं, लेकिन मुख्य आचरणगत द्वन्द्व कामरेड तिवारी और कामरेड असलम के बीच है। कामरेड असलम के घर पर कामरेड तिवारी स्वयं आग्रह करके मजे से मुर्गा खाता है, लेकिन तिवारी के घर पर जब कामरेड असलम अपने घर से लायी हुयी अण्डे की सब्जी खाने लाता है, तो कामरेड तिवारी के सनातनी संस्कार उभर आते हैं और वह कामरेड असलम को अपना टिफिन बन्द करने को कहता है। इस पर असलम खाना छोड़कर आने लगता है, तो सभी कामरेड उसे रोकने का प्रयास करते है। इस घटनाक्रम पर कामरेड असलम का कथन बहुत महत्त्वपूर्ण हैं—"किसलिये रुक जाऊँ मैं, क्या हिन्दूत्व को पानी देने के लिए? मेरे यहाँ रुकने का कोई औचित्य नहीं है। मैं तो यह मानकर चल रहा था कि आप लोग सच में प्रगतिशील हैं और परिवर्तन के अपने संकल्प के प्रति ईमानदार हैं, इसलिए मैं आप लोगों के साथ जुड़ा था। लेकिन आप लोग तो हिन्दू धार्मिकवाद में पूरी तरह जकड़े हुऐ हैं अन्दर से और उसकी रक्षा कर रहे हैं। ऐसे में आपसे कोई उम्मीद करना बेमानी है। आपके सिद्धान्त और व्यवहार के दोगलेपन ने मुझे निराश किया है। मैं इस दोगलेपन के साथ खड़ा नहीं रह सकता।"[178] कामरेड असलम का यह कथन दलित साहित्य और मार्क्सवाद के रिश्तों को पूरी तरह साफ कर देता है। दरअसल भारत में मार्क्सवाद भी हिन्दू वर्चस्व को कायम रखने के एक हथियार के रूप में ही प्रयोग हुआ है।

एक दूसरा छद्म हम 'नो बार' के रूप में देखते हैं। जब उसमें लड़का पिता अपनी बेटी को समझाता है कि – "वह तो सब ठीक है कि हम जाति पाँति को नहीं मानते और हमने भी मैट्रीमोनियल में नो बार छपवाया था, लेकिन फिर भी कुछ चीजें तो देखनी ही होती हैं। आखिर 'नो बार' का यह मतलब तो नहीं कि किसी

चूहड़े-चमार के साथ...।"[179] जयप्रकाश कर्दम की कहानियाँ दलित सन्दर्भों में दलितों और गैर-दलितों में आ रहे भावात्मक परिवर्तनों को रेखांकित करती हैं। 'जरूरत' तथा 'बिट्टन मर गयी' कहानियाँ भी ऐसी ही कहानियाँ हैं।

जयप्रकाश कर्दम की कहानियाँ अपने कथ्य और शिल्प दोनों में बेजोड़ कहानियाँ हैं जो दलित जागरण और हमारे सोच का विस्तार प्रदान करती हैं। सुविचारित और सुचिन्तित उद्देश्य में ये कहानियाँ मेरे दृष्टिकोण से पूरी तरह सफल हैं।

पुटूस के फूलः प्रहलादचन्द्र बोस

हिन्दी दलित साहित्य के वरिष्ठ दलित कथाकार श्री प्रहलाद चन्द्रदास का कथा संग्रह 'पुटूस के फूल' में उनकी बारह कहानियाँ संकलित हैं, जो समय-समय पर "हंस" जैसी प्रख्यात कथा पत्रिकाओं में छपती रही थीं। इन कहानियों के विषय में स्वयं लेखक का कहना है कि – "इस संकलन की कहानियाँ दलित लेखन के अन्तर्गत आती हों या नहीं, लेकिन दलन के जितने भी आयाम हो सकते हैं–जन्म, सेक्स, शिक्षा, आर्थिक और राजनीति, इन कहानियों में सबकी झांकियाँ मिलेंगी।"[180] मुझे यह कहने में कोई संकोच नहीं है कि ये कथाएँ सचमुच दलित चेतना की कहानियाँ हैं। किसी भी दलित लेखक का सम्पूर्ण सृजन दलित सम्पन्न नहीं भी हो सकता है क्योंकि लेखन के विकास क्रम में यह परम्परा से प्रारम्भ करके, वर्ग चेतना से होता हुआ दलित चेतना तक पहुँचता है। प्रहलाद चन्द्र दास की इन कहानियों में जो वर्ग चेतना की कहानियाँ हैं उन्हें विकास के विभिन्न पड़ावों के रूप में देखा जाना ही ज्यादा उचित होगा, जिसके कारण उसका कथाशिल्प निखर कर प्रौढ़ हुआ है और जिसका समुचित लाभ दलित कथा साहित्य को मिला है और वे 'लटकी हुई शर्त' जैसी सशक्त और प्रौढ़ कहानी दलित साहित्य को दे सके हैं। इस कहानी का नायक गंगाराम, जिसे गाँव के लड़के नंगाराम-नंगाराम कहकर चिढ़ाते हैं, आगे चलकर गंगा बाबू बन जाता है। वह अपनी बिरादरी के लोगों को ठाकुरों के यहाँ भोज पर जाने के लिए यह शर्त रखता है कि उनकी पत्तल भी अन्य बिरादियों की तरह ही उठवाई जाय। वे स्वयं नहीं उठाएँगे। गंगाराम गाँव में एक स्कूल बनवाता है। सारे दलित 'सम्मान पाने को आतुर थे' अतः वे सब गंगाराम के साथ आकर खड़े हो गये, तो सवर्णों को लगने लगा कि "गंगाराम ने पूरे इलाके को बर्बाद कर दिया है। कितने मेल-जोल के साथ (?) रहते थे ये लोग।"[181] यह कहानी दलित चेतना की कहानी है–यह आज के दलित जीवन का सच है कि आज दलित सम्मान पाने के लिए ही साहित्य, समाज और राजनीति में संघर्ष कर रहे हैं। ये सारी उथल-पुथल उसी का परिणाम है।

इस संघर्ष चेतना को कथाकार उदात्त दलित चरित्रों का सृजन कर ही गति दे सकता हैं। "बैंगन बारी" दलित समाज में हो रहे राजनीतिक परिवर्तनों को रेखांकित करती हुई कहानी है। चुनाव पर टिप्पणी करते हुए मगन कहता है–'भोट परब' कोई आज से थोड़े शुरू हुआ है और जब से शुरू हुआ है, तबसे ही यह नियम है कि 'भोट परब' के ठीक एक दिन पहले मुखिया जी सबके खाने-पीने की व्यवस्था करते हैं। हर मुहल्ले में औकात के अनुसार खस्सी-पाठा या भेड़ या फिर दही चिउड़ा भिजवा देते हैं। उसके बाद भोट के दिन गाड़ी में बैठाकर ले जाते हैं–भोट डालने और वहाँ करना ही क्या होता है? एक कागज में बाध छाप के ऊपर लकड़ी का ठप्पा मार देना होता है। बस, जाओ बाबा, तुम भी खुश और हम भी खुश।[182] लेकिन अब ऐसा नहीं है। बदलते समय में दलित जाग गया है। अब वह भी चुनाव लड़कर अपनी बात स्वयं कहना चाहता है। इस पर मगन की टिप्पणी देखिए–"वाह रे भीखू दा! तब अब भिखुआ बनेगा राजा। यह मुखिया वाला भोट नहीं, सरपंची वाला भी भोट नहीं। पटना वाला। यह मुखिया वाला भोट नहीं, सरपंची वाला भी भोट नहीं। पटना वाला भोट, पटना वाला। भिखुआ पहुँचेगा पटना। राज करेगा पटना से। वाह औकात तो देखी होती अपनी। भीख माँग-माँग कर पाला-पोसा। इसलिए नाम पड़ा भिखुआ। किसी तरह से पास-पुस कर मास्टर बना, तो सपना देखने लगा पटना, दिल्ली का।"[183] तो भीखुआ चुनाव लड़ना चाहता है। उन जड़ जमाए बैठी ताकतों से लोहा लेता है, जो लम्बे समय से शासन-प्रशासन पर कब्जा जबाए बैठी हैं। दलित युवा पीढ़ी उसके साथ काम करती है–पिटती है, जेल जाती है। परिणाम यह होता है कि पुराने लोगों में शंकर की माँ, मगन और दूसरे दलित लोग भी भीखू दा को भोट देते हैं। यह परिवर्तन अब दलित समाज में स्पष्ट देखने को मिल रहा है।

प्रहलाद चन्द्र दास की कहानियों में 'नचनी काकी' और 'लबार' जैसे चरित्र हैं अवश्य, ही अपनी ही परिधि में चक्कर काटते हैं, लेकिन उनके अधिकांश पात्र परिधि को तोड़कर दलित समाज के लिए कुछ कर गुजरने की कुव्वत रखते हैं। जैसे 'उलगुलान' के हांसदा बाबू झारखण्ड विरोधी लोगों के हाथों घायल होकर उन्हें भटके हुए लोग करार देते हैं और निश्चय करते हैं कि – "अच्छा एक बात बताना! क्या तुम्हें ऐसा नहीं लगता कि हमें उन जंगलों में, देहातों में जाकर शराब, कर्ज, अशिक्षा तथा अन्धविश्वासों में डूबे हुए लोगों के बीच काम करना चाहिए? बर्बर पुलिसकर्मियों और काइयाँ रीतूसाहों से उन्हे मुक्ति दिलानी चाहिए..... नहीं मैंने तय किया है कि त्यागपत्र देकर वहीं जाकर काम करूँगा। काम वहाँ है। उलगुलान वहीं होना चाहिए।"[184] परिधि को तोड़कर दलित मुक्ति के लिए संघर्षरत उनके पात्र प्रहलाद चन्द्र दास को एक चिन्तनशील कथाकार घोषित करते हैं, जो आगे चलकर दलित कथा को निश्चय ही समृद्ध करेगा। प्रहलादचन्द्र दास की इन कहानियों पर टिप्पणी

करते हुए प्रसिद्ध आलोचक डॉ. शिवकुमार मिश्र ने इन्हें 'मृत्यु पर जिन्दगी का जय उद्घोष' की संज्ञा देते हुए लिखा है कि – "प्रहलादचन्द्र दास की ये कहानियाँ स्वत्व वंचित, अभिशप्त, अपने स्वत्व को फिर से पाने के लिए बेचैन, अपने सपनों के अनुरूप एक बेहतर जिन्दगी के लिए समर लड़ते हारते, जीतते इन लोगों की क्रियाशील जिन्दगी के उबलते-खौलते जीवन सन्दर्भों और क्षणों का साक्ष्य प्रस्तुत करती हैं...वस्तुतः ये कहानियाँ, कहानियाँ न होकर दलित आदिवासी जीवन की बहुरंगी बदरंग छवियों का जीता-जागता दस्तावेज हैं। ये चिंगारियाँ हैं, उस आग की जो सदियों से इस अचँल के गर्भ में और उसकी ऊपरी सतह में भी धधक रहीं हैं।"[185] मेरी दृष्टि में ये कहानियाँ अपने कथ्य और शिल्प दोनों ही दृष्टियों से अपना विशिष्ट महत्त्व रखती हैं।

बाँग तथा अन्य लघुकथाएँ : रत्नकुमार सांभरिया

आधुनिक युग गद्य का युग है और इस युग में गद्य विभिन्न विधाओं के रूप में निरन्तर विकसित होता रहा है। लघुकथा हिन्दी गद्य की नव्यतम विधा है, जो इस समय सर्वाधिक लोकप्रियता प्राप्त कर रही है। हिन्दी साहित्य में लघुकथा का आविर्भाव अचानक नहीं हुआ, बल्कि इसके विकास की एक सुदृढ़ परम्परा दृष्टिगोचर होती है। हिन्दी कहानी के विकास में हिन्दी की सबसे छोटी कहानी का उल्लेख यूँ होता है–"रेल में यात्रा करते हुए, सामने बैठे हुए यात्री से उसने कहा–'तुमने भूत देखा है', उसने कहा–'नहीं' और वह गायब हो गया।" यह हिन्दी की सबसे छोटी कहानी मानी जाती है और इसे ही प्रथम लघुकथा भी मान सकते हैं, जो उतनी ही पुरानी है, जितनी हिन्दी कहानी। वैसे भी 'पंचतंत्र' और 'लोक कथाओं' को बीज कहानियाँ माना जाता है। श्री विष्णु प्रभाकर तो लघुकथाओं के विकास को और भी पीछे से मानते हैं। उनका कहना है–"विकास की एक सुनिश्चित परम्परा आज भी लघुकथा के पीछे देखी जा सकती है। न जाने किस कालखण्ड में मनीषियों ने सिद्धान्तों को व्यावहारिक रूप से स्पष्ट करने की आवश्यकता महसूस कीं। उन्हीं अनजाने क्षणों में लघुकथा का बीजारोपण हुआ। तब उसका नाम दृष्टान्त या ऐसा ही कुछ रहा होगा।[186] लघुकथा के वर्तमान स्वरूप को देखकर कुछ कथाकार भले ही इसे 'चुटकुलेबाजी' कहकर इसका उपहास कर लें, लेकिन पाठकों की रुचि और पत्र-पत्रिकाओं में लघुकथाओं के प्रकाशन तथा लघुकथा संग्रहों की लगातार बढ़ती हुई संख्या को देखकर इस विधा पर गम्भीरता से विचार की आवश्यकता महसूस होने लगी है।

लघुकथा क्या है? सबसे पहले इसी प्रश्न का विचार किया जाय तो हम पाते हैं कि–'लघुकथा' दो शब्दों 'लघु' और 'कथा' को मिलाकर बना है, जिसका

सीधे-सीधे अर्थ होता है छोटी कहानी! इसका तात्पर्य यह हुआ कि 'लघुकथा' और कहानी में अन्तर केवल आकार का ही है, तो फिर क्या कहानी को छोटा करके लघुकथा की रचना की जा सकती है। और लघुकथा के आकार को बढ़ाकर कहानी का सृजन? लेकिन ऐसा नहीं है। इन दोनों विधाओं में मौलिक अन्तर यह है कि कहानी में एक पूरी घटना का चित्रण रहता है और लघुकथा में घटनांश का, जिसमें शब्दों का चयन बहुत महत्त्वपूर्ण होता है। डॉ. रत्नलाल शर्मा इस ओर संकेत करते हुए लिखते हैं कि—"लघुकथा में कम-से-कम शब्दों में अधिक से अधिक बात कही जाती है, क्योंकि इसका आकार छोटा होता है। अतः इसमें शब्द चयन विशेष महत्त्व रखता है और अर्थ गर्भित शब्दों का प्रयोग विशेष रूप से किया जाता है। लघुकथा की भाषा शैली चुटीली, सधी हुई, प्रभावी होती है। कहा जा सकता है कि यह अणु के बाद परमाणु की कल्पना को यथार्थ में बदलने का जीवन्त प्रयास है।" इसीलिये श्री बलराम लघुकथा को "संक्षेप में अधिक कह जाने का कौशल और 'खत' को 'तार' के रूप में प्रस्तुत करने का शिल्पगत नियोजन मानते हुए इस प्रकार परिभाषित करते है। "लघुकथा वह कलाशिल्प है, जो किसी संवेदना को सूत्र रूप में पिरोकर उसे चिन्तन और चिन्ता की बहुआयामी समझ प्रदान करने का प्रयास करता है, ठीक उसी प्रकार जैसे कहानी संवेदना के सूत्रों को खोलकर उन्हें बहुआयामी स्तर प्रदान करती है।"

अभी जब लघु पत्रिकाओं के लगभग सौ से अधिक विशेषांक प्रकाशित हो चुके हैं, जिनमें तारिका, मिनीयुग, समग्र, अन्तर्यात्रा, लहर और कथाबिम्ब आदि पत्रिकाओं के नाम लिए जा सकते हैं। 'सारिका' ने लघुकथा विशेषांक प्रकाशित कर एक महत्त्वपूर्ण कार्य किया है। इसमें अधिकांश लघुकथाकारों की लघुकथाएँ ही प्रकाशित नहीं की गयी, बल्कि लघुकथा के शिल्प का विवेचन करते हुए उसकी तस्वीर को निखार कर,साफ तौर से पाठकों के सम्मुख प्रस्तुत करने का प्रयास भी किया था, और अब श्री रत्नकुमार सांभरियाँ का लघुकथा संग्रह 'बाँग तथा अन्य लघुकथाएँ' लघुकथा की विकास यात्रा का एक महत्त्वपूर्ण सौपान हैं।

समकालीन लघुकथाकारों में रत्नकुमार सांभरियां का नाम बड़ी तेजी से उभरकर सतह पर आया है, उनकी कृति—'बाँग तथा अन्य लघुकथाएँ' के साथ। इस संग्रह में उनकी 109 लघुकथाएँ संगृहीत हैं। इस पुस्तक से गुजरकर जाना जा सकता है कि रत्नकुमार सांभरिया की पकड़ लघुकथाओं के सृजन पर तो है ही, उसके सैद्धन्तिक पक्ष पर भी उनकी राय स्पष्ट है, जिसके कारण उनकी लघुकथाएँ चुटकुला बनने से तो बच ही पायी हैं, उनमें सामयिक यथार्थ की धारदार अभिव्यक्ति भी हुई है। अपनी लघुकथाओं पर उनका दृष्टिकोण जानकर ही हम आगे बढ़ें, ताकि उनके कथन की सच्चाई को परखा जा सके। वे लिखते हैं कि—"क्योंकि लघुकथा भी साहित्य की एक विधा है और आकार में लघु होने के कारण उसे कम शब्दों में

निर्वाहित होना होता है, अतः अधिक संवेदनशील और परिपक्व होना उसकी आवश्यकता है। वह समाज से जुड़ी सच्चाइयों की मुखर अभिव्यक्ति है, जो विद्रूपताओं और विसंगतियों को उद्घाटित कर जागृति की अपेक्षा करती है। उसमें कल्पना होते हुए भी यथार्थ मौजूद रहा है।"[187] रत्नकुमार सांभरिया की लघुकथाओं में धर्म, दर्शन और राजनीति की स्थापित विसंगतियों पर भरपूट चोट देखने को मिलती है। मोटे तौर पर इसमें दो तरह की लघुकथाएँ देखने को मिलती हैं। एक वह जिनमें हिन्दू धर्म की मिथकीय मान्यताओं की बखिया उधेड़ी गयी हैं तथा दूसरी वे लघुकथाएँ हैं, जिनमें भारतीय समाज में टूटते-बिखरते सम्बन्धों पर उन्होंने बेबाक टिप्पणियाँ की हैं। इन लघुकथाओं में पशु-पक्षियों के माध्यम से और कभी सीधे-सीधे उन्होंने अपनी बात कही है। जैसे चींटियों को आटा खिलाकर या साँप को दूध पिलाकर अथवा पशु (गाय) को माता कहकर तथा पत्थर की पूजा करके हिन्दू धर्म की उदारता का ढोल नित्यप्रति पीटा जाता है, लेकिन वहीं हिन्दू मनुष्य (अछूत) के प्रति कितने निर्दय हैं, इसे उनकी लघुकथा 'धर्म' में देखा जा सकता है। इस लघुकथा का यह अंश देखें—"पंडिताइन ने होंठ बिचकाए, हाथ नचाया और चिनकी—'बावली हुई है? गो माता के बारे में ऐसी अधर्मी बात मत निकालना मुँह से कि मैं उसकी सेवा करती हुई साड़ी खराब कर लेती हूँ, कहे देती हूँ।'" चारा वाली चुपा गयी थी।

तबीयत ठीक न होने के कारण मेहतरानी आज झाड़ने नहीं आ सकी थी। उसने दसवीं में पढ़ने वाली अपनी लड़की को भेज दिया था। लड़की धुली स्कूल ड्रेस पहने थी। वह झुककर आँगन की नालियाँ खींच रही थी। हवा में लहराती उसकी चुन्नी मटके से छू गयी। पंडिताइन की आँखें उस पर पड़ी, तो वह क्रोध से झुलस गयी। उसने कपड़ा पीटने वाली लकड़ी उठा ली और लड़की की ओर फेंकी। निशाना चूक गया। डरी और सहमी लड़की वहाँ से भाग खड़ी हुई। पंडिताइन ने मटके को उठाकर फेंक दिया और लड़की को अश्लील गालियाँ देने लगी।[188] किसी शूद्र को आदमी न समझना हिन्दू धर्म के मूल में है, तभी तो प्रतिभासम्पन्न शूद्र छात्रों को मूर्ख सवर्ण अध्यापक अनुत्तीर्ण करके आज भी द्रोणाचार्य की भूमिका का निर्वाह कर रहे हैं। इस तथ्य पर रत्नकुमार सांभरिया ने अपनी लघुकथा 'द्रोणाचार्य जिन्दा है' में इस प्रकार प्रकाश डाला है—"रामदीन! स्साला मोची का पूत! इतने अंक ले मरा कि पूरी कक्षा के सिर पर चढ़ बैठा। मेरे खुद के लड़के से ऊपर। गाँव थूक कर चाँट लेगा मुझे कि गुरु जी के लड़के से मोची का लड़का ज्यादा होशियार है, जिसका बुढ़ऊ बाप जूते सी कर उसे पढ़ा रहा है।"

गुरु जी ने अपनी आँखों से चश्मा उतारा, थोड़ी दूरी बनाकर उसके काँच देखे, पोंछे और पुनः चढ़ा लिया। उन्होंने जेब से पैन खींचा और रामदीन के पर्चों का पुनर्मूल्यांकन करने में तल्लीन हो गये थे। छात्र रामदीन द्वारा प्राप्त अंकों में उन्होंने

पर्याप्त संशोधन किया और नयी रिजल्ट शीट तैयार कर ली। अब उन्होंने ठंडी और गहरी साँस ली थी। परीक्षा में अनुत्तीर्ण होने से रामदीन ने उत्तराधिकार के रूप में अपने बाप का पुश्तैनी धन्धा सँभाल लिया था।"[189]

धर्म और राजनीति के अवैध सम्बन्ध से साम्प्रदायिक उन्माद का जन्म हुआ, जिसके स्फुलिंग इस संग्रह की अधिकांश लघुकथाओं में दिखाई देते हैं। इस पुस्तक की शीर्ष लघुकथा "बाँग" का मुर्गा, मुर्गी के बार-बार कहने पर इसलिए बाँग नहीं देता है कि अब साम्प्रदायिक तनाव के कारण किसी को नींद ही नहीं आती। अतः अब उसे बाँग देकर लोगों को जगाने की आवश्यकता ही नहीं रही। सांभरिया जानते हैं कि इस उन्माद को फैलाने वाले, यह एक सोची-समझी साजिश के तहत करते हैं। वे आदमी के लाशों की सीढ़ी बनाकर सत्ता के सिंहासन तक पहुचना चाहते हैं। इस सच्चाई को उन्होंने अपनी लघुकथा 'हुकियाहट' में इस प्रकार अभिव्यक्त किया है—"थकी माँदी लकिन लालायित लोमड़ी ने अपना एक बौद्धिक कौशल दिखाया। उसने जंगल में एक विचार बो दिया। उस विचार को लेकर सदियों से सौहार्द्रता की लड़ी में गूँथे सियारों में मारकाट मच गयी। एक दिन लोमड़ी को कुछ लाशें पड़ी मिल गयीं। लोमड़ी इन लाशों को अंगूर की बेल तक लाई और उनकी सीढ़ी बनाकर कुछ अंगूर चख लिए, लेकिन लोमड़ी अंगूर खा-खा कर मुटाती रही।"[190] लेकिन साम्प्रदायिकता फैलाकर कोई राजनीतिक दल इस देश की सत्ता को हथिया नहीं सकता, इस सत्य का परीक्षण विगत वर्षों में हो चुका है। 'भगवान की व्यथा' शीर्षक लघुकथा इस तथ्य पर इस प्रकार टिप्पणी करती है—"भगवान ने पुजारी की ओर दाँत किटकिटाए—'अरे पापी, मेरे इस पवित्र मन्दिर को तूने राजनीति का अखाड़ा बना लिया है। चुनावी गतिविधियों की बागडोर अपने हाथ में ले ली है तूने। धर्म और राजनीति को गड्डमड्ड कर दिया है। सत्ता में आने की तेरी यह स्वार्थवृत्ति और कुटिलता देखकर इतना झुलसा हूँ कि मेरे समूचे शरीर पर फफोले पड़ गये हैं।' 'आप सत्य कहते हैं भगवन।' भगवान के चरणों में अपना मस्तक रखकर पुजारी जोर-जोर से रोने लगा। भगवान आगबबूला होकर पुजारी से बोले—'पुजारी, अब तू पुजारी नहीं रहा। माइक लगाकर भजन-कीर्तन की आड़ में चुनाव प्रचार करता है तू। लोग मेरे बारे में भी इधर -उधर की कहने लग गये हैं। अब मेरे यहाँ रहने का क्या प्रयोजन? लेकिन याद रख, तेरी महत्त्वाकांक्षा कभी पूरी नहीं होगी।"[191]

इन लघुकथाओं में राजनीति के अपराधीकरण, पुलिस की गुण्डागर्दी, धर्म के नाम पर फैलाए जा रहे अन्धविश्वास का तो चित्रण हुआ ही है, इनमें भारतीय समाज में दरकते हुए सम्बन्धों की आहटें भी बहुत साफ सुनाई देती हैं।, 'लाल आँसू' इसका सशक्त उदाहरण है। राधिका की माँ के दोनों बेटे जब हवेली के अपने-अपने हिस्से लेकर अलग हो गये, तो उन्होंने राधिका को पत्र लिखकर बुलाया। भर्राए स्वर में

बोली—"राधिका बेटी, यह गनीमत मानो कि तुम्हारे पापा जी हवेली के तीन टुकड़े कर गये। तुम्हारे पोर्शन में रह रही हूँ मैं, वरना ये दुष्ट तो मुझे बाहर ही पटके आते।" राधिका माँ के पास ही बैठी हुई थी। चिबुक पर हथेली रखकर वह उधेड़बुन में डूबी रही। काँपते कंठ से कहने लगी—"माँ अकेले जीव को कितनी सी जगह चाहिए? कोई भी सौ पचास रुपये किराये में दे देगा। अगर तुम नहीं चुका पाओगी, मैं चुका दिया करूंगी। सोचती हूँ, अपने पास ही एक प्लाट खाली पड़ा है उसे खरीद लूँ जमीनों के भाव.....। माँ की आँखों से टपक रहे आँसुओं का रंग लाल हो गया था।"[192]

कुल मिलाकर इस निष्कर्ष पर सहजता से पहुँचा जा सकता है कि रत्नकुमार सांभरिया में एक अच्छे (लघु) कथाकार की सारी संभावनाएँ मौजूद हैं, क्योंकि वे अच्छी तरह जानते हैं कि उन्हें क्या कहना है। शब्द चयन और प्रभावान्विति के दृष्टिकोण में ये लघुकथाएँ अप्रतिम हैं। सम्भवतः इसीलिये वरिष्ठ कथाकार श्री यादवेन्द्र शर्मा 'चन्द्र' ने इन लघुकथाओं पर टिप्पणी करते हुए लिखा है कि—"रत्नकुमार सांभरिया की लघुकथाएँ आश्वस्त करती हैं कि वे क्षमतावान लघुकथाकार हैं। उनकी लघुकथाएँ तेज धार वाले हथियार की तरह गम्भीर घाव करती हैं। उनमें जीवन की समकालीन संवेदनशीलता भी है और आज की बर्बर स्थितियों को गहराई से स्पर्श करके झटके के साथ प्रभाव छोड़ने की शक्ति भी है।"[193]

दलित उपन्यास

इस समय हिन्दी दलित साहित्य में उपन्यास विधा सशक्त रूप में उभर रही है। इस प्रसंग में दो तथ्य महत्त्वपूर्ण हैं। प्रथमतः—दलित लेखकों द्वारा गैर-दलित समस्याओं पर लिखित उपन्यास, जैसे डॉ. धर्मवीर का 'पहला खत', बलवन्त सिंह चार्वाक का रचित 'भूखी चिंगारी की लाल मुस्कुराहट', जयप्रकाश कर्दम का 'करुणा' तथा प्रेम कपाडिया का 'माटी की सौगन्ध'। हिन्दी दलित साहित्य में उपन्यास विद्या पर असन्तोष व्यक्त करते हुए डॉ. जयप्रकाश कर्दम लिखते हैं कि—"हिन्दी कथा साहित्य में उपन्यास बहुत कम लिखे गये हैं, जबकि साहित्य की यह एक बहुत जरूरी और लोकप्रिय विधा है। अभी तक जो उपन्यास प्रकाशित हुए हैं उनमें 'माटी की सौगन्ध' सत्यप्रकाश शर्मा कृत 'जस तस भई सवेर' तथा मोहनदास नैमिशराय कृत 'मुक्ति पर्व' ही उल्लेखनीय हैं। उपन्यासों की यह संख्या उत्साहजनक नहीं है। हालाँकि 1954 में प्रकाशित देवी दयाल सेन कृत 'मानव की परख', रामजी लाल सहायक कृत 'बंधन मुक्ति', डी.पी. वरुण कृत 'अमर ज्योति' और 'फूल बने अंगारें, बलवन्त सिंह चार्वाक कृत 'भूखी चिंगारी की लाल मुस्कुराहट' आदि उपन्यास भी प्रकाशित हुए हैं, किन्तु ये अधिक चर्चा में नहीं आ सके। इनमें से अधिकांश आज की तारीख में उपलब्ध भी नहीं है। दलित साहित्य के लिए यह बहुत जरूरी है कि

और अधिक उपन्यास लिखे जाएँ क्योंकि अपने विचार और दर्शन को पूरी तरह अभिव्यक्त करने का सर्वाधिक अवसर उपन्यास में ही है।"[194] हालाँकि डॉ. जयप्रकाश कर्दम देवी दयाल सेन के उपन्यास 'मानव की परख' (1954) को पहला दलित उपन्यास[195] मानते हैं, लेकिन हमारी दृष्टि में आज भी जयप्रकाश कर्दम का 'छप्पर' ही पहला दलित उपन्यास है, जिसका मूल कथानक दलित समस्या पर आधारित है। दूसरा महत्त्वपूर्ण उपन्यास मोहनदास नैमिशराय का 'मुक्तिपर्व' है। इस उपन्यास पर टिप्पणी करते हुए जनार्दन मिश्र ने इसे 'आशा भरा दलित उपन्यास' बताया है। वे लिखते हैं—"मोहनदास नैमिशराय ने बाबा साहब के जीवन दर्शन से प्रभावित होकर अनेक कृतियों की रचना की है। अनुराग प्रकाशन से सद्यः प्रकाशित उनका उपन्यास 'मुक्ति पर्व' भी इसी श्रृंखला की एक मजबूत कड़ी है, जिसमें दलित समाज की वेदना एवं जागृति को रेखांकित किया गया है। बाबा साहब की तीन मूलमन्त्र हैं—शिक्षा, संगठन एवं संघर्ष। इस उपन्यास में गुलामी से मुक्ति के लिए शिक्षा की महत्ता पर प्रकाश डाला गया है।"[196] अभी मोहनदास नैमिशराय का एक अन्य उपन्यास 'वीरांगना झलकारी' भी प्रकाशित हुआ है। इस उपन्यास में महारानी लक्ष्मीबाई के स्थान पर अंग्रेजों के साथ युद्ध करते हुए वीरगति को प्राप्त होने वाली दलित वीरांगना झलकारी बाई की कथा कही गयी है। निष्कर्ष यही है कि हिन्दी में दलित साहित्य के अन्तर्गत अभी उपन्यास विधा का प्रचार-प्रसार अपेक्षाकृत कम ही हुआ है। इसका कारण सम्भवतः यही है कि आक्रोश, घुटन और प्रतिहिंसा की अभिव्यक्ति काव्य विधा के माध्यम से अधिक तीव्रता के साथ हो पाती है। ज्यों-ज्यों दलित वर्ग में नयी चेतना आयेगी, त्यों-त्यों उपन्यास विधा का विकास भी हिन्दी दलित साहित्य में अवश्य होगा। इस अवधि में श्री जयप्रकाश कर्दम का महत्त्वपूर्ण उपन्यास 'छप्पर' प्रकाशित हुआ है उसका समीक्षात्मक अनुशीलन यहाँ प्रस्तुत है—

छप्पर : जयप्रकाश कर्दम

किसी भी प्रकार की नूतन चेतना जब साहित्य में अभिव्यक्ति पाती है, तो उसका स्वाभाविक स्वरूप कविता ही होती हैं, लेकिन उसकी चरम परिणति उपन्यास में ही होती है। हिन्दी में दलित चेतना की अभिव्यक्ति भी पहले कविता में ही हुई। इसे चाहे रैदास से माने, चाहे उससे पूर्व से, जो हीरा डोम से होती हुई, वर्तमान समय तक आती है। हिन्दी साहित्य के आधुनिक काल के साथ ही कथा-साहित्य में भी दलित चेतना की अभिव्यक्ति दृष्टिगोचर होने लगती है। जिसमें दलित उत्पीड़न, शोषण तो अभिव्यक्त हुआ ही है, दलितों के सामाजिक, आर्थिक एवं मानसिक शोषण के भी कई सजीव चित्र उपलब्ध हैं, लेकिन इन सभी लेखकों ने एक नयी और अलग पृष्ठभूमि की तलाश में दलित शोषण को अपनी रचनाओं का उपजीव्य बनाया है। किसी खास सामाजिक सरोकार से उद्वेलित होकर नहीं। बस यही अन्तर

है दलितों द्वारा रचित दलित साहित्य और गैर दलितों द्वारा लिखे दलित साहित्य में। मैं गैर-दलित लेखकों के प्रयास को नकारना नहीं चाहता, लेकिन यह कहना आवश्यक समझता हूँ कि इन लेखकों ने दलितों की दुरवस्था को दूर से ही देखा है, भोगा नहीं, जबकि दलित लेखकों ने पहले इसे भोगा है, फिर लिखा है। इसलिए दलितों द्वारा, दलितों के लिए लिखे साहित्य को ही दलित-साहित्य माना जाना चाहिए। जिसमें उस सामाजिक व्यवस्था के परिवर्तन के लिए प्रतिबद्धता दिखाई पड़ती है, जो मनुष्य को पशु से भी बदतर स्थितियों तक पहुँचाने की जिम्मेदारी रही है।

जयप्रकाश कर्दम का उपन्यास 'छप्पर' ऐसा ही परिवर्तन-कामी उपन्यास है, जिसे मैं हिन्दी का पहला दलित-उपन्यास मानता हूँ। ऐसा नहीं है कि इससे पूर्व दलित लेखकों ने उपन्यास लिखे नहीं है या वह प्रकाशित नहीं हुए हैं। इससे पूर्व बलवन्त सिंह चार्वाक का उपन्यास 'भूखी चिनगारी की लाल मुस्कराहट' तथा डॉ. धर्मवीर का उपन्यास 'पहला खत' प्रकाशित हो चुके हैं। ये दोनों उपन्यास दलित लेखकों द्वारा तो लिखे गये हैं, लेकिन इनमें दलित चेतना की अभिव्यक्ति नहीं हुई। इसलिए 'छप्पर' को ही पहला दलित उपन्यास माना जाना चाहिए, ऐसा मेरा विनम्र मत है।

'छप्पर' की कथावस्तु एक मजदूर परिवार के युवक चन्दन की शिक्षा के लिए जद्दोजहद की कहानी है, जिसमें उसकी माँ रमिया और पिता सुक्खा को गाँव के ब्राह्मण, बनियों और ठाकुरों द्वारा मिलकर उत्पीड़ित किया जाता है कि वह सदियों से चली आ रही परम्पराओं को तोड़कर अपने लड़के को शहर में पढ़ने क्यों भेज रहा है? इस समाज के उच्चवर्गीय लोगों की नाक कट जाएगी, लेकिन सुक्खा इन सारे दबावों से झुकने को तैयार नहीं होता, जिसके कारण उसे घर से बेघर होना पड़ता है। वह गाँव के पास के एक कस्बे में मेहनत मजदूरी करने लगता है और शहर में चन्दन को पढ़ाई-लिखाई के लिए पैसा भेजता रहता है। चन्दन भी शहर में हरिया की झुग्गी में रहता है, कॉलिज जाता है और लौटकर दलित बालकों के लिए एक स्कूल चलाने लगता है। इससे पूरी बस्ती में शिक्षा के प्रति आकर्षण तो बढ़ता ही है, एक नयी चेतना भी आने लगती है। धीरे-धीरे चन्दन अपने इस काम को शहर से देहातों तक ले जाता है, जो एक दिन जनान्दोलन का रूप ले लेता है और दलित एकजुट होकर धार्मिक, आर्थिक और सामाजिक शोषण के विरुद्ध विद्रोह कर देते हैं। संक्षेप में यही है 'छप्पर' का कथानक।

एक तरह से इस छोटे से उपन्यास में दलित जीवन से लगभग सभी मुद्दे उभर कर सामने आये हैं। जैसे स्वतन्त्रता के बाद दलित समाज में शिक्षा के प्रति आकर्षण इस हद तक बढ़ा है तो क्यों? क्योंकि शिक्षा ही दुनिया की हर समस्या का हल है। शिक्षा ही व्यक्ति को दासता (चाहे वह किसी भी प्रकार की हो) से मुक्त कर सकती है। इसका परिणाम भी समाज में देखने को मिलने लगा है। इसलिए चन्दन का पिता

सुक्खा अपनी पत्नी से कहता है कि—"तेरी मेरी चिन्ता लगी है। मुझे रात-दिन चन्दन की चिन्ता लगी रहती है। बस किसी तरह उसकी पढ़ाई-लिखाई पूरी हो जाय।"[197] जिस व्यक्ति के लिए 'काला अक्षर भैंस बराबर' हो, उसके लिए इस प्रकार की सोच चमत्कार ही है, क्योंकि बदलती हवा के साथ सुक्खा जान गया है कि शिक्षा से ही व्यक्ति बड़ा बनता है। जब चन्दन की माँ रमिया कहती है कि—"और आगे पढ़कर ही कौन सा कलक्टर बन जाएगा, बड़े आदमी जाते हैं बड़े हौदे (पद) तक। छोटे आदमी की क्या बिसात, गुजारे लायक रोजगार मिल जाय छोटा-मोटा बस बहोत है।"[198] तो सुक्खा हर्ष के साथ कहता है—"चुप रह पगली, कोई पेट से बड़ा बनकर आता है?"[199] और इस प्रकार सुक्खा हिन्दू धर्म के जन्मना श्रेष्ठत्व के आधार वर्णव्यवस्था को एक ही झटके में नकार देता है।

दलित शोषण के जितने कारक हैं, वह सब भी 'छप्पर' में मौजूद हैं। शोषण की पृष्ठभूमि को स्पष्ट करते हुए जयप्रकाश जी लिखते हैं—"चन्दन जब शहर पढ़ने गया था तो जैसे भूचाल सा आ गया था, सारे गाँव में ब्राह्मण, ठाकुर सबके कान खड़े हो गये थे। एक अनहोनी बात हो गयी, अनहोनी ही नहीं बड़ा भयंकर अनर्थ हो गया है जैसे। ब्राह्मण और ठाकुरों से लेकर लाला साहूकार तक सब हैं इस गाँव में और बड़े-बड़े पैसे और हैसियत वाले, पर आज तक किसी का बेटा शहर पढ़ने नहीं गया, लेकिन सुक्खा चमार का बेटा पढ़ने शहर चला गया। नाक कट गयी सबकी। सबके सिर पर मूत दिया है एक चमार ने।" सुक्खा से मिलते ही काणे पण्डित ने बात छेड़ दी—"सुना है सुक्खा, तेरा बेटा पढ़ने के लिए शहर गया है?"

"हाँ, पण्डित जी! गया तो है आपके आशीर्वाद से।"

"आशीर्वाद कहता है इसे, अनर्थ कर दिया तूने-अनर्थ।" संयोग से उसी समय ठाकुर हरनाम सिंह भी उधर आ निकले। ठाकुर साहब को देखते ही काणा पण्डित आग बबूला हो उठा। बोला—"कई पीढ़ियों से हमारे और आपके पुरखे इस गाँव में रहते आये हैं। कभी किसी ब्राह्मण, ठाकुर या सेठ-साहूकार का बेटा इतना ऊँचा नहीं पढ़ा, लेकिन यह दो कौड़ी का आदमी, यह चमार की औलाद, हम सबके मुँह पर कालिख पोतने चला है—बेटे को ऊँची तालीम के लिए शहर भेजकर। यह अपमान है ठाकुर साहब। हम सबके मुँह पर एक चाँटा है।"[200] इसके बाद ठाकुर हरनाम सिंह सुक्खा को अपने बेटे चन्दन को शहर से वापिस बुलाने का हुक्म देते हैं। सुक्खा के विनम्रतापूर्वक मना कर देने पर काणे पण्डित की सलाह पर ठाकुर साहब द्वारा सुक्खा के उत्पीड़न का सिलसिला शुरू होता है। सुक्खा को उसके खेतों से बेदखल करवा दिया जाता है। सुक्खा की गिरवी रखी झोपड़ी पर साहूकार कब्जा कर लेता है। अन्ततः सुक्खा गाँव छोड़कर पास ही के एक कस्बे में रहकर मेहनत मजदूरी करता और पैसा चन्दन को भेजता है। यह है आगे बढ़ने की लालसा में किसी दलित

के टूटने-बिखरने की प्रक्रिया। याद करें प्रेमचन्द की कहानी 'ठाकुर का कुँआ' में जोखू का कथन–"पण्डित जी आशीर्वाद देंगे, ठाकुर लाठी मारेंगे और साहू जी एक के चार लेंगे, गरीबों का दुःख दर्द कौन समझता है।" इससे स्पष्ट हो जाता है कि प्रेमचन्द से अब तक परिस्थितियों में कितना परिवर्तन आया है।

किसी जाति के स्वाभिमान को तोड़ने के लिए उसकी महिलाओं के साथ बलात्कार किया जाता है। दलित स्त्रियों का सवर्णों द्वारा दैहिक शोषण इसी मानसिक विकृति का प्रतिफल है। दलितों पर गैर-दलितों द्वारा लिखे गये साहित्य का मूल स्वर यही है। उन्हें यौन-शोषण ही सबसे बड़ा शोषण दिखाई देता है, जबकि मूल रूप में सामाजिक अपमान, यौन-शोषण से भी महत्त्वपूर्ण है। श्री जयप्रकाश कर्दम भी इस स्थिति से बच नहीं पाये हैं, लेकिन उन्होंने दलित युवती कमला के साथ हुए बलात्कार को अखबारी रिपोर्ट बनने से बचाते हुए जो रचनात्मक मोड़ दिया है, वह सराहनीय है। इससे उपजे आक्रोश को प्रतिशोध में बदलकर हरिया अपनी बेटी के साथ हुई ज्यादती का बदला भट्ठा मालिक की हत्या करके चुकाता है। इस सन्दर्भ में पुलिस प्रशासन की भूमिका जो प्रायः सभी जगह एक जैसी रहती है, यहाँ भी देखने को मिलती है।

सभी दलित रचनाकारों का इस तथ्य पर मतैक्य है कि दलितों को अपनी वर्तमान स्थिति तक पहुँचाने का श्रेय हिन्दू धर्म को ही है। हिन्दू धर्म की आत्मा, परमात्मा, भाग्यवाद, अवतारवाद, पुनर्जन्मवाद आदि मान्यताओं का खण्डन करना वे अपना दायित्व समझते हैं, क्योंकि पुरोहितवाद द्वारा दलित शोषण के ये सभी उपकरण हैं, इसलिए 'छप्पर' का नायक चन्दन यज्ञ के लिए चन्दा माँगने वालों को बतलाता है कि–"इसके सहारे कुछ लोगों की आजीविका चलती है और उनको मेहनत करके कमाने की जरूरत नहीं पड़ती है।"[201] इसके आगे वह अपनी बात को और विस्तार से कहता है कि–"उल्टी-पुल्टी बात नहीं साफ-सीधी बात कह रहा हूँ मैं। दुनिया में ऐसा कोई भगवान या परमात्मा नहीं है, जो सर्वशक्तिमान और सर्वव्यापी है, जो सबको पैदा करने वाला, पालन करने वाला और संहार करने वाला है। जो शास्वत और चैतन्य है। जो जगत का नियामक तथा अनादि और अनन्त है। यह मान्यता असत्य, भ्रामक, तथा वैज्ञानिकता से परे है। यदि तुम लोग इस बात को मानते हो तो यह तुम लोगों की भूल है। सच्चाई यह है कि दुनिया में आत्मा-परमात्मा, ईश्वर-ब्रह्मा-भगवान या इस तरह की किसी सत्ता का कोई अस्तित्व नहीं है। मनुष्य सबसे बड़ी सत्ता है, दुनिया में मनुष्य से बड़ी कोई चीज नहीं है। आत्मा-परमात्मा, ईश्वर-ब्रह्म और भगवान इनमें से कोई भी वास्तविक नहीं है। ये मिथक हैं, काल्पनिक हैं तथा भोले-भाले लोगों को बेवकूफ बनाकर अपने स्वार्थ सिद्ध करने के उद्देश्य से चालाक लोगों द्वारा ईजाद किये गये हैं।"[202]

जब कोई वर्ग सत्ता की ओर बढ़ रहा होता है तो उसे सभी क्षेत्रों में प्रशिक्षित व्यक्तियों की आवश्यकता पड़ती है। भारत में भी दलित-पिछड़ों तथा मुसलमानों के गठजोड़ से सत्ता के सारे समीकरण बदलते दिखाई दे रहे हैं, जिसके भविष्य में और अच्छे परिणाम आने की सम्भावनाएँ बलवती हुई हैं। इस तथ्य पर भी उपन्यासकार का ध्यान गया है, जिसे उसने दलित वर्ग के तीन युवकों की बातचीत के माध्यम से स्पष्ट किया है। चन्दन का मत है कि संघर्ष करते हुए दलित वर्ग के लोगों को शिक्षित लोगों से आर्थिक, प्रशासनिक और कानूनी मदद की जरूरत होगी। इससे उसके वर्ग के सभी सहपाठी सहमत होते अपना-अपना ध्येय इस प्रकार स्पष्ट करते हैं जो अपने आपमें संकल्प है–

रामहेत ने कहा–"मैं बिजनेस करूँगा और अधिक से अधिक पैसा कमाऊँगा, लेकिन अपने परिवार की आजीविका को छोड़कर सारा पैसा अपने समाज के उत्थान के कामों में लगाऊँगा।"

नन्दलाल ने कहा–"मैं वकालत ही करूँगा और कानूनी मामलों में अपने लोगों की मदद करूँगा तथा अपने लोगों की ओर से शोषण और अत्याचार के मुकदमे मुफ्त में लडूँगा।"

रतन ने कहा–"प्रशासनिक स्तर पर लोगों को जिस मदद की जरूरत होगी, उसके लिए मैं सदैव तत्पर रहूँगा।" और चन्दन ने कहा–"मैं अपनी शिक्षा का उपयोग अपने दीन-हीन समाज के उत्थान के लिए करूँगा, जो कीड़े-मकोड़े की तरह जीते हैं। शेष समाज जिनके साथ पशुवत व्यवहार करता है, उनको पास नहीं बिठाता और उनसे घृणा करता है।"[203] इस प्रकार उपन्यासकार सामाजिक न्याय तथा सत्ता और शासन में दलितों की भागीदारी सुनिश्चित करता है।

दलित रचनाकारों का उद्देश्य जाति-पाँति को तोड़कर समरस समाज की रचना करना हैं, जिसमें प्रत्येक मनुष्य को मनुष्य समझा जाय। बाकी धरातलों के अतिरिक्त अन्तर्जातीय विवाह भी इस सिलसिले में महत्त्वपूर्ण भूमिका निभा सकते हैं क्योंकि सँकरापन अभी सबसे अधिक यहीं है। अतः 'छप्पर' का नायक चन्दन अन्त में सवर्ण रजनी से विवाह करता है।

अतीत की विसंगतियों को झेलते हुए किसी भी दलित युवक का हिंसक हो उठना स्वाभाविक है। ऐसा वर्तमान समय में होता नजर आ भी रहा है, लेकिन किसी भी दशा में हिंसा का रास्ता बहुत उचित नहीं है। इस सन्दर्भ में उपन्यासकार जयप्रकाश कर्दम का 'स्टैंड' साफ है। वह लिखते हैं कि–"हिंसा का जवाब हिंसा नहीं है रजनी। हिंसा का जवाब अहिंसा से दिया जाना चाहिए। हमारा संघर्ष न्याय और समानता के लिए है। अतीत में हमारे साथ कैसा सलूक किया गया है, हम उस पर नहीं जाना चाहते, क्योंकि इससे अच्छा परिणाम निकालने की आशा नहीं

है। हम विरोध नहीं, सामंजस्य चाहते हैं। हम चाहते हैं कि सभी लोग अपने विरोध और मतभेदों को भुलाकर तथा सारे द्वेष और मालिन्य को मिटाकर परस्पर त्याग और सद्भाव से साथ-साथ चलें, एक दूसरे के दुःख-दर्द में भागीदार बनें, एक-दूसरे के हित के साधक बनें तथा एक दूसरे को सम्मान दें। अपने दुःखद अतीत को भुलाकर अपने वर्तमान और भविष्य के जीवन को सुखी बनाना चाहते हैं हम। दूसरे लोगों ने हमारे साथ जैसा व्यवहार किया है यदि हम भी उनके साथ वैसा ही व्यवहार करेंगे तो हमारे और उनमें अन्तर ही क्या रह जाएगा। इसलिए कोशिश होनी चाहिए कि हम स्वयं को नियंत्रित रखें तथा क्रोध की जगह विनम्रता और प्यार से काम लें।"[204] व्यवस्था परिवर्तन में क्रोध और घृणा बाधक ही हो सकते हैं, साधक नहीं। इस सम्बन्ध में अपने मत को स्पष्ट करते हुए वह आगे लिखते हैं कि "हम व्यवस्था के विरोधी हैं, व्यक्ति के नहीं। हमारी लड़ाई व्यवस्था के खिलाफ है, किसी व्यक्ति से कोई द्वेष नहीं हैं हमें। हम न्याय और समता के पक्षधर हैं और समानता प्राप्त करने के लिए हमें व्यवस्था को बदलना है, क्योंकि हमारी समाज-व्यवस्था अन्याय और असमानता को जन्म देने वाली है।"[205] लेकिन व्यवस्था परिवर्तन की आँधी में उपन्यासकार का इस हद तक बह जाना मुनासिब प्रतीत नहीं होता कि सुक्खा जब ठाकुर हरनाम सिंह को 'ठाकुर साहब' पुकारता है, तो ठाकुर हरनाम सिंह उससे कहते हैं कि—'सुक्खा भाई! मुझे हरनाम कहकर पुकारो।'[207] इस प्रकार की बातें लिखना एक प्रकार का यूटोपिया ही प्रतीत होता है। लेखक को इस प्रकार की चीजों से बचना चाहिए।

मराठी दलित साहित्य की जिन आत्मकथाओं को हिन्दी में उपन्यास कहकर प्रस्तुत किया गया है, उन्हें पढ़ने से स्पष्ट होता है कि उनके लेखकों (शरण कुमार लिम्बाले—'अक्करमाशी', प्र.ई. सोन काम्बले—'यादों के पंछी', माधव कोडविलकर—'अन्त्यज', दया पंवार—'अछूत', लक्ष्मण माने—'अपरा') ने उनमें अपने जीवनानुभवों का बेबाक चित्रण किया है, इसलिए वे बहुत बेधक हैं, जिससे दलित जीवन की विद्रूपता उधड़कर हमारे सामने आती है। 'छप्पर' में वह उस तरह नहीं आ पाती। इसका कारण शायद 'छप्पर' का शिल्प ही रहा है। समस्याओं के औपन्यासिक रचाव की यह कमजोरी है कि उसमें कथारस आ ही नहीं पाता। फिर भी 'छप्पर' उतना बोझिल और प्रवाहहीन नहीं हो पाया है, जितना हो सकता था।

हिन्दी में दलित नाटक

हिन्दी में दलित लेखकों ने बहुत अधिक नाटक नहीं लिखे। हिन्दी क्षेत्रों में प्रायः रैदास जयन्ती और अम्बेडकर जयन्ती के अवसर पर नाटकों के मंचन की प्रथा रही है, लेकिन अब दलित नाटकों का मंचन कुछ नाटक ग्रुपों द्वारा भी किया जाने लगा है। हिन्दी में प्रथम दलित नाटक श्री शिवप्रसन्न दास का 'हरिजन' नाटक है, जिसका प्रकाशन सन् 1959 में हुआ था। इस नाटक को यूँ तो 'एकांकी

अभिनय'[207] का नाम दिया गया है। लेकिन इसे देखने से पता चलता है कि यह दो अंकों का पूर्ण नाटक है, जिसके प्रत्येक अंक में आठ-आठ दृश्य हैं। इस नाटक की सम्पूर्ण संवेदना को समझने के लिए मैं इसके प्रथम अंक के पाँचवें दृश्य का एक अंश यहाँ प्रस्तुत कर रहा हूँ–

"स्थान–कुआँ! / समय–प्रातःकाल।

पहला हरिजन : पंडित जी! हमहू के एक घड़ा, पंडित जी।

दूसरा हरिजन : महाराज हम कब से खड़ा हई, पंडित जी!

बच्चा : पंडित जी! मेरी बुढ़िया, माँ कब से प्यासी है। उसे बुखार है।

पहला पंडित : चल रे हट, आया है बुढ़िया माँ वाला। जा, जा, जाता है कि नहीं?

दूसरा पंडित : मैं तेरे बाप का नौकर हूँ, जो तुझे पानी दे दूँगा?

बच्चा : नौकर कौन बोलता है, पंड़ित जी, हम प्यासे हैं। पानी दे दो।

पहला हरिजन : (घड़ा उठाकर रखता है), पंडित जी! एक घड़ा दे दो।

पहला पंडित : अरे रे रे! शैतान तू तो कुआँ ही छू देना चाहता है, क्या रे? देखता नहीं! तू हटेगा कि नहीं?

दूसरा पंडित : तू दूर हटता है कि नहीं?

पहला हरिजन : महाराज! हम लोग दो घंटे से खड़ा हई।

दूसरा पंडित : खड़ा है तो क्या मेरे लिए खड़ा है?"[208]

इस पूरे वार्तालाप की परिणति चन्द्रा के कथन के रूप में होती है। जहाँ नाटककार स्वयं बोलता हुआ प्रतीत होता है। या यूँ कहें कि इसीलिये नाटककार ने इस पूरे दृश्य की रचना की है। चन्द्रा का कथन इस प्रकार है–"जब ये गरीब खून पसीना एक करके, मिट्टी खोदकर पानी निकालते हैं, तब तो तुम्हारे धर्म की क्षति नहीं होती है। आज ये पीने के लिए पानी माँगते हैं, तो तुम्हारा धर्म डूबा जाता है। धिक्कार है, तुम्हारे इस धर्म के विधान को।"[209]

हिन्दी के दलित नाट्य साहित्य को सबसे अधिक नाटक श्री माताप्रसाद ने दिये हैं। उनके नाटकों में 'धर्म के नाम पर धोखा' (1977), 'अछूत का बेटा' (1990), 'वीरांगना झलकारी बाई' (1955), 'तड़फ मुक्ति की' (1999), 'वीरांगना ऊदा देवी पासी' (1999), 'प्रतिशोध' (1999), 'धर्म परिवर्तन' (2000), 'अन्तहीन बेड़ियाँ' (2000) तथा 'सन्त शिरोमणि गुरु रविदास' (2003) हैं। श्री माता प्रसाद हिन्दी के एक सिद्धहस्त दलित नाटककार हैं।

"द्रोणाचार्य : अच्छा तो प्रतीक रूप में ही सही, तुमने मुझको गुरु मान लिया है। अगर मुझे तुमने गुरु मान लिया है, तो गुरु को तुम्हें कुछ गुरु दक्षिणा भी देनी चाहिए। बोलो अपने गुरु को गुरु दक्षिणा देने को तैयार हो?

एकलव्य : हाँ! गुरु तो मैंने आपको मान ही लिया है। मैं अवश्य आपको गुरु दक्षिणा दूँगा। आप आज्ञा करें।

द्रोणाचार्य : (अर्जुन की ओर मुस्कराते हैं) अगर तुम मुझे गुरु मानते हो, तो मुझे अपने दाएँ हाथ का अँगूठा काटकर दे दो।

एकलव्य : मान्यवर! मैं आपको वचन तो दे चुका हूँ। आपकी आज्ञा का पालन तो करूँगा, लेकिन आप यह बताएँ कि भील बालक के स्वअर्जित कौशल की जानकारी विश्व को न होने पाये, अभिजात लोगों के वर्चस्व को बनाए रखने के लिए आपका यह प्रयास नहीं है? गुरुओं के लिए क्या आप यही आदर्श रख रहे हैं? नस्ल, रंग, जाति, वर्ण का बिना विचार किये सभी शिष्यों पर समान दृष्टि रखने के पथ से क्या आप विचलित नहीं हो रहे हैं?

द्रोणाचार्य : एकलव्य! तुम्हारा बहस करना व्यर्थ है। तुमने वायदा किया है, अगर गुरु दक्षिणा देना चाहते हो तो अपना वायदा पूरा करो।

एकलव्य : मैं अपनी बात से मुकरने नहीं जा रहा हूँ। भील लोग अपनी बात से टल नहीं सकते। अगर आपको मेरा अँगूठा ही लेना है, तो लीजिए।"[210]

श्री एन. आर. सागर ने भी 'मार्ग का काँटा' तथा 'अन्तिम अवरोध' नामक दो नाटकों का सृजन किया है। मोहनदास नैमिशराय का 'अदालत-नामा', कर्मशील भारती का नाटक 'फाँसी' तथा रघुबीर सिंह अरविन्द का 'इतिहास की पहली घटना' भी इस दृष्टि से काफी महत्त्वपूर्ण नाटक हैं।

डॉ. एन. सिंह और ललित मैन्दोला द्वारा लिखित नाटक 'कठौती में गंगा' दलित नाटकों में अपना विशिष्ट स्थान रखता है। इस नाटक में सन्त रैदास को समाज-सुधारक के रूप में प्रस्तुत किया गया है। इस नाटक के दसवें खण्ड का एक दृश्य यहाँ प्रस्तुत है—

"रैदास : क्या बात है बूद्धू? कहाँ भेज रहे हो इसको?

बुद्धू : आप ही बताओ! ये इसके माँ-बाप का घर है कि मेरा, मैं इससे कह रहा हूँ कि तू अपने घर चली जा, इसका मेरा रिश्ता खत्म।

रैदास : जो तुमने कह दिया वो हो गया? कैसे कह सकते हो तुम, कि तुम्हारे कह देने भर से रिश्ता खत्म हो जाएगा? ये जो छोटे-छोटे बच्चे हैं क्या ये....

बूद्धू : जाने दो ब....बच्चों को भी....मैं.... मु.....झे कोई लेना-देना नहीं।

रैदास : सुनो घर परिवार से बनता है और वो किसी एक आदमी के कहने से नहीं टूटता। जब ये आयी थी, तब लड़की थी। आज ये तेरी

बीवी बनकर, दो बच्चों की माँ है। क्या तुम इसे लड़की वापस कर सकते हो।

बूद्धू : क्या कहा?

रैदास : तुम इसे जिस हालत में लाये थे, क्या उसी हालत में वापस कर सकते हो? तब ये लड़की थी लड़की!

(दर्शक वाह.... वाह क्या खूब कहा)

बूद्धू : (सिर झटककर) नहीं।

रैदास : तेरी बीवी बीमार और कमजोर है और तू इसे हर शाम इसी तरह सताता है। अब यदि तूने कभी भी दारू पीकर बच्चों से झगड़ा किया, तो सारा गाँव पंचायत बुलवाकर तुझे बिरादरी से अलग कर देगा और हो सकता है, तुझे दंड भी मिले। इस घर में तुझसे बड़ा कोई नहीं है, तो तू मनमानी करता है? ये गाँव है गाँव, हमारी जन्म भूमि, गाँव वाले बच्चों और महिलाओं पर अन्याय नहीं होने देंगे। बोल इतने लोगों के बीच कि तू सुधरता है या नहीं?

बूद्धू : म...म... मैं तो यों ही कह रहा था। (मंगल खिसक लेता है।)

नेपथ्य से : रैदास मदिरा का पीजिये, जो चढ़ै-चढ़ै उतराय।
नाम महारस पीजिये, जो चढ़ै नहीं उतराय।"[211]

हिन्दी के दलित साहित्य के विकास की इस संक्षिप्त अवधि में इतनी उत्कृष्ट नाट्य कृतियों का प्रकाशन हो जाना हिन्दी के दलित नाटक के उज्ज्वल भविष्य की आश्वस्ति देता है। वस्तुतः नाटकों के माध्यम से श्री माताप्रसाद जैसे कुछ दलित नाटककारों ने एक ओर तो सन्त रैदास एवं भीमराव अम्बेडकर के जीवन से प्रेरक प्रसंग लेकर दलितों को शक्ति देने का काम किया है, दूसरी ओर वीरांगना झलकारीबाई और ऊदा देवी पासी जैसी महिलाओं के चरित्रों को डकेर कर दलित समाज में नयी चेतना फूँकने का महत्त्वपूर्ण दायित्व निभाया है। हिन्दी के दलित नाट्य- साहित्य में निश्चय ही अनेक सम्भावनाएँ निहित हैं।

हिन्दी की दलित आत्मकथा

दलित साहित्य के प्रेरणास्रोत डॉ. अम्बेडकर ने अपनी आत्कथा 'अमी कसा झालो' लिखकर दलित लेखकों को अपनी आत्मकथाएँ लिखने के लिए प्रेरित किया। इस सम्बन्ध में डॉ. श्यौराज सिंह बेचैन ने लिखा है कि—"वस्तुतः यह डॉ. अम्बेडकर थे, जिनकी प्रेरणा और प्रभाव से ही आत्मकथा लेखन प्रारम्भ हुआ, उन्होंने स्वयं अन्तरंग बातें प्रो. सत्यबोध हुदलीकर की डायरी में दर्ज कराई थीं। तत्कालीन मराठी साहित्य की स्थापित पत्रिका 'नवयुग' के 'अम्बेडकर विशेषांक' (13 अप्रैल, 1947)

में इसे प्रकाशित किया गया था। पत्रिका में उनकी आत्मकथा का एक अंश प्रकाशित हुआ था। उसके बाद डॉ. अम्बेडकर ने 'मैं कैसे बना?' शीर्षक से आत्मकथा लिखना प्रारम्भ किया था।"[212] इस आत्मकथा के प्रकाशन के बाद मराठी दलित लेखकों की अनेक आत्मकथाएँ प्रकाशित हुईं। इनमें से 'अछूत'—दया पंवार, 'अक्करमाशी'—शरणकुमार लिम्बाले, 'जीवन हमारा'—बेबी कांबले, 'छोरा कोल्हाटी का'—किशोर शांताबाई काले, 'उचक्का'—लक्ष्मण गायकवाड़, 'पराया'—लक्ष्मण माने, 'उठाई गीर'—लक्ष्मण गायकवाड़, 'डेरा डंगर'—दादा साहब मोरे, 'भूले बिसरे दिन'—अरुण खोरे, 'नरक सफाई'—अरुण ठाकुर/मुहम्मद खडसक, 'तराल अन्तराल'—शंकरराव खरात, 'यादों के पंछी'—प्र. ई. सोन कांबले, 'धूल का पंछी यादों के पंख'—एन. एम. निमगडे मराठी से अनुदित होकर हिन्दी में प्रकाशित हुई है।"[213] इनसे प्रेरित होकर हिन्दी दलित लेखकों ने भी आत्मकथाएँ लिखना प्रारम्भ किया है।

हिन्दी दलित लेखकों में—"अपने-अपने पिंजरे (भाग-1-2)—मोहनदास नैमिशराय, 'जूठन'—ओमप्रकाश वाल्मीकि, 'तिरस्कृत'—सूरजपाल चौहान, 'तिरस्कार'—के. नाथ, 'दोहरा अभिशाप'—कौसल्या बैसन्त्री, 'मेरा सफर मेरी मंजिल'—डॉ. डी.आर. जाटव तथा 'झोपड़ी से राजभवन'—माताप्रसाद की आत्मकथाएँ प्रकाशित हुई हैं। इन आत्मकथाओं ने हिन्दी में हलचल पैदा कर दी है। इन पर टिप्पणी करते हुए डॉ. श्यौराज सिंह बेचैन ने लिखा है कि—"दलित आत्मकथाओं में दलित छवि एक सचेतन आत्म संघर्षरत स्वाभिमानी व्यक्ति की छवि के रूप में उभरकर आयी है। दलित आत्मकथाकार अतीत की भद्दी तस्वीरें देखते हैं। साथ-साथ उन हाथों को भी पकड़ते हैं जिन्होंने कई सौन्दर्य से भरी जीवन झाँकियों पर ईर्ष्यावश कालिख पोत दी है। इतिहास विहीन समाज में ये आत्मकथाएँ सूचनाओं, तथ्यों और स्थितियों के ऐसे प्रमाण जुटाती हैं जिनके बगैर हिन्दी समाज का अध्ययन अधूरा है।"[214] निश्चय ही, आत्मकथा-विधा के रूप में दलित साहित्य में शुरुआत हुई है। आशा है कि और अधिक आत्मकथाएँ दलित लेखकों की आएँगी। इस अवधि में दलित लेखकों की जो आत्मकथाएँ प्रकाशित हुई हैं। उनपर समीक्षात्मक टिप्पणियाँ यहाँ प्रस्तुत हैं—

अपने-अपने पिंजरे : मोहनदास नैमिशराय

आत्मवृत्त लिखने के लिए जिस प्रकार की तटस्थता, ईमानदारी, स्पष्टता, प्रामाणिकता, निर्ममता और बेबाकी की आवश्यकता होती है, हिन्दी में अपने हिन्दू संस्कारों के कारण उसका सदैव अभाव ही रहा है। शायद इसलिए हिन्दी में किसी एक भी साहित्यकार की अच्छी आत्मकथा उपलब्ध नहीं है। इस दौर में इस अभाव की पूर्ति भी दलित साहित्यकारों ने ही करने की ठानी और हिन्दी में किसी दलित लेखक की पहली आत्मकथा 'अपने-अपने पिंजरे' हमारे सामने है। इसका श्रेय जाता है श्री मोहनदास नैमिशराय को। हमारी जानकारी में पुस्तक के रूप में प्रकाशित 'अपने-अपने

पिंजरे' ही हिन्दी में किसी दलित लेखक की पहली आत्मकथा है।

मोहनदास नैमिशराय हिन्दी के एक ऐसे दलित लेखक हैं, जिन्होंने लेखन को सर्वात्मना अपनाया है और उसके सन्त्रास को भी झेला है। उनकी यह यात्रा नगर से महानगर की तो है ही, लेकिन इससे भी महत्त्वपूर्ण है उनकी अन्तर्यात्रा, जिसका उल्लेख यत्र-तत्र हमें इस आत्मकथा में मिलता है। मेरठ की एक बस्ती चमारवाड़े या चमारगेट के एक ऐसे परिवार में नैमिशराय जन्मे, जिसमें जूता-चप्पल बनाने का काम होता था। इस बस्ती के वातावरण पर एक नजर डालकर ही आगे बढ़ें—"हमारी बस्ती नंगी और सपाट होती, गन्धहीन, पर एक अजीब सी दुर्गन्ध परिवेश में फैली होती, घर-घर में चमड़ा भरा होता, आँगन में चमड़े के गीले टुकड़े सूखने के लिए पड़े होते। ऐसी बस्तियों के आस-पास हवा चलती तो महसूस होता, यहीं कहीं चमारवाड़ा है।"[215] घर में दरिद्रता का वास था। इसका उल्लेख वे यूँ करते हैं—"ताई माँ का दुःख हम सबका दुःख था। कारण था घर में आर्थिक संकट। हम अभाव की नाव में सवार थे.... कभी-कभी ऐसा भी होता कि चूल्हे में लकड़ी कम रहती। तब माँ पड़ोस से उधार लकड़ी माँगकर लाती। आटा तो उधार में लेना आम बात थी।"[216] ऐसे में जन्म के चन्द बरस बाद माँ का न रहना और इस 'बिन माँ के बच्चे' का अड़ोस-पड़ोस के लोगों के प्यास की अपेक्षा सहानुभूति तथा करुणा पाकर संवेदनशील हो उठना नितान्त स्वाभाविक था। जैसे-जैसे संवेदना में ज्ञान का मिश्रण होता गया, तैसे-तैसे उनकी दृष्टि में अपना और अपनी जाति का वर्तमान स्पष्ट होता गया "पीढ़ी-दर-पीढ़ी हम गुलाम थे। इधर माँ बच्चा जनती और उधर पैदा होने वाले बच्चे के माथे पर उसकी जात लिख दी जाती। उसे उसकी जात की पहचान से रूबरू करा दिया जाता।"[217] तभी यह भी प्रश्न उठा कि ऐसा क्यों? और इस प्रश्न के उत्तर की खोज में चमार जाति के अतीत में जाकर इतिहास की खोज की आवश्यक हुई। जिस पर दृष्टिपात करते हुए उन्होंने लिखा है कि—"हम लम्बे समय से अपमान सहते आये थे, पर गुनहगार न थे हम। हम हारे हुए लोग थे, जिन्हें आर्यों ने जीतकर हाशिये पर डाल दिया था। हमारे पास अंग्रेजों के द्वारा दिये गये तमगें, मैडल, पुरस्कार न थे। हमारे पास था सिर्फ कड़वा अतीत और जख्मी अनुभव। मन और शरीर पर चोट पड़ती, तो वे ही जख्म हरे हो जाते। सदियों से गर्दिशों में रहते-रहते हम अपने इतिहास से कट गये थे। अपनी संस्कृति भूल गये थे। पहले हम उजड़े, फिर बस्तियाँ, बाद में संस्कृति। हजारों वर्षों से टूटने-बिखरने का यही क्रम चलता रहा। बस्तियों से उजड़कर मैदान, खेत, पहाड़, सड़क, फुटपाथ और न जाने कहाँ हम पसरे। हमने आसरा ढूँढा। पीढ़ी-दर-पीढ़ी दुःख सहने की प्रक्रिया से हम दास बनते गये। हमारी गिनती गुलामों में की जाने लगी। वे मालिक बन बैठे। हमारी औरतें उनकी रखैल बनीं। हम अपनी औरतों से कटते गये। परिवार बिखरते गये। कैसा निर्मम था वह

इतिहास और संस्कृति.... जिसे हम लम्बे समय से ओढ़ते बिछाते आये थे।"[218] परिणामस्वरूप आज हमारी स्थिति हिन्दू ही नहीं, मुसलमानों की दृष्टि में यह हो गयी है कि—"उनमें अधिकतर हमें बहुत गिरा हुआ इंसान समझते थे। हमारी पढ़ाई-लिखाई, प्रगति से उन्हें कुछ लेना-देना नहीं था। हम उनकी नजरों में घटिया लोग थे। हमारी औरतों को तो उनके द्वारा बार-बार जलील होना पड़ता था। कभी-कभी वे ऐसा भी सोचते थे कि हम उनके रहमो-करम पर जिन्दा हैं।"[219] हिन्दू होकर भी हिन्दू मन्दिरों में चमारों के लिए प्रवेश निषिद्ध था, क्योंकि—मन्दिर और सवर्णों के लिए हम शूद्र थे। अछूत थे, दलित थे, पर इन्सान न थे। हमारी छाया भी उनके लिए अपवित्र थी। हम मन्दिरों में घुस न जाएँ। शायद यही सोचकर मन्दिर की चहारदीवारी बनाई गयी थी।"[220] एक दिन मन्दिर के बाहर प्रसाद लेते समय पुजारी की अँगुलियाँ जब लेखक के हाथ से छू गयीं, तो उस पर पुजारी ने झल्लाते हुए कहा था—"तू चमार का है न। सब भ्रष्ट कर दिया। कितनी बार कहा तुम ढोरों से, प्रसाद दूर से लिया करो।"[221] ऐसी स्थिति में मन्दिर के प्रति यह प्रतिक्रिया होना स्वाभाविक ही था कि हम "लोग खड़े होकर मूतते तो आधे से अधिक पेशाब से दीवार ही भिगोते। बच्चों को लिए माँएँ जब उधर से गुजरतीं, वे बच्चे की नाक सिननकर मन्दिर की दीवार से पोंछती। मन्दिर की दीवार उनके लिए रूमाल बन जाती, किसी के लिए पेशाबघर। वही मन्दिर कभी-कभी चकला भी बन जाता, शराबघर और जुआघर भी।"[222]

मन्दिर में ही नहीं, विद्या के मन्दिर में भी दलित छात्रों को यह सन्त्रास झेलना पड़ता रहा है। मोहनदास नैमिशराय ने अपने स्कूल अध्यापकों के दृष्टिकोण का उल्लेख करते हुए लिखा है कि—"स्कूल के अधिकतर अध्यापक बात-बात में हमारी बस्ती का नाम लेते थे। धीरे-धीरे स्कूल में हमारी पहचान बन गयी थी। वह पहचान थी कि हम चमार हैं। अध्यापक हमारे नाम लेकर कम बुलाते थे, बात-बात में 'चमार दरवाजे वाले' कहकर सम्बोधन किया करते थे। धीरे-धीरे सभी लड़कों को पता चल गया था कि हम जात से चमार हैं, क्योंकि हम चमार नाम की बस्ती में रहते थे और वास्तव में था भी ऐसा ही। दो तीन को छोड़कर पूरी बस्ती में चमार ही रहते थे। हमें यह सुनकर बुरा भी लगता था।"[223] इन समस्त स्थितियों ने मिलकर चेतन दलित मस्तिष्क में हिन्दू धर्म से अलगाव की भावना पैदा की, जो धीरे-धीरे विकसित होती रही। इसे हम बा और लेखक के एक संवाद में निम्नवत् देख सकते हैं—

"और हम कौन हैं?" मेरा अगला सवाल था।

"हम चमार हैं।" बा बोला।

"पर क्या चमार हिन्दू नहीं होते?" मैंने फिर पूछा था। बा ने जवाब देने से पूर्व पलभर मेरी ओर देखा था, फिर कहा—"चमार-चमार होते हैं। न हिन्दू न मुसलमान।"[224] सम्भवतः इन्हीं परिस्थितियों से गुजरकर डॉ. अम्बेडकर ने बौद्ध धर्म ग्रहण कर लिया

था, जिनकी आत्मकथा 'आमी कसा झालो' (मैं कैसे बना) से दलित आत्मकथाओं का प्रारम्भ माना जाता है।

यूँ तो नैमिशराय ने लिखा है कि–"बचपन से जवानी तक मेरे जीवन में काले और साँवले रंग की अनगिनत औरतें आयी थीं..... उनमें प्रेमिकाएँ भी थीं और वेश्याएँ भी।" लेकिन अपनी प्रेमिका के रूप में उन्होंने केवल 'रसवन्ती' का ही उल्लेख किया है। यह प्रेमप्रसंग भी दुःखांत ही रहा और रसवन्ती का विवाह किसी और से होने के दुःख को वे सह नहीं पाये तथा बम्बई भाग गये। जहाँ उन्होंने सड़क पर पड़ी लावारिस लाश को देखकर पहली कविता लिखी अंग्रेजी में। यह उनका महानगर से पहला परिचय था, जहाँ भूख और गरीबी तो थी, लेकिन जात-पाँत नहीं थी।

इस आत्मकथा की भाषा पर विचार करना भी आवश्यक है। इस कृति ने दलित समाज में प्रचलित कई ऐसे शब्द हिन्दी शब्दकोश में जोड़े हैं, जो सम्भवतः पहले उसमें नहीं थे। जैसे 'सपड़ना' (खत्म होना) आदि। लेकिन प्रामाणिकता-प्रदर्शित करने के लिए कुछ अनावश्यक शब्दों का प्रयोग भी बराबर खटकता रहा है। जैसे–"सामने कोई मोटी औरत अपने भारी चूतड़े खोले वही कर रही थी, जो मैं करने जा रहा था।"[225] यहाँ इसके न कहने से भी काम चल सकता था। बावजूद इसके प्रामाणिकता के पलस्तर बीच-बीच में उखड़े दिखाई देते हैं। जैसे उस दौर में जिस व्यक्ति के तीन भाइयों के परिवार में दो सरकारी नौकरी करते हों तथा दो घर हों, उनके भी एक पक्का घर (हवेली) हो तथा ताऊ (जो लेखक के पालक पिता हैं) नगर पालिका के मेम्बर रहे हों, उसे गरीब नहीं कहा जा सकता। दूसरी बात इसमें सबसे खटकने वाली यह है कि यह आत्मकथा हाईस्कूल उत्तीर्ण करने के साथ ही समाप्त हो जाती है, जबकि हो सकता है कि आत्मवृत्त के रंगमंच पर अभिनीत आगे का घटनाक्रम इससे अधिक महत्त्वपूर्ण रहा हो, जिसकी पाठकों और उन दलितों लोगों को ज्यादा आवश्यकता थी, जो रास्ते की तलाश में आज भी संघर्ष कर रहे हैं।

फिर भी जैसा कि नैमिशराय ने अपने आत्मकथ्य में लिखा भी है कि–"वस्तुतः यह मेरे अकेले की आत्मकथा नहीं है, बल्कि उस दुर्घटनाग्रस्त समाज के भोगे हुए कड़वे अनुभवों की बेबाक कहानी है, जिसके बीच रहते हुए मैंने अपने जीवन के आरम्भिक वर्ष बिताये। बचपन से जवान होने की कच्ची उम्र में जो जख्म मिले, तत्पश्चात् से ही वे फोड़ा बन पकते चले गये। जिस्म के अनगिनत स्थानों पर जख्म हुए, आत्मकथा की बुनावट से बनावट तक जख्म-दर-जख्म साथ-साथ चलते रहे।"[226] मेरी दृष्टि में यह एक संवेदनशील दलित के इन्हीं रिसते हुए जख्मों का हिसाब है, जिसे मोहनदास नैमिशराय ने पर्याप्त साहस के साथ लिखा है। किसी हिन्दी दलित लेखक का पुस्तकाकार प्रकाशित आत्मवृत्त होने के कारण 'अपने-अपने पिंजरे' अपना ऐतिहासिक महत्त्व रखती है। इस राह का पहला कदम निश्चय ही स्तुत्य है।

जूठन : ओमप्रकाश वाल्मीकि

दलित साहित्य के सम्बन्ध में कई तरह की भ्रांत धारणाएँ प्रचलित हैं। उनमें से एक यह भी है कि सर्वप्रथम दलित साहित्य मराठी में लिखा गया। लेकिन जब हम नाथ और सिद्धों की वाणियों पर दृष्टिपात करते हैं, तो भक्ति साहित्य में विद्रोह की एक सशक्त धारा हम वहाँ पाते हैं। भक्ति साहित्य में रैदास, कबीर और सहजोबाई का साहित्य दलित साहित्य का प्रारम्भिक स्वरूप नहीं, तो और क्या है? विगत दो दशकों से हिन्दी की प्रत्येक विधा में दलित साहित्य का प्रकाशन हुआ है। मोहनदास नैमिशराय की आत्मकथा 'अपने-अपने पिंजरे' के बाद अब हिन्दी के प्रतिष्ठित दलित कथाकार और कवि ओमप्रकाश वाल्मीकि की आत्मकथा 'जूठन' के प्रकाशन के साथ पहले से चला आ रहा एक विवाद फिर गरमाने की सम्भावना है कि दलित लेखक आखिर अपनी आत्मकथाएँ क्यों लिख रहे हैं? इस विवाद में गैर-दलित साहित्यकार ही नहीं, कुछ दलित साहित्यकार भी शामिल हैं। डॉ. सोहनपाल 'सुमनाक्षर' का विचार है कि "दया पंवार कृत 'बलुत' की तर्ज पर बहुत लोग आत्मकथा लिखने की कोशिश कर रहे हैं, परन्तु उनमें वह वास्तविकता कहाँ है? ....हिन्दी में जिस तरह से दलित लेखक आत्मकथा लिखने की होड़ मचा रहे हैं, वह नकल मात्र है। अपने आपको उपहास बनाने की बात है। क्यों लोग हिन्दी में मराठी की नकल पर दलित साहित्य का विकास करना चाह रहे हैं।"[227] हिन्दी दलित लेखकों की आत्मकथाएँ जहाँ कुछ लोगों को मराठी की नकल लग रही हैं, वहीं कुछ लोगों को आशंका है कि ये दलित लेखक नंगी सच्चाइयों को अभिव्यक्ति देकर अपने समाज को बेइज्जत कर रहे हैं। इसी प्रकार के सवालों से श्री ओमप्रकाश वाल्मीकि को भी दो-चार होना पड़ा है। 'जूठन' की भूमिका में वे लिखते हैं कि—"कई मित्र हैरान थे, अभी से आत्मकथा लिख रहे हो। उनसे मेरा निवेदन है—उपलब्धियों की तराजू पर यदि मेरी इस व्यथा-कथा को रखकर तौलोगे, तो हाथ कुछ नहीं लगेगा। एक मित्र की यह भी सलाह थी कि मैं आत्मकथा लिखकर अपने अनुभवों का मूलधन खा रहा हूँ। कुछ का यह भी कहना था कि खुद को नंगा करके आप अपने समाज की हीनता को ही बढ़ाएँगे। एक बेहद आत्मीय मित्र को भय सता रहा है। उन्होंने लिखा-आत्मकथा लिखकर आप अपनी प्रतिष्ठा ही न खो दें।"[228] ये वे ही सारे सवाल हैं, जो मराठी दलित आत्मकथाओं के सम्बन्ध में भी उठाए गये थे। दरअसल, हिन्दी साहित्यकार का चरित्र यूँ भी दोहरा रहा है, अतः हिन्दी में जितनी भी आत्मकथाएँ प्रकाशित हुई हैं, उनमें सत्य इतना ही मिलता है, जितना कि लेखक के व्यक्तित्व को उभारने में सहायक सिद्ध होता हो, इसलिए 'दिबेन' ने हरिवंश राय बच्चन की आत्मकथा के अन्तिम खण्ड पर टिप्पणी करते हुए लिखा था कि यह आत्मकथा बच्चन की कम उनकी कुतिया की ज्यादा है। लेकिन दलित लेखकों की आत्मकथाएँ निश्चय ही इस

मान्यता को तोड़ती हैं। ये आत्मकथाएँ जीवन की सच्चाई को उसकी सम्पूर्ण विद्रूपता के साथ उकेरती हैं। गाँव के एक किनारे गन्दगी से भरी भंगी बस्ती का यह चित्र देखिए—"जोहड़ी के किनारे चूहड़ों के मकान थे, जिनके पीछे गाँव भर की औरतें, जवान लड़कियाँ, बड़ी-बूढ़ी, यहाँ तक कि नयी नवेली दुल्हनें भी इसी डब्बोवाली के किनारे खुले में टट्टी फरागत के लिए बैठ जाती थीं। रात के अँधेरे में ही नहीं, दिन के उजाले में भी पर्दों में रहने वाली त्यागी महिलाएँ, घूंघट काढ़े, दुशाले ओढ़े, इस सार्वजनिक खुले शौचालय में निवृत्ति पाती थीं। तमाम शर्म लिहाज छोड़कर, वे डब्बोवाली के किनारे गोपनीय जिस्म उघाड़कर बैठ जाती थीं। इसी जगह गाँव भर में लड़ाई-झगड़े के गोल मेज कांन्फ्रेस की शक्ल में चर्चित होते थे। चारों तरफ गन्दगी भरी होती थी। ऐसी दुर्गन्ध कि मिनट भर में साँस घुट जाय। तंग गलियों में घूमते सुअर, नंग-धडंग बच्चे, कुत्ते, रोजमर्रा के झगड़े, बस यह था वह वातावरण, जिसमें बचपन बीता। इस माहौल में यदि वर्ण-व्यवस्था को आदर्श व्यवस्था कहने वालों को दो-चार दिन रहना पड़ जाय, तो उनकी राय बदल जाएगी।"[229] ऐसे माहौल में पला-बढ़ा ओमप्रकाश जब आजाद भारत के स्कूल में किसी तरह भर्ती होकर पढ़ने जाता है, तो मास्टर कलीराम उससे पूछता है—"क्या नाम है बे तेरा?" 'ओमप्रकाश' मैंने डरते-डरते धीमे स्वर में अपना नाम बताया। हेडमास्टर को देखते ही बच्चे सहम जाते थे। पूरे स्कूल में उनकी दहशत थी। 'चूहड़े का है?' हेड़मास्टर का दूसरा सवाल उछला। 'जी', "ठीक है..... वह जो सामने शीशम का पेड़ खड़ा है, उस पर चढ़ जा और टहनियाँ तोड़के झाड़ू बना ले। पत्तों वाली झाड़ू बनाना। और पूरे स्कूल को ऐसा चमका दे जैसा सीसा। तेरा तो ये खानदानी काम है। जा..... फटाफट लग जा काम पे।" (दो दिन बिना कक्षा में बैठे, झाड़ू लगाने के बाद) तीसरे दिन मैं कक्षा में जाकर चुपचाप बैठ गया। थोड़ी देर बाद उनकी दहाड़ सुनाई पड़ी, "अबे, ओ चूहड़े के, मादरचोद कहाँ घुस गया..... अपनी माँ...।" उनकी दहाड़ सुनकर मैं थर-थर काँपने लगा था। एक त्यागी लड़के ने चिल्लाकर कहा, "मास्साब, वो बैठा है कोने में।" हेडमास्टर ने लपककर मेरी गर्दन दबोच ली थी। उनकी उँगलियों का दबाव मेरी गर्दन पर बढ़ रहा था। जैसे कोई भेड़िया बकरी के बच्चे को दबोचकर उठा लेता है। कक्षा से बाहर खींचकर उसने मुझे बरामदे में ला पटका। चीखकर बोले, "जा लगा पूरे मैदान में झाड़ू.... नहीं तो गांड में मिर्ची डालके स्कूल से बाहर काढ़ (निकाल) दूँगा।"[230] कुल मिलाकर यह किसी दलित बच्चे को पढ़ने न देने की साजिश है, जिसमें हिन्दू समाज जितना क्रूर रहा है, अध्यापक भी उतना ही अमानवीय तथा निर्मम रहा है। जब ओमप्रकाश के पिता हेड़मास्टर के इस कुकृत्य से गाँव के मौज़िज लोगों को अवगत कराते हैं, तो उनकी प्रतिक्रिया देखिए—"पिता जी को विश्वास था, गाँव के त्यागी, मास्टर कलीराम की इस हरकत पर उसे शर्मिन्दा करेंगे। लेकिन हुआ

ठीक उल्टा। जिसका दरवाजा खटखटाया, यही उत्तर मिला, "क्या करोगे स्कूल भेज के" या "कौवा बी कबी हँस बण सके", "तुम अनपढ़ गँवार लोग क्या जाणो, विद्या ऐसे हासिल ना होती।" या फिर "झाड़ ही तो लगवाई है, द्रोणाचार्य की तरियों गुरु दक्षिणा में अँगूठा तो नहीं माँगा" आदि।"[231] इस असहज स्थितियों से गुजरकर भी दलित बालक पढ़ते-पढ़ते चीजों को अपने हिसाब से समझने की कोशिश करता है, तो अध्यापकों का रवैया उसके प्रति कैसा होता है। इसे भी ओमप्रकाश के जीवन की एक घटना से समझा जा सकता है। घटना इस प्रकार है। "एक बार स्कूल में मास्टर साहब द्रोणाचार्य का पाठ पढ़ा रहे थे। मास्टर साहब ने लगभग रुआँसा होकर बताया था कि द्रोणाचार्य ने भूख से तड़फते हुए अश्वत्थामा को आटा पानी में घोलकर पिलाया था, दूध की जगह। द्रोण की गरीबी का दारुण नक्शा सुनकर पूरी कक्षा हाय-हाय कर उठी थी। यह प्रसंग द्रोण की गरीबी को दर्शाने के लिए महाभारतकार व्यास ने रचा था।

मैंने खड़ा होकर मास्टर साहब से एक सवाल पूछ लेने की धृष्टता की थी। अश्वत्थामा को तो दूध की जगह आटे का घोल पिलाया गया और हमें चावल का माँड। फिर किसी भी महाकाव्य में हमारा जिक्र क्यों नहीं आया?" किसी भी महाकवि ने हमारे जीवन पर एक भी शब्द क्यों नहीं लिखा? समूची कक्षा मेरा मुँह देखने लगी थी। जैसे मैंने कोई निरर्थक प्रश्न उठा दिया हो। मास्टर साहब चीख उठे थे, "घोर कलियुग आ गया है.... जो एक अछूत जबान-जोरी कर रहा है।" उस मास्टर ने मुझे मुर्गा बना दिया था। पढ़ाना छोड़कर बार-बार मेरे चूहड़ा होने का उल्लेख कर रहा था। उसने शीशम की एक लम्बी सी छड़ी किसी लड़के को लाने का आदेश दिया था।

"चूहड़े के, तू द्रोणाचार्य से अपनी बराबरी करे है.... ले तेरे ऊपर मैं महाकाव्य लिखूँगा...." उसने मेरी पीठ पर सटाक-सटाक छड़ी से महाकाव्य रच दिया था। वह महाकाव्य आज भी मेरी पीठ पर अंकित है। भूख और असहाय जीवन के घृणित क्षणों में सामन्ती सोच यह महाकाव्य मेरी पीठ पर ही नहीं, मेरे मस्तिष्क के रेशे-रेशे पर अंकित है।"[232] भारत के गाँवों में नाई द्वारा किसी अछूत के बाल न काटने, तथा धोबी द्वारा कपड़े न धोने की प्रथा रही है, जबकि ये जातियाँ स्वयं भी अछूतों में शुमार रही हैं। इसी प्रकार की एक घटना का उल्लेख ओमप्रकाश वाल्मीकि ने यूँ किया है– "खाकी वर्दी को मैंने रगड़-रगड़ कर धोया था। समस्या थी इस्तरी करने की। मेरी कक्षा में धोबी का एक लड़का था। मैंने उससे कहा। उसने शाम को घर आने के लिए कहा। शाम को वर्दी लेकर उसके घर गया। मुझे देखते ही उसका बाप चिल्लाया, "अबे! चूहड़े के किंघे घुसा आ रहा है?" उसका बेटा उसके पास खड़ा था। मैंने कहा 'वर्दी पर इस्तरी करानी है।' हम चूहड़े चमारों के कपड़े नहीं धोते, न ही इस्तरी करते हैं। जो तेरे कपड़े पर इस्तरी कर देंगे, तो तगा कपड़े न धुलवाएंगे, म्हारी तो रोजी रोट्टी चली जा गी....." उसने साफ-साफ जवाब दे दिया था।"[233] हिन्दू

धर्म की इतनी अमानवीय एवं विषम व्यवस्थाएँ किसी दलित को अछूत जातियों में जन्म लेने के कारण ही झेलनी पड़ती हैं। फिर कैसे उसका विश्वास हिन्दू मान्यताओं पर ठहर सकता है? ओमप्रकाश वाल्मीकि का भी उठ गया। वे लिखते हैं–"ईश्वर से भरोसा उठ गया था। गरीबी और अभाव से किसी तरह निबटा जा सकता है, जाति से पार पाना कठिन है।"[234] हिन्दू धर्म के नियन्ताओं द्वारा अन्धविश्वास और रूढ़िवादिता के प्रचार-प्रसार से दलित समाज आंतरिक विसंगतियों का भी शिकार रहा है। वाल्मीकि समाज में भी इस प्रकार की अनेक बुराइयाँ प्रचलित रही है। इनमें जूठन उठाना और खाना तथा शादी विवाह के अवसर पर 'सलाम' की प्रथा को हम देख सकते हैं। मुझे लगता है कि इन जातियों के स्वाभिमान को कुचलने के लिए प्रारम्भ में ये प्रथाएँ थोपी गयी होंगी, धीरे-धीरे ये सारी प्रथाएँ इनके संस्कारों में शामिल हो गयीं। सलाम की इस प्रथा पर टिप्पणी करते हुए ओमप्रकाश वाल्मीकि लिखते हैं कि–"देखने, सुनने में बहुत साधारण सी बात लग सकती है, लेकिन दूल्हा हो या दुल्हन, शादी के पहले ही दिन उसमें हीनता बोध भर दिया जाता है.... सदियों से चली आ रही इस प्रथा के पार्श्व में जातीय अहम् की पराकाष्ठा है। समाज में जो गहरी खाई है, उसे प्रथा और गहरा बनाती है। एक साजिश है, हीनता के भँवर में फँसा देने की। कितनी ही बार दूल्हों को ही नहीं, दुल्हनों को भी बेइंतहा अपमान सहना पड़ता है।"[235] लेकिन जैसे-जैसे इन जातियों के युवक शिक्षित होकर चेतन हो रहे हैं, इन प्रथाओं को समाप्त करने के प्रयास भी करते रहे हैं। वाल्मीकि के मन में भी इन प्रथाओं के विरुद्ध विद्रोह उत्पन्न हुआ। अपने मित्र हिरम सिंह के विवाह में वे स्वयं 'सलाम' के लिए उसके साथ गये तो, लेकिन लौटकर अपने पिता जी से कहा–"ये सलाम के लिए जाना क्या ठीक है?" पिता जी ने मेरी ओर ऐसा घूरा जैसे मुझे पहली बार देख रहे हों। उन्हें चुपचाप देखकर मेरे मन की उथल-पुथल बाहर आने लगी, "अपनी ही शादी में दूल्हा घर-घर घूमे.... बुरी बात है.... बड़ी जाति वालों के दूल्हे तो ऐसे कहीं नहीं जाते... ये दुल्हन बरला जाकर ऐसे ही घर घर जाएगी सलाम करने....." पिताजी खामोशी से मेरी बात सुन रहे थे, "मुंशी जी, बस तुझे स्कूल भेजना सफल हो गिया है.... महारी समझ में बी आ गिया है.... ईब इस रीत को तोड़ेंगे।" पिताजी ने सचमुच इस रीत को अपने ही घर से तोड़ा था। मेरे भाई जनेसर की बारात लक्सर के पास रजोपुर गयी थी। पिता जी ने साफ मना कर दिया–"मेरा बेटा सलाम करने नहीं जाएगा।" बहन की शादी में भी हमने अपने बहनोई को 'सलाम' पर नहीं जाने दिया था।"[236] अछूत जातियों में जन्म लेकर व्यक्ति को गाँव से लेकर स्कूल तक निरन्तर अपमानित होते रहना पड़ता है, पढ़-लिखकर भी, इसलिए ओमप्रकाश इस निष्कर्ष पर पहुँचते हैं कि–"पढ़-लिखकर जातियाँ नहीं सुधरतीं। वे सुधरती हैं, जन्म से।" इसी दंश के कारण दलितों में हिन्दू धर्म से विमुख होने की प्रवृत्ति बढ़ी है। शिक्षित दलितों के मन में ये सवाल बार-बार

उठता है कि क्या हम हिन्दू हैं? जब हमें हिन्दू मन्दिरों में जाने का अधिकार नहीं रहा, शिक्षा प्राप्त करने और हिन्दू धर्म ग्रन्थों को पढ़ने का अधिकार नहीं रहा। ऐसे ही प्रश्न ओमप्रकाश के मन में भी उमड़ते-घुमड़ते रहे, जो कुछ इस प्रकार प्रस्फुटित हुए—"लेकिन मन में एक उबाल-सा उठता था, जो कहना चाहता था, मैं हिन्दू भी तो नहीं हूँ। यदि हिन्दू होता, तो हिन्दू मुझसे इतनी घृणा, इतना भेदभाव क्यों करते? बात-बात पर जातीय बोध की हीनता से मुझे क्यों भरते, मन में यह भी आता था कि अच्छा इन्सान बनने के लिए जरूरी क्यों है कि वह हिन्दू ही हो.... हिन्दू की क्रूरता बचपन से देखी है, सहन की है। जातीय श्रेष्ठता का भाव अभिमान बनकर सदा कमजोर को ही क्यों मारता है? क्यों दलित के प्रति हिन्दू इतना निर्मम और क्रूर है।"[237] इन सारे प्रश्नों की खोज में दलित, हिन्दू धर्मशास्त्रों के अध्ययन की ओर उन्मुख होता है और पाता है कि—दरअसल ये धर्मशास्त्र ही उसकी इस दुर्दशा का कारण रहे हैं। गीता के अध्ययन के बाद बालक ओमप्रकाश अपना निष्कर्ष यों देते हैं—"जैसे-जैसे मैं इस पुस्तक को पढ़ रहा था, मेरे अपरिपक्व मस्तिष्क में एक उलझन बढ़ रही थी। गीता में कर्मवाद की जो व्याख्या की गयी है, उसे पूरी तरह समझ लेने की विकसित बुद्धि मेरी उस समय नहीं थी। हाँ इतना जरूर समझ रहा था कि कृष्ण अर्जुन को युद्ध के लिए उकसा रहे हैं। अपने ही बन्धु बन्धवों को मारने के लिए अर्जुन को समझा रहे हैं। कर्म करने और फल की इच्छा न रखने का दार्शनिक विवेचन स्थापित कर रहे हैं। ज्ञान की इस पुस्तक के प्रत्येक अध्याय के बाद एक माहात्म्य दिया हुआ था, जिसमें उस अध्याय के पठन-पाठन के बाद प्राप्त होने वाले फल की कहानी थी। यानी गीता दर्शन के विपरीत फल की लालसा के लिए पाठकों, श्रद्धालुओं और आस्थावानों को उकसाया जा रहा था।"[238] यह सुखद आश्चर्य है कि दलित बुद्धिजीवियों में हिन्दू ग्रन्थों के अध्ययन से उत्पन्न हुई शंकाएँ, अम्बेडकर साहित्य के अध्ययन से ही अपना समाधान पाती हैं। ओमप्रकाश की राय अम्बेडकर को पढ़कर गाँधी के विषय में भी बदली और उन्होंने लिखा—"अम्बेडकर को पढ़ लेने के बाद यह बात समझ में आ गयी थी कि गाँधी ने हरिजन नाम देकर अछूतों को राष्ट्रीय मुख्यधारा में नहीं जोड़ा, बल्कि हिन्दुओं को अल्पसंख्यक होने से बचाया, उनके हितों की रक्षा की..... यह धारणा भी उन दिनों पुख्ता हो रही थी कि जो शिक्षा स्कूल कॉलिजों में दी जा रही है, वह किसी भी रूप में हमें राष्ट्रीय नहीं बनाती है, बल्कि कट्टर संकीर्ण हिन्दू बनाती है।"[239] आगे इस आत्मकथा में दलित युवकों की अपनी अस्मिता के लिए संघर्ष और इस प्रक्रिया में जाति छुपाकर समाज में सम्मान पाने की लालसा में निरन्तर घुटने और। 'सरनेम' के कारण आने वाली दिक्कतों का उल्लेख हुआ है। इस सम्पूर्ण सन्दर्भ में ओमप्रकाश का निष्कर्ष बहुत साफ है। उन्हें लगता है कि—"बदलाव पलायन से नही, संघर्ष और संवाद से

आयेगा।"[240] बहुत धीरे-धीरे ही सही, बदलाव आ तो रहा ही है। लेकिन दलित समाज की आने वाली नस्लें इन आत्मकथाओं को पढ़कर ही जान पाएँगी, कि इस स्थिति तक उन्हें पहुँचाने के लिए उनके पुरखों ने किस-किस तरह के कष्ट सहे। उस समय दलित समाज कैसा था, हिन्दू समाज में उसकी स्थिति क्या थी? इस समाज को सम्मानित बनाए रखने के लिए हमें क्या करना चाहिए। मेरी दृष्टि में ये आत्मकथा भावी दलित पीढ़ियों के लिए प्रेरणा का स्रोत प्रमाणित होंगी।

एक बात और, सामाजिक अछूतपन के विष को ओमप्रकाश ने पिया तो है, लेकिन उसे पीकर भी वे कटु नहीं हो पाये, जिसके उदाहरण इस आत्मकथा में भी उपलब्ध हैं। इस सिलसिले में मैं एक घटना का उल्लेख कर रहा हूँ। यह वही घटना है, जिसके आधार पर इस आत्मकथा का नामकरण किया गया है। घटना इस प्रकार है—बारात खाना खा रही थी। माँ टोकरा लिए दरवाजे के बाहर बैठी थी। मैं और मेरी छोटी बहन माया माँ से सिमटे बैठे थे। इस उम्मीद में कि भीतर से जो मिठाई और पकवानों की महक आ रही है, वह हमें भी खाने को मिलेगी। जब सब लोग खाना खाकर चले गये, तो मेरी माँ ने सुखदेव सिंह त्यागी को दालान से बाहर आते देखकर कहा,—"चौधरी जी, इब तो सब खाना खा के चले गये.... म्हारे जाकतों (बच्चों) कूँ भी एक पत्तल पर धर के कुछ दे दो। वो बी तो इस दिन का इन्तजार कर रे ते।"

सुखदेव सिंह ने जूठी पतलों से भरे टोकरे की तरफ इशारा करके कहा—"टोकरा भर तो जूठन ले जा रही है....ऊपर से जाकतों के लिए खाणा माँग री है? अपनी औकात में रह चूहड़ी। उठा टोकरा दरवाजे से और चलती बन।"

सुखदेव सिंह त्यागी के वे शब्द मेरे सीने में चाकू की तरह उतर गये थे, जो आज भी अपनी जलन से मुझे झुलसा रहे हैं।

वही सुखदेव सिंह त्यागी मेरे निवास पर एक बार आया था। मेरी पत्नी ने गाँव देहात के बुजुर्ग के नाते उनका आदर-सत्कार किया था। उसने मेरे घर खाना भी खाया था।"[241] यह सहजता जो ओमप्रकाश वाल्मीकि के जीवन में है, वह उनके लेखन में भी है। उनका भाषा पर भी पूरा अधिकार है। वे कहीं पर भी असन्तुलित और कटु नहीं हो पाये हैं, न जीवन में और न लेखन में, बावजूद इसके उनके लेखन में एक धार है, जो बेधक भी है और बोधक भी।

दलित समाज में तीन सौ से अधिक जातियाँ शामिल हैं। जब प्रत्येक दलित जाति से आने वाला लेखक अपनी आत्मकथा लिखेगा, तब कहीं जाकर भारत में उत्पीड़न का सम्पूर्ण दस्तावेज तैयार होगा। अब इसकी सम्भावनाएँ बलवती हो गयी हैं। ओमप्रकाश वाल्मीकि की आत्मकथा निश्चय ही इस सिलसिले में उत्प्रेरक का काम करेगी।

झोंपड़ी से राजभवन : माताप्रसाद

वरिष्ठ दलित साहित्यकार तथा राजनेता श्री माताप्रसाद की आत्मकथा 'झोंपड़ी से राजभवन' स्वतन्त्र भारत में जहाँ एक ओर दलितों के राजभवन तक पहुँचने की प्रक्रिया को रेखांकित करती है, वहीं स्वतन्त्रता से पूर्व झेले गये उनके सन्त्रास का उद्‌घाटन भी बड़ी शिद्दत के साथ करती है और बताती है कि आगे बढ़ने की इस राह में दलित को सफलता प्राप्त करने के लिए सवर्ण से चार-पाँच गुणा अधिक श्रम करना पड़ता है, जिसमें कितने ही दलित टूटकर बिखर जाते हैं। माताप्रसाद की इस आत्मकथा का काल सन् 1925 से लेकर सन् 1999 तक फैला हुआ है। इस 74 वर्ष की अवधि का विस्तृत एवं प्रामाणिक दस्तावेज है "झोंपड़ी से राजभवन" शीर्षक से लिखी गयी यह आत्मकथा।

सन् 1993 में अरुणाचल प्रदेश का राज्यपाल बनने के उपरान्त मैंने उनके व्यक्तित्व एवं कृतित्व पर एक अभिनन्दन ग्रन्थ 'शिखर की ओर' के सम्पादन का कार्य प्रारम्भ किया था, जो उसके लोकार्पण पर 20 नवम्बर, 1997 को समाप्त हुआ। इस अवधि में श्री माताप्रसाद से मेरा निरन्तर और प्रगाढ़ सम्पर्क रहा है, जो आज भी यथावत् बना हुआ है। इस अवधि में मैंने अपने अनुभव से भी जाना है कि श्री माताप्रसाद में बड़े पद पर बैठकर किसी प्रकार का अहम् नहीं आया है। सब लोगों से आम आदमी की तरह मिलना, उनके दुःख दर्द में शामिल होना, उनकी आदत में शुमार है। राजभवन में बैठकर वे अभी भी गाँव में उत्पीड़न का शिकार हो रहे दलित को भूल नहीं पाये। इसका कारण सम्भवतः उनके बचपन की स्मृतियाँ भी रही हों।

श्री माताप्रसाद का जन्म मछलीशहर (जिला जौनपुर) के कजियाना मोहल्ले में हुआ था। उसके बाद शिक्षा के लिए जद्दोजहद तथा दस वर्ष की अवस्था में विवाह तथा 14 वर्ष की आयु में गौना। परिवार की जिम्मेदारी के साथ पढ़ाई। दलित महिलाओं के जीवट की पूरी दास्तान है—श्रीमती प्रसाद का माताप्रसाद जी के बदले का काम भी स्वयं करके, उन्हें पढ़ने का अवसर देना। अपने अभाव भरे बचपन का उल्लेख करते हुए श्री माताप्रसाद जी लिखते हैं कि—"मछली शहर कस्बे के कजियाना मोहल्ले की दलित बस्ती के पश्चिम किनारे पर जिस छोटे से घर में मेरा परिवार रहता था, वह भूमि पड़ोस के एक पठान परिवार की थी। इसमें एक छोटा कच्ची दीवार का खपरैल का कमरा और उसके सामने एक बड़ा छप्पर का औसारा था। माँ कमरे के भीतर ही चूल्हे पर लकड़ी से ही खाना बनाती थी। औसारे में ही सभी भाई बहनें एक-एक चारपाई पर दो-दो तीन लोग सोते थे। एक फर्लांग दूर दक्षिण तलियाँ के किनारे सभी टट्टी फरागत जाते थे। कुछ दूर से कुएँ से मिट्टी के घड़े में पानी रस्सी से खींचकर माँ या बड़े भाई लाते थे। कुएँ पर ही हम लोग नहाते थे। घर में माँ चार बजे सवेरे ही उठकर जाती (चक्की) चलाकर आटा पीसती,

बरतन, घर-द्वार साफ करती। सभी को बासी जौ या मक्के की रोटी, कड़वा तेल, नमक रखकर दिया जाता। उसे खाकर मैं पढ़ने जाता। दोपहर को खाना नहीं बनता, मकई का दाना या महुआ भूनकर दिया जाता था, कभी गुड़ भी मिलता था, शाम को जौ की रोटी या मक्के की रोटी, कड़वा तेल, नमक रखकर दिया जाता। सब्जी कभी नहीं बनती थी। दाल-चावल हर रोज दुकान से खरीद कर आता था।"[242]

इस प्रकार की त्रासद स्थितियों में गुजरा बचपन! उस पर अल्पायु में हुआ विवाह और परिवार में बड़े भाई और उनकी पत्नी चाहती थी कि माताप्रसाद भी अपने हिस्से का काम करें। इस पर उनकी पत्नी ने माताप्रसाद जी के हिस्से का काम भी स्वयं करके उन्हें पढ़-लिखकर आगे बढ़ने का अवसर दिया। इस सम्बन्ध में वे लिखते हैं—"मेरे बड़े भाई राजगीरी करते थे। मैं कोई कमाई नहीं करता था, इसलिए मेरी भाभी इसका गुस्सा मेरी पत्नी पर उतारती थी। वह कहती थी कि तुम्हारे मर्द तो कुछ नहीं कर रहे हैं इसलिए तुम्हें उनके बदले भी काम करना पड़ेगा। उन्हें घरेलू काम, खाना बनाना, दरवाजे व घर की सफाई के साथ ही चार बजे प्रातः उठकर चक्की पिसाई, पशुओं के लिए नाँद में पानी भरने, गोबर उठाने, उपला पाथने घास छीलने का काम तो करना ही पड़ता था, कभी-कभी दूसरे के खेतों में मजदूरी करने भी जाती थी।"[243] इस प्रकार विभिन्न प्रकार के भीतरी और बाह्य और आंतरिक विभेदों से भी उन्हें दो-चार होना पड़ा जिसका उल्लेख उन्होंने इस आत्मकथा में किया है। हिन्दू नाई द्वारा अछूतों के बाल पूर्वी उत्तर प्रदेश में भी नहीं काटे जाते थे। इस सम्बन्ध में एक घटना का उल्लेख श्री माताप्रसाद ने इस प्रकार किया है कि—"एक बारात में मुझे मडियाँहू तहसील में शीतल गंज के पास जाना पड़ा। दूसरे दिन बाजार में नाई की दुकान पर बाल बनवाने गया। वह हिन्दू नाई था। उसने जब हमारी जाति जानी तो बाल बनाने से इन्कार कर दिया। अभी तक मछली शहर कस्बे में ही बाल बनवाता था या नाई घर पर ही आकर बना जाते थे। यह मुस्लिम नाई होते थे। मैंने पहले सोचा भी नहीं था कि हिन्दू नाई अछूतों के बाल नहीं बनाता। यह मेरा नया अनुभव था। उस दिन से हिन्दू नाई के प्रति मेरे मन में बुरी भावना आ गयी।"[244] इसी प्रकार अपनी जाति के भीतर के भेदभाव पर उनकी दृष्टि गयी है। इस सम्बन्ध में एक अन्य घटना का उल्लेख, जो उनके विधायक बनने के बाद की है, उन्होंने इस प्रकार किया है—"कभी-कभी जाति के भीतर ही कुछ लोग भेदभाव करते। इसे देखकर बड़ा दुःख होता। इस बार शाहगंज के पास ताखा गाँव में अपनी जाति की बस्ती में गया, मैं विधायक था। उस बस्ती के लोग कबीर पंथी थे। मेरे पहुँचने पर सब लोगों ने मुझे बैठाया, फिर पानी पीने के लिए इंतजाम के समय पूछा कि आप भक्त हैं या सकत। मैंने कहा मैं भक्त नहीं हूँ। इस पर अलग से रखे गये एक बर्तन को लाकर उसमें मुझे पानी पीने को दिया गया। फिर कभी मैं उस बस्ती में नहीं

रुका। सन्त कबीर साहब ने जिस भेदभाव और छुआछूत को दूर करने के लिए आन्दोलन चलाया, उन्हीं के तथाकथित भक्त फिर भेदभाव बरतने का प्रयास कर रहे हैं, यह जानकर मुझे बड़ा दुःख होता है।"[245] धीरे-धीरे इन सब घटनाओं से श्री माताप्रसाद की चेतना जागने लगी और वे समाज- सुधार की बात सोचने लगे। देश आजाद हो चुका था और यहाँ पर कांग्रेस की सत्ता स्थापित हो चुकी थी। कांग्रेस ने अपने एजेण्डे में दलितोद्धार को शामिल कर लिया था, इसलिए दलितों में अच्छे कार्यकत्ताओं की तलाश स्थानीय कांग्रेस नेताओं को थी। श्री माताप्रसाद उस समय अपनी पढ़ाई पूरी करके प्राइमरी स्कूल में अध्यापक हो गये थे और समाज-सुधार के लिए बिरादरी की सभाओं में उन्होंने भाषण आदि देना भी प्रारम्भ कर दिया था। इन्हीं दिनों उन्हें लगने लगा था कि भाषणों का प्रभाव उनकी बिरादरी के लोगों पर कम पड़ता था। तभी उन्होंने सोचा कि यदि समाज-सुधार की बातों को लोकगीतों के माध्यम से लोगों के बीच रखा जाय तो वे अधिक प्रभावशाली होंगी। यहीं से माताप्रसाद के लेखकीय जीवन की शुरुआत हुई। उन्हीं के शब्दों में– "मैंने अनुभव किया कि भाषण का प्रभाव अपने लोगों पर बहुत कम पड़ता है। यदि जनभाषा में गीत लिखे जाएँ तो उनका प्रभाव लोगों पर अधिक पड़ता है। उस समय जिले में स्वतन्त्रता संग्राम से सम्बन्धित श्री रामकुमार वैद्य के गीत सुनने के नाम पर हजारों लोग इकट्ठे हो जाते थे। इसलिए मैंने भी सोचा क्यों न लोकगीत में समाज- सुधार और जागृति की बातें कही जाएं। इसलिए मैंने बहुत से लोकगीत, जिनमें कहरवा, पूर्वी कजली, मरतल्ला, बिरहा आदि लिखे। पहले सन् 1948 में 'हरिजन ग्राम्य गीत' के नाम पर इलाहाबाद जाकर छपवाया, फिर विधायक होने पर इसे संशोधित किया। इसके कुछ गीत निकाल दिये, कुछ नये गीत मिलाकर 'दलित समाज सम्बन्धी लोकगीत' के नाम से एक पुस्तिका छपी।"[246] इन लोकगीतों से माताप्रसाद की लोकप्रियता बढ़ी तथा उन पर कांग्रेस के वरिष्ठ नेता श्री रउफ जाफरी साहब की नजर पड़ी तथा उन्होंने माताप्रसाद जी को अध्यापकी छोड़कर समाज सेवा करने को कहा तथा वे समाज कल्याण विभाग में 'सोशल वर्कर' के पद पर कार्य करने लगे। जिला कांग्रेस में कई पदों पर रहते हुए उन्होंने पहला विधान सभा चुनाव शाहगंज से सन् 1957 में लड़ा। इस समय उनकी आर्थिक स्थिति बहुत अच्छी नहीं थी। इसका जिक्र करते हुए वे लिखते हैं कि–"सन् 1957 में प्रथम बार जब मैं विधान सभा का चुनाव लड़ने लगा, तो मेरे पास कुछ भी पैसा नहीं था। श्रीमती जी के चार थान चाँदी के गहनों को बेचा गया, उससे लगभग पौने पाँच सौ रुपये मिले। इसी रुपये से जमानत की राशि 125 रुपये जमा की गयी। श्रीमती जी के गहने जो गये, तो आज तक मैं उन्हें बनवा न सका। कभी-कभी इसका उलाहना सुनना पड़ता है।"[247] सन् 1957 के बाद से माताप्रसाद जी ने पीछे मुड़कर नहीं देखा, पाँच बार

विधायक रहे, दो बार विधान परिषद् के सदस्य रहे। इसी बीच उ.प्र. के राजस्व मन्त्री भी रहे। 21 अक्टूबर, 1993 से 13 मई 1999 तक अरुणाचल प्रदेश के राज्यपाल जैसे सर्वोच्च पद पर भी रहे, लेकिन उनकी ईमानदारी पर कभी किसी ने सन्देह नहीं किया। इसका उल्लेख भी उन्होंने अपनी आत्मकथा में किया है। वे स्वयं तो ईमानदार हैं ही, उनकी सन्तान भी वैसी ही संस्कारी तथा ईमानदार है। अपने मँझले पुत्र डॉ. एस.पी. भास्कर, जो इस समय लखनऊ में डिप्टी सी.एम.ओ. हैं, के विषय में वे लिखते हैं–"समाज में आज पैसे का महत्त्व बढ़ गया है। दलित समाज के कुछ अधिकारियों ने भी अन्य जाति के अधिकारियों की भाँति पैसे कमाए हैं, बँगले और कारें भी रखी हैं, लेकिन ऐसे लोग अपने परिवार वालों, रिश्तेदारों से अपने को अलग रखने का प्रयास भी करते हैं और केवल अपने बाल-बच्चों का ही ध्यान रखते हैं। कभी-कभी ऐसे लोग अपनी जाति के दूसरे अफसरों की अच्छी कमाई न करने पर हँसी भी उड़ाते हैं। ठीक है जो कमाते हैं– जरूर कमाएँ, लेकिन दूसरों का मजाक उड़ाना ठीक नहीं है। ऐसे हँसी उड़ाए जाने वाले अफसरों में मेरे दूसरे लड़के डॉ. एस. पी. भास्कर भी हैं जो इस समय लखनऊ में डिप्टी सी.एम.ओ. हैं। इससे पूर्व लखनऊ महापालिका में सहायक स्वास्थ्य अधिकारी रहे हैं।

वह नगर पालिका के स्वास्थ्य विभाग की टूटी-फूटी गाड़ी पर चलता था। एक सज्जन ने उसकी माँ से कहा कि आप तो कूड़ा गाड़ी से आयी होंगी। स्नान किया है या नहीं। भास्कर और उसकी माँ कुछ नहीं बोले। वे अपनी कार और बँगले की तरफ संकेत कर रहे थे।

डॉ. भास्कर को अपने वेतन से दोनों लड़कों की फीस, ट्यूशन फीस तथा पुस्तकों पर काफी खर्च करना पड़ता है। दोनों लड़के एस.सी. की छात्रवृत्ति नहीं लेते, इससे खर्च से वह परेशान रहता है।"[248]

माताप्रसाद जी की इस ईमानदारी का ही परिणाम है कि उनकी सभी सन्तानें सुखी, सम्पन्न और संस्कारित हैं। जो उच्च पदों पर आसीन हैं।

'झोपड़ी से राजभवन' दलित जीवन के खट्टे-मीठे अनुभवों का अद्भुत चित्रण है, जो निश्चय ही हमारी आँखें खोलने वाला है, लेकिन इसका अन्तिम हिस्सा 'राजभवन में' अपने आपमें डायरी जैसा हो गया है जिसमें दिनांक और घटनाओं का उल्लेख है। यदि यह भी विवरणात्मक की जगह सृजनात्मक हो पाता, तो और अच्छा रहता। लेकिन इससे भी माताप्रसाद जी के जीवन की कई ऐसी महत्त्वपूर्ण घटनाओं का पता चलता है, जो दलित समाज के लिए बहुत उपयोगी हैं, जैसे डॉ. अम्बेडकर का फिल्म निर्माण के साथ जुड़ा घटनाक्रम।

इस आत्मकथा के लेखन का उद्देश्य स्पष्ट करते हुए श्री माताप्रसाद लिखते हैं कि–"मेरे से निर्धन और दलित परिवार में पैदा हुए व्यक्ति जिसकी परिस्थितियाँ

अनुकूल नहीं थीं, उसने भी कठिनाइयों को दूर करते हुए आगे की ओर कदम बढ़ाया है, इस पर मेरे मन में यह विचार आया है कि क्यों न अपने बारे में लिखूँ? इससे समाज के दलित, असहाय, गरीब लोगों को प्रेरणा मिलेगी और उनमें उत्साह पैदा होगा। दूसरा कारण इसके लिखने का यह रहा है कि जिन कठिनाइयों, परिस्थितियों को मैंने भोगा है, उसे हमारे लड़के, पौत्र, पौत्रियाँ या दूसरे दलित जाति के युवकों को हमेशा याद रखना चाहिए। अपने को जातीयता की हीन ग्रंथि में बाधित नहीं रखना चाहिए।"[249] मैं समझता हूँ अपने इस उद्देश्य में यह आत्मकथा पूरी तरह सफल रही है।

कुल मिलकर 'झोपड़ी से राजभवन' अपने आपमें दलित जीवन का एक महत्त्वपूर्ण दस्तावेज है। जो दलित समाज की आने वाली पीढ़ियों को आगे बढ़ने की प्रेरणा देता रहेगा।

हिन्दी की दलित आलोचना

डॉ. एन. सिंह द्वारा सम्पादित 'दलित साहित्य : चिन्तन के विविध आयाम'[250] नामक पुस्तक हिन्दी दलित साहित्य में आलोचना की पहली पुस्तक मानी जाती है। इस सम्बन्ध में श्री मोहनदास नैमिशराय ने लिखा है कि—"डॉ. एन. सिंह द्वारा सम्पादित 'दलित साहित्य : चिन्तन के विविध आयाम' हिन्दी दलित साहित्य को समझने, परखने के लिए पहली पुस्तक मानी जाएगी, जिसमें विभिन्न दृष्टिकोण से लिखे गये दलित साहित्य पर बारह महत्त्वपूर्ण लेखों का संग्रह है।"[251] इस पर डॉ. चमनलाल[252] और ओमप्रकाश बाल्मीकि[253] ने भी इसी दृष्टिकोण से टिप्पणियाँ की हैं। उनके उपरान्त डॉ. टी. पी. राही की पुस्तक 'हिन्दी दलित कविता : नये सन्दर्भ'[254] रजत रानी 'मीनू' की 'नवें दशक की हिन्दी दलित कविता'[255] के अतिरिक्त वाणी प्रकाशन, नयी दिल्ली द्वारा प्रकाशित डॉ. धर्मवीर की 'कबीर के आलोचक', 'कबीर के कुछ और आलोचक', 'सूत न कपास', 'कबीर और रामानन्द : किंवदन्तियाँ', 'कबीर : बाज भी, कपोत भी, पपीहा भी' आदि हिन्दी दलित आलोचना की महत्त्वपूर्ण पुस्तकें प्रकाशित हुई हैं। इनके महत्त्व पर प्रकाश डालते हुए डॉ. श्यौराज सिंह 'बेचैन' ने लिखा है कि—"डॉ. धर्मवीर ने दलित दृष्टि से हिन्दी आलोचना साहित्य में बड़ी भूमिका निभायी है, जिसका प्रभाव दलित चिन्तन की दिशा में अनिवार्य तथा दूरगामी होने के आसार हैं।"[256] हिन्दी दलित आलोचना साहित्य अभी अपनी शैशवस्था में है, लेकिन भविष्य में इसके पुष्ट होने की पूर्ण सम्भावनाएँ हैं। हिन्दी दलित साहित्य की आलोचनात्मक कुछ पुस्तकों पर टिप्पणियाँ यहाँ प्रस्तुत हैं—

दलित विमर्श की भूमिका : कंवल भारती

प्रखर दलित चिन्तक कंवल भारती का लेखन लम्बे समय से भारतीय जन-मानस को झकझोरता रहा। गैर-दलित बुद्धिजीवियों से निरन्तर संवाद ने उन्हें इस निष्कर्ष

तक पहुँचाया कि अभी भी वे दलित विमर्श को मात्र ब्राह्मणवाद के विरुद्ध और उसको गाली गलौज तक ही सीमित समझ रहे हैं, जबकि दलित विमर्श अपने व्यापक सरोकारों के साथ सामाजिक, आर्थिक, राजनीतिक और धार्मिक सम्बन्धों को विश्लेषित कर एक वैकल्पिक दर्शन गढ़ने का प्रयास कर रहा है। इसकी अपनी एक स्वस्थ परम्परा रही है, लेकिन वर्चस्ववादी शक्तियों ने उसे कभी मुख्यधारा में नहीं आने दिया। केवल बुद्ध ही इसका अपवाद हैं, जिन्होंने फासीवादी हिन्दू व्यवस्था के विरुद्ध पहली बार मानवतावादी दर्शन की रचना की और उसे राजनीतिक स्तर पर स्थापित भी किया। 'दलित विमर्श की भूमिका' में कंवल भारती ने 'दलित विमर्श' क्या है? उसकी अर्थवत्ता क्या है? उसका संक्षिप्त इतिहास क्या है? उसके विविध आन्दोलन क्या हैं? और उसका राजनीति और साहित्य में विकास किस प्रकार हुआ? कुछ इसी तरह के प्रश्नों से टकराने का प्रयास किया है।

कंवल भारती दलित विमर्श को कबीर के चिन्तन से प्रारम्भ करते हैं, जो कहते हैं–

> *"पहरि जनेऊ जो ब्राह्मण होना, महरि क्या परिहाया।*
> *वह जो जन्म की शूद्रिन, परसै तुम पाण्डे क्यों खाया।"*

ब्राह्मण ने असमानता का जो घृणित शास्त्र रचा, उसने ब्राह्मण और दलित को दो अलग-अलग कौमों में विभाजित कर दिया। इसे हम सनातनी नेता ऐनापूरे शास्त्री के इस कथन में देख सकते हैं कि–"जिस तरह दो कौमों (राष्ट्रों) और नस्लों में सामाजिक अलगाव होता है, उसी तरह का सामाजिक अलगाव दलित और ब्राह्मण के बीच है।"[257] ब्राह्मण द्वारा रचित इस जुगुप्सित व्यवस्था का परिणाम इस देश की जनता को हजारों वर्ष गुलाम रहकर भोगना पड़ा। कंवल भारती लिखते हैं कि–"करोड़ों लोगों के लिए अलगाववाद का जो समाजशास्त्र और धर्मशास्त्र ब्राह्मणों ने निर्मित किया, उसने राष्ट्रीयता को खंडित किया और उसी के कारण भारत अपनी स्वाधीनता खो बैठा।"[258] ब्राह्मणों ने ऐसा क्यों किया? इसका सुचिन्तित उद्देश्य था–"इसके पीछे सांस्कृतिक फासीवाद और वर्णव्यवस्था का शासन स्थापित करने का लक्ष्य रहा है।"[259] इस घृणित उद्देश्य का पर्दाफाश कर असमानता, अलगाव और अमानवीयता के सामाजिक, धार्मिक, राजनीतिक और सांस्कृतिक दर्शन के विरुद्ध मानवतावादी दर्शन की सर्जना ही दलित विमर्श का लक्ष्य है। इसे कंवल भारती कुछ इस तरह कहते हैं कि–"मानव की प्रतिष्ठा कबीर का अभीष्ट है और यही दलित विमर्श का अर्थ है।"[260] वे आगे लिखते हैं कि–"अछूत जातियों के मानवीकरण का सम्पूर्ण चिन्तन ही दलित विमर्श का आधार और अर्थवत्ता है।"[261]

कंवल भारती ने इस अमानवीय व्यवस्था के इतिहास को भी रेखांकित किया है। यह व्यवस्था भारत में अपने आदिकाल से ही मौजूद है, जिसे पुष्ट करने या समर्थन

देने के लिए ब्राह्मणों द्वारा मिथकों की रचना की गयी। कंवल भारती लिखते हैं कि– "कोई व्यक्ति एक साथ शिक्षक और योद्धा हो सकता है, परन्तु आर्यों ने कुछेक व्यक्तियों को मिलाकर और उनके अलग-अलग वर्ण बनाकर प्रत्येक को कुछ खास कार्यों तक सीमित करके दोषपूर्ण व्यवस्था बनाई थी, जो अन्यायपूर्ण भी थी।"[262] यह व्यवस्था अपने सम्पूर्ण वीभत्स रूप में भारत के गाँव में आज भी देखी जा सकती है। "हिन्दुओं के गाँव समाज व्यवस्था की प्रयोगशाला हैं। वह हिन्दुओं का एक प्रकार का उपनिवेश है, जो अछूतों को यातना देने के लिए है।"[263] इस व्यवस्था को जब-जब तोड़ने के प्रयास किये गये, उसकी प्रतिक्रिया और उग्र हुई। सबसे उग्र प्रतिक्रिया सुंग गोत्र के एक सामवेदी ब्राह्मण पुष्यमित्र की है, जिसने अन्तिम बौद्ध शासक ब्रहद्रथ की हत्या कर सत्ता पर कब्जा कर लिया और अपनी सत्ता के स्थायित्व के लिए उसने 'मनुस्मृति' जैसे अमानवीय कोड की रचना करवा कर ब्राह्मणों को असीमित अधिकार प्रदान कर दिये, जिसमें शासक की हत्या और राजद्रोह भी शामिल था। इसके बावजूद भी उसके लिए किसी दंड का प्रावधान नहीं है।

कंवल भारती ने अपनी इस पुस्तक में दलित आन्दोलन के साहित्यिक स्वरूप को भी रेखांकित किया है। इसमें गैर-दलित लेखकों और कवियों की भूमिका को उन्होंने उनकी सवर्ण मानसिकता के सन्दर्भ में परखने का प्रयास किया, तो कबीर, रैदास, अछूतानन्द हरिहर, हीराडोम के अवदान को भी विश्लेषित किया। इस पूरे विवरण में जो खटकने वाली बात है, वह यह है कि अस्सी के दशक के बाद हिन्दी में जो दलित साहित्यकारों का काम है और जिसने हिन्दी साहित्य में एक महत्त्वपूर्ण आन्दोलन को जन्म दिया है, उसका उल्लेख कंवल भारती ने नहीं किया है। इसके कारण साधारण पाठक को हिन्दी दलित साहित्य के विषय में अधूरी जानकारी ही मिल पाती है। या यूँ कहें कि उसे लगता है कि स्वतन्त्रता के बाद हिन्दी में केवल पाँच-सात लेखक ही रचनारत हैं। यह एक बड़ी चूक है। आगे आने वाले संस्करण में भारती शायद इसे दुरुस्त कर लें।

कंवल भारती ने इस पुस्तक में भारत में चले समाजसुधार आन्दोलनों का भी पुनर्मूल्यांकन किया है। ये आन्दोलन एक हद तक भारतीय जनजीवन को प्रभावित करने के बावजूद आखिर असफल क्यों हो गये? क्योंकि इनका उद्देश्य तात्कालिक, ब्राह्मण व्यवस्था में आ गयी दरारों को पाटना था। जैसे आर्य समाज के संस्थापक स्वामी दयानन्द की चिन्ता में शूद्र अथवा छुआछूत नहीं, बल्कि धर्मान्तरण के कारण हिन्दुओं के अल्पसंख्यक होने का भय था। भारती लिखते हैं कि–"आर्य समाज के संस्थापक दयानन्द वेदों की अपौरुषेय सत्ता में विश्वास करते थे और वर्णव्यवस्था को उसी रूप में मानते थे, जिस रूप में मनु ने उसे स्थापित किया था। उनकी सबसे बड़ी चिन्ता इस्लाम और ईसाई धर्मों के प्रभाव से हिन्दू धर्म को बचाना था। उनके

समय में निचली जातियों का धर्मान्तरण जोरों पर था, इसलिए उन्होंने शूद्रों को भी वेद पढ़ने या पढ़ाने की अनुमति दी थी। पर वे मनु की तरह समाज को चार वर्णों में विभाजित रखने के कट्टर समर्थक थे। वे छुआछूत के विरोधी जरूर थे, पर वे उन्हें अधिक से अधिक शूद्र श्रेणी में ही रखने के पक्ष में थे।"[264]

थियोसोफिकल सोसायटी की संस्थापक ऐनी बेसेन्ट ने तो दलित शिक्षा के सवाल पर कहा भी था कि—"अछूत गन्दे होते हैं, उनके शरीर से बदबू आती है, उन्हें स्कूल में दूसरे स्वच्छ और स्वस्थ बच्चों के साथ कैसे बैठाया जा सकता है।"[265] गाँधी जी ने भी अछूतोद्धार आन्दोलन चलाया जरूर, किन्तु "निजी जीवन में गाँधी जी वर्ण-व्यवस्था को एक आदर्श व्यवस्था मानते थे और धर्मशास्त्रों की पवित्रता में विश्वास रखते थे।"[266] विवेकानन्द, राजाराम मोहन राय, रानाडे, तिलक आदि के आन्दोलन भी हिन्दू चिन्ताओं से परिचालित थे। इसलिए दलित मोर्चों पर ये सभी असफल हो गये, क्योंकि—"जाति प्रथा और वर्णव्यवस्था के खिलाफ वही आन्दोलन मायने रखता है, जो उसे मान्यता देने वाले शास्त्रों का खंडन करता हो।"[267] इसलिए महात्मा फुले, रामा स्वामी नायकर, अछूतानन्द हरिहर और डॉ. आम्बेडकर के आन्दोलनों ने दलित संघर्ष की एक परम्परा स्थापित की, जिसने स्वतन्त्र भारत में एक बार फिर सामन्ती हिन्दू व्यवस्था में दलित अस्मिता को स्थापित किया।

राजनीतिक धरातल पर दलित आन्दोलनों का अपना एक इतिहास है। बल्कि मैं यहाँ यह दर्ज करना चाहता हूँ कि जिस अध्याय में कंवल भारती ने दलित राजनीति का विश्लेषण किया है, वह इस पुस्तक का सबसे अधिक महत्त्वपूर्ण हिस्सा है, क्योंकि दलित राजनीति का ऐसा क्रमबद्ध अध्ययन अन्यत्र दुर्लभ है। उन्होंने दलित राजनीति का प्रारम्भ सन् 1919 से माना है, जब भारतीय राजनीति में डॉ. अम्बेडकर का उदय हुआ था। सन् 1929 में डॉ. अम्बेडकर ने गोलमेज कान्फ्रेंस की अल्पसंख्यक समिति को एक ज्ञापन देकर दलितों के लिए अलग निर्वाचन क्षेत्रों की माँग की थी, जिसे ब्रिटिश प्रधानमन्त्री रेमजे मैकडोनाल्ड ने 1932 में स्वीकार कर लिया था और जिसे 'कम्युनल अवार्ड' के नाम से जाना जाता है। इसके विरोध में गाँधी जी ने यरवदा जेल में आमरण अनशन प्रारम्भ कर दिया था। बाद में डॉ. अम्बेडकर को 'पूना पैक्ट' करना पड़ा था और कांग्रेस ने दलित प्रश्न को अपने कार्यक्रम में शामिल कर लिया था। तभी कांग्रेस और गाँधी ने अम्बेडकर के विरुद्ध हरिजन नेतृत्व को उभारने का प्रयास प्रारम्भ कर दिया था। जगजीवनराम सत्ता के प्रतिनिधि के रूप में उभरे थे। कंवल भारती लिखते हैं कि—"हरिजन राजनीति की विशेषता है कि उसने अम्बेडकर विरोधी चेतना का विकास किया, जिसका उद्देश्य निश्चित रूप से परिवर्तन कारी (रेडिकल) दलित आन्दोलन को रोकना था, जो उस समय एक बड़ी भूमिका में था। हरिजन राजनीति में जो दलित नेतृत्व उभरा, वह

गाँधीवादी तो था ही, अम्बेडकर विरोधी भी था।"[268]

स्वतन्त्रता के बाद का यह दलित नेतृत्व सत्ता की भाषा ही बोलता रहा। इसमें परिवर्तन बसपा के प्रभाव के बाद ही आया, जिसने एकबारगी पूरे देश की राजनीति को प्रकम्पित कर दिया और उ.प्र. जैसे बड़े राज्य जिसे आधा भारत कहा जाता है, में अपना शासन स्थापित कर लिया। लेकिन यह स्थापना उन्हीं ताकतों से मिलकर सम्भव हुई, जिनके खिलाफ दलितों का आन्दोलन था। इस पर टिप्पणी करते हुए भारती ने लिखा है कि—"दलित वर्गों के महत्त्वाकांक्षी नेता शत्रु ताकतों द्वारा फेंके गये सत्ता के चारों को खाकर ऐसे भटके, ऐसे पथभ्रष्ट हुए कि वे अपने ही आन्दोलन के खिलाफ चले गये।"[269] सामाजिक परिवर्तनवादी राजनीति के विरुद्ध सामाजिक न्याय की राजनीतिक प्रतिक्रांति ने इस भटकाव में महत्त्वपूर्ण भूमिका निभाई है। इसलिए कंवल भारती दलित विमर्श की रचनात्मक भूमिका तय करते हुए लिखते हैं कि—"दलित विमर्श को एक आन्दोलन का रूप दिया जाए, जो सामाजिक परिवर्तन और आर्थिक मुक्ति के लिए क्रांति का वातावरण बनाए।"[270]

कुल मिलाकर भारतीय सन्दर्भों में दलित आन्दोलनों और उनकी उपलब्धियों को समझने के लिए 'दलित विमर्श की भूमिका' निश्चय ही एक महत्त्वपूर्ण प्रयास है, जिसने हिन्दी दलित साहित्य के एक बड़े अभाव की पूर्ति की है।

दलित साहित्य : दशा और दिशा : माताप्रसाद

हिन्दी में दलित साहित्य की परम्परा को बेशक हम सिद्धों और नाथों तक ले जाएँ, कबीर और रैदास को उसका सशक्त स्तम्भ स्वीकार कर लें और आधुनिक युग में अछूतानन्द 'हरिहर' की कविताएँ जो सन् 1905 में प्रकाशित हुई थीं, को हिन्दी साहित्य की प्रारम्भिक रचनाएँ मान लें, लेकिन यह एक सच्चाई ही है कि हिन्दी में दलित साहित्य का उभार 1980 के दशक में ही प्रारम्भ हुआ। जब माताप्रसाद के लोकगीत और बिहारीलाल हरित तथा उनके साहित्य मण्डल के कवियों की कविताओं ने धूम मचा दी थी। भारतीय दलित साहित्य अकादमी की नयी दिल्ली में स्थापना के बाद तो हिन्दी दलित साहित्य का केन्द्र दिल्ली बन गया। अब दलित साहित्य ने सम्पूर्ण भारत में एक आन्दोलन का रूप ले लिया है और यह एक स्थापित साहित्य है। वर्तमान समय में भारत भर में कितने ही विश्वविद्यालयों में दलित साहित्य पर शोध हो रहे हैं। विश्वविद्यालय के छात्रों तथा शोध-छात्रों को दलित साहित्य की ऐतिहासिक परम्परा तथा उनकी वैचारिक पृष्ठभूमि से परिचित करवाने के लिए श्री माताप्रसाद ने 'दलित साहित्य : दशा और दिशा' नामक ग्रन्थ का सम्पादन कर एक महत्त्वपूर्ण कार्य कार्य किया है, जिसमें हिन्दी के वरिष्ठ दलित चिन्तकों के अठारह लेख संकलित किये गये हैं।

श्री माताप्रसाद ने दलित साहित्य के सम्बन्ध में अब तक उभरे सारे विवादों

पर अपने विशिष्ट 'सम्पादकीय' में टिप्पणी की है। इस बीच दलित साहित्य के सन्दर्भ में सबसे महत्त्वपूर्ण विवाद था कि क्या गैर-दलित भी दलित साहित्य लिख सकता है? इस पर माताप्रसाद अपना मत व्यक्त करते हुए लिखते हैं कि—"सदियों से जो प्रताड़ित, तिरस्कृत, शोषित और बहिष्कृत रहे हैं, यह साहित्य उनका है। उन्हीं द्वारा लिखित है और इस साहित्य का मूल स्वर प्रतिरोधी और प्रतिवादी है।"[271] वे आगे लिखते हैं कि—"असल में दलित साहित्यकार स्वयं भोगी हुई पीड़ा को लिखता है, उसका साहित्य 'स्वानुभूति' का साहित्य होता है। गैर-दलित साहित्यकार किसी की पीड़ा को देखकर उसका अनुभव करके रचना करता है, उसका साहित्य 'सहानुभूति' का साहित्य कहा जा सकता है। संक्षेप में दलित और गैर-दलित साहित्यकार का अन्तर वैसा ही है, जैसा काँटा गड़े व्यक्ति का दर्द और काँटा गड़े के दर्द को अनुभव करने वाले व्यक्ति का दर्द।"[272] इससे स्पष्ट है कि श्री माताप्रसाद की मान्यता है कि दलित वर्ग में उत्पन्न हुआ व्यक्ति ही दलित साहित्य लिख सकता है।

दलित साहित्य के सन्दर्भ में दूसरा सबसे महत्त्वपूर्ण विवाद इसके सौन्दर्यशास्त्र को लेकर उभरा है। दरअसल, सौन्दर्यबोध के आधार पर ही गैर-दलित चिन्तक, दलित-साहित्य को नकार देना चाहते हैं। इस पर माताप्रसाद जी का मत है कि—"दलित साहित्यकार अपने या अपने समाज के दलन, उत्पीड़न, शोषण, अपमान, महिलाओं के साथ बलात्कार, व्यभिचार की बातें सामने रखकर उसके विरोध, प्रतिरोध या प्रतिशोध के लिए उकसाता है, इसलिए उसकी भाषा में कड़वाहट, रोष, क्रोध, चिल्लाहट, आन्दोलन और संघर्ष को बढ़ाने वाले शब्द होते हैं। ऐसी भाषा में रस, छन्द और अलंकार का अभाव होता है। उनकी कविता में छन्द का नकार होता है। दलित साहित्यकार की भाषा घुमाव-फिराव वाली न होकर स्पष्ट और सपाट होती है। वह श्रमण संस्कृति का पोषक है, इसलिए उसमें स्वाभिमान होता है।"[273] इससे स्पष्ट होता है कि दलित साहित्य के अपने सौन्दर्य प्रतिमान हैं। उसे गैर-दलित साहित्य के सौन्दर्य प्रतिमान के आधार पर मूल्यांकित नहीं किया जा सकता। इस सिलसिले में मराठी के प्रतिष्ठित साहित्यकार डॉ. शरणकुमार लिम्बाले का लेख 'दलित साहित्य का सौन्दर्यशास्त्र' अपने आपमें एक क्रमबद्ध अध्ययन प्रस्तुत करता है। मराठी दलित साहित्य के विरोध में जितने प्रश्न उठाए गये थे, वे ही अब हिन्दी दलित साहित्य के सन्दर्भ में भी उठाए जा रहे हैं। दलित साहित्य की आलोचना की स्थिति मराठी में क्या थी? गैर-दलित समीक्षकों का रुझान क्या था? दलित समीक्षकों की मान्यता क्या थी? यदि इसकी तुलना आज हिन्दी दलित साहित्य के साथ की जाय, तो हम पाते हैं कि स्थिति बिल्कुल समान है। इसलिए यह निष्कर्ष भी निकाला जा सकता है कि जिस तरह मराठी दलित साहित्य आज मराठी साहित्य की मुख्य धारा है, उसी तरह हिन्दी में भी दलित साहित्य निकट

भविष्य में मुख्यधारा हो जाएगा। डॉ. सी.बी. भारती द्वारा हिन्दी दलित साहित्य की कुछ रचनाओं का सौन्दर्यशास्त्र के आधार पर किया गया अध्ययन भी बहुत उपयोगी है। उनका मत है कि–"दलित सहित्य के सौन्दर्यशास्त्रीय अध्ययन के लिए दलित साहित्य को पुरातन यथास्थितिवादी मानदण्डों के निर्मित कृत्रिम काव्यशास्त्रीय सिद्धान्तों, रस, छन्द, अलंकार के स्थिर उपादानों के निकष पर कसना दलित साहित्य की महत्ता एवं उपलब्धि को नकारने की साजिश सदृश्य होगा। यदि साहित्य के सृजन का महान उद्देश्य मानव कल्याण ही है तो दलित साहित्य से उपयोगी, सार्थक व मूल्यवान साहित्य का सृजन समूचे भारत की किसी भाषा में अभी तक हुआ ही नहीं है और न ही भविष्य में सृजन की सम्भावना है।"[274] डॉ. जयप्रकाश कर्दम ने दलित साहित्य को डॉ. अम्बेडकर और उनके अवदान से जोड़कर देखा है। वर्तमान समय में किसी भी दलित साहित्यकार को यह मानने में कतई कोई संकोच नहीं है कि डॉ. अम्बेडकर ही दलित साहित्य के प्रेरणास्रोत हैं, लेकिन प्रत्येक साहित्यकार का अपना मानसिक धरातल है और सम्भव है कि उसकी विचारधारा का विकास किन्हीं और परिस्थितियों में हुआ हो। डॉ. कर्दम ने दलित साहित्य के इस वैचारिक परिदृश्य पर सम्यक विचार किया है कि कौन बौद्ध दर्शन से प्रेरित है और कौन मार्क्स की विचारधारा से। वे दलित साहित्य की जड़ों की खोज में महात्मा फुले, पेरियार और बुद्ध तक गये हैं। यहाँ यह कहना उचित होगा कि हमारे समय में जो भी सम विचारधारा वाले साहित्यिक समूह हैं, जैसे नारीवादी, प्रगतिशील, उन सबके साथ दलित साहित्य और साहित्यिक की तालमेल बैठाकर उन्हें आगे बढ़ाने का प्रयास करना चाहिए।

डॉ. सोहनपाल सुमनाक्षर एवं श्री कंवल भारती के लेख दलित साहित्य के इतिहास को कालखण्डों में विभाजित करके सुनिश्चित करने का प्रयास अवश्य करते हैं। यद्यपि अभी उन्हें और गहन तथा विस्तृत अध्ययन करने की आवश्यकता है, लेकिन इस दिशा में उनका यह पहला कदम निश्चय ही स्वागत योग्य है।

श्रीमती रमणिका गुप्ता ने दलित साहित्य को पाठ्यक्रम में लगाए जाने के प्रश्न को बड़ी शिद्दत के साथ उठाया है। साहित्य और इतिहास में जो मिथ्या पढ़ाया जा रहा है, उसके तिलिस्म को केवल दलित साहित्य ही तोड़ सकता है। डॉ. श्यौराजसिंह 'बेचैन' ने भी अपने लेख में इसे आगे बढ़ाया है। इसके अतिरिक्त डॉ. चमनलाल, डॉ. दयानन्द बटोही, डॉ. अवन्तिका प्रसाद मरमट, डॉ. कुसुम वियोगी और डॉ. राजपाल सिंह 'राज' के लेख भी बहुत ही तथ्यपूर्ण है। मुद्राराक्षस का लेख 'दलित लेखन और सवर्ण रचना संसार' तो सवर्ण मानसिकता तथा सवर्ण समीक्षकों के दलित साहित्य के प्रति रुझान को बहुत गहराई से उकेरता है। इस संकलन में वरिष्ठ दलित चिन्तन डॉ. धर्मवीर का लेख 'दलित साहित्य की परिभाषा-समग्रता और पूर्णता की ओर' बहुत

ही महत्त्वपूर्ण है, जिसमें वे दलित समाज और साहित्य पर सवर्णों द्वारा थोपी गयी, न्यूनताओं को नकार कर, स्वयं तय की गयी परिभाषा को स्वीकार करने की बात कहते हैं। अपने इस लेख में कुछ ऐसी बातें भी उन्होंने कही हैं, जिन्हें स्वीकार करना सम्भव नहीं हैं, जैसे दलित आत्मकथाओं के सम्बन्ध में वे लिखते हैं कि–"दलित साहित्यकार आत्मकथा लिखने के बजाय उन मामलों को लेकर न्यायालयों में मुकद्दमे दायर करने जाएँ, तो हिन्दू समाज पर कनूनी दबाव सही ढंग से पड़ेगा। बिना मुकद्दमा दायर किये आत्मकथा लिखने का मतलब अपना फजीता आप करना है। क्या दलित साहित्यकार का उद्देश्य अपने घर का फजीता करना होना चाहिए? दलितों के घर ऐसे इसलिए हैं क्योकि हिन्दू कानून ने ऐसा ही चाहा है। हिन्दू कानून दलित नारी के शरीर द्वारा जबरन ब्राह्मण और जमींदार की धोतियों को गर्म करवाना चाहता है। दलित पुरुष को गुलाम सिद्ध करने के लिए यह उसका खासमखास उद्देश्य है।"[275] दलित लेखक का उद्देश्य उत्पीड़न के खिलाफ जागरण करने का है, मुकद्दमेबाजी भी जागरण का एक तरीका हो सकता है, लेकिन लेखक यदि मुकद्दमेबाजी में फँस गया, तो वह लिख नहीं पायेगा और फिर से दलित समाज उसी सवर्ण साहित्य के हवाले हो जाएगा।

कुल मिलाकर माताप्रसाद जी की यह पुस्तक 'दलित साहित्य : दशा और दिशा' दलित साहित्य आन्दोलन को आगे बढ़ाने का एक सफल प्रयास है। इस प्रयास में निरन्तरता बनी रहे, यह हर दलित साहित्यकार का प्रयत्न होना चाहिए, क्योंकि आन्दोलन में हर कदम पर कुछ नये आयाम जुड़ते जाते हैं, जिससे उसकी भूमिका तय करना आवश्यक हो जाता है। वरिष्ठ विद्वानों का यह दायित्व होता है वे दिशा-निर्देश दें। मेरे विचार से माताप्रसाद जी ने इस पुस्तक को सम्पादित कर इसी दायित्व का निर्वाह किया है।

हिन्दी में दलित निबन्ध

हिन्दी दलित साहित्य में निबन्ध संग्रहों का प्रकाशन इसकी परिपक्वता की ओर संकेत करता है। डॉ. पुरुषोत्तम 'सत्यप्रेमी' का सर्वप्रथम ललित निबन्ध सग्रंह 'पत्ते क्यों गिरते हैं' (1989) प्रकाशित हुआ। इसके उपरान्त उनके दलित निबन्धों का संग्रह 'दलित साहित्य और सामाजिक न्याय'[276] (1997) आया।

श्री कंवल भारती दलित साहित्य के प्रतिष्ठित लेखक हैं। वे मूलतः पत्रकारिता से साहित्य में आये, अतः उनके निबन्धों के कई संग्रह प्रकाशित हुए हैं। उनका बहुचर्चित निबन्ध संग्रह 'लोकतन्त्र में भागीदारी के सवाल'[277] अपने दलित सरोकारों के कारण एक पठनीय कृति है। इस पुस्तक में श्री कंवल भारती के आरक्षण के सम्बन्ध में लिखे गये छब्बीस लेख संकलित हैं।

डॉ. सुशीला टाकभौरे के निबन्ध संग्रह 'परिवर्तन जरूरी है।'[278] डॉ. एन. सिंह का निबंध संग्रह 'मेरा दलित चिन्तन'[279] है, जिसमें उनके चौदह लेख संकलित हैं। अपने इन लेखों के विषय में स्वयं लेखक का कहना है कि—"मेरी मान्यता है कि दलित चिन्तन एक दर्शन भी है, जो हमें वह दृष्टि देता है कि हम समकालीन घटनाक्रम को दलित हित के दृष्टिकोण में देखें और जानने का प्रयास करें कि भविष्य में अमुक घटना का दलित जीवन पर क्या प्रभाव पड़ेगा और यदि वह प्रभाव प्रतिकूल है, तो उससे बचने का रास्ता क्या है। हमारी दृष्टि जितनी पारदर्शी और दूरदर्शी होगी, हमारा लेखन उतना ही सार्थक तथा प्रभावी होगा। मेरे इन लेखों में मेरी यह दृष्टि स्पष्ट परिलक्षित होती है। चाहे वह अयोध्या में बाबरी मस्जिद का विध्वंस हो, चाहे धर्म में घटती व्यक्ति की आस्था हो। मैंने सब पर इसी दृष्टिकोण से विचार किया है।"[280] डॉ. सिंह के दलित राजनीति और साहित्य पर लिखित निबन्ध बहुत ही प्रभावशाली हैं।

डॉ. दयानन्द 'बटोही' के निबन्धों का संग्रह 'साहित्य और सामाजिक क्रांति'[281] में उनके मिले-जुले नौ निबन्ध संकलित हैं। इसमें उनके कुछ ही निबन्ध पठनीय बन पड़े हैं।

हिन्दी दलित साहित्य में निबन्ध संग्रहों की संख्या अभी बहुत कम है, लेकिन जैसे- जैसे दलित चिन्तन परिपक्व होगा, तैसे-तैसे उनके बढ़ने की भी संभावनाएँ मौजूद हैं।

हिन्दी की पत्र-पत्रिकाओं के विशेषांक

बीसवीं शताब्दी के अन्तिम दशक में हिन्दी की पत्र-पत्रिकाओं ने भी दलित साहित्य के विकास में अपना महत्त्वपूर्ण योगदान किया। 'सारिका' (सं. कमलेश्वर) तथा 'संचेतना' (सं. महीप सिंह) ने मराठी दलित साहित्य को आधार बनाकर विशेषकों का प्रकाशन किया, जो अपने आपमें मील का पत्थर है। उनका उल्लेख तो बराबर होता ही रहा है, लेकिन इधर जिन पत्र-पत्रिकाओं ने अपने विशेषांक प्रकाशित किये, उनकी भूमिका को रेखांकित करने का प्रयास ही हम यहाँ कर रहे हैं।

फर्रुखाबाद से प्रकाशित मासिक पत्रिका 'प्रज्ञा साहित्य'[282] ने मार्च-जून-1995 में प्रसिद्ध दलित साहित्यकार श्री ओमप्रकाश वाल्मीकि के अतिथि सम्पादन में 'दलित साहित्य विशेषांक' का प्रकाशन किया, जो इस दृष्टि से महत्त्वपूर्ण है कि इस पत्रिका में हिन्दी के कुछ लेखकों जैसे राजेन्द्र यादव, कमलेश्वर, महीप सिंह और सुरेन्द्र प्रताप सिंह आदि के साक्षात्कारों में दलित साहित्य के सम्बन्ध में उनके विचारों की अभिव्यक्ति है, जिससे पता चलता है कि अब दलित साहित्य के प्रति, उस तरह का नकार नहीं है, बल्कि देर-सवेर दलित साहित्य मान्यता प्राप्त करके उच्च स्तर पर स्थापित हो जाएगा। अपने सम्पादकीय 'साहित्य में कठमुल्लापन' में

वाल्मीकि ने हिन्दी दलित साहित्य की स्थिति और वैचारिक संकटों का सटीक विश्लेषण किया है।

बम्बई से प्रकाशित 'सुमन लिपि'[283] मासिक ने डॉ.एन. सिंह के अतिथि सम्पादन में नवम्बर-1995 में 'दलित साहित्य अंक' का प्रकाशन किया। इस अंक पर टिप्पणी करते हुए श्री मोहनदास नैमिशराय ने लिखा है कि–"बम्बई से प्रकाशित 'सुमन लिपि' हिन्दी मासिक का नवम्बर-1995 का दलित विशेषांक अच्छा बन पड़ा है.. .उनके प्रयास की इस अभियान में प्रशंसा तो करनी ही पड़ेगी कि उन्होंने दलित साहित्य की पहचान हेतु 'सुमन लिपि' को चुना।"[284] कुल मिलाकर इस विशेषांक ने हिन्दी दलित साहित्य को अहिन्दी भाषा क्षेत्रों, विशेषकर महाराष्ट्र और गुजरात तक पहुँचाया।

जमशेदपुर से प्रकाशित 'नारी संवाद'[285] की सम्पादक डॉ. रेणू दीवान ने 'दलित महिला विशेषांक' अक्टूबर-दिसम्बर-1995 में प्रकाशित किया, जिसमें भारतीय समाज और साहित्य में दलित स्त्री की स्थिति की पड़ताल करने का बहुत महत्त्वपूर्ण प्रयास किया गया है।

इसके उपरान्त 'युद्धरत आम आदमी' त्रैमासिक की सम्पादक रमणिका गुप्ता ने हिन्दी दलित साहित्य को पहचान के स्तर पर स्थापित करने का महत्त्वपूर्ण प्रयास किया। उन्होंने इस पत्रिका के चार विशेषांक, क्रमशः 'दलित चेतना : कविता'[286], 'दलित चेतना : कहानी'[287], 'दलित चेतना : साहित्य'[288], 'दलित चेतना : सोच'[289] शीर्षकों से प्रकाशित किये तथा बाद में इस लगभग एक हजार पृष्ठों की सामग्री को उन्होंने पुस्तकाकार भी प्रकाशित किया, जिसने सैकड़ों दलित लेखक और कवि प्रकाश में आये।

इसके पश्चात् 'राष्ट्रीय सहारा' दैनिक, नयी दिल्ली ने डॉ. श्यौराज सिंह 'बेचैन', देवेन्द्र चौबे और विभांशु दिव्याल के सहयोग से हस्तक्षेप के दो अंकों 18 और 25 जनवरी-1997 को 'हिन्दी लेखन में दलित चेतना' पर केन्द्रित किया।

'पश्यंती'[290], त्रैमासिक सम्पादक डॉ. प्रणव कुमार बन्धोपाध्याय ने नयी दुनिया प्रकाशन समूह के अन्तर्गत आने पर अपना पहला अंक 'दलित चेतना पर केन्द्रित विशेषांक' प्रकाशित किया। इस अंक में दलित मुद्दों पर खुलकर चर्चा हुई है और पहली बार लगा है कि विस्तृत प्रसार वाली पत्रिकाएँ भी अब दलित साहित्य को प्रमुखता दे रही हैं।

गोरखपुर से प्रकाशित 'कल के लिए'[291] का दलित साहित्य विशेषांक, दिसम्बर 1998 में प्रकाशित हुआ। इसकी विषय वस्तु पर प्रकाश डालते हुए श्री देवेन्द्र चौबे ने लिखा है कि –'कल के लिए' में दलित साहित्य पर केन्द्रित रचनाओं में रामविलास शर्मा, जबरीमल्ल पारिख के लेख, जयप्रकाश कर्दम, कर्मशील भारती,

नमिता सिंह की कहानियाँ, श्यौराज सिंह 'बेचैन', महेन्द्र बेनीवाल की कविताएँ, विश्वनाथ त्रिपाठी, ओमप्रकाश वाल्मीकि, अजय तिवारी से क्रमशः संजीव, महेन्द्र बेनीवाल, नीरज कुमार की बातचीत, कुँवरपाल सिंह की मदन दीक्षित की उपन्यास "मोरी की ईंट" पर एक परिसंवाद आदि शामिल हैं। परिसंवाद में राजेन्द्र यादव, मुरली मनोहर प्रसाद सिंह, मोहनदास नैमिशराय और श्यौराज सिंह 'बेचैन' शामिल हैं।" इस अंक ने 'दलित साहित्य' दलित लेखकों द्वारा लिखित साहित्य है या गैर-दलितों द्वारा दलित समस्याओं पर लिखित साहित्य भी दलित साहित्य है। विषय की लम्बे समय से चल रही बहस को ही आगे बढ़ाया है।

हिन्दूवादी साहित्य का गढ़ समझे जाने वाले शहर वाराणसी के आचार्य रामचन्द्र शुक्ल साहित्य शोध संस्थान से प्रकाशित त्रैमासिक पत्रिका 'नया मानदण्ड'[292] ने भी 'दलित संघर्ष' पर केन्द्रित विशेषांक का प्रकाशन श्री जयप्रकाश कर्दम के अतिथि सम्पादन में किया। इस अंक में कुसुम चतुर्वेदी की प्रस्तावना और श्री जयप्रकाश कर्दम के अतिथि सम्पादन में किया। इस अंक में कुसुम चतुर्वेदी की प्रस्तावना और श्री जयप्रकाश कर्दम के सम्पादकीय के अतिरिक्त बुद्धशरण हंस, डॉ. तारा परमार, चन्द्रभान प्रसाद, डॉ. अवन्तिका प्रसाद मरमट, रघुवीर सिंह, रिखिराम एडवोकेट, डॉ. शत्रुघ्न प्रसाद, स्वरूप चन्द्र, डॉ. एन.सिंह, डॉ. श्यौराज सिंह 'बेचैन', डॉ. पुरुषोत्तम सत्यप्रेमी, जयप्रकाश कर्दम, डॉ. सी.बी. भारती, डॉ. मधुसूदन शर्मा और कुमार अतुल के लेख शामिल हैं।

'संचेतना'[293] मासिक ने जून 1999 में 'हिन्दी मानस और दलित लेखन' विषय पर अपना विशेषांक प्रकाशित किया, जिसमें इस तथ्य की पड़ताल करने का प्रयास किया गया कि क्या हिन्दी मानस में दलित लेखन के प्रति कभी कोई रुचि रही है? और क्या भविष्य में उसे मान्यता मिलने की सम्भावना है? इसमें दलित लेखकों में डॉ. चमन लाल को छोड़कर, डॉ. श्यौराज सिंह बेचैन, ओम प्रकाश वाल्मीकि, डॉ. एन. सिंह और जयप्रकाश कर्दम आदि की मान्यता रही है कि हिन्दी मानस में दलित लेखन के लिए कभी स्वीकार का भाव नहीं रहा और भविष्य में भी इसे आसानी से नहीं स्वीकार जाएगा। दलित लेखकों की इस राय से रमणिका गुप्ता, देवेन्द्र चौबे आदि भी सहमत हैं, लेकिन शेष सवर्ण लेखकों का मानना है कि हिन्दी मानस में दलित साहित्य के लिए रुचि रही है और वर्तमान में इसके प्रसार के पीछे यही कारक काम कर रहे हैं। खैर 'संचेतना' के इस अंक ने दलित साहित्य के विमर्श को आगे बढ़ाने में बहुत महत्त्वपूर्ण काम किया है।

उपर्युक्त पत्र-पत्रिकाओं के विशेषांकों के अतिरिक्त श्री जयप्रकाश कर्दम के सम्पादन में दलित साहित्य वार्षिकी 'दलित साहित्य-1999'[294] का प्रकाशन हिन्दी दलित साहित्य के इतिहास में एक महत्त्वपूर्ण घटना है। इस महा अंक में 16 लेख,

12 कहानियाँ, 2 लघुकथाएँ, 1 आत्मकथन, 1 नाटक का अंश, 16 दलित कवियों की कविताओं के साथ ही हिन्दी दलित साहित्य की पड़ताल करते हुए 6 समीक्षात्मक लेख शामिल हैं। 320 पृष्ठों के डिमाई आकार में प्रकाशित इस अंक ने सिद्ध कर दिया है कि हिन्दी साहित्य में दलित साहित्यकारों की एक पूरी फौज तैयार हो गयी है, जो कलम की कुल्हाड़ी की धार को निरन्तर तेज कर रही है, जिससे दलित और दलित साहित्य के विरुद्ध रची जा रही षड्यन्त्रों की किलेबन्दी को तोड़ा जा सके। इसके अतिरिक्त डॉ. जयप्रकाश कर्दम ने 'दलित साहित्य- 2000', 'दलित साहित्य - 2001', 'दलित साहित्य - 2002', 'दलित साहित्य - 2003', तथा 'दलित साहित्य - 2004', के अंकों का भी संपादन किया है। हिन्दी साहित्य के विकास में इन पत्रिकाओं का बहुत ही महत्त्वपूर्ण योगदान है।

इसके उपरान्त कथा साहित्य की प्रमुख पत्रिका कथाक्रम ने नवम्बर 2009 में दलित अंक प्रकाशित किया। इस अंक का महत्त्वपूर्ण मुद्दा प्रच्छन्न रूप से दलित साहित्य का विरोध ही रहा। इसीलिये सम्भवतः डॉ. जयप्रकाश कर्दम को अपने लेख कब रुकेगा विरोध का सिलसिला में लिखना पड़ा कि – आज जबकि दलित साहित्य की अपनी पहचान बन गयी है तथा एक सुविचारित दिशा में उसने काफी दूरी भी तय कर ली है, कई तरह के अवरोधों, विरोधों का सामना उसे आज भी करना पड़ रहा है।[295] डॉ. सुदर्शन मजीठिया के प्रश्न का उल्लेख करते हुए उन्होंने सवर्ण लेखकों के मन में उठते हुए प्रश्नों को इस प्रकार प्रस्तुत किया है–"(1) क्या विधवा पर कविता लिखने के लिए विधवा होना चाहिए? (2) गैर दलित यदि दलितों की समस्याओं पर लिखते हैं, तो दलित साहित्य में उनका कहाँ स्थान होना चाहिए? (3) माना कि हिन्दी साहित्य अधिकतर उच्चवर्गीय पुरुष हिन्दू लेखकों का ही साहित्य है, इसका मुकाबला आप कैसे करेंगे? (4) दलित साहित्य को क्या साहित्य की अलग शाखा माना जाय? (5) वेदना या संवेदना की यथातथ्य अभिव्यक्ति को ही साहित्य माना जाय, तो इस अभिव्यक्ति में कला का क्या स्वरूप होगा तथा (6) क्या आवश्यक है कि लेखक जाति के ढाँचें में ही लिखे?"[296] कुल मिलाकर ये ही प्रश्न हैं, जो गैर दलित लेखकों ने दलित साहित्य के सन्दर्भ में इस अंक मे उठाए हैं और दलित लेखकों ने इनके उत्तर दिये हैं। फिर भी इस अंक से हिन्दी में दलित साहित्य की उपस्थिति को एक स्वीकृति अवश्य मिली हैं।

हिन्दी दलित साहित्य की इस लम्बी जद्दोजहद ने सरकारी तन्त्र की पत्रिकाओं को भी सोचने पर विवश किया और उत्तर प्रदेश सरकार की मासिक पत्रिका 'उत्तर प्रदेश'[297] ने भी सितम्बर, अक्टूबर, 2002 में 'दलित साहित्य विशेषांक' प्रकाशित किया। डबल डिमाई आकार के 220 पृष्ठों का यह अंक बहुत ही महत्त्वपूर्ण है। इस अंक की सम्पादिका कुमकुम शर्मा तथा सुरेश उजाला हैं। इस अंक में भी विमर्श के

लिए दलित लेखकों की अपेक्षा सवर्ण लेखकों को ही चुना गया है।

दलित साहित्य और संस्कृति की वाहक त्रैमासिक पत्रिका 'अपेक्षा'[298] ने जुलाई सितम्बर 2003 में दलित आत्मवृत्त विशेषांक प्रकाशित किया है। यह अंक दलित आत्मकथाओं को समझने के लिए बहुत ही महत्त्वपूर्ण है। इस अंक में मराठी से हिन्दी में अनूदित आत्मकथाओं पर तो लेख हैं ही, हिन्दी की दलित आत्मकथाओं,–'अपने-अपने पिंजरे' (दोनों भाग)–मोहनदास नैमिशराय, 'जूठन'–ओम प्रकाश वाल्मीकि, 'झोंपड़ी से राजभवन'–माताप्रसाद, 'दोहरा अभिशाप'–कौशल्या बैसंत्री, 'मेरा सफर मेरी मंजिल'– डॉ. डी. आर. जाटव, 'तिरस्कृत'–सूरजपाल चौहान आदि पर विस्तार से लेख प्रकाशित किये गये हैं। सम्पादन और प्रकाशन दोनों ही दृष्टियों से यह अंक अत्यन्त उत्कृष्ट है।

मध्य प्रदेश प्रगतिशील लेखक संघ की त्रैमासिक पत्रिका 'वसुधा'[299] जुलाई सितम्बर 2003 ने भी अपने इस अंक को दलित साहित्य पर केन्द्रित किया है, लेकिन जैसा कि होता रहा है, इसमें भी सारा विवेचन हिन्दी पर कम और मराठी दलित साहित्य पर अधिक केन्द्रित कर दिया गया है। इसका एक सुविचारित उद्देश्य यह सिद्ध करना है कि हिन्दी में दलित साहित्य अभी अपनी शैशवस्था में है और अभी उस पर गम्भीर विमर्श नहीं हो सकता। फिर भी इस अंक ने दलित साहित्य को प्रगतिशील लेखकों की चिन्ता का विषय तो बनाया ही है।

अभी तक प्रकाशित समस्त दलित साहित्य विशेषांकों में राजेन्द्र यादव द्वारा सम्पादित मासिक पत्रिका 'हंस'[300] का 'सत्ता विमर्श और दलित' विशेषांक, जो अगस्त-2004 में प्रकाशित हुआ है, सबसे महत्त्वपूर्ण विशेषांक है। इस अंक के अतिथि सम्पादक-दलित साहित्य के प्रतिष्ठित हस्ताक्षर डॉ. श्यौराज सिंह 'बेचैन' हैं। इस अंक ने हिन्दी दलित साहित्य की स्थापना में महत्त्वपूर्ण भूमिका निभाई है, लेकिन सम्पादकीय प्रमाद के कारण, इसे जितना उपयोगी बनाया जा सकता था, वह नहीं हो पाया। इस अंक के अध्ययन से यह राय बनती है कि हिन्दी में एक भी स्थापित दलित लेखका नहीं है और न ही कोई ऐसी कृति ही है, जिसकी समीक्षा 'हंस' में दी जा सके। नैमिशराय द्वारा लिखित शरणकुमार लिम्बाले की मराठी से अनूदित कृतियों–दलित ब्राह्मण (कहानी संग्रह) तथा हिन्दू (उपन्यास) की समीक्षाएँ ही इस अंक में जा सकी हैं, तो भी अंक महत्त्वपूर्ण बन पड़ा है।

सन्दर्भ

1. सं. दलित चेतना : कविता, रमणिका गुप्ता पृष्ठ 1
2. समकालीन भारतीय साहित्य, त्रैमासिक, दिल्ली, जूलाई-सितम्बर-1994, पृष्ठ 159
3. वही, पृष्ठ 159
4. स्वामी अछूतानन्द और उनका साहिला राजपाल रिंह 'राज' : (लेख) दलित साहित्य : 1999, सं. डॉ. प्रकाश कर्दम, पृष्ठ 75

5. हिन्दी काव्य में दलित काव्यधारा, माताप्रसाद : पृष्ठ 339
6. कवि बिहारी लाल हरित : एक लम्बी अनवरत यात्रा का अन्त (लेख) श्यौराज सिंह बेचैन : राष्ट्रीय सहारा, दैनिक, दिल्ली, 11 जुलाई-1999, पृष्ठ 14
7. अम्बेडकर डायरेक्टरी, मोहनदारा नैमिशराय : पृष्ठ 118
8. हिन्दी काव्य में दलित काव्यधारा, माताप्रसाद : पृष्ठ 187
9. दलित संघर्ष : संस्कृति एवं साहित्य की सबल अभिव्यक्ति (लेख) डॉ. प्रेमशंकर : प्रशासक, त्रैमासिक, मसूरी, जनवरी-मार्च-1997, वाल्यूम भा. 1, पृष्ठ 218
10. अम्बेडकर (महाकाव्य) बाबूलाल सुमन : पृष्ठ 32
11. एकलव्य (खण्डकाव्य), माताप्रसाद : पृष्ठ 43
12. हिन्दी काव्य में दलित काव्यधारा, माताप्रसाद : पृष्ठ 167 (पर उद्घृत)
13. भीमशतक (प्रबन्ध काव्य), माताप्रसाद : पृष्ठ 15
14. राजनीति की अर्द्धसन्तसई, माताप्रसाद : पृष्ठ 7
15. दिग्विजयी रावण (प्रबन्ध काव्य), माताप्रसाद : पृष्ठ 12
16. अनुशंसा, डॉ. लाल साहब सिंह : परिचय सतसई, माताप्रसाद : (भूमिका) पृष्ठ 20
17. अम्बेडकर डायरेक्टरी, मोहनदास नैमिशराय : पृष्ठ 177
18. भीमभारती, डॉ. राजपाल सिंह 'राज' : पृष्ठ 15
19. विक्षुब्ध स्वर की कविताएँ, डॉ. महीप सिंह : आजाद हैं हम, एन.आर.सागर : (भूमिका), पृष्ठ 7
20. वही, पृष्ठ 55
21. नवें दशक की हिन्दी दलित कविता, रजन रानी 'मीनू' : पृष्ठ 44
22. भीम सागर, लक्ष्मीनारायण सुधाकर : पृष्ठ 70
23. उत्पीड़न की यात्रा, लक्ष्मीनारायण सुधाकर : पृष्ठ 30
24. यातना की आँखें, डॉ. दयानन्द 'बटोही' : पृष्ठ 15
25. दर्द के दस्तावेज, डॉ. एन. सिंह, सं. : पृष्ठ 112
26. नवें दशक की हिन्दी दलित कविता, रजन रानी 'मीनू' ' पृष्ठ 43
27. हिन्दी काव्य में दलित काव्यधारा, माताप्रसाद : पृष्ठ 300 (पर संकलित)
28. मूक नहीं मेरी कविताएँ, लालचन्द राही : पृष्ठ 2
29. क्रांति शेष है, लालचन्द राही : पृष्ठ 2
30. दर्द के दस्तावेज, डॉ. एन. सिंह : पृष्ठ 40
31. कविता : रोटी की भूख तक, डॉ. प्रेमशंकर : पृष्ठ 14
32. मूक माटी की मुखरता, डॉ. पुरुषोतम 'सत्यप्रेमी' : पृ 32
33. पहचान को तड़फती कविताएँ विश्वम्बर दत्त : (पुस्तक समीक्षा) दैनिक (वीर अर्जुन) दिल्ली, 10 नवम्बर, 1998
34. दलित मंजरी, विद्रोही एवं भारतीय : पृष्ठ 13
35. हिन्दी दलित कविता डॉ. एन. सिंह : (लेख) दलित प्रसंग : सं. प्रणव वंद्योपाध्याय, पृष्ठ 69

36. सुनो ब्राह्मण, (की समीक्षा) डॉ. प्रेमशंकर : प्रशासक : त्रैमासिक, जनवरी-मार्च, 1997, मसूरी, पृष्ठ 251
37. सुनो ब्राह्मण, मलखान सिंह : पृष्ठ 37, 38, 39
38. दर्द के दस्तावेज, डॉ. एन. सिंह, सं. : पृष्ठ 80
39. दृष्टिकोण, तेजपाल सिंह 'तेज' : पृष्ठ 46
40. बेताल दृष्टि, तेजपाल सिंह 'तेज' : (अन्तिम कवर पृष्ठ पर)
41. वही, पृष्ठ 62
42. अम्बेडकर डायरेक्टरी, मोहनदास नैमिशराय (सं.) : पृष्ठ 144
43. नवें दशक की हिन्दी दलित कविता, रजतरानी 'मीनू' : पृष्ठ 42
44. हीरामन, डॉ. धर्मवीर : पृष्ठ 41, 42
45. सदियों का सन्ताप, ओमप्रकाश वाल्मीकि : पृष्ठ 17
46. बस्स ! बहुत हो चुका, ओमप्रकाश वाल्मीकि : पृष्ठ 13
47. सूप भर धूप, डॉ. चन्द्रकुमार वरठे : पृष्ठ 9
48. पत्थर उठाते हाथ, अ.ला. ऊके : पृष्ठ 1
49. वही, पृष्ठ 12
50. डॉ. अम्बेडकर की कविताएँ, कंवल भारती : पृष्ठ 11
51. तब तुम्हारी निष्ठा क्या होती, कंवल भारती : पृष्ठ 13
52. वही, पृष्ठ 26
53. यह तुम भी जानो, डॉ. सुशीला टाकभौरे : पृष्ठ 42
54. पीड़ा जो चीख उठी : पृष्ठ 38
55. अनुशंसा (भूमिका) ओमप्रकाश वाल्मीकि : प्रयास, सूरजपाल चौहान : पृष्ठ 7
56. दलित चेतना : कविता, रमणिका गुप्ता (सं.) : पृष्ठ 163
57. व्यवस्था के विषधर, डॉ. कुसुम 'वियोगी' : पृष्ठ 28
58. 1. हू-इज-हू दलित राइटर्स इन इंडिया, डॉ. सोहनपाल सुमनाक्षर प्र.: पृष्ठ 163
    2. अम्बेडकर डायरेक्टरी, मोहनदास नैमिशराय, : पृष्ठ 159
    3. हिन्दी साहित्यकार सन्दर्भ कोश, डॉ. गिरिराज शरण अग्रवाल (सं.) : पृष्ठ 47
59. 'हिन्दी साहित्य में दलित संघर्ष के उन्नायक : डॉ. एन. सिंह' रमणिका गुप्ता : प्रकाशक : आकाश पब्लिकेशन्स, ई-10/663 उत्तरांचल कॉलोनी लोनी, गाजियाबाद
60. चेतना के स्वर, डॉ. एन. सिंह : पृष्ठ 68 पर उद्धृत
61. बयान बाहर सच्चाइयों का कवि : डॉ. सुखबीर सिंह (लेख में उद्धृत पद्मश्री उनका 7.5.92. का पत्र) व्यक्ति और विमर्श, डॉ. एन. सिंह, : पृष्ठ 22
62. सतह से उठते हुए, डॉ. एन. सिंह : प्रथम फ्लैप पर
63. दलित साहित्य के पुरोधा : डॉ. एन. सिंह, (लेख में उद्धृत पद्मश्री चिरंजीत का 13.3.92 का पत्र) सहारनपुर की महान विभूतियाँ, डॉ. के. के. शर्मा तथा डॉ. सिप्रा बैनर्जी : पृष्ठ 634
64. सतह से उठते हुए, डॉ. एन. सिंह : पृष्ठ 11

65. आक्रोश, डॉ. सी. बी. भारती : पृष्ठ 25
66. वही, भूमिका
67. दलित साहित्य-1999 : सं. जयप्रकाश कर्दम, पृष्ठ 279
68. गूँगा नहीं था मैं, जयप्रकाश कर्दम : पृष्ठ 14
69. वही, पृष्ठ 35
70. वही, पृष्ठ 66, 67
71. नयी फसलः श्यौराज सिंह 'बेचैन', भूमिका
72. दलित सृजन की अभिनव ओजस्विता (पुस्तक समीक्षा) डॉ. एन. सिंह : समकालीन जनमत (पाक्षिक), दिल्ली, 16-31 मई-1995, पृष्ठ 29
73. आदमी से होकर गुजरती हैं बेचैन की कविताएँ (पुस्तक समीक्षा) कुमार अनिल भास्कर : दैनिक, जागरण, बरेली, 16 जुलाई-1990
74. क्रौंच हूँ मैं, डॉ. श्यौराज सिंह 'बेचैन' : पृष्ठ 30
75. दिग्विजयी रावण : माता प्रसाद, मनोगत, पृष्ठ 18
76. वही, पृष्ठ 12
77. वही, पृष्ठ 12
78. वही, पृष्ठ 9
79. वही, पृष्ठ 50
80. वही, पृष्ठ 60
81. क्रौंच हूँ मैं : श्यौराज सिंह 'बेचैन', भूमिका
82. वही
83. वही
84. वही, पृष्ठ 21
85. वही, पृष्ठ 20
86. वही, पृष्ठ 54
87. वही, पृष्ठ 36
88. वही, पृष्ठ 30
89. वही, पृष्ठ 28
90. वही, पृष्ठ 28
91. वही, पृष्ठ 29
92. वही, पृष्ठ 20
93. वही, पृष्ठ 29
94. वही, पृष्ठ 31
95. वही, पृष्ठ 27
96. वही, पृष्ठ 53
97. वही, पृष्ठ 54
98. वही, पृष्ठ 56

99. वही, पृष्ठ 51
100. वही, पहले ये शब्द
101. तिनका तिनका आग : जयप्रकाश कर्दम, पृष्ठ 9
102. वही, पृष्ठ 10
103. वही, पृष्ठ 58
104. वही, पृष्ठ 38
105. वही, पृष्ठ 39
106. वही, पृष्ठ 45
107. वही, पृष्ठ 33
108. संसद सो सवर्ण है : नवेन्दु महर्षि, पृष्ठ 66
109. वही, पृष्ठ 7-8
110. वही, पृष्ठ 79
111. वही, पृष्ठ 83
112. वही, पृष्ठ 101
113. वही, पृष्ठ 98-99
114. वही, पृष्ठ 73
115. वही, पृष्ठ 86
116. वही, पृष्ठ 13
117. वही, पृष्ठ 39
118. वही, पृष्ठ 50
119. वही, पृष्ठ 17
120. अमर उजाला, दैनिक, मेरठ, 19 जनवरी, 1996
121. आजाद हैं हम : एन.आर. सागर, पृष्ठ 15
122. वही, पृष्ठ 18-19
123. वही, पृष्ठ 25
124. वही, पृष्ठ 29
125. वही, पृष्ठ 55
126. वही, पृष्ठ 52
127. वही, पृष्ठ 27
128. वही, प्रथम फ्लैप पर
129. नवभारत टाइम्स, दैनिक, दिल्ली, 7 फरवरी, 1995
130. राजनीति की अर्द्धसतसई : माता प्रसाद 'मित्र', दो शब्द
131. वही, पृष्ठ 6
132. वही, पृष्ठ 5
133. नवभारत टाइम्स दैनिक, दिल्ली, 7 फरवरी, 1995
134. राजनीति की अर्द्धसतसई : माताप्रसाद 'मित्र', पृष्ठ 26

135. वही, पृष्ठ 27
136. वही, पृष्ठ 27
137. वही, पृष्ठ 27
138. वही, पृष्ठ 7
139. वही, पृष्ठ 34
140. वही, पृष्ठ 36
141. वही, पृष्ठ 38
142. वही, पृष्ठ 37
143. वही, पृष्ठ 37
144. वही, पृष्ठ 21-23-24
145. आक्रोश : सी.बी. भारती, पृष्ठ 60
146. वही, पृष्ठ 29
147. वही, पृष्ठ 25
148. आधुनिक हिन्दी कहानियों में दलित चेतना (लेख) रमेश कुमार : आजकल (मासिक), दिल्ली, जनवरी, 7, 1992, पृष्ठ 13
149. दलित कहानियाँ, डॉ. सूर्यनारायण रणसुभे (सं.) : प्रकाशक : पंचशील प्रकाशन, जयपुर, प्र. 1981
150. दलित जीवन की कहानियाँ, डॉ. गिरिराज शरण अग्रवाल (सं.) : प्रकाशक : प्रभात प्रकाशन, दिल्ली, प्र. 1986
151. दूसरी दुनिया का यथार्थ, रमणिका गुप्ता (सं.) : प्रकाशक : नवलेख प्रकाशन, मेन रोड, हजारीबाग, प्र. 1997
152. काले हाशिए पर, डॉ. एन. सिंह (सं.) : प्रकाशक : लोकवाणी संस्थान, अशोक नगर, दिल्ली, प्र. 1998
153. यातना की परछाइयाँ, डॉ. एन. सिंह (सं.) : प्रकाशक : नवलेखन प्रकाशन, मेनरोड, हजारीबाग, प्र. 1998
154. चर्चित दलित कहानियाँ, श्री कुसुम वियोगी (सं.) : प्रकाशक : साहित्य निधि, विश्वास, नगर, शाहदरा (दिल्ली) प्र. 1996
155. समकालीन दलित कहानियाँ, श्री कुसुम वियोगी (सं.) : प्रकाशक : मुहिम प्रकाशन, हापुड़ (उ.प्र.) प्र. 1998
156. दलित महिमा कथाकारों की चर्चित कहानियाँ, श्री कुसुम वियोगी (सं.) : प्रकाशक : साहित्य निधि, विश्वास नगर, शाहदरा (दिल्ली) प्र. 1996
157. चाहिए ऐसा साहित्य जो व्यवस्था की गाँठें समझा सके (लेख) जय चौहान : राष्ट्रीय सहारा, दैनिक, दिल्ली-28, दिसम्बर, 1994
158. बाँग तथा अन्य लघुकथाएँ, रत्नकुमार सांभरिया : प्रकाशक : विवेक पब्लिशिंग हाउस, जयपुर, प्र. 1996
159. आक्रोशित स्थितियों पर प्रश्निल टिप्पणियाँ (पुस्तक समीक्षा) डॉ. एन. सिंह : हँस,

मासिक, दिल्ली, मार्च-1997, पृष्ठ 87

160. बाँग तथा तथा अन्य लघुकथाएँ, रत्न कुमार सांभरिया : पृष्ठ 36
161. सलाम : ओमप्रकाश वाल्मीकि, पृष्ठ 12-13
162. वही, पृष्ठ 18-19
163. तीसरा पक्ष, त्रैमासिक, जबलपुर, अंक-1, जनवरी-मार्च-2001, पृष्ठ 78
164. सलाम : ओमप्रकाश वाल्मीकि, पृष्ठ 29
165. वही, पृष्ठ 119-120
166. वही, पृष्ठ 116
167. वही, पृष्ठ 117-118
168. वही, पृष्ठ 124-125-127
169. वही, पृष्ठ 69
170. वही, पृष्ठ 116
171. तलाश : जयप्रकाश कर्दम
172. वही, पृष्ठ
173. वही, पृष्ठ
174. वही, पृष्ठ
175. वही, पृष्ठ
176. वही, पृष्ठ
177. वही, पृष्ठ
178. वही, पृष्ठ
179. वही, पृष्ठ
180. पुटूंस के फूल : प्रहलाद चन्द्र दास, अपनी बात
181. वही, पृष्ठ 7
182. वही, पृष्ठ 10
183. वही, पृष्ठ 10
184. वही, पृष्ठ 73
185. वही, प्रस्तावना
186. व्यक्ति और विमर्श : डॉ. एन. सिंह, पृष्ठ 96 पर उद्धृत
187. बाँग तथा अन्य लघुकथाएँ : रत्नकुमार सांभरिया, मेरी बात
188. वही, पृष्ठ 36
189. वही, पृष्ठ 15
190. वही, पृष्ठ 34
191. वही, पृष्ठ 129
192. वही, पृष्ठ 126
193. वही, पहले फ्लैप पर
194. इक्कीसवीं सदी में दलित आन्दोलन : डॉ. जयप्रकाश कर्दम, पृष्ठ 42-43

195. कथाक्रम, त्रैमासिक, लखनऊ, अप्रैल-जून-2004, पृष्ठ 9
196. अमर उजाला, दैनिक, मेरठ 9 अप्रैल-2000
197. छप्पर : जयप्रकाश कर्दम, पृष्ठ 12
198. वही, पृष्ठ 12
199. वही, पृष्ठ 12
200. वही, पृष्ठ 34-35
201. वही, पृष्ठ 22
202. वही, पृष्ठ 21
203. वही, पृष्ठ 43
204. वही, पृष्ठ 102-103
205. वही, पृष्ठ 104
206. वही, पृष्ठ 107
207. देश गौरव : श्री जगजीवन राम (अभिनन्दन ग्रन्थ)-सं. जी.एस. पथिक, पृष्ठ 274
208. वही, पृष्ठ 279
209. वही, पृष्ठ 280
210. अन्तहीन बेड़ियाँ : माताप्रसाद, पृष्ठ 43
211. कठौती में गंगा : डॉ. एन. सिंह एवं ललित मैन्दौल, पृष्ठ 60-61
212. वंचितों के वृत्तांत (लेख) : डॉ. श्यौराज सिंह 'बेचैन', जनसत्ता दैनिक दिल्ली, 25 नवम्बर, 2001, (रविवारीय परिशिष्ट)
213. अपेक्षा, त्रैमासिक, दिल्ली, जुलाई-सितम्बर-2003, पृष्ठ 213
214. वंचितों के वृत्तांत (लेख) : डॉ. श्यौराज सिंह 'बेचैन', जनसत्ता दैनिक दिल्ली, 25 नवम्बर, 2001, (रविवारीय परिशिष्ट)
215. अपने-अपने पिंजरे : मोहनदास नैमिशराय, पृष्ठ 12
216. वही, पृष्ठ 111
217. वही, पृष्ठ 17
218. वही, पृष्ठ 18
219. वही, पृष्ठ 17-18
220. वही, पृष्ठ 27
221. वही, पृष्ठ 31
222. वही, पृष्ठ 28
223. वही, पृष्ठ 76
224. वही, पृष्ठ 50-51
225. वही, पृष्ठ 135
226. वही, आत्मकथ्य, पहले फ्लैप पर
227. राष्ट्रीय सहारा, दैनिक, दिल्ली, हस्तक्षेप, 18 जनवरी, 1997
228. जूठन : ओमप्रकाश वाल्मीकि, भूमिका

229. वही, पृष्ठ 11
230. वही, पृष्ठ 15
231. वही, पृष्ठ 16-17
232. वही, पृष्ठ 34-35
233. वही, पृष्ठ 28
234. वही, पृष्ठ 28
235. वही, पृष्ठ 45
236. वही, पृष्ठ 44
237. वही, पृष्ठ 54
238. वही, पृष्ठ 77
239. वही, पृष्ठ 89
240. वही, पृष्ठ 152
241. वही, पृष्ठ 21
242. झोपड़ी से राजभवन : माताप्रसाद, पृष्ठ 46
243. वही, पृष्ठ 42
244. वही, पृष्ठ 78
245. वही, पृष्ठ 63
246. वही, पृष्ठ 67
247. वही, पृष्ठ 43
248. वही, पृष्ठ 50
249. वही, दो शब्द
250. दलित साहित्य : चिन्तन के विविध आयाम : (सं.) डॉ. एन. सिंह प्रकाशक : आम प्रकाशन, बम्बई, प्र. 1996
251. समकालीन भारतीय साहित्य, द्विमासिक, दिल्ली, मार्च-अप्रैल-1997, पृष्ठ 166
252. कदम, छमाही, मऊनाथ भंजन, अंक-2-3 अप्रैल से अक्टूबर-1998, पृष्ठ 63
253. हंस, मासिक, नयी दिल्ली, अप्रैल-1999, पृष्ठ 88
254. हिन्दी दलित कविता : नये सन्दर्भ-डॉ. टी.पी. राही : प्रकाशक : कल्चरल पब्लिशर्स, लखनऊ, प्र. 1996
255. नवें दशक की हिन्दी दलित कविता : रजतरानी 'मीनू' : प्रकाशक : दलित साहित्य प्रकाशन संस्था, नयी दिल्ली, पृष्ठ 1996
256. हिन्दी में दलित साहित्य (लेख) : डॉ. श्यौराज सिंह 'बेचैन' हिन्दुस्तान, दैनिक, दिल्ली, 24 जून-2002, पृष्ठ 7
257. दलित विमर्श की भूमिका : कंवल भारती, पृष्ठ 12
258. वही, पृष्ठ 14
259. वही, पृष्ठ 14
260. वही, पृष्ठ 13

261. वही, पृष्ठ 23
262. वही, पृष्ठ 27
263. वही, पृष्ठ 47
264. वही, पृष्ठ 54-55
265. वही, पृष्ठ 54
266. वही, पृष्ठ 70
267. वही, पृष्ठ 60
268. वही, पृष्ठ 82-83
269. वही, पृष्ठ 140
270. वही, पृष्ठ 140
271. दलित साहित्य : दशा और दिशा, सं. माताप्रसाद, पृष्ठ 4
272. वही, पृष्ठ 5
273. वही, पृष्ठ 6-7
274. वही, पृष्ठ 141
275. वही, पृष्ठ 90
276. दलित साहित्य और सामाजिक न्याय : डॉ. पुरुषोत्तम 'सत्यप्रेमी' : प्रकाशक : कंचन प्रकाशन, शाहदरा, दिल्ली, प्र. 1996
277. लोकतन्त्र में भागीदारी के सवाल : कंवल भारती : प्रकाशक : बोधिसत्व प्रकाशन, सिविल लाइन्स, रामपुर (उ.प्र.), प्र. 1997
278. परिवर्तन जरूरी है : डॉ. सुशीला टोकभौर : प्रकाशक : शरद प्रकाशन, नागपुर, प्र. 1997
279. मेरा दलित चिन्तन : डॉ. एन. सिंह : प्रकाशक : कंचन, प्रकाशक, शाहदरा, दिल्ली, प्र. 1998
280. वही, दो शब्द
281. साहित्य और सामाजिक क्रांति : डॉ. दयानन्द बटोही : प्रकाशक : विकल्प, तिलक नगर, दिल्ली, प्र. 1999
282. प्रज्ञा साहित्य (मासिक), अतिथि सम्पादक : ओमप्रकाश वाल्मीकि, फर्रुखाबाद, मार्च-जून- 1995
283. सुमनलिपि (मासिक), अतिथि सम्पादक : डॉ. एन. सिंह, बम्बई, नवम्बर-1995
284. दलित अस्मिता के आसपास की पत्रकारिता (लेख) : मोहनदास नैमिशराय : राष्ट्रीय सहारा, दैनिक, दिल्ली, 12 फरवरी-1996
285. नारी संवाद (मासिक) जमशेदपुर, सं. डॉ. रेणू दीवान, अक्टूबर-दिसम्बर-1995
286. युद्धरत आम आदमी, त्रैमासिक, दलित चेतना कविता विशेषांक, सं. रमणिका गुप्ता, हजारीबाग, जुलाई-सितम्बर-1995
287. युद्धरत आम आदमी, त्रैमासिक, दलित चेतना कहानी विशेषांक, सं. रमणिका गुप्ता, हजारीबाग, अक्टूबर-1995 से मार्च-1996
288. युद्धरत आम आदमी, त्रैमासिक, दलित चेतना साहित्य विशेषांक, सं. रमणिका गुप्ता, हजारीबाग, अप्रैल-सितम्बर-1996

289. युद्धरत आम आदमी, त्रैमासिक, दलित चेतना सोच विशेषांक, सं. रमणिका गुप्ता, हजारीबाग, अक्टूबर-दिसम्बर-1996
290. पश्यंती, त्रैमासिक, सं. प्रणव कुमार बंद्योपाध्याय, इन्दौर, अप्रैल-जून-1998
291. कल के लिए (मासिक), सं. जयनारायण, गोरखपुर, दिसम्बर-1998
292. नया मानदण्ड (त्रैमासिक) अतिथि सम्पादक, जयप्रकाश कर्दम, वाराणसी, अक्टूबर-दिसम्बर- 1998
293. संचेतना (मासिक), सम्पादक - डॉ. महीप सिंह, दिल्ली जून-1999
294. दलित साहित्य-1999, सं. जयप्रकाश कर्दम, दिल्ली, (वार्षिक आयोजन)
295. कथाक्रम, त्रैमासिक, लखनऊ, नवम्बर-2000, पृ. 84
296. वही, पृष्ठ 84
297. उत्तर प्रदेश, मासिक, लखनऊ, सितम्बर-अक्टूबर-2002
298. अपेक्षा, त्रैमासिक, दिल्ली, जुलाई-सितम्बर-2003
299. वसुधा, त्रैमासिक, भोपाल, जुलाई-सितम्बर-2003
300. 'हंस' मासिक, दिल्ली, अमस्त-2004

दलित साहित्य की सामाजिक प्रतिबद्धता

इतिहास केवल उन्हीं जातियों का होता है, जो लड़ती हैं या फिर घोर यातनाएँ सहती हैं। दलितों का इतिहास यातना सहने का इतिहास है। भारतीय धर्म, संस्कृति और समाज में शताब्दियों से जुल्मों का शिकार होते आ रहे दलितों को, केवल स्वतन्त्रता के बाद ही, भारत में आगे बढ़ने के अवसर मिल पाये, लेकिन इन अवसरों को रोकने के प्रयास भी निरन्तर होते रहे। बीसवीं शताब्दी के अन्तिम दशक में ये प्रयास तब सफल होते दिखाई दिये, जब भारत में उदारीकरण और भूमण्डलीकरण के तहत निजीकरण को भारत सरकार ने लागू कर दिया। इसके कारण सरकारी नौकरियों में, जहाँ दलितों को अवसर मिलने की सबसे ज्यादा उम्मीद थी, उसमें प्रतिवर्ष 5 प्रतिशत की कटौती तथा सभी प्रकार नियुक्तियों पर रोक लगा दी गयी। दरअसल यह रोक दलितों को नौकरियों में प्रवेश पर रोक लगाने की गरज से ही लगाई गयी हैं, ताकि चोर दरवाजे से इन नौकरियों में सवर्णों को भरा जा सके। इस प्रकार वर्चस्ववादी सवर्ण मानसिकता, जिसे अब मनुवादी मानसिकता के नाम से भी जाना जाता है, ने एक बार फिर षड्यन्त्र रचकर दलितों को अपनी उसी पूर्व स्थिति में लौटाने का प्रयास प्रारम्भ कर दिया है, जिसमें वे हजारों वर्ष पूर्व थे। इस सम्बन्ध में वरिष्ठ दलित साहित्यकार माताप्रसाद लिखते हैं कि–"भूमण्डलीकरण और निजीकरण से जहाँ बहुराष्ट्रीय कम्पनियाँ माला-माल होंगी, देश के कुछ बिड़ला, अम्बानी, टाटा सम्पन्नता के शिखर पर पहुँचेंगे, वहीं भारत का मजदूर, कारीगर, छोटे किसान, खेतिहर मजदूर, आदिवासी, महिलाएँ और अल्पसंख्यक, जिनमें 90 प्रतिशत दलित हैं, वे दुर्दशाग्रस्त होंगे, रोज़गार पाने को मोहताज होंगे, झुग्गी-झोपड़ियों में रहकर नारकीय जीवन बिताने और गुलाम बनने को विवश होंगे।"[1] लेकिन अब दलित सजग है, वह एकजुट होकर इन षड्यन्त्रों को नाकाम करने का प्रयास कर रहा है। दलित नेतृत्व भले ही राजनीति में अपने निजी स्वार्थों के लिए समझौते कर रहा हो, लेकिन कुछ ऐसे भी संगठन भारत में हैं, जो दलित हित में निरन्तर सजग और संघर्षशील हैं। कभी-कभी धुर विरोधी भी दलित हित में बयान देते हैं तथा कार्यक्रम बनाते हैं। 'भोपाल घोषणा पत्र' एक ऐसा ही प्रयास था। 19 दिसम्बर, 2003 को सामाजिक न्याय और

अधिकारिता मन्त्रालय द्वारा आयोजित अनुसूचित जाति एवं अनु. जनजाति के मन्त्रियों एवं सांसदों की बैठक में प्रधानमन्त्री श्री अटल बिहारी वाजपेयी का निजी क्षेत्र में दलितों को आरक्षण देने का बयान भी एक ऐसी ही पहल है। अब समय आ गया है कि दलित 21वीं सदी की चुनौतियों को समझें और अपनी उन्नति के लिए भावी रणनीतियाँ तय करें।

इस दृष्टि से सबसे पहले हमारा ध्यान शिक्षा की ओर जाता है। 'भोपाल घोषणा पत्र' में कहा गया है कि—"यह एक सिद्ध तथ्य है कि दलितों के सशक्तिकरण में शिक्षा सबसे ताकतवर और भरोसेमन्द हथियार रही है, लेकिन दृश्य बदल गया है। मैट्रिकुलेशन और प्लस-2 शिक्षा की प्रासंगिकता 1980 के दशक के प्रारम्भिक दौर तक रही। मानविकी अथवा सामाजिक विज्ञान में स्नातक अथवा स्नातकोत्तर डिग्री की प्रासंगिकता भी 1990 के दशक तक रही। आज जब तक दलित शुद्ध विज्ञान, प्रबन्धन, प्रौद्योगिकी और खासकर सूचना प्रौद्योगिकी जैसे उभरते क्षेत्रों में आगे नहीं बढ़ेंगे, तो वे विकसित होती वैश्विक अर्थव्यवस्थता में सम्मानजनक स्थान नहीं बना पाएँगे।"[2] देखने में आ रहा है कि दलित और निर्धन वर्ग के बच्चे अधिकांशतः सरकारी स्कूलों में ही पढ़ते हैं। चूँकि दलितों को अब उच्च शिक्षा प्राप्त कर लेने के बाद भी सरकारी नौकरी मिलने की सम्भावना कम है, इसलिए वे स्वयं अपने बच्चों को स्कूल भेजना नहीं चाहते। वहीं दूसरी ओर सरकारें भी सरकारी स्कूलों को इस स्थिति में पहुँचा देना चाहती हैं कि वहाँ पर शिक्षा की उचित व्यवस्था न हो पाये। कहीं अध्यापक नहीं हैं, तो कहीं भवन नहीं हैं। कहीं टाट-पट्टी, श्यामपट, चाक, डस्टर नहीं है। परिणामस्वरूप शासकीय स्तर पर संचालित प्राइमरी स्कूल से लेकर महाविद्यालय तक सभी अव्यवस्थाओं के शिकार हैं, जिसका सबसे अधिक खमियाजा दलित और निर्धन वर्ग के छात्रों को ही भुगतना पड़ रहा है। यह सरकार की एक सोची-समझी साजिश के तहत हो रहा है। यदि ये शासकीय संस्थाएँ इस तरह की अवस्था की शिकार नहीं होगी, तो निजी अंग्रेजी माध्यम की शिक्षा संस्थाएँ कैसे फलेंगी। इस सम्बन्ध में श्री माताप्रसाद का मत द्रष्टव्य है—"शिक्षा का निजीकरण दलितों और गरीबों पर सबसे बड़ा वज्रपात है। इससे निजी शिक्षा संस्थाओं को फीस बढ़ाने की छूट मिल जायगी। मेडिकल, इंजीनियरिंग, व्यावसायिक, तकनीकी और औद्योगिक शिक्षा प्राप्त करने के लिए निजी शिक्षा संस्थाओं में डोनेशन के रूप में कई-कई लाख रुपये देने पड़ेंगे। हजारों रुपये शुल्क के रूप में चुकता करना पड़ेगा। पुस्तकीय तथा अन्य पठन सामग्री का खर्च अलग होगा। ऐसी शिक्षा संस्थाओं में नव धनाढ्यों, सामन्तों, पूंजीपतियों और अफसरशाहों के बच्चों का ही प्रवेश हो सकेगा। इसलिए गरीबों और दलितों के बच्चों के रोजगार के अवसर ही बन्द हो जायँगे। अभी तक दलित बच्चों को आरक्षण के अनुसार तकनीकी, मेडिकल, इंजीनियरिंग और

व्यावसायिक शिक्षा संस्थाओं में स्थान मिल जाता था, लेकिन हाईकोर्ट के एक निर्णय के अनुसार उक्त संस्थाओं में इनके प्रवेश के आरक्षण को समाप्त कर दिया है। इसलिए दलितों और पिछड़ी जातियों के बच्चों का भविष्य अन्धकारमय हो गया है।"[3] इस फार्मूले के तहत ही सरकारें जानबूझ कर शिक्षा, स्वास्थ्य और न्याय को पूरी तरह तबाह कर देना चाहती हैं, ताकि आम आदमी का इन पर से विश्वास उठ जाय, जिससे ये देश से लोकतन्त्र को समाप्त कर सकें क्योंकि लोकतन्त्र ही एक ऐसी व्यवस्था है, जिसमें दलित और निर्धन वर्ग का व्यक्ति सर्वोच्च पद तक जा सकता है। तो दलित उत्थान के लिए सबसे बड़ी प्राथमिकता लोकतन्त्र को बचाने की है। इसके लिए शिक्षा, स्वास्थ्य और न्याय को बिकाऊ और बाजारू होने से बचाना है। इसके लिए दलित संगठनों को अधिक से अधिक दलित बच्चों को स्कूल भेजने का प्रयास करना होगा और संगठित होकर सरकार पर दबाव बनाना होगा कि वे शासकीय स्तर पर शिक्षा की व्यवस्था को बेहतर तो करे ही, साथ ही सारे देश में एक समान पाठ्यक्रम भी लागू करे। शिक्षा को बाजारू और महँगी होने से बचाना होगा।

आरक्षण का प्रश्न भी दलित सामाजिक कार्यकर्त्ताओं और बुद्धिजीवियों को निरन्तर लम्बे समय से उद्वेलित करता रहा है। इस सिलसिले में ये तो तय ही है कि आरक्षण दलित समाज के लिए कोई खतरा नहीं है, बल्कि भारत के संसाधनों में उसका हिस्सा उसे देने का प्रयास भर ही है, लेकिन अब उदारीकरण, भूमण्डलीकरण और निजीकरण के माध्यम से, बिना संविधान से छेड़छाड़ किये, उसे समाप्त करने की भारत सरकार ने पूरी व्यवस्था कर दी है, जबकि स्वतन्त्रता के इन छप्पन वर्षों में दलित और दलित नेतृत्व सभी राजनीतिक पदों पर भी आरक्षण लागू करा पाने में असफल रहा है। इस सम्बन्ध में डॉ. एन. सिंह ने लिखा है कि—"अब समय आ गया है कि दलित और पिछड़ा समाज एकजुट होकर अपने नेताओं और सत्ता पर दबाव बनाए कि जितने भी आरक्षित पद हैं, उन्हें तत्काल भरा जाय। इस सिलसिले में हो यह रहा है कि किसी भी विभाग में जितने रिक्त पद हैं, उनका विज्ञापन निकालते समय, केवल उनमें ही आरक्षण दे दिया जाता है और घोषणा कर दी जाती है कि आरक्षण पूरा है, जबकि होना यह चाहिए कि किसी विभाग की प्रत्येक श्रेणी में कुल सृजित पर कितने हैं और उस विभाग में उस श्रेणी में आरक्षित वर्ग के कितने कर्मचारी हैं। कुल आरक्षित पदों में से आरक्षित श्रेणी के कर्मचारियों की संख्या घटाकर, शेष पदों को तब तक आरक्षित रखा जाय, जब तक कि आरक्षण का कोटा पूरा न हो जाय।"[4] संसद में राज्य सभा और प्रदेश विधान सभाओं की विधान परिषदों में अभी भी आरक्षण नहीं दिया जाता। प्रथम, द्वितीय और तृतीय श्रेणी की नौकरियों की स्थितियाँ तो सबको मालूम ही हैं। ऐसे में दलित उत्थान कैसे सम्भव होगा और अगली शताब्दी में दलित जीवन की तस्वीर क्या होगी? यह सोचकर सिर चकरा जाता है।

खाली पड़ी सरकारी भूमि के दलितों को दिये गये पट्टों का बड़ा शोर उत्तर प्रदेश और उत्तर प्रदेश से बाहर होता रहा है। 5 व 6 अक्टूबर, 2001 को 'डायनैमिक एक्शन ग्रुप' ने लखनऊ में दलित उत्पीड़न के विरुद्ध एक "जन सुनवाई" का आयोजन किया था। इस संस्था के संयोजक श्री रामकुमार ने अपने साथियों के साथ उ.प्र. का सघन दौरा करके दलित उत्पीड़न के 800 मामले एकत्र किये और रविन्द्रालय में 5 व 6 अक्टूबर, 2001 को एक जन-सुनवाई का आयोजन किया। जूरी के रूप में हिस्सा लिया एच. सुरेश (पूर्व न्यायाधीश, मुम्बई उच्च न्यायालय) प्रो. गोपाल गुरु (राजनीति शास्त्र विभाग, पुणे विश्वविद्यालय) असीम राय (मजदूर नेता, अहमदाबाद) ने। इस सुनवाई में 873 मामले दर्ज किये गये। इन मामलों में मुख्यतः जमीन, कर्ज, शारीरिक अत्याचार और सिर पर मैला ढोने से सम्बन्धित मामले थे। इन मामलों को सुनने के बाद जूरी के अध्यक्ष जस्टिस एच. सुरेश ने अपने निष्कर्ष में लिखा है कि–'दो दिनों की जन-सुनवाई के दौरान जो हम लोगों ने देखा, वह उन बहुत से लोगों की कहानी थी, जिन्होंने अपनी जमीनें गँवा दी हैं। करीब सभी बयानकर्ता दलित या आदिवासी थे। रिकार्ड में पट्टा इन दलितों के नाम में है। कुछ लोग उन जमीनों पर काबिज हैं और खेती कर रहे हैं। फिर भी अधिकांश तौर पर ऊँची जाति के लोगों ने, अधिकांश जमींदारों ने, पुलिस और भ्रष्ट राजनीतिज्ञों की मदद से इन जमीनों पर कब्जा कर लिया है। दिसम्बर, 1995 में सरकार ने घोषणा की थी कि वे लोग जिन्होंने अपनी जमीन पर पट्टा प्राप्त नहीं किया है या जिनके पास पट्टा है, लेकिन जमीन पर कब्जा नहीं मिला है। उन्हें भूमिधारी अधिकार दिया जायगा।' दिये गये प्रमाण यह दिखलाते हैं कि सरकार ने इस सम्बन्ध में बिल्कुल ही थोड़ा काम किया है। इस जन-सुनवाई से नौ निष्कर्ष निकले, जो निम्नवत् हैं–

1. उत्तर प्रदेश में जमींदारी उन्मूलन कानून के पास होने के पाँच दशकों के बाद भी जमीन का सवाल अनसुलझा है।
2. वादे के बावजूद करीब पचास प्रतिशत भूमिहीन और गरीब किसानों को जमीन का पट्टा नहीं मिला।
3. कुछ मामलों में उन्होंने जो जमीने पायी हैं, वे या तो बंजर हैं अथवा खेती करने लायक नहीं हैं।
4. बहुधा उन लोगों को जिन्हें जमीन का पट्टा मिला है। जमीन पर कब्जा नहीं मिल सका है। उन्हें जमीन के मूल धारकों, उनके ताकतवर पड़ोसियों, प्रधान जैसे ग्रामीण अधिकारियों (खुद जमींदार और गाँव का असरदार) द्वारा कब्जा नहीं करने दिया जाता।
5. जिला कलक्टर के आदेश से (बिना किसी स्पष्ट सरकारी आदेश के) और कोर्ट के आदेश के खिलाफ जिसमें गाँव की भूमि प्रबन्धक समिति द्वारा

वितरित जमीन के पट्टे के इस प्रकार के निरस्तीकरण की मनाही की गयी है। अनेक मामलों में पहले से वितरित आसामी पट्टों को 1998 से खारिज किया जा रहा है।

6. कुछ इलाकों में ग्राम सभा की बंजर जमीन को जिसे वन विभाग को स्थानान्तरित कर दिया गया है और साथ ही साथ राजस्व विभाग के तहत ग्राम सभा के रजिस्टर में भी दर्ज है, जिसे भूमिहीनों में वितरित किया गया है। इन दोहरी स्थिति वाली जमीनों को वन विभाग द्वारा ले लिया जा रहा है। यह समस्या खासकर सोनभद्र जिले में बहुत तीव्र है जो आदिवासियों को प्रभावित करती है।
7. बैंक मैनेजरों, ग्राम सेवकों इत्यादि द्वारा विभिन्न योजनाओं के तहत कर्ज लेने के लिए फुसलाया जाता है, लेकिन बहुधा गरीब लोग स्वीकृत कर्ज की पूरी राशि प्राप्त नहीं कर पाते, शेष इन बिचौलियों द्वारा ले लिया जाता है। कभी-कभी तो गरीबों को पूरे कर्ज से ही वंचित कर दिया जाता है। कभी कभी तो बिना उसकी जानकारी के ये कर्ज निकाल लिए जाते हैं। उन्हें कर्ज के बारे में पता तब चलता है, जब अदायगी की नोटिस आती है। जब वे कर्ज अदा नहीं कर पाते, तो उन्हें गिरफ्तार किया जाता है और ऐसे कमरों में बन्द रखा जाता है, जो मनुष्य के रहने लायक नहीं होते हैं। ये सब चीजें मौजूदा कानूनों की विरोधी हैं।
8. दलितों पर (क) गाँव के असरदार, (ख) पुलिस और (ग) प्रशासन द्वारा विभिन्न प्रकार के जुल्म किये जाते हैं। पीड़ितों में पुरुष और स्त्री दोनों होते हैं। इन जुल्मों और परेशानियों को गाँव के भद्रजनों (आमतौर पर सवर्ण जातियाँ) कानून और व्यवस्था के रखवालों तथा न्यायालयों के अधिकारियों द्वारा शह और बढ़ावा भी दिया जाता है।
9. दलित अभी भी सिर पर मैला ढो रहे हैं जिसे संवैधानिक तौर पर गैर-कानूनी घोषित किया जा चुका है।[5]

रिपोर्ट के निष्कर्ष बताते हैं कि दलित उत्पीड़न का शिकार हैं और उनके मानवीय अधिकारों का निरन्तर हनन हो रहा है। शासन और प्रशासन मूकदर्शक बना देख ही नहीं रहा, कहीं कहीं तो स्वयं उत्पीड़ित भी कर रहा है। 'डायनैमिक एक्शन ग्रुप' के संयोजक श्री रामकुमार ने इन निष्कर्षों का प्रत्यावेदन महामहिम राज्यपाल उ.प्र. तथा मुख्य सचिव, उत्तर प्रदेश सरकार को भी प्रस्तुत किया है, जिसका सकारात्मक परिणाम यह निकला है कि शासन ने अपने पत्र संख्या–23 श.प./1-2-01, राजस्व अनुभाग-2, लखनऊ दिनांक 3 जनवरी, 2002 द्वारा उत्तर प्रदेश के समस्त जिलाधिकारियों को दलित उत्पीड़न रोकने निर्देश दिये हैं। इसके परिणाम क्या

निकलेंगे, यह तो भविष्य के गर्भ में है, लेकिन इससे शासन प्रशासन कुछ सोचने के लिए विवश अवश्य होगा। किसी बड़े मुद्दे पर किसी संगठन की यह भी एक सफलता ही है।

दलित जीवन की जमीनी सच्चाइयों को दस्तावेजी रूप में उसके आधार पर एक दीर्घकालीन रणनीति बनाना, दलित विचारकों की फौरी-जरूरत है, इसलिए डायनैमिक एक्शन ग्रुप ने दिनांक 10-12-2001 को उ.प्र. के महामहिम राज्यपाल को एक माँगपत्र सौंपा है जिसमें निम्नलिखित माँगें रखी गयी हैं—

"1. गरीबी रेखा के नीचे के लोगों के उत्थान व विकास के नाम पर जो सरकारी ऋण दिये गये थे, उनकी जबरन वसूली पर तुरन्त रोक लगाई जाय।
2. गरीबों को जो ऋण दिये गये थे, उन पर सरकारी अधिकारी व दलालों द्वारा व्यापक भ्रष्टाचार हुआ इन दोषी अधिकारियों/व्यक्तियों को चिन्हित किया जाय और इन पर तुरन्त कार्यवाही की जाय। इसके अतिरिक्त इन कार्यक्रमों का मूल्यांकन भी हो।
3. प्रदेशों के सभी भूमिहीन खेतिहर मजदूरों को जमीन पर पट्टा दिया जाय। जिन्हें पट्टा मिल चुका है, कब्जा नहीं मिला है, उन्हें कब्जा दिलाया जाय।
4. प्रदेशों में सभी प्रकार की विवादित पट्टा भूमि, जिनके मामले वर्षों से न्यायालय में लम्बित हैं उसके निस्तारण के लिए एक अलग से सक्षम आयोग गठित किया जाय और उसके निर्णय की समय सीमा भी निर्धारित की जाय। साथ ही इस काम में लगे लोगों के पुनर्वास के लिए समुचित कदम उठाये जायँ।
5. कानूनी तौर पर प्रतिबन्धित सिर पर मैला ढोने की प्रथा को सम्पूर्ण रूप से समाप्त करने हेतु प्रभावी कार्यवाही सुनिश्चित की जाय तथा इस काम में लगे लोगों के पुनर्वास के लिए समुचित कदम उठाए जाएँ।
6. प्रदेशों में विवादित वन विभाग व आदिवासी, दलितों की भूमि डबल इन्ट्री धारा-4, धारा-20 से सम्बन्धित मामलों का तुरन्त निवारण किया जाय।
7. प्रदेशों में दलित आदिवासियों, महिला अल्पसंख्यकों के ऊपर हो रहे अत्याचारों को तुरन्त समाप्त किया जाय तथा दोषियों को सजा के लिए विशेष अदालत का गठन किया जाय।
8. प्रदेशों में सामाजिक न्याय अधिकार का पृथक् मन्त्रालय गठित किया जाय। साथ ही अनुसूचित जाति एवं जन ज़ाति आयोग को न्यायिक अधिकार दिया जाय।
9. प्रदेश में निर्बल आवास ऋण वसूली अभियान पर तत्काल रोक लगाई जाय और उन्हें ऋण मुक्त किया जाय।

10. प्रदेशों की आदिवासी सूची में बहुतायत संख्या में आदिवासी जातियाँ (जैसे कोल, गोचर, बैगा, खरवार, पनिका, भुइयाँ, थसिया, अगरिया, औराँव, पहाड़िया, पठारी, सहारिया, बन गुजर आदि) सम्मिलित नहीं हैं, उन जातियों को सूची में शामिल करने के लिए तुरन्त पहल की जाय।
11. पूर्वी उत्तर प्रदेश में भूमिहीन बंसफोर एवं मुसहर जाति को आवास एवं खेती के लिए भूमि दी जाय।"[6]

'भोपाल दस्तावेज' के नाम से जो दलित एजेण्डा बनाया गया है, उसमें आर्थिक प्रश्न ही सबसे महत्त्वपूर्ण है, जबकि दलित समस्या अपने आपमें धार्मिक, सामाजिक और राजनीतिक भी है। इसलिए दलित उत्थान के लिए हमें इस दिशा में भी कुछ कार्यक्रम तय करने पड़ेंगे। इस सम्बन्ध में डॉ. एन. सिंह ने लिखा है—"जिन विडम्बनाओं को दलित हिन्दू धर्म से दूर करना चाहते हैं, आवश्यक है कि उसे हम अपने दलित समाज से भी दूर करें। यदि दलित भी हिन्दू समाज की इन्हीं ऊँच-नीच की मान्यताओं में बँधे रहकर जातियों, उपजातियों एवं गोत्रों में बँटे रहेंगे, तो उनकी आवाज में तो दम होगा ही नहीं, हम दूसरों को भी इस व्यवहार को छोड़ने के लिए बाध्य नहीं कर सकेंगे। अब समय आ गया है कि दलित सामाजिक धरातल पर उतरकर काम करें। इसके संगठनात्मक ढाँचे को और विस्तार देना होगा। जैसे रिक्शा चलाने वाले अधिकांश लोग अनुसूचित जाति के हैं, इनका संगठन, जूता बनाने वाले कारीगरों का संगठन, खेत मजदूरों का संगठन, अनुसूचित जाति किसान संगठन, अनुसूचित जाति छात्र संगठन, अनुसूचित जाति के कर्मचारियों का संगठन, कारखाना मजदूर संगठन, महिला संगठन, अनुसूचित जाति बुद्धिजीवी संगठन, अभिप्राय यह है कि हर क्षेत्र और हर स्तर पर अनुसूचित जाति के संगठनों को सक्रिय करना होगा। ध्यान रहे—अनुसूचित जाति से मेरा तात्पर्य हैं, वे सारी जातियाँ, जो आरक्षित वर्ग के अन्तर्गत मान्य हैं, जिसमें अनुसूचित जनजाति एवं आदिवासी भी शामिल हैं।"[7]

किसी समाज में बुद्धिजीवियों की भूमिका बहुत महत्त्वपूर्ण होती है। दलित समाज को भी अपने बुद्धिजीवियों का सम्मान करना चाहिए और उनसे काम लेना चाहिए। ये बुद्धिजीवी वकील हैं, पत्रकार हैं, अधिकारी हैं, डॉक्टर हैं, प्राध्यापक हैं। गरज यह है कि ये जहाँ पर भी हैं, उनसे समय-समय पर उठने वाली दलित समस्याओं पर दलित नेता विचार विमर्श करें तथा मार्गदर्शन लें। इसका रास्ता है किसी साझा मंच की स्थापना, जिसके बैनर पर समय-समय पर दलित समस्याओं पर सेमिनार कर इन समस्याओं के समाधान की खोज करना। यह काम फैशन के तौर पर न किया जाय, जैसा कि आजकल किया जा रहा है। इसे सामाजिक जरूरत के लिए एक गम्भीर प्रयास की तरह किया जाना चाहिए। इस सन्दर्भ में दलित पत्र और पत्रिकाएँ भी अपनी महत्त्वपूर्ण भूमिका निभा सकते हैं। इन पत्र-पत्रिकाओं का जाल जिला और

कस्बा स्तर तक पहुँचाया जाय, बल्कि जिले और कस्बों में जो भी दलित लोग अखबार निकाल रहे हैं, उन तक दलित हितों पर लिखे गये लेख, समाचार, और आन्दोलनों, सम्मेलनों तथा सेमिनारों की रिपोर्टों को भिजवाया जाना चाहिए। दलितों को इसी उद्देश्य के लिए एक समाचार एजेन्सी की स्थापना भी करनी चाहिए।

दलितों को यातना के विष को संगठन की रिफाइनरी में शुद्ध करके अमृत में बदलना है, आने वाली पीढ़ियों के लिए। संस्कृति, कला और साहित्य के धरातल पर भी। इसके लिए आवश्यक है—दलित साहित्य का प्रकाशन, दलित नाटकों का मंचन, जो टेलीफिल्मों और फिल्मों तक जायगा। दलित कलाओं का विकास, दलित जातियों में गाए जाने वाले लोकगीतों का संकलन और प्रकाशन, यह सब संगठनकर्ताओं को इसलिए करना चाहिए, क्योंकि इस धरातल पर किये गये कार्य एक तो बहुत स्पष्ट होते हैं तथा उनका प्रभाव भी बहुत विस्तृत होता है। इसके अतिरिक्त उनकी गति भी बहुत तीव्र होती है।

दलित संगठनों के बिखरने का एक कारण यह रहा है कि ये सारे संगठन व्यक्ति केन्द्रित थे। व्यक्ति के न रहने पर संगठन भी नहीं रहा, इसलिए अब यह आवश्यक हो गया है कि संगठनकर्ता को अपने रहते हुए ही दूसरी पंक्ति का नेतृत्व भी तैयार करना चाहिए, जिससे उसके बाद संगठन मरे नहीं। अब संगठन को सत्ताभिमुख न होकर, जनाभिमुख होना चाहिए, जिससे अधिक से अधिक लोग जुड़ें, अपने भले के लिए, अपने उत्थान के लिए और महज ऐसे ही व्यक्ति को सत्ता की ओर बढ़ाएँ जो उनके लिए काम करे और सिर्फ अपने लिए ही नहीं हो। इससे उन नेताओं को अवश्य परेशानी होगी, जो शार्टकट की राजनीति करते रहे हैं। वे इसमें अवरोध भी उत्पन्न कर सकते हैं। यह अवरोध इतना बड़ा नहीं है, जिसे हटाया न जा सके। किसी भी दलित संगठन को केन्द्र से लेकर प्रदेश और जिला केन्द्रों तक पहुँचाना तो आसान है। कई संगठन जिला स्तर तक काम कर भी रहे हैं। हमें इन्हें जिले से तहसील, ब्लाक, थाना से लेकर ग्राम पंचायत से होते हुए ग्राम तक ले जाना है, क्योंकि हमारी जड़ें तो वहीं हैं और सबसे अधिक कष्ट भी वहीं हैं, अतः इलाज भी वहीं होना चाहिए। इन संगठनों से ऐसे निस्पृह लोगों को जोड़ें, जिन्हें राजनीतिक लाभ की कोई आकांक्षा न हो। इन संगठनों के माध्यम से दलित समाज में निम्न कार्यक्रमों को लागू करने का प्रयास करना होगा—

1. दलितों में बच्चे के जन्म पर अच्छे-अच्छे नाम रखने का प्रयास करना। इसके लिए केन्द्रीय संगठन से एक छपी हुई नामावली दी जायगी, जिसमें वर्णमाला के प्रत्येक अक्षर से शुरू होने वाले लड़के और लड़कियों के नामों की सूची होगी।
2. प्रत्येक ग्राम में सर्वे करके पता लगाना कि स्कूल जाने की उम्र के कितने बच्चे हैं, जो स्कूल नहीं जाते हैं, उन्हें स्कूल भिजवाने का प्रयास करना।

3. दलितों में प्रौढ़ शिक्षा कार्यक्रम चलाना जिससे सभी लोग लिखी हुई चीजों को पढ़ सकें।
4. दलितों में सफाई की व्यवस्था पर लोगों का ध्यान दिलाया जाय, क्योंकि गन्दा रहने के कारण ही दूसरे लोग हमें अपने पास फटकने नहीं देते।
5. स्त्री और पुरुषों में पूरी तरह शराब बन्दी करना क्योंकि इस वजह से दलितों की अधिकांश कमाई, जो इनके विकास में लगनी चाहिए वह शराब के कारण दूसरों के पास चली जाती है और दलित कर्जे में दबते चले जाते हैं।
6. मांस भक्षण तथा धूम्रपान के निषेध का भी प्रचार करना आवश्यक है।
7. शादी-ब्याह में दहेज प्रथा का पूर्ण बहिष्कार तथा बारात में कम-से-कम आदमी लाने और ले जाने पर जोर दिया जाना आवश्यक है।
8. लड़कियों की शिक्षा पर अधिक जोर दिया जाना चाहिए।
9. बाल विवाह प्रथा का विरोध करना।
10. मृत्युभोज, तेरहवीं, सगाई आदि पर अनावश्यक खर्च न करना।
11. हिन्दू धर्म के रूढ़िवाद तथा अन्धविश्वास से मुक्ति के लिए लोगों को समझाना, जिससे ये लोग अपनी कमाई का वह हिस्सा जो पंडे, पुजारियों को देते हैं, उसे अपने बच्चों के लिए उपयोग करें।
12. बौद्ध धर्म के प्रचार को बढ़ावा देना।
13. दलित उत्पीड़न की सभी छोटी-बड़ी घटनाओं को पत्र-पत्रिकाओं तक पहुँचाना। छपने पर संकलन करना तथा प्रत्येक जिला मुख्यालय से निकलने वाले किसी भी दलित पत्र का दलित उत्पीड़न विशेषांक प्रकाशित करना। यह कार्य प्रत्येक जिला स्तर पर होना चाहिए।
14. सेवानिवृत्त दलितों को दलित सुधार कार्यक्रमों में नियोजित किया जाना चाहिए।
15. अधिक से अधिक शिक्षण संस्थाओं के निर्माण का प्रयास करना।
16. दलित साहित्य के पठन-पाठन का प्रचार करना।
17. रैदास जयन्ती और डॉ. अम्बेडकर जयन्ती को कौमी त्योहार के रूप में मनाने का प्रचार करना।
18. दलित राजनीतिज्ञों के लिए ट्रेनिंग कैम्प लगाना जिससे वे किसी भी पार्टी में रहें, लेकिन दलित हित में काम करें।

यदि इन सारे कार्यक्रमों को निष्ठापूर्वक लागू किया जा सके, तो दलित समाज को फिर किसी आरक्षण का मोहताज नहीं होना पड़ेगा और 21वीं शताब्दी की सारी चुनौतियों से वे स्वयं ही निपट लेगा। हिन्दी दलित साहित्य इस सम्बन्ध में अपनी महत्त्वपूर्ण भूमिका निभा तो रहा है, लेकिन अभी भी दलित साहित्यकार इस दिशा

में उतने सचेष्ट नहीं दिखाई देते, जितना उन्हें होना चाहिए। हिन्दी में ऐसा समर्थ दलित साहित्य रचा जाना अत्यावश्यक है, जिसकी पूर्ण प्रतिबद्धता दलित समाज और उसकी सामाजिक, सांस्कृतिक, आर्थिक, राजनैतिक और धार्मिक समस्याओं के त्वरित और प्रभावी समाधान के प्रति असंदिग्ध हो।

सन्दर्भ

1. सामाजिक परिवर्तन में दलित साहित्य की भूमिकाः माताप्रसाद, पृ. 115
2. भोपाल दस्तावेज, पृ. 70
3. सामाजिक परिवर्तन में दलित साहित्य की भूमिकाः माताप्रसाद, पृ. 111
4. मेरा दलित चिन्तनः डॉ. एन. सिंह, पृ. 12
5. जन सुनवाई का फैसला व विस्तृत रिपोर्ट, पृ. 35
6. वही, पृ. 36
7. मेरा दलित चिन्तनः डॉ. एन. सिंह, पृ. 115

दलित साहित्य और मार्क्सवाद

हिन्दी दलित साहित्य पर मार्क्सवाद के प्रत्यक्ष या परोक्ष प्रभाव को लेकर पक्ष और विपक्ष में दोनों ही धाराएँ हैं। मार्क्सवाद के पक्षधर साहित्यकारों का कहना है, कि चूँकि मार्क्सवाद वर्गहीन समाज की कल्पना करता है और उसके लिए संघर्ष करने की प्रेरणा देता है, इसलिए दलित साहित्यकारों को मार्क्सवादियों के साथ लामबन्द होकर ही संघर्ष करना चाहिए। तभी दलित मुक्ति का संघर्ष सफल हो सकता है। इस सम्बन्ध में डॉ. चन्दकुमार वरठे का मानना है कि–"मुझे लगता है कि भारतीय समाज के सदियों से घुन खाए जख्मी जिस्म का अगर कविता के द्वारा कुछ भी इलाज करने की, कुछ भी इच्छा हो, तो उसे कार्ल मार्क्स और डॉ. अम्बेडकर के बताए रास्ते से जन-जन को परिचित कराना होगा। सच्ची कविता चाहे जन की हो या मन की हो, उसके लिए सही रास्ता यही है।"[1] इसके विपरीत चिन्तन की जो दूसरी धारा है, उसका मानना है कि भारत में कम्युनिस्ट पार्टियों का नेतृत्व सदा से ब्राह्मण और ठाकुरों के हाथ में रहा है। वे हिन्दू धर्म की वर्णव्यवस्था से छेड़छाड़ किये बिना वर्ग की लड़ाई लड़ते रहे हैं, इसलिए ही भारत में संघर्ष के बाद भी किसी प्रकार का कोई परिवर्तन दिखाई नहीं देता, क्योंकि वर्ण से ही जाति और जाति से ही अस्पृश्यता ने जन्म लिया है। अतः भारत में जाति से लड़े बिना किसी प्रकार का कोई परिवर्तन सम्भव नहीं है। इस सम्बन्ध में डॉ. जयप्रकाश कर्दम का मत द्रष्टव्य है। वे लिखते हैं कि–"मार्क्स का अपना लक्ष्य है और उस लक्ष्य को प्राप्त करने के उसके अपने साधन और सिद्धान्त हैं, जबकि दलितों का अपना पृथक लक्ष्य है और उसकी प्राप्ति के लिए उसके अपने सिद्धान्त हैं। यद्यपि दूसरे विचारों और सिद्धातों की तुलना में दलितों का मार्क्सवाद के प्रति ज्यादा सकारात्मक दृष्टिकोण रहा है, क्योंकि मार्क्सवाद का वर्गहीन समाज का लक्ष्य दलितों के जातिहीन समाज और वर्गविहीन समाज की स्थापना के व्यापक लक्ष्य का एक आयाम रहा है। इसलिए मार्क्स या मार्क्सवाद से दलितों को कोई विरोध या आपत्ति नहीं है। दलितों को यदि आपत्ति है, तो वह मार्क्सवादियों के उस आग्रह से है कि दलित उनके साथ जुड़ें। यह आग्रह इस बात को इंगित करता है कि दलित मार्क्सवाद से नहीं जुड़ रहे हैं। बाबा साहेब अम्बेडकर

की भी मार्क्सवादी के साथ कभी पटरी नहीं बैठी थी। इतिहास गवाह है कि बाबा साहेब के विचार या कार्यों का किसी मार्क्सवादी ने कभी समर्थन या सहयोग नहीं किया था। आज भी दलितों द्वारा सामाजिक समता और स्वाभिमान हेतु किये जा रहे संघर्ष को मार्क्सवादियों का कोई समर्थन नहीं मिल पाता है। दलित जहाँ जाति-विहीन और वर्गविहीन समाज की स्थापना के लिए संघर्षरत हैं, मार्क्सवादी वहीं पुराने केवल वर्गभेद मिटाने के अपने पोथीनिष्ठ सिद्धान्तों पर अडिग हैं। जाति विरोध से उनका कोई लेना-देना नहीं है। जब तक मार्क्सवादी चिन्तक जाति की खिलाफत को अपना एजेण्डा नहीं बनाते, तब तक मार्क्सवादियों को दलितों को हितैषी कैसे स्वीकार किया जा सकता है?"[2] मुझे ध्यान है, जब प्रसिद्ध मार्क्सवादी चिन्तक और लेखिका श्रीमती रमणिका गुप्ता ने अपने द्वारा सम्पादित त्रैमासिक पत्रिका 'युद्धरत आम आदमी' के दलित कहानी, कविता, सोच और साहित्य पर केन्द्रित चार विशेषांक प्रकाशित किये थे, तब मार्क्सवादियों ने उन पर जातिवादी होने के आरोप लगाए थे। आगे चलकर मार्क्सवादी दलित साहित्य के विरोध में खड़े भी हो गये। इस सन्दर्भ में प्रतिष्ठित दलित लेखक ओम प्रकाश वाल्मीकि की टिप्पणी द्रष्टव्य है। वे लिखते हैं कि—"दलित साहित्य और दलित चेतना इन दिनों जहाँ चर्चा के केन्द्र में है, वहीं दूसरी ओर परम्परावादियों के साथ प्रगतिवादी, यथास्थितिवादी खेमों में अजीब तरह की खीझ दिखाई पड़ रही है। यथास्थितिवादियों और परम्परावादियों की बात तो समझ में आती है लेकिन जिन प्रगतिवादियों को दलित साहित्य का पक्षधर होना चाहिए था, वे भी विरोध में हथियार भाँज रहे हैं। क्या उनका मार्क्सवादी चेहरा एक मुखौटा भर है? या फिर उनकी आभिजात्य मानसिकता पर चोट पहुँच रही है?"[3] हिन्दी के प्रख्यात मार्क्सवादी आलोचक डॉ. नामवर सिंह तो दलित साहित्य के नाम से इस हद तक उखड़ गये कि उन्होंने खीजकर अपने एक साक्षात्कार में कहा—"जैसे कुत्ते का काटा पानी से डरता है। .....तो ये (दलित) किनके काटे हुए हैं।"[4] दरअसल यह बौखलाहट नेतृत्व के संकट के कारण है। इस सम्बन्ध में ओमप्रकाश वाल्मीकि का कथन गौर करने लायक है। वे लिखते हैं कि—"इस चर्चा में यह भी खुलकर सामने आया है कि नेतृत्व का संकट नामवर जी को दिखाई पड़ रहा है। गत तीस-चालीस वर्षों में जो भी गतिविधियाँ हिन्दी में उभरीं, विशेष रूप से विश्वविद्यालय स्तर पर, उनमें नामवर जी किसी-न-किसी रूप में विद्यमान हैं। आलोचना और स्थापनाओं के क्षेत्र में उनका एक छत्र राज्य है। कविता, कहानी, उपन्यास कोई भी लिखे, डंका नामवर जी का ही बजता है। लेकिन दलित साहित्य आन्दोलन में वे चूक गये हैं। दलित अभिव्यक्ति के आक्रोश को वे पचा नहीं पा रहे हैं। चाहे गोरखपुर में प्रेमचन्द स्मृति कार्यक्रम हो, चाहे शिवपुरी और 'हंस' की गोष्ठियाँ सभी जगह नामवर जी विरोध की भाषा बोलते रहे हैं।"[5] इसके पीछे एक दूसरा कारण भी रहा है। वह यह है कि

कम्युनिष्ट पार्टियों के कार्यकर्ता अब तक दलित ही रहे हैं। अब चूँकि दलितों में भी उनका अपना नेतृत्व उभर रहा है और वह उसी के साथ लामबन्द हो रहे हैं। इससे मार्क्सवादियों का जनाधार कम हुआ है, इसलिए वे दलित लेखकों को अपने साथ जोड़ने का प्रयास करते रहे हैं। इस प्रयास को रेखांकित करते हुए डॉ. जयप्रकाश कर्दम लिखते हैं कि–"पिछले कुछ समय से दलित चेतना और साहित्य के प्रति गैर-दलित साहित्यकार और चिन्तकों की रुचि में एकाएक वृद्धि हुई है। कल तक उपेक्षा या प्रतिस्पर्धा की दृष्टि से देखे जाने वाले दलित लेखकों को आज काफी महत्त्व और सम्मान दिया जा रहा है। उनके साथ घनिष्ठता स्थापित करने के प्रयास हो रहे हैं। दो लेखकों की कृतियों पर चर्चा आयोजित कराने के साथ-साथ अपने अन्य आयोजनों में भी दलितों लेखकों की अधिक और सक्रिय भागीदारी के प्रयास हुए हैं। विशेष रूप से 'जनवादी लेखक संघ' और 'जन संस्कृति मंच' आदि निरन्तर इस कोशिश में हैं कि दलित लेखक उनके साथ जुड़ें। उनका कहना है कि मार्क्सवादी और दलित दोनों की लगभग एक लाइन है, दोनों ही आम आदमी की लड़ाई लड़ रहे हैं इसलिए दोनों को एकजुट होकर इस लड़ाई को और ज्यादा सार्थक ढंग से लड़ना चाहिए। दूसरे शब्दों में यह कि दलित लेखकों को यह बात समझनी चाहिए कि एक लम्बे समय से मार्क्सवादी लेखक दलित की ही बात कहते आ रहे हैं। इसलिए दलित लेखकों को उनके साथ मिलकर चलना चाहिए। अलग-अलग अवसरों पर नामवर सिंह, मैनेजर पाण्डेय, और राजेन्द्र यादव आदि वरिष्ठ मार्क्सवादी साहित्यकार भी यह कह चुके है" कि दलितों को अपने दोस्तों और दुश्मनों को पहचानना चाहिए। उनके कहने का तात्पर्य भी यही है कि मार्क्सवादी लेखक दलितों के मित्र और हितैषी हैं और यह कहने के पीछे उनका एक मात्र आग्रह यही है कि दलित लेखकों को उनके साथ जुड़ना चाहिए।"[6] लेकिन मार्क्सवादी लेखकों की इस सद्भावना में दलित लेखक उनके षड्यन्त्र को देख रहे हैं। प्रकारान्तर से मार्क्सवादी दलित साहित्य पर अपना आलोचना शास्त्र थोपना चाहते हैं। इस ओर संकेत करते हुए ओमप्रकाश वाल्मीकि लिखते हैं कि–"उनका एक आग्रह है कि दलित साहित्य मार्क्सवादी आलोचना शास्त्र के मापदंडों को ध्यान में रखकर लिखा जाय। क्या 'वर्ण' और 'वर्ग' में कोई मूलभूत अन्तर नहीं है? भारतीय समाज व्यवस्था की जटिल बुनावट को प्रगतिवादी अनदेखा करके 'वर्ण' और 'वर्ग' को एक ही मान रहे हैं। इस सोच की पृष्ठभूमि में भारतीय मार्क्सवादियों के पारिवारिक संस्कार ही हैं क्योंकि मार्क्सवादी संगठनों का नेतृत्व प्रारम्भ से ही ब्राह्मण या ठाकुरों के हाथ में है, इसलिए वर्णव्यवस्था की निर्ममता से वे अनभिज्ञ हैं। वर्ण व्यवस्था से छेड़छाड़ किये बगैर वे मार्क्सवादी व्यवस्था को लागू करना चाहते हैं। गत पचास-साठ वर्षों में उनकी यह जंग दलितों की सामाजिक, आर्थिक, राजनीतिक, शैक्षणिक हैसियत बढ़ाने में

असमर्थ रही है।"[7] डॉ. जयप्रकाश कर्दम को डर है कि मार्क्सवादी अपने सद्भावी हथकंडों से दलित आन्दोलन को लील लेना चाहते हैं। अपनी इस आशंका को वे इस तरह व्यक्त करते हैं—"यदि मार्क्सवादी जातीय विषमता की सच्चाई को स्वीकार न कर उससे इधर-उधर होते रहेंगे तो दलितों के लिए यह न मानने का कोई आधार न होगा कि सर्वहारा के हकों की उनकी लड़ाई यथार्थ में गरीब ब्राह्मण, गरीब क्षत्रिय, वैश्य अर्थात् गरीब सवर्ण की लड़ाई है, दलित की लड़ाई वह नहीं है। एक ओर दलितों के साथ हमदर्दी जताने और उनके संघर्ष को अपना संघर्ष बताने तथा दूसरी ओर उनके अस्तित्व और उत्थान के मार्ग में सबसे बड़ी बाधा के रूप में खड़ी जाति से बचकर चलने या गौण मानकर उसकी उपेक्षा करके दलितों को अपने साथ जोड़ने की कोशिशों का क्या यह मतलब नहीं है कि दोस्ती के नाम पर मार्क्सवादी उसकी कीमत पर अपना लक्ष्य साधना चाहते हैं और एकजुटता के नाम पर उसके आन्दोलन को निगलना चाहते हैं।"[8] भारत में दलित की लड़ाई को वर्ण और जाति को छोड़कर नहीं लड़ा जा सकता। इस सच्चाई को अब गाबर्रावादियों ने भी स्वीकार कर लिया है। अजय नावरिया के एक सवाल कि—"वामपंथ और दलित साहित्य के परस्पराश्रित सम्बन्धों पर आप क्या कहना चाहेंगे?" पर मार्क्सवादी आलोचक नामवर सिंह ने कहा कि—"वामपंथियों के मन में मार्क्स द्वारा बताई गयी धारणा थी जबकि भारत का सच वर्ण है। लोहिया पहले गैर-दलित थे जिन्होंने वर्ण को प्रमुखता दी। एम. एन. श्रीनिवास, रजनी कोठारी और फ्रांसीसी समाजशास्त्री लुई दुमों ने कहा कि भारतीय समाज में वर्ण और जाति एक नहीं है। यह भारतीय समाज की एक विशेषता है। इसे स्वीकार किया जाना चाहिए। भारतीय वामपंथ और मार्क्सवाद की यह चूक है। इसका नतीजा वामपंथ को भोगना पड़ा और भोगना पड़ रहा है।"[9] दलित लेखक इसीलिए वैचारिक आधार पर ही नहीं, अपने रचनात्मक धरातल पर भी मार्क्सवाद के विरुद्ध हैं। जयप्रकाश कर्दम की एक कहानी "कामरेड का घर" इसका सशक्त उदाहरण है। इस कहानी का ताना-बाना दो मुख्यपात्रों कामरेड अभय तिवारी और कामरेड असलम के माध्यम से बुना गया है। राजधानी के कुछ बुद्धिजीवी आपस में एक दूसरे के घर इकट्ठे होते हैं। वहाँ पर वैचारिक बहसें होती हैं, साहित्य का पाठ होता है और सामाजिक परिवर्तन का एक साम्यवादी सपना धीरे-धीरे पलता रहता है। एक दिन जब बैठक असलम के घर पर होनी तय हुई तो, कामरेड अभय तिवारी ने प्रस्ताव रखा—"अभय तिवारी ने असलम से कहा था, त्रिपाठी के कोफ्तों में कुछ मजा नहीं आया। असलम, यार तुम यदि बनवाओ तो कुछ ठीक सी चीज बनवाना।"

"बताओ, क्या खाना चाहते हो तुम, वही बनवा दूँगा।" असलम ने कहा था।

"तुम मुसलमान हो, तुम्हारे यहाँ मुर्ग मुसल्लम चलता है। वही बनवाओ तुम।" अभय तिवारी बोला।

"यदि सब लोग खाना पसन्द करेंगे, तो मैं वह बनवा दूँगा। मुझे कोई दिक्कत

नहीं है।" असलम ने कहा।

"हाँ-हाँ, सब लोग खाएँगे।" अच्छी स्वादिष्ट चीज कौन पसन्द नहीं करेगा। कहते हुए अभय तिवारी ने अन्य सदस्यों की ओर देखा। मन्द बुलन्द स्वरों में सभी सदस्यों ने अभय तिवारी की हाँ में हाँ मिलायी।

"तब, चिकन चलेगा या मटन, यह और बताओ ताकि वही बनवाया जाय।" असलम ने सब सदस्यों की ओर एक सरसरी दृष्टि डालने के बाद अभय तिवारी की ओर देखा, गोया अभय तिवारी की राय ही सबसे महत्त्वपूर्ण हो।

"नहीं, मटन नहीं चिकन ठीक रहेगा।" अभय तिवारी अपनी राय व्यक्त करते हुए उस पर बाकी लोगों की सहमति की मोहर लगवाने के आशय से उनकी ओर देखते हुए बोला, "क्यों, ठीक है न?"

एक-दो को छोड़कर जो मांसाहारी नहीं थे, सबने एक स्वर में कहा, "हाँ! मुर्गा ठीक है।" असलम ने दो जवान मुर्गे कटवाकर उनका मीट बनवाया।"[10] सबने मिलकर खाया। अगली बैठक अभय तिवारी के घर हुई। तिवारी ने चावल और पनीर की सब्जी बनवाई। कामरेड असलम अपने घर से अण्डे की सब्जी लेकर गया। जब उसने उस खाने का प्रयास किया, तो कामरेड तिवारी ने अपनी माँ के संस्कारों की बात कहकर उसे रोका—"अमाँ एक दिन यह नहीं खाओगे तो कुछ नहीं होगा।" कहते हुए अभय तिवारी ने हाथ बढ़ाकर असलम की कटोरी का ढक्कन बन्द कर दिया। उसकी यह बात असलम को ही नहीं, अन्य कई कामरेडों को अटपटी लगती है, जिस पर असलम प्रतिवाद करता है। "असलम ने अपना प्रतिवाद जारी रखा, 'मार्क्सवाद, हमें शोषण और विसंगतियों का प्रतिकार करना सिखाता है, किन्तु यदि हम अपने परिवार के लोगों को भी नहीं समझा सकते, उनकी सोच में परिवर्तन नहीं ला सकते, तो कौन-सा साम्यवादी समाज बनाएँगे हम और कैसे बनाएँगे? आज तुम खान-पान को लेकर इस तरह की बातें कर रहे हो, कल साम्प्रदायिकता के सवाल पर भी तुम यही कहोगे। यदि अवैज्ञानिक और गलत बातों का विरोध नहीं कर सकते तो कैसे कामरेड हैं हम? क्या अर्थ है इस तरह बैठकर गर्म-गर्म बहसें करने का?' यदि हमारा यही चरित्र है तो कम-से-कम मुझे अपने ऊपर शर्म है कि मैं एक कामरेड हूँ।"[11] कामरेड अपने इस प्रतिवाद को आगे भी जारी रखते हैं। उनका यह कथन दरअसल दलित साहित्यकारों की मार्क्सवाद के प्रति अवधारणा को अभिव्यक्त करता है—असलम ने कामरेडों के हाथों को अपने कन्धों से हटाया और उनकी आँखों में आँखें डालते हुए बोला—"किसलिए रुक जाऊँ, क्या हिन्दुत्व को पानी देने के लिए?" कहने के साथ एक क्षण रुककर उसने एक-एक कर सारे कामरेडों के चेहरों पर नजर दौड़ाई। सबके चेहरे निरुत्तर थे। सबको सम्बोधित करते हुए उसने अपनी बात पूरी की, "मेरे यहाँ रुकने का अब कोई औचित्य नहीं है। मैं तो यह मानकर चल रहा था कि आप लोग सच में प्रगतिशील हैं और परिवर्तन के अपने संकल्प

के प्रति ईमानदार हैं, इसीलिए मैं आप लोगों के साथ जुड़ा था। ऐसे में आपसे कोई उम्मीद करना बेमानी है। आपके सिद्धान्त और व्यवहार के दोगलेपन ने मुझे निराश किया है। मैं इस दोगलेपन के साथ खड़ा नहीं रह सकता।" कहने के साथ असलम ने एक बार फिर सबकी ओर देखा और कामरेड अभय तिवारी के घर से बाहर निकलने के लिए अपने कदम बढ़ा दिये।"[12] हिन्दी में ही नहीं, मराठी दलित साहित्यकारों में भी मार्क्सवाद के साथ जुड़ने को लेकर शंकाएँ कम नहीं रही हैं। प्रसिद्ध मराठी दलित साहित्यकार राजा ढाले ने शताब्दी साहित्य सम्मेलन 18-19 जनवरी, 1992 के अपने अध्यक्षीय भाषण में कहा था कि–"मार्क्स, फुले, अम्बेडकर इन तीनों के समन्वय का यह विचार फुले, अम्बेडकर के यशस्वी होने की भावना से स्फुरित नहीं हुआ, बल्कि मार्क्स कैसे यशस्वी हों, इस चिन्ता से स्फुरित हुआ है।"[13] विरोध के बावजूद दलित लेखकों को समझना होगा कि जो भी समान विचारधारा के आन्दोलन हैं, उनके साथ जुड़कर संघर्ष की राह आसान होगी। अन्तर्विरोधों के बीच समन्वय ढूँढ़ना ही किसी आन्दोलन की सफलता की कुंजी है। सम्भवतः इसीलिए मराठी साहित्यकार सदा कन्हाडे ने लिखा है कि–"सदियों से प्रचलित समाज व्यवस्था में आर्थिक और सामाजिक विषमता के कारण इन मूल्यों का अभाव और पद, प्रतिष्ठा एवं सत्ता के बूते पर एक मनुष्य दूसरे मनुष्य का एक वर्ग दूसरे वर्ग का शोषण करता रहा है। इस वास्तविकता की स्थिति में आमूल-चूल परिवर्तन करने का दिशा दिग्दर्शन मार्क्सवाद में मिलता है और अम्बेडकरवाद में भी। शोषित, पीड़ित, वंचित और दलित समाज समूहों को प्रबोधित करते हुए क्रांति के लिए एवं परिवर्तन के लिए प्रवृत्त करना साहित्य का प्रगतिशील साहित्य का एक सामाजिक उद्देश्य है। इस उद्देश्य की पूर्ति के लिए मार्क्सवादी विचारधारा सशक्त है और अम्बेडकरवादी विचारधारा भी। दोनों विचारधाराओं का समन्वय प्रगतिशील साहित्य को सशक्त बना सकता है।"[14] बहुत सारे ऊहापोह तथा किन्तु-परन्तु के साथ अब हिन्दी के दलित लेखक भी संघर्ष की सहभागी साहित्य धाराओं जैसे महिला लेखन, अल्पसंख्यक लेखन तथा आदिवासी लेखन के साथ अपनी एकजुटता प्रकट कर रहे हैं, ठीक उसी तरह मार्क्सवाद के साथ भी वे समन्वय के लिए तत्पर दिखाई देते हैं, यदि मार्क्सवादी अपने सिद्धान्तों में दलितों के अनुसार थोड़ा परिवर्तन कर लें। इस सम्बन्ध में ओमप्रकाश वाल्मीकि का कथन ज्यादा तार्किक प्रतीत होता है। वे लिखते हैं– "दलित साहित्य न मार्क्सवाद का विरोधी है, न जनवाद का। दलित रचनाकार उस दोहरी मानसिकता का विरोधी है जो बाहर से मार्क्सवादी, साम्यवादी और भीतर से फासिस्टों की पक्षधर है। शोषणविहीन समाज की परिकल्पना को साकार करने के लिए मार्क्सवादी विचारक, 'वर्ग' के साथ 'वर्ण' को अपनी लड़ाई का लक्ष्य बनाने में ढुलमुल क्यों है? भारतीय समाज में 'वर्ण' एक सच्चाई है जिसने

सदियों से इस देश के जनमानस को सिर्फ टुकड़ों में ही नहीं बाँटा, उसके मानवीय सरोकारों को भी छिन्न-भिन्न किया है। भारतीय मार्क्सवादी, प्रगतिवादी और जनवादी इस सच्चाई से कब तक मुँह मोड़े रहेंगे। यह लड़ाई किसी एक व्यक्ति की नहीं, उन तमाम लोगों की है जो मनुष्य की बेहतरी के लिए चिन्तित हैं। सहमति, असहमतियों के बावजूद साहित्य को अपनी भूमिका पूरी ईमानदारी और जिम्मेदारी से निभानी होगी, तभी शोषण मुक्त समाज की परिकल्पना साकार होगी।"[15] इस प्रकार का मत डॉ. जयप्रकाश कर्दम का भी है। उनके मतानुसार–"दलितों को किसी से विलगाव या परहेज नहीं है। हर किसी के साथ समता और सहयोग के साथ चलने को तैयार हैं। दलितों के साथ सहानुभूति रखने वाला कोई भी व्यक्ति यदि उनके साथ मित्रवत् जुड़ता है तो उसका स्वागत किया जायगा, किन्तु इस प्रच्छन्न इच्छा और दम्भ के साथ किये जाने वाले हस्तक्षेप के लिए दलित साहित्य में कोई जगह नहीं होगी कि दलित की असली आवाज वह है जो हम कह रहे हैं न कि वह जो दलित कह रहा है।"[16] अब मार्क्सवादियों ने भी अपने एजेण्डे में वर्ण और जाति को शामिल कर लिया है। जैसा कि प्रसिद्ध मार्क्सवादी लेखिका और दलित साहित्य की प्रबल समर्थक श्रीमती रमणिका गुप्ता ने अपने एक लेख 'वर्ग-वर्ण विभेद मिटाए बिना समानता सम्भव नहीं' में लिखा है कि–"भारत में केवल वर्ग के नाम पर वर्ण की लड़ाई का हल खोजने वाले कुछ प्रगतिशील सोच रखने वाले वामपंथी भी दलित पिछड़ों में शंका के बीज रोपते हैं। वे भारत में व्याप्त जातीय आधारित हकीकत को नकार कर कबूतर की तरह अपनी आँखें बन्द किये हुये हैं। भारत में जातीयता केवल आर्थिक और वर्गीय संघर्ष से समाप्त नहीं हो सकती। जातीय संकीर्णता को समाज में जातीय स्तर पर ही बराबरी का एहसास दिलाकर तोड़ा जा सकता है। भारत में आर्थिक समृद्धि सामाजिक प्रतिष्ठा नहीं दिला पाती।"[17] सम्भवतः इसीलिए दलित लेखक भी अब मार्क्सवाद के निकट आ रहे हैं, लेकिन अपनी शर्तों पर।

सन्दर्भ

1. अधूरी चिट्ठी रोशनी कीः चन्द्र कुमार वरठे, आत्मकथ्य
2. इक्कीसवीं सदी में दलित आन्दोलनः डॉ. जयप्रकाश कर्दम, पृ. 54
3. दलित साहित्य का सौन्दर्यशास्त्रः ओमप्रकाश वाल्मीकि, पृ. 92
4. दलित चेतना और दलित साहित्य (साक्षात्कार), नया पथ, अंक-26, जनवरी-1998, पृ. 13
5. दलित साहित्य का सौन्दर्यशास्त्रः ओमप्रकाश वाल्मीकि, पृ. 93
6. इक्कीसवीं सदी में दलित आन्दोलनः डॉ. जयप्रकाश कर्दम, पृ. 53
7. दलित साहित्य का सौन्दर्यशास्त्रः ओमप्रकाश वाल्मीकि, पृ. 93-94
8. इक्कीसवीं सदी में दलित आन्दोलनः डॉ. जयप्रकाश कर्दम, पृ. 55

9. हंस, मासिक, 'सत्ता विमर्श और दलित' विशेषांक, दिल्ली, अगस्त-2004, पृ. 195
10. तलाशः जयप्रकाश कर्दम
11. वही
12. वही
13. दलित साहित्य का सौन्दर्य शास्त्रः डॉ. शरण कुमार लिम्बाले, पृ. 70
14. वसुधा त्रैमासिक, भोपाल, अंक-58, जुलाई-सितम्बर-2003, पृ. 42
15. दलित साहित्य का सौन्दर्यशास्त्रः ओमप्रकाश वाल्मीकि, पृ. 97
16. इक्कीसवीं सदी में दलित आन्दोलनः डॉ. जयप्रकाश कर्दम, पृ. 55
17. दलित चेतनाः साहित्यिक एवं सामाजिक सरोकारः रमणिका गुप्ता, पृ. 57

दलित साहित्य और गाँधीवाद

महात्मा गाँधी सन् 1915 ई. में अफ्रीका से भारत लौटे तथा सन् 1920 के आसपास ही डॉ. अम्बेडकर भी भारतीय राजनीति में सक्रिय हुए। दोनों के दृष्टिकोण में प्रारम्भ से ही अन्तर था। महात्मा गाँधी अंग्रेजों से भारत को स्वतन्त्र क़राना चाहते थे, लेकिन अम्बेडकर भारत की आजादी के साथ ही दलितों की मुक्ति भी चाहते थे, क्योंकि दलित हजारों वर्षों से दोहरी परतन्त्रता में जी रहे थे। डॉ. अम्बेडकर यह जानते थे कि यदि अंग्रेज भारत छोड़कर चले गये, तो दलित बाद में भी सवर्ण दासता से मुक्त नहीं हो पाएँगे। इसलिए वे दलितों के लिए 'अछूतीस्तान' की माँग कर रहे थे, जबकि महात्मा गाँधी इसे अपना अंदरूनी मामला मानते थे। उनकी प्रथम प्राथमिकता भारत की आजादी थी, जबकि डॉ. अम्बेडकर आजादी के साथ दलितों के भविष्य को भी सुनिश्चित कर लेना चाहते थे। जब 12 नवम्बर, 1930 को डॉ. अम्बेडकर ने लन्दन में आयोजित 'गोलमेज सम्मेलन' में अपने वक्तव्य में कहा–"कि भारत में केवल हिन्दू और मुसलमान ही नहीं रहते हैं, बल्कि वहाँ एक ऐसा भी वर्ग है, जो कहने को तो हिन्दू है, लेकिन न तो उसे हिन्दुओं के मन्दिरों में जाने का अधिकार है, न हिन्दू धर्म के किसी अनुष्ठान में भाग लेने का। यह वही अछूत वर्ग है, जो हिन्दुस्तान की सम्पूर्ण जनसंख्या का एक बहुत बड़ा हिस्सा है और जो वहाँ पशुओं से भी बदतर स्थिति में सम्पूर्ण मानवाधिकारों से वंचित होकर जीवन यापन कर रहा है, अतः इस अछूत वर्ग को स्वतन्त्र प्रतिनिधित्व दिया जाय।" इसका परिणाम यह हुआ कि 25 अगस्त, सन् 1932 को ब्रिटिश प्रधानमन्त्री मैकडोनाल्ड ने कम्युनल अवार्ड की घोषणा की। इस अवार्ड के अन्तर्गत दलित वर्गों को एक विशिष्ट अल्पसंख्यक वर्ग के रूप में मान्यता प्रदान की गयी और उन्हें पृथक् निर्वाचन द्वारा अपने प्रतिनिधि चुनने का तथा साधारण निर्वाचन क्षेत्रों में एक अतिरिक्त मत देने का अधिकार दिया गया।"[1] इसके विरोध में गाँधी जी ने पूना की यरवदा जेल में आमरण अनशन प्रारम्भ कर दिया, जिसमें डॉ. अम्बेडकर को देशद्रोही, अंग्रेजों का पिट्ठू तथा महात्मा गाँधी की हत्या पर आमादा एक क्रूर व्यक्ति के रूप में पेश किया गया, जिसके कारण देशभर के हिन्दू नेताओं ने गाँधी जी की प्राण रक्षा के लिए डॉ. अम्बेडकर पर दबाव

डालना शुरू किया और अन्ततः डॉ. अम्बेडकर को समझौता करना पड़ा। इसी समझौते को 'पूना पैक्ट' के नाम से जाना जाता है, जिसके तहत डॉ. अम्बेडकर ने अलग निर्वाचन की माँग छोड़ दी और हिन्दुओं ने दलितों को उनकी आबादी के अनुपात में राजनीतिक पदों के साथ, सरकारी नौकरियों में भी आरक्षण प्रदान किया, जो आज तक भी पूरा नहीं हुआ। इस 'पूना पैक्ट' के कारण दलित वर्ग को बहुत हानि हुई। इस पर टिप्पणी करते हुए श्री एल.आर. बाली ने लिखा कि—"यदि दलितों का अपना देश होता, तो उनका उत्पीड़न न होता। न किसी दलित महिला को नंगा घुमाया जाता और न ही किसी दलित दूल्हे को घोड़ी से उतार कर दौड़ाकर पीटा जाता। यह सब गाँधी जी के अनशन के कारण ही हुआ, अतः आज का दलित साहित्यकार दलित उत्पीड़न का जिम्मेदार गाँधी को ही मानता है।" सम्भवतः इसीलिए 'गाँधीवाद' की सुदीर्घ व्याख्या करने के बाद डॉ. अम्बेडकर ने लिखा है कि—"यदि कोई ऐसा वाद है, जो धर्मरूपी अफीम खिलाकर किसी को झूठे विश्वास से अचेतन कर दे, तो वह गाँधीवाद है। शेक्सपीयर के कथन को यदि इस सन्दर्भ में लिखा जाय, तो कहना पड़ेगा कि मक्कारी और धोखाधड़ी का नाम है—गाँधीवाद।"[2] 'पूना पैक्ट' के बाद महात्मा गाँधी ने अछूत जागरण तथा दलित नेतृत्व की आँच को महसूस कर लिया, इसलिए उन्होंने अपने कार्यक्रमों में अछूतोद्धार को भी शामिल कर लिया। उन्होंने अछूतों को 'हरिजन' नाम दिया। इस पर डॉ. अम्बेडकर ने प्रतिवाद किया कि दक्षिण के मन्दिरों में देवदासियों से पुजारियों के व्यभिचार से उत्पन्न सन्तानों को 'हरिजन' कहा जाता है। इससे समझा जा सकता है कि यह कितना घृणित शब्द है और दलितों के सम्बन्ध में गाँधी की मानसिकता क्या थी? एक दूसरा भी मामला था। गाँधी जी ने अछूतोद्धार के लिए जो कोष बनाया था और उसमें करोड़ों रुपये एकत्र किये थे, गाँधी जी इस धन से दलित बस्तियों में मन्दिर बनवाना चाहते थे, जबकि डॉ. अम्बेडकर पाठशालाएँ बनवाने पर जोर दे रहे थे।

इससे भी आगे बढ़कर दलितोद्धार के मार्ग में जो सबसे बड़ी रुकावट थी, वह थी गाँधी की मान्यताएँ। गाँधी जी के विचारों को उद्धृत करते हुए डॉ. अम्बेडकर ने लिखा है कि—"हम श्री गाँधी जी की सामाजिक समस्या के सम्बन्ध में दी गयी शिक्षाओं से आरम्भ करते हैं। जाति प्रथा पर गाँधी जी के विचार, 1921-22 के गुजराती पत्र 'नवजीवन' में उन्हीं के द्वारा पुनर्मुद्रित भाग-2 के सम्पादकीय लेख (उसका पुनर्मुद्रण 'गाँधी शिक्षा' नामक शृंखला के खण्ड-2 में संख्या-18 के रूप में हुआ था।)" गुजराती में प्रकट होते हैं—

उनके विचारों का अनुवाद उन्हीं के शब्दों में नीचे दिया गया है। श्री गाँधी कहते हैं।

1. मुझे विश्वास है कि हिन्दू समाज आज तक इसी कारण जीवित रह सका है कि यह वर्ण व्यवस्था पर आधारित है।

2. स्वराज्य के बीज वर्ण-व्यवस्था में उपलब्ध हैं। विभिन्न जातियाँ सैनिक डिवीजन की भाँति इसके विभिन्न वर्ण हैं। प्रत्येक वर्ण सैनिक डिवीजन की भाँति पूरे समाज के हित में काम करता है।
3. जो समाज वर्ण-व्यवस्था का सृजन कर सकता है, उसके बारे में निश्चित रूप से कहा जा सकता है कि उनमें अनोखी संगठन क्षमता है।
4. जाति प्रथा संघ का दूसरा नाम है।
5. जाति प्रथा एक प्राकृतिक विधान है। भारतवर्ष में उसे धार्मिक रूप दिया गया है। मेरे यही विचार हैं और मैं उनके विरुद्ध हूँ जो वर्ण व्यवस्था को तोड़ना चाहते हैं।

इससे स्पष्ट है कि गाँधी वर्ण व्यवस्था, और जाति व्यवस्था के पूर्ण समर्थक थे, जो दलित उत्पीड़न के लिए जिम्मेदार हैं। श्री ब्रजकुमार पाण्डेय के अनुसार—"अछूत भावना या अस्पृश्यता मुख्यतः तीन रूढ़िवादी मान्यताओं पर आधारित हैं—खान-पान सम्बन्धी नियम, शादी का सम्बन्ध तथा धार्मिक उत्सव। अछूत के साथ बैठकर भोजन करता तो दूर की बात है, उसके छूने मात्र से सवर्ण हिन्दू शरीर को अशुद्ध हुआ मानते हैं। मन्दिर प्रवेश तथा धार्मिक उत्सवों में अछूत का सहयोग तो दूर, वह मन्दिर में रखी मूर्ति का दर्शन भी नहीं कर सकता।"[4] गाँधी सवर्ण हिन्दुओं के मन में दलितों के प्रति दया भावना जगाकर उन्हें उत्पीड़न से बचाना चाहते थे। उनमें किसी प्रकार का स्वाभिमान, अधिकार चेतना अथवा आत्म-निर्भरता की भावना नहीं जगाना चाहते थे। उनकी इस मनोवृत्ति पर प्रकाश डालते हुए श्रीमती रमणिका गुप्ता लिखती हैं कि—"गाँधी ने अस्पृश्यों को 'हरिजन' का नाम देकर उनके सुधार हेतु एक आन्दोलन जरूर चलाया था, जिससे दलितों में यह अहसास भरा था कि उन पर दया करने वाले लोग हैं, लेकिन यह सुधारवादी आन्दोलन दलितों को अपनी पहचान नहीं दे पाया। गाँधी का यह 'हरिजनवाद' दयानन्द सरस्वती के अछूतोद्धार आन्दोलन से भिन्न अस्पृश्यों को जाति और वर्ण के कठघरे में रहते हुए ही वर्ण-व्यवस्था के सबसे निचले डंडे पर बैठे रहकर सुधार की अपेक्षा रखता था। डॉ. अम्बेडकर ने सर्वणवादी मानसिकता के इस छद्म को पहचाना और उसे चुनौती दी। वर्ण व्यवस्था में रहते हुए समानता का प्रश्न ही नहीं उठ सकता था, राजनीतिक, सामाजिक, आर्थिक समृद्धि तो दूर की बात है। गाँधी के 'हरिजनवाद' ने दलितों में एक याचक वर्ग खड़ा कर दिया था, सवर्णों से भीख माँगता याचक वर्ग, सवर्णों की दया पर निर्भर याचक वर्ग। एक परजीवी जमात, एक हरिजन याचक जमात।"[5] वस्तुस्थिति यह है कि गाँधी जी इस बात से भयभीत थे कि कहीं डॉ. अम्बेडकर के नेतृत्व में दलित हिन्दू धर्म के पिंजरे को तोड़कर बाहर निकल गये, तो हिन्दू भारत में ही अल्पसंख्यक हो जाएँगे और फिर उन्हें अनादि काल तक परतन्त्रता से कोई

छुड़ा नहीं सकेगा। इस सम्बन्ध में डॉ. एन. सिंह ने लिखा है कि–"यह सच है कि गाँधी जी ने भारत में छुआछूत को सबसे बड़ा सार्थक धक्का दिया। वह समाप्त तो नहीं हुई, हाँ पूरी तरह चरमरा अवश्य गयी। गाँधी जी सुधारवादी थे और अम्बेडकर परिवर्तनवादी। इस सन्दर्भ में दोनों की स्थितियों में मूलतः यही अन्तर है। अम्बेडकर की स्थिति कुएँ में गिरे उस व्यक्ति जैसी है, जो प्राण रक्षा के लिए छटपटा रहा है और गाँधी की स्थिति कुएँ की मुंडेर पर खड़े उस व्यक्ति जैसी है, जो कुएँ में गिरे हुए व्यक्ति को बचाने के लिए छटपटा रहा है। दोनों की छटपटाहट में जो अन्तर है, वही अम्बेडकर और गाँधी की अस्पृश्यता निवारण के लिए की गयी कोशिशों में भी है। हाँ, इससे दलितों में अपनी स्थिति के प्रति जागृति आयी और शेष हिन्दुओं ने भी इस विषय पर फिर से विचार करने की आवश्यकता को शिद्दत से महसूस किया।"[6]

गाँधी जी अछूतोद्धार के मुद्दे पर केवल बयानबाजी करते रहे, वे अछूतोद्धार तो चाहते थे किन्तु सवर्ण हिन्दुओं को नाराज भी नहीं करना चाहते थे, क्योंकि हिन्दू धार्मिक मामलों में बहुत ही क्रूर होता है। दयानन्द सरस्वती का हश्र उनके सामने था। जब हिन्दुओं की अवैज्ञानिक एवं पाखण्डपूर्ण मान्यताओं के कारण निचली जातियाँ धर्मान्तरित हो रही थीं तो दयानन्द ने आर्य समाज के माध्यम से उन्हें रोका था। जब स्थिति सामान्य हो गयी, तो ब्राह्मणों ने उनके ही ब्राह्मण रसोइए से उन्हें विष दिलवाकर उनकी हत्या करवा दी। हालाँकि आगे चलकर गाँधी जी की हत्या भी नाथूराम गौड़ (ब्राह्मण) ने ही की थी। फिर भी जीवन भर वे अछूतोद्धार के मुद्दे पर भयभीत रहे, जैसा कि डॉ. पुरुषोत्तम सत्यप्रेमी ने लिखा है कि–"यह बात भी सत्य है कि अस्पृश्यता निवारण गाँधी का दूसरा महान उद्देश्य था। इस उद्देश्य में उन्हें उनके साथियों और अनुयायियों ने ही धोखा दिया था, क्योंकि उनके साथ हरिजन बस्तियों में जाने वालों में से ही कई खद्दरधारी ऐसे थे, जो अपने घर में प्रवेश करने से पहले सम्पूर्ण स्नान करते थे और तुलसी के पत्ते जल में डालकर अपने ऊपर छिड़काव करते थे।"[7] इस दोहरी या पाखण्डपूर्ण रीति-नीति को गाँधी के समकालीन बौद्धिकों ने अपनी लेखनी से उजागर किया है। महात्मा गाँधी के विचार एवं व्यवहार, संघर्ष और आन्तरिक प्रक्रिया का सांगोपांग वर्णन नलिनी पंडित ने अपनी किताब 'गाँधी' में किया गया है। गाँधी विचारों में एक अनोखी बात, जो इस पुस्तक में दिखाई देती है–"समाज का मूल ढाँचा यानी वर्णाश्रम व्यवस्था को हू-ब-हू स्वीकारते हुए उसमें परिवर्तन की कोशिश करना, यही मूल में गाँधी दर्शन है। सहज आँखों से दिखाई देने वाले सामाजिक अन्तर्विरोधों की मूल वजह को खोजने से न केवल वे डरते रहे, अपितु जानबूझ कर इस मुद्दे को केन्द्र से दूर हटाते रहे, क्योंकि यह मुद्दा सारे सनातनी समाज को गाँधी जी के खिलाफ खड़ा कर सकता था।"

उपर्युक्त विवेचन से स्पष्ट हो जाता है कि गाँधीवादी दलितोद्धार के प्रयास एक छद्म थे, इसलिए दलित लेखकों द्वारा गाँधीवाद का प्रायः विरोध ही किया गया है।

सन्दर्भ

1. भारतीय संवैधानिक व्यवस्था एवं अनुसूचित जाति (लेख), डॉ. इन्द्रराम, सुश्री मायावती और दलित चिन्तनः सं.—डॉ. एन. सिंह, पृ. 300
2. बाबा साहब डॉ. अम्बेडकर सम्पूर्ण वाङ्मयः खण्ड-16, पृ. 302
3. वही, पृ. 282-283 व 284 पर उद्धृत
4. प्रेमचन्द और हरिजन समस्या (लेख), ब्रज कुमार पाण्डेय आलोचना, त्रैमासिक, नयी दिल्ली, अक्टूबर-दिसम्बर-1981, पृ. 45
5. दलित सपनों का भारत और यथार्थः रमणिका गुप्ता, पृ. 2
6. मेरा दलित चिन्तनः डॉ. एन. सिंह, पृ. 46
7. गाँधी दर्शन की प्रासंगिकताः डॉ. पुरुषोत्तम सत्यप्रेमी, पृ. 23

दलित साहित्य और अम्बेडकरवाद

दलित साहित्य के प्रेरणास्रोत डॉ. अम्बेडकर ही हैं। सबसे पहले उन्होंने ही 'जनता' तथा 'मूकनायक' सप्ताहिक पत्र निकालकर दलितों को अभिव्यक्ति के महत्त्व से परिचित करवाया था। तभी महाराष्ट्र में दलित साहित्य अस्तित्व में आया और आज दलित साहित्य ही मराठी साहित्य की मुख्यधारा है। प्रसिद्ध मराठी दलित साहित्यकार डॉ. गंगाधर पानतावणे ने लिखा है कि—"हमारे साहित्य की प्रेरणा केवल डॉ. बाबा साहब अम्बेडकर और उनकी क्रांतिकारी विचारधारा है, इसमें कोई सन्देह नहीं। कई समालोचक दलित साहित्य का रिश्ता कभी मार्क्सवाद से, कभी हिन्दूवाद से या कभी नीग्रो साहित्य से जोड़ते हैं। मैं स्पष्ट करना चाहता हूँ कि हमारे दलित साहित्य की प्रेरणा न मार्क्सवाद है, न हिन्दूवाद है, न नीग्रो साहित्य है। दलित साहित्य की प्रेरणा केवल अम्बेडकरवाद है। हाँ! एक बात अवश्य माननी होगी कि नीग्रो साहित्य तथा दलित साहित्य में प्रतिबिम्बित व्यथा, वेदना मानवीय आक्रोश है। लेकिन नीग्रो अछूत नहीं थे और नहीं हैं। भारतीय दलित अछूत था और अछूत है। छुआछूत तो भारतीय जीवन की पहचान है। बाबा साहब ने इस सन्दर्भ में एक नये शब्द की खोज की। उन्होंने कहा भारत में अस्पृश्यता गहरी और भीषण है। उसे धर्म का आधार है। अछूतपन गुलामी से कहीं ज्यादा क्रूर है।"[1] डॉ. अम्बेडकर ने इस क्रूरता को जीवनभर भारत में भोगा और इससे लड़े। विदेशों में अपने अध्ययन के दौरान उन्होंने मानवीय गरिमा का अनुभव किया कि किस तरह विश्व में व्यक्ति को उसके व्यक्तिगत गुणों और अवगुणों के कारण सम्मान मिलता है, उसकी जाति के कारण नहीं, इसीलिए जब डॉ. अम्बेडकर को भारत का संविधान बनाने का अवसर मिला, तो उन्होंने समानता को मौलिक अधिकार घोषित किया। आज दुनिया के इस सबसे बड़े लोकतन्त्र में यह समता का अधिकार है कि यहाँ राष्ट्रपति और रिक्शा वाले के वोट का मूल्य समान है, जो एक बहुत बड़ी उपलब्धि है। इस प्रकार डॉ. अम्बेडकर ने वर्ण जाति को नकार कर, नारी को शिक्षा और समानता अधिकार प्रदान किया है। उनके चिन्तन पर बुद्ध, कबीर और ज्योतिबा फुले आदि क्रांतिकारी महापुरुषों का बहुत अधिक प्रभाव शा। डॉ. अम्बेडकर का चिन्तन बुद्ध, कबीर और फुले की जीवटता का समावेश है। डॉ.

जयप्रकाश कर्दम के अनुसार–"डॉ. अम्बेडकर का सपना एक सुदृढ़ समुन्नत और सुखी, सम्पन्न राष्ट्र का सपना था जिसमें सब समान हों तथा सब परस्पर प्रेम, सहयोग, और बन्धुता के साथ रहें। कोई छोटा-बड़ा, ऊँचा-नीचा, या सछूत-अछूत न हो। इसके लिए उन्होंने जातिविहीन और वर्गहीन सगाज की स्थापन की परिकल्पना की। इस तरह के समाज की रचना कैसे हो, यही उनके समग्र चिन्तन और सृजन का मूल विषय और आधार है। समाज, राजनीति, धर्म कोई क्षेत्र ऐसा नहीं जिसमें डॉ. अम्बेडकर ने विचार एवं कार्य न किया हो। वैचारिक रूप से वह राजनीतिक क्षेत्र में लोकतन्त्र के, सामाजिक क्षेत्र में मानववाद के, आर्थिक क्षेत्र में समाजवाद के, धार्मिक क्षेत्र में बुद्धवाद के तथा दार्शनिक क्षेत्र में अन्तिम और अनात्मवाद के पक्षधर रहे। किसी भी प्रकार की असमानता और अन्याय का उन्होंने सदैव विरोध किया।"[2] इस अन्याय और शोषण से मुक्ति के लिए उन्होंने 'शिक्षा, संगठन और संघर्ष' का नारा दिया था। उन्होंने अपने चिन्तन के द्वारा बताया था कि अस्पृश्यता, जातिवाद पर आधारित है। इसलिए डॉ. शरण कुमार लिम्बाले ने लिखा है कि–"अम्बेडकरवाद जातिभेद के अन्त का आधुनिक विचार है। बाबा साहब ने हिन्दू धर्म में विषम व्यवस्था के विरुद्ध संघर्ष किया, लेकिन जाति व्यवस्था ने विषमता का पालन-पोषण किया। इस जाति संस्था के लक्षण निम्न हैं–

1. **वंश परम्परा**–जिस जाति के माँ-बाप हैं बच्चा भी उसी जाति का होता है।
2. **विवाह बंधन**–अपनी जाति में ही विवाह स्वीकार्य और जाति बाह्य विवाह वर्जित।
3. **पेशा**–पैतृक पेशा छोड़कर दूसरी जाति का पेशा करना वर्जित।
4. **खाद्य पेय नियमन**–खान-पान में केवल शाकाहारी, मांसाहारी का ही फर्क न होकर अपनी अपेक्षा हल्के और परधर्म के व्यक्ति के अन्न और पानी को स्पर्श न करना।
5. **ऊँच-नीच**–कुछ जातियों को वरिष्ठ और कुछ को कनिष्ठ मानना।

जाति व्यवस्था ने दलित समाज का शोषण किया और दलितों पर पीड़ादायक प्रतिबन्ध लाद दिये। दुर्बलता, दरिद्रता और अज्ञानता के कारण दलित समाज लूटा गया। इसलिए बाबा साहब ने आत्मसम्मान निर्मित करने की बात कही।"[3] हिन्दी के दलित साहित्यकार इस जाति व्यवस्था के विरुद्ध लिख रहे हैं। कविवर माताप्रसाद का एक दोहा यहाँ द्रष्टव्य है–

"मनुष न पैदा होत यहाँ, जाति पेट से आय।
कंटक बन वह गड़ि रही, मित्र कष्ट है पाय।।"[4]

इसी सन्दर्भ में डॉ. सी.बी. भारती की कविता "जाति" भी देखने योग्य है–

"सभी गायें / गायें हैं जैसे / सभी शेर / शेर हैं जैसे।
सभी मनुष्य / मनुष्य हैं वैसे ही /मनुष्य की जातियाँ /हो नहीं सकती कभी
भी हो सकती है / जातियों की आरोपित प्रथा जरूर
पर प्रथा होती नहीं कभी भी / डाली जाती है स्वार्थवश
खुदगर्जी की नीयत से / इसलिए यह लाजमी है कि थूके / उस प्रथा पर
करती हो जो मनुष्य का विरोध/जो तोड़ती हो /मनुष्यता के रिश्तों को।"[5]

डॉ. अम्बेडकर ने अपने आन्दोलनों में हिन्दू धर्म शास्त्रों का विरोध किया था। इसकी पराकाष्ठा 'मनुस्मृति' के दहन में देखने को मिली। हिन्दू दलित साहित्यकारों के सृजन में हिन्दू धर्मशास्त्रों के दहन की बात देखने को मिलती है। इस सम्बन्ध में डॉ. एन. सिंह की एक कविता 'सतह से उठते हुए' का एक अंश देखिए—

"इसलिए अब/ मेरे हाथ की कुदाल / धरती पर कोई नींव खोदने से पहले
कब्र खोदेगी / उस व्यवस्था की / जिसके संविधान में लिखा है
तेरा अधिकार सिर्फ कर्म में है / श्रम में है / फल पर तेरा अधिकार नहीं।"[6]

डॉ. जयप्रकाश कर्दम ने लिखा है कि—"उन्होंने दलितों को उनका इतिहास बताया तथा हिन्दू धर्म के आत्मा-परमात्मा, अवतारवाद, भाग्यवाद, पुनर्जन्म जैसी सभी परिकल्पनाओं को वर्णव्यस्था और जातिवाद पर आधारित शोषणतन्त्र के अंग बताते हुए यह समझाया कि ब्राह्मणवाद अर्थात् हिन्दुत्व दलितों का सबसे बड़ा दुश्मन है। इससे मुक्ति पाये बिना दलितों का अस्तित्व और उत्थान सम्भव नहीं है। यह दलितों के हित में होगा कि जितना जल्दी हो सके वे हिन्दुत्व के चंगुल से मुक्त हो जाएँ। हिन्दुत्व के चंगुल से मुक्त हुए बिना राजनीतिक स्वतन्त्रता का भी उनके लिए कोई अर्थ नहीं है। दलितों को हिन्दुत्व के चंगुल से मुक्त कराने के लिए उन्होंने स्वयं बौद्धधर्म की दीक्षा ली तथा लाखों दलितों को बौद्धधर्म की दीक्षा दिलाकर हिन्दुत्व से उनकी मुक्ति का मार्ग प्रशस्त किया।"[7] हिन्दी दलित साहित्यकारों का एक बड़ा हिस्सा डॉ. अम्बेडकर के विचारों के अनुरूप ही साहित्य सृजन कर रहा है। इस सम्बन्ध में वरिष्ठ दलित साहित्यकार कंवल भारती का कथन सर्वथा उपयुक्त प्रतीत होता है कि—"दलित वर्गों के लोग डॉ. अम्बेडकर को इसलिए सम्मान देते हैं और इसलिए पूजते हैं कि उन्होंने दलितों को गुलामी का अहसास कराया था और उनकी मुक्ति की लड़ाई लड़ी थी। यह वह महान कार्य था, जो किसी भी हिन्दू नेता ने नहीं किया था।"[8] यह तो निर्विवाद सत्य है कि अम्बेडकर ने भारत में दलितों के जीवन में आमूलचूल परिवर्तन किया है और उन्हें सत्ता, सम्मान और शिक्षा का जो भी लाभ मिला है, वह केवल उसी के कारण है। लेकिन इक्कीसवीं सदी में अम्बेडकर के सामने जो भी चुनौतियाँ आने वाली हैं, उनसे वह किस तरह निपेटगा, इस पर विस्तार से विचार किया है दलित चिन्तक श्री रघुवीर सिंह ने अपनी पुस्तक 'इक्कीसवीं सदी में

अम्बेडकरवाद' में! उनका मानना है कि भविष्य में अम्बेकरवाद को भूमण्डलीकरण, उदारीकरण और निजीकरण से लड़ना होगा। वे लिखते हैं कि–"इक्कीसवीं सदी में डॉ. अम्बेडकर का कारवाँ किस प्रकार आगे बढ़े? उसका मन्तव्य क्या है? उसके लक्ष्य आज के उदारीकरण, भूमण्डलीकरण, पूंजीवादी बाज़ार व्यवस्था में गरीबों, बेसहारा की बात करने वाले किस प्रकार समानता, सम्पन्नता हेतु समाज में जन-जन के बीच रखते हैं, आज का मुख्य विषय है।"[9]

उपर्युक्त विवेचन से सहज ही इस निष्कर्ष पर पहुँचा जा सकता है कि दलित सन्दर्भों में अम्बेडकर ही दलितों के लिए उनके अतीत और वर्तमान ही नहीं भविष्य का भी दार्शनिक आधार है। वस्तुतः दलित साहित्य की मूल प्रेरणा अम्बेडकरवादी चिन्तन ही है, जिसकी स्पष्ट परिणति यह रही है कि सन्त कवि रैदास के बाद डॉ. अम्बेडकर ही ऐसे व्यक्ति हैं, जिनके जीवन और विचारधारा पर हिन्दी दलित साहित्य में सर्वाधिक लिखा गया है और लिखा जा रहा है।

सन्दर्भ

1. अम्बेडकरवादः दलित साहित्य की प्रेरणा (लेख): डॉ. गंगाधर पानतावणे–शिखर की ओरः सं. डॉ. एन. सिंह, पृ. 299
2. दलित साहित्य और डॉ. अम्बेडकर (लेख): डॉ. जयप्रकाश कर्दम–राष्ट्रीय सहारा, दैनिक, दिल्ली, रविवार, 29 अगस्त, 1999, पृ. 14
3. दलित साहित्य का सौन्दर्यशास्त्रः डॉ. शरण कुमार लिम्बाले, पृ. 52-53
4. राजनीति की अर्द्धसतसईः माताप्रसाद, पृ. 26
5. आक्रोशः डॉ. सी.बी. भारती, पृ. 2
6. सतह से उठते हुएः डॉ. एन. सिंह, पृ. 11
7. दलित साहित्य और डॉ. अम्बेडकर (लेख): डॉ. जयप्रकाश कर्दम–राष्ट्रीय सहारा, दैनिक, दिल्ली, रविवार, 29 अगस्त, 1999, पृ. 14
8. डॉ. अम्बेडकर को नकारे जाने की साजिशः कंवल भारती, पृ. 8
9. इक्कीसवीं सदी में अम्बेडकरवादः रघुवीर सिंह, पृ. 300

दलित साहित्य और नारी

'कथादेश' मासिक पत्रिका के जनवरी-2003 अंक में बजरंग बिहारी तिवारी का लेख 'दलित साहित्य-विमर्श में स्त्री' अपने आपमें बहुत महत्त्वपूर्ण है, जिसके माध्यम से तिवारी जी दलित लेखकों तथा चिन्तकों के विभिन्न सन्दर्भों में आये स्त्री सम्बन्धी विचारों को रेखांकित कर यह प्रमाणित करने की कोशिश करते हुए प्रतीत होते हैं कि दलित लेखकों और चिन्तकों का नजरिया स्त्री के सम्बन्ध में हिन्दूवादियों या हिन्दू धर्म शास्त्रों जैसा ही अमानवीय तथा उत्पीड़न भरा है। अपनी इस बात को प्रमाणित करने के लिए वे श्री राजेन्द्र यादव का कथन इस्तेमाल करते हैं कि—"जो जितना ही दबा, कुचला, गुलाम है, उसका 'आदर्श आदमी' उतना ही निरंकुश, अत्याचारी, अमानवीय है। पहला अवसर यह छूट मिलते ही वह दलित 'आदमी बनने' की उतावली में ठीक अपने मालिक का प्रतिरूप बन जाता है।"[1] मेरा विचार है कि दलित पुरुषों, साहित्यकारों और चिन्तकों का जो स्त्री सम्बन्धी दृष्टिकोण है, वह उस समाज और संस्कृति से प्रभावित है, जिसमें वह शताब्दियों से रहता चला आ रहा है और कहना न होगा कि वह समाज और संस्कृति भी हिन्दूवादी है, जहाँ स्त्री सदैव ही 'सम्पत्ति और पाँव की जूती' तथा भोग की वस्तु रही है। इसी कारण दलित स्त्री घर और बाहर दोनों जगह उत्पीड़ित रही है, लेकिन असुविधाओं भरा उसका जीवन, परिवार में आर्थिक दृष्टि से कमाऊ होने के कारण, अधिकार सम्पन्न रहा है। वहाँ उसे घर के मामलों में निर्णयों को प्रभावित करने का अधिक अवसर है। हिन्दी दलित साहित्य में दलित स्त्री की छवियों को दलित कवियों ने किस तरह उकेरा है, उसी को मैं यहाँ प्रस्तुत कर रहा हूँ:

दलित समाज में नारी पुरुष के कन्धे से कन्धा मिलाकर चलती है, अतः हम कह सकते हैं कि दलित समाज में स्त्री को समानता का अधिकार प्राप्त है। वह भी खेत में अपने पति के साथ काम करती है, सड़क पर रेड़ी डालती है, भवन निर्माण में मज़दूरी करती है या इसी तरह अनेक काम—झाड़ू लगाने से लेकर मैला उठाने तक के वह करती है। कई बार तो यह भी देखने में आया है कि घर और पुरुष दोनों को सँभालती है। ऊपरी तौर पर देखने से पता लगता है कि दलित समाज में स्त्री की

हैसियत अन्य भारतीय हिन्दू समाज की स्त्रियों से कहीं बेहतर है, क्योंकि हिन्दू समाज में औरत का जितना शोषण हुआ है, उतना दुनिया के किसी समाज में नहीं हुआ। दलित कवियों की कविताओं में इस कामगार स्त्री का चित्रण प्रायः देखने को मिलता है, जिसके माध्यम से वे पूरी व्यवस्था पर ही प्रश्नचिह्न लगाते हैं। ओमप्रकाश वाल्मीकि दलित कविता के प्रतिष्ठित हस्ताक्षर हैं। उनके काव्य-संग्रह 'सदियों का सन्ताप' में एक कविता है—'झाड़ूवाली'। इसमें वे सड़क पर झाड़ू लगाने वाली, कूड़ा ढोती दलित महिला का चित्रण करते हैं कि सुबह पाँच बजते ही रामेसरी हाथ में झाड़ू थामे, लोहे की गाड़ी को धकेलते हुए, सड़क पर निकल पड़ती है। उसकी झाड़ू से उड़ती हुई धूल सदियों से निरन्तर उसके फेफड़ों में जमती जा रही है और समाज का ध्यान इस ओर गया ही नहीं। अतः वे निष्कर्ष देते हैं कि—

"जब तक रामेसरी के हाथ में
खड़ांग-खांग घिसटती लौह गाड़ी है
/ मेरे देश का लोकतन्त्र / एक गाली है।"[2]

श्री लालचन्द राही दलित कविता के क्षेत्र में लम्बे समय से सक्रिय हैं। उन्हें 'ढोल गंवार शूद्र पशु नारि, ये सब ताड़न के अधिकारी' वाली सर्वण मान्यता पर घोर आपत्ति है। उनके काव्य-संग्रह 'मूक नहीं मेरी कविताएँ' में इस पर टिप्पणी करती हुई कई कविताएँ देखने को मिलती हैं, उनकी एक कविता है—'शूद्र अरु नारी', जिसमें वह लिखते हैं—

"एक मैं और एक तुम दोनों गुमसुम / एक हरिजन एक नारी
एक मशीन एक चर्म पिटारी / दोनों ही भोगने की वस्तु बन जी रहे हैं
समाज का मैला घोलकर पी रहे हैं / बीड़ी के समान सुलगते हैं
कश खींचते हैं, मजा लेते हैं / और अवशेष को धरती पर रगड़
जूते से कुचल देते हैं, लोग हमारा स्वाभिमान।"[3]

दलित स्त्री के स्वाभिमान को सवर्ण समाज किस तरह कुचलता है, इसका विवरण लालचन्द राही ने अपनी कविता 'शांति बेहोश है' में दिया है। इस कविता के अनुसार शांति भंगन गली की मेहतरानी है और मुंशी कामता प्रसाद अपनी बेटी के साथ गली में रहते हैं। वह शांति के साथ क्या और क्यों करते हैं। यह आप कविता के इस अंश में ही देखें—

"सरकार हम आपका मल उठाते हैं हमल नहीं / जब तक पैलाने में पड़ा
हमल नहीं उठाएँगे
हम मैला नहीं उठाएँगे / हम यह भी जानते हैं सरकार / घर में बाप बेटी के
अलावा तीसरा कोई नहीं रहता / भला मुंशी अपनी बदनामी कैसे सहता
हरामजादी मुझे बदनाम करना चाहती है? / रौब जमाती है? तेरी तो माँ

का... ले... और ले.... / मुंशी ने शांति की बोटी-बोटी नोच डाली
और तो और बेहोशी में..... / मुझे तो कहते भी शर्म आती है।"[4]

यहीं पर गौर करने की बात यह है कि यदि नैतिकता की बात हम रहने भी दें तो भी घर में भी और सड़क पर भी जिसकी अस्मत चीर-चीर होती है, वह तो औरत ही है। लेकिन दलित औरत कमजोर होकर भी मूक नहीं है, वह प्रतिकार करती है। अन्याय के खिलाफ आवाज़ उठाती अवश्य है, भले ही समाज सुने या न सुने, भले ही उसे स्वयं ही प्रतिहिंसा का शिकार होना पड़े। डॉ. सुशीला टाकभौरे का नाम दलित कवयित्रियों में बड़ी तेजी के साथ उभर रहा है। उनके अब तक दो काव्य-संग्रह प्रकाशित हो चुके हैं। 'स्वाति बूँद और खारे मोती' तथा 'यह तुम भी जानो'। डॉ. सुशीला टाकभौरे ने स्त्री होकर स्त्री के सन्त्रास को स्वयं भोगा है। अतः उनकी कविताओं में नारी की बेबसी के ऐसे-ऐसे संवेदनशील चित्र उपलब्ध हैं, जहाँ पर पाठक सहज ही ठहरे बिना नहीं रह सकता। उनकी 'विद्रोहिणी' कविता का एक अंश देखिए—

"माँ बाप ने पैदा किया था / गूँगा
परिवेश ने लँगड़ा बना दिया / चलती रही परिपाटी पर / बैसाखियों के सहारे
कितने पड़ाव आये / आज जीवन के चढ़ाव पर / बैसाखियों चरमराती हैं
अधिक बोझ से / अकुलाकर / विस्फारित मन हुँकारता है- / बैसाखियों
को तोड़ दूँ।"[5]

"बैसाखियों को तोड़ने" से तात्पर्य यह है कि दलित स्त्री भी समाज की शेष स्त्रियों की तरह शिक्षा, पद और प्रतिष्ठा पाना चाहती है और यह तभी सम्भव है, जब उसे गरीबी, भूख और सामाजिक जहालत से मुक्ति मिले, उसकी इसी आकांक्षा को देखिए—

"मुझे अनन्त असीम दिगन्त चाहिए / छत का खुला आसमान चाहिए
आसमान की खुली छत चाहिए। / मुझे अनन्त आसमान चाहिए।"[6]

स्वतन्त्रता के बाद भारतीय समाज में अनेक परिवर्तन आये। उनमें से एक महत्त्वपूर्ण यह है कि दलित स्त्री-पुरुषों के लिए विद्यालयों के द्वार खुल गये। वह अब शिक्षित होकर अपनी अस्मिता की खोज में लगे है। शिक्षा जहाँ व्यक्ति को और बहुत सारी चीजें प्रदान करती है, लेकिन उसकी सबसे महत्त्वपूर्ण देन है भय से मुक्ति। डॉ. श्यौराजसिंह 'बेचैन' की कविता 'लड़की ने डरना छोड़ दिया' इसी ओर संकेत करती है—

"अक्षर के जादू ने/उस पर असर बड़ा बेजोड़ किया/चुप रहना छोड़ दिया/
हँस कर पाना सीख लिया/रोना पछताना छोड़ दिया/
लड़की ने डरना छोड़ दिया।"[7]

श्री रघुनाथ 'प्यासा' दलित कविता के एक ऐसे सरस लोक गीतकार हैं जिन्हें मंचों पर पर्याप्त सफलता मिली है। उनके कुछ लोकगीत 'दर्द के दस्तावेज' (सं. डॉ. एन. सिंह) में संकलित हैं। अपने इन लोकगीतों में उन्होंने दलित नारी की मनोदशा के ऐसे कारुणिक चित्र उपस्थित किये हैं, जिनसे उनकी निर्धरता और बेबसी बूँद-बूँद टपकती है। उनका एक ऐसा ही लोकगीत है–'इत मत आइए रे मनिहार', इस लोकगीत में नायिका मनिहार (चूड़ी पहनाने वाले) को सम्बोधित करती हुई कहती है कि हे मनीहार! इधर मत आना, क्योंकि मेरा पति बेरोजगार है, मेरे शरीर पर फटे-पुराने कपड़े हैं, फिर मैं चूड़ी कैसे पहनूँ। इस लोकगीत की कुछ पंक्तियाँ देखिए–

"रोटी की उलझे, कैसे सुगन बिचारे।
हाथ हथौड़ा लेके पत्थर, तोड़े सड़क किनारे।
माटी ही सिन्दूर हमारा। /माटी/ही सिंगार। / चूड़ी कैसे पहनूँ रे।
बाबुल मेरा निर्धन मैं भी, निर्धन के ही ब्याही।
काजल बन आँखों में फैली, इस जिन्दगी की स्याही।।
जब भी आवे तीर चुभावे। / जालिम ठेकेदार। / चूड़ी कैसे पहनूँ रे।"[8]

डॉ. चन्द्रकुमार वरठे का कविता-संग्रह 'अधूरी चिट्ठी रोशनी की' जब सन् 1987 में प्रकाशित हुआ, तो उनकी कविता अपने सामाजिक सरोकारों के कारण बहुत चर्चित हुई। उन्होंने अपनी कविता 'यह कविता तुम्हारे नाम' में एक महत्त्वपूर्ण प्रश्न को भी रेखांकित किया है भूख, बेबसी और लाचारी से पीड़ित शोषित दलित महिला के लिए कविता की क्या कोई आवश्यकता है? उसे न वह ओढ़ सकती है और न बिछा सकती है। वह लिखते हैं–

"कविता लिखने बैठा/और/तुम्हारी याद
लो/यह कविता तुम्हारे नाम
पढ़ो/और समझो/समझ न सको/तो/फेंको मत
नहीं तो ऐसा करो/तुम ही पहन लो/तुम्हारी धोती भी तो फट गयी है।"[9]

डॉ. वरठे जानते हैं कि कविता फटी हुई धोती की जगह नहीं ले सकती, लेकिन उन्हें पता है कि यही स्त्री है जो उस कविता को अगली पीढ़ी को, उस पीढ़ी को सौंप सकेगी, जो सुनहले भविष्य के सपने देख रही है। वह आगे लिखते हैं–

"लो/यह कविता/इसे उढ़ा दो/कंबल की तरह
अपने बच्चे को/और/उसकी गर्मी में उसे/देखने दो सपने
कल की सुबह के/उगने वाले सूरज का बछड़ा
उसी को तो पकड़ना है।"[10]

डॉ. देवेन्द्र दीपक ने अपने काव्य संग्रह 'हम बौने नहीं' में आदिवासी स्त्रियों के शोषण पर बड़ी तीखी प्रतिक्रिया व्यक्त की है। अपनी लम्बी कविता–'गूँगे लोगों की

निःशब्द चीख' में वह लिखते हैं कि–

> *"क्या/हम वनवासी कन्या,/तुम्हारे निकट धन्या/हम तुम्हारे लिए रुचिकर व्यंजन!*
> *हमारा साँवलापन/हमारा केश विन्यास/हमारी गदरायी मांसलता*
> *तुम्हें बहुत भाती है/हमारा अधनंगापन देख/तुम्हारी शिराओं का खून*
> *हो जाता है गरम/और मैली आँखों से/तुम हमें घूरने लगते हो।"*[11]

वरिष्ठ दलित साहित्यकार श्री माताप्रसाद ने सम्भवतः इसीलिए लिखा है कि–"दलित स्त्री अपेक्षाकृत ज्यादा पीड़ित, प्रताड़ित और उपेक्षित रही है। दलित समाज में होने के कारण उसे ज्यादा पीड़ाएँ झेलनी पड़ीं। वे घर मजदूर रहीं, खेत मजदूर हैं, भवन निर्माण में मजदूर हैं, यहाँ इनका कई तरह का शोषण होता है। इनकी तालीम की किसी को चिन्ता नहीं है। स्थिति यहाँ तक है कि जब दाई बच्चा पैदा कराती है, तो न केवल मुँह में उँगली डालती है, कई बार अपना दूध तक पिला देती है। लेकिन बड़ा होते ही वही बच्चा उसे चौका तो दूर, आँगन में नहीं घुसने देता।"[12]

दलित कविताओं में नारी कहीं-कहीं प्रेयसी के रूप में भी आयी है। जैसे दलित कविता के युवा कवित लालित्य ललित अपने काव्य संग्रह 'गाँव की चिट्ठी शहर के नाम' को समर्पित करते हुए लिखते हैं कि –*"उसी सहयात्री के नाम/जिसकी हँसी में हिमाचल की वादियाँ/गूँजती हैं/और हँसी में आकाश/जो मेरे साथ तो चली/ पर समानान्तर/"*[13] उनके इस संकलन में इस संवेदना की, संयोग-वियोग की अनेक स्थितियाँ रूपापित हुई हैं। उनकी कविताओं में तुम्हारा आकर्षण, पुकार, तुम्हारे जाने के बाद, मैं बिखरूँगा नहीं, तेरी याद और स्नेहदंश आदि महत्त्वपूर्ण हैं। 'तुम्हारे आकर्षण' कविता में वह लिखते हैं–

> *"पता नहीं/क्यों मैं/तुम्हारे आकर्षण में/खिंचा चला आता हूँ।"*[14]

इनके अतिरिक्त जिन दलित कवियों के काव्यसंग्रह प्रकाशित हुए हैं, उनमें डॉ. राम शिरोमणि 'होरिल', डॉ. सोहनपाल 'सुमनाक्षर', डॉ. दयानन्द बटोही, डॉ. पुरुषोत्तम 'सत्यप्रेमी', डॉ. प्रेमशंकर, डॉ. सुखबीर सिंह, डॉ. कालीचरण स्नेही, सर्वश्री मंसाराम विद्रोही, कर्मशील भारती, श्यामलाल शमी, राजपाल सिंह 'राज', जयप्रकाश 'नवेन्दु', सूरजपाल चौहान तथा मोहनदास नैमिशराय के नाम उल्लेखनीय हैं। इन सब कवियों की कविताओं से गुजरते हुए और उनकी नारी सम्बन्धी मान्यताओं पर विचार करने से एक बात स्पष्ट होती है कि दलित कवि के लिए नारी साथी है, भोग्या नहीं, नारी के प्रति वह पूरी तरह संवेदनशील तो है ही, उसके सम्मान की रक्षा के लिए उसके साथ मिलकर संघर्ष करने को भी तत्पर है, वह नारी के उत्पीड़न और शोषण के विरुद्ध विद्रोह का सन्देश देता है और स्वयं बगावत करने को तैयार भी है।

सन्दर्भ

1. कथादेश, मासिक, दिल्ली, जनवरी-2003, पृ. 39
2. सदियों का सन्तापः ओमप्रकाश वाल्मीकि, पृ. 17
3. मूक नहीं मेरी कविताएँः लालचन्द राही, पृ. 14
4. वही, पृ. 17
5. स्वाति बूँद और खारे मोतीः सुशीला टाकभौरे, पृ. 17
6. वही, पृ. 18
7. क्रौंच हूँ मैंः श्यौराज सिंह बेचैन, पृ. 48
8. दर्द के दस्तावेजः सं. —डॉ. एन. सिंह, पृ. 144
9. अधूरी चिट्ठी रोशनी कीः चन्द्रकुमार वरठे, पृ. 20
10. वही, पृ 21
11. हम बौने नहींः देवेन्द्र दीपक, पृ. 33
12. दलित दखलः सं. डॉ. श्यौराज सिंह 'बेचैन' एवं डॉ. रजतरानी 'मीनू', पृ. 116
13. गाँव की चिट्ठी शहर के नामः लालित्य ललित, समर्पण
14. वही, पृ. 32

दलित साहित्य की राजनीतिक, धार्मिक एवं आर्थिक मान्यताएँ

राजनीतिक मान्यताएँ

कुछ इतिहास पुरुष ऐसे होते हैं, जिन्हें पाकर स्वयं सम्मान भी सम्मानित हो जाते हैं। डॉ. अम्बेडकर भी एक ऐसे ही इतिहास पुरुष थे, जिन्हें भारत का सर्वोच्च सम्मान 'भारत रत्न' प्रदान कर कृतज्ञ राष्ट्र ने अपनी विनम्र श्रद्धांजलि अर्पित की है, किन्तु यहीं पर यह प्रश्न भी उठता है कि आखिर राष्ट्र ने उन्हें यह सम्मान प्रदान करने में इतनी देर क्यों की? जबकि इससे पूर्व श्रीमती गाँधी को भी यह सम्मान प्रदान किया जा चुका था। इस विलम्ब का कारण मुझे पंडित जवाहर लाल नेहरू के उन शब्दों में ही निहित जान पड़ता है, जो उन्होंने डॉ. अम्बेडकर के निधन (6 दिसम्बर, 1956) पर कहे थे, कि—"डॉ. अम्बेडकर हिन्दू समाज द्वारा किये गये दमनात्मक कार्यों के विरुद्ध विद्रोह के प्रतीक थे।" फिर हिन्दू मानसिकता के रक्षक सर्वोच्च पदों पर बैठे लोग अपने विरुद्ध उठती आवाज को कैसे सम्मानित कर सकते थे? आखिर क्या है वह हिन्दू मानसिकता, जिसके विरोध ने डॉ. अम्बेडकर जैसे प्रबुद्ध विद्वान को जीवन भर छटपटाने पर विवश किया। इस वर्ग के लोगों को तत्कालीन हिन्दू धर्म के नियंताओं द्वारा पूरी तरह से शोषित, प्रताड़ित रक्खा और उनकी आत्मा का हनन कर इस दयनीय स्थिति तक पहुँचा दिया गया कि शूद्र और पशु में कोई अन्तर नहीं रह गया था। आश्चर्य की बात यह है कि हिन्दू समाज के बहुसंख्यक वर्ग में इस मानवद्रोही, धार्मिक, सामाजिक व्यवस्था के विरुद्ध कभी विद्रोह नहीं जागा। इसी से दमन की भयावहता का अन्दाजा लगाया जा सकता है।

शताब्दियों से अनवरत चलते रहे इसी शोषण तन्त्र की कोख से 14 अप्रैल, 1891 को डॉ. भीमराव अम्बेडकर का जन्म मध्यप्रदेश की महूछावनी में हुआ था। उनकी प्रारम्भिक शिक्षा यहीं पर हुई थी, जहाँ पर उनके पिता श्री रामजी सकपाल सेना के स्कूल में मुख्याध्यापक थे। इसके बाद वे बम्बई और नागपुर में पढ़ते रहे। उनके जीवन में मुख्य मोड़ वहाँ पर आया, जब वे बड़ोदा नरेश द्वारा प्रदत्त छात्रवृत्ति पर पढ़ने

के लिए कोलम्बिया विश्वविद्यालय, अमेरिका गये। वहीं पर पहली बार मानव और मानव के बीच समानता के रिश्ते को निकट से देखा और अनुभव किया कि वहाँ पर मनुष्य को सम्मान उसकी योग्यता के कारण मिलता है, उसकी जाति या धर्म के कारण नहीं। वहीं पर उन्होंने नृतत्त्वविज्ञान पर आयोजित एक संगोष्ठी में 'द कास्ट इन इंडिया, देयर मकेनिज्म, जनेसिस एण्ड डेवलपमेण्ट' शोधपत्र पढ़ा था। अपने करार के कारण भारत लौटकर उन्होंने बड़ौदा नरेश के यहाँ सैनिक सचिव के पद पर कार्यभार ग्रहण कर लिया, लेकिन अछूत होने के कारण यहाँ उन्हें मकान तो मिला ही नहीं, साथ ही कार्यालय में चपरासी तक उनसे छुआछूत का व्यवहार करते थे। परिणामस्वरूप वे नौकरी छोड़कर बम्बई आ गये। यहाँ पर उन्होंने सिडनहम कॉलेज में राजनैतिक अर्थव्यवस्था के प्राध्यापक की नौकरी कर ली तथा सामाजिक संघर्ष के लिए अपनी साँस-साँस को समर्पित कर दिया। कहना न होगा कि डॉ. अम्बेडकर ही दलित राजनीति के आदि और शिखर पुरुष हैं।

उन्होंने बम्बई से 'मूकनायक' मराठी साप्ताहिक पत्र निकाला, ताकि वह अपनी आवाज उन बहरे कानों तक पहुँचा सकें, जहाँ पर किसी शोषित की कराह कभी सुनी ही नहीं गयी। इन्हीं दिनों 'महाड़ तालाब' से पानी लेने का आन्दोलन प्रारम्भ हुआ, इसी अवसर पर एक जनसभा में 'मनुस्मृति' का दहन किया गया, जो हिन्दू धर्म और समाज व्यवस्था के विरुद्ध विद्रोह का खुला शंखनाद था। फिर तो उन्होंने 'काला राम मन्दिर प्रवेश' आन्दोलन और 'महार वतन' जैसे आन्दोलनों के द्वारा दलित जागरण को गति दी। लेकिन हर मोड़ पर कट्टरपंथी हिन्दुओं ने उनकी मुखालफत की और उन्होंने धर्म में रहकर न मरने की कसम खाई। डॉ. अम्बेडकर निरन्तर उग्र से उग्रतर होते गये, उन्होंने हिन्दू धर्म की आत्मा-परमात्मा, अवतारवाद, भाग्यवाद, पुनर्जन्मवाद जैसी सभी परिकल्पनाओं का विरोध किया और बताया कि वर्णव्यवस्था और जातिवाद पर आधारित शोषणतन्त्र के ये सभी उपकरण हैं, जब तक हम इनसे मुक्त नहीं होंगे, तब तक हमारी परेशानियाँ दूर नहीं होंगी। इसी चिन्तन का निष्कर्ष यह निकला कि उन्होंने नागपुर की सभा में अपने पाँच लाख अनुयायियों के साथ हिन्दू धर्म को त्यागकर बौद्ध धर्म ग्रहण किया, लेकिन उन्हें लगा कि इस समस्या का यह आंशिक समाधान है। इस रोग की जड़ें बहुत गहरी हैं, इसलिए इसे लम्बे इलाज की आवश्यकता है। अतः उन्होंने नारा दिया–"शिक्षित बनो, संगठित हो और संघर्ष करो।" इसी लक्ष्य की प्राप्ति के लिए उन्होंने महाराष्ट्र के गाँव-गाँव में अध्ययन केन्द्र खोले।

सन् 1947 में भारत आजाद हो गया और स्वतन्त्र भारत के संविधान की रचना के लिए जिस समिति का गठन किया गया, उसका अध्यक्ष डॉ. अम्बेडकर को बनाया गया। अतः उन्होंने भारत के संविधान में समता और समानता को सबका मौलिक

अधिकार घोषित कर, सबको शिक्षा का समान अधिकार और दलित जातियों को संसद और विधान सभाओं के साथ सरकारी नौकरियों में भी आरक्षण की व्यवस्था की। जिसका परिणाम यह हुआ कि दलित लोग पढ़-लिखकर सरकारी नौकरियों में ही नहीं, संसद और विधान-सभाओं में भी आने लगे, जिससे हक की लड़ाई और तेज हुई। भूतपूर्व प्रधानमन्त्री श्री विश्वनाथ प्रताप सिंह ने 'मंडल आयोग' की सिफारिशों को लागू कर हक की लड़ाई के इस यन्त्र को दावानल में परिवर्तित कर दिया। इसका सहज परिणाम दलित-सवर्ण संघर्ष का सूत्रपात नये सिरे से हुआ। पिछड़ा वर्ग तो अब इतना समर्थ हो चुका है कि वह सवर्णों से हर स्तर पर टक्कर ले सकता है, अतः इस संघर्ष की मार दलित वर्ग पर ही पड़ी। जिसका परिणाम यह हुआ कि इधर के कुछ वर्षों में दलित उत्पीड़न की घटनाओं में भारी बढ़ोतरी हुई है, नारायणपुर, बेलची, देवली, महसाना जैसे व्यापक दलित नरसंहार इसके सशक्त उदाहरण हैं।

दरअसल दलित उत्पीड़न लम्बे समय से चली आ रही एक वर्ग विशेष की स्वार्थी मानसिकता का परिणाम है, जिसका मूल कारण तो आर्थिक है और आर्थिक हित को साधने के लिए ही धर्म और समाज की रूढ़िगत मान्यताओं को हथियार के रूप में लम्बे समय से इस्तेमाल किया जा रहा है। अतः इस व्याधि का यदि कोई इलाज करना है, तो वह है इस वर्ग की उस मानसिकता में परिवर्तन करना, जिसके द्वारा दलितों का उत्पीड़न किया जाता है और वह स्वार्थी वर्ग इस प्रकार के परिवर्तन के लिए तैयार होगा भी नहीं। अतः हमें इसके दूसरे इलाज की ओर ध्यान देना होगा और वह इलाज है, दलित वर्ग को आर्थिक दृष्टि से मजबूत करना। यह तभी हो सकता है, जबकि यह वर्ग शिक्षित होकर अपने हितों के प्रति जागरूक होकर संघर्ष करने के लिए तैयार हो। उस संघर्ष के लिए सम्पूर्ण दलित वर्ग का संगठित होना नितान्त आवश्यक है। इस सम्बन्ध में डॉ. अम्बेडकर के दलितोत्थान के लिए—"शिक्षित बनो, संगठित हो और संघर्ष करो।" सूत्र को मैं उनके ईमानदार चिन्तन का परिणाम मानता हूँ।

आज जहाँ-जहाँ पर दलित उत्पीड़न हो रहा है, उसका कारण ही है दलितों का अपने हक के लिए लड़ना और यह हक दूसरे वर्ग के आर्थिक हितों को हानि पहुँचाता है। फलस्वरूप वे दलितों के विरुद्ध बल प्रयोग कर रहे हैं। इससे यह सहज निष्कर्ष निकल रहा है कि दलित वर्ग अपने हितों के लिए जागरूक होकर संघर्ष करने के लिए तैयार हो रहा है। इस वर्ग की स्थिति में परिवर्तन के लिए यह वर्ग संघर्ष नितान्त आवश्यक है। दलितों के पास अम्बेडकर के बाद ईमानदार और प्रतिबद्ध नेतृत्व की नितान्त कमी रही है। दलित वर्ग के जितने भी प्रतिनिधि संसद या विधानसभाओं में पहुँचे हैं, उन्हें या तो वर्गगत समस्याओं की समझ थी ही नहीं और यदि थी तो अगले चुनाव में टिकट संकट के कारण वे बोल नहीं पाते थे। सुविधा पाकर मतिभ्रम की

स्थिति तीसरा कारण है। इस सम्बन्ध में पूर्व सांसद श्री रामलाल कुरील का कथन एक सच्चाई को हमारे सामने रखता है—"एक से एक गधे ढूँढ़कर लाये जाते हैं। वह जब पार्लियामेंट में आता है, तो वातानुकूलित कमरों में बैठता है। पहले सिपाही या चौकीदार से डरता था, अब एस.पी. को बुलाकर डाँटता है। इस स्थिति में वह जिस समाज का प्रतिनिधित्व करता है, उसे भूलने लगता है।"[1] इसी तथ्य को श्री बी.पी. मौर्य ने कुछ दूसरी तरह से स्वीकार किया है। उनका कहना कि—"राजनीतिक दलों में सच्चे दलित नेताओं की कोई कदर नहीं है। चाहे लोकदल, कांग्रेस हो या कम्युनिस्ट पार्टियाँ। जब भी ये सुरक्षित क्षेत्र से टिकट देती हैं, तो यह जरूर देखती हैं, कि आदमी उनके इशारे पर नाचने वाला है या नहीं।"[2] जिसका परिणाम पिछले वर्षों से जो हुआ है, वह सबके सामने है। 18 प्रतिशत अनुसूचित जातियों तथा 4. 5 प्रतिशत अनुसूचित जनजातियों के लिए संविधानसम्मत आरक्षण, जिसके पूरा होने की कल्पना डॉ. अम्बेडकर ने दस वर्षों में की थी, वह आज तक भी पूरा नहीं हो सका है। भारत सरकार द्वारा प्रकाशित आँकड़ों के अनुसार 1988 तक सरकारी क्षेत्र में दलित कर्मचारियों का प्रतिशत इस प्रकार था—प्रथम श्रेणी के पदों में 4.95 प्रतिशत, द्वितीय श्रेणी के पदों में 8.45 प्रतिशत, तृतीय श्रेणी के पदों में 13.44 प्रतिशत और चतुर्थ श्रेणी के पदों में 19.46 प्रतिशत। आश्चर्य की बात यह है कि चतुर्थ श्रेणी की नौकरियों में भी यह आरक्षण 42 वर्षों में पूरा नहीं हो पाया है जहाँ पर योग्यता की कोई विशेष बात नहीं है। इसका स्पष्ट कारण है नाकारा दलित नेतृत्व। सत्तारूढ़ पार्टी इस विपुल जनसंख्या वाले वर्ग को 'वोट-बैंक' के रूप में इस्तेमाल करती रहीं और इन गूँगे-बहरे प्रतिनिधियों को विधानसभा और संसद की सदस्यता की सुविधाएँ अपनी आँख, कान और जुबान बंद कर केवल हाथ उठाने के लिए रिश्वत के रूप में देती रहीं। दलित उत्पीड़न होता रहा और ये चुप रहे। अब तो इन दलितों में भी सवर्ण वर्ग पैदा हो गया है, आरक्षण आदि की सुविधाएँ पाकर। इसीलिए स्व. जगजीवन राम पर लिखते हुए किसी ने लिखा था कि—'वे ब्राह्मणों में शूद्र और शूद्रों में ब्राह्मण थे।' बाबूजी को जितनी लोकप्रियता अपने जीवनकाल में मिली, सम्भवतः उतनी किसी हरिजन नेता को नहीं मिली। क्या बाबू जी ने अपने इस प्रभाव का इस्तेमाल कभी इस वर्ग को संगठित करने और अपने हितों के लिए संघर्ष करने की प्रेरणा देने के लिए किया? इसका उत्तर स्पष्टतः नकारात्मक है। हाँ! जब उन्हें सत्ता के गलियारों में उनका वांछित नहीं मिला और उनके समकक्ष स्व. इन्दिरा गाँधी ने एक दूसरे हरिजन नेता श्री बी.पी. मौर्य को खड़ा कर दिया, तो उनका आहत सम्मान फुँफकार उठा और उन्होंने 'भारत में जातिवाद और हरिजन समस्या' नामक पुस्तक लिखकर सम्भवतया सत्तारूढ़ दल को यह बताने की कोशिश की कि वे एक विपुल जनसंख्या वाले वर्ग के प्रतिनिधि हैं, जो अभी तक भी समस्याग्रस्त

है और मैं इस बारूद के ढेर को विद्रोह की चिंगारी भी दिखा सकता हूँ। लेकिन शायद उन्हें लाया गया था। यह भटकाव दलित नेतृत्व में सदैव ही देखने को मिलता रहा है। श्री भोला पासवान शास्त्री, बी.पी. मौर्य, रामधन और रामविलास पासवान से लेकर श्री महावीर प्रसाद तक सभी नेताओं की आँख केवल कुर्सी पर लगी रही है, जिसके लिए ये दलित समाज का 'वोट-बैंक' किसी न किसी पार्टी की झोली में डालकर कभी मन्त्री पद, किसी आयोग की अध्यक्षता या पार्टी संगठन में कोई अच्छा पद पाते रहे हैं। इसका कारण शायद इस वर्ग का अभावग्रस्त जीवन ही रहा है, जिसके कारण इनकी दृष्टि इससे आगे तक जा नहीं सकी। असुरक्षा की भावना और व्यक्तिगत महत्त्वाकांक्षा भी इसके महत्त्वपूर्ण कारण रहे हैं।

दलित समाज अपने स्वाभाविक अस्तित्त्व को तभी प्राप्त कर सकता है, जब इसके बीच से ही दलित हितों के लिए प्रतिबद्ध नेतृत्व उभरेगा, जिसके पास वर्गगत समस्याओं की ठोस जानकारी हो, नहीं तो दलित संगठनों का जो हश्र विगत वर्षों में होता रहा है, वही होता रहेगा। रिपब्लिकन पार्टी से लेकर बहुजन समाज पार्टी तक दलित संगठनों का इतिहास गवाह है कि सभी संगठन व्यक्ति केन्द्रित थे और धीरे-धीरे व्यक्ति तक ही सीमित रह गये। आज भारत में दलित समाज का कोई ऐसा संगठन नहीं, जिस पर विश्वास किया जा सके, अतः दलित मतदाताओं का बिखराव देखने को मिल रहा है और दलित उत्पीड़न बढ़ रहा है। इसीलिए श्री माताप्रसाद ने लिखा है कि–

"दलित बिना नेतृत्व के, बिखर गये चहुँ ओर।
धन्य पारखी मित्र वह, मुक्ता गुँथे बटोर।।"[3]

भारत की स्वतन्त्रता के पूर्व ही डॉ. अम्बेडकर के नेतृत्व में दलित चेतना का अभ्युदय हुआ, बिल्कुल स्वतन्त्रता संग्राम के समानान्तर डॉ. अम्बेडकर ने स्वयं को दलित स्वतन्त्रता को समर्पित किया। इसीलिए उन पर स्वतन्त्रता संग्राम में भाग न लेने के आरोप भी प्रायः लगते रहे हैं। उन्होंने एक बार बहुत तल्ख होकर कहा भी था कि यदि लोकमान्य तिलक मेरी जगह होते, तो वह स्वतन्त्रता हमारा जन्मसिद्ध अधिकार है, के स्थान पर "अस्पृश्यता से मुक्ति हमारा जन्म सिद्ध अधिकार है" कहते। डॉ. अम्बेडकर ने अस्पृश्यता की इस समस्या को राष्ट्रीय एवं अन्तर्राष्ट्रीय मंचों पर उठाया है जिसे भरपूर समर्थन भी मिला, लेकिन अम्बेडकर कभी भी भ्रम में नहीं रहे। जब अंग्रेज सरकार ने इस समस्या को आधार बनाकर भारत की स्वतन्त्रता को पीछे ले जाने की कोशिश की, तो उन्होंने अखिल भारतीय दलित वर्ग कांग्रेस के अध्यक्ष पद से बोलते हुए कहा था कि मुझे शंका है कि ब्रिटिश सरकार हमारी दुर्भाग्यपूर्ण स्थितियों का विज्ञापन इसलिए नहीं करती कि वह इन्हें दूर करना चाहती है, बल्कि इसलिए करती है कि ताकि इसको वह भारत की राजनीतिक प्रगति को पीछे

खींच ले जाने का बहाना बना सके। अम्बेडकर और गाँधी में अछूत समस्या पर निरन्तर मतभेद रहा। अम्बेडकर स्थितियों में आमूल-चूल परिवर्तन की बात कहते थे जो कभी सम्भव नहीं हुआ और न जिसकी आगे सम्भावना है। यहीं से दलित नेतृत्व दो खेमों में बँट गया। डॉ. अम्बेडकर दलितों को भारत की स्वतन्त्रता के साथ हिन्दू धर्म की दासता से भी मुक्ति दिलाना चाहते थे और कांग्रेस इसके समानान्तर बाबू जगजीवन राम को धीरे-धीरे आगे बढ़ाकर दलितों का नेतृत्व उनके हाथ में सौंप देना चाहती थी। यहाँ यह बात गौर करने की है कि डॉ. अम्बेडकर दलितों के बीच से उगे हुए स्वतः स्फूर्त चेतना के सूर्य थे और बाबू जगजीवन राम कांग्रेस के तेज से चमकने वाले चन्द्रमा। जब 6 दिसम्बर, 1956 का चेतना का यह सूर्य अस्त हुआ तो दलितों ने जगजीवन राम को अपना नेता स्वीकार कर लिया। सन् 1946 से अपनी मृत्यु तक जगजीवन राम सत्ता के केन्द्र में ही नहीं रहे, बल्कि दलितों के लिए तो स्वयं सत्ता के केन्द्र थे। अतः उनके चारों तरफ खुशामदी लोगों का जमघट जुड़ता चला गया, जिनमें से कुछ ने संसद एवं विधानसभाओं के टिकट लिए, कुछ ने गैस की एजेंसियाँ। ऐसा नहीं कि जगजीवन राम ने दलित जागरण के लिए कुछ काम किया ही नहीं। कुछ संगठन तो उनके नेतृत्व में बने और चले भी जैसे दलित वर्ग संघ, लेकिन इसका काम दलितों को कांग्रेस के साथ जोड़ने तक ही रहा।

इसका परिणाम यह हुआ कि अम्बेडकर की "शिक्षा, संगठन और संघर्ष" वाली परम्परा धीरे-धीरे अस्त होती चली गयी और दलितों के नाम पर सत्ता की लूट और सुविधाओं की खसोट वाली परम्परा धीरे-धीरे आगे बढ़ती रही। बस यहीं से दलित राजनीति में भटकाव के चिह्न स्पष्ट रूप से दिखाई देने लगे और आज वह भटकाव की जिन अन्धी गलियों में भटक रही है, वहाँ दलित प्रेम केवल एक झुनझुना मात्र रह गया है, जिसे हर कोई मंच पर बजाकर पीछे फेंक देता है। कभी रामविलास पासवान किसी दलित को राष्ट्रपति बनाने के लिए जोरदार आवाज उठाते हैं तो कभी पी.वी. नरसिंहराव कांग्रेस की कार्यकारिणी समिति में एक हरिजन के न चुने जाने पर अफसोस जाहिर करते हैं।

वहीं जब भारतीय जनता पार्टी गाँधी नगर गुजरात में अपनी कार्यकारिणी समिति की बैठक आयोजित करती है, तो बैठक स्थल का नामकरण करती है 'अन्त्योदय नगर'। इनमें पहला राजनीतिक दल अभी कुछ वर्षों पहले सत्ता से उतरा है, दूसरा इस समय सत्ता में है और तीसरे को उम्मीद है कि भविष्य में वही सत्ता में आएगा।

इसका मतलब यह हुआ कि सभी प्रभावशाली राजनीति दल इन तथाकथित दलितों, हरिजनों अन्त्यजों (शूद्रों) के खैरख्वाह हैं। इन सभी दलों के पास अपना-अपना दलित नेतृत्व है, जिसके कारण बँटा हुआ दलित अपनी नियति में आदि काल से लिखा हुआ सामाजिक, आर्थिक और राजनीतिक उत्पीड़न झेलने के लिए विवश है। इस भटकाव पर दलित रहनुमाओं ने सोचने की कोशिश की?

इस प्रश्न का उत्तर है, हाँ, की है! और उसी के परिणाम भी हमारे सामने हैं। याद कीजिए जब आन्ध्रप्रदेश के चन्दूर नामक स्थान पर दलित उत्पीड़न की एक घटना घटी, जिसके विरोध में अनुसूचित जाति व जनजाति के 106 सांसद तत्कालीन राष्ट्रपति श्री आर. वेंकटरामन से मिलने गये, लेकिन राष्ट्रपति ने उनसे मिलने से इन्कार कर दिया और तभी श्री अरविन्द नेताम् के नेतृत्व में पार्लियामेंट्री फोरम ऑफ एस.सी. एण्ड एस.टी. का गठन किया गया। इस मंच से ही किसी दलित को भारत का राष्ट्रपति बनाने की माँग की गयी और सभी विपक्षी दलों ने श्री जी.जी. स्वेल को अपना साझा उम्मीदवार बनाया था, तो इनमें से एक सशक्त विपक्षी दल (भाजपा) ने श्री स्वेल को पहले अपना समर्थन दिया और बाद में उनके खिलाफ गाय का मांस खाने का आरोप प्रचारित कर उनकी पराजय का मार्ग प्रशस्त किया था। तभी उनके 'छदम् अन्त्यज प्रेम' की कलई सबके सामने खुल गयी थी।

बाद में इसी फोरम ने किसी दलित को उपराष्ट्रपति बनाने की माँग को लेकर एक सम्मेलन आयोजित किया, जिसमें सभी हरिजन सदस्य अपनी-अपनी पार्टियों की व्हिप का उल्लंघन करके शामिल हुए, जिससे इसकी सदस्य संख्या 106 से बढ़कर 335 तक हो गयी थी। इसके दो परिणाम निकले, एक श्री के.आर. नारायण उपराष्ट्रपति बने तथा दूसरे कुछ समय के बाद श्री अरविन्द नेताम् को केन्द्र में मन्त्री बना दिया गया और अन्य दलित संगठनों की तरह यह फोरम भी धीरे से ठंडे बस्ते में चला गया, लेकिन अपने पीछे दो महत्त्वपूर्ण सबक छोड़ गया कि यदि सभी दलित मिलकर संघर्ष करें तो उनकी अनदेखी करना किसी भी दल के लिए असम्भव तो होगा ही, साथ ही उनके समवेत निर्णय को मानना उनकी बाध्यता भी होगी। दूसरा यह कि दलितों में जो भी ऊर्जावान नेतृत्व उभरेगा, उसे पद प्रतिष्ठा या सुविधाएँ देकर, पार्टी चाहे कोई भी हो, खरीद लेती है और उसके पीछे जो लोग होते हैं, उनकी उपेक्षा कर दी जाती है। यह नीचे से ऊपर तक बड़े स्तर पर हो रहा है। दलित नेतृत्व को इस भटकाव पर सोचना चाहिए कि सत्ता के बाजार में दलित नेतागण इस तरह कब तक बिकते रहेंगे?

किसी लोकतांत्रिक देश में विभिन्न राजनीतिक दलों का होना स्वाभाविक है, लेकिन किसी भी वर्ग के चिन्तनशील नेतृत्व का यह दायित्व है कि वह उन दलों में से ऐसे राजनीतिक दल का चयन करके इस वर्ग की राजनीतिक चेतनाहीन जनता को बताये कि इस दल से हम लोगों का क्या लाभ है और क्या नुकसान है। मिसाल के तौर पर, हरिजनों को अपनी इस अपमानजनक स्थिति तक पहुँचने का श्रेय हिन्दू धर्म को है और एक राजनीतिक दल उसी धर्म की मान्यताओं को लागू करके इस देश को हिन्दू राष्ट्र घोषित करना चाहता है। उस दल के चिन्तक स्वामी वामदेव इस देश में फिर से वर्ण व्यवस्था लागू करने की सलाह एक पुस्तक लिख कर देते हैं। यदि यह

दल सत्ता में आता है और इस देश को हिन्दू राष्ट्र घोषित करके यहाँ पर वर्ण व्यवस्था लागू कर देता है, तो इस देश में हरिजनों की स्थिति क्या होगी? धन एकत्र करने की मनाही होगी? उनका अधिकार केवल सेवा ही होगी? या फिर उसी अन्यायपूर्ण न्याय व्यवस्था का शिकार होना होगा? जिसमें एक ही अपराध के लिए सजा अपराध के अनुसार नहीं, बल्कि वर्ण के अनुसार तय होती थी। इससे भी आगे बढ़ें तो क्या हिन्दू धर्म की व्यवस्थाओं में, जहाँ राज्य करने का अधिकार केवल क्षत्रिय को है, क्या वह इस देश में लोकतन्त्र की हत्या कर राजशाही (तानाशाही) लाने का प्रयास नहीं कर रही है? 6 दिसम्बर, 1992 की घटना इसका सशक्त प्रमाण है। ज्ञातव्य है कि 6 दिसम्बर भारत के संविधान निर्माता डॉ. अम्बेडकर की पुण्य तिथि है और आश्चर्य की बात है कि उ.प्र. में विधानसभा में 1991 के चुनाव में 85 आरक्षित सीटों में 50 सीटों पर उसी पार्टी के उम्मीदवार जीते। यदि इस देश को हिन्दू राष्ट्र घोषित कर दिया जाता है, तो क्या मिलेगा? इन लोगों को अपमान से परिपूर्ण जीवन ही न? क्या यही चाहते हैं ये नेता लोग? यहाँ यह सवाल भी उठ सकता है कि क्या इस समस्या का समाधान धर्म परिवर्तन है? जिसे प्रायः उछाला भी जाता रहा है कि हिन्दू धर्म में किसी तरह का परिवर्तन सम्भव नहीं है, अतः इसे छोड़ ही दिया जाय तो अच्छा, लेकिन क्या जिन लोगों ने धर्म परिवर्तन किया है, उनकी हालत बहुत अच्छी है? वहाँ पर क्या ये लोग सम्मान का जीवन जी रहे हैं? अनुभव यह बताता है कि ऐसा नहीं है। धर्म परिवर्तन के बाद भी स्थिति वही है। फिर समाधान क्या है? समाधान भी डॉ. अम्बेडकर ने ही दिया है, उसे नये परिप्रेक्ष्य में देखें। हम अपनी स्थिति को स्वयं बदल सकते हैं, अपनी राजनीतिक स्थिति मजबूत करके। जब आरक्षित विधानसभा एवं संसद की सीटों पर हरिजनों को ही आना है तो फिर वे किसी भी पार्टी के टिकट के मोहताज क्यों हों और फिर जब सरकार बनने की बात आएगी तो हरिजन सदस्य किसी भी हद तक सौदेबाजी कर सकते हैं तथा अपनी सारी शर्तें मनवा सकते हैं, जिसमें संसद से ये कानून बनवाना भी शामिल हो कि प्राइमरी स्कूल में जब बच्चा शिक्षा ग्रहण करने के लिए जाय तो उसके अभिभावक के नाम के साथ कोई जाति सूचक शब्द नहीं लिखा जाएगा, प्रतीकात्मक भी नहीं। सारी शिक्षा का राष्ट्रीयकरण हो। संसद और सरकार की केवल एक भाषा हिन्दी हो। सभी परीक्षाओं का माध्यम केवल हिन्दी हो। सम्पूर्ण देश में प्राइमरी से लेकर उच्च शिक्षा तक एक समान पाठ्यक्रम हो। अब मंडल आयोग की सिफारिशों के लागू होने के कारण यह और भी आसान हो जाएगा। इनके साथ 27 प्रतिशत पिछड़े और 12 प्रतिशत मुसलमान भी यदि जुड़ जाएँ। फिर तो शासन व्यवस्था में ये ही लोग निर्णायक भूमिका भी निभाएँगे।

आरक्षण का प्रश्न भी दलित राजनीति को भटकाता रहा है। इसकी पृष्ठभूमि में

न जाकर हम इसके वर्तमान स्वरूप पर ही अपना ध्यान केन्द्रित करते हैं। समझौते के अनुसार 22.5 प्रतिशत पद अनुसूचित जाति एवं अनुसूचित जनजाति के लिए आरक्षित हैं, लेकिन भारत की सवर्ण मानसिकता ने इस समझौते को मन से माना नहीं है, इसीलिए वह इस जातीय आधार पर दिये जा रहे आरक्षण के विरोध में आन्दोलन चलाती रहती है। यदि आर्थिक आधार पर और योग्यता के आधार पर आरक्षण दिया जाएगा, तो हो सकता है सरकारी नौकरियों में इन तथाकथित निम्न जातियों के लोग कुछ कम आ पाएँ, लेकिन खेती करने की तथा अपनी मेहनत से सारे उद्योग-धन्धों को चलाने की योग्यता तो ये ही रखते हैं तो सारी खेती योग्य भूमि और उद्योग-धन्धों का अधिकांश भाग इन्हीं लोगों के लिए आरक्षित करना पड़ेगा। आर्थिक आधार पर आरक्षण देने पर भी स्थिति को सवर्ण मानसिकता कभी स्वीकार नहीं कर पाएगी। इसके लिए जिस समग्र संघर्ष की आवश्यकता है, उसे अभी जन्म लेना है। वह बहुत जल्द जन्म लेगा, जो सम्पूर्ण आर्थिक स्रोतों, भूमि उद्योग आदि में आरक्षण के लिए माँग करेगा क्योंकि वर्तमान व्यवस्था को जारी रखने के अतिरिक्त दलित नेतृत्व ने उससे आगे कभी सोचा ही नहीं? इस प्रश्न का उत्तर ढूँढ़ा जाना भी जरूरी है।

यह आकस्मिक नहीं है कि जब वी.पी. सिंह की सरकार ने 'मंडल आयोग' की सिफारिशें लागू की थीं, तो आडवाणी ने रथ यात्रा शुरू कर दी और जब उच्चतम न्यायालय का निर्णय आया, तो अयोध्या में मस्जिद गिरवा दी। दोनों ही बार देश साम्प्रदायिक दंगों की आग में जला। कुल मिलाकर यह रथयात्रा और यह मस्जिद-विध्वंस, आरक्षण और सत्ता में, पिछड़े और हरिजनों की भागीदारी का विरोध है। ब्राह्मणवादी समाज व्यवस्था ने एक मिथक गढ़कर पूरे भारतीय समाज को पहले चार वर्णों में बाँटा और फिर धीरे-धीरे उन्हें यह अहसास होने लगा कि संख्या की दृष्टि से चौथा वर्ण बहुत शक्तिशाली है, जो कभी भी हावी हो सकता है। अब प्रश्न था इस ताकत को तोड़ने का। अतः उन्होंने फिर जाति व्यवस्था को जन्म देकर मनुष्यों के इस शक्तिशाली समूह को जातियों तथा उपजातियों के आधार पर टुकड़ों-टुकड़ों में बाँट दिया। आगे जाकर इसी व्यवस्था के कारण भारत मुसलमानों का गुलाम हो गया। क्या दलित राजनीति ने इससे कोई सबक सीखा? वह भी इस राह पर चली, उन्होंने दलित आन्दोलन को पहले जातियों में बाँटा, फिर उपजातियों में तथा बाद में वे उसे कबीलों तक ले गये। उनके लिए ये दलित आन्दोलन सत्ता तक पहुँचने का औजार मात्र रह गये। इसका परिणाम यह हुआ कि एक वर्ग गाँव में शोषण का शिकार होता रहा तथा दूसरा वर्ग शहरों में सत्ता के गलियारों में सौदेबाजी करता रहा। दलितों में ही एक दूसरे ब्राह्मण वर्ग का जन्म हुआ, जिसने दलितों के हिस्से की सारी सुविधाएँ बटोर लीं—सामाजिक भी, आर्थिक भी और राजनीतिक भी। इससे दलित जाति का क्या कुछ भला हुआ? खेत-मजदूर पहले भी शोषण का शिकार

था, अब भी उसकी वही स्थिति है तथा मोची पहले भी कूढ़े के ढेर के पास बैठता था, आज भी वहीं बैठता है, दलित नेतृत्व इस पर सोचे।

विगत दिनों म.प्र. और उ.प्र. की भाजपा सरकारों ने एक अध्यादेश निकाल कर सरकारी कामकाज एवं प्रकाशनों आदि में हरिजन या दलित शब्द के प्रयोग पर पाबन्दी लगा दी। इसके विरोध में किसी दलित नेता का बयान नहीं आया। क्या वे नहीं जानते थे कि इस शब्द का प्रयोग सबसे पहले डॉ. अम्बेडकर ने किया था और कुछ सोच-समझ कर ही किया होगा। इस शब्द के प्रति दलितों का जनवादी आग्रह भी है तथा इससे अनुसूचित जाति, अनुसूचित जनजाति तथा पिछड़े वर्गों के साथ महिलाओं की एकजुटता का आभास भी होता है। इस राजनीतिक ध्रुवीकरण को 'मंडल आयोग' की सिफारिशों पर उच्चतम न्यायालय के निर्णय ने और तेज कर दिया है और इस खतरे को सवर्ण मानसिकता ने महसूस किया और यह अध्यादेश उसी का परिणाम है।

दलित नेतृत्व को इस तथ्य को समझना चाहिए। कुछ समय पूर्व कु. मायावती ने सहारनपुर के बाररूम में वकीलों की एक सभा को सम्बोधित किया था। बाद में जब एक पत्रकार ने उनसे पूछा कि आप सवर्णों को इस प्रकार अपशब्दों (गालियों) से क्यों सम्बोधित करती हैं, तो उनका दो टूक उत्तर था कि जब मेरी जाति के लोगों को क्या गाँव में और क्या शहर में शताब्दियों से ये लोग गालियों से ही पुकारते रहे हैं, तब तो कभी आपने उनसे यह सवाल नहीं पूछा? और जब मैं ऐसा करती हूँ तो आप सवाल पूछने चले आते हैं, जबकि हमारी पूरी जाति ही गाली का पर्याय बन चुकी है। अभी समय है कि आप उनसे यह सवाल पूछें। मायावती के इस उत्तर से दो बातें साफ होती हैं, एक तो यह कि दलितों में जो आक्रोश है, जिसके कारण वह हथियार तक उठाने की धमकी देते हैं, वह सवर्णों द्वारा सामाजिक धरातल पर किये गये अपमान के कारण है। दूसरे वह उसी सवर्ण हिन्दू समाज में सम्मान चाहता है, जिसने उसे अपमानित किया है। अब प्रश्न यह उठता है कि क्या इस आक्रोश के चलते वह सवर्ण चित्त में सम्मान पा सकता है? इसके कारण दलित उत्पीड़न तो बढ़ा ही है, जगह-जगह पर सवर्णों द्वारा रैदास और डॉ. अम्बेडकर की मूर्तियों को तोड़ा भी गया है। इसलिए इस निष्कर्ष पर पहुँचना सरल है कि दलित आक्रोश के चाकू का इस्तेमाल हिन्दू समाज की शल्य क्रिया के लिए करेंगे, तो दंडित भी होना पड़ेगा, इसलिए सोच-विचार करें कि यह उत्पीड़न कैसे समाप्त हो? इसके लिए आवश्यक है, दलितों में एक ऐसी समझ पैदा करना, जिससे वे हिन्दुओं के साथ 'बारगेन' कर सकें। यह मुख्यतः चुनाव के समय पर किया जाना चाहिए, जब किसी हिन्दू के मुकाबले कोई और मुसलमान, ईसाई, सिक्ख या पारसी खड़ा हो तब सभी दलित उसे वोट दें तथा दूसरे यदि किसी हिन्दू के खेत या कारखाने में काम की

बात आये, तो दलित विधर्मी के यहाँ काम करने को प्राथमिकता दें। इसका मतलब है हिन्दुओं का पूरी तरह बहिष्कार। तभी हिन्दुओं को अपनी मानसिकता पर पुनः सोचना पड़ेगा और तभी इसे बदलने पर विवश होंगे। इतने वर्षों बाद भी आरक्षित सीटें अभी तक नहीं भरी गयीं। इसका इलाज भी आवश्यक है। यह तभी सम्भव हो सकता है, जब सम्पूर्ण भारत में जहाँ-जहाँ पर भी आरक्षित पद किसी अन्य द्वारा भरा गया हो, उस एक-एक पद के लिए सामूहिक संघर्ष किया जाय। तीसरे भारत में दलित उत्पीड़न की समस्या पर अन्तर्राष्ट्रीय संस्थाओं का ध्यान दिलाया जाय और फिर उसे 'संयुक्त राष्ट्र संघ' में उठाया जाय, तभी दुनिया का ध्यान इस समस्या की ओर जायगा। यह तभी हो सकता है जब इसके लिए प्रतिबद्ध संगठन और प्रतिबद्ध नेतृत्व हो। यदि हम यह कर सकें तभी हम डॉ. अम्बेडकर के आदर्श को प्रतिफलित होते देख पाएँगे।

ऊपर उठाए गये समस्त मुद्दों पर दलित साहित्यकारों ने अपने साहित्य में विचार किया है, जिसका परिणाम यह हुआ कि उत्तर भारत में दलित राजनीति वर्तमान में एक निर्णायक भूमिका में आ चुकी है।

धार्मिक मान्यताएँ

भारत में दलित हिन्दू धर्म के कारण ही सामाजिक और आर्थिक रूप से उत्पीड़ित हुआ है। इसलिए समस्त दलित साहित्य हिन्दू धर्म की मान्यताओं के विरुद्ध भरा पड़ा है। हिन्दू धर्मशास्त्रों ने 'स्त्रीशूद्रोनधियताम्' कहकर स्त्री और शूद्र के लिए शिक्षा के द्वार बन्द कर दिये। शास्त्रों का पठन-पाठन वर्जित कर दिया गया। शिक्षा न होने के कारण दलितों को पता ही नहीं चल सका कि उनके उत्पीड़न का क्या कारण है? डॉ. अम्बेडकर ने दलितों के लिए शिक्षा के द्वार खोल दिये, दलित पढ़ने लगे, तो उन्हें हिन्दू धर्मशास्त्रों की अन्यायपूर्ण स्थापनाओं का पता चला। अतः डॉ. अम्बेडकर ने जब निर्णय लिया कि मैं "हिन्दू धर्म में पैदा अवश्य हुआ, क्योंकि यह मेरे बस में नहीं था, लेकिन मैं हिन्दू धर्म में मरूँगा नहीं।" और उन्होंने विजय दशमी के दिन नागपुर की दीक्षा भूमि पर अपने पाँच लाख समर्थकों के साथ बौद्ध धर्म की दीक्षा ग्रहण की तथा बाद में अपने समर्थकों को बौद्धधर्म में दीक्षित किया। दीक्षा देते समय उन्होंने जो बाईस प्रतिज्ञाएँ करवाईं वे ही दलित साहित्य की धार्मिक मान्यताएँ बन गयीं। उनमें से दस महत्त्वपूर्ण प्रतिज्ञाएँ निम्नवत् हैं–

1. मैं ब्रह्मा, विष्णु, महेश को कभी ईश्वर नहीं मानूँगा और न उनकी पूजा करूँगा।
2. मैं राम और कृष्ण को ईश्वर नहीं मानूँगा और न उनकी पूजा करूँगा।
3. मैं गौरी, गणपति, हिन्दू धर्म के किसी देवी-देवता को नहीं मानूँगा और न

उनकी पूजा करूँगा।

4. मैं इस बात पर विश्वास नहीं करूँगा कि ईश्वर ने कभी अवतार लिया है।
5. मैं यह विश्वास नहीं करूँगा कि भगवान बुद्ध विष्णु के अवतार हैं। मैं इस प्रचार को धूर्तता का प्रचार समझूँगा।
6. मैं श्राद्ध नहीं करूँगा और न कभी पिण्डदान दूँगा।
7. मैं बौद्ध धर्म के विरुद्ध कोई बात नहीं मानूँगा।
8. मैं कोई भी क्रियाकर्म ब्राह्मणों के हाथों से नहीं कराऊँगा।
9. मैं इस सिद्धान्त को मानूँगा कि सभी मनुष्य एक जाति के हैं।
10. मैं समानता की स्थापना के लिए प्रयत्न करूँगा।"[4]

हिन्दी दलित लेखकों में तीन प्रकार की धार्मिक मान्यताएँ देखने को मिलती हैं। एक के अनुसार कुछ दलित लेखक हिन्दू धर्म में ही रहकर उसमें ही सुधार के प्रयास करना चाहते हैं। दो–हिन्दू धर्म को नकार कर बौद्ध धर्म ग्रहण करना चाहते हैं और तीन–जो हिन्दू धर्म और बौद्ध धर्म के अलावा दलित धर्म का सृजन कर दलितों में उसका प्रचार-प्रसार करना चाहते हैं। इस मुद्दे पर गहन विचार करते हुए डॉ. जयप्रकाश कर्दम लिखते हैं कि–"एक वर्ग अभी भी बाबा साहब अम्बेडकर में पूरी आस्था रखते हुए तथा उनके चिन्तन की दिशा को उचित मानते हुए दलितों द्वारा बौद्ध धर्म को अपनाये जाने का पक्षधर है। दूसरा वर्ग डॉ. अम्बेडकर का नाम तो लेता है और बौद्ध धर्म की बात भी करता है, किन्तु यथार्थ में वह हिन्दू धर्म को ही मानता, जीता है।.....दलित लेखकों का तीसरा वर्ग बिल्कुल साफ-साफ कहता है कि हमारे केवल बाबा साहब हैं, बुद्ध या बौद्ध धर्म से हमारा कोई सम्बन्ध नहीं है। इनमें से कुछ लोग तो हिन्दू फोल्ड में ही सुधार की कामना करते हुए अपना संघर्ष जारी रखना चाहते हैं, किन्तु कुछ दलित लेखक इससे और भी आगे जाते हुए दलितों द्वारा बौद्ध धर्म अपनाये जाने को उचित नहीं मानते। उनके विचार से बौद्ध धर्म की दीक्षा लेना डॉ. अम्बेडकर की एक ऐतिहासिक भूल थी। इस विचार के प्रबल प्रवक्ता या प्रतिपादक डॉ. धर्मवीर के शब्दों में कहा जाय तो–'डॉ. अम्बेडकर ब्राह्मणों के झाँसे में आ गये थे।' उनका मानना है कि अपने धर्म में ही दलितों को समता और स्वाभिमान मिल सकता है। किसी दूसरे की 'शरण' में जाकर नहीं। उनके अनुसार हर कौम के पास अपना धर्म है, दलित ही इस मामले में वंचित हैं। दलितों का भी अपना धर्म (दलित धर्म) होना चाहिए।"[5] कुल मिलाकर दलित साहित्य का प्रधान स्वर हिन्दू धर्म के जाल को तोड़कर बाहर आना है। जैसा कि बौद्ध धर्म ग्रहण करने के बाद बाबा साहब ने कहा भी था कि–"आज मैं हिन्दू धर्म के नरक से मुक्त हुआ हूँ।" लेकिन दलित समीक्षक और कवि डॉ. एन. सिंह की दृष्टि में धर्मान्तरण कई अन्य कारणों से भी होता है–

"आप कहते हैं/पेट की सिलवटें/धर्म बेचने पर उतारू हैं
ये धर्म का प्रश्न नहीं/रोटी की कहानी है/जिन्दगी के गणित को
हवा में सुलझाने वालो/इस दौर को समझो/ये दौर तूफानी है
जिसकी आँखों के सामने/लुटती है बेटी की इज्जत/उसकी बेबसी
को समझो
यूँ धर्म का उपदेश न दो/उसने सिर्फ रोटी के लिए ही/धर्म को बेचा है
उसे कुछ दो या न दो/किन्तु यह दोष न दो।"[6]

दलित साहित्य में आत्मा-परमात्मा, भाग्य-भाग्यवान, स्वर्ग और नरक जैसी लगभग सभी हिन्दू मान्यताओं के विरोध की अभिव्यक्ति हुई। समस्त प्राणियों की आत्मा एक ही है, तो भंगी और चमार के स्पर्श से परहेज क्यों? इस पर सटीक टिप्पणी है वरिष्ठ दलित कवि ओमप्रकाश वाल्मीकि की यह कविता—

"गंगा किनारे/कोई वटवृक्ष ढूँढकर/भागवत का पाठ कर लो
आत्मतुष्टि के लिए/कहीं अकाल मृत्यु के बाद/भयभीत आत्मा
भटकते-भटकते/किसी कुत्ते या सूअर की मृत देह में
प्रवेश न कर जाय/या फिर पुनर्जन्म की लालसा में
किसी डोम या चूहड़े के घर/पैदा न हो जाय
चूहड़े या डोम की आत्मा/ब्रह्म का अंश क्यों नहीं है
मैं नहीं जानता/शायद आप जानते हों।"[7]

हिन्दू धर्म के छद्म को श्री मोहनदास नैमिशराय ईश्वर की मौत करार देते हैं। उनकी एक प्रसिद्ध कविता की कुछ पंक्तियाँ यहाँ प्रस्तुत हैं—

"ईश्वर की मौत/उस दिन होती है/जब बनता है कोई मन्दिर या मठ
जहाँ बैठता है कोई/ठग, लुटेरा/गुमराह करने वाला।
ईश्वर की मौत/उस दिन होती है/जब किसी महिला को बनना पड़ता है
देवदासी/जाना पड़ता है/वेश्यालय।"[8]

कुल मिलाकर कहा जा सकता है कि दलित समाज और दलित लेखक धर्म के मामले में एक संक्रमण की स्थिति से गुजर रहे हैं। एक ओर वे हिन्दू धर्म के विरुद्ध तथा बौद्ध धर्म के पक्षधर हैं, लेकिन शताब्दियों की यातना और संस्कार उनको खुलकर विद्रोह भी नहीं करने दे रहे हैं। लेकिन जैसे-जैसे शिक्षा बढ़ेगी और दलित समाज आत्मनिर्भर होगा, वह निश्चित रूप से हिन्दू धर्म के कोढ़ से मुक्त होता जायगा।

दलित साहित्य की आर्थिक मान्यताएँ

दलित समाज धार्मिक और सामाजिक कारणों से विपन्नता का शिकार रहा है। मनुस्मृति में लिखा है कि समर्थ होते हुए भी दलित धन एकत्र नहीं कर सकता और

यदि किसी प्रकार वह धन एकत्र कर भी लेता है, तो राजा उसका धन छीन ले, क्योंकि वह धन का अधिकारी नहीं है। इसलिए डॉ. एन. सिंह ने अपनी एक कविता 'सतह से उठते हुए' में लिखा है कि–

"अब मैं समझ गया हूँ/उस अंकगणित को/जिसके कारण/मेरे श्रमकण/
मिट्टी में मिलकर/तुम्हारी झोली को/मोतियों से भर देते हैं और–
मेरी झोली में होती हैं/भूख, बेबसी और लाचारी।"[9]

हिन्दी दलित साहित्य निर्धनता के विवरणों से भरा पड़ा है। उनमें से कुछ विवरण यहाँ प्रस्तुत किये जा रहे हैं। वरिष्ठ दलित साहित्यकार और राजनेता श्री माताप्रसाद पच्चीस वर्ष उत्तर प्रदेश में विधान सभा तथा बारह वर्ष विधान परिषद के सदस्य रहे, इसी अवधि में वे राजस्व मन्त्री भी रहे। लगभग छः वर्ष अरुणाचल प्रदेश के राज्यपाल भी रहे। उन्होंने अपनी आत्मकथा 'झोंपड़ी से राजभवन' में अपनी निर्धनता का उल्लेख इस प्रकार किया है कि–"सन् 1957 ई. में प्रथम बार जब मैं चुनाव विधान सभा का लड़ने लगा, तो मेरे पास कुछ भी पैसा नहीं था। श्रीमती जी के चार थान चाँदी के गहनों को बेचा गया, उससे लगभग पौने पाँच सौ रुपये मिले। इसी रुपये से जमानत की राशि 125 रु. जमा की गयी।"[10] ओमप्रकाश वाल्मीकि ने अपनी आत्मकथा 'जूठन' में अपने आवास की स्थिति का चित्रण कुछ इस प्रकार किया है–"जोहड़ी के किनारे पर चूहड़ों के मकान थे, जिनके पीछे गाँव भर की औरतें, जवान लड़कियाँ, बड़ी-बूढ़ी, यहाँ तक कि नयी नवेली दुल्हनें भी इसी डब्बोवाली के किनारे खुले में टट्टी-फरागत के लिए बैठ जाती थीं..... चारों तरफ गन्दगी भरी होती थी। ऐसी दुर्गन्ध कि मिनट भर में साँस घुट जाय। तंग गलियों में घूमते सूअर, नंग-धड़ंग बच्चे, कुत्ते, रोजमर्रा के झगड़े, बस यही था वह वातावरण जिसमें बचपन बीता। इस माहौल में यदि वर्ण-व्यवस्था को आदर्श व्यवस्था कहने वालों को दो-चार दिन रहना पड़ जाय तो उनकी राय बदल जायगी।"[11] कहना न होगा कि शताब्दियों से विपन्नता दलित समाज में अभिशाप की तरह व्याप्त है, जिससे निजात पाने का उसके पास कोई रास्ता नहीं है। जब तक इस देश में धन और धरती का समान बँटवारा नहीं होगा, तब तक वह इस स्थिति से उबर नहीं पायेगा। ओमप्रकाश वाल्मीकि लिखते हैं कि–"दलितों का जीवन जहाँ सामाजिक उत्पीड़न, शोषण, दमन से भरा हुआ है, वहीं व्यवस्था के नाम पर लादी गयी मर्यादाएँ, बंधन दलित जीवन की विपन्नताएँ बनकर रहे हैं। आर्थिक विवशताओं और विसंगतिपूर्ण स्थितियों ने दलित जीवन को नर्क बनाया है। ग्रामीण परिवेश के जातीय उत्पीड़न से पलायन कर शहरों, महानगरों की ओर आने वाले दलितों के भीतर हीनता भाव इतना गहरा होता है कि उसे कोई भुक्तभोगी ही जान सकता है।"[12] दलित साहित्यकार अपने साहित्य में दलित समाज की अशिक्षा, अज्ञानता तथा विवशता का चित्रण कर उसे इनसे लड़ने

की प्रेरणा देता है। वरिष्ठ दलित कवि डॉ. धर्मवीर अपनी एक कविता में ऐसी विपन्नता का चित्र इस प्रकार उकेरते हैं–

"शोषण की अमर बेला/दमन की महागाथा,/यातना के पिरामिड
उत्पीड़न की गंगोत्री/ऋणों के पहाड़/ब्याज के सागर/निरक्षरकों के मस्तिष्क,
महाजनों की बही/रुक्कों पर अँगूठों की छाप/ऊट-पटाँग
जोड़-घटा, गुणा, भाग देना/सब एक।"[13]

भारत की स्वतन्त्रता के बाद दलितों की शैक्षिक स्थिति में सुधार हुआ और वे सरकारी नौकरियों में आने लगे, जिससे उनकी आर्थिक स्थिति में भी आंशिक सुधार हुआ। लेकिन इतनी बड़ी जनसंख्या में यह स्थिति कम ही लोगों को प्राप्त हुई। अधिकांश दलित अब भी उसी स्थिति में जी रहे हैं, लेकिन विगत वर्षों में यहाँ पर आर्थिक सुधार के नाम पर जो उदारीकरण की प्रक्रिया शुरू की, उससे बाजार की भूमिका महत्त्वपूर्ण ही नहीं निर्णायक हो गयी। डॉ. बी.एल. मंगेकर का मत है कि– "अनुसूचित जातियों और अनुसूचित जनजातियों के लोग बड़ी भारी संख्या में अब भी ग्रामीण क्षेत्रों में रहते हैं। उनमें से ज्यादातर लोग कृषि मजदूर हैं या सीमांत और छोटे किसान हैं। इस तरह वे गरीबों में भी गरीब हैं। नयी आर्थिक नीति के पास इन लोगों को देने के लिए कुछ भी नहीं है। सिवाय इसके कि उनका स्तर और भी अधिक गिर जाय या और भी हाशिए पर आ जाय। सार्वजनिक क्षेत्र को सीमित करने के कारण आरक्षण नीति को कमजोर किया जा रहा है, जिससे अनुसूचित जातियों/अनुसूचित जनजातियों के शिक्षित वर्ग का विकास भी अवरुद्ध हो जाएगा। बढ़ती हुई बेरोजगारी और मुद्रा की स्फीति और सामाजिक सेवाओं के लिए किये जाने वाले खर्चों में कमी से इन लोगों को सबसे गहरी चोट लगेगी। खासतौर से शिक्षा का निजीकरण और व्यापारीकरण, उनकी सामाजिक गतिशीलता की शक्तियों को कमजोर बना देगा।"[14] निजीकरण दलितों की शिक्षा और स्वास्थ्य को किस तरह प्रभावित कर रहा है, इसका विश्लेषण करने के उपरान्त प्रो. जी. नानचरैया ने लिखा है कि–"निजीकरण को सामाजिक सेवाओं में भी लागू किया जा रहा है, जिसमें शिक्षा और स्वास्थ्य भी शामिल हैं। शिक्षा और स्वास्थ्य बाजारू माल की तरह हो गये हैं और गरीबों के लिए, खासतौर पर अनुसूचित जातियों और अनुसूचित जनजातियों के लिए, ये सेवाएँ पाना बहुत ही मुश्किल हो गया है क्योंकि सामाजिक और आर्थिक दृष्टि से वे कमजोर हैं।"[15] इसके अतिरिक्त जिस पंचायत राज व्यवस्था को गरीब दलितों के हित में प्रचारित-प्रसारित करके यहाँ पर लागू किया गया था। लागू करने वाले ये भूल गये कि भारतीय गाँव हिन्दुत्व के यातनागृह हैं, जहाँ पर नाजी मानसिकता के सामन्ती हिन्दू दलितों को यातनाएँ देते हैं। जहाँ आज भी दलित महिलाओं को नंगा घुमाया जाता है और काफी दलित बँधुआ मजदूर हैं तथा बेगारी

कर रहे हैं। इन समस्त स्थितियों पर दृष्टिपात करते हुए ओमप्रकाश वाल्मीकि ने लिखा है कि—"जिस पंचायत राज की कशीदेकारी से हिन्दी साहित्य भरा पड़ा है वहीं पंचायती राज दलितों के लिए अभिशाप होता है। गाँव के खेतिहर मजदूर दलित ही होते हैं। बेगारी प्रथा ने दलितों को घोर विपन्नता दी है। 'बेगारी यानी बिना मूल्य का श्रम'। दिन भर मेहनत मजदूरी करके भी शाम को भूखा रहे, यह अभिशाप नहीं तो और क्या है?

यह आर्थिक शोषण भारतीय ग्रामीण व्यवस्था का हिस्सा, आज प्रजातन्त्र के युग में भी सामन्ती व्यवस्था का खुला नृत्य गाँव-कस्बों में होता है। इन सबसे भागकर दलित नगरों में आते रहे हैं जहाँ उन्हें सुरक्षा और रोजी-रोटी की गुंजाइश ज्यादा दिखाई पड़ती है।"[16] इन समस्त स्थितियों पर विचार करने के उपरान्त नवें दशक की हिन्दी दलित कविता पर शोध करने वाली डॉ. रजतरानी 'मीनू' ने लिखा है कि—"आर्थिक विपन्नताओं से पग-पग पर घायल करने वाले दलित कवि का संवेदनशील हृदय अर्थाभाव के काले अभिशाप से घिरे हुए समूचे वर्ग को देखकर उद्वेलित हो उठता है। जनजीवन से जुड़े तमाम प्रश्नों की रोशनी में बहुत सुन्दर सपनों को यथार्थ में साकार होते नहीं देख पाता है, तब वह प्रश्नों के समाधान तलाश करते अपने विचारों की शक्ल देकर पूरा करने का प्रयास करता है।"[17]

निष्कर्ष रूप में कुल मिलाकर हम कह सकते हैं कि दलित वर्ग की विपन्नता का चित्रण ही हिन्दी दलित साहित्य में प्रमुखता से हुआ। दलित साहित्यकार इस वर्ग का इसके कारणों से अवगत कराकर, इससे मुक्त होने का आह्वान करते रहे हैं, लेकिन व्यवस्था के दलित विरोधी होने के कारण यह अभी निकट भविष्य में सम्भव होता दिखाई नहीं दे रहा है। इतने पर भी दलित साहित्यकार अपने समाज की आर्थिक विपन्नता और शोषण की स्थिति को पूरी सच्चाई से अभिव्यक्ति देकर साहित्यकार का धर्म तो पूरी तरह निभा ही रहे हैं, यह हम उपर्युक्त विवेचन के आधार पर निश्चयपूर्वक कह सकते हैं।

सन्दर्भ

1. चौथी दुनिया, साप्ताहिक, दिल्ली, 26 अक्टूबर-1 नवम्बर 1986, पृ. 5
2. वही
3. राजनीति की अर्द्धसतसईः माताप्रसाद, पृ. 26
4. डॉ. अम्बेडकर को नकारे जाने की साजिशः कंवल भारती, पृ. 28-29 पर उद्धृत
5. इक्कीसवीं सदी में दलित आन्दोलनः डॉ. जयप्रकाश कर्दम, पृ. 62-63
6. सतह से उठते हुएः डॉ. एन. सिंह, पृ. 19
7. बस! बहुत हो चुकाः ओमप्रकाश वाल्मीकि, पृ. 13

8. दलित साहित्य का सौन्दर्यशास्त्र (लेख): डॉ. सी.बी. भारती, शिखर की ओरः सं. डॉ. एन.सिंह, पृ. 358 पर उद्धृत
9. सतह से उठते हुएः डॉ. एन सिंह, पृ. 11
10. झोपड़ी से राजभवनः माताप्रसाद, पृ. 43
11. जूठनः ओमप्रकाश वाल्मीकि, पृ. 11
12. दलित साहित्य का सौन्दर्यशास्त्रः ओमप्रकाश वाल्मीकि, पृ. 76
13. हीरामनः धर्मवीर, पृ. 55
14. नयी आर्थिक नीतियों का अनुसूचित जातियों-अनुसूचित जनजातियों पर प्रभावः विशाल परिप्रेक्ष्य में (लेख) डॉ. बी.एल. मंगेकर, युद्धरत आम आदमी, त्रैमासिक, हजारीबाग, अंक-66, अक्टूबर-दिसम्बर-1996, पृ.170
15. आर्थिक नीतियों का उदारीकरण और कमजोर तबके पर उसका प्रभावः एक परिप्रेक्ष्य (लेख): प्रो. जी. नानचरैया, युद्धरत आम आदमी, त्रैमासिक, हजारीबाग, अंक-36, अक्टूबर-दिसम्बर-1996, पृ. 160
16. दलित साहित्य का सौन्दर्यशास्त्रः ओमप्रकाश वाल्मीकि, पृ. 76-77
17. नवें दशक की हिन्दी दलित कविताः डॉ. रजतरानी 'मीनू', पृ. 55

दलित साहित्य की भाषाशैली

हिन्दी दलित साहित्य की भाषा सहज, सरल तथा आम बोलचाल की भाषा है। जब किसी वर्ग विशेष से कोई रचनात्मक व्यक्ति साहित्य में प्रवेश करता है, तो वह अकेला ही प्रवेश नहीं करता, बल्कि उसके साथ उसका पूरा परिवेश, संस्कार और समाज साहित्य में प्रवेश करता है। इसलिए जब दलित साहित्यकारों ने हिन्दी साहित्य में प्रवेश किया, उनके साथ दलित बस्तियों की सारी सड़ांध और गालियों ने भी साहित्य में प्रवेश किया। जिस प्रकार के दग्ध अनुभव दलित साहित्यकारों को हुए, उनकी अभिव्यक्ति के लिए वैसी ही दग्ध भाषा का भी प्रयोग दलित साहित्यकारों ने किया। चूँकि आभिजात्य समीक्षकों एवं साहित्यकारों के लिए दलित संस्कार, गन्दी बस्तियों की स्थिति, गलियों में घूमते नंग-धड़ंग बच्चे, ये सब अनजाने थे, इसलिए उन्हें यह भाषा अश्लील लगी। सम्भवतः उन्हें ये पता नहीं था कि जब पेट भरा हो और व्यक्ति के पास फुर्सत हो, तभी भाषा को कलात्मक बनाया जा सकता है। ऐसी भाषा में प्रायः ज्वलन्त मुद्दों को नहीं उठाया जा सकता। चूँकि कबीर के पास मुद्दे थे, इसलिए उसकी भाषा में कोई महीन कारीगरी नहीं है, लेकिन अपनी सम्पूर्ण अनगढ़ता के बावजूद उसने शताब्दियों से जनजीवन को प्रभावित किया है, जबकि आलोचकों ने उसकी पूर्ण उपेक्षा की और उसे सधुक्कड़ी भाषा कहा। कबीर की कविता को समाज में जिन्दा रहने के लिए अखण्ड पाठों की आवश्यकता नहीं पड़ी। लगभग यही स्थिति दलित साहित्य की भाषा के सम्बन्ध में है। दलित साहित्य की अकृत्रिम भाषा को इसकी कमजोरी बताकर इसे नकारने के प्रयास होते रहे हैं। इस सम्बन्ध में डॉ. रामदरश मिश्र का यह कथन द्रष्टव्य है। वे लिखते हैं कि–"वे (हिन्दी दलित लेखक) जो लिख रहे हैं उसकी कमजोरी को भी साहित्य की एक नयी उपलब्धि मानकर, उसके मूल्यांकन का नया आधार खोजा जाय यह वांछित नहीं है।"[1] हिन्दी के दलित लेखकों की जिस भाषा को अश्लील और असाहित्यिक कहा जा रहा है, उसके दो उदाहरण मैं सुप्रसिद्ध दलित साहित्यकार मोहनदास नैमिशराय की आत्मकथा से यहाँ प्रस्तुत कर रहा हूँ। मोहनदास नैमिशराय का घर कसाइयों की बस्ती से सटा हुआ था। वहाँ नूर मौहम्मद नामक कसाई जो पहलवान भी था, अपनी

दुकान के बाहर खाट (चारपाई) डाल कर लेट जाता और आती-जाती दलित महिलाओं को देख फिकरे बाजी करता था। वह कोठे पर भी जाया करता था। उसकी बीवी तंग आकर कभी-कभी कोठे पर उसकी तलाश में चली जाती थी। इसकी प्रतिक्रिया में नूर मौहम्मद घर आकर अपनी बीवी अज्जन को मारता-पीटता था। उन्हीं के कुछ संवाद मोहनदास नैमिशराय ने अपनी आत्मकथा में दर्ज किये हैं। वे लिखते हैं कि—"नूर मौहम्मद पीटते हुए पूछता—'बता, भोसड़े मरानी, क्यूँ गयी थी कोठे पर?'

"तू भी तो जाता है रोज अपने फलान को उठाये।" अज्जन भी चीखते हुए उत्तर में कहती। तभी उसकी कमर पर एक लाठी और पड़ती। बच्चे भीतर से चीखते हैं—"हाय आपा, हाय अम्मी, अम्मी को बचाओ।" पर बचाए कौन? घर के दरवाजे की भीतर से कुंडी लगी होती और नूर मौहम्मद चीखते हुए और गलियाँ देता—'अबकी अगर कोठे पर गयी, सुसरी तुझे वई नंगा कर दूँगा। तेरी सुतनिया खोलकर कुत्तों से नुचवाऊँगा।'"[2] भाषा का दूसरा उदाहरण बम्बई की एक चाल का है, जहाँ के निवासियों को दो फर्लांग दूर रेल की पटरी पर शौच जाने के लिए विवश होना पड़ता है और वहाँ पर पुलिस उनके पीछे भागती है। इस स्थिति की पीड़ा को कोई भोक्ता ही जान सकता है और वही अभिव्यक्त भी कर सकता है। आभिजात्य साहित्यिक वर्ग के लिए ये स्थितियाँ निश्चय ही अश्लील हो सकती हैं। देखिए—"बस्ती में पहले से ही पता चल गया था। लाइन के पास संडास करने वालों पर पुलिस की रेड़ हुई है। मर्द-औरतों में खुसर-फुसर हो रही थी। मुझे देख चाची ने हँसते हुए कहा—तेरे कू बताया नयी तेरे चाचा ने, इधर संडास करने वालों कू पुलिस पकड़ लेती।"

"नयी तो.....।" मेरे मुँह से निकला। चाची मेरा उत्तर सुन मुस्कराई।

"अच्छा कोई बात नयी, अब तो पता चल गया तेरे कू।"

"आइंदा इधर-उधर देखकर सडांस करना।" चाची ने समझाया, "और हाँ, उधर कोने में जाकर सडांस धोले। मैं पानी देती हूँ।" मैं पानी लेकर पीछे की तरफ चला गया। सामने कोई मोटी औरत अपने चूतड़ खोले वही कर रही थी जो मैं करने जा रहा था।[3] भाषा की ये स्थिति मोहनदास नैमिशराय की रचनाओं की ही नहीं, बल्कि ओमप्रकाश वाल्मीकि ने भी ऐसी भाषा का प्रयोग किया है। एक उदाहरण 'जूठन' से भी यहाँ प्रस्तुत है—तीसरे दिन मैं कक्षा में जाकर चुपचाप बैठा गया। थोड़ी देर बाद उनकी (कली राम हेडमास्टर की) दहाड़ सुनाई पड़ी, "अबे, ओ चूहड़े के मादरचोद कहाँ घुस गया—अपनी माँ की.... में।" उनकी दहाड़ सुनकर मैं थर-थर काँपने लगा था। एक त्यागी लड़के ने चिल्लाकर कहा, "मास्साब, वो बैठ है कोने में।" हेडमास्टर ने लपक कर मेरी गर्दन दबोच ली थी। उसकी उँगलियों का दबाव मेरी गर्दन पर बढ़ रहा था। जैसे कोई भेड़िया बकरी के बच्चे को दबोचकर उठा लेता है। कक्षा के बाहर

खींचकर उसने मुझे बरामदे में ला पटका। चीखकर बोले, "जा लगा पूरे मैदान में झाड़ू...नहीं तो गांड में मिर्ची डाल के स्कूल से काढ़ (निकाल) दूँगा।"[4] दलित साहित्य में भाषा की यह स्थिति आत्मकथाओं में ही नहीं, कविताओं में भी देखने को मिलती है। इस सन्दर्भ में जयप्रकाश कर्दम की एक कविता 'दमन की दहलीज पर' का यह अंश देखा जा सकता है—

"तमाम विरोधों और दबावों के बावजूद/जाति के जंगल का यह निरीह जीव
अपनी मुक्ति के लिए अड़ा है,/अपनी अस्मिता और अस्तित्त्व के लिए लड़ा है
और आज/तमाम हौसलों के साथ हाथों में खंजर लिए वह
दमन की दहलीज पर खड़ा है/और ललकार रहा है चीखकर
बाहर निकल हरामजादे/तेरी ऐसी तैसी......!"[5]

वस्तुतः हिन्दी दलित साहित्य को यह भाषा मराठी दलित साहित्य से विरासत में मिली है। हिन्दी दलित लेखकों को सम्भवतः लगा होगा कि जब मराठी दलित लेखक ऐसी भाषा लिखकर चर्चित एवं प्रतिष्ठित हो सकते हैं, तो हम क्यों नहीं? यहाँ पर मराठी दलित कविता से कुछ उदाहरण देख लेना उपयुक्त होगा। मराठी दलित कविता के सर्वश्रेष्ठ कवि नामदेव ढसाल जिन्हें साहित्य अकादमी की स्वर्ण जयन्ती पर प्रधानमन्त्री ने अकादमी का सर्वोच्च पुरस्कार प्रदान किया, की एक कविता 'जन प्रतिनिधि' का एक अंश यहाँ द्रष्टव्य है—

"एक वक्त क्या हुआ गर्वमेण्ट की बनाई हुई/डबल घोड़ा फुल पी गया मैं
स्साला आदमी जैसा आदमी घोड़े में तब्दील हुआ/लबालब नशे में मैं
उस भान्चोद को बड़े होटल के परिसर रूम में/ढूँढने के लिए चला गया।
टाटा-बिरला की उगती हुई पोती को साथ लेकर/भान्चोद स्कोच विस्की पी
रहा था/लगा उस भान्चोद का किसी तेज हथियार से खून करना चाहिए।"[6]

डॉ. चन्द्रकांत बांदिवडेकर द्वारा हिन्दी में अनूदित मराठी के चर्चित युवा कवि शरण कुमार लिम्बाले की एक कविता 'मैं' को भी यहाँ देखा जा सकता है—

"हर सुबह/रास्ते झाड़ने वाली झाड़ुओं की धुन
मेरी मीठी नींद में बोती जाती है/मेरे अनेक खून
मुश्क बँधा एक मनुष्य/गू की बाल्टी ले जाता हुआ
अपने कन्धों पर..../किसके मूलभूत अधिकारों का बोझा ढोता है?
मैं रक्त-सना/छिले जानवरों के धड़ों की तरफ।"[7]

उपर्युक्त उद्धरणों को देखने से पता चलता है कि दलित साहित्य की भाषा दलित समाज में प्रचलित भाषा है, उसमें किसी प्रकार का बनावटीपन नहीं है। इन्हीं तथ्यों पर विचार कर सम्भवतः ओमप्रकाश वाल्मीकि ने लिखा है कि—"कुछ आलोचक दलित साहित्य में गन्दी और अश्लील भाषा के प्रयोग की ओर संकेत करते हैं। उन्हें

लगता है साहित्य का पाठ 'पवित्र' होना चाहिए। भले ही उसमें बनावटी भाषा, जो आभिजात्य संस्कारों से रची-बसी हो, का प्रयोग करना पड़े। यह धारणा उचित नहीं है, क्योंकि दलित साहित्य कल्पना में नहीं जीता। वह जीवन के कटु यथार्थ से रूबरू होता है। यातनाओं से उपजी आक्रोशित भाषा एक तेज औजार की तरह भीतर तक झकझोर देती है। दलित समाज की बोली-बानी के ऐसे अनेक शब्द प्रकट होते हैं, जिनसे साहित्य अनभिज्ञ था। यह दलित साहित्य को ताजगी देता है और भाषा की जड़ता भी टूटती है।"[8] दलित साहित्य की भाषा शनैः-शनैः प्रांजल एवं परिष्कृत होती जा रही है। दलित साहित्य के प्रतिष्ठित हस्ताक्षर डॉ. पुरुषोत्तम सत्यप्रेमी अपने निबन्ध संग्रह 'पत्ते क्यों गिरते हैं' में दलित साहित्य में भाव और विचार के समन्वय पर विचार करते हुए लिखते हैं कि—"वस्तुतः साहित्य तब तक साहित्य नहीं है, जब तक भाव और विचार का समन्वय नहीं। प्रत्येक साहित्यकार का कर्तव्य है कि मानव के इस यथार्थ सत्य को सशक्त भाव के माध्यम से, बौद्धिक समन्वय के साथ प्रस्तुत करे। लेखन में भाव और विचार के समन्चय की जरूरत होती है। पाणिनि भी इस तथ्य को स्वीकार करते हैं कि मुख से अर्थवान वाणी के प्रकट होने में बुद्धि और मन अर्थात विचार और भाव दोनों का ही समान रूप से रहना आवश्यक है और तभी साहित्य और साहित्यकार आम आदमी को स्पर्श करने में समर्थ हो सकेगा, उसके सुख-दुख में गहराई से उतरेगा, उसके मस्तिष्क की परतों को उकेर सकेगा। यह कितना सच है कि जलसिक्त खेत में ही बीज उगता है। ज्ञान या विचार और भाव की व्यापकता ही साहित्य की निधि है। जिस प्रकार कीचड़ में से कमल उगते हैं, भोगी हुई घटनाओं और परिस्थितिजन्य महसूसते दुखों में से उपजता है।"[9] डॉ. सत्यप्रेमी के गद्य की तुलना डॉ. विद्यानिवास मिश्र के गद्य से की जा सकती है और कहा जा सकता है कि हिन्दी दलित साहित्य में भी सशक्त गद्य लेखक विद्यमान हैं।

डॉ. एन. सिंह के निबन्धों की भाषा और शैली भी काफी परिष्कृत है। उनकी गवेषणात्मक शैली का एक निदर्शन यहाँ प्रस्तुत है। वे अपने एक निबन्ध 'दलित प्रवाह और साहित्य के तटबन्ध' में दलित साहित्य के नामकरण की समस्या पर विचार करते हुए लिखते हैं कि—"दलित साहित्य इस समय जिन समस्याओं से जूझ रहा है, उनमें से एक इसके नामकरण की भी है। किसी साहित्य की पहचान, उसकी चेतना एवं उद्देश्यों से होती है। नाम एक संज्ञा है, जो उस चेतना का बोध कराती है। अतः नामकरण वैसे तो एक गौण सी समस्या है, फिर भी महत्त्वपूर्ण इसलिए है क्योंकि सबसे पहले व्यक्ति की दृष्टि नाम पर ही जाती है या यूँ कहें कि किसी वस्तु का पहला परिचय उसका नाम ही है। वैसे 'दलित साहित्य' दलित साहित्यकारों में एक बहुप्रचलित एवं सर्वमान्य नाम है।"[10] जिस प्रकार हिन्दी दलित साहित्यकारों का गद्य प्रांजल एवं परिमार्जित होता जा रहा है, उसी प्रकार मराठी दलित लेखक भी अच्छा

गद्य लिखने लगे थे। इसका एक उदाहरण हम बाबूराम बागुल की कहानी 'जब मैंने अपनी जाति छिपाई थी' के इस अंश में देख सकते हैं—"उन सब चेहरों पर उमड़ते हुए आदर मिश्रित भाव एवं आश्चर्य देखकर पहले से ही नौकरी मिलने के कारण प्रफुल्लित मेरा मन प्रेममग्न प्रणयिनी की भाँति रंगीन सुगंधित होता चला गया—कि बीच में रणछोड़ ने डरते-डरते पूछा—'पर तुम्हारी जाति क्या है?'"

यह सुनना था कि मैं क्रोधित बादलों की भाँति गरज पड़ा, "आपने जाति किसलिए पूछी? मैं कौन हूँ, यह तुम्हें दिखता नहीं? मैं..... बम्बई वाला। सत्य के लिए मरने वाला। शास्त्र और शस्त्र धारण करने वाला। देश को मुक्ति और शक्ति देने वाला, समझे! या फिर से कहूँ? आनन्द से मदमस्त होता हुआ गरजते हुए मैं आगे बढ़ा। सारी रात सपनों में धुत्त मेरा मन गतिमान होता हुआ दौड़ता रहा। मेरे कानों पर पीछे आते हुए झुंड के शब्द पड़ते रहे। देवजी कह रहा था, 'अरे रणछोड़, उसे छोड़ मत, किराया मत डुबा।' मराठी आदमी है, निर्भय है। शायद ब्राह्मण होगा अथवा क्षत्रिय होगा। उसे वापस बुला लो, दौड़ो, भागो।"[11] गद्य के अतिरिक्त अब दलित कवियों की कविताओं में भी भाषा प्रांजल और परिमार्जित प्रयुक्त हो रही है। उसमें अब उत्तेजना, आक्रोश और आक्रामकता तो है, लेकिन वह बहुत ही शालीन भाषा में अभिव्यक्त हो रही है। दलित कवि डॉ. एन. सिंह की एक कविता 'मेरा अस्तित्व' में शिकायत की यह भाषा सहजता से देखी जा सकती है—

"मेरा अस्तित्व/उस आशा और आकांक्षाहीन/जीवन का/प्रतीक है
जो जिन्दा रहने में ही/कट जाता है/मैं इतिहास के पृष्ठों के लिए
अछूत हूँ/क्योंकि/मैंने रक्त रेखा वहाँ खींची है/
जहाँ पर इतिहास के तथाकथित ठेकेदारों की दृष्टि/नहीं पहुँचती
क्योंकि उन्हें/उनकी आँखों से दिखाने के लिए/आवश्यक है
पाँच सितारों की/कॉकटेल पार्टियाँ और/नर्म गुदाज संसर्ग की
एक लम्बी यात्रा/चूँकि मेरे पास/यह सब नहीं है/इसलिए मैं
विवश हूँ/गुमनामी के अँधेरों में/घुटने के लिए।"[12]

हिन्दी दलित कविता के एक अन्य प्रतिष्ठित हस्ताक्षर जयप्रकाश कर्दम की कविताएँ भी भाषा और शैली के दृष्टिकोण से अपना विशेष महत्त्व रखती हैं। उनकी एक कविता 'भूख' की कुछ पंक्तियाँ यहाँ देखी जा सकती है—

"भेदभाव की इस दुनिया में/कम से कम भूख तो है
जो मुझे अपना समझती है/जिसके लिए मैं/अन्त्यज और अस्पृश्य नहीं हूँ।"[13]

हिन्दी दलित साहित्य की भाषा का गहन विश्लेषण करने के उपरान्त ओमप्रकाश वाल्मीकि ने लिखा है कि—"दलित साहित्य ने संस्कृतनिष्ठ परम्परागत साहित्यिक भाषा, काव्य-शैली, प्रस्तुतीकरण को नकार कर सर्वग्राही भाषा का प्रयोग किया है।

ऐसी भाषा जो दलितों की पीड़ा, अपमान, व्यथा की सही और यथार्थवादी अभिव्यक्ति बन सके। दलित साहित्य की भाषा नकार और विरोध की भाषा है जिसमें युगों की यातनाएँ साकार हो उठी हैं।"[14]

कुल मिलाकर दलित साहित्य की भाषा के विषय में कहा जा सकता है कि भाषिक धरातल पर दलित साहित्य अपने प्रारम्भ में दलित समाज की भाषा में लिखा गया, जिसमें दलित समाज में प्रचलित भाषा का प्रयोग हुआ है। वस्तुतः यही भाषा दलित साहित्य को विश्वसनीयता प्रदान करती है, लेकिन अब धीरे-धीरे दलित साहित्यकार परिष्कृत और प्रांजल भाषा का प्रयोग कर रहे हैं। शैली के दृष्टिकोण से भी दलित साहित्य महत्त्वपूर्ण है।

सन्दर्भ

1. दलित साहित्य का सीमान्त ठीक (लेख), डॉ. रामदरश मिश्र, राष्ट्रीय सहारा, दैनिक, दिल्ली, 20 फरवरी 2002, पृ. 14
2. अपने-अपने पिंजरेः मोहनदास नैमिशराय, पृ. 21
3. वही, पृ. 135
4. जूठनः ओमप्रकाश वाल्मीकि, पृ. 15
5. गूँगा नहीं था मैंः जयप्रकाश कर्दम, पृ. 35
6. सूरज के वंशधरः सं. चन्द्रकांत पाटिल, पृ. 19
7. समकालीन भारतीय साहित्य, त्रैमासिक, दिल्ली, जुलाई-सितम्बर-1994, पृ. 63
8. दलित साहित्य का सौन्दर्यशास्त्रः ओमप्रकाश वाल्मीकि, पृ. 81-82
9. पत्ते क्यों गिरते हैंः डॉ. पुरुषोत्तम सत्यप्रेमी, पृ. 64
10. विचार यात्रा मेंः डॉ. एन. सिंह, पृ. 105
11. दलित कहानियाँः सं. सूर्यनारायण रणसुभे एवं कमलाकर गंगावणे, पृ. 57
12. सतह से उठते हुएः डॉ. एन. सिंह, पृ. 25
13. तिनका-तिनका आगः जयप्रकाश कर्दम, पृ. 72
14. दलित साहित्य का सौन्दर्यशास्त्रः ओमप्रकाश वाल्मीकि, पृ. 81

दलित साहित्य में बिम्ब, प्रतीक, छन्द एवं अलंकार विधान

हिन्दी दलित साहित्य में बिम्ब विधान

हिन्दी दलित साहित्य में गरीबी, भुखमरी, बेबसी तथा बेरोजगारी के ही बिम्ब उभर पाये हैं। दलित साहित्य की बिम्बधर्मी भाषा दलित स्थितियों को स्पष्ट रूप से उकेरने में सक्षम हुई है। श्री ओमप्रकाश वाल्मीकि ने लिखा है कि—"दलित कविता में बिम्ब दलित जीवन की त्रासदी और उसके यथार्थ को व्यक्त करते हैं। दलित कविता में अँधेरा, आसपास के परिवेश में गन्दगी की सड़ांध, सीलन भरे तंग मकानों में सिसकती जिन्दगी दलित जीवन के यथार्थ हैं जो उनके जीवन का अविभाज्य घटक बन गये हैं। उन वस्तुओं को दृश्य बिम्ब के स्थान पर रखकर दलित कविता इन्हीं वस्तुओं में अपने जीवन के प्रतिबिम्ब ढूँढ़ती है।"[1] रघुनाथ प्यासा हिन्दी दलित कविता के प्रतिष्ठित हस्ताक्षर हैं, जिन्होंने लोकगीतों में दलित स्त्री की पीड़ा को व्यक्त किया है। दलित मजदूर स्त्री की गरीबी, पति की बेबसी, सवर्ण पुरुषों की व्यभिचार वृत्ति उनके लोकगीतों के विषय हैं। रघुनाथ प्यासा के एक लोक गीत 'कच्चे नीम की निबोली' से एक अंश यहाँ प्रस्तुत हैं—

"कच्चे नीम की निबोली/सामण इभी ना आइये रे।/
मेरे बलम की बिक गयी खोली,
सामण इभी ना आइये रे।/जब-जब बैरन बरखा बरसे, जियरा खाए उचाट,
कहाँ पड़े मेरे याने बालक, कहाँ बलम की खाट।/मेरे भीगे दामन चोली,
सामण इभी न आईये रे।/महाजन की आँख में खटके, मेरा जोबन गोरा,
रोज भेड़िया बनके ताके, जमींदार का छोरा।/बाके लगे दुनाली गोली,
सामण इभी ना आइये रे।"[2]

इस लोकगीत में हम देखते हैं कि जहाँ पर सवर्ण स्त्रियाँ सावन को बुलाती हैं अपने विभिन्न आमोद-प्रमोद के लिए, वहीं दलित स्त्री अपने पति की खोली (घर) के बिक जाने के कारण, सावन से कह रही है कि तू अभी मत आना क्योंकि मेरे बालकों

और पति के सोने के लिए जगह नहीं है। दूसरा बिम्ब दलित स्त्री के गोरे यौवन का है, जिस पर महाजन और जमींदार के पुत्र की भेड़िया नजरें नित्य लगी रहती हैं। इसी प्रकार रघुनाथ 'प्यासा' का एक दूसरा लोकगीत है—'इत मत आइये रे मनिहार' इस लोकगीत में दलित स्त्री का और भी मार्मिक बिम्ब उभरता है—

"इत मत आइये रे मनिहार,/चूड़ी कैसे पहनूँ रे।/मेरा बलमा बेरोजगार,
चूड़ी कैसे पहनूँ रे।।/महँगी चूड़ी पहनी एक बार, बड़ी मुसीबत आयी,
मुखियानी ने मुखिया जी से तभी शिकायत लगाई।/म्हारे सामने महँगी चूड़ी पहने नीच गँवार।/चूड़ी कैसे पहनूँ रे।/तन पे मेरे फटे चीथेड़े, तू कहे पहनूँ चूड़ी।

बिन पैसे के एक सुहागन, हो गयी रांड और रूड़ी।/जिस पे पैसा उसकी इज्जत,
बाकी सब बेकार।/चूड़ी कैसे पहनूँ रे। रोटी की उलझन में उलझे,
कैसे सुगन बिचारे।

हाथ हथोड़ा लेके पत्थर तोड़े सड़क किनारे।/माटी ही सिन्दूर हमारा,
माटी ही सिंगार,/चूड़ी कैसे पहनूँ रे।"[3]

सड़क किनारे पत्थर तोड़ती, बेरोजगार पति की पत्नी, माटी ही जिसका सिंदूर और श्रृंगार है, भला वह कैसे महँगी चूड़ी पहन सकती है। जो धन के अभाव में सुहागिन होते हुए भी रांड़ (विधवा) जैसी लगती है। जिसके एक बार अच्छी चूड़ी पहनने पर मुखियानी ने शिकायत कर दी थी। इस एक गीत में दलित स्त्री के कई बिम्ब हमारे सामने खुलते हैं और हमें बेचैन कर देते हैं, जिससे दलित कविता की सामर्थ्य का भी आभास होता है।

हिन्दी दलित कविता में ऐसे-ऐसे बिम्ब देखने को मिलते हैं, जो हिन्दी साहित्य में शायद ही कहीं देखने को मिलें। दलित कवि मलखान सिंह की कविता से एक ऐसा ही बिम्ब यहाँ प्रस्तुत है—

"यकीन मानिये/इस आदमखोर गाँव में/मुझे डर लगता है
बहुत डर लगता है/लगता है कि अभी बस अभी/ठकुरासी मेंड़ चीखेगी
मैं अधशौच में/खेत से उठ आऊँगा।"[4]

इस काव्यांश में एक ऐसे भूमिहीन मजदूर का बिम्ब द्रष्टव्य है, जिसके पास रहने को ही नहीं, शौच के लिए भी स्थान नहीं है। वह शौच के लिए ठाकुर के खेत में जाता है। मेंड़ पर खड़ा खूँखार ठाकुर चीखता है, और वह भूमिहीन मजदूर अधबीच में ही शौच कर्म छोड़कर खेत से उठ भागता है। मलखान सिंह की कविता 'सुनो ब्राह्मण' से एक और बिम्ब देखा जा सकता है। अस्पृश्यता का एक कारण, अन्य कारणों के साथ उनका गन्दा रहना भी है। इसी सन्दर्भ में मलखान सिंह ने दलित कामगार के जो बिम्ब उकेरे हैं, वे देखने योग्य हैं—

"सुनो ब्राह्मण/हमारे पसीने से/बू आती है तुम्हें
फिर ऐसा करो/एक दिन/अपनी जनानी को/हमारी जनानी के साथ
मैला कमाने भेजो/तुम मेरे साथ आओ/चमड़ा पकाएँगे/
मिल बैठकर/मेरे बेटे के साथ/अपने बेटे को भेजो/दिहाड़ी की खोज में
और अपनी बिटिया को/हमारी बिटिया के साथ/भेजो कटाई करने
मुखिया के खेत में/शाम को थककर/पसर जाओ धरती पर/सूँघो खुद को
बेटे को/बेटी को/तभी जान पाओगे तुम/जीवन की गन्ध को
बलवती होती है जो/देह की गन्ध से।"[5]

इस कविता में मैला उठाकर ले जाती महिला, मजदूरी करता पुरुष और फसल काटती स्त्री तथा चमड़ा पकाते हुए दलित के जो बिम्ब हैं, वह बरबस हमारा ध्यान अपनी ओर खींचते हैं। दलित कविता में विद्रोही चरित्रों के बिम्ब भी देखने को मिलते हैं। कवयित्री डॉ. सुशीला टाकभौरे की कविता में प्रस्तुत विद्रोहिणी स्त्री का बिम्ब यहाँ देखा जा सकता है–

"तुम्हें शर्म क्यों नहीं आयी?/गल चुकी मोमबत्तियाँ
आज वह जंगल की आग है/बुझाए न बुझेगी/आग का दरिया बन जायगी
उसके तेवर पहचानो/सँभालो पुराने जेवर/थान के थान परिधान
नंगेपन पर उतरकर/पुरुष के सर्वस्व को नकार कर नीचा दिखाएगी।"[6]

डॉ. सुशीला टाकभौरे की इस कविता में दलित स्त्री का जो बिम्ब है, वह मोमबत्ती की तरह गलती हुई असहाय स्त्री का नहीं है, बल्कि उस स्त्री का है जो अब आग का दरिया बन चुकी है। वह जंगल की आग की तरह समस्त उत्पीड़न और अन्याय को जलाकर राख कर देने के लिए कटिबद्ध है। ओमप्रकाश वाल्मीकि ने दलित कविता के इन बिम्बों पर दृष्टिपात करते हुए लिखा है कि–"दलित कविता ने अन्धकार से लड़ते हुए जुगनू के समान अपने भीतर असंख्य सूर्यों को जन्म दिया है, जो उसकी अभिव्यक्ति को शक्ति देता है। सूर्य, रोशनी, प्रकाश, रात-दिन, ज्वालामुखी, समुद्र, तूफान, दलित कविता में शब्द भर नहीं है, बल्कि ये आवेगपूर्ण अनुभवों की अभिव्यक्ति हैं।"[7]

दलित कविता के अध्ययन से स्पष्ट होता है कि दलित कविता में केवल, उत्पीड़ित, अपमानित, असहाय, भूमिहीन दलित जीवन के ही बिम्ब नहीं मिलते, बल्कि उसमें विद्रोही, जुझारू और संघर्षशील दलित स्त्री-पुरुषों के भी सशक्त बिम्ब दृष्टिगोचर होते हैं।

वस्तुतः पारम्परिक हिन्दी काव्यशास्त्र के बिम्ब-विधान के स्थापित मानकों पर हम दलित साहित्य के बिम्बों को परखने का प्रयास यदि करेंगे, तो सम्भव है हमें निराश होना पड़े लेकिन शोषण, उत्पीड़न और अन्याय की लम्बी परम्परा को ध्यान

में रखकर हिन्दी के दलित साहित्य के बिम्ब-विधान को देखें तो हमें ये सभी बिम्ब सहज, यथार्थ और बेहद सजीव लगेंगे।

हिन्दी दलित साहित्य में प्रतीक विधान

हिन्दी दलित साहित्य में प्रतीकों का बहुत महत्त्व है। प्रतीकों के माध्यम से दलित कवियों ने अपनी अभिव्यक्ति को प्रभावशाली बनाया है। इस सत्य को स्वीकार करते हुए दलित कवि ओमप्रकाश वाल्मीकि ने लिखा है कि–"साहित्य में प्रतीक की महत्ता सर्वविदित है। प्रतीक द्वारा भावना, विचार बोध आदि की अभिव्यक्ति जहाँ रचना को प्रभावशाली बनाती है, वहीं अर्थपूर्ण भी। प्रतीक द्वारा किसी भी बात को संक्षेप में कहा जा सकता है। दलित साहित्य में समाज की पीड़ा, बेबसी, उत्पीड़न और शोषण से उपजे आक्रोश को, सामाजिक यथार्थ को चित्रित करने के लिए प्रतीकों का प्रयोग हुआ है।"[8] हिन्दी दलित कविता में पेड़, भेड़िए, जंगली सूअर, कुत्ते, शोषण, दमन और गुलामी के प्रतीक हैं। कलम, सूर्योदय आदि दलित मुक्ति के प्रतीक के रूप में आये हैं। दलिता कविता में प्रतीकों की स्थिति का विवेचन करते हुए डॉ. तेज सिंह लिखते हैं कि–"दलित कविता में परम्परागत प्रतीक भी नये-नये अर्थ देने लगते हैं, जो स्थायी बिम्ब बनकर हमारी चेतना पर प्रभाव छोड़ जाते हैं। इसलिए जयप्रकाश कर्दम की कविता में नदी, बाँध, कलम और कबूतर जैसे परम्परागत प्रतीक भी नये-नये अर्थ देने लगते हैं। यदि नदी उस ब्राह्मणवादी समाज व्यवस्था का प्रतीक है जो दलित शोषितों का हजारों साल से विनाश करती रही है तो 'बाँध' उन दलितों, शोषितों-उत्पीड़ितों की सामाजिक चेतना और उसकी ताकत का प्रतीक है जो 'वेगवती नदियों' को भी अपने काबू में कर सकता है। दलित कवियों की दृष्टि में कलम दो तरह की होती है। एक, सनातनी कलम तो दूसरी दलित कलम। सनातनी कलम से दलितों के वेतन काट लिए जाते हैं, जमीन झोंपड़ी से बेघर कर दिया जाता है, प्रेक्टिकल में फेल कर दिया जाता है और खलनायकों को नायक बनाकर झूठा इतिहास लिख दिया जाता है, लेकिन दलित कलम अब इस सनातनी कलम के खिलाफ अपने पैरों पर खड़ी हो गयी है और अपनी ताकत के बल पर समाज का सत्य लिखने लग गयी है जो– *"हिंसक और हमलावर कलम के/ हर वार को काटेगी/ और क्रांति के गोलों से/ अन्याय के किलों को/ ध्वस्त करके नया इतिहास रचेगी।"* (कलमः जयप्रकाश कर्दम)..... ठीक इसी तरह जयप्रकाश कर्दम कबूतर को प्रेम का सन्देश लेकर नहीं भेजते बल्कि इस बार उसे क्रांति का सन्देश देकर कहते हैं–*जाओ/ उस व्यक्ति के पास/ नहीं पहुँचती जिस तक/ अखबार की खबरें भी/* (सन्देश) ठीक इसी प्रकार दलित कविता प्रणय, सौन्दर्य, रस की कविता नहीं है, बल्कि जिन्दगी के जेहाद का प्रतीक बन गयी है। जिसे जारी रहना है– *'उदित होने तक/ क्रांति का सूत्र/ स्थापित*

होने तक/ साम्राज्य।' (जेहाद)।"[9] दलित कविता में इसी तरह के न जाने कितने आक्रोश और विद्रोह के प्रतीक देखने को मिलते हैं। डॉ. चन्द्रकुमार वरठे की एक कविता 'यह कविता तुम्हारे नाम' में प्रयुक्त कुछ प्रतीक यहाँ देखे जा सकते हैं—

"लो/यह कविता/इसे उढ़ा दो/कम्बल की तरह अपने बच्चे को/और/
उसकी गर्मी में उसे/देखने दो सपने/कल की सुबह के/
उगने वाले सूरज का बछड़ा/उसी को तो पकड़ना है।"[10]

इस कविता में कल सुबह खुशहाली और दलित मुक्ति तथा सूरज का बछड़ा चुनौतियों का प्रतीक है। इसी प्रकार आदिवासी कवयित्री निर्मला पुतुल की भी एक कविता यहाँ उद्धृत है—

"आग फैलेगी धीरे-धीरे/आदमी के जंगल में/
और जल उठेंगे खामोश अचल खड़े पेड़
योग समाधि लिए बैठा बरगद भी/नहीं बचेगा हमारी लपटों से।"[11]

इस कविता में 'आग' दलित चेतना का प्रतीक है और 'खामोश अचल खड़े पेड़' तथा "योग समाधि लिए बैठा बरगद" ब्राह्मणवाद का प्रतीक है जिससे दलितों का संघर्ष सतत और शाश्वत है।

हिन्दी दलित कविता में एकलव्य, शम्बूक आदि को दलित चेतना के लिए प्रयुक्त किया गया है। इस सम्बन्ध में डॉ. तेज सिंह लिखते हैं कि—"ब्राह्मणवादी व्यवस्था के समर्थकों द्वारा शम्बूक का वध और एकलव्य का अँगूठा काटने का षड्यन्त्र दलितों में विकसित होती सामाजिक चेतना को शुरू में ही नष्ट कर देने का षड्यन्त्र है। यही वजह है कि शम्बूक और एकलव्य दलित कविता में सामाजिक चेतना के ताकतवर प्रतीक बनकर आते हैं। लगभग प्रत्येक दलित कवि ने इन्हें अपनी चेतना का महत्त्वपूर्ण हिस्सा मानकर विद्रोही प्रतीक के रूप में चुना है। दलित कवि की दृष्टि में शम्बूक भले ही इतिहास पुरुष नहीं है, जो राजतन्त्रों में जन्म लेता है, लेकिन इतिहास का सच जरूर है, जो असंख्य चेतनाओं का प्रतीक है।"[12] इस सन्दर्भ में कंवल भारती की कविता 'शम्बूक' का एक अंश यहाँ द्रष्टव्य है—

"शम्बूक/तुम्हें मालूम नहीं/तुम्हारे वध पर/देवताओं ने पुष्प वर्षा की थी
कहा था—बहुत ठीक, बहुत ठीक।/क्योंकि तुम्हारी हत्या/ दलित चेतना
की हत्या थी स्वतन्त्रता, समानता और न्यायबोध की हत्या थी/किन्तु
शम्बूक/ तुम आज भी सच हो
आज भी दे रहे हो शहादत/सामाजिक परिवर्तन के यज्ञ में।"[13]

इन पुराण पुरुषों के अतिरिक्त आधुनिक युग के कुछ संघर्षशील व्यक्तियों को भी दलित कवियों ने प्रतीक के रूप में प्रयुक्त किया है। जैसे वीरांगना झलकारी बाई, उदादेवी पासी और फूलन देवी के नाम लिए जा सकते हैं। भारतीय दलित साहित्य

अकादमी के अध्यक्ष तथा हिन्दी दलित कविता के सुप्रसिद्ध हस्ताक्षर डॉ. सोहनपाल सुमनाक्षर ने लिखा है कि–

"फूलन/दलित शोषित समाज का प्रतीक है/चाहे उसे कितना ही बदनाम करो तोहमत धरो/वह/हमारी ही नहीं/सारी नारी जाति की/शौर्यगाथा है।"[14]

कुल मिलाकर कहा जा सकता है कि हिन्दी दलित साहित्यकारों ने अपने साहित्य में प्रतीकों का प्रयोग दलित अभिव्यक्ति को धारदार और सहज बोधग्राह्य बनाने के लिए किया है और यह निःसंकोच कहा जा सकता है कि इसमें वे सफल भी हुए हैं। हिन्दी की दलित कविता के प्रतीक भी बिम्बों की तरह पारम्परिक काव्यशास्त्र के पैमाने से नहीं नापे जा सकते, बल्कि हिन्दी के दलित साहित्य का प्रतीक-विधान भी समय की आवश्यकता पर यथार्थ और सजीव अभिव्यक्ति के लिए ही गढ़ा गया है और निरन्तर नये-नये प्रतीक गढ़े-रचे जा रहे हैं।

दलित साहित्य में छन्द एवं अलंकार विधान

हिन्दी दलित साहित्य के प्रथम दलित कवि सन्त रैदास ने अपने काव्य में दोहों तथा पदों का प्रयोग किया था, लेकिन औपचारिक शिक्षा के अभाव में उन्हें छन्द शास्त्र का ज्ञान होना सम्भव नहीं था। अतः छन्दशास्त्र की दृष्टि से उनके दोहे मुकम्मल नहीं भी हो सकते हैं और पदों का तो कोई शास्त्रीय आधार है ही नहीं। लेकिन फिर भी रैदास के दोहे तथा पद गेयता की दृष्टि से महत्त्वपूर्ण हैं। उनमें लयबद्धता दृष्टिगोचर होती है। जिन्हें विगत साढ़े पाँच सौ वर्षों से निरन्तर गाया जाता रहा है। इसके उपरान्त मुझे लगता है कि दलित कवियों की सम्पूर्ण कविताओं में यही प्रवृत्ति देखने को मिलती है। आगे बढ़ने से पूर्व रैदास के दो दोहों तथा एक पद को देख लेना उचित होगा–

"जा देष्यां घिन उपजै, नरक कुण्ड मंह वास।
प्रेम भगति सौ उबरै, प्रकट जन रैदास।।

× × ×

रैदास तूं कांवचि फली, तुझ हूँ न छिवै कोई।
ते निज नांव न जानियाँ, भला कहाँ ते होई।।"[15]

रैदास की वाणी का दूसरा रूप उनके पदों में देखने को मिलता है। ये पद रागों में निबद्ध हैं, जिनके ऊपर रागों के नाम भी लिखे हुए हैं। ऐसा प्रतीत होता है कि इन्हें रैदास ने गाया होगा। ये अब भी उसी रूप में मिलते हैं। एक पद यहाँ उद्धृत है–

"त्राहि-त्राहि त्रिभवन पति पावन।
अतिसय सूल सकल बलि जावन।। टेक।।
काम क्रोध लम्पट मन मोरा, कैसे भजन करौं मैं तेरा।

विषम बिसाद बिहंडनकारी, असरन सरन सरनि भौहारि।।
देव देव दरबारि दुऔरे, राम-राम रैदास पुकारै।।"[16]

दलित कवि में पद तो किसी और कवि ने नहीं लिखे, लेकिन दोहों की रचना माताप्रसाद ने की है। उनकी पुस्तक 'राजनीति की अर्द्धसतसई' में उनके 350 दोहे संकलित हैं, जो शास्त्रीय दृष्टिकोण से भी ठीक हैं।

"मनुष न पैदा होत यहाँ, जाति पेट से आय।
कंटक बनि वह गड़ि रही, मित्र कष्ट है पाय।।"[17]

इनके अतिरिक्त दलित साहित्य के वरिष्ठ कवि स्वामी अछूतानन्द ने ग़ज़ल छन्द का उपयोग किया है। हालाँकि उस समय ग़ज़ल हिन्दी में बहुत प्रचलित छन्द नहीं था, लेकिन फिर भी उन्होंने इस छन्द का उपयोग किया है। वह सम्भवतः इसलिए भी हो कि ग़ज़ल के शेर भी दोहों जैसे समतुकान्त होते हैं। स्वामी अछूतानन्द की एक ग़ज़ल के दो शेर यहाँ प्रस्तुत हैं–

"पुरखे हमारे थे बादशाह, तुम्हें याद हो कि न याद हो।
अब हिन्द में हम हैं तबाह, तुम्हें याद हो कि न याद हो।।
इतिहास में जो नावर, थे और पराक्रमी धनुर्धर।
थे सभ्यता में अग्रसर, तुम्हें याद हो कि न याद हो।।"[18]

दलित कवियों में तेजपाल सिंह और डॉ. एन. सिंह ने भी कुछ ग़ज़लें लिखी हैं। डॉ. एन. सिंह की भी एक ग़ज़ल के चन्द शेर यहाँ द्रष्टव्य हैं–

"आशाओं के घाट न पहुँची उपलब्धि की नाव।
तपी दुपहरी चली उमरिया, थके हमारे पाँव।।
बंजर धरती नारे भाषण, हरियाली के पेड़।
यूँ सपनों के बाग निराते ढल निकली है छाँव।।"[19]

हिन्दी दलित कवियों में कुछ कवियों ने खण्डकाव्य तथा प्रबन्धकाव्यों की भी रचना की है। वहाँ पर उन्होंने छन्दों का प्रयोग किया है। जैसे श्री माताप्रसाद ने अपने 'भीमशतक' खण्डकाव्य में 'कवित्त' छन्द का प्रयोग किया है। डॉ. अम्बेडकर द्वारा महाड़ तालाब से पानी लेने के आन्दोलन का सजीव चित्रण माताप्रसाद ने किया है। जो 'कवित्त' छन्द का सशक्त उदाहरण है–

"आगे चले भीम, भीड़, पीछे है कई हजार,
जाइके महाद चौबदार जल पीने हैं।
मची हलचल 'मित्र' खबर नगर भये,
लाठी लिए आइ, कितनों को पीट देने हैं।
तोड़े पंडाल भूमि भोजन बिखेरे सब,
दोनों दल आपस में मारपीट कीने हैं।

पुलिस अधिकारी अरू, भीम मिलि शान्त किये,
तब ही से 'बाबा साहब' नाम धरि दीने हैं।"[20]

कविवर लक्ष्मीनारायण सुधाकर ने 'अम्बेडकर शतक' की रचना की है। उन्होंने अपने इस काव्य में 'सवैया' छन्द का प्रयोग किया है। यहाँ एक 'सवैया' प्रस्तुत है–

"दीन दयाल कृपाल तुम्हीं, तुम ही शोषित जन के रखवारे।
थाम लिए गिरते-गिरते, तुम ही हो गरीब-नवाज हमारे।।
दलितों की लखी तुम दीन दशा, करुणा करि अपने कष्ट नवारे।
को नहीं जानते हैं जग में, अम्बेडकर बोधिसत्व हमारे।।"[21]

हिन्दी के कुछ दलित कवियों ने 'मुक्तक' छन्द का भी प्रयोग किया है। इन कवियों में रघुवीर सिंह 'अरविन्द' का नाम प्रमुख रूप से लिया जा सकता है। उनकी 'मुक्तक-सतसई' में सात सौ मुक्तक संकलित हैं। यहाँ उनका एक मुक्तक प्रस्तुत है–

"है खड़ी बेगार सोचे, नर जहाँ पशु हो गया है।
कूप की पनिहारियों से, मूढ़ पाथर रो गया है।।
पाथरों से भी कड़ा उर, हो गया जिस देश मति का।
जन्म का फेरा बताकर, दलित बंधुआ हो गया है।"[22]

हिन्दी दलित कवियों ने कुछ गीत भी लिखे हैं और नवगीत विधा का भी प्रयोग किया है। गीतकारों में रघुनाथ 'प्यासा' का नाम सर्वोपरि है। उनके दस गीत 'दर्द के दस्तावेज' में शामिल हैं। यहाँ उनके एक गीत की कुछ पंक्तियाँ प्रस्तुत हैं–

"म्हारे अंगना पक गये आम,/राम सुध लीजियो।/
म्हारे बाबुल न जाने अपना नाम,
राम सुध लीजियो।/कहने को तो देश हमारा, धरती अपनी माय,
दुनियादारी में देखे तो, अपना कुछ भी नाय।।
अब तो अपना नहीं है/तन का चाम,/राम सुध लीजियो।
सभी बराबर हो गये, कहिये कहवै ये सरकार,
जिसने भी अधिकार जताया, लूट लिए घर बार।
कोरे कागज पे है इन्तजाम,/राम सुध लीजियो।।"[23]

नवगीत लिखने वालों में कविवर श्यामलाल शमी का नाम बहुत ही सम्मान के साथ लिया जाता है। उनका एक नवगीत 'कुछ नहीं बदला' यहाँ उदाहरणार्थ प्रस्तुत है–

"कुछ नहीं बदला/नहीं बदले,/हमारे गाँव/है वही पंडा/
वही मन्दिर गजब है/मूर्ति पूजन का/न हक तब था/
न अब है/बैठे कहाँ, उस/छोर के

नीम वाली छाँव?/दक्षिणी दिशा में/झोपड़ी थी/वे वहीं है/
श्रेष्ठियों के बीच
घर, अपने/नहीं है।/इधर कच्चे/उधर पक्के/मगन छूते ठाँव/पूर्वजों का
जुल्म, अब/सन्तान में है/काम बदले दाम/कम दें,/शान में है/
बाप पहले, पुत्र
अब, अपने/छुआता, पाँव/छूत लगती है/उन्हें, अब भी हमी से
मुक्ति दे कोई/नरकिया/जिन्दगी से?/कब तलक शोषण/वही
फिर परस्ती दाँव।"

उक्त कवियों के अतिरिक्त सभी दलित कवियों ने मुक्त छन्द का प्रयोग किया है। मुक्त छन्द का प्रयोग करने वाले कवियों में–सर्वश्री मोहनदास नैमिशराय, जयप्रकाश कर्दम, ओमप्रकाश वाल्मीकि, सी.बी. भारती, चन्द्रकुमार वरठे, पुरुषोत्तम सत्यप्रेमी, सूरजपाल चौहान, श्यौराज सिंह 'बेचैन' आदि के नाम लिए जा सकते हैं। डॉ. प्रेमशंकर एक सिद्धहस्त दलित कवि हैं। उनकी कविता का एक अंश यहाँ प्रस्तुत है–

"हम मानसिक शोषण के शिकार/तुम्हारी दानवी शक्तियों को एवं
चालाकियों को देखते रहे/महसूसते रहे/युगों से/चूँकि हमारे हाथ में कलम
मुख में जीभ/और हाथ/बन्धनहीन नहीं थे।"[24]

इससे स्पष्ट होता है कि दलित कवियों ने दोहा, ग़ज़ल, कविता, सवैया, मुक्तक, गीत और नवगीत के साथ ही अधिकांशतः मुक्तछन्द का प्रयोग किया है, जिससे उनकी काव्य सर्जना में उनकी प्रतिभा के दर्शन होते हैं।

दलित काव्य की सहज, सरल और स्पष्ट भाष में अलंकार कहीं भी दिखाई नहीं देते। दलित कवि अपनी अभिव्यक्ति को धारदार बनाने के लिए आम बोलचाल की भाषा का प्रयोग करते हैं। उनकी इस अभिव्यक्ति को अधिक से अधिक 'सरलोक्ति' अलंकार ही कहा जा सकता है।

सन्दर्भ

1. दलित साहित्य का सौन्दर्यशास्त्रः ओमप्रकाश वाल्मीकि, पृ. 85
2. दर्द के दस्तावेजः सं. डॉ. एन. सिंह, पृ. 143
3. वही, पृ. 144
4. सुनो ब्राह्मणः मलखान सिंह, पृ. 3-4
5. वही, पृ. 37-38-39
6. आज की खुद्दार औरत (कविता): डॉ. सुशीला टाकभौरे, युद्धरत आम आदमी, त्रैमासिक, हजारीबाग, अंक-31, जुलाई-सितम्बर-1995, पृ. 67-68
7. दलित साहित्य का सौन्दर्यशास्त्रः ओमप्रकाश वाल्मीकि, पृ. 86

8. वही, पृ. 84
9. आज का समयः सं.–डॉ. तेज सिंह, आज के समय की दलित कविता (सम्पादकीय)
10. अधूरी चिट्ठी रोशनी कीः चन्द्रकुमार वरठे, पृ. 21
11. अपने घर की तलाश मेंः निर्मला पुतुल, पृ. 57
12. आज का समयः सं. डॉ. तेज सिंह, आज के समय की दलित कविता (सम्पादकीय)
13. वही, पृ. 22
14. हिन्दी काव्य में दलित काव्यधाराः माताप्रसाद, पृ. 300
15. रैदास ग्रन्थावलीः सं. डॉ. एन. सिंह, पृ. 137
16. वही, पृ. 206
17. राजनीति की अर्द्धसतसईः माताप्रसाद, पृ. 26
18. हंस, मासिक, दिल्ली, अगस्त-2004, पृ. 188
19. सतह से उठते हुएः डॉ. एन. सिंह. पृ. 51
20. भीमशतकः माताप्रसाद, पृ. 18
21. अम्बेडकर शतकः लक्ष्मीनारायण सुधाकर, पृ. 22
22. दर्द के दस्तावेजः सं. डॉ. एन. सिंह, पृ. 146
23. हंस, मासिक, दिल्ली, अगस्त-2004, पृ. 190
24. अपनी शताब्दी से उपेक्षितः डॉ. प्रेमशंकर, पृ. 15

दलित साहित्य में मिथकीय चेतना

मिथक का शाब्दिक अर्थ है–"प्राचीन पुराकथाओं का तत्त्व जो नवीन स्थितियों में नये अर्थ का वहन करें।"[1] कहना न होगा कि पुरातन हिन्दी साहित्य में धार्मिक मिथकों की रचना करके भारत में दलितों का उत्पीड़न किया गया है। श्री प्रेमसिंह का मानना है कि–"मनुवादी ब्राह्मणवादी परम्परा में दलितों की पशुओं से भी हीन स्थिति बनाये रखने में धार्मिक, सांस्कृतिक मिथकों की भूमिका सबसे अहम है। यही कारण है कि प्रत्येक दलित लेखक ने अपनी रचनाओं और विचारों में उदात्त से उदात्त कहे और माने जाने वाले मिथकों पर तीखे प्रहार किये हैं। ईश्वर से लेकर करोड़ों देवी-देवताओं तक दलित लेखकों के प्रहार का निशाना बने हैं। एक वाक्य में कहें, तो दलित साहित्य मिथकमार साहित्य है। दलित साहित्य में मिथकों का उपयोग उसके सौन्दर्य मूल्यों की संगति में हुआ है। दलित साहित्य के सौन्दर्य मूल्य–समता, स्वतन्त्रता, बन्धुत्व और सबसे बढ़कर मनुष्यता-वायवी आध्यात्मिक न होकर सामाजिक वैचारिक हैं। भारतीय समाज में उन मूल्यों को अर्जित करने के लिए अन्यायकारी मिथकीय विधान का ध्वंस दलित लेखकों के लिए एक जरूरी कार्यभार है। दलितों के लिए मिथक केवल अतीत की वस्तुत नहीं है। सवर्ण जातियों में मिथकों के जीवित अवतार हमेशा उपस्थित रहते हैं और दलितों को जीवनपर्यन्त उनके हाथों अवमानना झेलनी पड़ती है। ऐसी स्थिति में दलित साहित्य में मिथकों पर ध्वंसात्मक प्रहार स्वाभाविक वस्तु बन जाती है। आधुनिक जीवन के जटिल यथार्थ को खोलने और अभिव्यक्त करने के लिए आधुनिक युग के प्रायः सभी साहित्यकारों ने सभी विधाओं की रचनाओं में मिथकों का अर्थगर्भ उपयोग किया है। मिथक मुख्यधारा साहित्य में लक्षणार्थ और व्यंजनार्थ के महत्त्वपूर्ण स्रोत हैं। कहीं किसी एक पौराणिक पात्र का, कहीं किसी एक प्रसंग का और कहीं पूरी कथा का आधार लेकर आधुनिक मनुष्य के जीवन समस्याओं, विडम्बनाओं, और पीड़ाओं का चित्रण किया जाता है।"[2] दलित साहित्य की प्रख्यात समर्थक श्रीमती रमणिका गुप्ता की मान्यता है कि–"दलित साहित्यकार पौराणिक मिथकों को तोड़कर, शास्त्रीय प्रतीकों को नकारते हुए, उन्हें बेनकाब कर, उनके सच को उजागर करता है। दलित साहित्य की कविता, कहानी व उपन्यासों में अथवा

आलोचनाओं में पुराने मिथकों एवं प्रतीकों को तोड़कर नया अर्थ देने की प्रक्रिया एवं मुखर प्रवृत्ति है। ये शास्त्रीय मिथकों के झूठ को, सवर्णों के जातीय अहम् को गौरवान्वित करने के लिए गढ़े गये प्रतीकों और मिथकों के तिलस्म को तोड़कर, झूठ कहकर उनके चमत्कार को खत्म ही नहीं करता, बल्कि साथ ही साथ वह उन्हें नया अर्थ, नयी परिभाषा भी देते चलता है। ये प्रवृत्ति ऐसे नये समाज के निर्माण करने में सहायक हो रही है जो भारतीय मानसिकता की जड़ता और कुंठा को तोड़े और जहाँ कोई युधिष्ठिर जुए में पत्नी को हारकर धर्मराज न कहलाए, जहाँ कोई गुरु एकलव्य का अँगूठा कटाकर भी गुरु बना न रह सके, जहाँ पत्नी त्यक्ता, शम्बूकहंता, बाली छलता, राम मर्यादा पुरुषोत्तम नहीं कहलाए। हिन्दी दलित साहित्य में कंवल भारती, मोहनदास नैमिशराय, मलखान सिंह, जय प्रकाश कर्दम, डॉ. एन. सिंह, ओमप्रकाश, वाल्मीकि आदि कवियों की अनेक कविताओं में मिथकों का भंजन, नये प्रतीकों का सृजन देखने को मिलता है।"[3]

हिन्दी के दलित साहित्यकारों ने हिन्दू धर्म के लगभग सभी मिथकों पर चोट की है और उन्हें तोड़ा है। सबसे पहले ईश्वर से ही प्रारम्भ करते हैं। ईश्वर एक ऐसा मिथक है जिस पर धर्म का पूरा कारोबार अवलम्बित है। अस्पृश्यता को ईश्वरीय विधान बताकर दलितों का उत्पीड़न शताब्दियों से होता रहा है। अतः सबसे पहली चोट भी दलित साहित्यकारों ने ईश्वर पर ही की है। वरिष्ठ दलित कवि मोहनदास नैमिशराय ईश्वर की मौत की घोषणा इस प्रकार करते हैं–

"ईश्वर की मौत/उस दिन होती है/जब बनता है कोई मन्दिर या मठ
जहाँ बैठता है कोई/ठग,/लुटेरा/गुमराह करने वाला/ईश्वर की मौत
उस दिन होती है/जब किसी महिला को बनना पड़ता है/देवदासी
जाना पड़ता है वेश्यालय।"[4]

हिन्दू धर्म का दूसरा सबसे महत्त्वपूर्ण मिथक है 'आत्मा'! आत्मा अजर अमर है, उसे किसी प्रकार सुख-दुःख नहीं होता, वह अपवित्र भी नहीं होती, लेकिन सवर्ण यदि किसी दलित का स्पर्श कर लें, तो अपवित्र हो जाते हैं। यही आत्मा पुनर्जन्म लेती रहती है। ओमप्रकाश वाल्मीकि इस पर प्रश्नचिह्न लगाते हुए लिखते हैं कि–

"तुम्हारे रचे शब्द/तुम्हे ही डसेंगे/गंगा किनारे/कोई वट वृक्ष ढूँढ़कर
भागवत का पाठ कर लो/आत्मतुष्टि के लिए/कहीं अकाल मृत्यु के बाद
भयभीत आत्मा/भटकते-भटकते/किसी कुत्ते या सूअर की मृत देह में
प्रवेश न कर जाय/या फिर पुनर्जन्म की लालसा में/किसी डोम या चूहड़े के घर
पैदा न हो जाय।/चूहड़े या डोम की आत्मा/ब्रह्म का अंश क्यों नहीं है
मैं नहीं जानता/शायद आप जानते हों।"[5]

मन्दिर, प्रसाद और पुजारी, इनसे जुड़ी पवित्रता अपने आपमें एक मिथक ही है।

इस मिथक को भी दलित साहित्यकारों ने तोड़ा है। मन्दिर, प्रसाद और पुजारी का मोहनदास नैमिशराय ने अपनी आत्मकथा 'अपने-अपने पिंजरे' में विस्तृणा के साथ इस प्रकार उल्लेख किया है—"एक दिन प्रसाद देते हुए पुजारी की अँगुलियाँ मेरे हाथ से छू गयी। बस पुजारी का पारा चढ़ गया। नाराज होते हुए वह झल्लाया—"तू चमार का है न! सब कुछ भरस्ट कर दिया। कितनी बार कहा तुम ढोरों से प्रसाद दूर से लिया करो।" .....मेरे भीतर ज्वालामुखी उग आया था। जिसने मुझे झिंझोड़कर रख दिया था। मैंने आवेश में वहीं प्रसाद पुजारी के सामने थूक दिया था। 'थू, तुम्हारा मन्दिर और तुम्हारा प्रसाद.....' कहकर मैं चला आया था। उस दिन के बाद मैं मन्दिर नहीं गया था।"[6]

मन्दिर में विराजते हैं देवता! शिव उनमें सबसे प्रमुख हैं। दलित कवि मलखान सिंह उनके अस्तित्व को ही रक्तरंजित कर देते हैं—

"हम जब भी/तेरे कदमों में सिर रखने की सोचते हैं
तेरा धरती में गड़ा स्थूल लिंग/अग्रज एकलव्य का कटा अँगूठा
प्रतीत होता है।"[7]

हिन्दू धर्म के ग्रन्थों पर दलित कवियों का आक्रोश फूटा है, क्योंकि ये प्रगतिशील समाज की रचना में बाधक हैं। डॉ. जयप्रकाश कर्दम अपनी एक कविता 'धर्मग्रन्थों को आग लगानी होगी' में लिखते हैं कि—

"समाज को प्रगतिशील बनाना है/जाति के जहर को मिटाना है, तो
तथाकथित धर्मग्रन्थों को/आग लगानी होगी, और/नकारना होगा
वर्णित उस ईश्वर को/जो क्रमानुसार/फल देता है/और मोक्ष भी
वर्णों के अनुसार।"[8]

'गीता' को नकारते हुए डॉ. एन. सिंह अपनी कविता 'सतह से उठते हुए' में इन ग्रन्थों को यथास्थिति का पोषक मानते हुए लिखते हैं—

"अब/मेरे हाथ की कुदाल/धरती पर कोई नींव खोदने से पहले
कब्र खोदेगी/उस व्यवस्था की/जिसके संविधान में लिखा है—
तेरा अधिकार सिर्फ कर्म में है,/श्रम में है
फल पर तेरा अधिकार नहीं।"[9]

ये ग्रन्थ जिस 'देव भाषा' में लिखे गये हैं और जिस 'देव संस्कृति' को प्रस्थापित करते हैं, दलित साहित्यकार उस देव भाषा और देव संस्कृति को नकारता है, क्योंकि इसी भाषा में दलितों के दलन के दस्तावेज लिखे गये हैं, जिसका उच्चारण मात्र कर लेने पर जिह्वा काटने तथा सुनने पर कानों में पिघला हुआ सीसा डालने का प्रावधान था। देव भाषा और देव संस्कृति की विडम्बनापूर्ण स्थिति को ओमप्रकाश वाल्मीकि ने इस प्रकार अभिव्यक्त किया है—

"अर्थ बदलकर शब्दों के/गढ़ लेना असंख्य प्रतीक/ऋग्वेद के कृष्ण को
महाभारत में फिट करके/हो जाना आत्मविभोर/सो जाना गहरी नींद में
देख नहीं पाना सपनों में/पन्ने फाड़कर बाहर आती क्रूर हँसी
जो चुपके-चुपके दीमक की तरह/खा गयी तहखानों में सहेज कर
रखी संस्कृति और संस्कृत में/क्या सम्बन्ध है/मैं नहीं जानता/
शायद आप जानते हों।"[10]

हिन्दी दलित साहित्य में हिन्दी साहित्य के कुछ नायकों को खलनायक के रूप में प्रस्तुत किया गया है। इनमें द्रोणाचार्य का नाम प्रमुख रूप से लिया जा सकता है, जिसने अपने प्रतिभासम्पन्न शिष्य एकलव्य से गुरु दक्षिणा में अँगूठा लेकर दलितों में उत्पन्न हो रही चेतना को प्रारम्भ से ही समाप्त करने का षड्यन्त्र किया था। यह परम्परा कुछ द्रोण, दलित छात्रों को प्रैक्टिकल में फेलकर आज भी निभा रहे हैं। इस पर डॉ. दयानन्द बटोही की कविता 'द्रोणाचार्य सुनें: उनकी परम्पराएं सुनें' इस प्रकार टिप्पणी करती है–

"सुनो! द्रोण सुनो!/एकलव्य के दर्द में सनसनाते हुए घाव को/
महसूसता हूँ एक बारगी दर्द हरियाला है/स्नेह नहीं, गुरु ही याद आया है
जिसे मैंने हृदय में स्थान दिया/हाय! अलगनी पर टँगे हैं
मेरे तरकश और बाण
तुम्हीं बताओ कितना किया मैंने तुम्हारा सम्मान/लेकिन एक
बात दुनिया को बताऊँगा
तुम्हीं ने छलकर/दान में माँग अँगूठा।"[11]

ओमप्रकाश वाल्मीकि ने लिखा है कि–"पारम्परिक मान्यताओं और आदर्शों से भिन्न दलित साहित्य ने अपना रास्ता चुना है। पौराणिक आदर्श पात्र उसे नायक नहीं लगते। उनके चरित्र के दोहरे मानदण्डों को बारीकी से विश्लेषित कर दलित रचनाकार उनके दूसरे रूप को उजागर करता है। नायक को खलनायक में परिवर्तित करके दलित लेखक किसी बदले की भावना का प्रतिकार नहीं करता है, बल्कि जीवन-मूल्यों में छिपी विसंगतियों पर प्रहार करता है। उसकी भाषा जटिल संरचना के साथ उन स्थितियों को उभारती है जो मनुष्य का शोषण कर उसे दासता की ओर ले जाती है। रामायण और महाभारत के अनेक पात्रों ने दलित रचनाकारों का ध्यान खींचा है। दलित साहित्य में कर्ण, एकलव्य, शम्बूक नायकत्व प्राप्त कर चुके हैं। उनकी सोच और दृष्टि ने ऐसे अनेक अध्यायों को खँगाला है, जो भारतीय जनमानस को हजारों सालों से प्रभावित करते रहे हैं।"[12] ब्राह्मण समस्त ज्ञान का वाहक हो सकता है, लोक की दृष्टि में! लेकिन दलित कवि की दृष्टि में उसके समस्त उत्पीड़न और गुलामी का जिम्मेदार वही है, क्योंकि हिन्दू धर्म के सारे विधान उसने ही रचे हैं। मलखान सिंह की कविता ब्राह्मण को कुछ इस तरह आरोपित करती है–

"सुनो ब्राह्मण/हमारी दासता का सफर/तुम्हारे जन्म से शुरू होता है
और इसका अन्त भी/तुम्हारे अन्त के साथ होगा।"[13]

हिन्दी दलित साहित्य में 'एकलव्य' दलित चेतना का सशक्त प्रतीक है, जिसने ज्ञान अर्जित करने का प्रयास किया, किन्तु उसके अर्जित ज्ञान को द्रोण ने छल से उससे छीन लिया। इस मिथक की नवीन व्याख्या करते हुए डॉ. एन. सिंह ने लिखा है कि—"भारतीय परम्परा में आते हैं—द्रोण। जिन्होंने एकलव्य का अँगूठा इसलिए कटवा दिया कि वह धनुषबाण चलाना सीख गया था और आगे चलकर अपनी पूरी जाति को प्रशिक्षित कर सकता था। जो तत्कालीन सत्ताधारी और द्रोण के आश्रयदाताओं को चुनौती दे सकता था।"[14] डॉ. सी.बी. भारती इसे दूसरी तरह से व्याख्यायित करते हैं—

"हे एकलव्य! तुम कितने महान थे/वीरता के साथ-साथ भरा हुआ था
मनुष्यता का अजस्र स्रोत/तुम्हारी रग-रग में/तुमने की थी साधना,
किया था ज्ञान का अर्जन/और बन गये थे तुम श्रेष्ठ धनुर्धर/
पर द्रोणाचार्य, जिसे माना था तुमने अपना गुरु/
गुरु नहीं वह आततायी निकला/जिसने माँग लिया था दाहिना अँगूठा तुमसे
जिससे कि रह न सको तुम योग्य धनुर्धर/
क्योंकि कोई शूद्र बन जाय सम्माननीय
बन जाय शक्तिशाली/बन जाय योग्य/दे वह दिशा समाज को
यह द्रोणाचार्य को, द्रोणाचार्य की जाति को/उनके द्वारा निर्मित
व्यवस्थाओं को बरदाश्त न था।"[15]

हिन्दी दलित साहित्य में शम्बूक दलित उत्पीड़न का प्रतीक है। कुछ दलित साहित्यकार शम्बूक के वध को वर्णव्यवस्था के अतिक्रमण के रूप में देखते हैं, कुछ ब्राह्मणवादी साजिश के रूप में। दोनों ही स्थितियों में शम्बूक की कुर्बानी दलित साहित्यकारों को विद्रोह की प्रेरणा देती है। ओमप्रकाश वाल्मीकि लिखते हैं—

"शम्बूक तुम्हारा रक्त जमीन के अन्दर/समा गया है/जो किसी भी दिन
फूट कर बाहर आयेगा/ज्वालामुखी बनकर।"[16]

मराठी कवि दयापंवार का कहना है कि—*"असंख्य एकलव्यों के काट लिए गये अँगूठे/ दोहरे सामर्थ्य से उग आये हैं/ अरे तू ही हमारी क्रांति का अग्रदूत/ तेरे स्वागत में मुट्ठियाँ तानकर/ जयघोष गूँज उठा।"*[17]

दलित कवि कंवल भारती शम्बूक की तपस्या की ब्राह्मण ग्रन्थों से अलग व्याख्या करते हैं। वे अपनी 'शम्बूक' नामक कविता में लिखते हैं कि—

"शम्बूक तुम्हारा नाम नहीं है/क्योंकि तुम घोंघा नहीं थे/घृणा का शब्द है, जो
दलित चेतना को/व्यवस्था के रक्षकों ने दिया था/शम्बूक (हम जानते हैं)

तुम उलटे होकर तपस्या नहीं कर रहे थे/जैसा कि वाल्मीकि ने लिखा है
तुम्हारी तपस्या एक आन्दोलन थी/जो व्यवस्था को उलट रही थी/
शम्बूक (हम जानते हैं)/तुम्हें सदेह स्वर्ग जाने की कामना नहीं थी/
जैसा कि वाल्मीकि ने लिखा है/तुम अभिव्यक्ति दे रहे थे/
राजाश्रित अध्यात्म में उपेक्षित देह के यथार्थ को।
शम्बूक (हम जानते हैं) तुम्हारी तपस्या से/ब्राह्मण का बालक नहीं मरा था/
जैसा कि वाल्मीकि ने लिखा है/मरा था ब्राह्मणवाद
मरा था उसका भवितव्य।"[18]

दलित साहित्यकारों की दृष्टि में रावण भी ब्राह्मणवादी संस्कृति के बरक्स 'रक्ष-संस्कृति' का प्रवर्तक था, जो ब्राह्मणवाद के पोषकों को सहन नहीं थी, इसलिए उन्होंने षड्यन्त्र रचकर राम से उसकी हत्या करवा दी। वरिष्ठ दलित कवि माताप्रसाद ने 'दिग्विजयी रावण' महाकाव्य रचकर रावण को खलनायक से नायक बनाकर स्थापित किया है। वे लिखते हैं कि–

"राज तिलक रावण ने पाया, घर-घर बजी बधाई है।
सारी लंका जश्न मनाये, नृत्य गान अधिकाई है।।
सभी भाँति के व्यंजन खाएँ, बही सोमरस धारा है।
वर्णव्यवस्था यहाँ न होगी, भेदभाव न चले विधान।।
असुर, अनार्य, दैत्य दानव, मंगोल ब्रात्य हैं सभी समान।
भेदभाव न करो किसी से, राजाज्ञा प्रसारा है।।
नस्ल, वर्ण, अरु जाति भेद ना, धर्म नहीं डाले व्यवधान।
खान-पान अरु ब्याह भेद ना, रक्ष संस्कृति की पहचान।।
अपनाये जो इसे, आर्य जन, राक्षस वह दुत्कारा है।"[19]

उक्त मिथकों के अतिरिक्त दलित साहित्यकारों ने अश्वत्थामा, बाली, बलि, अभिमन्यु, कुन्ती, सीता, द्रौपदी, शबरी, शूर्पणखा और गोपियों और पौराणिक पात्रों को अन्याय और शोषण के शिकार पात्रों के रूप में चित्रित किया है।

उक्त विवेचन से यह सुस्पष्ट हो जाता है कि हिन्दी के दलित-साहित्य में मिथक यद्यपि परम्परित हैं, लेकिन परिवर्तित परिवेश एवं नयी परिस्थितियों में इन मिथकों के अर्थ और प्रयोग पूर्णतः बदल चुके हैं। अपने स्वतन्त्र मिथक गढ़े जाने का दलित-साहित्य में कोई प्रश्न ही नहीं उठता, चूँकि दलित-साहित्यकार तो शताब्दियों के उत्पीड़न, शोषण और अपमान से इतना दग्ध है कि वह अब परम्परागत मिथकों को भी शोषणवादी व्यवस्था की ही तरह बदल देने को तैयार हो गया है।

सन्दर्भ

1. वृहत् हिन्दी कोश, पृ. 984
2. आकार, त्रैमासिक, कानपुर, अंक-11, जुलाई-2004, पृ. 40-41
3. दलित चेतनाः साहित्यिक एवं सामाजिक सरोकारः रमणिका गुप्ता, पृ. 82-83
4. शिखर की ओरः सं. डॉ. एन. सिंह, पृ. 358 पर उद्धृत
5. बस! बहुत हो चुकाः ओमप्रकाश वाल्मीकि, पृ. 13
6. अपने-अपने पिंजरेः मोहनदास नैमिशराय, पृ. 31-32
7. सुनो! ब्राह्मणः मलखान सिंह, पृ. 19-20
8. गूँगा नहीं था मैंः जयप्रकाश कर्दम, पृ. 66-67
9. सतह से उठते हुएः डॉ. एन. सिंह, पृ. 11
10. बस्स! बहुत हो चुकाः ओमप्रकाश वाल्मीकि, पृ. 12
11. दर्द के दस्तावेजः सं. डॉ. एन. सिंह, पृ. 109
12. दलित साहित्य का सौन्दर्यशास्त्रः ओमप्रकाश वाल्मीकि, पृ. 90
13. सुनो ब्राह्मणः मलखान सिंह, पृ. 37
14. मेरा दलित चिन्तनः डॉ. एन. सिंह, पृ. 39
15. आक्रोशः डॉ. सी.बी. भारती, पृ. 44
16. सदियों का सन्तापः ओमप्रकाश वाल्मीकि, पृ. 13
17. मराठी दलित कविता और सोठात्तरी हिन्दी कविता में सामाजिक और राजनीतिक चेतनाः डॉ. विमल थोराट, पृ. 168 पर उद्धृत
18. आज का समयः सं. डॉ. तेज सिंह, पृ. 21-22
19. दिग्विजयी रावणः माताप्रसाद, पृ. 12

दलित साहित्य और सौन्दर्य चिन्तन

हिन्दी साहित्य का परम्परागत सौन्दर्यशास्त्र संस्कृत और पाश्चात्य सौन्दर्यशास्त्र से मिलकर बना है, जिसका आधार मूलतः सत्यं, शिवम् और सुन्दरम् है, लेकिन हिन्दी के दलित साहित्यकारों ने इस पर भी प्रश्नचिह्न लगाये हैं कि हिन्दी साहित्य में जो सत्य अभिव्यक्त हुआ है, क्या वह सम्पूर्ण भारतीय समाज का सत्य है? हिन्दी साहित्य केवल सवर्ण समाज का सत्य है, जो पूरी आबादी का 15 प्रतिशत है और सवर्ण समाज का सत्यं, शिवम् और सुन्दरम् दलित समाज के उत्पीड़न का आधार है। इस विषय में दलित चिन्तक डॉ. शरण कुमार लिम्बाले ने लिखा है कि–"सत्यं, शिवम् और सुन्दरम् ये भेदभाव की कल्पनाएँ हैं–जिसके आधार पर आम आदमी का शोषण हुआ है। दरअसल सत्यं, शिवम् और सुन्दरम् की धारणा तो सवर्ण समाज के स्वार्थ साधन के लिए रची गयी साजिश है। उसकी व्याख्या बदलने की जरूरत है। उन्हें अधिक ऐहिक और सामाजिक करने की आवश्यकता है–

– मनुष्य सर्वप्रथम मनुष्य है यही 'सत्य' है।
– मनुष्य की स्वतन्त्रता ही 'शिव' है।
– मनुष्य की मनुष्यता ही 'सौन्दर्य' है।

काल्पनिक सत्य, काल्पनिक शिव, काल्पनिक सौन्दर्य, ये सब मूर्खता की बातें हैं। विश्व में मनुष्य जैसी 'सत्य और सुन्दर' दूसरी कोई चीज नहीं है। इसलिए तो मनुष्य की समता, स्वतन्त्रता, न्याय, और बन्धुत्व की चर्चा होनी आवश्यक है। मेरे विचार में यही चर्चा दलित साहित्य के सौन्दर्यशास्त्र की चर्चा होगी।"[1] इसी दृष्टि से डॉ. सी. बी. भारती ने हिन्दी के सम्पूर्ण साहित्य का ही मूल्यांकन कर दिया है। डॉ. भारती के अनुसार–"हिन्दी साहित्य में साहित्य का सौन्दर्य व उसकी अर्थवत्ता, सत्यं, शिवं, सुन्दरम् की कसौटी पर कसकर ही निर्धारित की जाती है। सत्यं का तात्पर्य जो कि सत्य हो यथार्थ हो। इस दृष्टिकोण से हिन्दी साहित्य का लगभग सम्पूर्ण साहित्य की साहित्य की कोटि से खारिज हो जाता है। आध्यात्मिकता, सौन्दर्य, प्रेम व वासना के रासरंग से बोझिल हिन्दी साहित्य का सामाजिक सरोकारों से कोई दूर का भी सम्बन्ध नहीं रहा है। वैयक्तिक सरोकारों से जुड़कर ही साहित्य सर्जना हुई है। स्वांतः-सुखाय

की भारी-भरकम शब्दावली के नीचे जनमानस की व्यथा व आग को दबा दिया गया है। आदि कालीन साहित्य से लेकर अब तक के सृजित साहित्य पर हम इस सन्दर्भ में विहंगम दृष्टि डाल सकते हैं। नाथों, जैनों, सिद्धों व सन्तों का साहित्य यद्यपि यथार्थ की पृष्ठभूमि से ही उभरा है, पर वह आध्यात्मिकता के क्रोड में पुष्पित, पल्लवित व भ्रमित होकर सत्यं से दूरतर होता गया है। .....हिन्दी का अधिकांश उपन्यास, नाटक व कहानी साहित्य भी सत्यं से दूर-दूर भटकता रहा है। प्रेमचन्द की कुछ कहानियों– ठाकुर का कुआँ, सद्गति आदि में सत्य की प्रस्तुति है, पर कफन तक आते-आते उनकी मानसिकता भी भ्रमित होती व परिवर्तित होती प्रतीत होती है। जबकि दलित साहित्य का सम्पूर्ण वाङ्मय सभी विधाओं में सृजित चाहे वह उपन्यास हो, आत्मचरित हो, कहानियाँ हो, या काव्य हो, साहित्य सत्यं की कसौटी पर पूरी तरह खरा उतरता है। शिवं का तात्पर्य उस साहित्य से है जो समाज को एक दिशा दे व सबके लिए कल्याणकारी हो। इस दृष्टि से भी अधिकांश हिन्दी वाङ्मय प्रश्नचिह्नों के घेरे में आ जाता है, क्योंकि आदिकाल से लेकर आधुनिक काल तक का अधिकांश साहित्य सामाजिक सरोकारों को लेकर रचा ही नहीं गया है। सभी जगह वैयक्तिक सरोकारों, प्रेम, सौन्दर्य, वासना व आध्यात्मिकता अथवा कलात्मकता की कृत्रिमता का ही प्राधान्य है। कहीं भी समूचे समाज के उत्थान की कल्पना दृष्टिगोचर नहीं होती। जो साहित्य सत्यं व शिवं से परिपूर्ण हो, वही सुन्दरम् से भी परिभाषित हो सकता है। वही समाज के लिए भी उपयोगी है। अलंकारों, छन्दों, रसों व शब्दों की कलात्मकता के माध्यम से रचा गया संवेदनशून्य, वायवीय व मानसिक व्यभिचार का साहित्य सत्यं, शिवं, सुन्दरम् की कसौटी पर खरा नहीं उतर सकता, जबकि दलित साहित्य की परिकल्पना ही सत्यं, शिवं, सुन्दरम् के व्यापक फलक पर हुई है। वह मानव को देव, धर्म, देश से भी उच्च स्थान पर प्रतिष्ठित करती है।"[2] हिन्दी के दलित साहित्य को कलात्मक आधार पर खारिज किये जाने का प्रयास हिन्दी आलोचक करते रहे हैं। जैसा कि डॉ. मैनेजर पाण्डेय का भी मानना है कि–"आजकल जो दलित साहित्य सामने आ रहा है, उसके बारे में आमतौर पर हिन्दी के लेखक और आलोचक कहते हैं कि उसमें कला नहीं है या यह भी कि वह अच्छा साहित्य नहीं है।"[3] तो दूधनाथ सिंह ने कहा कि–"जन्मना दलित ही दलित लेखक होगा, यह मान लेने के बाद गुणवत्ता का प्रश्न फिलहाल कहाँ उठता है? सिर्फ 'कैटेगरी' रह जाती है।"[4] इससे दलित लेखकों एवं चिन्तकों को लगा कि यदि हिन्दी साहित्य के सौन्दर्य मानकों पर ही दलित साहित्य का मूल्यांकन किया जाता रहा, तो दलित साहित्य कभी भी स्थापित नहीं हो पायेगा। इसलिए दलित लेखकों द्वारा दलित साहित्य के अलग सौन्दर्यशास्त्र अथवा वैकल्पिक सौन्दर्यशास्त्र स्थापित किये जाने पर विचार किया जाने लगा। इसी प्रक्रिया में ओमप्रकाश

वाल्मीकि लिखते हैं कि—"पारम्परिक सौन्दर्यशास्त्र के प्रतिमानों से भिन्न दलित साहित्य के सौन्दर्यशास्त्र की आवश्यकता दलित लेखक महसूस करते हैं। उनकी इस सोच पर हिन्दी के स्थापित समीक्षक सदैव उँगली उठाते हैं। हिन्दी समीक्षक परमानन्द श्रीवास्तव हों या नामवर, दलित साहित्य के लिए अलग सौन्दर्यशास्त्र की आवश्यकता को गलत मानते हैं। ..... पारम्परिक सौन्दर्यशास्त्र पंडित जगन्नाथ के 'वाक्यं रसात्मकं काव्यं' को सूत्र की तरह दोहराता है, जबकि दलित लेखकों की दृष्टि में साहित्य आचार्यों द्वारा निर्मित 'रस' अधूरे एवं पूर्वाग्रहों से पूर्ण हैं। दलित साहित्य विद्रोह और नकार के संघर्ष से उपजा है। शोषित रसों के द्वारा दलित रचनाओं के केन्द्रीय भाव का मूल्यांकन नहीं हो सकता है।"[5] दलित साहित्य का सौन्दर्यशास्त्र कैसा होगा? इसके कुछ संकेत श्री राजेन्द्र यादव ने इस प्रकार दिये हैं कि—"जो नया सौन्दर्यशास्त्र बनेगा, वह संघर्ष से शुरू होगा, उस यातना से शुरू होगा, चाहे वह उसका रिइलाज करने अथवा उस यातना को, उसकी तकलीफ को, उसके भेद रूप को समझने के रूप में हो और उसके बाद बदलने की मानसिकता के रूप में हो, जिसे हम संघर्ष कह सकते हैं। तीसरा एक स्वप्न के रूप में होगा, हमें करना क्या है? हमें समानान्तर सौन्दर्यशास्त्र देना है, वैकल्पिक समाज बनाना है, यह सारा संघर्ष साहित्य में भी समाज में भी।"[6] मार्क्सवादी साहित्य ने जो सौन्दर्यशास्त्र विकसित किया, उसमें संघर्ष और विद्रोह स्थापित मूल्य थे। अब यह भी प्रश्न उठाया जाने लगा है कि जब मार्क्सवादी सौन्दर्यशास्त्र है ही, तो दलित साहित्य के सौन्दर्यशास्त्र की क्या आवश्यकता है? इस मुद्दे पर टिप्पणी करते हुए डॉ. मैनेजर पाण्डेय का कहना है कि—"दलित साहित्य के सौन्दर्यशास्त्र के लिए मार्क्सवादी सौन्दर्यशास्त्र में सीखने लायक अनेक बातें हैं। एक तो यही कि दलित साहित्य के सौन्दर्यशास्त्र के स्वाधीनताकामी संघर्षशील बनाने की सीख मार्क्सवादी सौन्दर्यशास्त्र से मिल सकती है। दूसरे स्तर पर रचना के प्रभाव की व्यापकता की चिन्ता मार्क्सवादी सौन्दर्यशास्त्र में होती है जो दलित साहित्य के सौन्दर्यशास्त्र के लिए भी है। लेकिन दलित साहित्य का विचारधारात्मक आधार जहाँ तक मार्क्सवाद से अलग और स्वतन्त्र है वहाँ तक दलित साहित्य का सौन्दर्यशास्त्र मार्क्सवादी सौन्दर्यशास्त्र से अलग और स्वतन्त्र होगा।"[7] अब दलित साहित्यकारों ने दलित साहित्य के सौन्दर्य मूलक तत्त्वों का उल्लेख करना प्रारम्भ कर दिया है। वरिष्ठ दलित साहित्यकार श्री माताप्रसाद ने लिखा है कि— "दलित साहित्य के सम्बन्ध में तीसरी आपत्ति यह उठाई जाती है कि इसमें 'सौन्दर्यबोध' का अभाव है। 'सौन्दर्य बोध' के सम्बन्ध में अभिजनों और दलितों के दृष्टिकोण में अन्तर है। अभिजन अपने ही दृष्टिकोण से उन्हें देखते हैं, वे किसी बात को सीधे न कहकर, काल्पनिक उपमाएँ देकर उसमें सौन्दर्य देखते हैं। वे मनोरंजन के लिए काल्पनिक और पौराणिक कहानियाँ लिखकर लोगों को

काल्पनिक जगत का झूठा स्वप्न दिखाते हैं। अवैज्ञानिक बातों को परम्परागत रूप में मानते हुए वास्तविक जीवन से अलग स्वर्ग का लालच, सुख या सन्तोष दिलाने का प्रयास करते हैं। इसके विपरीत दलित साहित्यकार अपने या अपने समाज के दलन, उत्पीड़न, शोषण, अपमान, महिलाओं के साथ बलात्कार, व्यभिचार की बातें सामने रखकर उसके विरोध प्रतिरोध या प्रतिशोध के लिए उकसाता है, इसलिए उसकी भाषा में कड़वाहट, रोष, क्रोध, चिल्लाहट, आन्दोलन और संघर्ष को बढ़ाने वाले शब्द होते हैं। ऐसी भाषा में रस, छन्द और अलंकार का अभाव होता है। उनकी कविता में छन्द नहीं, छन्द का नकार होता है। दलित साहित्यकार की भाषा घुमाव फिराववाली न होकर स्पष्ट और सपाट होती है। वह श्रमण संस्कृति का पोषक है इसलिए उनमें स्वाभिमान होता है।"[8] डॉ. जयप्रकाश कर्दम साहित्य के सौन्दर्य की तुलना नारी के सौन्दर्य से करके उसके बाह्य सौन्दर्य की अपेक्षा उसके आन्तरिक सौन्दर्य को महत्त्व प्रदान करते हुए लिखते हैं कि–"साहित्य सौन्दर्य नारी सौन्दर्य की तरह है। नारी सौन्दर्य के दो रूप हैं–बाह्य और आन्तरिक। बाह्य सौन्दर्य में उसका रूप, रंग, नाक-नक्श, साज-शृंगार और आभूषण आते हैं जबकि आन्तरिक सौन्दर्य में उसका आचरण, स्वभाव, विनम्रता, सभ्यता और कार्यकुशलता आती है। बाह्य सौन्दर्य की अपेक्षा आन्तरिक सौन्दर्य कहीं ज्यादा महत्त्वपूर्ण है। यदि किसी स्त्री का चाल-चलन ठीक नहीं है, वह घर में क्लेश पैदा करती है, घर को बर्बाद करती है, किसी की सेवा, सम्मान नहीं करती तो उसकी सुन्दरता किस काम की? दलित साहित्य गोरी चमड़ी और आकर्षक नाक, नयन वाली कुंठित, गर्वित फूहड़ स्त्री नहीं है। वह सामान्य रंग, रूप की सुघड़ और सुशील औरत है जो सबकी सेवा और सम्मान करती है, सबको प्यार देती है।"[9] दलित साहित्यकार अपने साहित्य में जिन जीवन मूल्यों को अभिव्यक्ति दे रहे हैं, वे ही दलित साहित्य के सौन्दर्यशास्त्र के मुख्य तत्त्व हैं। ओमप्रकाश वाल्मीकि ने इन जीवन-मूल्यों को निम्नवत् सूत्रबद्ध किया है–

1. समता, स्वतन्त्रता, बन्धुता, न्याय के जीवन अनुभव, अनुभव जन्य आशय तथा उस आशय की अर्थपूर्ण अभिव्यक्ति।
2. संस्कृति और धर्म के नाम पर वास्तविकता को छिपाकर रखे गये ढोंग को नकारना।
3. कल्पनाजन्य प्रतिमानों का निषेध। जैसे अमृत, मधुर पेय की कल्पना लेकिन उसका आस्वाद किसी ने नहीं जाना।
4. नित्य परिवर्तनीयता के आधार पर जीवन-मूल्यों का मूल्यांकन।
5. बन्धनमुक्त अभिव्यक्ति और अनुभवों का सच्चापन, जैसा देखा, भोगा, उसका वैसा चित्रण। शब्द केवल माध्यम हैं। शाब्दिक आडम्बर निर्माण में असमर्थ।

दलित साहित्य 'आशय' को महत्त्व देता है। अभिव्यक्ति और शिल्प दूसरे स्थान पर आता है। जीवन अनुभवों की प्रामाणिकता 'आशय' को अर्थ गम्भीर बनाती है।"[10] हमारे इस मन्तव्य को डॉ. सी.बी. भारती ने और अधिक स्पष्ट करने का प्रयास किया है। वे लिखते हैं—"दलित साहित्य की सौन्दर्य दृष्टि होती है उत्पीड़न, पीड़ा व उसके विस्तार का निरपेक्ष आकलन, धार्मिक पाखण्डों व निहित स्वार्थवश निर्मित शोषण के उपादानों के प्रति घृणा, एक सजग मानवीय अस्मिता, समत्वबोध, सामाजिक अन्याय के प्रति प्रतिकार का सामर्थ्य, सामाजिक परिवर्तनों के प्रति अडिग आस्था व परम्परागत घृणित व्यवस्थाओं के विच्छेन की सफलता का विश्वास। दलित साहित्य में नारी रूप की दीप्ति सुकुमारता, कोमलता, बड़ी-बड़ी आँखों अथवा लाल-लाल गालों से नहीं निखरती, अपितु श्रम से निःसृत स्वेदकण ही उसके सौन्दर्य के परिमाण का निर्धारण करते हैं।"[11] डॉ. सी.बी. भारती आगे लिखते हैं कि—"सामाजिक दायित्वों से जुड़ी रचनाधर्मिता व उसके प्रति सच्ची प्रतिस्पर्धा ही दलित साहित्य का सौन्दर्य विधान है। यह सामाजिक विश्लेषण की सतत प्रक्रिया व स्थापित मान्यताओं के पुनःपरीक्षण व उनके छिन्न-भिन्न कर देने की एक अनबुझी प्यास है। वर्ण-व्यवस्था से उपजी अमानवीय त्रासदी से मुक्ति की छटपटाहट ही दलित साहित्य का मूल स्वर है। यह साहित्य की खोई संवेदनाओं को कुरेदने, उकेरने व उन्हें शक्ति देने का व्यापक प्रयास है। जातिविहीन, वर्गहीन समाज की संरचना ही उसका मूल प्रतिपाद्य है। यथास्थिति के विरुद्ध यह परिवर्तन की हुंकार व सफल सुगबुगाहट है।"[12] दलित साहित्यकारों ने हिन्दी साहित्य के सौन्दर्यशास्त्र को इसलिए नकार दिया, क्योंकि उसके मानदण्डों के अनुसार तो दलित कभी किसी साहित्यिक कृति का नायक अथवा नायिका हो ही नहीं सकते। तेलुगू के क्रांतिकारी दलित कवि शिवसागर ने अपने एक साक्षात्कार में कहा था—"सामाजिक सम्बन्धों के आधार पर स्थापित सौन्दर्यशास्त्र में नायक-नायिका राजवंशज होते हैं। उपवन, राजपथ, नगर, अन्तःपुर, युद्धभूमि यह उनके मंच थे। शृंगार उनका सर्वस्व। समय के साथ-साथ सौन्दर्य की धारणाएँ भी बदल गयी हैं। दलित सौन्दर्यशास्त्र दलित दृष्टिकोण से दलित परिभाषा के बल पर दलित अभिव्यक्ति और सौन्दर्य की धारणाओं को पुनः परिभाषित कर रहा है। सौन्दर्य का सम्बन्ध रूप और सार से है।"[13] बलात्कृत नारी की चीख कभी सुन्दर नहीं हो सकती, इसलिए दलित साहित्य में कलात्मकता खोजना बेमानी है। इसलिए डॉ. एन. सिंह ने लिखा है कि—"दलित साहित्य का शब्द सौन्दर्य प्रहार में है, सम्मोहन में नहीं। वह समाज और साहित्य में शताब्दियों से चली आ रही सड़ी-गली परम्पराओं पर बेदर्दी से चोट करता है। वह शोषण और अत्याचार के बीच हताश जीवन जीने वाले दलित को लड़ना सिखाता है, वह सिर

पर पत्थर ढोने वाली मजदूर महिला को उसके अधिकारों के विषय में बतलाता है। उसे धर्म की भूल-भुलैया से निकालकर शोषण से मुक्ति का मार्ग दिखाता है। उसके लिए जिस शाब्दिक प्रहार क्षमता की आवश्यकता, है, वह उसमें है और यही दलित साहित्य का शिल्प सौन्दर्य है।"[14] डॉ. पुरुषोत्तम सत्यप्रेमी का मत है कि–"आधुनिक भारतीय दलित साहित्य का सौन्दर्यबोध यही है कि वह जीवन के संवेदनत्मक सत्य का विचार से साक्षात्कार करवाता है और उसकी यही सौन्दर्य चेतना सदियों से सन्तप्त-उपेक्षित एवं प्रताड़ित दलित समाज की अस्मिता, अस्तित्व, आत्मसम्मान के निमित्त उसकी अपनी सामाजिक शून्यता खामोशी को तोड़ती है।"[15] उपर्युक्त समस्त विवेचन के आधार पर कहा जा सकता है कि हिन्दी दलित साहित्य ने अपने छोटे से रचनाकाल में ही अपना सौन्दर्यशास्त्र विकसित करना प्रारम्भ कर दिया है। यह सत्य है कि इस दिशा में अभी महत्त्वपूर्ण कार्य नहीं हुआ है और अभी तक सर्वमान्य मानदण्ड स्थापित नहीं हो पाये हैं, लेकिन फिर भी उनकी रूपरेखा उभरकर सामने आ गयी है, जिसमें व्यक्ति और उसकी लौकिक समस्याएँ प्रमुख हैं। इसे दलित कवि और चिन्तक जयप्रकाश कर्दम ने अपने प्रथम काव्य संग्रह "गूँगा नहीं था मैं" की भूमिका में पर्याप्त स्पष्ट करने का प्रयास किया है। वे लिखते हैं कि–"साहित्य का असली सौन्दर्य इस बात में नहीं है कि उसकी भाषा कितनी प्रांजल है, शिल्प कितना उत्कृष्ट है या उसकी कलात्मकता कितनी उच्चकोटि की है, बल्कि उसका असली सौन्दर्य इस बात में है कि वह जीवन से कितना जुड़ा है, मानवीय समस्या और संवेदनाओं को कितना महत्त्व प्रदान करता है तथा सामाजिक परिवर्तन और विकास में कितना सहायक और उपयोगी है। उपयोगिता आज के युग का सर्वोच्च मूल्य है और लोकोपयोगी होना साहित्य की अनिवार्य शर्त है। दलित साहित्य केवल वही बात करता है जो मानव के लिए हितकर है तथा समाज और राष्ट्र की एकता और मजबूती के लिए आवश्यक है। दलित साहित्य बौद्धिक विकास या मनोरंजन का साधन नहीं, सामाजिक परिवर्तन की एक खास मुहिम है, दलितों को उनकी अस्मिता की पहचान कराने का एक माध्यम है। इसलिए इसमें रसवत्ता का होना अनिवार्य नहीं है। उसे रोटी का उपाय चाहिए, अपमान और जिल्लत से उबरने की शक्ति चाहिए। रसों का आस्वादन उसे ही हो सकता है, जिसका पेट भरा हो तथा मन-मस्तिष्क सब प्रकार की चिन्ताओं से रहित हो, अपने अपमान से पीड़ित और पेट की क्षुधा से ग्रस्त व्यक्ति को नहीं। अन्धेरी कोठरी में कैद व्यक्ति को स्वादिष्ट व्यंजन नहीं, मुक्ति का मार्ग चाहिए।"[16] कहना न होगा कि हिन्दी का सम्पूर्ण दलित साहित्य दलितों को इस अन्धेरी कोठरी से मुक्ति का मार्ग प्रदर्शित करने का ही प्रयास कर रहा है। सीधी-सपाट भाषा में ये ही उसका सौन्दर्य है।

सन्दर्भ

1. दलित साहित्य का सौन्दर्यशास्त्रः डॉ. शरणकुमार लिम्बाले, पृ. 31-32
2. दलित चेतना साहित्यः सं. रमणिका गुप्ता, पृ. 53-54
3. वही, पृ. 19
4. नयापथ, त्रैमासिक, भोपाल, अंक-26, जनवरी-1998, पृ. 12
5. दलित साहित्य का सौन्दर्यशास्त्रः ओमप्रकाश वाल्मीकि, पृ. 48
6. काली सुर्खियाँः सं. राजेन्द्र यादव, पृ. 12
7. हंस, मासिक, दिल्ली, अगस्त-2004, पृ. 203
8. दलित साहित्यः दशा और दिशाः माताप्रसाद, पृ. 67
9. गूँगा नहीं था मैंः जयप्रकाश कर्दम, भूमिका—'कहना जरूरी है'
10. दलित साहित्य का सौन्दर्यशास्त्र! ओमप्रकाश वाल्मीकि, पृ. 50-51
11. शिखर की ओरः सं. डॉ. एन. सिंह, पृ. 351
12. वही, पृ. 357
13. युद्धरत आम आदमी, त्रैमासिक, हजारीबाग, अंक-36, अक्टूबर-दिसम्बर-1996, पृ. 188-189
14. दलित साहित्यः चिन्तन के विविध आयामः सं. डॉ. एन. सिंह, भूमिका, पृ. 15
15. दलित साहित्य और सामाजिक न्यायः डॉ. पुरुषोत्तम 'सत्यप्रेमी', पृ. 32
16. गूँगा नहीं था मैंः जयप्रकाश कर्दम, भूमिका

दलित साहित्य : उपलब्धि और सम्भावनाएँ

हिन्दी दलित साहित्य का अध्ययन करते समय, हमें हिन्दू समाज में दलित की स्थिति पर विचार करते हुए लगा कि यहाँ पर तो मनुष्य की स्थिति पशु से भी बदतर बना दी गयी है, क्योंकि पशु को भी, जो लोग पालते हैं, उसके प्रति मोह, ममता कुछ तो होती ही है, लेकिन दलित, जो सबकी सेवा करता है उसके लिए हिन्दू धर्म में ऐसे-ऐसे प्रतिबंधों का विधान किया गया है कि उन्हें पढ़ते हुए ही मन आक्रोश से भर उठता है। यदि किसी व्यक्ति को पढ़ने का अधिकार न हो, धर्म के किसी अनुष्ठान में भाग लेने का अधिकार न हो तथा इससे भी आगे बढ़कर यदि किसी दलित के कान में वेदमन्त्र भी पड़ जाय, तो उसके कान में पिघला हुआ शीशा डालने जैसा क्रूर तथा अमानवीय विधान हो, तो समझा जा सकता है कि वह दलित साहित्य कैसे रच सकता है? और ये बन्धन इतने कठोर थे कि इनका उल्लंघन करने पर दलित को मृत्युदण्ड दिये जाने तक का विधान था। राम द्वारा शम्बूक का वध तथा द्रोण द्वारा एकलव्य का अँगूठा कटवा लेना, इसका सशक्त प्रमाण है। इस व्यवस्था के विरुद्ध पहला विद्रोह ढाई हजार वर्ष पहले महामानव बुद्ध ने किया, जिन्होंने सड़क पर झाड़ू लगाते हुए एक युवक को अपना शिष्य बनाकर, उसे संन्यासी बनाया। उन्होंने ही दलित और स्त्री को सामाजिक और धार्मिक स्तर पर समानता का अधिकार प्रदान किया। यह परम्परा बौद्धों के विच्छेद के बाद भी अवशिष्ट रही, नाथ और सिद्धों के रूप में धीरे-धीरे विकसित होती रही और मध्यकाल में निर्गुण भक्ति धारा के रूप में इसका विस्फोट हुआ। जहाँ कबीर ने हिन्दू और मुसलमान दोनों को खरी-खोटी सुनाई, वहीं हिन्दू वर्ण-व्यवस्था का सबसे अधिक विषपान करने वाले महान सन्त रैदास ने इस वर्णव्यवस्था पर चोट करते हुए एकदम समाजवादी व्यवस्था की कल्पना प्रस्तुत की, लेकिन मध्यकाल के बाद हिन्दू वर्णव्यवस्था से यह सशक्त विद्रोह ठंडा पड़ गया या हम ही इसकी उन कड़ियों को खोजने में असमर्थ रहे, जो इसे बीसवीं शताब्दी के साठवें दशक में प्रस्फुटित मराठी दलित साहित्य से जोड़ती हैं और जिसकी प्रेरणा डॉ. अम्बेडकर और महात्मा फुले की विचारधारा है। जिस समय महाराष्ट्र में दलित साहित्य का सृजन हो रहा था, उस समय उत्तर भारत के हिन्दी भाषी क्षेत्र में भी

इसकी सुगबुगाहट सुनाई देने लगी थी। यह लोकगीतों के रूप में थी तथा इसी ने धीरे-धीरे कविता का रूप ग्रहण कर लिया था। अस्सी के दशक तक आते-आते यह पूरी तरह स्पष्ट हो गयी थी, जब लगभग दो दर्जन से भी अधिक कवियों के कविता संग्रह प्रकाशित हुए। 'भारतीय दलित साहित्य अकादमी' का दिल्ली में तब तक गठन हो चुका था, जिसने अपनी प्रदेश शाखाओं का विस्तार लगभग पूरे देश में कर लिया था। इस संस्था ने अखिल भारतीय दलित साहित्यकार सम्मेलनों का आयोजन कर दलित साहित्य के विस्तार को गति प्रदान की। अब तक यह संख्या 15 अखिल भारतीय और 2 अन्तर्राष्ट्रीय दलित साहित्यकार सम्मेलन आयोजित कर चुकी है। अब इस दिशा में कई और भी संस्थाएँ कार्यरत हैं।

बीसवीं सदी का अन्तिम दशक दलित साहित्य के विकास में अपना महत्त्वपूर्ण स्थान रखता है, क्योंकि इसी दशक में हिन्दी दलित साहित्य ने अपना विधागत विस्तार किया है कविता, कहानी, उपन्यास, आत्मकथा, निबन्ध, नाटक और आलोचना के क्षेत्र में ही नहीं, अनुवाद और शोध के क्षेत्र में भी पर्याप्त लेखन हुआ है। इसकी बढ़ती हुई लोकप्रियता के कारण कुछ ऐसे लोग भी जागे जिन्होंने यह प्रश्न भी उठाया कि न तो साहित्य दलित होता है और न ही साहित्यकार, दलित की भावना रखकर कोई व्यक्ति अच्छा साहित्य लिख ही नहीं सकता। इसका उत्तर भी दलित साहित्यकारों ने दिया कि **'दलित'** शब्द हिन्दुओं की उस कुत्सित मानसिकता का प्रतीक है, जिसके तहत उन्होंने एक पूरे वर्ग का दैहिक, मानसिक, आर्थिक, धार्मिक तथा नैतिक उत्पीड़न किया है। अब हमने अपने संघर्ष को तेज करने के लिए ही इसे स्वयं सोच समझकर ग्रहण किया है। जब साहित्य 'सन्त' हो सकता है, तो 'दलित' क्यों नहीं हो सकता? कुछ साहित्यकारों ने साहित्य में आरक्षण की बात कही, तो दलित साहित्यकारों ने इसका भी तार्किक विरोध किया। फिर सवर्ण साहित्यकारों द्वारा दलित साहित्य का विरोध इसके सौदर्यशास्त्र एवं काव्यशास्त्र को लेकर किया गया। दलित साहित्यकारों ने कहा कि दलित साहित्य का सौन्दर्य उसकी प्रहार क्षमता में निहित है, उत्पीड़न की चीख कभी सुन्दर नहीं हो सकती, वह तो बेधक ही होती है। धीरे-धीरे सारा विरोध और विरोधी स्वर शान्त होते चले गये और अब हिन्दी में दलित साहित्य स्थापित हो गया है। वह पाठ्यक्रम में भी पढ़ाया जा रहा है और उस पर शोध भी हो रहे हैं।

वर्तमान समय में दलित साहित्य भारत की लगभग सभी भाषाओं में लिखा जा रहा है। अब प्रश्न हिन्दी या मराठी का नहीं है, प्रत्युत दलित साहित्य का स्वरूप अखिल भारतीय हो गया है। इसकी चेतना सम्पूर्ण भारत में हिन्दूवादी उत्पीड़न के विरुद्ध है, जिसे हिन्दी के कुछ वरिष्ठ आलोचक 'गुस्सा' और 'नफरत' कहते हैं। जैसा कि श्री नामवर सिंह ने एक परिसंवाद में कहा है कि—"इसकी कुछ विशेषताएँ हैं—सारी सवर्ण व्यवस्था के खिलाफ गुस्सा और उसको तोड़कर एक नयी व्यवस्था के

निर्माण के लिए पहल। लेकिन वह गुस्सा है फिलहाल! गुस्सा और नफरत उसका नया कार्यक्रम है।"[1] लेकिन सम्पूर्ण दलित साहित्य का अध्ययन करने पर पता चलता है कि डॉ. नामवर सिंह का यह आरोप निराधार है। दलित साहित्य में शोषणवादी व्यवस्था के प्रति विरोध अवश्य है, लेकिन वह नफरत का हामी नहीं है। जैसा कि श्री ओमप्रकाश वाल्मीकि ने लिखा भी है–"दलित शब्द भाषावाद, अलगाववाद, जातिवाद, क्षेत्रवाद को नकारता है तथा पूरे देश को एक सूत्र में पिरोने का कार्य करता है।"[2] श्री कंवल भारती इस पर टिप्पणी करते हुए लिखते हैं कि–"कुछ आलोचक दलित कविता के सर्जनात्मक मूल पर आघात करते हुए आरोप लगाते हैं कि दलित कविता अपने सहयोगी समुदायों के प्रति घृणा और विरोध व्यक्त करती है। दलित कविता का सर्जनात्मक मूल क्या है।? वह है, समाज में मानवोचित समानता और सम्मान प्राप्त करना। दलित रचनाकार की रचनाधर्मिता मानवीय मूल्यों की प्रतिष्ठा पर केन्द्रित है, उसे घृणा और विरोध की संज्ञा देना स्पष्ट शब्दों में दासता को घोषित करना है।"[3] कुल मिलाकर दलित साहित्य वैमनस्य का नहीं, बल्कि मैत्री का पक्षधर है जो ब्राह्मणवादी व्यवस्था, जातिवाद और वर्ण व्यवस्था का इसलिए विरोधी है कि ये व्यवस्थाएँ ही दलितों की दुर्गति का कारण रही हैं।

अभी तक दलित साहित्य की सर्वमान्य परिभाषा है–"दलितों का, दलितों द्वारा दलित समस्याओं पर लिखित साहित्य ही दलित साहित्य है।" क्योंकि हिन्दी के सभी वरिष्ठ आलोचक भी इसे स्वीकार करने लगे हैं। डॉ. नामवर सिंह ने कहा कि–"जन्मना दलित होने के कारण अनुभव के जिन आसंगों से एक आदमी को गुजरना पड़ता है, उसका प्रत्यक्ष अनुभव स्वयं एक दलित को जैसा है, अपनी पूरी अनुभूतियों व कल्पना का विस्तार करने के बावजूद मैं, जो एक गैर-दलित हूँ, उस अनुभव को उसी तीव्रता और तनाव से आपको अनुभव नहीं करा सकता। इस बात को समझते हुए अगर साहित्य में उनका अनुभव उसी तीव्रता से व्यक्त होता है, जैसाकि मराठी की अनेक दलित रचनाओं को पढकर अनुभव होता है, तो वह सच्चे अर्थों में दलित साहित्य है।"[4] डॉ. मैनेजर पाण्डेय ने भी अपने एक साक्षात्कार 'केवल राख ही जानती है जलने का अनुभव' में कहा है कि–"सच्चा दलित साहित्य वही होगा जो दलितों के बारे में दलित लिखेंगे। अपने समुदाय के जीवन के यथार्थ और अनुभवों के बारे में कोई दलित लिखता है, तो उसकी दृष्टि में जो आग, चित्रों में जो आभा और भाषा में जो ऊर्जा होती है, वह गैर-दलितों के द्वारा दलितों के बारे में लिखे गये साहित्य में नहीं होती।"[5] इनके अतिरिक्त श्री राजेन्द्र यादव, श्री कमलेश्वर, डॉ. महीप सिंह और रमणिका गुप्ता आदि तो पहले से ही इसी परिभाषा को स्वीकार करते थे। अब दलित साहित्य की इस परिभाषा पर भी कोई विवाद नहीं है।

दलित साहित्य के नामकरण पर भी विवाद रहा है। कुछ दलित साहित्यकारों ने

उसे 'अम्बेडकरीय साहित्य' कहना चाहा, तो कुछ गैर-दलित साहित्यकारों ने उसे 'अन्त्यज साहित्य' कह दिया, लेकिन समस्त दलित साहित्यकारों की आम सहमति अब इस साहित्य की समस्त विशेषताओं और प्रतिबद्धता के साथ इसे 'दलित साहित्य' ही स्वीकार करती है।

दलित साहित्य की विशेषताओं पर यदि हम विचार करें, तो पाते हैं कि दलित साहित्य समता, स्वतन्त्रता और बन्धुता का पक्षधर है। वह किसी प्रकार के उत्पीड़न का, चाहे वह मानसिक हो, आर्थिक हो, या धार्मिक हो या सामाजिक हो, का घोर विरोधी है।

दलित साहित्य जातिवाद व्यवस्था का घोर विरोधी है, जबकि कुछ साहित्यकार और आलोचक उस पर जातीय वैमनस्य भड़काने और जातिवादी होने का आरोप लगाते हैं। लेकिन समझा जा सकता है कि जिस व्यक्ति ने जाति के कारण, शताब्दियों तक अपमान की यातना को झेला हो, वह जातिवादी कैसे हो सकता है? जातिवादी वह होगा, जिसे अपनी सम्पूर्ण मूर्खता और अज्ञान के बावजूद जाति के कारण ही सम्मान मिला हो। अतः दलित साहित्य जातिवाद के उच्छेद के लिए सर्वात्मना प्रयत्नशील दृष्टिगोचर होता है।

दलित साहित्य हिन्दू धर्म की समस्त मान्यताओं, भाग्य, भगवान, पुनर्जन्म, अवतारवाद, आत्मा, परमात्मा, देवी-देवताओं के अस्तित्व को नकारता है। क्योंकि इन सभी मान्यताओं के कारण ही हिन्दुओं ने दलितों की शिक्षा तथा उपासना आदि को प्रतिबंधित कर रखा था।

दलित साहित्य का मूल प्रेरणास्रोत डॉ. भीमराव अम्बेडकर की विचारधारा एवं साहित्य है, लेकिन गौतम बुद्ध सन्त रैदास और महात्मा फुले भी दलित साहित्य के प्रेरणा-स्रोत हैं, जिन्होंने वर्चस्ववादी हिन्दू व्यवस्था के विरुद्ध विद्रोह किया।

दलित साहित्य ने अपने वैचारिक आधार को खड़ा करने के लिए कुछ प्रचलित मिथकों का, जैसे शम्बूक और एकलव्य का भी प्रयोग किया, साथ ही कुछ नये मिथकों को भी खोज निकाला, जैसे रावण, वीरांगना झलकारीबाई, वीरांगना ऊदादेवी पासी आदि। इन मिथकों के माध्यम से दलित इतिहास की शौर्य गाथा और उसके संघर्ष पूर्ण अतीत को लोगों तक पहुँचाने का प्रयास दलित साहित्यकारों ने किया है।

दलित साहित्य के उद्भवकाल को खोजते हुए दलित इतिहासकारों ने जहाँ मोहन जोदड़ो और हड़प्पा की सभ्यता को "वणिक और शूद्रों" की सभ्यता घोषित किया, तो दलित साहित्य के इतिहास को नाथ और सिद्धों के साहित्य में देखने का भी प्रयास किया गया है।

दलित साहित्य में सन्त रैदास को पहला दलित कवि स्वीकार किया जाता है, जिन्होंने अपने काव्य में वर्णव्यवस्था का खुलकर विरोध किया है।

दलित साहित्य का प्रारम्भ तो लोकगीत और कविता से ही हुआ है, लेकिन अब हिन्दी में उपन्यास, कहानी, नाटक, एकांकी, गद्यनाट्य, लघुकथा, आलोचना, शोध, अनुवाद, इतिहास लेखन, आत्मकथा आदि सभी विधाओं में लेखन हो रहा है।

कुल मिलाकर प्रति वर्ष जितना हिन्दी दलित साहित्य प्रकाशित हो रहा है और उस पर जिस तरह चर्चा हो रही है, उससे लगता है कि दलित साहित्य का भविष्य बहुत उज्ज्वल है और आगे चलकर दलित साहित्य ही हिन्दी साहित्य की मुख्यधारा होगा। ऐसा ही दलित साहित्यकारों का विश्वास है।

हिन्दी में नाथ और सिद्ध कवियों के बाद दलित चेतना का पहला विस्फोट मध्यकाल के सन्त साहित्य में हुआ। शताब्दियों से चली आयी धार्मिक गैर-बराबरी की व्यवस्था को पहली बार निर्गुणी सन्तों ने सामाजिक धरातल पर चुनौती दी थी कि भगवान किसी मन्दिर में कैद पत्थर की मूर्ति नहीं है और न वह किसी जाति विशेष की बपौती ही कहा जा सकता है। वैसे तो सभी निर्गुणी सन्त इस व्यवस्था का विरोध कर रहे थे, लेकिन जिस जाति ने विषमता के विष का सर्वाधिक पान किया, उसी जाति के सन्त रैदास ने इस व्यवस्था के मूल को समझकर, उस पर सबसे पहले करारी चोट की और वह मूल था—वर्ण व्यवस्था। रैदास इस व्यवस्था पर सबसे पहले टिप्पणी करते हैं।

रैदास जन्म के कारणै, होत न कोई नीच।
नर को नीच करि डारि है, औछे करम की कीच।।

हिन्दू धर्म में व्याप्त छुआछूत के विरोध की जिस परम्परा का प्रारम्भ निर्गुणी सन्तों ने किया, उसका अनुसरण बाद में सुधारवादी धर्म-प्रचारक और राजनीतिज्ञ भी करते रहे। इनमें स्वामी दयानंद, आचार्य विनोबा भावे तथा महात्मा गाँधी के नाम महत्त्वपूर्ण हैं। स्वामी दयानंद खंडन-मंडन की प्रक्रिया अपनाते हुए सबके लिए आर्य समाज में प्रवेश खोल देते हैं। जनेऊ धारण करने की आज्ञा भी देते हैं, यज्ञ-हवन में भाग लेने पर भी आपत्ति समाप्त कर देते हैं, लेकिन इससे वर्ण और जाति के बंधन कहाँ तक ढीले पड़े? क्या सभी आर्य समाजी वर्ण-जाति भूल कर रोटी-बेटी का रिश्ता जोड़ने लगे? ऐसा नहीं हुआ, विनोबा भावे और गाँधी ने भी छुआछूत को हिन्दू धर्म का कलंक तो माना, लेकिन वर्ण-व्यवस्था को दुनिया की सर्वश्रेष्ठ व्यवस्था मानते हुए उस पर अपना पूरा विश्वास भी व्यक्त किया। इसका कारण क्या है? इसका स्पष्ट कारण यह है कि ये लोग अपने-अपने वर्ण के 'जन्मना श्रेष्ठता' के अधिकार को छोड़ना नहीं चाहते थे, जिसके कारण भारत में सारी भौतिक उपलब्धियाँ प्राप्त होती हैं। फिर बताइए, इस देश से छुआछूत कैसे समाप्त हो? इसलिए रैदास और अम्बेडकर की एक अपनी अलग परम्परा है, जिसमें महात्मा फुले तो जुड़ते हैं—दयानंद, विनोबा भावे, गाँधी नहीं, क्योंकि उन्होंने बीच-बीच में आकर इस आन्दोलन को भटकाया ही है, जिसका लाभ ब्राह्मणवाद को जीवनदान के रूप में मिला है।

हिन्दी के दलित साहित्यकारों के सामने लक्ष्य स्पष्ट है, उसे इसी प्रकार की समाज-व्यवस्था से लड़ना है—साहित्य के हथियार से। अनुभव और विचार की एक व्यापक पृष्ठभूमि उसके पास है। इसमें डॉ. अम्बेडकर की विचारधारा से अनुप्राणित मराठी का सर्वमान्य दलित साहित्य है। दलित वर्ग से भी साहित्यकार आएँ, इसके भी क्रमबद्ध प्रयास यहाँ किये गये हैं। इस सम्बन्ध में डॉ. सत्य नारायण व्यास का यह कथन उद्धृत करना ही पर्याप्त होगा। वह लिखते हैं कि—"इस सम्पूर्ण साहित्य प्रवाह को हिन्दी में लाने के जो प्रयत्न हुए, उसमें समानांतर साहित्य के आन्दोलन के साथ इस साहित्य को लेकर कुछ एक विशेषांक प्रकाशित हुए तथा स्वतन्त्र रूप से कतिपय रचनाओं का हिन्दी में अनुवाद किया गया। 'सारिका' नामक पत्रिका का 'भारतीय दलित साहित्य विशेषांक' अप्रैल-मई 1975 इस बारे में महत्त्वपूर्ण है। यही नहीं, 'संचेतना' (मराठी दलित साहित्य विशेषांक) दिसम्बर 1982, दया पवार कृत 'बलुंत' का अनुवाद 'अछूत', डॉ. चंद्रकांत पाटिल द्वारा मराठी से अनूदित 'सूरज के वंशधर' डॉ. सूर्यनारायण रणसुभे द्वारा सम्पादित 'दलित कहानियाँ' प्र.ई. सोनकांबले की कृति 'यादों के पंछी' दलित साहित्य के विकास मार्ग के मील के पत्थर हैं। दलित साहित्य की इस सुदीर्घ पृष्ठभूमि से प्रेरणा लेकर हिन्दी में भी दलित रचनाकारों ने साहित्य सृजन प्रारम्भ किया।"[7]

आधुनिक काल में दलित कविता का प्रारम्भ सितंबर 1914 में 'सरस्वती' में प्रकाशित श्री हीरा डोम की भोजपुरी कविता से माना जाता है जिसका शीर्षक था 'अछूत की शिकायत'। इस कविता की कुछ पंक्तियाँ देखिए—

"हमनी के इनरा के निगिचे ना जाइलेजा
पांके में भरी पीअतानी पानी
पनही से पिटि पिटि हाथ गोड़ तुरि दइल
हमनी के एतनी काही के हलकानी।"

प्रेमचंद की 'ठाकुर का कुआँ' कहानी तथा हीरा डोम की इस कविता का कथ्य एक ही है। इसके बाद अछूतानन्द हरिहर, चंद्रिका प्रसाद जिज्ञासु, बिहारी लाल हरित, माताप्रसाद आदि ने हिन्दी दलित साहित्य की नींव को पुख्ता करने की कोशिश की।

लेकिन आठवें और नवें दशक में हिन्दी के दलित कवियों की एक पूरी पीढ़ी तैयारी के साथ साहित्य में प्रवेश करती है। इनमें जिन कवियों के काव्य संग्रह प्रकाश में आये, उनका विवरण इस प्रकार है—डॉ. रामशिरोमणि 'होरिल' के 'करील के काँटे' व 'जीवन राग', डॉ. सुखबीर सिंह के 'बयान बहार', 'अनन्तर' और 'सूर्यांश', डॉ. प्रेमशंकर की 'नयी गन्ध' और 'कविता रोटी की भूख तक', डॉ. सोहनलाल सुमनाक्षर का 'अन्धा समाज बहरे लोग', डॉ. पुरुषोत्तम सत्यप्रेमी के 'सवालों के सूरज' तथा 'बिक चुका हो समय जब', डॉ. चन्द्र कुमार वरठे का 'अधूरी चिट्ठी रोशनी की', श्री

ओमप्रकाश वाल्मीकि का 'सदियों का सन्ताप', श्री लालचंद राही का 'मूक नहीं मेरी कविताएँ', श्री हरिकिशल सन्तोषी का 'कमलिनी' तथा डॉ. एन. सिंह का 'सतह से उठते हुए' के अतिरिक्त, उनके द्वारा ही संपादित दलित कवियों का पहला समवेत संकलन 'दर्द के दस्तावेज' भी प्रकाश में आया है, जिसमें हिन्दी दलित कविता के लगभग सभी प्रतिनिधि प्रतिष्ठित कवि मौजूद हैं। अब हिन्दी दलित कविता में युवा पीढ़ी पूरी सक्रियता के साथ मौजूद है। इनमें जिन कवियों के काव्य संग्रह प्रकाशित हुए हैं, उनमें डॉ. विमल थोराट के अनुसार "राज वाल्मीकि, शिवनाथ 'शीलबोधि' जयप्रकाश लीलवान, अजय यतीश, अमित कुमार, विपिन बिहारी, रूप नारायण सोनकर, पद्‌माराम परिहार आदि उल्लेखनीय हैं।"[8] इनके अतिरिक्त चिरंजी कटारिया, रजनी तिलक, अजय नावरिया और सुरेश तंवर भी अच्छी कविताएँ लिख रहे हैं।

रैदास से लेकर नवें दशक तक की दलित कविता को पढ़कर यह निष्कर्ष सहज ही निकाला जा सकता है कि सम्पूर्ण दलित कविता अपमानित पीढ़ियों को पीड़ा से उपजी है, अतः उसमें उस सम्पूर्ण हिन्दू समाज व्यवस्था के प्रति विद्रोह के अंकुर हैं, जिसने मनुष्य की स्थिति पशु से भी बदतर बना दी थी और दलित कविता उन सब स्थितियों पर टिप्पणी करती हुई आगे बढ़ती है। डॉ. सत्यप्रेमी ने सत्य ही लिखा है कि—"समकालीन दलित कविता शोषित, प्रताड़ित, अवमानित दलित जन साधारण की आवाज है।"

इस अवधि में जितने कहानी संग्रह प्रकाशित हुए हैं, वह हिन्दी के दलित साहित्य के विकास का स्पष्ट प्रमाण है। इस शोध प्रबन्ध में जिन कहानीकारों की कहानियों का विवेचन किया गया है, उनमें सर्वश्री, ओमप्रकाश वाल्मीकि, पुन्नी सिंह, गोपाल आवटे, रघुनाथ प्यासा, सूरजपाल चौहान, जयप्रकाश कर्दम, मोहनदास नैमिशराय, डॉ. दयानन्द बटोही, श्यौराज सिंह 'बेचैन', रजतरानी मीनू, कुसुम मेघवाल, और सुशीला टाकभौरे के नाम उल्लेखनीय हैं।

भगवानदास की आत्मकथा 'मैं भंगी हूँ' से हिन्दी दलित साहित्य में आत्मकथाओं का सिलसिला शुरू हुआ था। अब तक श्री मोहनदास नैमिशराय, माताप्रसाद, सूरजपाल चौहान, के. नाथ, डॉ. डी. आर. जाटव तथा कौशल्या बैसंत्री की आत्मकथाएँ प्रकाशित हो चुकी हैं।

हिन्दी दलित साहित्य में बलवन्त सिंह चार्वाक, जयप्रकाश कर्दम, मोहनदास नैमिशराय, डॉ. धर्मवीर तथा प्रेम कपाड़िया आदि ने उपन्यास भी लिखे हैं। कहने का तात्पर्य यह है कि हिन्दी साहित्य की लगभग सभी विधाओं में चाहे वह निबन्ध हों या नाटक, संस्मरण हों या यात्रा वृत्तान्त या फिर अन्य कोई विधा, दलित साहित्य प्रचुर परिमाण में प्रकाशित हो रहा है 'जो मात्रा में ही नहीं' गुणात्मकता में भी पर्याप्त महत्त्वपूर्ण है।

अब दलित साहित्य पहचान के संकट से गुजरकर, एक सच्चाई के रूप में स्थापित हो चुका है। उसके लिए भाषा का प्रश्न बहुत महत्त्वपूर्ण नहीं रह गया है कि वह मराठी का है कि हिन्दी का, अब तो भारत की लगभग प्रत्येक भाषा में दलित साहित्य का सृजन हो रहा है, जो चर्चा का विषय तो है ही, कुछ लोगों की बेचैनी का कारण भी बना हुआ है।

जहाँ तक दलित साहित्य के भविष्य का प्रश्न है, अब हिन्दी के लगभग सभी विद्वान उसके उज्ज्वल भविष्य के प्रति आश्वस्त हैं। डॉ. नामवर सिंह ने कहा है—"आज इसे स्वीकार करने के अलावा कोई चारा नहीं है। दलितों द्वारा लिखा गया साहित्य, मात्रा और गुण दोनों ही में काफी आ गया है.... इसका भविष्य उज्ज्वल है।"[9] कथाकार कमलेश्वर की मान्यता है कि—"भविष्य तय है। तय इसलिए क्योंकि दलित साहित्य अब तक ठीक दिशा की ओर चला है। दलित साहित्य और साहित्यकार ने भूमण्डलीकरण और अन्य सवालों का सामना किया है। दलितों की लोकधर्मिता, लोकधर्मी संस्कृति ही इन सवालों का जवाब हो सकती है। उन्हीं की संस्कृति अब बड़े रूप में हमारे सामने आयेगी।"[10] श्री अशोक वाजपेयी की धारणा है कि—"दलित विमर्श ने जो नयी प्रश्नवाचकता पैदा की है वह हमारे साहित्य, समाज और राजनीति के लिए, अन्ततः गुणकर है और वह ऐसी प्रवृत्ति है जो आगे काफी समय सक्रिय और उर्वर रहने वाली है।"[11] श्रीमती रमणिका गुप्ता, जो दलित साहित्य आन्दोलन के साथ प्रारम्भ से ही जुड़ी रही हैं, की बेबाक टिप्पणी है—"दलित साहित्य का ही भविष्य उज्ज्वल है, बाकी सब कुंठाग्रस्त हैं। जो अभिजात साहित्य है, अपनी-अपनी कुंठाएँ लिखता है। दलित और आदिवासी पूरे समाज की बात लिखते हैं। परिवर्तन की बात करते हैं। यह गैर-दलित साहित्य और अहम् को तोड़ता है। यह देवता और भगवान् नहीं, मनुष्य की बात करता है।"[12]

उपर्युक्त समस्त विद्वानों के मतों का अध्ययन, विश्लेषण करने पर स्पष्ट रूप से कहा जा सकता है कि हिन्दी दलित साहित्य की उपलब्धियाँ बहुत महत्त्वपूर्ण हैं तथा उसका भविष्य बहुत उज्ज्वल है, जिसमें अनेक सम्भावनाएँ विद्यमान हैं।

सन्दर्भ

1. नया पथ (जनवादी लेखक संघ की केन्द्रीय पत्रिका) अंक-26, 1998, नयी दिल्ली, पृ. 9
2. ओमप्रकाश वाल्मीकिः दलित साहित्य और सामाजिक सन्दर्भ (लेख)—शिखर की ओरः सं. डॉ. एन. सिंह, पृ. 406
3. कंवल भारती : दलित कविता का अर्थ (लेख)—दलित साहित्यः चिन्तन के विविध आयामः सं. डॉ. एन. सिंह, पृ. 94
4. नया पथ, (जनवादी लेखक संघ की केन्द्रीय पत्रिका) अंक-26, 1998, नयी दिल्ली, पृ. 12

5. युद्धरत आम आदमी, त्रैमासिक, हजारीबाग, जुलाई-सितम्बर-1995, पृ. 182
6. यथा प्रस्तावितः गिरिराज किशोर, पृ. 12
7. दलित साहित्य, चिन्तन के विविध आयामः सं. डॉ. एन. सिंह, पृ. 58
8. हंस, मासिक, दिल्ली, अगस्त-2004, पृ. 231
9. हंस, मासिक, दिल्ली, अगस्त-2004, पृ. 194-195
10. वही, पृ. 197
11. वही, पृ. 223
12. वही, पृ. 233

परिशिष्ट

साक्षात्कार : श्री माताप्रसाद

कोई व्यक्ति किसी समृद्ध, साधनसम्पन्न और अवरोध मुक्त परिवार में उत्पन्न होकर सफलताओं के उच्च शिखरों तक पहुँच जाय, तो कोई बड़ी बात नहीं, लेकिन किसी साधारण अभावग्रस्त परिवार में जन्म लेकर केवल अपनी शक्ति और सामर्थ्य से महान उपलब्धियों से सुसज्जित हो जाय, निश्चय ही एक महत्त्वपूर्ण घटना है। वह व्यक्ति महान कहलाएगा। श्री माताप्रसाद एक ऐसे ही व्यक्ति हैं, जो सतह से उठकर शिखर की ओर उन्मुख हैं। उनका जन्म स्व. श्री जगरूप राम एवं श्रीमती रज्जी देवी के घर मछली शहर के कजियाना मोहल्ले में 11 अक्टूबर, 1925 को हुआ। उन्होंने गाँव में आने वाले एक मेहमान, जिसे बच्चे बब्बा कहते थे, से 9 वर्ष की उम्र में कैथी–कुछ अक्षर सीखने से अपनी शिक्षा का आरम्भ किया। श्री माताप्रसाद ने बहुत ही कठिन परिस्थितियों में अपनी औपचारिक शिक्षा पूर्ण की। उन्होंने हिन्दी मिडिल (सन् 1942) प्रथम श्रेणी तथा उर्दू मिडिल (सन् 1943) द्वितीय श्रेणी में उत्तीर्ण की। इन कक्षाओं में मॉनीटर भी रहे। एच.टी.सी. करते समय ही उन्होंने 'कोविद' परीक्षा भी दी तथा उत्तीर्ण हुए। बाद में अध्यापक बनकर पढ़ाते समय स्वयं पढ़ते भी रहे और तभी उन्होंने हाईस्कूल परीक्षा (1952) प्रथम श्रेणी में उत्तीर्ण की। उनकी ज्ञान पिपासा यहीं शान्त नहीं हुई। उन्होंने 'साहित्य रत्न' (राजनीति) और 'साहित्य रत्न' (साहित्य) की परीक्षाएँ भी उत्तीर्ण की।

श्री माताप्रसाद जिन्हें हिन्दू समाज का अछूतपन विरासत में मिला और साथ ही मिली गरीबी, जहाँ शिक्षित होकर आगे बढ़ने की सम्भावनाएँ कम ही थीं। लेकिन फिर भी वे पढ़े, शिक्षक बने। यदि यूँ कहें तो ज्यादा उचित होगा कि शिक्षक ही नहीं बने, बल्कि लोक-शिक्षक बने। जिन्होंने शिक्षक रहते हुए भी दलित समाज को अपने लोकगीतों के माध्यम से जाग्रत करने का काम किया। तभी तो उन्हें श्री रऊफ जाफरी साहब ने अध्यापन छोड़कर हरिजन समाज कल्याण विभाग के 'सोशल वर्कर' के रूप में काम के लिए कहा और यहीं से प्रशस्त हुआ उनके राजनीति में प्रवेश का मार्ग। फिर तो वे जिला कांग्रेस कमेटी के मन्त्री बने। सन् 1957 से सन् 1977

तक उ.प्र. विधान सभा, सन् 1980 से सन् 1992 तक विधान परिषद के सदस्य रहते हुए 31 जुलाई 1988 से नवम्बर 1989 ई. तक उ. प्र. सरकार में राजस्व मन्त्री भी रहे। इसके अतिरिक्त श्री माताप्रसाद 21 अक्टूबर 1993 से 16 मई 1999 तक अरुणाचल प्रदेश के राज्यपाल भी रहे।

राजनीति की व्यस्तताओं के बीच भी उनका साहित्य सृजन निरन्तर चलता रहा क्योंकि वे जानते हैं कि भारतीय समाज में विभाजन और विषमता का जो विष हजारों वर्ष पूर्व बोया गया था, अब यह फल-फूलकर विशाल वटवृक्ष हो गया है, जिसे सहसा उखाड़कर फेंका नहीं जा सकता, इसके असर को धीरे-धीरे ही समाप्त किया जा सकता है और यह काम केवल साहित्य ही कर सकता है, अतः उन्होंने हिन्दी में दलित साहित्य की नींव उस समय डाली जब शेष लोग सोच भी नहीं रहे थे, उनकी अब तक प्रकाशित कृतियाँ हैं–'दलित समाज सम्बन्धी लोकगीतः (प्र. सं. 1949)', 'भीम शतक (प्र. सं. 1989)', 'हिन्दी काव्य में दलित काव्यधारा (1993)', 'राजनीति की अर्द्धसतसई (1993)', 'उत्तर प्रदेश की दलित जातियों का दस्तावेज (1995)', 'झलकारी बाई (1996)', 'मनोरम भूमि अरुणाचल (1996)', 'परिचय सतसई (1996)', 'दिग्विजयी रावण (1998)', 'पूर्वोत्तर भारत के राज्य (1998)', 'तड़प मुक्ति की (1999)', 'प्रतिशोध (1999)', 'वीरांगना ऊदादेवी पासी (1999)', 'धर्म परिवर्तन (1999)', 'अन्तहीन बेड़ियाँ (2000)', 'सन्त शिरोमणि गुरु रविदास (2003)', 'दलित साहित्यः दशा और दिशा (2003)', 'सामाजिक परिवर्तन में दलित साहित्य की भूमिका (2004)', तथा 'दलित साहित्य में प्रमुख विधाएँ (2004)' आदि उनकी प्रमुख कृतियाँ हैं। उनके व्यक्तित्व और साहित्य पर डॉ. एन. सिंह द्वारा सम्पादित अभिनन्दन ग्रन्थ 'शिखर की ओर' का प्रकाशन सन् 1997 में हुआ था जो भारत के तत्कालीन उपराष्ट्रपति महामहिम श्री कृष्णकांत जी द्वारा उन्हें समर्पित किया गया था। पूर्वांचल विश्वविद्यालय, जौनपुर द्वारा उन्हें सन् 1999 में डी. लिट्. की उपाधि प्रदान कर सम्मानित किया गया। 'दलित साहित्य की प्रवृत्तियों के सन्दर्भ में माताप्रसाद के सर्जनात्मक साहित्य का अनुशीलन' विषय पर डॉ. बी.आर. अम्बेडकर विश्वविद्यालय, आगरा द्वारा सन् 2004 में डॉ. सन्ध्या अग्रवाल को पीएच.डी. की उपाधि प्रदान की है। श्री माताप्रसाद से उनके जीवन और साहित्य पर की गयी बातचीत यहाँ यथावत् प्रस्तुत है–

प्रश्न 1. जीवन के कुछ कटु अनुभव जो आपको लेखन की ओर ले आये?

उत्तर : जब मैं मिडिल स्कूल में पढ़ने लगा तो जाति के सामाजिक वातावरण से परिचित होने लगा। अगर किसी का पशु मर जाता तो बिरादरी के लोग बस्ती से थोड़ी दूर उसका चमड़ा निकालते। उसके मांस के लिए बिरादरी की औरतों की भीड़ लगती। मांस के किसी हिस्से को लेने के लिए उनके

झगड़े होते। वहीं गिद्धों और कुत्तों की भीड़ होती, वहीं औरतें लड़तीं। यह देखकर मुझे बहुत दुःख होता। यद्यपि गरीबी ही इसका कारण था। यदि कोई परिवार कबीरपंथी या शिवनारायणी होता तो उसके घर वह नहीं बनता। शेष सभी के घरों पर बनता। कई ऐसे विवादों में सम्मिलित हुआ जिसमें लड़के और लड़की को गोद में लेकर उनकी फुआयें शादी कराती थीं, कभी लड़का या लड़की सो जाते या रोने लगते थे। जो जाति के अच्छी हैसियत के लोग थे उनके बच्चों की शादियाँ छोटेपन में होना बड़प्पन की निशानी होती। शादी में नाच-तमाशा, शराब, खसी का मांस चलता था। लड़के वाले कर्ज लेकर शादी करने में शान समझते थे। बच्चा को कोई पढ़ाता नहीं था। चूँकि लड़के-लड़की की आयु लगभग बराबर होती थी, इसलिए विवाह के सात या नौ वर्ष में जब गौना होता था तब तक लड़की सयानी हो जाती, लड़का कमजोर ही रहता। गौने के बाद अधिकांश शादियाँ छूट जातीं क्योंकि लड़की वहाँ जाना नहीं चाहती थी। इसके लिए जातीय पंचायतें होतीं। लड़का और लड़की वाले अपने पक्ष के पाँच या सात लोगों को लेकर एक अन्य गाँव में आते। दोनों अपने-अपने पक्षों के चौधरियों को बुलाते। उसमें एक सरपंच चुना जाता। वह उसका संचालन करता। दोनों पक्षों की बातें लड़के, लड़की का बयान होता, कुछ बहस होती फिर दोनों तरफ से 2-2 व्यक्ति एक सरपंच मिलकर फैसला करते। पंचायत शुरू होने पर दोनों पक्षों से साढ़े बारह-बारह रुपया टाट जमा कराया जाता। शादी तोड़ने वाले पक्ष से पहले बाइसी फिर बावनी बाद दो सौ दो रुपया तक दण्ड लिया जाता। उसे दूसरे पक्ष को दिया जाता, लड़की पक्ष को गहना वापस करना पड़ता। टाट का रुपया पंचायत में भाग लेने वालों में एक आना या दो आना के हिसाब से बाँट दिया जाता। चौधरियों का हिस्सा अधिक होता।

लोग अपने लड़के को पढ़ाते नहीं, घरेलू काम कराते, शहरों में बूट-पॉलिश कराते। बीमारी में ओझा बुलाया जाता। वह लौंग से लौंग को उठाकर बहुत से देवी-देवताओं का नाम लेता। किसी को छौना सूअर के बच्चे की किसी को मुर्गा चढ़ाया जाता। शराब की तपन दी जाती। देवी-देवताओं की पूजा होती। औरतें देवी को चढ़ाने के लिए पाँच दिन या तीन दिन दूसरों घरों से भीख माँगती। मिले अन्न को देवी पूजा कार्य में खर्च किया जाता। बच्चे की कुशल के लिए 'मनता' माना जाता, उसमें खर्च किया जाता। बिरादरी में भूतों को लेकर झगड़ा या पंचायत होती। कोई कहते तुम्हारे घर का भूत हमारे घर आया है इसलिए हमारा लड़का या पशु बीमार है। इसके लिए ओझा को बुलाया जाता, वह भूत उलटने या उसे बैठाने के लिए सई नदी के पुल बरगूदर ले जाता।

समाज की उक्त बुराइयों और अन्धविश्वास को दूर करने को सोचता किन्तु उपाय न सूझता। उस समय कांग्रेस का आन्दोलन तेजी पकड़ रहा था। कांग्रेस की बड़ी-बड़ी सभाओं में हजारों की संख्या में लोग जुटते। नेताओं के आने के पहले रामकुमार वैद्य का बिरहा, लचारी कहरवा सुनने के लिए लोग तीन-चार मील से आते। नेताओं के भाषण कम वैद्य जी के गीत लोग अधिक सुनते। उनके गीतों में राजनैतिक सुधार के साथ-साथ सामाजिक सुधार की बातें होतीं। वैद्य जी के गीत लोगों को बाँधे रखते। जनता पर इसका बड़ा प्रभाव पड़ता। मैंने सोचा कि मैं भी क्यों न वैद्य जी की तरह लोकगीत लिखकर समाज को बुराइयाँ छोड़ने, बच्चों को पढ़ाने, अन्धविश्वास छोड़ने आदि की बातें समझाएँ? समाज के लोग पढ़े-लिखे नहीं थे, इसलिए लोक गीत वे खूब समझते थे। भाषण का कोई असर न पड़ता। इसलिए मैंने लोकगीतों द्वारा जाति सुधार से अपनी बातें कहीं। पंचायतों या जातीय सुधार सभाओं में इन लोकगीतों को मैं गाता था। इसका प्रभाव भी पड़ता। बाद में मैंने लगभग पचास गीत 'हरिजन ग्राम गीत' के नाम से लिखे, उसे सन् 1949 ई. में छपवाया। इसमें संशोधन कर फिर इसका नाम 'दलित समाज-सुधार सम्बन्धी लोक गीत' करके छपवाया। इसे आप मेरी पहली रचना कह सकते हैं।

प्रश्न 2. आखिर आपने लिखना क्यों और कब आरम्भ किया?

उत्तर : यों तो लोकगीत लिखना मैंने अध्यापन कार्य के पूर्व ही शुरू कर दिया था। पहली कविता एक कवित्त के रूप में सन् 1946 ई. में लिखी जब प्राइमरी स्कूल में मेरी पहली नियुक्ति हुई तो वहाँ हनुमन्ता सिंह प्रधान अध्यापक थे। वह छोटे-मोटे जमींदार थे। उस समय जमींदारी टूटने की खबर से वह कांग्रेस से बड़े नाराज थे। उन्होंने एक कवित्त मुझे बनाकर सुनाया जिसका आरम्भिक अंश था 'जिन्ना और जवाहर लाल काल भये भारत के', आगे का भाग मुझे याद नहीं है। जवाहर लाल की बुराई सुनकर बड़ा बुरा लगा। पन्द्रह अगस्त सन् सैंतालीस को जब देश स्वतन्त्र हुआ तो मैंने भी एक कवित्त लिखा जिसका कुछ अंश ही स्मरण है—

'देखि जिस तिरंगे की हँसी सब उड़ावत रहे।
आज उस तिरंगे को शीश सब झुकाइ रहे।।
लीग, कम्युनिस्ट, कांग्रेस डिपरेस्डकास्ट,
आज हिन्द बीच सभी खुशियाँ हैं मनाई रहे।।'

इसके बाद लिखना बन्द रहा। विशारद की तैयारी में लगे रहे। मेरा कोई काव्य गुरु नहीं था। किताबें पढ़कर उसी तर्ज पर कविताएँ लिखता। मैं एकलव्य की कथा से बड़ा प्रभावित था। उसके साथ द्रोणाचार्य का अन्याय देखकर मैं मन ही मन क्रोधित हुआ। एकलव्य की कथा कविता

में लिखना चाहा। कुछ अंश 1949 ई. में लिख भी डाले लेकिन उसे अपूर्ण ही छोड़ दिया। सन् 1973 ई. में स्वतन्त्रता की रजत जयन्ती के अवसर पर दलितों की उन्नति और उनके लिए किये जाने वाले कार्यों का बड़ा प्रचार था। मैंने दलितों और दलितों में अन्तर्जातीय विवाहों को दलित समस्या का एक बहुत बड़ा समाधान माना और दहेज समस्या भी इससे हल हो सकती थी इसलिए पहला नाटक सन् 1973 ई. में 'अछूत का बेटा' लिखा। इसके बाद मैं विद्यालयी कार्यों और राजनैतिक कार्यों में व्यस्त हो गया। सन् 1980 ई. में जब मैं विधान परिषद का सदस्य हो गया तो मुझे अधिक समय मिलने लगा फिर मैं लिखने की ओर आकर्षित हुआ। 'एकलव्य' खण्ड काव्य पूरा किया फिर अन्य रचनाएँ।

प्रश्न 3. लेखन की विधाएँ अर्थात् किस विधा में लिखकर आपको सन्तोष मिलता है?

उत्तर : लोकगीत और नाटक लिखने से मुझे सन्तोष मिलता है। क्योंकि लोकगीत में अनपढ़ और गरीब दलितों की समस्याओं को उनकी भाषा में कहने पर उनको समझने में आसानी होती है और नाटक ऐसी विधा है जिसके द्वारा हम अपनी बात को इन्डायरेक्ट रूप से कहकर जनता को प्रभावित करते हैं। अन्य विधा से इस विधा का जनता पर अधिक प्रभाव मैं मानता हूँ।

प्रश्न 4. समकालीन राजनैतिक स्थितियाँ और सामाजिक घटनाएँ आपके लेखन को कहाँ तक प्रभावित करती हैं?

उत्तर : सामाजिक राजनैतिक परिस्थितियों का लेखन पर निश्चित प्रभाव पड़ता है। छुआछूत देश की एकता के लिए घातक है, एकलव्य खण्ड काव्य की कुछ पंक्तियाँ देखें—

अगर भेद यह बन्द न होगा, देश भिन्न हो जाय।
धर्म भेद भाषा में बँटकर राष्ट्र निम्न बन जाय।।
एक ही धर्म के भीतर ही जब भेद किया जाता है।
होता है विद्रोह अन्त में हाथ यही आता है।।

अयोध्या में मस्जिद को शहीद राजनीतिक कारणों से करके धार्मिक मत-भेद बढ़ाया गया।

दिग्वियी रावण में इसका उल्लेख है—

कभी तोड़ते हैं कुछ मस्जिद कुछ मन्दिर गिरवाते हैं।
हिन्दू मुस्लिम दोनों ही लड़ द्वेष बढ़ाते जाते हैं।
धर्म नाम पर इनके नेता सबको मूर्ख बनाएँ हैं।

मण्डल कमीशन लागू होने पर जाति के लोग तो प्रसन्न हुए, उस पर

दलितों की प्रतिक्रिया–'अन्तहीन बेड़ियाँ' नाटक संकुल के मण्डल समर्थकों की रैली में राम आसरे के द्वारा प्रकट की गयी हैं–

राम आसरे–'पिछड़ी जातियों को आरक्षण दिये जाने का गुस्सा बहुत से आरक्षण विरोधियों ने दलितों पर उतारा है। कई हॉस्टलों में घुसकर दलित छात्रों की पिटाई भी की गयी। डॉक्टर अम्बेडकर की मूर्तियों को तोड़ा गया है। इस अवसर पर एक बात की ओर पिछड़ी जाति के भाइयों को याद दिलाता हूँ कि वे हमारे साथ सवर्णों जैसा व्यवहार न करें। हिन्दू धर्म शास्त्रों ने हमें और आप दोनों को शूद्र बताया है। सामाजिक, धार्मिक, आर्थिक और शैक्षिक दृष्टि से हमें अपंग बनाकर निर्धन बेबस बना दिया गया है। केवल आपका छुआ वे पानी पी लेते हैं।" इस प्रकार सामाजिक राजनैतिक परिस्थितियों का मुझ पर बहुत प्रभाव पड़ा है।

प्रश्न 5. दलित साहित्य की अवधारणा आपकी दृष्टि में क्या है? क्या दलितों के द्वारा दलितों के लिए तथा दलित समस्याओं पर लिखा गया साहित्य ही दलित साहित्य है?

उत्तर : मैं समझता हूँ सामाजिक, धार्मिक, आर्थिक, शैक्षिक और राजनैतिक दृष्टि से जो उपेक्षित, बहिष्कृत, पीड़ित, शोषित, अपमानित व्यक्ति है उनको केन्द्र मानकर जो साहित्य लिखा जाता है वह दलित साहित्य है। इस श्रेणी में सभी दृष्टियों से दलित प्रभावित है इसलिए वह तो इसका केन्द्र बिन्दु है ही, लेकिन इसके साथ ही मैं देव-दासियों, कूड़े के ढेर पर चीथड़े पहने बोतल और प्लास्टिक के थैले बीनने वाले, बँधुआ मजदूर, ईंट के भट्ठों पर काम करने वाले मजदूरों, अत्यधिक पिछड़ी जातियों, घुमन्तू जातियों, ढाबों पर बर्तन धोने वाले, असहास बच्चों को भी इस श्रेणी में मानता हूँ। इसके अतिरिक्त दूसरे धर्मों इस्लाम और ईसाई धर्म में आने वाले अशिक्षित, उपेक्षित गरीब या ठुकराये हुए लोगों को और गाँव में घूमकर, माँगकर खाने वाले जोगियों को भी इसी श्रेणी में मानता हूँ। दलितों द्वारा दलितों के लिए तथा दलित समस्याओं पर लिखा गया सभी साहित्य, दलित साहित्य की श्रेणी में नहीं मानता। कुछ ऐसे दलित साहित्यकार हैं जो अन्धविश्वास, कर्म काण्ड को बल देते हैं। समरसता के नाम पर दूसरे धर्मों की बातों को बिना विवेक और तर्क से स्वीकार करते हैं। वे दलित साहित्यकार नहीं हो सकते। मुझे ऐसे दलित साहित्यकारों की जानकारी है जो बड़ा अच्छा रामचरितमानस का पाठ कर लेते हैं उसकी व्याख्या वे बिना तर्क के करते हैं। पौराणिक कथाओं में विश्वास करते हैं। अवतार, पुनर्जन्म, देवी-देवताओं की पूजा में विश्वास रखते हैं। ऐसे दलित लेखकों को मैं दलित लेखक नहीं मानता।

प्रश्न 6. मराठी आदि भाषाओं में दलित साहित्य, साहित्य की मुख्य धारा में है। हिन्दी में ऐसा क्यों नहीं हो पाया?

उत्तर : मराठी दलित साहित्य हिन्दी की अपेक्षा पहले का है। आरम्भ में मराठी में दलित साहित्य का विरोध हुआ किन्तु धीरे-धीरे दोनों एक दूसरे के निकट आते गये और इस समय दलित साहित्य मराठी की मुख्य धारा में आ गया। हिन्दी साहित्य और दलित साहित्य में दूरी बना हुई है। हिन्दी साहित्यकार अभी तक दलित साहित्य की अवधारणा को नकारते आये हैं। उनको इसमें सौन्दर्यशास्त्र की तलाश हैं। कुछ लोग इसे अलगाव का साहित्य कहते हैं यद्यपि कुछ साहित्यकार इसके अस्तित्व को मानने लगे हैं। दलित साहित्य की चर्चा होने लगी है। हिन्दी साहित्यकारों की उपेक्षा से दलित साहित्य ने एकला चलो की नीति अपना ली है। उसने अपना अलग रास्ता अपना लिया है। उसने दलित साहित्य को, दलित द्वारा, दलितों के लिए, दलित समस्याओं को मान लिया है। उसने दलितों की स्वानुभूति को दलित साहित्य की संज्ञा दे दी है। इस प्रकार दोनों की दूरियाँ बढ़ जाने से दलित साहित्य अभी हिन्दी की मुख्यधारा में नहीं आ सका है। मेरा विचार है कि दोनों की दूरी कुछ दिनों में दूर हो जाएगी और दलित साहित्य भी साहित्य की मुख्यधारा में आ जाएगा।

प्रश्न 7. हिन्दी में दलित साहित्य का प्रारम्भ आप कब से मानते हैं?

उत्तर : यों हिन्दी में दलित साहित्य की बुनियाद मध्यकाल में सन्त कवियों यथा सन्त रैदास, सन्त कबीर और गुरुनानक आदि की कविताओं में मिलती है जिसमें सन्तों ने जाति-पाँति, छुआ-छूत, धर्म-मजहब की दूरी नकार दी। अन्धविश्वास, कर्मकाण्ड, पाखण्ड, मूर्तिपूजा का विरोध किया, श्रम की संस्कृति का सम्मान किया। अमीरी-गरीबी को महत्त्व नहीं दिया। काल्पनिक मान्यताओं को अस्वीकारा था, कहा—"तू कहता कागद की लेखी, मैं कहता आँखिन की देखी"। किन्तु इन सन्तों के बाद दलित साहित्य का आरम्भ मैं स्वामी अछूतानन्द हरिहर से मानता हूँ। उनके समकालीन हीरा डोम का भी दलित साहित्य में योगदान मानता हूँ, जब अछूतों की शिकायत में उन्होंने भगवान को भी नहीं बख्शा।

प्रश्न 8. अन्य भाषाओं की तुलना में हिन्दी दलित साहित्य की स्थिति क्या है?

उत्तर : देश की अन्य भाषाओं में मराठी, गुजराती, तेलगू, कन्नड़ और पंजाबी में दलित साहित्य का पर्याप्त सृजन हो रहा है।

मराठी में, हिन्दी दलित साहित्य की भाँति मध्य काल में चोखामेला, नामदेव, तुकाराम, जनाबाई आदि सन्तों ने दोहा, अभंग द्वारा भक्तिगीत

लिखे हैं। इन्होंने समाज सुधार का बीड़ा उठाया था। अन्धविश्वास, सामाजिक कुरीतियों का खण्डन किया है जिसमें दलित साहित्य के बीज मालूम पड़ते हैं। मराठी दलित साहित्य का उद्भव महात्मा ज्योतिबा फुले और बाबा साहब डॉ. अम्बेडकर के विचारों से प्रभावित है। दलित साहित्य की भूमिका तैयार करने में दलित पैन्थर का महत्त्वपूर्ण स्थान है। इसके जुझारू तेवर का इस पर गहरा प्रभाव है। मराठी दलित साहित्य का उद्भव सन् 1967 ई. में हुआ जब औरंगाबाद में मिलिन्द महाविद्यालय में डॉ. माना बानखेड़े जी ने 'अस्मिता दर्शन' पत्रिका की शुरुआत की। 'अस्मिता दर्शन' से छात्रों को एक बहस का मंच मिल गया। डॉ. बानखेड़े, प्राध्यापक एम.बी. चिटणीस, बाबू राव बागुल, प्रा.रा.ग. जाधव, प्रा.ल.बा. रायमाने आदि लोगों का वैचारिक दर्शन प्राप्त हुआ। मराठी में जहाँ अनेक दलित और गैर-दलित साहित्यकारों ने कविताओं में दलितों के दुःख-दर्द को उकेरा है, वहीं उपन्यास, कहानियों और आत्मकथाओं की पर्याप्त संख्या मिलती है। स्थानाभाव से केवल दलित आत्मकथाओं के सम्बन्ध में बताना चाहता हूँ। सदियों की जातीयता को समाप्त करने के लिए दलित साहित्यकारों ने आत्मकथाओं का सहारा लिया। इन आत्मकथाओं की एक विशेषता यह भी है कि हर एक दलित जाति से किसी न किसी ने अपनी आत्मकथा लिखी है। इन आत्मकथाओं से महाराष्ट्र के हर क्षेत्र की भाषा शैली, वेशभूषा, रीति-रिवाज, रहन-सहन आदि बातों की जानकारी मिलती है। दलित जाति के आदिवासी, घुमन्तू अर्द्धघुमन्तू लोगों के नित्य के कार्यों एवं विचारों का चित्रण मिलता है। दया पंवार का 'बलुत', लक्ष्मण माने का 'उपरा', माधव कोंडविलकर का 'देवाचे गोठण', मुरहरि राव का 'गबाल', बैजनाथ कलसे का 'एरणी च धारणा', उत्तम बंडुतुपे का काटमावरची 'पोट शरणकुमार' लिम्बाले का 'अक्करमाशी' आदि आत्मकथाएँ महार, माँग, ढोर, चमार, कैकाड़ी, जोगी, लुहार, बंजारा, घुमन्तू आदिवासी दलित जातियों की स्थिति को व्यक्त करते हैं। हिन्दी में इन आत्मकथाओं का अभाव है। मराठी दलित साहित्य मराठी का अविभाज्य अंग हो गया है। नारायण सुर्वे जैसे गैर-दलित भी दलित साहित्य के प्रतिष्ठित लेखक हैं।

गुजराती साहित्य में नरसी मेहता जो चौदहवीं सदी में गुजरात में हुए, को वहाँ का आदि कवि माना जाता है। गाँधी जी का प्रसिद्ध भजन, 'वैष्णों जन, तो तेने कहिये जे पीर पराई जाणे रे' के यही रचयिता थे। इन्होंने मद्यपान, मांसाहार का निषेध किया, दलितों की बस्तियों में जाकर भजन

गाते थे, इसलिए इनकी जाति के नगर ब्राह्मणों में इनका बहिष्कार कर दिया। इसी में दलित साहित्य की भूमि तैयार हुई। गुजराती साहित्य में प्रारम्भिक दलित साहित्य के प्रणेता दलपत चौहान थे, 'सामद' और 'अखा' इनकी प्रसिद्ध कविताएँ हैं, गुजराती साहित्य में अस्पृश्यों और गरीबों के सम्बन्ध में रमणलाल बसन्त लाल देसाई प्रमुख लेखक हैं, इन्होंने 75 पुस्तकें रची हैं, इनमें 35 उपन्यास हैं। गुजराती दलित साहित्य 1951 ई. से शुरू होता है, जब जेठा लाल दलित नायक ने 'आर्तनाद' पत्रिका गुजरात से निकाली। उसमें दलितों की समस्याओं और डॉक्टर अम्बेडकर के सम्बन्ध में चर्चा होती थी। दलित मित्र पत्रिका के सम्पादक बालजी पटेल का दलित साहित्य में अच्छा योगदान रहा, 1981 ई. में सबसे पहले दलित कवियों का कविता संग्रह 'दलित कविता' का प्रकाशन हुआ। गुजरात में भी दलित साहित्य का शुरू में कड़ा विरोध हुआ किन्तु दलित साहित्यकार उसकी परवाह न कर दूने उत्साह के साथ लिखते रहे, गुजरात में, कविता, उपन्यास, कहानी पर्याप्त मात्रा में दलित साहित्य में लिखे जा चुके हैं। जोसेफ मेकवान, नीरव पटेल अच्छे दलित साहित्यकार हैं। जोसेफ मेकवान की 'न्याय मार्ग' पत्रिका ने रेखाचित्रों द्वारा अन्धविश्वास, कर्मकाण्ड, भेदभाव विषमता का विरोध किया। 1981 से 1984 तक पत्रिका में लगातार रेखाचित्र छपते रहे, 1985 ई. में सभी रेखाचित्र 'व्याथान-वीतक' के रूप में जब प्रकाशित हुए तो यह रातों-रात लोकप्रिय हो गये, इसकी लोकप्रियता को देखकर गुजराती साहित्यकारों ने दलित साहित्य को गुजराती साहित्य में मान्यता दे दी। झीना भाई दर्जी, बाल जी पटेल, हरीश मंगलम्, मोहन परमार, साहिल परमार, चन्दू भाई रामजी मेहरिया ने कविता, कहानी, उपन्यास और नाटकों द्वारा दलित साहित्य को समृद्ध किया है। अभी आदिवासियों के सम्बन्ध में दलित साहित्य लेखन का अभाव है। गुजराती दलित साहित्य में रेखाचित्र एक नयी विधा के रूप में प्रकट हुई है।

कन्नड़ साहित्य के बीज सन्त कनक दास की वाणियों में मिलते हैं, वे जाति के गड़रिया थे। कन्नड़ दलित साहित्य की शुरुआत 'दलित' नामक पत्रिका से हुई। इसके सम्पादक बुद्दणा गिमिरे, प्रो. चेननारणा बालीकर और डॉ. हेमशेखर इम्रापुर हैं। इसमें दलितों की दुर्दशा की नग्न तस्वीरें खींची गयी थीं। 'संक्रमण', शूद्र 'आन्दोलन', 'पंचम' आदि साहित्यिक पत्रिकाओं ने इसमें तेजस्विता भरी। दलित साहित्यकारों में दलित और गैर-दलित दोनों सम्मिलित हैं। दलित रचनाकारों में चेन्नण्णाबालिकार,

सिद्धलिंगय्या, इंदूधर होन्नपुर, सरजू काटकर, बालराजू, रमजानदर्गा तेजस्वी, कुट्टीमानी प्रमुख हैं।

जैसे अफ्रीका के ब्लैक पैंथर आन्दोलन की शुरुआत सबसे पहले काले लोगों द्वारा नहीं गोरों द्वारा हुई थी, कुछ मानववादी गोरों ने अपने लोगों द्वारा काले लोगों के शोषण को नितान्त अमानवीय माना, मनुष्य को मात्र मनुष्य के रूप में देखने वाले उन लोगों ने चमड़े के रंग के आधार पर बँटे समाज को असभ्य माना और उस समाज की सभ्यता को जंगली सभ्यता करार दिया, इन गोरे लोगों ने अपने ही वर्ग की शोषण प्रवृत्ति पर कड़ा प्रहार किया, दूसरी ओर काले लोगों को संगठित कर गोरी सभ्यता से लड़ने-भिड़ने को प्रेरित किया। ठीक यही स्थिति कन्नड़-दलित साहित्यकारों की है। यहाँ गैर-दलित साहित्यकारों ने पहले दलित साहित्य का लेखन प्रारम्भ किया, बाद में दलित साहित्यकारों ने उसमें जुड़कर दलित साहित्य को परवान चढ़ाया।

तेलगू दलित साहित्य का आरम्भ जाषुवा के गीत से कहा जा सकता है जिसमें उन्होंने तेलगू भाषा में भगवान से अपनी शिकायत अपने साथ होने वाले अन्याय को लेकर उन्हें कठघरे में खड़ा किया है, जैसे हिन्दी में हीरा डोम ने भोजपुरी में 'अछूत की शिकायत' कविता लिखी है। तेलगू दलित साहित्य में कांचा एलैया, मद्दूरी नागेश बाबू, आचार्य कालकनूरि इनाक, रामकृष्ण रेड्डी की कहानियाँ, शिवसागर सलन्ध्रा, एडलूरी सुधाकर, स्कैबाबा, चिन्नी चल्ला पल्ली स्वरूप रानी, जी.विजयलक्ष्मी, जी. वी. रत्नाकर, पैडी-तेरेशबाबू, पगडालनगेदेर, जाषुवा की कविताएँ, डॉ. कांचा एलय्या, डॉ. पी. मणिकाम्बा, एच.आर.के., डॉ. एस.बी. सत्यनारायण, डॉ. ननुमास स्वामी, निखिलेश्वर, मद्दूरी नागेश बाबू, डा. वी कृष्णा आदि ने आलेखों द्वारा दलित साहित्य को समृद्ध किया है। तेलगू दलित साहित्य में साक्षात्कार के रूप में दलित साहित्य का अपना महत्त्व है। तेलगू साहित्य के नाम पर जो तेलगू साहित्य लिखा जाता रहा उसमें संस्कृत के शब्दों की भरमार है। इसलिए तेलगू भाषी लोगों को भी कठिनाई होती थी, किन्तु तेलगू दलित साहित्य की विशेषता यह है कि कोई भी तेलगू भाषी उसे सरलतापूर्वक समझ लेता है।

पंजाबी दलित साहित्य भी वहाँ की जातीय भेदभाव की उपज है। पंजाब के बारे में लोगों के मन में यह धारणा है कि सिक्खधर्म या गुरुवाणी के कारण यहाँ जाति-पाँत इतना कठोर नहीं है। दरअसल ऐसा नहीं है। पहले भी यहाँ जाति-पाँत थी और आज भी है। गुरुवाणी में तो जाति-पाँत नहीं है, किन्तु गुरुवाणी मानने वालों में जाति-पाँति मौजूद है। पंजाब में अधिकतर जाटों ने सिख धर्म अपनाया। पहले यह पिछड़ी जाति किसान थी, वहाँ पानी की सुविधा किसानों की कर्ज माफी और मुफ्त बिजली के कारण किसानों की अच्छी स्थिति हो गयी है। इसके विपरीत दलित मजदूर था और उसकी स्थिति सिक्ख होने पर भी भेदभाव के कारण दयनीय बनी हुई है।

पंजाब में भी दलितों में शिक्षा प्राप्त कर लेने और डॉ. अम्बेडकरी आन्दोलन का उन पर गहरा प्रभाव पड़ा है। और इसी के फलस्वरूप पंजाब में भी दलित साहित्य अस्तित्व में आया। पंजाबी दलित कविता, दलित उत्पीड़न और शोषण के हर बिन्दु को छूती है और साथ ही साथ सामन्ती जुल्म के खिलाफ जूझती है। यहाँ के दलित कवियों में गुरुदास राम आलम, लाल सिंह दिल, सन्तराम उदासी, द्वारिका भारती, मदन वीरा, डॉ. हरनेक कलेर, प्रो. केवल सिंह परवाना, बूटा सिंह अशांत, कमल देव पाल आदि अधिक मुखर है। पंजाबी दलित साहित्य में कहानियाँ, आलेख साहित्य आलोचना, नारी साहित्य पर्याप्त मात्रा में सृजित है, किन्तु दलित उपन्यासों का अभाव है। एकमात्र उपन्यास 'मशालची' है। एस.एल. विरदी की समीक्षा, हरबंश लाल बद्धन का नाटक मय काव्य और काव्य नाटक बहुत प्रसिद्ध है। साक्षात्कार दलित साहित्य में बड़ी मात्रा में उपलब्ध है। इसमें मदन वीरा ने काफी काम किया। चरणदास सिद्धू के नाटकों ने ग्रामीण क्षेत्रों में जागृति पैदा की है। पंजाबी दलित साहित्य के संवर्द्धन में द्वारिका भारती, मदन वीरा, बलवीर माधोपुरी, ज्ञान सिंह बल और बलदेव सिंह बद्‌दन अच्छा कार्य कर रहे हैं।

प्रश्न 9. इन दिनों हिन्दी दलित साहित्य की कौन-कौन-सी कृतियाँ आपने पढ़ी हैं? उनके विषय में आपकी क्या राय है?

उत्तर : इन दिनों मैं एक नाटक 'हम एक है' जो साम्प्रदायिक सद्‌भावना पर आधारित है लिख रहा था इसलिए दलित साहित्य कम पढ़ पाया हूँ। डॉ. जयप्रकाश कर्दम द्वारा सम्पादित पुस्तक 'जाति एक विमर्श' अवश्य पढ़ी है। यह पुस्तक सन् 1977 ई. में दिल्ली में समाजवादी और कुछ दलित नेताओं के जातिवाद की समस्या पर आधारित विभिन्न विद्वानों द्वारा प्रस्तुत शोध पत्रों पर आधारित है। इस पुस्तक का स्वरूप सुन्दर है। इसमें 22 विद्वानों के शोध लेख के अतिरिक्त 3 परिशिष्ट भी हैं। इसमें पहला परिशिष्ट बाबा साहब के जाति-पाँति तोड़क मंडल लाहौर में पढ़े जाने वाले आलेख का अनुवाद है, दूसरे में दिल्ली में जातिवाद सम्बन्धी सम्मेलन में पारित 10 प्रस्ताव हैं और तीसरे परिशिष्ट में पारित प्रस्तावों से समस्या के समाधान की ओर लेख हैं। यह एक चेतनाशील पुस्तक है। इस पुस्तक में विद्वानों के आलेख के साथ डॉ. जयप्रकाश कर्दम का सम्पादकीय है जिसके आरम्भ में ही वह कहते हैं–'भारतीय समाज संरचना में जाति एक बहुत बड़ा फैक्टर है। विशेष रूप से हिन्दू समाज व्यवस्था का यह आधार और प्राण है। जाति के बिना हिन्दू समाज की कल्पना नहीं की जा सकती। जाति का प्रभाव इतना गहरा और व्यापक है कि समाज में व्यक्ति की पहचान उसके गुण, कर्म, योग्यता से न होकर उसकी जाति से होती है।"

इस पुस्तक के कतिपय विद्वानों द्वारा लिखी गयी कुछ पंक्तियों का उद्धरण मैंने रेखांकित किया है। उनमें कुछ का उद्धरण दिया जा रहा है।

आर.आर. अरविन्द अपने 'भारत में जातिवाद' आलेख में डॉ. अम्बेडकर के जातिउच्छेद का उद्धरण देते हुए कहते हैं—"किसी मुसलमान अथवा ईसाई से पूछिए 'तुम कौन हो?' आपको वह उत्तर देगा—मैं मुसलमान हूँ या ईसाई हूँ। वह आपको अपनी जाति नहीं बताएगा। यद्यपि उसकी जाति है और आप उसके उत्तर से सन्तुष्ट हो जाते हैं। जब वह आपसे कहता है कि मैं मुसलमान हूँ तो आप उससे यह नहीं पूछते कि शिया हो या सुन्नी, शेख हो या सैयद, खटिक हो या जुलाहा। जब कोई मनुष्य कहता है कि मैं हिन्दू हूँ तो आपको उससे सन्तोष नहीं होता। आपको उसकी जाति पूछने की आवश्यकता का अनुभव होता है क्यों? क्योंकि हिन्दू की अवस्था में जाति इतनी आवश्यक है कि उसको जाने बिना आप यह निश्चय नहीं कर सकते कि वह किस प्रकार का हिन्दू है।"

डॉ. डी.आर. जाटव अपने शोध-पत्र 'जातिवाद के उन्मूलन में सुधारवादी सामाजिक संस्थाओं का योगदान' में एक स्थान पर कहते हैं—"चार्वाक, महावीर, बुद्ध, कबीर, नानक, अछूतानन्द, फुले, आगरकर, लोहिया, अम्बेडकर आदि ने छुआछूत की सम्पूर्ण धारणा पर प्रहार किया है। इनके विचार का केन्द्र-बिन्दु यही था कि वर्ण, जाति एवं छुआछूत साथ-साथ समाप्त किया जाय अन्यथा धर्म, जाति या छुआछूत मिटाने की बात अधूरी है।"

डॉ. सुरेन्द्र अज्ञात अपने शोध पत्र 'जातिवाद के उन्मूलन में सुधारवादी सामाजिक संस्थाओं का योगदान' में एक स्थान पर कहते हैं—

"दरअसल एक 'बन्द वर्ग' जाति कहलाता है। इस वर्ग को खोल देना ही जाति को नष्ट कर देना है। बन्द वर्ग के सदस्य जन्मजात ही हो सकते हैं, यही जन्म पर आधारित जातिवाद है, जब बन्द वर्ग को खोल दिया जाएगा तब उसके सदस्य जन्मजात नहीं रहेंगे, तब जातिवाद भी नहीं रहेगा, असली इलाज है आपसी शादियाँ, अन्तर्जातीय विवाह। डॉ. अम्बेडकर ने कहा था कि खून का मिलाप और केवल यह ही एक मिलाप है जो अपनापन तथा रिश्तेदारी का होने का एहसास पैदा कर सकता है। जब तक यह रिश्तेदारी और अपनेपन का एहसास सबसे ऊँचा एहसास नहीं बन जाता तब तक जातिवाद के कारण पैदा हुआ, पृथकता का एहसास और परायापन भी नहीं मिट सकता।"

प्रश्न 10. दलित साहित्य के सौन्दर्य पक्ष को लेकर उसके नकार का भाव प्रायः देखने में आ रहा है। इस पर आपकी टिप्पणी?

उत्तर : दलित साहित्य के सौन्दर्य पक्ष को लेकर उसका नकार हिन्दी साहित्यकारों द्वारा दलित साहित्य को नकारने की प्रतिक्रिया का फल है। जब हिन्दी के

साहित्यकार, दलित साहित्य को साहित्य ही नहीं मानते तो दलित साहित्यकार भी हिन्दी साहित्य के सौन्दर्यशास्त्र की अवधारणा को मानने से इन्कार कर रहे हैं। कुछ अंश तक दलित साहित्यकारों की सौन्दर्य नकार देने की भावना को उचित कहा जा सकता है। साहित्य में छन्द, रस, अलंकार और भाषा के लालित्य से सौन्दर्य बोध माना जाता है। जब दलित साहित्य में जाति के आधार पर अपमानित कर सिसकने को विवश किया जाता है दलित स्त्री को नंगी कर घुमाया जाता है या उसके साथ बलात्कार किया जाता है, भूखे, गरीब, आदिवासी अन्न न पाकर पेड़-पौधों की पत्तियों या जड़ अथवा चकवड़ घास की रोटी खाकर दम तोड़ते हैं, कूड़े के ढेर से बोतल या प्लास्टिक के थैले बीनने वाले बच्चों को वहीं पर कुत्तों और सूअरों से छीना-झपटी करनी पड़ती हो, किसी मन्दिर में दलित के जाने पर दुत्कारा जाता हो, ईंट के भट्ठों पर मजदूरी करने वाली स्त्रियों को हवस का शिकार बनाया जाता हो, उसका विरोध करने पर उसके पति को जीवित ही ईंट के भट्ठों में जला दिया जाता हो, दलित बालक का अन्य जाति की लड़की से विवाह करने पर पंचायत मौत की सजा देती हो तो इन भावनाओं और वीभत्सता को बताने पर कौन सा सौन्दर्य सृजन साहित्य में किया जा सकता है? दलित साहित्य अभी शैशवावस्था से ऊपर उठ रहा है, धीरे-धीरे उसमें भाषा का सौष्ठव और सौन्दर्य आता जाएगा। हिन्दी के साहित्यकार केवल सौन्दर्य को महत्त्व न देकर भावना पर भी ध्यान दें तो उचित होगा। भविष्य में आशा है हिन्दी और दलित साहित्यकार निकट आएँगे और इनकी दूरियाँ घटेंगी।

प्रश्न 11. आप भी एक दलित लेखक हैं। आपकी कृतियों को आलोचकों ने किस तरह लिया है?

उत्तर : मैं राजनीतिक पहले हूँ दलित साहित्यकार बाद में। मेरी कृतियों के सम्बन्ध में दलित साहित्य के आलोचकों ने बहुत अच्छी समीक्षाएँ की हैं। मेरी प्रत्येक पुस्तक का समीक्षकों ने स्वागत किया है, जिसके कारण मुझे मध्य प्रदेश दलित साहित्य अकादमी द्वारा 2000 ई. में लिखित 'दिग्विजयी रावण' प्रबन्ध काव्य पर प्रथम पुरस्कार दिया है।

उत्तर प्रदेश हिन्दी संस्थान लखनऊ ने 2000 ई. में नाटकों सम्बन्धी कृतियों में 'प्रतिशोध' नाटक पर 8000 रु. का सर्जना सम्मान दिया है। सभी पुस्तकों पर विद्वानों की राय लिखने में अधिक स्थान की आवश्यकता होगी। इसलिए इतना ही।

प्रश्न 12. हिन्दी दलित साहित्य का भविष्य आपकी दृष्टि में क्या है?

उत्तर : हिन्दी दलित साहित्य के प्रति साहित्यकारों में रुझान बढ़ रहा है। एक दर्जन पत्रिकाओं में दलित साहित्य पर विशेषांक निकल चुके हैं। स्थान-स्थान पर अनेक गोष्ठियाँ दलित साहित्य पर हुई हैं। अनेक विश्वविद्यालयों के बहुत से छात्र दलित साहित्य पर शोध कार्य कर रहे हैं। इसलिए दलित साहित्य का क्षेत्र बढ़ेगा। बहुत से हिन्दी के विद्वानों ने भी दलित साहित्य में रुचि लेना शुरू कर दिया है इसलिए मुझे लगता है कि कुछ दिनों बाद दलित साहित्य भी हिन्दी साहित्य की मुख्यधारा से जुड़ जाएगा। साहित्य की एक नयी धारा मान ली जायगी, अगर ऐसा नहीं होता तो यह हिन्दी के समानान्तर एक अलग धारा के रूप में प्रवाहित होती रहेगी।

प्रश्न 13. **मराठी में दलित आत्मकथाओं ने एक तूफान खड़ा कर दिया था लेकिन हिन्दी में दलित आत्मकथाओं की परम्परा क्यों नहीं विकसित हो पा रही है?**

उत्तर : हिन्दी क्षेत्र और मराठी क्षेत्र की सामाजिक परिस्थितियाँ एवं उनके धार्मिक, राजनैतिक, सांस्कृतिक विचार अलग-अलग हैं इसलिए मराठी दलित साहित्यकार जिन स्थानीय परिस्थितियों से गुजरे हैं। उनको हिन्दी क्षेत्र से अधिक अपमानजनक और त्रासद स्थिति से गुजरना पड़ा है इसलिए उनकी आत्मकथाएँ तूफान-सा खड़ा कर देती हैं।

डॉ. अम्बेडकर ने लिखा है कि कुछ समय पूर्व पूना में पेशवा के राज्य में दलितों को अपनी पहचान के लिए गले में काला धागा बाँधकर चलना पड़ता था। वह गले में हाँडी लटकाकर चलते थे जिससे उसी में थूकें। पीछे झाड़ू बाँधकर चलते थे जिससे उनके पैरों का निशान मिटता जाय अन्यथा किसी ब्राह्मण का पैर उस पर पड़ने पर उसके अपवित्र हो जाने का डर था।

महाराष्ट्र के बहुत से तालाबों में लोग नहाते थे किन्तु दलित उसका पानी नहीं पी सकता था। बाबा साहब डॉ. भीमराव अम्बेडकर का महाड़ तालाब संघर्ष इसका उदाहरण है। महाराष्ट्र और कर्नाटक की सीमा पर अब भी यलम्मा देवी की पूजा में अधिकांश दलित कन्याएँ देवता से विवाह के नाम पर देवदासी बनाई जाती हैं, उनके बच्चे दलित श्रेणी में गिने जाते हैं।

कुछ दिनों पूर्व महाराष्ट्र के एक मन्दिर की छाया में एक दलित इंस्पेक्टर खड़ा हो गया तो उसकों वहीं मार डाला गया।

डॉ. अम्बेडकर ने महाराष्ट्र के औरंगाबाद में विशाल शिक्षा संस्था खड़ी की थी। बहुत दिनों से महाराष्ट्र की जनता उसका नाम डॉ. अम्बेडकर विश्वविद्यालय रखना चाहती थी। इसको लेकर वहाँ कई दंगे हुए जिससे अनेक दलित मारे गये।

महाराष्ट्र से पहले बाबा साहब डॉ. अम्बेडकर को उत्तर प्रदेश सरकार ने सम्मान दिया जब 14 अप्रैल, 1989 ई. को डॉक्टर अम्बेडकर विश्वविद्यालय का शिलान्यास लखनऊ में तत्कालीन प्रधानमन्त्री राजीव गाँधी ने किया।

इस प्रकार दोनों स्थानों पर पैदा होने वाले दलित साहित्यकारों की परिस्थितियों में बहुत अन्तर है। हिन्दी क्षेत्र में उत्पीड़न, बलात्कार, छुआछूत का भेद-भाव जाति-पाँति और दूरी तो है किन्तु इतनी अपमानजनक स्थिति यहाँ नहीं हैं। इसलिए मराठी दलित साहित्यकार जब अपनी आत्मकथा लिखता है तो अन्य क्षेत्रों से अलग उनके जीवन में नयी घटनाएँ होने से वे तूफान खड़ा कर देती है। उनके मुकाबले हिन्दी क्षेत्र में दलित साहित्यकारों में कोई मौलिक वर्णन नहीं रहता इसलिए दलित आत्मकथाओं में मौलिकता नहीं उभर रही है।

प्रश्न 14. इस के अतिरिक्त कुछ और जो आप कहना चाहें?

उत्तर : गत 31 जुलाई को प्रेमचन्द के जन्म दिवस के अवसर पर कुछ दलित साहित्यकारों ने प्रेमचन्द कृत उपन्यास 'रंगभूमि' को इसलिए जलाने का दुष्कृत्य किया कि उसमें एक पात्र 'सूरदास चमार' बार-बार कहा गया है। इस कार्य को अधिकांश दलित साहित्यकारों का समर्थन नहीं है, मैं भी इसका विरोधी हूँ। साठ-सत्तर वर्ष पूर्व की परिस्थितियों पर यह उपन्यास लिखा गया हैं क्या वास्तविकता को हम झुठलाना चाहते हैं। पूज्य सन्त रैदास ने अपने को बार-बार 'कह रैदास खलास चमारा' कहा है तो क्या हम उसे जला दें? अगर प्रेमचन्द जी ने सूरदास चमार न लिखा होता तो लोग कैसे जानते कि सूरदास दलित जाति का था और उसने उच्च आदर्श स्थापित किया।

'रंगभूमि' को जलाने वालों ने बहुत से पुस्तक विक्रेताओं को लाभ पहुँचाया। इससे 'रंगभूमि' उपन्यास की सैकड़ों प्रतियाँ बिक गयीं जिन्होंने नहीं पढ़ा था उसे खरीदकर पढ़ा।

श्री राजेन्द्र यादव और कमलेश्वर जी ने इसकी निन्दा की। हर व्यक्ति का अधिकार है कि लोकतान्त्रिक ढंग से किसी भी बात का विरोध कर सकता है, किन्तु विरोध करने पर दिल्ली के एक व्यक्ति द्वारा एक स्थानीय अखबार में बयान देना कि हम इनका मुँह काला करेंगे। इसकी मैं निन्दा करता हूँ। 'रंगभूमि' जलाने वाले दलित साहित्य के हितैषी नहीं कहते जा सकते हैं।

प्रश्न 15. दलित लेखकों को क्या आप कोई सन्देश या सलाह देना चाहेंगे?

उत्तर : दलित लेखक स्वयं प्रबुद्ध और विवेकशील हैं। उन्हें सलाह देने की बात नहीं है। एक बात मैं अवश्य देख रहा हूँ कि इस समय दलित लेखकों की अधिकांश रचनाएँ बाबा साहब डॉ. भीमराव अम्बेडकर पर ही आधारित

हैं। मैं बाबा साहब के महत्त्व को नकार नहीं रहा हूँ लेकिन कविताएँ, लेख, चिन्तन, शोध, जीवन चरित्र, खण्ड काव्य, प्रबन्ध काव्य, महाकाव्य आदि बहुत बड़ी संख्या में बाबा साहब पर लिखे गये हैं और लिखे जा रहे हैं। बाबा साहब का विशाल साहित्य भी हिन्दी में उपलब्ध है। घुमा-फिराकर एक ही बात को दुहराया जाता है। बार-बार एक ही बात को कहने से पाठकों की रुचि उधर से समाप्त हो जाती है, क्योंकि प्रस्तुत रचनाएँ या साहित्य को वह पहले ही पढ़ चुके हैं। इसलिए बाबा साहब डॉ. अम्बेडकर पर आधारित साहित्य अन्य विधाओं में लिखे जाएँ। मौलिक शोध उनके सम्बन्ध में हों।

कहानियाँ दलित साहित्यकार अच्छी लिख रहे हैं। इनकी कहानियाँ हिन्दी कथाकारों की कहानियों से किसी तरह कम नहीं हैं, किन्तु अभी उपन्यास, नाटक, नुक्कड़, नाटक, शोध ग्रन्थ, निबन्ध, व्यंग्य, अन्य दलित महापुरुषों पर अभी ध्यान कम गया है। दलित साहित्यकार बन्धु अब हर क्षेत्र में मुकाबला करें यही उनसे अनुरोध है। अभी तक दलित साहित्य में बाल-साहित्य लिखा ही नहीं गया। इस पर ध्यान देने की आवश्यकता है। समाज-सेवकों, साहित्यकारों के जीवन स्मरण भी लिखने की आवश्यकता है।

प्रश्न 16. अपने पाठकों के लिए सन्देश?

उत्तर : दलित साहित्य के पाठकों से अनुरोध है कि वे मनोवांछित दलित साहित्यकारों के पते और उनकी कृतियों की सूची रखें।

दलित साहित्यकारों को छात्र प्रायः लिख देते हैं कि अमुक प्रसंग का फोटो स्टेट कराकर भेज दें। कभी ऐसी सामग्री कई पृष्ठों की होती है। मालूम होता है कि दलित साहित्यकार अपने घर में फोटो स्टेट मशीन लिए बैठा है। वह फोटो स्टेट कराये, कई पेज डाक से भेजे। लेखकों की कठिनाइयों का ध्यान रखें। कोई सूचना किसी से माँगते हैं तो साथ में पता लिखा लिफाफा भी भेजें। लेखक अत्यन्त व्यस्त होते हैं, कहीं आर्थिक परेशानी भी उन्हें रहती है। इसलिए लेखक की परेशानी भी समझें।

दलित साहित्य विक्रेता का पता, टेलीफोन नम्बर भी रखें, उससे दलित साहित्य की जानकारी मिल सकती है।

जिन पत्रिकाओं ने दलित साहित्य पर विशेषांक निकाले हैं उन्हें मँगाकर अपने पास रखें। नवलेखन प्रकाशन-मेनरोड, हजारी बाग ने पंजाबी, गुजराती, तेलगू, आदिवासी साहित्य पर एवं दलित कविता, कहानी, दलित चेतना पर अपनी पत्रिका 'आम आदमी' मासिक में प्रकाशित किया है। यहाँ से उक्त सम्बन्ध की सामग्री मँगाई जा सकती है।

साक्षात्कार : बलवन्त सिंह

बलवन्त सिंह ने साधारण से असाधारण होने की यात्रा में संघर्ष की अनिवार्य नियति को तो झेला, किन्तु असाधारण से साधारण होने पर पीड़ा का अनुभव नहीं किया और लगभग 40 वर्ष से जनता के बीच रहकर उसकी अवहेलनाओं को सहते हुए वे आज भी दलितों की बेहतरी के लिए लिख़ रहे हैं। ऐसे निस्पृह व्यक्ति को यदि वे दलित न होते और अपने आपको आडम्बरों से ढाँप लेते, तो लोग उन्हें ऋषि, तपस्वी और देवता तक की उपाधियों से विभूषित कर देते। यदि वे सत्ता की दलाली में संलिप्त हो जाते तो एम.एल.ए., एम.पी. और मन्त्री होते। लोग उनके दरबार में सजदा करते, उनका गुणगान करते न थकते। लेकिन यदि उन्हें यही करना होता तो वे आई.ए.एस. की नौकरी से त्याग पत्र ही क्यों देते। वे वहीं रहकर अपने से बड़ों के तलुवे चाटते हुए अपने से छोटों को आराम से लतियाते रह सकते थे। अपमान के दंश को झेलकर दूसरों को अपमानित कर सन्तोष प्राप्त कर सकते थे। लेकिन वे ऐसा नहीं कर पाये, इसीलिए उन्हें अपनों से भी लांछित होना पड़ा और गैरों से भी। कोई कहते–'इन्होंने नौकरी में रहते हुए लड़की छेड़ दी थी, इसलिए इन्हें नौकरी से निकाल दिया।' कोई कहता–'ये रिश्वत लेते हुए पकड़े गये थे, इसलिए इन्हें नौकरी से निकाल दिया।' इस सिलसिले में एक बार उन्होंने मुझे एक दिलचस्प किस्सा सुनाया, कि एक बार मैं किसी सिलसिले में इलाहाबाद हाईकोर्ट के प्रसिद्ध एडवोकेट श्री रविकिरण जैन के यहाँ ठहरा हुआ था। तभी इलाहाबाद हाईकोर्ट की बार एसोसिएशन के अध्यक्ष का फोन आया कि जैन साहब आपसे एक जरूरी काम है, आप जल्दी आ जाइए। उन्होंने कहा कि–'इस समय मेरे पास मेरे एक एक्स आई.ए.एस. मित्र आये हुए हैं, मैं इस समय नहीं आ सकता।' उन्होंने पूछा कौन है? जब जैन साहब ने बताया कि उनका नाम बलवन्त सिंह है। तब दूसरी ओर से कहा गया–'अरे वह तो बड़ा ही लम्पट और चरित्रहीन आदमी है, उसे अपने घर में मत ठहराया करो।' टेलीफोन पर हो रही इस बातचीत को बलवन्त सिंह भी सुन रहे थे। उन्होंने मुझे बताया कि मैं उस आदमी को जानता तक नहीं था और उनसे कभी मिला भी नहीं था। उनके विषय में ये सारे प्रवाद इसलिए प्रचलित हो

गये क्योंकि उन्होंने अपनी स्वाभिमानी चेतना के कारण भारत की सबसे ऊँची नौकरी को ठोकर मार दी थी। वे तीसरे नम्बर के दलित आई.ए.एस. थे। उनसे पहले आर.डी. सोनकर और डी.पी. वरुण ही दलित आई.ए.एस. थे। आई.ए.एस. छोड़ने वाले भी वे तीसरे नम्बर के आई.ए.एस. थे। उनसे पहले केवल नेताजी सुभाषचन्द्र बोस तथा हरिविष्णु कामथ ने ही आयी.ए.एस. की नौकरी छोड़ी थी। (अंग्रेजों के शासन में यह सेवा आई.सी.एस. कहलाती थी।)

ऐसे स्वाभिमानी प्रतिभासम्पन्न लेखक बलवन्त सिंह की अब तक चार पुस्तकें प्रकाशित हो चुकी हैं। 'एन अनटचेबल इन आई.ए.एस.' सन् 1997 में प्रकाशित हुई। इसे दलित समाज के बुद्धिजीवियों में ही नहीं बल्कि समस्त बौद्धिक समाज में भी व्यापक सम्मान मिला। इस पर 'स्टेट्समैन' कलकत्ता में प्रदीप भट्टाचार्य तथा डॉ. आर.के. बारीक, हैड ऑफ पब्लिक एडमिनिस्ट्रेशन ने आई.आई.पी.ए. जनरल आदि पत्र-पत्रिकाओं ने व्यापक टिप्पणियाँ की हैं। इसे संयुक्त राज्य अमेरिका क़ांग्रेस लाइब्रेरी ने तो अधिग्रहीत किया ही, कुछ चुने हुए अमेरीकी विश्वविद्यालयों ने भी अधिग्रहीत किया। इस पुस्तक में बलवन्त सिंह ने सन् 1959 में आई.ए.एस. में आने से लेकर सन् 1964 में आई.ए.एस. छोड़ने तक के अपने अनुभवों को विस्तार से लिखा है कि किस तरह उन्हें उनके दलित सरोकारों के कारण प्रताड़ित किया गया। उनकी दूसरी पुस्तक 'स्ट्रगल अगेंस्ट स्लेवरी' सन् 1998 में प्रकाशित हुई। इसका भी साहित्य जगत में व्यापक स्वागत हुआ। इस पुस्तक में उनके प्रारम्भिक शिक्षा से लेकर सन् 1959 में आई.ए.एस. बनने तक के अनुभवों का अंकन है कि किस तरह उनका विवाह कक्षा पाँच में पढ़ते हुए हो गया था। जब वे कक्षा 12 में पढ़ते थे तब उनका गौना करने की बात आयी तो उन्हें लगा यदि गौना हो गया, तो उनकी आगे की शिक्षा बाधित हो जाएगी। अतः वे आगे की पढ़ाई के लिए इलाहाबाद विश्वविद्यालय चले गये और वहीं से उन्होंने बी.ए. तथा एम.ए. (राजनीति शास्त्र) में किया। वहाँ वे सर सुन्दरलाल हॉस्टल में रहते थे, जिसमें छुआछूत बहुत थी। वे पाँच वर्ष हॉस्टल में रहने के बाद भी हॉस्टल मैस में कभी खाना नहीं खा पाये। बलवन्त सिंह की तीसरी पुस्तक है 'ब्यूटी ऑफ हिमालयाज' (1999) यह पुस्तक हिमालय के प्राकृतिक सौन्दर्य का अंकन नहीं, बल्कि बलवन्त सिंह के हिमालय में व्यापक भ्रमण के दौरान हिमालय के लोकजीवन के साथ बिताए गये समय में वहाँ दलित उत्पीड़न की घटनाओं का अंकन इस पुस्तक में किया गया है।

इन तीनों पुस्तकों पर पूरे देश में व्यापक चर्चा हुई। बलवन्त सिंह को देश के कोने-कोने में दलित संगठनों द्वारा आयोजित कार्यक्रमों में बुलाया जाने लगा। वहाँ पर उन्होंने दलित उत्पीड़न की घटनाओं को केस स्टडी की तरह लिया और इन घटनाओं

के विवरण पर अपने निष्कर्षों को उन्होंने 'दि सफरिंग पीपुल्स' (2000) में लिखा। दलित उत्पीड़न पर यह एक महत्त्वपूर्ण पुस्तक है। बलवन्त सिंह की पाँचवीं पुस्तक 'सौरों ऑफ दी सप्रस्ड' सन् 2004 में प्रकाशित हुई। मैंने बलवन्त सिंह से उनकी पारिवारिक पृष्ठभूमि, शिक्षा सामाजिक सरोकारों, संघर्ष और राजनीतिक सक्रियता के साथ ही उनके लेखन पर विस्तार से बातचीत की, जो लगभग ढाई घण्टे तक चली। यहाँ प्रस्तुत है इस बातचीत के कुछ महत्त्वपूर्ण अंश–

प्रश्न 1. जबकि आप इस तथ्य को भली-भाँति जानते हैं कि आम दलित अंग्रेजी नहीं जानता। फिर भी आपने लेखन के लिए अंग्रेजी माध्यम को क्यों चुना?

उत्तर : यह सच है कि भारत में कोई भी लेखक अंग्रेजी में लिखकर आम आदमी तक नहीं पहुँच सकता। लेकिन अंग्रेजी में लिखकर लेखक की आवाज अन्तर्राष्ट्रीय अवश्य हो जाती है। आम आदमी तक पहुँचने के लिए तो अनुवाद का सहारा भी लिया जा सकता है। मैंने अंग्रेजी के दार्शनिक और लेखकों को मूल रूप में ही पढ़ा। उनको पढ़ते हुए मुझे लगा कि काश मैं भी ऐसी ही अच्छी अंग्रेजी लिख पाता। मैंने अपनी पुस्तकों में यही कोशिश की है। रही बात मेरे लेखन के आम दलित तक पहुँचने की तो अब मेरी पुस्तकों का हिन्दी में अनुवाद हो रहा है। वह शीघ्र ही हिन्दी पाठकों तक भी पहुँचेंगी।

प्रश्न 2. क्या आपकी कृतियों का अनुवाद किसी और भाषा में भी हो रहा है?

उत्तर : हाँ! मेरी एक कृति 'स्ट्रगल अगेंस्ट स्लेवरी' का अनुवाद फ्रेंच में हो रहा है जिसका अनुबन्ध हो चुका है। उम्मीद है यह कृति फ्रेंच में इस वर्ष के अन्त तक प्रकाशित हो जायगी।

प्रश्न 3. आपका सम्पूर्ण लेखन दलित उत्पीड़न को समर्पित है। लेकिन आपने 'ब्यूटी ऑफ हिमालयाज' जैसी पुस्तक भी लिखी।

उत्तर : दरअसल इस पुस्तक के नाम से लगता है कि यह पुस्तक हिमालय के बाह्य सौन्दर्य का अंकन करती होगी। सौन्दर्य का चित्रण करना मेरा उद्देश्य नहीं है। जैसे और लोग करते रहे हैं। मैं जब हिमालय में घूम रहा था, तो मैंने देखा कि वहाँ पर दलित उत्पीड़न बहुत ज्यादा है। वहाँ की खिद्माती और कोल्टा जातियाँ इस उत्पीड़न का शिकार हैं। उत्तरांचल बनने से इस उत्पीड़न में और बढ़ोतरी हुई है। क्योंकि उत्तर प्रदेश में होने के कारण उन्हें वहाँ से निकलने के अवसर भी मिल जाते थे। मैंने 'ब्यूटी ऑफ हिमालयाज' में दलित उत्पीड़न को ही रेखांकित किया है।

प्रश्न 4. हिन्दी में दलित साहित्य आन्दोलन एवं दलित लेखन के विषय में आप क्या सोचते हैं?

उत्तर : पिछले दो दशकों से हिन्दी में दलित साहित्य वजूद में आया है। वैसे इससे पहले भी रैदास और कबीर के काव्य को इस दृष्टि से देखा जा सकता है। इस समय जो हिन्दी दलित लेखक लिख रहे हैं, वे आर्थिक दृष्टि से आत्मनिर्भर नहीं हैं। वे सभी लगभग सरकारी नौकरी करते हैं। इसलिए उनके लेखन में वह प्रखरता नहीं है, जो लेखक समझौते करता हो वह अच्छा लिख ही नहीं सकता। इसलिए मेरा मानना है कि दलित लेखकों को वर्ण व्यवस्था के विरोध में प्रखरता से लिखना चाहिए न कि दूसरों को खुश करने के लिए। वैसे हिन्दी में आत्मकथाओं का आना आश्वस्त करता है कि दलित साहित्य देर-सबेर मराठी जैसी स्थिति में आ जायगा। और दलित जागरूक होकर बैशाखियों को छोड़ देगा। स्वाभिमान और जागरूकता उसकी पहली जरूरत है।

प्रश्न 5. दलित उत्पीड़न रुके, इसके क्या उपाय हों?

उत्तर : दलित उत्पीड़न रोकने के लिए एक तो हमें दलित मीडिया की स्थापना करनी होगी। दलितों में बहुत से लोग धनवान हैं उन्हें अखबार, पत्रिकाएँ और टी.वी. चैनल स्थापित करने चाहिए। इसके अतिरिक्त अच्छे-अच्छे स्कूल, कॉलेज और शिक्षा संस्थानों की स्थापना करनी चाहिए। दलित जातियाँ आपस में भले ही बेटी (विवाह) का सम्बन्ध न जोड़ें। उन्हें आपस में रोटी का सम्बन्ध अवश्य जोड़ना चाहिए। यदि हम दलित जातियों में एकीकरण स्थापित कर सके, तो दलित उत्पीड़न निश्चय ही रुक जायगा।

सन्दर्भ-ग्रन्थ सूची

काव्य संग्रह

1. अपने घर की तलाश में-निर्मला पुतुल, प्रकाशक-रमणिका फाउंडेशन, नयी दिल्ली, प्र. 2004
2. अब हमें ही चलना है-जयप्रकाश लीलावान, प्रकाशक-दलित साहित्य प्रकाशन संस्था, नयी दिल्ली, प्र. 2002
3. अब नहीं रहेंगे हाशिये पर-डॉ. सोहनपाल सुमनाक्षर, प्रकाशक-भारतीय दलित साहित्य अकादमी, दिल्ली, प्र.2002
4. अपनी शताब्दी से उपेक्षित-डॉ. प्रेमशंकर, प्रकाशक-अनन्या प्रकाशन, हॉलीवुड, मसूरी, प्र. 1995
5. अम्बेडकर शतक-लक्ष्मीनारायण सुधाकर, प्रकाशक-भारतीय दलित साहित्य मंच (रजि) दिल्ली, प्र. 1994
6. आजाद हैं हम-एन.आर. सागर, प्रकाशक-संगीता प्रकाशन, शाहदरा, दिल्ली, प्र. 1995
7. आज का समय-डॉ. तेज सिंह, प्रकाशक-संगीता प्रकाशन, शाहदरा, दिल्ली, प्र. 2002
8. आक्रोश-डॉ. सी.बी. भारती, प्रकाशक-लोक सूचक प्रकाशन, फर्रुखाबाद, प्र. 1996
9. उत्पीड़न की यात्रा-लक्ष्मीनारायण सुधाकर, प्रकाशक-कंचन प्रकाशन, शाहदरा दिल्ली, प्र. 1996
10. एकलव्य-माताप्रसाद, प्रकाशक-प्रसाद प्रकाशन, जौनपुर, दि. 1984
11. कविताः रोटी की भूख तक-डॉ. प्रेमशंकर, प्रकाशक-अनन्या प्रकाशन, मसूरी, प्र. 1991
12. कविताएँ 1991-जयप्रकाश नवेन्दु, प्रकाशक-जयश्री प्रकाशन, दिल्ली, प्र.1991
13. कलम को दर्द कहने दो-कर्मशील भारती, प्रकाशक-दलित साहित्य अकादमी, उज्जैन, प्र. 1995
14. क्रांति शेष है-लालचन्द राही, प्रकाशक-म.प्र. दलित साहिला अकावगी, उज्जैन, प्र. 1995

15. क्रौंच हूँ मैं-डॉ. श्यौराज सिंह 'बेचैन', प्रकाशक-सहयोग प्रकाशन, मयूर विहार, दिल्ली-91, प्र. 1995
16. खामोश नहीं हूँ मैं-असंगघोष, प्रकाशक-तीसरा पक्ष प्रकाशन, जबलपुर (म.प्र.) प्र. 2001
17. गाँव का खत शहर के नाम-लालित्य ललित, प्रकाशक-पराग प्रकाशन, दिल्ली, प्र. 1993
18. गूँगा नहीं था मैं-डॉ. जयप्रकाश कर्दम, प्रकाशक-अतिश प्रकाशन, हरिनगर, दिल्ली-64
19. चेतना के स्वर-सं. डॉ. एन. सिंह, प्रकाशक-अभिरुचि प्रकाशन, दिल्ली, प्र. 1998
20. जमीन से उठती आवाज-बल्ली सिंह चीमा, प्रकाशक-नीलाभ प्रकाशन, इलाहाबाद
21. डॉ. अम्बेडकर की कविताएँ-कंवल भारती, प्रकाशक-बोधिसत्व प्रकाशन, सिविल लाइन्स, रामपुर, प्र. 1996
22. तब तुम्हारी निष्ठा क्या होती-कंवल भारती, प्रकाशक-बोधिसत्व प्रकाशन, सिविल लाइन्स, रामपुर, प्र. 1996
23. तिनका तिनका आग-जयप्रकाश कर्दम, प्रकाशक-सम्यक प्रकाशन, नयी दिल्ली, प्र. 2004
24. दर्द के दस्तावेज-सं. डॉ. एन. सिंह, प्रकाशक-आनन्द साहित्य सदन, अलीगढ़, प्र. 1992
25. दलित चेतना कविता-रमणिका गुप्ता, प्रकाशक-नवलेखन प्रकाशन, हजारीबाग, प्र. 1996
26. दलित मंज़री-विद्रोही एवं भारतीय, प्रकाशक-पंचशील लोकोपकारी संस्था, दिल्ली, प्र. 1988
27. दलित पचासा-एम. आर. विद्रोही, प्रकाशक-दलित साहित्य प्रकाशन संस्था, नयी दिल्ली, प्र. 1989
28. दृष्टिकोण-तेजपाल सिंह 'तेज' प्रकाशक-किताबघर, दिल्ली, प्र. 1995
29. द्वार पर दस्तक-पुरुषोत्तम सत्यप्रेमी, प्रकाशक-आश्वस्त प्रकाशन, उज्जैन, द्वि. 1988
30. दिग्विजयी रावण-माताप्रसाद, प्रकाशक-नेशनल पब्लिशिंग हाउस, नयी दिल्ली, प्र. 1998
31. नियति नहीं यह मेरी-सुदेश तनवर, प्रकाशक-सबस्व फाउंडेशन, नयी दिल्ली, प्र. 1999
32. पत्थर उठाते हाथ-अ. ला. उके, प्रकाशक-नवलेखन प्रकाशन, मेन रोड, हजारीबाग, प्र. 1998
33. प्रयास-सूरजपाल चौहान, प्रकाशक-जागृति प्रकाशन, नोएडा, प्र. 1994
34. पदचाप-रजनी तिलक, प्रकाशक-सेन्टर फॉर अल्टरनेटिव दलित मीडिया, दिल्ली, प्र. 2000

35. पीड़ा जो चीख उठी, प्रकाशक-भारतीय दलित साहित्य मंच, दिल्ली, प्र. 1988
36. बस्स बहुत हो चुका-ओम प्रकाश वाल्मीकि, प्रकाशक-राधाकृष्ण प्रकाशन, नयी दिल्ली, प्र. 1997
37. बेतालदृष्टि-तेजपाल सिंह 'तेज', प्रकाशक-ग्रीनसत्ता प्रकाशन, अशोक नगर, दिल्ली, प्र. 1996
38. भीम शतक-माताप्रसाद, प्रकाशक-भारतीय दलित साहित्य अकादमी उ.प्र. लखनऊ, प्र. 1993
39. भीख नहीं अधिकार चाहिए-डॉ. सुरेश पंजम, प्रकाशक-जन आन्दोलन प्रकाशन, लखनऊ, प्र.1995
40. मूक नहीं मेरी कविताएँ-लालचन्द राही, प्रकाशक-काव्यकुंज, उज्जैन, प्र.1997
41. मुक्तक सतसई-रघुवीर सिंह 'अरविन्द', प्रकाशक-बृजभारती प्रकाशन, अलीगढ़, प्र. 1995
42. मूक माटी की मुखरता-डॉ. पुरुषोत्तम सत्यप्रेमी, प्रकाशक-अतिश प्रकाशन, दिल्ली, प्र. 1997
43. यह तुम भी जानो-डॉ. सुशीला टाकभौरे, प्रकाशक-शरद प्रकाशन, नागपुर, प्र.सं. 1993
44. राजनीति की अर्द्धसतसई-माताप्रसाद, प्रकाशक-भारतीय दलित साहित्य अकादमी उ. प्र. लखनऊ, प्र. 1993
45. रैदास ग्रन्थावली-सं. डॉ. एन. सिंह, प्रकाश साहित्य संस्थान, लोनी बॉर्डर, गाजियाबाद, प्र. 2003
46. वीरांगना झलकारी बाई-जनकवि बिहारी लाल हरित, प्रकाशक-कीर्ति प्रकाशन दिल्ली, प्र. 1995
47. व्यवस्था के विषधर-डॉ. कुसुम वियोगी, प्रकाशक-अपना प्रकाशन, दिल्ली प्र. 1995
48. शब्द थके जरूर है-जिरंजी कटारिया, प्रकाशक-सम्यक् प्रकाशन, नयी दिल्ली, प्र. 2002
49. सतह से उठते हुए-डॉ. एन.सिंह, प्रकाशक-राज पब्लिशिंग हाउस, दिल्ली, प्र. 1991
50. सूरज के वंशधर-सं. चन्द्रकांत पाटिल, प्रकाशक-शुभदा प्रकाशन, दिल्ली, प्र. 1982
51. सूपभर धूप-डॉ. चन्द्र कुमार वरठे, प्रकाशन-रचना प्रकाशन, जयपुर, प्र. 1999
52. सुनो ब्राह्मण-मलखान सिंह, प्रकाशक-परिवेश, चन्दौसी (मुरादाबाद), प्र. 1996
53. सवालों के सूरज-पुरुषोत्तम सत्यप्रेमी, प्रकाशक-आश्वस्त प्रकाशन, उज्जैन, दिल्ली, प्र. 1990
54. संसद तो सवर्ण है-नवेन्दु महर्षि, प्रकाशक-मेधा बुक्स, दिल्ली, प्र.सं. 2003
55. स्वाति बूँद और खारे मोती-डॉ. सुशीला टाकभौरे, प्रकाशक, शरद प्रकाशन, नागपुर, प्र.सं. 1993

56. हम बौने नहीं-डॉ. देवेन्द्र दीपक, प्रकाशक-इन्द्रप्रस्थ प्रकाशन, दिल्ली, प्र.सं. 2000
57. हीरामन-डॉ. धर्मवीर, प्रकाशक, शेष साहित्य प्रकाशन, शाहदरा, दिल्ली, प्र.सं. 1989

कथा संग्रह

1. आवाजें-मोहनदास नैमिशराय, प्रकाशक-समता प्रकाशन, दिल्ली, प्र.सं. 1998
2. काले हाशिए पर-सं. डॉ. एन. सिंह, प्रकाशक-लोकवाणी संस्थान, अशोक नगर, दिल्ली, प्र.सं. 1998
3. काली सुर्खियाँ-सं. राजेन्द्र यादव, प्रकाशक-प्रवीण प्रकाशन, नयी दिल्ली, प्र.सं. 1994
4. कहाँ जायगा सिद्धार्थः अमरीक सिंह दीप, प्रकाशक-साहित्य सदन, 54/27, नयागंज, कानपुर, प्र.सं. 1989
5. घुसपैठिए-ओमप्रकाश वाल्मीकि, प्रकाशक-राधाकृष्ण प्रकाशन, नयी दिल्ली, प्र.सं. 2003
6. चर्चित दलित कहानियाँ-सं. डॉ. कुसुम वियोगी, प्रकाशक-साहित्य निधि, विश्वास नगर, दिल्ली, प्र.सं. 1996
7. टूटता वहम-डॉ. सुशीला टाकभौरे, प्रकाशक-शरद प्रकाशन, नागपुर, प्र. सं. 1997
8. तलाश-जयप्रकाश कर्दम, प्रकाशक-विक्रम प्रकाशन, ई-11/5, कृष्णानगर, दिल्ली-51, प्र.सं. 2005
9. दूसरी दुनियाँ का यथार्थ-सं. रमणिका गुप्ता, प्रकाशक-नवलेखन प्रकाशन, मेनरोड, हजारीबाग, प्र.सं.1997
10. दलित कहानियाँ-सं. डॉ. सूर्यनारायण रणसुभे, प्रकाशक-पंचशील प्रकाशन जयपुर, प्र.सं. 1981
11. दलित जीवन की कहानियाँ-सं. डॉ. सूर्यनारायण रणसुभे, प्रकाशक-पंचशील प्रकाशन, जयपुर, प्र.सं. 1981
12. दलित कहानी संचयन-सं.रमणिका गुप्ता, प्रकाशक-साहित्य अकादमी, दिल्ली, प्र.सं. 2003
13. दलित महिला कथाकारों की चर्चित कहानियाँ-सं.डॉ.कुसुम वियोगी, प्रकाशक-प्रभात प्रकाशन, नयी दिल्ली, प्र.सं. 1986
14. द्रोणाचार्य एक नहीं-कावेरी, प्रकाशक-ज्योत्स्ना गहलौत प्रकाशन, चन्द्रपुरा (बोकारो), प्र.सं.1996
15. पुनर्वास-विपिन बिहारी, प्रकाशक-कामना प्रकाशन, दिल्ली, प्र.सं. 2000
16. बाँग और अन्य लघु कथाएँ-रत्न कुमार सांभरिया, प्रकाशक-विवेक पब्लिशिंग हाउस, जयपुर, प्र.सं. 1996
17. यातना की परछाइयाँ-सं.डॉ. एन.सिंह, प्रकाशक-नवलेखन प्रकाशन, मेनरोड, हजारीबाग, प्र.सं.1998

18. सलाम-ओमप्रकाश वाल्मीकि, प्रकाशक-राधाकृष्ण प्रकाशन, जी-17, जगतपुरी, दिल्ली 51, प्र.सं.2000
19. समकालीन दलित कहानियाँ-सं.डॉ. कुसुम वियोगी, प्रकाशक-मुहिम प्रकाशन, हापुड़, प्र.सं.1998
20. सुरंग-डॉ. दयानन्द बटोही, प्रकाशक-ज्योत्स्ना गहलौत प्रकाशन, चन्द्रपुरा (बोकारो), प्र.सं.1995
21. हाशिए से बाहर-सं.डॉ. रजत रानी 'मीनू', प्रकाशक-साहित्य संस्थान, लोनी बार्डर, गाजियाबाद, प्र.सं.2001
22. हिस्से की रोटी-डॉ. शत्रुघ्न कुमार, प्रकाशक-साहित्य संस्थान, लोनी बॉर्डर, गाजियाबाद, प्र.सं.2001
23. हुक्म की दुग्गी-रत्न कुमार सांभरिया, प्रकाशक-रचना प्रकाशन, जयपुर, प्र.सं. 2003
24. हैरी कब आएगा?-सूरजपाल चौहान, प्रकाशक-अनुभव प्रकाशन, साहिबाबाद (गाजियाबाद)-201005, प्र.सं.1999

उपन्यास

1. करुणा-जयप्रकाश कर्दम, प्रकाशक-संगीता प्रकाशन, शाहदरा, दिल्ली, प्र.सं 1990
2. छप्पर-जयप्रकाश कर्दम, प्रकाशक-संगीता प्रकाशन, शाहदरा, दिल्ली, प्र.सं 1996
3. जस तस भई सवेर-सत्यप्रकाश, प्रकाशक-कामना प्रकाशन, दिल्ली, प्र.सं 1998
4. परिशिष्ट-गिरिराज किशोर, प्रकाशक-राजकमल प्रकाशन, दिल्ली
5. यथा प्रस्तावित-गिरिराज किशोर, प्रकाशक-राजकमल प्रकाशन, दिल्ली
6. मुक्ति पर्व-मोहनदास नैमिशराय, प्रकाशक-अनुराग प्रकाशन, महरौली रोड, नयी दिल्ली, प्र. सं. 1999

नाटक

1. अछूत का बेटा-माताप्रसाद, प्रकाशक-कर्मवीर भारती, जौनपुर, दि.सं. 1990
2. इतिहास की पहली घटना-रघुवीर सिंह 'अरविंद', प्रकाशक-राज प्रकाशन, अलीगढ़, प्र. सं. 1993
3. कठौती में गंगा-डॉ. एन. सिंह एवं ललित मन्दौला, प्रकाशक-लोकवाणी संस्थान, नयी दिल्ली, प्र. सं. 1998
4. तड़प मुक्ति की-माताप्रसाद, प्रकाशक-विकल्प, तिलक नगर, नयी दिल्ली, प्र. सं. 1999
5. दलितों का चीखता अभाव-डॉ. प्रेमशंकर, प्रकाशक-अनन्या प्रकाशन-बुलन्दशहर, प्र. सं. 1993
6. धर्म परिवर्तन-माता प्रसाद, प्रकाशक-आकाश पब्लिशर्स एण्ड डिस्ट्रीब्यूटर्स, लोनी बॉर्डर, गाजियाबाद, प्र.सं. 2001

निबन्ध संग्रह

1. पत्ते क्यों गिरते हैं-पुरुषोत्तम सत्यप्रेमी, प्रकाशक-आश्वस्त प्रकाशन, उज्जैन, प्र. सं. 1989
2. मेरा दलित चिन्तन-डॉ. एन.सिंह, प्रकाशक-कंचन प्रकाशन, शाहदरा, दिल्ली, प्र.सं. 1998
3. दलित साहित्य और सामाजिक न्याय-सं. डॉ. पुरुषोत्तम सत्यप्रेमी, प्रकाशक-कंचन प्रकाशन, शाहदरा दिल्ली, प्र. सं. 1997
4. लोकतन्त्र में भागीदारी के सवाल-कंवल भारती, प्रकाशक-बोधिसत्व प्रकाशन, सिविल लाइन्स, रामपुर, प्र. सं. 1997
5. साहित्य और सामाजिक न्याय-डॉ. दयानन्द बटोही, प्रकाशक-विकल्प, तिलक नगर, दिल्ली, प्र. सं. 1999

आत्मकथाएँ

1. अपने-अपने पिंजरे-मोहनदास नैमिशराय, प्रकाशक-वाणी प्रकाशन, नयी दिल्ली प्र. सं. 1995
2. अपने-अपने पिंजरे (भाग दो)-मोहनदास नैमिशराय, प्रकाशक-वाणी प्रकाशन, नयी दिल्ली, प्र.सं. 2000
3. अक्करमाशी-शरण कुमार लिंबाले, प्रकाशक-ग्रन्थ अकादमी, नयी दिल्ली, प्र.सं. 1991
4. जूठन-ओमप्रकाश वाल्मीकि, प्रकाशक-राधाकृष्ण प्रकाशन, अंसारी रोड, नयी दिल्ली, प्र.सं. 1997
5. झोपड़ी से राजभवन-माताप्रसाद, प्रकाशक-नमन प्रकाशन, नयी दिल्ली, प्र.सं. 2003
6. मैं भंगी हूँ-डॉ. भगवान दास, प्रकाशक-दलित टुडे प्रकाशन, इन्दिरा नगर, लखनऊ, द्वितीय संस्करण 1998
7. मेरा सफर मेरी मंजिल-डी.आर. जाटव, प्रकाशक-समता साहित्य सदन, जयपुर, प्र.सं. 2000
8. दोहरा अभिशाप
9. तिरस्कृत-सूरजपाल चौहान, प्रकाशक-अनुभव प्रकाशन, साहिबाबाद (गाजियाबाद), प्र.सं. 2002
10. तिरस्कार-के. नाथ, प्रकाशक-बौद्ध उपासक संघ साहित्य प्रकाशन, कानपुर, प्र.सं. 1999
11. मेरा बचपन मेरे कन्धों पर-डॉ. श्यौराज सिंह 'बेचैन', प्रकाशक-वाणी प्रकाशन, 21-ए, दरियागंज, नयी दिल्ली-110002, प्र. सं. 2009
12. मेरी पत्नी और भेड़िया-डॉ. धर्मवीर, प्रकाशक-वाणी प्रकाशन, 21-ए, दरियागंज, नयी दिल्ली-110002, प्र. सं. 2009

13. मुर्दहिया-डॉ. तुलसीराम, प्रकाशक-राजकमल प्रकाशन, 1-बी, नेताजी सुभाष मार्ग, नयी दिल्ली-110002, प्र. सं. 2010
14. शिकंजे का दर्द-सुशीला टाकभौरे, प्रकाशक-वाणी प्रकाशन, 21-ए, दरियागंज, नयी दिल्ली-110002, प्र. सं. 2011

आलोचना ग्रन्थ

1. अन्तिम दो दशकों का हिन्दी साहित्य-प्रधान सं.-डॉ. मीरा गौतम, प्रकाशक-वाणी प्रकाशन, नयी दिल्ली-110002, प्र.सं. 2002
2. अम्बेडकर बनाम गाँधी-आर.एल. बाली, प्रकाशक-आनन्द साहित्य सदन, अलीगढ़, प्र.सं. 1994
3. डॉ. अम्बेडकर का कारवाँ-स्थिति और समीक्षा-सं. डॉ. आर.एम.एस. विजयी, प्रकाशक-आकांक्षा प्रकाशन, दिल्ली, प्र.सं. 2001
4. आधुनिकता के आईने में दलित-अभय कुमार दुबे, प्रकाशक-वाणी प्रकाशन, नयी दिल्ली, प्र.सं. 2002
5. आज का दलित साहित्य-डॉ. तेज सिंह, प्रकाशक-आतिश प्रकाशन, दिल्ली, प्र.सं. 2000
6. इक्कीसवीं सदी में अम्बेडकर-रघुवीर सिंह, प्रकाशक-आतिश प्रकाशन, हरिनगर, दिल्ली-64, प्र.सं. 2001
7. इक्कीसवीं सदी में दलित आन्दोलन-डॉ. जयप्रकाश कर्दम, प्रकाशक-पंकज पुस्तक मन्दिर, दिल्ली, प्र.सं. 2004
8. उत्तर प्रदेश की दलित जातियों का दस्तावेज-माताप्रसाद, प्रकाशक किताब घर, नयी दिल्ली, प्र.सं. 1995
9. गाँधी दर्शन की प्रासंगिकता-डॉ. पुरुषोत्तम सत्यप्रेमी, प्रकाशक-अस्मितादर्शी साहित्य अकादमी 'आश्वस्त' 20, बागपुरा, सारे रोड, उज्जैन, प्र.सं. 2000
10. चिन्तन की परम्परा और दलित साहित्य-सं. श्यौराज सिंह 'बेचैन' एवं डॉ. देवेन्द्र चौबे, प्रकाशक-नवलेखन प्रकाशन, मेनरोड हजारीबाग-825301, सं. 2000-2001
11. जातिः एक विमर्श-सं. जयप्रकाश कर्दम, प्रकाशक-मुहिम प्रकाशन, हापुड़, प्र.सं. 1999
12. दलित मुक्ति का प्रश्न और दलित साहित्य-दिनेश राम, प्रकाशक-श्री साहित्य संस्थान, लोनी बॉर्डर, गाजियाबाद, प्रथम सं. 2002
13. दलित साहित्य आन्दोलन-डॉ. चन्द्रकुमार वरेठ, प्रकाशक-रचना प्रकाशन, 57 नाटाणी भवन, मिश्र राजाजी का रास्ता, चाँदपोल बाजार, जयपुर-302001, प्र.सं. 1997
14. दलित दखल-सं. डॉ. श्यौराज सिंह 'बेचैन' एवं डॉ. रजत रानी 'मीनू', प्रकाशक-श्री साहित्य संस्थान, लोनी बॉर्डर, गाजियाबाद, प्र.सं. 2001
15. दलित चेतना-साहित्यिक एवं सामाजिक सरोकारःरमणिका गुप्ता, प्रकाशक-शिल्पायन,

10295, स्ट्रीट नं. 1, वैस्ट गोरख पार्क, शाहदरा, दिल्ली-32, प्र.सं. 2000

16. दलित चेतना-सोच-रमणिका गुप्ता, प्रकाशक-नवलेखन प्रकाशन, मेनरोड, हजारीबाग, 825301, प्र.सं. 1998
17. कंवल भारती, प्रकाशक-बी.एम.एन. प्रकाशन, लखनऊ
18. दलित प्रसंग-सं. प्रणव बंद्योपाध्याय, प्रकाशक-शिलालेख, 4,32, सुभाष गली, विश्वास नगर, शाहदरा, दिल्ली-110032, प्रथम संस्करण 1999
19. दलित और अश्वेत साहित्य-कुछ विचार-सं. चमन लाल, प्रकाशक-भारतीय उच्च अध्ययन संस्थान, शिमला, प्र.सं. 2001
20. दलित साहित्य : चिन्तन के विविध आयाम-सं. डॉ. एन.सिंह, प्रकाशक-आम प्रकाशन, 210/46, भवानी कृपा सैक्टर-2, कांदिवली (प.) बम्बई-400067, प्र.सं. 1996
21. दलित साहित्य का सौन्दर्य शास्त्र-ओमप्रकाश वाल्मीकि, प्रकाशक-राधाकृष्ण प्रकाशन, जी-17, जगतपुरी, दिल्ली-51, प्र.सं. 2001
22. दलित साहित्य का सौन्दर्यशास्त्र-शरण कुमार लिम्बाले, प्रकाशक-वाणी प्रकाशन, नयी दिल्ली, प्र.सं. 2000
23. दलित साहित्य-दशा और दिशा-सं. माताप्रसाद, प्रकाशक-भारतीय दलित साहित्य अकादमी, नयी दिल्ली, प्र.सं. 2002
24. दलित विमर्श की भूमिका-कंवल भारती, प्रकाशक-इतिहास बोध प्रकाशन, बी-239, चन्द्रशेखर आजाद नगर, तेलियर गंज, इलाहाबाद, प्र.सं. 2002
25. दलित समस्या जड़ में कौन-इन्तिजार नईम, प्रकाशक-साहित्य सौरभ, 1781, हौज सुई वालान, नयी दिल्ली-110002, द्वितीय संस्करण 1998
26. दलित क्रांति का साहित्य-डॉ. श्यौराज सिंह 'बेचैन', प्रकाशक-संगीता प्रकाशन, शाहदरा, दिल्ली, प्र.सं. 1998
27. दलित साहित्य में प्रमुख विधाएँ-माताप्रसाद, प्रकाशक-आकाश पब्लिशर्स एण्ड डिस्ट्रीब्यूटर्स, लोनी बॉर्डर, गाजियाबाद, प्र.सं. 2004
28. दलित साहित्य सृजन में सन्दर्भ-डॉ. पुरुषोत्तम सत्यप्रेमी, प्रकाशक-कामना प्रकाशन, दिल्ली, प्र.सं. 1999
29. दलितों में दलित-हरिकिशन सन्तोषी, प्रकाशक-नवसाहित्य अकादमी, नयी दिल्ली, प्र. सं. 1990
30. दलित चेतना (साहित्य)-रमणिका गुप्ता, प्रकाशक-नवलेखन प्रकाशन, हजारी बाग, प्र. सं. 1996
31. दलित सपनों का भारत-रमणिका गुप्ता, प्रकाशक-रमणिका फाउंडेशन, नयी दिल्ली, प्र.सं. 2004
32. दलित हस्तक्षेप-रमणिका गुप्ता, प्रकाशक-शिल्पायन, दिल्ली, प्र.सं. 2004

33. दलित चेतना और समकालीन कहानी-डॉ. रमेश कुमार, प्रकाशक-निर्माण प्रकाशन, दिल्ली, प्र.सं. 1998
34. देश गौरव-श्री जगजीवन राम (अभिनन्दन ग्रन्थ)-सं. जी.एस.पथिक, प्रकाशक-स्वामी स्वरूपानन्द, जगजीवन राम अभिनन्दन समिति, कलकत्ता-64
35. धर्मान्तरण और दलित-सं. डॉ. जयप्रकाश कर्दम, प्रकाशक-आतिश प्रकाशन, 9बी, पॉकेट, एफ-1, जी-8, एरिया, हरिनगर, दिल्ली-64, प्र.सं. 2002
36. नयी कविता-नया मूल्यांकन-डॉ. प्रेमशंकर, प्रकाशक-अयन प्रकाशन, नयी दिल्ली, प्र.सं. 1998
37. नवें दशक की हिन्दी दलित कविता-रजत रानी मीनू, प्रकाशक-अयन प्रकाशन, नयी दिल्ली, प्र.सं. 1988
38. बाबा साहेब अम्बेडकर सम्पूर्ण वाङ्मय (खण्ड 1 से 21), प्रकाशक-डॉ. अम्बेडकर प्रतिष्ठान, कल्याण मन्त्रालय, भारत सरकार, नयी दिल्ली
39. भारत में जातिवाद और हरिजन समस्या-जगजीवन राम, प्रकाशक-राजपाल एण्ड सन्स, कश्मीरी गेट, दिल्ली, प्र.सं. 1991
40. भारत में सामंतवाद-डॉ. रामशरण शर्मा, प्रकाशक-राजकमल प्रकाशन, दिल्ली, सं. 1993
41. राजनीति कोश-डॉ. सुभाष कश्यप एवं विश्वप्रकाश गुप्त, प्रकाशक-हिन्दी माध्यम क्रियान्वयन निदेशालय, दिल्ली, सं. 1998
42. भीमराव अम्बेडकर-डब्लू. एन.कुबेर, प्रकाशक-प्रकाशन विभाग, भारत सरकार, नयी दिल्ली
43. प्रेमचन्द साहित्य में दलित चेतना-डॉ. बलवन्त साधू जाधव, प्रकाशक-अलका प्रकाशन, 128/106, जी. ब्लाक किदवई नगर, कानपुर-11, प्र.सं. 1992
44. विश्वासघात (दलित आँकड़ा बैंक-ग्रन्थ-1)-चन्द्रभान प्रसाद, प्रकाशक-डी.एस.ए. प्रकाशन, नयी दिल्ली, प्र.सं. 1996
45. वृहत् हिन्दी कोश, प्रकाशक-ज्ञानमंडल लिमिटेड, वाराणसी, पाँचवाँ पुनर्मुद्रित संस्करण-2000
46. शूद्रों का प्राचीन इतिहास-डॉ. रामशरण शर्मा, प्रकाशक-राजकमल प्रकाशन, दिल्ली, सं. 2003
47. शिखर की ओर-सं. डॉ. एन. सिंह, वितरक-नेशनल पब्लिशिंग हाउस, नयी दिल्ली, प्र.सं. 1997
48. साहित्य और दलित चेतना-सं. महीप सिंह एवं डॉ. चन्द्रकांत बांदिवडेकर, प्रकाशक-अभिव्यंजना, नयी दिल्ली, द्वितीय संस्करण 2000
49. सहारनपुर सन्दर्भ-सहारनपुर की महान विभूतियाँ-डॉ. के.के. शर्मा एवं डॉ. सिप्रा बैनर्जी, प्रकाशक सन्दर्भ प्रकाशन, सहारनपुर, प्र.सं. 1996

50. सन्त कवि रैदास-मूल्यांकन और प्रदेय-डॉ. एन. सिंह, प्रकाशक-पुखराज प्रकाशन, खतौली, प्र.सं. 1983
51. हरिजन से दलित-सं. राजकिशोर, प्रकाशक-वाणी प्रकाशन, अंसारी रोड, नयी दिल्ली, प्र.सं. 1994
52. हिन्दी काव्य में दलित काव्यधारा-माताप्रसाद, प्रकाशक-विश्वविद्यालय प्रकाशन, वाराणसी
53. हिन्दी दलित कविता-नया सन्दर्भ-डॉ. टी.पी.राही, प्रकाशक-कल्चरल पब्लिशर्स, लखनऊ, प्र. सं. 1996
54. हिन्दी उपन्यासों में दलित वर्ग-डॉ. कुसुमलता मेघवाल, प्रकाशक-संघी प्रकाशन, सी-177, महावीर मार्ग, मालवीय नगर, जयपुर, प्र. सं. 1989
55. हिन्दी साहित्य में दलित संघर्ष के उन्नायकःडॉ. एन. सिंह-सं रमणिका गुप्ता, प्रकाशक-आकाश पब्लिशर्स एण्ड डिस्ट्रीब्यूटर्स, लोनी बॉर्डर, गाजियाबाद, प्र.सं. 2001
56. हिन्दी साहित्य में दलित चेतना-सं. डॉ. आनन्द वास्कर, प्रकाशक-विद्याविहार, 105/154 गाँधीनगर, कानपुर-208012, प्र.सं. 1997
57. हिन्दी साहित्यकार सन्दर्भ कोश-सं. डॉ आनन्द वास्कर, प्रकाशक-विद्याविहार, 105/154 गाँधीनगर, कानपुर-208012, प्र.सं. 1997
58. हिन्दी की दलित पत्रकारिता पर पत्रकार अम्बेडकर का प्रभाव-डॉ. श्यौराज सिंह 'बेचैन', प्रकाशक-समता प्रकाशन, दिल्ली, प्र. सं. 1997 प्रकाशक-शिल्पायन, दिल्ली, प्र.सं. 2004
59. प्रेमचन्द साहित्य में दलित चेतना-डॉ. बलवन्त साधू जाधव, प्रकाशक-अलका प्रकाशन, 128/106, जी.-ब्लाक किदवई नगर, कानपुर-11, प्र.सं. 1992
60. हिन्दी साहित्य का इतिहास-आचार्य रामचन्द्र शुक्ल, प्रकाशक-नागरी प्रचारिणी सभा, काशी, पाँचवाँ संस्करण, संवत् 2006 वि.

संस्कृत ग्रन्थ

1. बज्रसूची-अश्वघोष, अनुवाद : भन्ते ग. प्रज्ञानन्द, प्रकाशक-गौतम बुक सेंटर, शाहदरा, दिल्ली, चतुर्थ संस्करण
2. मनुस्मृति, प्रकाशक-स्वामि मेशीन यंत्रालये, मेरठ, चतुर्थ संस्करण, वि.सं. 1963

दैनिक पत्र

1. अमर उजाला	दैनिक मेरठ संस्करण
2. जनसत्ता	दिल्ली
3. जागरण, दैनिक	मेरठ एवं बरेली संस्करण
4. नवभारत टाइम्स	दिल्ली
5. हिन्दुस्तान	दिल्ली
6. राष्ट्रीय सहारा	दिल्ली

पत्रिकाएँ

1.	इण्डिया टुडे	(साप्ताहिक)	दिल्ली
2.	समकालीन जनमत	(पाक्षिक)	दिल्ली
3.	अभिमूक नायक	(मासिक)	दिल्ली
4.	उत्तर प्रदेश	(मासिक)	लखनऊ
5.	कल के लिए	(मासिक)	गोरखपुर
6.	कथादेश	(मासिक)	दिल्ली
7.	दलित टुडे	(मासिक)	गाजियाबाद
8.	नारी संवाद	(मासिक)	जमशेदपुर
9.	प्रज्ञा साहित्य	(मासिक)	फर्रुखाबाद
10.	मधुमति	(मासिक)	उदयपुर
11.	लोकशासन	(मासिक)	जयपुर
12.	वर्तमान साहित्य	(मासिक)	गाजियाबाद
13.	समय सरोकार	(मासिक)	दिल्ली
14.	संचेतना	(मासिक)	दिल्ली
15.	सुमनलिपि	(मासिक)	बम्बई
16.	हंस	(मासिक)	दिल्ली
17.	अपेक्षा	(त्रैमासिक)	दिल्ली
18.	अकार	(त्रैमासिक)	कानपुर
19.	आलोचना	(त्रैमासिक)	दिल्ली
20.	अंगुत्तर	(त्रैमासिक)	नागपुर
21.	कथाक्रम	(त्रैमासिक)	लखनऊ
22.	नया मानदण्ड	(त्रैमासिक)	वाराणसी
23.	नयापथ	(त्रैमासिक)	भोपाल
24.	पश्यंती	(त्रैमासिक)	दिल्ली
25.	प्रशासक	(त्रैमासिक)	मसूरी
26.	युद्धरत आम आदमी	(त्रैमासिक)	हजारीबाग
27.	वसुधा	(त्रैमासिक)	भोपाल
28.	समकालीन भारतीय साहित्य	(त्रैमासिक)	दिल्ली
29.	कदम	(त्रैमासिक)	मऊनाथभंजन
30.	दलित साहित्य	(वार्षिक)	दिल्ली

❑❑